Die Weitergeltung von Tarifverträgen
bei Betriebsübergängen nach § 613a Abs. 1 Satz 2 bis 4 BGB

Europäische Hochschulschriften
Publications Universitaires Européennes
European University Studies

Reihe II
Rechtswissenschaft

Série II Series II
Droit
Law

Bd./Vol. 2661

PETER LANG
Frankfurt am Main · Berlin · Bern · New York · Paris · Wien

Antje Skuderis

Die Weitergeltung von Tarifverträgen bei Betriebsübergängen nach § 613a Abs. 1 Satz 2 bis 4 BGB

PETER LANG
Europäischer Verlag der Wissenschaften

Die Deutsche Bibliothek - CIP-Einheitsaufnahme

Skuderis, Antje:

Die Weitergeltung von Tarifverträgen bei Betriebsübergängen nach § 613a Abs. 1 Satz 2 bis 4 BGB / Antje Skuderis. - Frankfurt am Main ; Berlin ; Bern ; New York ; Paris ; Wien : Lang, 1999
(Europäische Hochschulschriften : Reihe 2, Rechtswissenschaft ; Bd. 2661)
Zugl.: Jena, Univ., Diss., 1998
ISBN 3-631-34958-0

27
ISSN 0531-7312
ISBN 3-631-34958-0

Vorwort

Die Arbeit hat in nahezu unveränderter Fassung der Rechtswissenschaftlichen Fakultät der Friedrich-Schiller-Universität Jena im Wintersemester 1998/1999 als Dissertation vorgelegen. Für die Drucklegung wurde der Text geringfügig überarbeitet. Schrifttum und Rechtsprechung sind bis 31. Dezember 1998, spätere Veröffentlichungen nur soweit noch möglich, berücksichtigt.

Meinem Doktorvater, Herrn Professor Dr. Hartmut Oetker, auf dessen Anregung die Bearbeitung des Themas zurückgeht, sage ich an dieser Stelle meinen herzlichen Dank. Er hat mir während meiner Tätigkeit als wissenschaftliche Mitarbeiterin an seinem Lehrstuhl Freiraum und Gelegenheit zur eigenständigen Arbeit gewährt und dadurch wesentlich zum Gelingen der Arbeit beigetragen. Darüber hinaus bedanke ich mich für seine Gesprächsbereitschaft und die Unterstützung des Fortganges der Arbeit. Weiter möchte ich mich bei meinen Kollegen und Kolleginnen an der Friedrich-Schiller-Universität, insbesondere am Lehrstuhl von Herrn Professor Oetker für anregende Diskussionen bedanken. Schließlich bedanke ich mich auch bei Herrn cand. iur. Alexander Witt, sowohl für die Hilfe bei der Literaturbeschaffung als auch die kritische und weiterführende Auseinandersetzung mit einigen der aufgestellten Thesen.

In besonderem Maße zu danken habe ich darüber hinaus sowohl Herrn Professor Dr. Hartmut Oetker als Erstgutachter als auch Frau Professorin Dr. Monika Schlachter als Zweitgutachterin für die besonders zügige Erstattung der Gutachten und Durchführung des Promotionsverfahrens.

Inhaltsverzeichnis

Literaturverzeichnis

v. Alvensleben, Constantin: Die Rechte der Arbeitnehmer bei Betriebsübergang im europäischen Gemeinschaftsrecht, Baden-Baden, 1992. (zitiert *v. Alvensleben*, Rechte der Arbeitnehmer)

Ascheid, Reiner: Kündigungsschutzrecht: Die Kündigung des Arbeitsverhältnisses, Stuttgart, 1993. (zitiert *Ascheid*, Kündigungsschutzrecht)

Bachner, Michael: Individualarbeits- und kollektivrechtliche Auswirkungen des neuen Umwandlungsgesetzes, in: NJW 1995, 2881 ff.

ders.: Der Betriebsübergang nach § 613a BGB, in: AiB 1996, 291 ff.

Badura, Peter: Das Recht der Koalitionen - Verfassungsrechtliche Fragestellungen -, in: ArbRGW 15 (1977), 17 ff.

Ballerstedt, Kurt: Referat vor der arbeitsrechtlichen Arbeitsgemeinschaft des 48. Deutschen Juristentages, in: Verhandlungen des 48. Deutschen Juristentages. Mainz 1970, Band II (Sitzungsberichte), Teil Q, München, 1970. (zitiert *Ballerstedt*, Referat zum 48. DJT)

Balze, Wolfgang/ Rebel, Wolfgang/ Schuck, Peter: Outsourcing und Arbeitsrecht, München, 1997. (zitiert *Balze/Rebel/Schuck*, Outsourcing)

Bauer, Jobst-Hubertus: Unternehmensveräußerung und Arbeitsrecht, Heidelberg, 1983. (zitiert *Bauer*, Unternehmensveräußerung)

ders.: Flucht aus Tarifverträgen: Königs- oder Irrweg?, in: Schlachter, Monika/ Ascheid, Reiner/ Friedrich, Hans-Wolf (Hrsg.): Tarifautonomie für ein neues Jahrhundert, Festschrift für Günter Schaub, München, 1998, S. 19 ff. (zitiert *Bauer*, FS Schaub)

Bauer, Jobst-Hubertus/ Diller, Martin: Flucht aus Tarifverträgen, in: DB 1993, 1085 ff.

Bauer, Jobst-Hubertus/ Lingemann, Stefan: Das neue Umwandlungsrecht und seine arbeitsrechtlichen Auswirkungen, in: NZA 1994, 1057 ff.

Baumann, Thomas: Arbeitsrechtliche Aspekte des neuen Umwandlungsrechts, in: DStR 1995, 888 ff.

Becker-Schaffner, R.: Rechtsfragen zu § 613a BGB, in: BlStSozArbR 1975, 305 ff.

Behrens, Karl: Fernwirkung der in einem Tarifvertrag vereinbarten Arbeitsbedingungen, Jena, 1928. (zitiert *Behrens*, Fernwirkung)

Beisel, Wilhelm/ Klumpp, Hans-Hermann: Der Unternehmenskauf: Gesamtdarstellung der zivil- und steuerrechtlichen Vorgänge einschließlich gesellschafts-, arbeits- und kartellrechtlicher Fragen bei der Übertragung eines

Unternehmens, München, 2. Auflage 1991. (zitiert *Beisel/Klumpp*, Unternehmenskauf)

Beitzke, Günther: Anmerkung zu BAG vom 28.4.1982, in: SAE 1982, 249 f.

Belling, Detlev/ Müsgen, Thomas K.: Arbeitsrechtliche Aspekte der Sanierung von Betrieben in den neuen Bundesländern, in: NZA 1991, Beilage 1, S. 7 ff.

Berscheid, Ernst Dieter: Betriebsinhaberwechsel, in: Bürger, Karlheinz/ Oehmann, Werner/ Matthes, Hans-Christoph, Handwörterbuch des Arbeitsrechts für die tägliche Praxis, Stuttgart, 4. Auflage 1992. (zitiert *Berscheid*, Betriebsinhaberwechsel)

Beseler, Lothar: Tarifvertrag und Betriebsübergang - Flucht aus dem Tarifvertrag?, in: Rieder, Hans Dieter (Hrsg.), Betriebsübergang (§ 613a BGB): Arbeits- und betriebsverfassungsrechtliche Fragen, Münster, 1994, S. 169 ff. (zitiert *Beseler*, Betriebsübergang)

Bettermann, Karl August: Rechtssetzungsakt, Rechtssatz und Verwaltungsakt. Satzungsgenehmigung und Allgemeinverbindlichkeitserklärung, in: Dietz, Rolf/ Hübner, Heinz (Hrsg.), Festschrift für Hans Carl Nipperdey zum 70. Geburtstag, Bd. II, München, Berlin, 1965, S. 723 ff. (zitiert *Bettermann*, FS Nipperdey)

Bichlmeier, Wilhelm: Tarifliche Abfindungen bei zweimaligen Betriebsübergang, Anmerkung zu BAG vom 20.4.1994, in: AiB 1995, 195 ff.

Bichlmeier, Wilhelm/ Oberhofer, Herrmann: Das Gesamtvollstreckungsverfahren in Ostdeutschland. Arbeits- und Sozialrecht, Betriebsübergang (§ 613a BGB), Unternehmensbeteiligung und Betriebsaufspaltung, Bd. II, Köln, 2., Auflage 1994. (zitiert *Bichlmeier/ Oberhofer*, Gesamtvollstreckungsverfahren)

Bieback, Karl-Jürgen: Tarifrechtliche Probleme des Verbandswechsels von Arbeitgebern, in: DB 1989, 477 ff.

Biedenkopf, Kurt H.: Grenzen der Tarifautonomie, Karlsruhe, 1964.

Binkert, Gerhard: Konzeptionelle Probleme bei arbeitsrechtlichen Teilreformen. Zum Entwurf eines Gesetzes über die Gleichbehandlung von Männern und Frauen am Arbeitsplatz und über die Erhaltung von Ansprüchen bei Betriebsübergang, in: JZ 1979, 747 ff.

Birk, Rolf: Tarifvertragliche Folgen von Strukturveränderungen in Unternehmens- und Betriebsbereichen, in: AuR 1975, 312 ff.

ders.: Arbeitsrechtliche Probleme der Betriebsaufspaltung, in: BB 1976, 1227 ff.

ders.: Betriebsaufspaltung und Änderung der Konzernorganisation im Arbeitsrecht, in: ZGR 1984, 23 ff.

ders.: Zur Schwierigkeit der Umsetzung von Richtlinien im Arbeitsrecht, Saarbrücken, 1989.

Blank, Michael/ Blanke, Herrmann/ Klebe, Thomas/ Kümpel, Winfried/ Wendeling-Schröder, Ulrike/ Wolter, Henning: Arbeitnehmerschutz bei Betriebsaufspaltung und Unternehmensteilung, Köln, 1984. (zitiert *Blank/Blanke u.a.*, Arbeitnehmerschutz)

Bleckmann, Albert: Teleologie und dynamische Auslegung des Europäischen Gemeinschaftsrechts, EuR 1979, 239 ff.

ders.: Probleme der Auslegung von EWG-Richtlinien, in: RIW 1987, 929 ff.

ders.: Europarecht: Das Recht der europäischen Union und der Europäischen Gemeinschaften, Köln, Berlin, Bonn, München, 6. Auflage 1997. (zitiert *Bleckmann*, Europarecht)

Blomeyer, Wolfgang: Das kollektive Günstigkeitsprinzip - Bemerkungen zum Beschluß des Großen Senats des Bundesarbeitsgerichts vom 16.9.1986, in: DB 1987, 634 ff.

ders.: Anmerkungen zu EuGH vom 11.3.1997, in: EWiR 1997, 315 f.

Bobrowski, Paul/ Gaul, Dieter: Das Arbeitsrecht im Betrieb von der Einstellung bis zur Entlassung, Heidelberg, 6., Auflage 1970. (zitiert *Bobrowski/Gaul*, Arbeitsrecht im Betrieb)

Boecken, Winfried: Der Übergang von Arbeitsverhältnissen bei Spaltung nach dem neuen Umwandlungsrecht, in: ZIP 1994, 1087 ff.

ders.: Unternehmensumwandlungen und Arbeitsrecht, Köln, 1996. (zitiert *Boecken*, Unternehmensumwandlungen)

Bötticher, Eduard: Gestaltungsrecht und Unterwerfung im Privatrecht, Berlin, 1964.

ders.: Die gemeinsamen Einrichtungen der Tarifvertragsparteien, Heidelberg, 1966.

Boewer, Dietrich: Das Initiativrecht des Betriebsrats in sozialen Angelegenheiten, in: DB 1973, 522 ff.

ders.: Arbeitsrechtliche Auswirkungen des Umwandlungsrechts. Umwandlungsrecht und Individualarbeitsrecht, in: Brennpunkte des Arbeitsrechts 1997: Thesen und Ergebnisse der 8. Arbeitsrechtlichen Jahrestagung vom November 1996 in Bad Homburg, Herne, Berlin, 1997, S. 91 ff. (zitiert *Boewer*, Brennpunkte des Arbeitsrechts 1997)

Bohle, Thomas: Einheitliches Arbeitsrecht in der Weimarer Republik, Tübingen, 1993.

Bolck, Winrich: Personalrechtliche Probleme bei der Ausgliederung von Teilbereichen des öffentlichen Dienstes und Überführung in eine private Rechtsform, in: ZTR 1994, 14 ff.

Borngräber, Helmut: Arbeitsverhältnis bei Betriebsübergang. Der Eintritt des neuen Betriebsinhabers in die Rechte und Pflichten aus dem Arbeitsverhältnis bei Betriebsübergang (§ 613a Abs. 1 BGB), Frankfurt, 1977. (zitiert *Borngräber*, Arbeitsverhältnis bei Betriebsübergang)

Bracker, Ulrich: Betriebsübergang und Betriebsverfassung, Berlin, 1979.

Braun, Axel: BAG - Tarifliche Abfindung bei zweimaligen Betriebsübergang, Anmerkung zu BAG vom 20.4.1994, in: WiB 1995, 121 ff.

Brauns, o.A.: Das Ende des Arbeitsrechtsausschusses beim Reichsarbeitsministerium, in: Soziale Praxis Bd. 30 (1924), Sp. 122 ff.

Bretschneider, Georg/ Kiefer, Karl-Heinz: Das Tarifrecht im öffentlichen Dienst. Textsammlung mit Erläuterungen, Neuwied, 1990.

Brückner, o.A.: Der Arbeitsvertrag, in: Das Recht 1911, Sp. 345 ff.

Buchner, Herbert: Tarifvertragsgesetz und Koalitionsfreiheit. Zur verfassungsrechtlichen Problematik der §§ 3 Abs. 2, 3 Abs. 3, 5 und 9 Abs. 1 TVG, Diss., München, 1964. (zitiert *Buchner*, Tarifvertragsgesetz und Koalitionsfreiheit)

ders.: Der Umfang tariflicher Abschlußnormen, insb. ihre Abgrenzung zu den Normen über betriebliche Fragen, in: RdA 1966, 208 ff.

ders.: Inhalt des Tarifvertrages, in: AR-Blattei Tarifvertrag V, 1977.

ders.: Anmerkung zu BAG vom 21.1.1987, AR-Blattei Tarifvertrag V, Entscheidung Nr. 13.

ders.: Abschied von der Einwirkungspflicht der Tarifvertragsparteien, in: DB 1992, 572 ff.

ders.: Mitgliedschaft in Arbeitgeberverbänden ohne Tarifbindung, in: NZA 1994, 2 ff.

ders.: Wirkliche und vermeintliche Gefährdungen der Tarifautonomie, in: Heinze, Meinhard (Hrsg.), Arbeitsrecht in der Bewährung. Festschrift für Otto Rudolf Kissel zum 65. Geburtstag, München, 1994, S. 97 ff.

ders.: Verbandsmitgliedschaft ohne Tarifgebundenheit, in: NZA 1995, 761 ff.

ders.: Die Ausgliederung von betrieblichen Funktionen (Betriebsteilen) unter arbeitsrechtlichen Aspekten, in: GmbH-Rundschau 1997, 377 ff. (Teil I), 434 ff. (Teil II).

Das Bürgerliche Gesetzbuch mit besonderer Berücksichtigung der Rechtsprechung des Reichsgerichts und des Bundesgerichtshofes, Berlin, New York, 12., Auflage 1992. (zitiert RGRK/*Bearbeiter*, BGB)

Bulla, Werner: Sind anzeigepflichtige Entlassungen Betriebseinschränkungen im Sinne des Betriebsverfassungsgesetzes?, in: RdA 1976, 233 ff.

Carl, Dieter: § 613a BGB - eine Norm im Spannungsfeld zwischen Insolvenz- und Europarecht, in: AuA 1993, 293 ff.

Commandeur, Gert: Betriebs-, Firmen- und Vermögensübernahme: eine Gesamtdarstellung der haftungsrechtlichen Probleme bei Einzelrechtsnachfolge (§§ 613a, 419 BGB; § 25 HGB; § 75 AO), München, 1990. (zitiert *Commandeur*, Betriebs-, Firmen- und Vermögensübernahme)

Däubler, Wolfgang: Das Grundrecht auf Mitbestimmung und seine Realisierung durch tarifrechtliche Begründung von Beteiligungsrechten, Frankfurt a.M., 3., Auflage 1975. (zitiert *Däubler*, Grundrecht auf Mitbestimmung)

ders.: Arbeitsverträge und Kollektivverträge im Übergang, in: AuA 1991, 196 ff.

ders.: Tarifvertragsrecht, Baden-Baden, 3., Auflage 1993

ders.: Tarifflucht - eine aussichtsreiche Strategie zur Reduzierung von Lohnkosten?, in: ZTR 1994, 448 ff.

ders.: Das Arbeitsrecht im neuen Umwandlungsgesetz, in: RdA 1995, 136 ff.

ders.: Tarifausstieg - Erscheinungsformen und Rechtsfolgen, in: NZA 1996, 225 ff.

Däubler, Wolfgang/ Hege, Hans: Tarifvertragsrecht, Baden-Baden, 1. Auflage 1978.

dies.: Koalitionsfreiheit, Baden-Baden, 1976.

Däubler, Wolfgang/ Mayer-Maly, Theo: Negative Koalitionsfreiheit?, Tübingen, 1971.

Danne, Harald Th.: Anmerkung zu BAG vom 4.9.1996, in: SAE 1998, 111 ff.

Debong, Bernhard: Die EG-Richtlinie über die Wahrung der Arbeitnehmeransprüche beim Betriebsübergang, Pfaffenweiler, 1988. (zitiert *Debong*, EG-Richtlinie)

Dechant, Hans: Der Kollektivvertrag nach österreichischem und deutschen Rechte. Unter Berücksichtigung des schweizerischen Obligationenrechtes, München, 1923. (zitiert *Dechant*, Kollektivvertrag)

Denck, Johannes: Arbeitsleben und Rechtspflege. Besprechung der Festschrift für G. Müller, in: RdA 1982, 160 ff.

Dieterich, Thomas: Die betrieblichen Normen nach dem Tarifvertragsgesetz vom 9.4.1949, Heidelberg, 1964. (zitiert *Dieterich*, Betriebliche Normen)

Dieterich, Thomas/ Hanau, Peter/ Schaub, Günther (Hrsg.)*:* Erfurter Kommentar zum Arbeitsrecht, München, 1998. (zitiert: ErfurtKom/*Bearbeiter*)

Dietz, Rolf: Tarifrechtliche Fragen aus Anlaß des Beitritts eines Arbeitgebers zu einem Arbeitgeberverband, in: Dietz, Rolf/ Hübner, Heinz (Hrsg.), Festschrift für Hans Carl Nipperdey zum 70. Geburtstag, Bd. II, München, Berlin, 1965, S. 141 ff. (zitiert *Dietz*, FS Nipperdey)

Dolzer, Rudolf (Hrsg.)*:* Bonner Kommentar zum Grundgesetz, Heidelberg, 1993. (zitiert BK/*Bearbeiter*, GG)

Dreier, Horst (Hrsg.)*:* Grundgesetz. Bd. 1 (Artikel 1-19), Tübingen, 1996. (zitiert Dreier/*Bearbeiter*, GG)

Düwell, Franz Josef: Umstrukturierung von Unternehmen - legislatorische Defizite und rechtspolitische Forderungen, in: AuR 1994, 357 ff.

ders.: Auswirkung einer Funktion von Betrieben und Unternehmen auf Arbeitsvertrag und Kollektivvereinbarungen, in: Rieder, Hans Dieter (Hrsg.), Betriebsübergang (§ 613a BGB): Arbeits- und betriebsverfassungsrechtliche Fragen, Münster, 1994, S. 193 ff. (zitiert *Düwell*, Betriebsübergang)

ders.: Umwandlung von Unternehmen und arbeitsrechtliche Folgen, in: NZA 1996, 393 ff.

Eich, Rolf-Achim: Das Gesetz über die Gleichbehandlung von Männern und Frauen am Arbeitsplatz, in: NJW 1980, 2329 ff.

Elze, Hans: Lücken im Gesetz. Begriff und Ausfüllung. Ein Beitrag zur Methodologie des Rechts, München, Leipzig, 1916.

Erdel, o.A.*:* Bedeutung der Verbandszugehörigkeit für die Tarifvertragsgeltung, in: SchlWes 1921, 222 ff.

ders.: Zwangsverbindlichkeit von Tarifverträgen, in: NZfA 1922, 73 ff.

ders.: Rechtsnachfolge in Tarifverträgen, in: Arbeitsrecht 1925, Sp. 101 ff.

ders.: Die Krise des Tarifgedankens und des Schlichtungswesens, 1926.

Erman, Walter: BGB Handkommentar. 1. Band: §§ 1 - 853, Münster, 9. Auflage 1993. (zitiert Erman/*Bearbeiter*, BGB)

Etzel, Gerhard: Tarifordnung und Arbeitsvertrag, in: NZA 1987, Beilage 1, S. 19 ff.

Etzel, Gerhard/ Friedrich, Hans-Wolf/ Lipke, Gert-Albert/ Pfeiffer, Thomas/ Rost, Friedhelm/ Spilger, Andreas Michael/ Weigand, Horst/ Wolff, Ingeborg: Gemeinschaftskommentar zum Kündigungsschutzgesetz und zu sonstigen kündigungsschutzrechtlichen Vorschriften, Neuwied, Kriftel, Berlin, 4., Auflage 1996. (zitiert GK-KR/*Bearbeiter*)

Fabricius, Fritz/ Kraft, Alfons/ Wiese, Günther/Kreutz, Peter: Betriebsverfassungsgesetz. Gemeinschaftskomentar, Bd. 2, Neuwied, Kriftel, Berlin, 5., Auflage 1993. (zitiert GK/*Bearbeiter*, BetrVG)

Färber, Peter: Übergang des Arbeitsverhältnisses bei Betriebsinhaberwechsel - individualrechtliche Auswirkungen des Betriebsüberganges, in: Rieder, Hans Dieter (Hrsg.), Betriebsübergang (§ 613a BGB): Arbeits- und betriebsverfassungsrechtliche Fragen, Münster, 1994, S. 133 ff. (zitiert *Färber*, Betriebsübergang)

Fahrtmann, Friedhelm/ Hensche, Detlef: Die gemeinsamen Einrichtungen der Tarifvertragsparteien - aus der Sicht der Arbeitnehmerseite -, in: ArbRGW 9 (1979), S. 95 ff.

Falkenberg, Rolf-Dieter: Auswirkungen des § 613a in der betrieblichen Praxis, in: DB 1980, 783 ff.

ders.: Der rechtsgeschäftliche Betriebsübergang und seine Auswirkungen auf die betriebliche Altersversorgung, in: BB 1987, 328 ff.

Fastrich, Lorenz: Betriebsvereinbarung und Privatautonomie, in: RdA 1994, 129 ff.

Feger, Sandra: Flucht aus dem Arbeitgeberverband, in: AiB 1995, 490 ff.

Fischer, Lorenz: Individualarbeitsrechtliche Probleme beim Betriebsübergang nach § 613a, Mainz, 1986. (zitiert *Fischer*, Individualarbeitsrechtliche Probleme)

Fitting, Karl/ Kaiser, Heinrich/ Heither, Friedrich/ Engels, Gerd: Betriebsverfassungsgesetz. Handkommentar, München, 19., Auflage 1998. (zitiert *Fitting/Kaiser/Heither/Engels*, BetrVG)

Franzen, Martin: Der Betriebsinhaberwechsel nach § 613a BGB im internationalen Arbeitsrecht, Heidelberg, 1994. (zitiert *Franzen*, Betriebsinhaberwechsel)

Frieges, Holger M.: Wegfall der Tarifbindung und einzelvertragliche Inbezugnahme von Tarifverträgen, in: DB 1996, 1281 ff.

Frielinghaus, o.A.: Personenwechsel bei Tarifverträgen auf Arbeitgeberseite, in: SchlWes 1922, 195 ff.

Galperin, Hans: Betriebsnachfolge und Betriebsinhaberwechsel, in: DB 1962, 1113 ff.

Galperin, Hans/ Löwisch, Manfred, Kommentar zum Betriebsverfassungsgesetz, Bd. II: Regelung der Mitbestimmung (§§ 74-132), Heidelberg, 6. Auflage 1982. (zitiert *Galperin/Löwisch*, BetrVG)

Gamillscheg, Franz: Differenzierung nach der Gewerkschaftszugehörigkeit beim Vorruhestand, in: BB 1988, 555 ff.

ders.: Kollektives Arbeitsrecht. Bd. I, München, 1997.

Gaul, Björn: Das Schicksal von Tarifverträgen und Betriebsvereinbarungen bei der Umwandlung von Unternehmen, in: NZA 1995, 717 ff.

ders.: Die aktuelle Entwicklung zum Betriebs- und Unternehmensübergang, in: AuR 1995, 119 ff.

ders.: Die Privatisierung von Dienstleistungen als rechtsgeschäftlicher Betriebsübergang, in: ZTR 1995, 344 ff. (Teil I), 387 ff. (Teil II).

ders.: Die einzelvertragliche Bezugnahme auf einen Tarifvertrag beim Tarifwechsel des Arbeitgebers, in: NZA 1998, 9 ff.

Gaul, Dieter: Auswirkungen des Betriebsinhaberwechsels auf bestehende Arbeitsverhältnisse und Betriebsvereinbarungen, in: BUV 1972, 181 ff.

ders.: Betriebsinhaberwechsel und seine einzelvertraglichen Auswirkungen, in: BB 1979, 1666 ff.

ders.: Zur Tarifgebundenheit bei Betriebsübergang, Anmerkung zu BAG vom 26.9.1979, in: EzA Nr. 2 zu § 3 TVG.

ders.: Die kollektiven und kollektivrechtlichen Auswirkungen des Betriebsinhaberwechsels, in: DB 1980, 98 ff.

ders.: Das Arbeitsrecht im Betrieb von der Einstellung bis zur Entlassung, Band II, Heidelberg, 8., Auflage 1986. (zitiert *Gaul*, Arbeitsrecht im Betrieb)

ders.: Weiterentwicklung zur Auslegung des § 613a BGB, in: Aktuelle Aspekte des Arbeitsrechts 1987, S. 140 ff.

ders.: Die kollektivrechtlichen Auswirkungen eines rechtsgeschäftlich begründeten Betriebsüberganges, in: ZTR 1989, 432 ff.

ders.: Der Geltungsbereich von Firmentarifverträgen bei bundesdeutschen Unternehmen mit Betrieben in der ehemaligen DDR, in: BB 1990, Beilage 37, S. 29 ff.

ders.: Erstreckungsinhalt und Umfang einer tariflichen Bezugnahmeklausel auf den BAT, in: ZTR 1991, 188 ff.

ders.: Der Betriebsübergang. Arbeitsrecht, Sozialrecht, Gesellschaftsrecht, gewerblicher Rechtsschutz, Ehningen, 1. Auflage 1990; 2., Auflage 1992. (zitiert *Gaul*, Betriebsübergang)

ders.: Schranken der Bezugnahme auf einen Tarifvertrag, in: ZTR 1993, 355 ff.

Gerhards, Thomas: Tarifgebundenheit beim Verbandswechsel des Arbeitgebers, in: BB 1995, 1290 ff.

Gentges, Peter: Arbeitsrechtliche Probleme bei der Beendigung eines Konzessionsvertrages, in: RdE 1994, 222 ff.

Goldschmidt, H.: Das „Antiterrorgesetz" in Österreich, in: NZfA 1930, Sp. 333 ff.

Goos, Wolfgang: Mitbestimmung bei betrieblichen Zulagen, in: NZA 1986, 701 ff.

Gumpert, Jobst: Tarifaußenseiter und Tarifausschlußklauseln, in: BB 1960, 100 ff.

Gussen, Heinrich: Die Fortgeltung von Betriebsvereinbarungen und Tarifverträgen beim Betriebsübergang: zur kollektiv- und individualrechtlichen Weitergeltung von Gesamtvereinbarungen beim Inhaberwechsel nach 613a BGB, Berlin, 1989. (zitiert *Gussen*, Fortgeltung)

ders.: Anmerkung zu BAG vom 27.7.1994, in: AP Nr. 118 zu § 613a BGB.

Gussen, Heinrich/ Dauck, Andreas: Die Weitergeltung von Betriebsvereinbarungen und Tarifverträgen bei Betriebsübergang und Umwandlung, Bielefeld, 2., Auflage 1997. (zitiert *Gussen/Dauck*, Weitergeltung)

Haase, Rolf: Betrieb, Unternehmen und Konzern im Arbeitsrecht, in: NZA 1988, Beilage 3, S. 11 ff.

Hainke, Stefan: Vorgeschichte und Entstehung der Tarifvertragsverordnung vom 23. Dezember 1918, Diss. Kiel, 1987.

Hanau, Peter: Rechtswirkungen der Betriebsvereinbarung, in: RdA 1989, 207 ff.

ders.: Arbeitsrecht und Mitbestimmung in Umwandlung und Fusion, in: ZGR 1990, 548 ff.

ders.: Aktuelle Fragen zu § 613a BGB, in: Boewer, Dietrich (Hrsg.), Festschrift für Dieter Gaul zum 70. Geburtstag, Neuwied, Kriftel, Berlin, 1992, S. 287 ff.

ders.: Wie geht es weiter mit § 613a BGB? in: ArbRGW 34 (1997), S. 21 ff.

ders.: Der Tarifvertrag in der Krise, in: RdA 1998, 65 ff.

Hanau, Peter/ Adomeit, Klaus: Arbeitsrecht, Neuwied, Kriftel, Berlin, 11., Auflage 1994.

Hanau, Peter/ Kania, Thomas: Anmerkung zu BAG vom 20.3.1991, in: AP Nr. 20 zu § 4 TVG Tarifkonkurrenz.

dies.: Stufentarifverträge, in: DB 1995, 1229 ff.

dies.: Die Bezugnahme auf Tarifverträge durch Arbeitsvertrag und betriebliche Übung, in: Schlachter, Monika/ Ascheid, Reiner/ Friedrich, Hans-Wolf (Hrsg.): Tarifautonomie für ein neues Jahrhundert, Festschrift für Günter Schaub, München, 1998, S. 239 ff. (zitiert *Hanau/Kania*, FS Schaub)

Hanau, Peter/ Vossen, Reinhard: Die Auswirkungen des Betriebsinhaberwechsels auf Betriebsvereinbarungen und Tarifverträge, in: Festschrift für Marie-Luise Hilger und Hermann Stumpf, München, 1983, S. 271 ff. (zitiert *Hanau/Vossen*, FS Hilger/Stumpf)

Hanau, Peter/ Zimmermann, Stefan: Buchbesprechung zu Höfer/Abt, Gesetz zur Verbesserung der betrieblichen Altersversorgung, in: ZfA 1982, 639 ff.

Hardt, Conrad: Zur Theorie der Fortwirkung abgelaufener Tarifverträge in den Einzelarbeitsverträgen, in: NZfA 1925, Sp. 77 ff.

Hasford, Alfred: Die Wirkungen des rechtsgeschäftlichen Überganges von Betriebsteilen auf bestehende Arbeitsverhältnisse, in: BB 1973, 526 ff.

Hattesen, Michael: Arbeitsverhältnis und Betriebsübergang, in: Leinemann, Wolfgang (Hrsg.), Handbuch zum Arbeitsrecht, Gruppe 1 Teilbereich 10, 1996, S. 1331 ff., Rn. 3251 ff. (zitiert *Hattesen*, HzA)

Haug, Ulrich: Tarifvorrang und innerbetriebliche Regelungsmechanismen, in: BB 1986, 1921 ff.

Heckelmann, Dieter: Die Entwicklung des arbeitsrechtlichen Schrifttums im Jahre 1972, in: ZfA 1973, 425 ff.

Heinze, Meinhard: Die Arbeitgebernachfolge bei Betriebsübergang. Die Regelungsstruktur des § 613a BGB und rechtliche Konsequenzen, in: DB 1980, 205 ff.

ders.: Mißverständnisse zu § 613a BGB, in: Festschrift für Wolfram Henckel, Berlin, 1995, S. 401 ff. (zitiert *Heinze*, FS Henckel)

ders.: Arbeitsrechtliche Fragen bei der Übertragung und Umwandlung von Unternehmen, in: ZfA 1997, 1 ff.

ders.: Arbeitsrechtliche Probleme bei der Umstrukturierung von Unternehmen, in: DB 1998, 1861 ff.

ders.: Ausgewählte Rechtsfragen zu § 613a BGB, in: Schlachter, Monika/ Ascheid, Reiner/ Friedrich, Hans-Wolf (Hrsg.): Tarifautonomie für ein neues Jahrhundert, Festschrift für Günter Schaub, München, 1998, S. 275 ff. (zitiert *Heinze*, FS Schaub)

Henssler, Martin: Aufspaltung, Ausgliederung, Fremdvergabe, in: NZA 1994, 294 ff.

ders.: Aktuelle Rechtsprobleme des Betriebsübergangs, in: NZA 1994, 913 ff.

ders.: Unternehmensumstrukturierung und Tarifvertrag, in: Schlachter, Monika/ Ascheid, Reiner/ Friedrich, Hans-Wolf (Hrsg.): Tarifautonomie für ein neues Jahrhundert, Festschrift für Günter Schaub, München, 1998, S. 311 ff. (zitiert *Henssler*, FS Schaub)

Herbst, Jens: Arbeitsrecht im neuen Umwandlungsgesetz, in: AiB 1995, 5 ff.

Herschel, Wilhelm: Die Auslegung der Tarifvertragsnormen, in: Nipperdey, Hans Carl (Hrsg.), Festschrift für Erich Molitor zum 75. Geburtstag, München, Berlin, 1962, S. 161 ff. (zitiert *Herschel*, FS Molitor)

ders.: Gratifikationsrückzahlung und Tarifvertrag. Zugleich ein Beitrag zu den Zulassungsnormen und zur Bezugnahme auf den Tarifvertrag, in: DB 1967, 245 ff.

ders.: Die individualrechtliche Bezugnahme auf einen Tarifvertrag, in: DB 1969, 659 ff.

ders.: Zur Entstehung des Tarifvertragsgesetzes, in: ZfA 1973, 183 ff.

ders.: Der nachwirkende Tarifvertrag, insbesondere seine Änderung, in: ZfA 1976, 89 ff.

ders.: Betriebsübergang und Arbeitsvertrag, in: ZfA 1977, 219 ff.

Hess, Harald: Rechtsfragen zum „betriebsnahen Tarifvertrag" unter Berücksichtigung von Tarifpluralitäten, in: ZfA 1976, 45 ff.

ders.: Insolvenzarbeitsrecht, in: AR-Blattei Insolvenz I, 1997.

Hess, Harald/ Knörig, Klaus: Das Arbeitsrecht bei Sanierung und Konkurs. Mitbestimmung - Sozialplan -Kündigungsschutz - Betriebsübergang, Neuwied, 1991. (zitiert *Hess/Knörig*, Arbeitsrecht)

Hölters, Wolfgang (Hrsg.): Handbuch des Unternehmens- und Beteiligungskaufs, Köln, 3., Auflage 1992. (zitiert Hölters/*Bearbeiter*, Unternehmens- und Beteiligungskauf)

Höpfner, Bernhard: Die normativen Wirkungen kollektivvertraglicher Inhaltsnormen. Verdrängung oder Vernichtung entgegenstehender einzelvertraglicher Regelungen, Frankfurt a.M., 1995.

Hohenstatt, Klaus: Problematische Ordnungsvorstellungen des BAG im Tarifrecht, in: DB 1992, 1678 ff.

Holzapfel, Hans-Joachim/ Pöllath, Reinhard: Recht und Praxis des Unternehmenskaufs: rechtliche und steuerliche Aspekte, Köln, 7., Auflage 1994. (zitiert *Holzapfel/Pöllath*, Unternehmenskauf)

v. Hoyningen-Huene, Gerrick: Die Bezugnahme auf den Tarifvertrag - ein Fall der Tarifbindung, in: RdA 1974, 138 ff.

ders.: Die Billigkeit im Arbeitsrecht. Ein Beitrag zur rechtsdogmatischen Präzisierung der Billigkeit im Zivilrecht - dargestellt am Beispiel des Arbeitsrechts, München, 1978.

ders.: Anmerkung zu BAG vom 28.4.1982, in: AP Nr. 3 zu § 2 KSchG 1969.

ders.: Die Bezugnahme auf einen Firmentarifvertrag durch Betriebsvereinbarung, in: DB 1994, 2026 ff.

ders.: Kündigungsschutzgesetz, München, 12., Auflage 1997.

v. Hoyningen-Huene, Gerrick/ Meier-Krenz, Ulrich: Mitbestimmung trotz Tarifvertrages? Tarifvorbehalt und Tarifvorrang in § 77 III BetrVG, in: NZA 1987, 793 ff.

dies.: Flexibilisierung des Arbeitsrechts durch Verlagerung tariflicher Regelungskompetenzen auf den Betrieb, in: ZfA 1988, 293 ff.

v. Hoyningen-Huene, Gerrick/ Windbichler, Christine: Der Übergang von Betriebsteilen nach § 613a BGB, in: RdA 1977, 329 ff.

Hromadka, Wolfgang: Änderung und Ablösung von Einheitsarbeitsbedingungen, NZA 1987, Beilage 3, S. 1 ff.

ders.: Tarifvertrag und Arbeitsvertrag bei der Ausgründung von Betriebsteilen, in: DB 1996, 1872 ff.

Hromadka, Wolfgang/ Maschmann, Frank/ Wallner, Franz: Der Tarifwechsel. Tarifvertrag und Arbeitsvertrag bei Änderung von Verbandsmitgliedschaft, Betriebszweck und Betriebsinhaber, München, 1996. (zitiert *Hromadka/Maschmann/Wallner*, Tarifwechsel)

Hueck, Alfred: Recht des Tarifvertrages unter besonderer Berücksichtigung der Verordnung vom 23.11.1918, Berlin, 1920.

ders.: Der Entwurf eines Arbeitstarifgesetzes, in: DJZ 1921, Sp. 394 ff.

ders.: Der Entwurf zu einem Arbeitstarifgesetz, in: JW 1921, 613 ff.

ders.: Handbuch des Arbeitsrechts, Bd. III: Das Tarifrecht, Stuttgart, 1922.

ders.: Die Nachwirkung der Tarifverträge, in: NZfA 1926, Sp. 151 ff.

ders.: Anmerkung zu RAG vom 25.3.1931, in: Bensh. Sammlg. 11, 523 ff.

ders.: Normen des Tarifvertrags über betriebliche und betriebsverfassungsrechtliche Fragen, in: BB 1949, 530 ff.

Hueck, Alfred/ Nipperdey, Hans Carl: Lehrbuch des Arbeitsrechts, Bd. II: Kollektives Arbeitsrecht, Mannheim, Berlin, Leipzig, Frankfurt a.M., 1.+ 2. Auflage 1930, 3.-5. Auflage 1932, 6. Auflage 1957.

dies.: Lehrbuch des Arbeitsrechts, Bd. II/1: Kollektives Arbeitsrecht, Berlin, Frankfurt a.M., 7. Auflage 1967.

Hueck, Alfred/ Nipperdey, Hans Carl/ Tophoven, Ernst/ Stahlhacke, Eugen: Tarifvertragsgesetz mit Durchführungs- und Nebenvorschriften, München, Berlin, 4., Auflage 1964 (zitiert *Hueck/Nipperdey/Tophoven/Stahlhacke*, TVG)

Hueck, Götz: Der Grundsatz der gleichmäßigen Behandlung im Privatrecht, München, Berlin, 1958.

ders.: Gleichbehandlung und Billigkeitskontrolle, in: Hueck, Götz/ Richardi, Reinhard (Hrsg.), Gedächtnisschrift für Rolf Dietz, München, 1973, S. 241 ff. (zitiert *Hueck, G.*, GS Dietz)

ders.: Anmerkung zu BAG vom 25.8.1976, in: AP Nr. 41 zu § 242 BGB Gleichbehandlung.

Hüper, Rolf: Der Betrieb im Unternehmerzugriff. Arbeitnehmerinteresse und Mitbestimmung bei Betriebsübergang, Betriebsaufspaltung und Betriebsparzellisierung, Köln, 1986. (zitiert *Hüper*, Betrieb)

Hunold, Wolf: Gleichbehandlungsgrundsatz, Gleichbehandlungsgesetz und Gleichberechtigungssatz im Betrieb. Eine kritische Bestandsaufnahme anhand der Rechtsprechung, in: DB 1984, Beilage 5.

ders.: Gleichbehandlung im Betrieb - Eine aktuelle Rechtsprechungsübersicht für die Praxis -, in: DB 1991, 1670 ff.

Ingenfeld, Gisbert: Die Betriebsausgliederung aus der Sicht des Arbeitsrechts, Bergisch Gladbach, 1992. (zitiert *Ingenfeld*, Betriebsausgliederung)

Isensee, Josef/ Kirchhof, Paul (Hrsg.): Handbuch des Staatsrechts der Bundesrepublik Deutschland, Bd. VI: Freiheitsrechte, Heidelberg, 1989. (zitiert Isensee/Kirchhof/ *Bearbeiter*, Handbuch des Staatsrechts)

Jacobi, Erich: Grundlehren des Arbeitsrechts, Leipzig, 1927. (zitiert *Jacobi*, Grundlehren)

Jarass, Hans D./ Pieroth, Bodo: Grundgesetz für die Bundesrepublik Deutschland, München, 3., Auflage 1995. (zitiert *Jarass/Pieroth*, GG)

Johlke, Horst/ Delhey, Thomas: Zur Bindung des Betriebserwerbers an bestehende Tarifverträge, Anmerkung zu BAG vom 13.11.1985, in: WuB IX C 1 § 613a BGB 1.87.

Joost, Detlev: Besprechung von Boecken, Unternehmensumwandlungen und Arbeitsrecht, in: ZHR 161 (1997), 715 ff.

Jung, Eberhard: Die Weitergeltung kollektivrechtlicher Regelungen (Tarifverträge, Betriebsvereinbarungen) bei einem Betriebsinhaberwechsel, in: RdA 1981, 360 ff.

Junker, Michael: Die auf einer Betriebsvereinbarung beruhende Altersversorgung beim Betriebsübergang, in: RdA 1993, 203 ff.

Kaiser, Gerhard J./ Gradel, Christian: Betriebliche Altersversorgung bei Unternehmenskäufen, in: DB 1996, 1621 ff.

Kallmeyer, Harald (Hrsg.): Umwandlungsgesetz, Köln, 1997. (zitiert: Kallmeyer/*Bearbeiter*, UmwG)

Kamlah, Wulf: Bestandsschutz und Ablösung von Kollektivverträgen bei Betriebsübergang, Diss., Bonn, 1996. (zitiert *Kamlah*, Bestandsschutz)

Kania, Thomas: Tarifeinheit bei Betriebsübergang?, in: DB 1994, 529 ff.

ders.: Tarifbindung bei Ausgliederung und Aufspaltung eines Betriebes, in: DB 1995, 625 ff.

ders.: Tarifpluralität und Industrieverbandsprinzip, in: DB 1996, 1921 ff.

Kaskel, Walter: Das Schicksal der Einzelarbeitsverträge bei Änderung oder Aufhebung der tariflichen Regelung, in: NZfA 1924, Sp. 129 ff.

ders.: Arbeitsrecht, Berlin, 1. Auflage 1925.

Kaskel, Walter/ Dersch, Hermann: Arbeitsrecht, Berlin, 4. Auflage 1932.

Kehrmann, Karl: Betriebsübergang und Inhaberwechsel, in: MitbestGespräch 1975, 88 ff.

Kempen, Otto Ernst: Zur Rechtsschutzgewähr für die Tarifvertragsparteien im neuen tariflichen Arbeitszeitrecht, in: AuR 1989, 261 ff.

ders.: Betriebsübergang und Tarifvertrag, in: BB 1991, 2006 ff.

ders.: Struktur- und Funktionsunterschiede zwischen Tarifvertrag und Betriebsvereinbarung, dargestellt anhand des Problems gesetzlicher Tariföffnungsklauseln im kollektiven Arbeitsrecht, in: ArbRGW 30 (1993), 97 ff.

ders.: Betriebsverfassung und Tarifvertrag, in: RdA 1994, 140 ff.

Kempen, Otto Ernst/ Zachert, Ulrich: Tarifvertragsgesetz - Kommentar für die Praxis, Köln, 3., Auflage 1997. (zitiert *Kempen/Zachert*, TVG)

Kerschner, Helmut/ Köhler, Hermine: Betriebsveräußerung und Arbeitsrecht - Haftung des Betriebserwerbers beim Übergang von Arbeitsverhältnissen, Berlin, 1982. (zitiert *Kerschner/Köhler,* Betriebsveräußerung)

Khoury, Shania: Rechtsprechung zu § 613a BGB - Betriebsübergang - Rechte und Pflichten der Arbeitnehmer und Arbeitgeber, in: ArbN 1989, 146 ff.

Kirschner, o.A.: Betriebsnachfolge und Betriebsinhaberwechsel, in: DB 1964, 1061 ff.

Kittner, Michael/ Trittin, Wolfgang: Kündigungsschutzrecht, Köln, 3., Auflage 1997.

Klebe, Thomas/ Wendeling-Schröder, Ulrike: Unternehmensteilung, in: AiB 1992, 77 ff.

Knigge, Arnold: Gesetzliche Neuregelung der Gleichbehandlung von Männern und Frauen am Arbeitsplatz, in: BB 1980, 1272 ff.

Koch, Werner: Beginn, Rückwirkung und Beendigung des Tarifvertrages, Diss. Köln, 1931.

Köppe, H.: Der Arbeitstarifvertrag als Gesetzgebungsproblem. Eine sozialpolitische Studie, Jena, 1908.

Kohte, Wolfhard: Tarifpluralität - Vorrang des spezielleren Tarifvertrags gegenüber allgemein verbindlich erklärtem Tarifvertrag, Anmerkung zu BAG vom 26.1.1994, in: SAE 1996, 14 ff.

Konzen, Horst: Tarifbindung, Friedenspflicht und Kampfparität beim Verbandswechsel des Arbeitgebers, in: ZfA 1975, 401 ff.

ders.: Anmerkung zu BAG vom 26.9.1979, in: SAE 1980, 66 ff.

Kraft, Alfons: Tarifkonkurrenz, Tarifpluralität und das Prinzip der Tarifeinheit, in: RdA 1992, 161 ff.

Krahl, Wilfried: Arbeitsrechtliche Folgen des rechtsgeschäftlichen Betriebsübergangs, in: AuA 1990, 211 ff.

Krauss, Stefan: Die neue Freiheit ohne Verbandstarif?, in: DB 1995, 1562 ff.

Kreßel, Eckhard: Arbeitsrechtliche Aspekte des neuen Umwandlungsbereinigungsgesetzes, in: BB 1995, 925 ff.

Kunze, Otto: Änderungen auf der Arbeitgeberseite von Kollektivvereinbarungen, in: RdA 1976, 31 ff.

Kutsch, Stefan/ Hofsäß, Martin: Zur Haftung des Erwerbers bei Betriebsübergang nach § 613a BGB, in: Gutzeit, Martin/ Reimann, Markus: Liber Discipulorum. Denkschrift für Prof. Dr. Günther Wiese, Weilheim, 1996, S. 64 ff. (zitiert *Kutsch/Hofsäß,* Denkschrift Wiese)

Larenz, Karl/ Canaris, Claus-Wilhelm: Methodenlehre der Rechtswissenschaft, 3., Auflage Berlin, Heidelberg, New York, 1995.

Lautner, Julius-Georg: Probleme der Tarifrechtsreform, Mannheim, Berlin, Leipzig, 1929.

Lehmann, Heinrich: Tarifvertrag und Nachwirkung, Berlin, 1927.

Leinemann, Wolfgang (Hrsg.): Kasseler Handbuch zum Arbeitsrecht, Bd. 1. Arbeitsverhältnis und Inhalt des Arbeitsverhältnisses, Neuwied, Kriftel, Berlin, 1997. (zitiert KassArbR/*Bearbeiter*)

Lieb, Manfred: Begriff, Geltungsweise und Außenseiterproblematik der Solidarnormen, in: RdA 1967, 441 ff.

ders.: Mehr Flexibilität im Tarifvertragsrecht? Moderne Tendenzen auf dem Prüfstand, in: NZA 1994, 337 ff.

ders.: Arbeitsrecht, Heidelberg, 6., Auflage 1997.

Liessem, Georg: Der Übergang der Arbeitsverhältnisse bei Betriebsverpachtung, Diss., Köln, 1983.

Löw, Friederike: Die Betriebsveräußerung im europäischen Arbeitsrecht, Frankfurt a.M., 1992. (zitiert *Löw*, Betriebsveräußerung)

Löwisch, Manfred: Arbeitsrechtliche Probleme bei Kurzarbeit, Massenentlassungen, Betriebsänderungen und Veräußerungen von Betrieben oder Betriebsteilen, Köln, 1981. (zitiert *Löwisch*, Arbeitsrechtliche Probleme)

ders.: Zur Weiterhaftung des Betriebsveräußerers nach § 613a Abs. 2 BGB, in: ZIP 1986, 1101 ff.

ders.: Anmerkung zu BAG GS vom 16.9.1986, in: SAE 1987, 185 ff.

Löwisch, Manfred/ Rieble, Volker: Anmerkung zu BAG vom 27.11.1991, in: AP Nr. 22 zu § 4 TVG Nachwirkung.

dies.: Anmerkung zu BAG vom 18.3.1992, in: AP Nr. 13 zu § 3 TVG.

dies.: Tarifvertragsgesetz, München, 1992. (zitiert *Löwisch/Rieble*, TVG)

dies.: Tarifvertragsrechtliche und arbeitskampfrechtliche Fragen des Übergangs vom Haustarif zum Verbandstarif, in: Schlachter, Monika/ Ascheid, Reiner/ Friedrich, Hans-Wolf (Hrsg.): Tarifautonomie für ein neues Jahrhundert, Festschrift für Günter Schaub, München, 1998, S. 457 ff. (zitiert *Löwisch/Rieble*, FS Schaub)

Lorenz, Martin: Gesetz über die Gleichbehandlung von Männern und Frauen am Arbeitsplatz und über die Erhaltung von Ansprüchen bei Betriebsübergang, in: DB 1980, 1745 ff.

Loritz, Karl-Georg: Aktuelle Rechtsprobleme des Betriebsübergangs nach § 613a BGB, in: RdA 1987, 65 ff.

ders.: Anmerkung zu BAG vom 26.4.1990, in: SAE 1991, 245 ff.

ders.: Die Kündigung von Betriebsvereinbarungen und die Diskussion um eine Nachwirkung freiwilliger Betriebsvereinbarungen, in: RdA 1991, 65 ff.

ders.: Der Tatbestand des § 613a BGB, in: ZfA 1991, 585 ff.

Lotmar, Philipp: Der Arbeitsvertrag nach dem Privatrecht des deutschen Reiches, Bd. I, Leipzig, 1902.

Martens, Klaus-Peter: Anmerkung zu BAG vom 4.12.1974, in: SAE 1976, 83 ff.

Maunz, Theodor/ Düring, Günter/ Scholz, Rupert: Grundgesetz. Kommentar. Bd. I (Art 1 - 12), München, 1996. (zitiert Maunz/Düring/*Scholz*, GG)

Maus, Wilhelm: Tarifvertragsgesetz, Göttingen, 1956. (zitiert *Maus*, TVG)

Mayer-Maly, Theo: Grundsätzliches und Aktuelles zum „Tendenzbetrieb“, in: BB 1973, 761 ff.

Meißinger, Hermann: Das Arbeitstarifgesetz, in: Der Arbeitgeber 1921, 141 ff.

ders.: Tarifrechtliche Folgen des Wechsels in der Person des Arbeitgebers, in: NZfA 1924, Sp. 521 ff.

Mengel, Anja: Umwandlungen im Arbeitsrecht. Eine Untersuchung der arbeitsrechtlichen Vorschriften des Gesetzes zur Bereinigung vom 28.10.1994, Heidelberg, 1997. (zitiert *Mengel*, Umwandlungen)

Merten, Philip: Das Prinzip der Tarifeinheit als arbeitsrechtliche Kollisionsnorm, in: BB 1993, 572 ff.

Mösenfechtel, Ludwig/ Schmitz, Gabriele: Zur Nachfolge des Erwerbers in die Tarifgebundenheit des Veräußerers bei Betriebsübergang, in: RdA 1976, 108 ff.

Molitor, Erich: Die unmittelbare Wirkung der Tarifverträge, in: NZfA 1923, Sp. 41 ff.

ders.: Arbeitnehmer und Betrieb. Zugleich ein Beitrag zur einheitlichen Grundlegung des Arbeitsrechts, Marburg, 1929.

ders.: Kommentar zur Tarifvertragsverordnung, 1930. (zitiert *Molitor*, TVO)

Moll, Wilhelm: Betriebsübergang und Arbeitsverhältnisse - § 613a Abs. 1 Satz 1 BGB: Anwendungsbereich und Voraussetzungen -, in: AnwBl. 1991, 282 ff.

ders.: Die Rechtsstellung des Arbeitnehmers nach einem Betriebsübergang, in: NJW 1993, 2016 ff.

ders.: Aktuelle Probleme des Betriebsübergangs, in: Brennpunkte des Arbeitsrechts 1996: Thesen und Ergebnisse der 7. Arbeitsrechtlichen Jahrestagung vom November 1995 in Bad Homburg, Herne, Berlin, 1996, S. 185 ff. (zitiert *Moll*, Brennpunkte des Arbeitsrechts 1996)

ders.: Kollektivvertragliche Arbeitsbedingungen nach einem Betriebsübergang, in: RdA 1996, 275 ff.

Morell, Klaus-Dieter: Wird das Personal mit dem Stromnetz übernommen ?, in: Städtetag 1993, 297 ff.

Müller, Bernd: Tarifkonkurrenz und Tarifpluralität, in: NZA 1989, 449 ff.

Müller, Gerhard: Der Geltungsbereich des tarifrechtlichen Nachwirkungsgrundsatzes, in: DB 1959, 84 f.

ders.: Die Tragweite der tariflichen Bezugnahmeklauseln, in: RdA 1990, 321 ff.

v. Münch, Ingo/ Kunig, Philip/ Löwer, Manfred: Grundgesetz - Kommentar. Bd. 1 (Präambel bis Art. 20), München, 4., Auflage 1992. (zitiert v. Münch/Kunig/*Löwer*, GG)

Münchener Kommentar zum Bürgerlichen Gesetzbuch, Bd. 4: Schuldrecht Besonderer Teil, 2. Halbband, München, 3., Auflage 1997. (zitiert Münch-Kom/*Bearbeiter*, BGB)

Nagels, Monika: Betriebsaufspaltung und Kollektivvereinbarungen, Bad Honnef, 1979. (zitiert *Nagels*, Betriebsaufspaltung)

Neumann, Dirk: Kollektivvereinbarungen bei Unternehmenskonzentration, in: DB 1960, 60 ff.

ders.: Der Schutz der negativen Koalitionsfreiheit, in: RdA 1989, 243 ff.

Neumann, Franz: Veränderungen im Arbeitgeberverband und ihre Einflüsse auf Tarifvertrag und Arbeitsvertrag, in: Arbeitsrechtspraxis 1929, 51 ff.

ders.: Tarifrecht auf der Grundlage der Rechtsprechung des Reichsarbeitsgerichts, Berlin 1931 (zitiert *Neumann, F.*, Tarifrecht)

Neumann-Duesberg, Horst: Kollektivvertrag und Individualrecht. Grenzen der Kollektivmacht, in: JZ 1960, 525 ff.

ders.: Gesetzliche Neuordnung des Übergangs von Arbeitsverhältnissen bei Betriebsinhaberwechsel, in: BB 1971, 969 ff.

ders.: Betriebsübergang und Tendenzbetrieb (§ 613a BGB, § 118 Abs. 1 BetrVG), in: NJW 1973, 268 ff.

Nicolai, Andrea: Tarifliche Abfindung bei zweiaktigem Betriebsübergang, Anmerkung zu BAG vom 20.4.1994, in: SAE 1995, 204 ff.

Nicolaysen, Gert: Europarecht, Baden-Baden, 1991.

Niebler, Michael/ Förschner, Petra: Betriebsveräußerung und Arbeitsrecht. Arbeitsrechtliche Aspekte des Betriebsinhaberwechsels, Berlin, 2., Auflage 1995. (zitiert *Niebler/Förschner*, Betriebsveräußerung)

Nikisch, Arthur: Arbeitsrecht, Berlin, 1930. (zitiert *Nikisch*, Arbeitsrecht)

ders.: Arbeitsrecht. Band II: Koalitionsrecht, Arbeitskampfrecht und Tarifvertragsrecht, Tübingen, 2. Auflage 1959. (zitiert *Nikisch*, Arbeitsrecht, Bd. 2)

Nipperdey, Hans Carl: Die Unabdingbarkeit des Tarifvertrages (Grenzen und Umgehung), in: Beiträge zum Tarifrecht, Mannheim, Berlin, Leipzig, 1924, S. 1 ff. (zitiert: *Nipperdey*, Beiträge zum Tarifrecht, S. 1 ff.)

ders.: Die Hauptprobleme des künftigen Tarifrechts. Kritische Bemerkungen zum Tarifgesetzentwurf des Arbeitsrechtsausschusses., in: Beiträge zum Tarifrecht, Mannheim, Berlin, Leipzig, 1924, S. 107 ff. (zitiert: *Nipperdey*, Beiträge zum Tarifrecht, S. 107 ff.)

Nipperdey, Hans Carl/ Säcker, Franz Jürgen: Tarifgebundenheit, in: AR-Blattei Tarifvertrag III, 1972.

Nömeier, Wolfgang: Bezugnahme auf Tarifinhalte im Einzelarbeitsverhältnis, Aachen, 1996.

Oberhofer, Herrmann: Arbeitsrechtliche Probleme beim Betriebsübergang nach § 613a BGB, in: BetrRat 1977, 303 ff.

ders.: Betriebsinhaberwechsel - Neue und spezielle Probleme bei der praktischen Anwendung des § 613a BGB, in: BetrRat 1983, 573 ff.

ders.: Tarifrechtlicher Folgen beim Betriebsübergang, in: BetrRat 1990, 98 ff.

Oetker, Hartmut: Ausgliederung und Verselbständigung eines Kaufhausrestaurants - Tarifgeltung, Anmerkung zu BAG vom 1.4.1987, in: SAE 1987, 301 ff.

ders.: Zur Nachwirkung von Tarifverträgen, Anmerkung zu BAG vom 27.11.1991, in: EzA Nr. 15 zu § 4 TVG Nachwirkung.

Oppermann, Thomas: Europarecht, München, 1991.

Otto, Hansjörg: Durchführung von Tarifverträgen im Ausland - Übertragung der Arbeitsverhältnisse auf rechtlich selbständige, nicht tarifgebundene Tochtergesellschaften, Anmerkung zu BAG vom 11.9.1991, in: SAE 1993, 185 ff.

Palandt, Otto: Bürgerliches Gesetzbuch, München, 58., Auflage 1999. (zitiert Palandt/*Bearbeiter*, BGB)

Picot, Gerhard (Hrsg.): Kauf und Restrukturierung von Unternehmen. Handbuch zum Wirtschaftsrecht, München 1995.

Posth, Martin: Arbeitsrechtliche Probleme beim Betriebsinhaberwechsel (§ 613a BGB), Köln, 1978.

Potthoff, Heinz: Die Berufung auf einen Tarifvertrag, in: NZfA 1928, Sp. 729 ff.

Preis, Ulrich/ Steffan, Ralf: Zum Schicksal kollektivrechtlicher Regelungen beim Betriebsübergang, in: Hönn, Günther/ Konzen, Horst/ Kreutz, Peter (Hrsg.), Festschrift für Alfons Kraft zum 70. Geburtstag, Neuwied, Kriftel, 1998, S. 477 ff. (zitiert *Preis/Steffan*, FS Kraft)

Quander, Thomas: Betriebsinhaberwechsel bei Gesamtrechtsnachfolge, München, 1990.

Ramm, Thilo: Die Parteien des Tarifvertrages. Kritik und Neubegründung der Lehre vom Tarifvertrag, Stuttgart, 1961.

ders.: Die Rechtsnatur des Tarifvertrages, in: JZ 1962, 78 ff.

Reuter, Dieter: Das Verhältnis von Individualautonomie, Betriebsautonomie und Tarifautonomie, in: RdA 1991, 193 ff.

ders.: Betriebsverfassung und Tarifvertrag, in: RdA 1994, 152 ff.

Richardi, Reinhard: Kollektivgewalt und Individualwille bei der Gestaltung des Arbeitsverhältnisses, München, 1968. (zitiert *Richardi*, Kollektivgewalt)

ders.: Der Firmentarifvertrag und Besonderheiten des firmenbezogenen Verbandstarifvertrages, in: AR-Blattei Tarifvertrag XIII, 1973.

ders.: Der Beschluß des Großen Senats des Bundesarbeitsgerichts zur ablösenden Betriebsvereinbarung, in: NZA 1987, 185 ff.

ders.: Zur Betriebsausgliederung bei wechselnden Geltungsbereich von Tarifverträgen, Anmerkung zu BAG vom 1.4.1987, in: EWiR 1987, 921 ff.

ders.: Betriebsverfassungsgesetz mit Wahlordnung, München, 7., Auflage 1998. (zitiert *Richardi*, BetrVG)

Richardi, Reinhard u.a. (Hrsg.): Münchener Handbuch zum Arbeitsrecht, Bd. 2, 3, München, 1993. (zitiert MünchArbR/*Bearbeiter*)

Richter, Christian: Probleme beim grenzüberschreitenden Tarifvertrag, in: AuR 1992, 65 ff.

Rieble, Volker: Ausscheiden des Arbeitgebers aus dem tariflichen Geltungsbereich - Fortbestand eines Vorruhestandsverhältnisses, Anmerkung zu BAG vom 14.6.1994, in: SAE 1995, 77 ff.

ders.: BGB § 613a I 2- Bestandsschutz für Arbeitnehmer, Anmerkung zu BAG vom 13.9.1994, in: EWiR 1995, 439 ff.

Riesenhuber, Karl: Tarifbindung und Ausgliederung von Unternehmensteilen. Zur „Goethe-Institut"-Entscheidung des BAG vom 11.9.1991, in: BB 1993, 1001 ff.

Ritter, Ernst-Hasso: Anmerkung zu BAG GrS 29.11.1967, in: JZ 1969, 111 ff.

Röckl, Johannes: Zulässigkeit einer Mitgliedschaft in Arbeitgeberverbänden ohne Tarifbindung, in: DB 1993, 2382 ff.

Röder, Gerhard: Die Fortgeltung von Kollektivnormen bei Betriebsübergang gem. § 613a BGB i.d.F. vom 13.8.1980, in: DB 1981, 1980 ff.

Röhl, Klaus F.: Allgemeine Rechtslehre, Köln, Berlin, Bonn, München, 1994.

Roemheld, Bernhard: Zum Übergang der Arbeitsverhältnisse nach § 613a BGB, in: BB 1976, 845 ff.

Rosenthal, Eduard: Die gesetzliche Regelung des Tarifvertrages, in: Staatsrechtliche Abhandlungen. Festgabe für Paul Laband. 2. Band, Tübingen, 1908, S. 135 ff.

Rotter, Stefan: Nachwirkung der Normen eines Tarifvertrages, Heidelberg, 1992.

Sachs, Michael (Hrsg.): Grundgesetz, München, 1996. (zitiert Sachs/*Bearbeiter*, GG)

Sack, Gerhard: Das rechtliche Schicksal von Altverträgen bei Betriebsaufspaltungen, Frankfurt a.M., 1989. (zitiert *Sack*, Schicksal von Altverträgen)

Säcker, Franz Jürgen: Grundprobleme der kollektiven Koalitionsfreiheit. Rechtsquellen- und interpretationstheoretische Bemerkunen zur legislativen und judikativen Konkretisierung des Art. 9 Abs. 3 GG, Düsseldorf, 1969.

ders.: Die Regelung sozialer Angelegenheiten im Spannungsfeld zwischen tariflicher und betriebsvereinbarungsrechtlicher Normsetzungsbefugnis, in: ZfA 1972, Sonderheft, S. 41 ff.

Säcker, Franz Jürgen/ Oetker, Hartmut: Grundlagen und Grenzen der Tarifautonomie, München, 1992. (zitiert *Säcker/Oetker*, Grundlagen)

dies.: Tarifeinheit im Betrieb - ein Akt unzulässiger richterlicher Rechtsfortbildung?, in: ZfA 1993, 1 ff.

Schaub, Günter: Arbeitsrechts-Handbuch, München, 4., Auflage 1980; 8., Auflage 1996.

ders.: Ausgewählte Rechtsfragen zu § 613a BGB, in: ArbRGW 18 (1981), 71 ff.

ders.: Rechtsprobleme des Betriebsübergangs, in: ZIP 1984, 272 ff.

ders.: Einführung in das Recht der Betriebsnachfolge, in: AuA 1991, 225 ff.

ders.: Betriebsübergang - Änderung bestehender Tarifnormen durch jüngeren Tarifvertrag, der an die Stelle des älteren Tarifvertrages tritt, Anmerkung zu BAG vom 16.5.1995, in: EWiR 1995, 1177 ff.

ders.: Aktuelle Fragen des Tarifvertragsrechts, in: BB 1995, 2003 ff.

ders.: Arbeitsrechtliche Fragen bei der Privatisierung öffentlicher Betriebe und Einrichtungen, in: WiB 1996, 97 ff.

ders.: Die Tarifverträge bei Umwandlung von Unternehmen, in: ZTR 1997, 245 ff.

ders.: Tarifverträge und Betriebsvereinbarungen beim Betriebsübergang und Umwandlung von Unternehmen, in: Hanau, Peter/ Matthes, Hans-Christoph (Hrsg.), Festschrift für Günther Wiese zum 70. Geburtstag, Neuwied, Kriftel, Berlin, 1998, S. 535 ff. (zitiert *Schaub*, FS Wiese)

Scheerer, o.A.: Die Erstreckung des Tarifvertragsgesetzes, in: AuR 1953, 144 ff.

Schelp, Günter: Gemeinsame Einrichtungen der Tarifvertragsparteien, in: Dietz, Rolf/ Hübner, Heinz (Hrsg.), Festschrift für Hans Carl Nipperdey zum 70. Geburtstag, Bd. II, München, Berlin, 1965, S. 579 ff. (zitiert *Schelp*, FS Nipperdey)

Schiefer, Bernd: Arbeitsrechtliche Voraussetzungen und Folgen des Betriebsübergangs gem. § 613a BGB, in: RdA 1994, 83 ff.

ders.: Kollektivrechtliche Probleme des Betriebsübergangs, in: FA 1998, 270 ff.

ders.: Rechtsfolgen des Betriebsübergangs nach § 613a BGB, in: NJW 1998, 1817 ff.

Schipp, Johannes: Arbeitsrechtliche Probleme bei der Privatisierung öffentlicher Einrichtungen, in: NZA 1994, 865 ff.

Schipp, Johannes/ Schipp Barbara: Arbeitsrecht und Privatisierung, München, 1996. (zitiert *Schipp/Schipp*, Arbeitsrecht)

Schlachter, Monika: Bewährung und Reformbedürftigkeit des Betriebsverfassungsrechts, in: RdA 1993, 313 ff.

Schleusener, Axel Aino: Anwendbarkeit eines Tarifvertrages bei Geltung mehrerer Tarifverträge - Problematik der Tarifeinheit, Anmerkung zu BAG vom 28.5.1997, in: SAE 1998, 11 ff.

Schlüter, Wilfried: Tarifmacht gegenüber Außenseitern - Zur Verfassungsmäßigkeit der tariflichen Schlichtungsstellen (§ 76 Abs. 8 BetrVG), in: Lessmann, Herbert/Grossfeld, Bernhard/Vollmer, Lothar (Hrsg.), Festschrift für Rudolf Lukes zum 65. Geburtstag, Berlin, Bonn, München, 1989, S. 559 ff. (zitiert *Schlüter*, FS Lukes)

Schmidt, Karsten: Universalsukzession kraft Rechtsgeschäfts. Bewährungsproben eines zivilrechtsdogmatischen Rechtsinstituts im Unternehmensrecht, in: AcP 191 (1991), 495 ff.

Scholz, Rupert: Rechtsfragen zur Verweisung zwischen Gesetz und Tarifvertrag, in: Mayer-Maly, Theo (Hrsg.), Arbeitsleben und Rechtspflege. Festschrift für Gerhard Müller, Berlin, 1981, S. 509 ff. (zitiert *Scholz*, FS Müller)

ders.: Zur Fortgeltung von Tarifverträgen bei Betriebsübergang, Anmerkung zu BAG vom 13.11.1985, in: AP Nr. 46 zu § 613a BGB.

Schoner, Dieter: Die tariflichen Abschlußverbote, in: DB 1968, 483 ff.

Schreiber, Klaus: Das Arbeitsverhältnis beim Übergang des Betriebes, in: RdA 1982, 137 ff.

Schüren, Peter: Tarifgeltung für Außenseiter? - „No Taxation without Representation!“, in: RdA 1988, 138 ff.

Schuster, Kay: Die Nachwirkung von Kollektivvereinbarungen im Arbeitsrecht, in: Aktuelle Aspekte des Arbeitsrechts 1987, 199 ff.

Schuster, Norbert: Betriebsvereinbarung und Tarifvertrag nach einem Betriebsübergang gem. § 613a BGB, in: BetrRat 1993, 85 ff.

Schuster, Wolfgang/ Beckerle, Klaus: Arbeitsrechtliche Probleme im Zusammenhang mit der Privatisierung öffentlicher Dienstleistungen, in: NZA 1985, 16 ff.

Schwab, Martin: Mindestarbeitsbedingungen nach Verbandsaustritt des Arbeitgebers, in: BB 1994, 781 ff.

Scheitzer, Michael/ Hummer, Waldemar: Europarecht, Neuwied, Kriftel, Berlin, 5. Auflage 1996.

Schwerdtner, Peter: Zur Konkurrenz von Tarifverträgen nach einem Betriebsübergang, Anmerkung zu BAG vom 19.3.1986, in: EWiR 1986, 881 ff.

Seibert, Ulrich: Auslegung und Inhaltskontrolle arbeitsvertraglicher Verweisungen, in: NZA 1985, 730 ff.

Seiter, Hugo: Betriebsinhaberwechsel. Arbeitsrechtliche Auswirkungen eines Betriebsübergangs unter besonderer Berücksichtigung des § 613a BGB i.d.F. vom 13. August 1980, Wiesbaden, 1980.

ders.: Tarifverträge und Betriebsvereinbarungen bei Betriebsinhaberwechsel, in: DB 1980, 877 ff.

ders.: Statische Weitergeltung eines Verbandstarifvertrages bei Betriebsübergang an einen tariflich ungebundenen Erwerber, Anmerkung zu BAG vom 13.11.1985, in: EWiR 1986, 353 ff.

Sernetz, Herbert: Rechtsnachfolge in die Verbandsmitgliedschaft insbesondere beim Unternehmerwechsel, Bielefeld, 1973. (zitiert *Sernetz*, Rechtsnachfolge)

Siebert, Wolfgang: Kollektivnormen und Individualrecht im Arbeitsverhältnis, in: Dietz, Rolf/ Hübner, Heinz (Hrsg.), Festschrift für Hans Carl Nipperdey zum 70. Geburtstag, Bd. II, München, Berlin, 1965, S. 119 ff. (zitiert *Siebert*, FS Nipperdey)

Simon, Jürgen: Arbeitsrechtliche und Haftungsprobleme bei der Betriebsaufspaltung, in: ZfA 1987, 311 ff.

Sinzheimer, Hugo: Der korporative Arbeitsnormenvertrag. Eine privatrechtliche Untersuchung. Zweiter Teil, Leipzig, 1908.

ders.: Ein Arbeitstarifgesetz. Die Idee der sozialen Selbstbestimmung im Recht, München, Leipzig, 1916.

ders.: Das neue Arbeitstarifgesetz. Begründung zum Entwurfe eines Arbeitstarifgesetzes, in: Arbeitsrecht 1921, 94 ff.

ders.: Grundzüge des Arbeitsrechts, Jena, 2. Auflage 1927.

Sitzler, Friedrich: Die Verordnung über Tarifverträge, in: Gew.- u. Kfms.-G. 1919, Sp. 95 ff.

ders.: Tarifvertragsrecht, Berlin, 1921

ders.: Stand der arbeitsrechtlichen Gesetzgebung, in: NZfA 1932, Sp. 201 ff.

Sitzler, Friedrich/ Goldschmidt, H.: Tarifvertragsrecht, Berlin, 2. Auflage 1929.

Sitzler, Friedrich/ Hawelka, Fritz: Grundfragen einer Tarifrechtsreform in Deutschland und Österreich, 1932. (zitiert *Sitzler/Hawelka*, Grundfragen einer Tarifrechtsreform)

Soergel, Hans Theodor: Bürgerliches Gesetzbuch. Nachtrag zur 11. Auflage, Stuttgart, Berlin, Köln, 1982. (zitiert Soergel/*Bearbeiter*, BGB, Nachtrag 11. Aufl.)

ders.: Bürgerliches Gesetzbuch. Bd. 4/1, Schuldrecht III/1, Stuttgart, Berlin, Köln, 12., Auflage 1997. (zitiert Soergel/*Bearbeiter*, BGB)

Sowka, Hans-Harald: Betriebsverfassungsrechtliche Probleme der Betriebsaufspaltung, in: DB 1988, 1318 ff.

Sowka, Hans-Harald/ Weiss, Hans Michael: Gesamtbetriebsvereinbarungen und Tarifvertrag bei Aufnahme eines neuen Betriebes in das Unternehmen, in: DB 1991, 1518 ff.

Spirolke, Matthias: Der Betriebsübergang nach § 613a BGB im neuen Umwandlungsgesetz, Diss., Bonn, 1998. (zitiert *Spirolke*, Betriebsübergang)

v. Staudinger, Julius: Kommentar zum Bürgerlichen Gesetzbuch mit Einführungsgesetz und Nebengesetzen, Berlin, §§ 611-619, 12. Auflage 1993; Einl. zu §§ 241 ff., §§ 241-243, 13. Auflage 1995. (zitiert Staudinger/*Bearbeiter*, BGB)

v. Stebut, Dietrich: Zu Dauer und Wirkung des in § 613a BGB festgelegten Bestandsschutzes für tarifvertragliche Vereinbarungen beim Betriebsübergang, Anmerkung zu BAG vom 13.11.1985, in: SAE 1986, 209 ff.

ders.: Tarifgeltung nach Betriebsübergang, Anmerkung zu BAG vom 19.3.1986, in: AP Nr. 49 zu § 613a BGB.

Steffan, Ralf: Arbeitsrecht und Unternehmenssanierung in den neuen Bundesländern. Unter besonderer Berücksichtigung der Tätigkeit der Treuhandanstalt, Baden-Baden, 1995. (zitiert *Steffan*, Arbeitsrecht und Unternehmenssanierung)

Stege, Dieter/ Weinspach, F. K.: Betriebsverfassungsgesetz. Handkommentar für die betriebliche Praxis, Köln, 6., Auflage 1990. (zitiert: *Stege/Weinspach*, BetrVG)

Stein, Axel: Tarifvertragsrecht, Stuttgart, 1997.

Stolz, Manfred: Arbeitsrechtliche Auswirkungen des Umwandlungsrechts. Umwandlungsgesetz und Betriebsverfassungsrecht, in: Brennpunkte des Arbeitsrechts 1997: Thesen und Ergebnisse der 8. Arbeitsrechtlichen Jahrestagung vom November 1996 in Bad Homburg, Herne, Berlin, 1997, S. 163 ff. (zitiert *Stolz*, Brennpunkte des Arbeitsrechts 1997)

Streinz, Rudolf: Europarecht, Heidelberg, 3. Auflage 1996.

Sulzberger-Schmitt, Heidi: Übergang der Arbeitsverhältnisse beim Betriebsinhaberwechsel, Diss., Tübingen, 1980.

Sulzer, Georg/ Lotmar, Philipp: Versuch einer gesetzlichen Regelung des kollektiven Arbeitsrechts, in: Soziale Praxis 11 (1901/1902), 349 ff.

Trappehl, Bernhard/ Lambrich, Thomas: Anmerkung zu BAG vom 24.6.1998, in: DB 1999, 291 f.

Trittin, Wolfgang: Tarifflucht durch Unternehmensteilung, in: AiB 1994, 12 ff.

Trümmer, Ralf: Betriebsverfassungsrechtliche Fragen beim Betriebsübergang nach § 613a BGB, in: BetrR 1990, 90 ff.

ders.: § 613a BGB eine Schutzvorschrift?, in: FA 1998, 344 ff.

Unterhinninghofen, Hermann: Anmerkung zu ArbG Lübeck vom 15.8.1996, in: AiB 1997, 419 f.

Vanselow, Gerhard: Wechsel in der Person des Arbeitgebers und seine arbeitsrechtlichen Konsequenzen, in: SchlWes 1922, 95 ff.

ders.: Einzelarbeitsvertrag und Tarifvertrag, in: NZfA 1924, 331 ff.

Waltermann, Raimund: 75 Jahre Betriebsverfassung, in: NZA 1995, 1177 ff.

ders.: Zuständigkeiten und Regelungsbefugnisse im Spannungsfeld von Tarifautonomie und Betriebsautonomie, in: RdA 1996, 129 ff.

Wank, Rolf: Zur Weitergeltung von Tarifverträgen beim Betriebsübergang, Anmerkung zu BAG vom 19.3.1986, in: SAE 1987, 142 ff.

ders.: Die Geltung von Kollektivvereinbarungen nach einem Betriebsübergang, in: NZA 1987, 505 ff.

Wank, Rolf/ Brüning, Adrienne: Der Übergang des Personals von Betriebskrankenkassen nach § 147 II SGB V, in: ZfA 1995, 699 ff.

Wassermann, Rudolf (Hrsg.): Kommentar zum Bürgerlichen Gesetzbuch. Reihe Alternativkommentare. Neuwied, 1979. (zitiert AK/*Bearbeiter*, BGB)

ders.: Kommentar zum Grundgesetz für die Bundesrepublik Deutschland. Reihe Alternativkommentare. Bd. A Art 1- 20, Neuwied, 1984. (zitiert AK/*Bearbeiter*, GG)

Weimar, Robert/ Alfes, Jochen: Arbeitsrechtliche Grundsatzfragen der Betriebsaufspaltung, in: BB 1993, 783 ff.

Wendeling-Schröder, Ulrike: Anmerkung zu BAG vom 26.9.1979, in: AiB 1980, 191 ff.

dies.: Betriebsübergang, in: AiB 1991, 79 ff.

dies.: Outsourcing out?- Zur aktuellen Debatte um Funktionsnachfolge und Betriebsübergang, in: AuR 1995, 126 ff.

Weyand, Joachim: Möglichkeiten und Grenzen der Verlagerung tariflicher Regelungskompetenzen auf die Betriebsebene, in: AuR 1989, 193 ff.

Wiedemann, Herbert: Rationalisierungsschutz, Tarifmacht und Gemeinsame Einrichtung, in: RdA 1968, 420 ff.

ders.: Die deutschen Gewerkschaften - Mitgliederverband oder Berufsorgan? Gedanken zur Stellung der Gewerkschaften gegenüber der nichtorganisierten Arbeitnehmerschaft, in: RdA 1969, 321 ff.

ders.: Zur Frage des Schicksals eines Tarifvertrages bei Betriebsübergang, Anmerkung zu BAG vom 12.4.1974, in: AP Nr. 2 zu § 3 TVG.

ders.: Anmerkung zu BAG vom 29.1.1975, in: AP Nr. 8 zu § 4 TVG.

ders.: Zur Tarifzuständigkeit, in: RdA 1975, 78 ff.

ders.: Anmerkung zu BAG vom 24.9.1975, in: AP Nr. 11 zu § 4 TVG Tarifkonkurrenz.

ders.: Arbeitsrechtliche Probleme der Betriebsausgliederung, in: Goerdeler, Reinhard (Hrsg.), Festschrift für Hans-Joachim Fleck, Berlin, 1988, S. 447 ff. (zitiert *Wiedemann*, FS Fleck)

Wiedemann, Herbert/ Arnold, Markus: Anmerkung zu BAG vom 14.6.1989, AP Nr. 16 zu § 4 TVG Tarifkonkurrenz.

dies.: Tarifkonkurrenz und Tarifpluralität in der Rechtsprechung des Bundesarbeitsgerichts, in: ZTR 1994, 399 ff. (Teil I), 443 ff. (Teil II).

Wiedemann, Herbert/ Müller, Thomas: ZVK-Leistungen nach Ausscheiden aus fachlichem Geltungsbereich, Anmerkung zu BAG vom 5.10.1993, in: AP Nr. 42 zu § 1 BetrAVG Zusatzversorgungskassen.

Wiedemann, Herbert/ Stumpf, Hermann: Kommentar zum Tarifvertragsgesetz, München, 5., Auflage 1977. (zitiert *Wiedemann/Stumpf*, TVG)

Wiese, Günther: Zum Gesetzes- und Tarifvorbehalt nach § 87 Abs. 1 BetrVG, in: Gamillscheg, Franz/ Hueck, Götz/ Wiedemann, Herbert (Hrsg.), Festschrift 25 Jahre Bundesarbeitsgericht, München, 1979, S. 661 ff. (zitiert *Wiese*, FS 25 Jahre BAG)

Wiesner, Georg Dieter: Betriebsvereinbarung bei Betriebsübergang. Weitergeltung der so geregelten Arbeitsbedingungen nach Möglichkeiten ihrer Änderung, in: BB 1986, 1636 ff.

Willemsen, Heinz-Josef: Anmerkung zu BAG vom 26.9.1979, in: AP Nr. 17 zu § 613a BGB.

ders.: Änderung von Arbeitsbedingungen bei Umstrukturierung von Unternehmen, in: Hromadka, Wolfgang (Hrsg.), Änderung von Arbeitsbedingungen, Heidelberg, 1990, S. 169 ff. (zitiert: *Willemsen*, Änderung von Arbeitsbedingungen)

ders.: Der Grundtatbestand des Betriebsübergangs nach § 613a BGB, in: RdA 1991, 204 ff.

ders.: Arbeitsrechtliche Aspekte des Reform des Umwandlungsrechts, in: RdA 1993, 133 ff.

ders.: Aktuelle Tendenzen zur Abgrenzung des Betriebsübergangs - Die Zeit nach „Christel Schmidt“ -, in: DB 1995, 924 ff.

ders.: Arbeitsrecht im Umwandlungsrecht - 10 Fragen aus der Sicht der Praxis, in: NZA 1996, 791 ff.

Wirges, Volkmar: Individual- und kollektivrechtliche Voraussetzungen der Korrektur fehlerhafter Eingruppierungen, in: ZTR 1998, 62 ff.

Wlotzke, Otfried: Das Günstigkeitsprinzip im Verhältnis des Tarifvertrages zum Einzelarbeitsvertrag und zur Betriebsvereinbarung, Heidelberg, 1957. (zitiert *Wlotzke*, Günstigkeitsprinzip)

ders.: Das Arbeitsrecht im Rahmen des deutsch-deutschen Einigungsprozesses, in: RdA 1994, 73 ff.

ders.: Arbeitsrechtliche Aspekte des neuen Umwandlungsrechts, in: DB 1995, 40 ff.

Wölbling, Paul: Der Akkord- und Tarifvertrag. Eine Darstellung zweier Vertragsarten aus dem modernen Wirtschaftsleben, Berlin, 1908.

ders.: Entwurf eines Gesetzes über Tarifverträge, in: Soziale Praxis Bd. 18 (1908/09), Sp. 166 ff.

ders.: Die gesetzliche Regelung des Tarifvertrages, in: Archiv für Sozialwissenschaft und Sozialpolitik Bd. 29 (1909), S. 481 ff., S. 869 ff.

Wollenschläger, Michael: Betriebsverfassungsrechtliche Fragen des Betriebsübergangs nach § 613a BGB unter Berücksichtigung des Rechtes der Europäischen Union, in: Heinze, Meinhard (Hrsg.), Festschrift für Wolfgang Gitter, Wiesbaden, 1995, S. 1067 ff. (zitiert *Wollenschläger*, FS Gitter)

Wollenschläger, Michael/ Pollert, Dirk: Rechtsfragen des Betriebsübergangs nach § 613a BGB unter Berücksichtigung betriebsverfassungsrechtlicher Fragen und des Rechtes der Europäischen Union, in: ZfA 1996, 547 ff.

Zachert, Ulrich: Anmerkung zu BAG vom 11.9.1991, in: AuR 1992, 125 f.

Zimmermann, Waldemar: Tarifvereinbarungen. Zum Entwurf des deutschen Arbeitstarifgesetz, in: Soziale Praxis Bd. 30 (1921) Sp. 434 ff.

Zippelius, Reinhard: Juristische Methodenlehre, München, 4., Auflage 1985.

Zöllner, Wolfgang: Tarifmacht und Außenseiter, in: RdA 1962, 453 ff.

ders.: Das Wesen der Tarifnormen, in: RdA 1964, 443 ff.

ders.: Die Rechtsnatur der Tarifnormen nach deutschen Recht, Wien, 1966.

ders.: Tarifvertragliche Differenzierungsklauseln, Düsseldorf, 1967.

ders.: Die Wirkung der Normen über gemeinsame Einrichtungen der Tarifvertragsparteien, in: RdA 1967, 361 ff.

ders.: Empfiehlt es sich, das Recht der Gemeinsamen Einrichtungen der Tarifvertragsparteien (§ 4 Abs. 2 TVG) gesetzlich näher zu regeln?, Gutachten für den 48. Deutschen Juristentag, in: Verhandlungen des 48. Deutschen Juristentages. Mainz 1970, Band I (Gutachten), Teil G, München, 1970. (zitiert *Zöllner*, Gutachten zum 48. DJT)

ders.: Veränderung und Angleichung tarifvertraglich geregelter Arbeitsbedingungen nach Betriebsübergang, in: DB 1995, 1401 ff.

Zöllner, Wolfgang/ Loritz, Karl-Georg: Arbeitsrecht, München, 5. Auflage 1998.

Zuleeg, Manfred: Die Auslegung des Europäischen Gemeinschaftsrechts, in: EuR 1969, 97 ff.

ders.: Wege der Einwirkung des Gemeinschaftsrechts auf das Privatrecht, in: VersR 1995, 861 ff.

Zumkeller, Alexander R.: Arbeitsrechtliche Folgen des Betriebsübergangs nach § 613a BGB, in: DStR 1998, 1966 ff.

Abkürzungsverzeichnis

a.A.	anderer Auffassung
ABl.	Amtsblatt
Abs.	Absatz
AcP	Archiv für die civilistische Praxis (Zeitschrift)
a.F.	alte Fassung
AiB	Arbeitsrecht im Betrieb (Zeitschrift)
AK	Kommentar. Reihe Alternativkommentare
Anm.	Anmerkung(en)
AnwBl.	Anwaltsblatt (Zeitschrift)
AP	Arbeitsrechtliche Praxis (Entscheidungssammlung)
ArbG	Arbeitsgericht
ArbGW	Das Arbeitsrecht der Gegenwart (Zeitschrift)
AR-Blattei	Arbeitsrechts-Blattei
ArbN	Arbeitnehmer (Zeitschrift)
ArbR	Das Arbeitsrecht (Zeitschrift)
Art.	Artikel
AT	Allgemeiner Teil
AuA	Arbeit und Arbeitsrecht (Zeitschrift)
AuR	Arbeit und Recht (Zeitschrift)
BAG	Bundesarbeitsgericht
BB	Betriebs-Berater (Zeitschrift)
BGB	Bürgerliches Gesetzbuch vom 18.8.1896 (RGBl. S. 195)
BGBl.	Bundesgesetzblatt
Bd.	Band
Bensh. Sammlg.	Bensheimer Sammlung (Entscheidungssammlung)
BetrRat	Betriebsrat (Zeitschrift)
BetrVG	Betriebsverfassungsgesetz vom 15.1.1972 (BGBl. I S. 13)
BK	Bonner Kommentar
BlStSozArbR	Blätter für Steuerrecht, Sozialversicherung und Arbeitsrecht (Zeitschrift)
BTag-Drucksache	Bundestagsdrucksache
BRat-Drucksache	Bundesratsdrucksache
BSGE	Entscheidungen des Bundessozialgerichts (Amtliche Sammlung)
BUV	Betriebs- und Unternehmensverfassung (Zeitschrift)
BVerfGE	Entscheidungen des Bundesverfassungsgerichts (Amtliche Sammlung)
DB	Der Betrieb (Zeitschrift)

ders.	derselbe
dies.	dieselbe(n)
Diss.	Dissertation
DJZ	Deutsche Juristenzeitung (Zeitschrift)
EAS	Europäisches Arbeits- und Sozialrecht
Einl.	Einleitung
ErfurtKom	Erfurter Kommentar
EuGH	Europäischer Gerichtshof
EuR	Europarecht (Zeitschrift)
EWiR	Entscheidungen zum Wirtschaftsrecht (Entscheidungssammlung)
EzA	Entscheidungssammlung zum Arbeitsrecht
f., ff.	(fort)folgende
FA	Fachanwalt Arbeitsrecht (Zeitschrift)
FS	Festschrift
Fn.	Fußnote
Gew.- u. Kfms.-G.	Gewerbe- und Kaufmannsgericht (Zeitschrift)
GG	Grundgesetz für die Bundesrepublik Deutschland vom 23.5.1949 (BGBl. S. 1)
GK	Gemeinschaftskommentar
GmbHR	GmbH-Rundschau (Zeitschrift)
GMBl.	Gemeinsames Ministerialblatt
GrS	Großer Senat
GS	Gedächtnisschrift
GVBl.	Gesetz- und Verordnungsblatt
HGB	Handelsgesetzbuch vom 10.5.1897 (RGBl. S. 219)
h.M.	herrschende Meinung
Hrsg.	Herausgeber
i.d.F.	in der Fassung
i.S.d.	im Sinne des
i.S.v.	im Sinne von
JW	Juristische Wochenschrift (Zeitschrift)
JZ	Juristen-Zeitung (Zeitschrift)
KassArbR	Kasseler Handbuch zum Arbeitsrecht

KSchG	Kündigungsschutzgesetz i.d.F. vom 25.8.1969 (BGBl. I S. 1317)
LAG	Landesarbeitsgericht
LAGE	Entscheidungen der Landesarbeitsgerichte (Entscheidungssammlung)
MitbestGespräch	Mitbestimmungsgespräch (Zeitschrift)
MünchArbR	Münchener Handbuch zum Arbeitsrecht
MünchKom	Münchener Kommentar
m.w.N.	mit weiteren Nachweisen
NJW	Neue Juristische Wochenschrift (Zeitschrift)
n.F.	neue Fassung
Nr.	Nummer
n.v.	nicht amtlich veröffentlicht
NZA	Neue Zeitschrift für Arbeits- und Sozialrecht (Zeitschrift)
NZfA	Neue Zeitschrift für Arbeitsrecht (Zeitschrift)
o.A.	ohne Angabe
RABl.	Reichsarbeitsblatt
RdA	Recht der Arbeit (Zeitschrift)
RdE	Recht der Energiewirtschaft (Zeitschrift)
RGBl.	Reichsgesetzblatt
RIW	Recht der internationalen Wirtschaft (Zeitschrift)
Rn.	Randnummer(n)
S.	Seite(n)
SAE	Sammlung Arbeitsrechtlicher Entscheidungen
SchlWes	Das Schlichtungswesen (Zeitschrift)
Sp.	Spalte(n)
TVG	Tarifvertragsgesetz i.d.F. vom 25.8.1969 (BGBl. I, S. 1323)
TVO	Tarifvertrags-Verordnung vom 23.12.1918 (RGBl. S. 1456)
VersR	Versicherungsrecht (Zeitschrift)
vgl.	vergleiche
WiB	Wirtschaftsrechtliche Beratung (Zeitschrift)

WiGBl.	Gesetzblatt der Verwaltung des Vereinigten Wirtschaftsgebietes
WuB	Entscheidungssammlung zum Wirtschafts- und Bankrecht
ZfA	Zeitschrift für Arbeitsrecht
ZGR	Zeitschrift für Unternehmens- und Gesellschaftsrecht
ZHR	Zeitschrift für das gesamte Handelsrecht und Wirtschaftsrecht
ZIP	Zeitschrift für Wirtschaftsrecht und Insolvenzpraxis
ZTR	Zeitschrift für Tarifrecht
zust.	zustimmend(e)

§ 1 Einleitung

Für den Übergang eines Betriebes oder Betriebsteils auf einen neuen Inhaber durch Rechtsgeschäft [1] trifft § 613a Abs. 1 Satz 1 BGB eine Regelung zu den sich daraus ergebenden individualrechtlichen Folgen für die zum Betriebsveräußerer bestehenden Arbeitsverhältnisse. Danach tritt der Erwerber des Betriebs in die Rechte und Pflichten, die sich aus den im Zeitpunkt des Betriebsüberganges bestehenden Arbeitsverhältnissen ergeben, ein.

Der Wechsel des Arbeitgebers kann im besonderen Auswirkungen für die beim bisherigen Betriebsinhaber tarifunterworfenen Arbeitsverhältnisse haben. Dies betrifft vor allem Änderungen in der Tarifgebundenheit der Arbeitsvertragsparteien und das Unterfallen des Arbeitsverhältnisses unter den Geltungsbereich eines anderen Tarifvertrages nach Betriebsübergang. Die Außerachtlassung von Fragen mit Bezug zu einer kollektivrechtlichen Regelung von Arbeitsbedingungen machte, insbesondere auch im Hinblick auf Art. 3 Abs. 3 der EG-Richtlinie 77/187/EWG n.F.[2], eine Änderung des § 613a BGB in der seit 1972 geltenden Fassung erforderlich. Die durch das arbeitsrechtliche EG-Anpassungsgesetz vom 13.8.1980[3] in § 613a Abs. 1 BGB eingefügten Sätze 2 bis 4 befassen sich mit den Auswirkungen des Betriebsübergangs auf die Anwendung von Rechtsnormen aus Tarifverträgen und Betriebsvereinbarungen, die bisher in dem übergegangenen Betrieb bzw. Betriebsteil galten.[4] Durch diese Regelung sollte in Übereinstimmung mit der EG-Richtlinie sichergestellt werden, daß die vor dem Betriebsübergang für die im Betrieb bestehenden Arbeitsverhältnisse geltenden Normen aus Kollektivverträgen auch nach dem Übergang weiter zur Anwendung kommen. Den Arbeitnehmern sollen damit nach dem Betriebsübergang nicht nur der Arbeitsplatz und die einzelvertraglich mit dem bisherigen Arbeitgeber vereinbarten Arbeitsbedingungen im Rahmen von § 613a Abs. 1 Satz 1 BGB, sondern grund-

1 Zum Tatbestand des § 613a Abs. 1 BGB statt aller *B. Gaul*, AuR 1995, 119 ff.; *ders.*, NZA 1995, 717, 720 f.; *Haase*, NZA 1988, Beilage 3, S. 11, 16 f.; *Henssler*, NZA 1994, 913 ff.; *Ingenfeld*, Betriebsausgliederung, S. 216 ff.; *Loritz*, RdA 1987, 65 ff.; *ders.*, ZfA 1991, 585 ff.; *Moll*, AnwBl. 1991, 282 ff.; *Nagels*, Betriebsaufspaltung, S. 21 ff.; Staudinger/*Richardi*, BGB, § 613a Rn. 36 ff., 76 ff.; MünchKom/*Schaub*, BGB, § 613a Rn. 3 ff.; MünchArbR/*Wank*, § 120 Rn. 24 ff.; *Wendeling-Schröder*, AuR 1995, 126 ff.; *Willemsen*, RdA 1991, 204 ff.; *ders.*, DB 1995, 924 ff., jeweils m.w.N. Vgl. insbesondere auch EuGH 11.3.1997 Slg. 1997, S. 1268 ff.; *Blomeyer*, Anm. zu EuGH 11.3.1997, EWiR Art. 1 RL 77/187/EWG 1/97; *Heinze*, DB 1997, 677 ff.; *F. Lorenz*, ZIP 1997, 531 ff.

2 Geändert durch EG-Richtlinie 98/50/EG vom 29. Juni 1998, ABl. vom 17.7.1998, Nr. L 201/88; vgl. nachstehend in § 4.

3 BGBl. I, S. 1308.

4 Vgl. aber die Kritik bei *Birk*, Schwierigkeit der Umsetzung von Richtlinien im Arbeitsrecht, S. 11 ff.

sätzlich auch die bisherigen kollektivrechtlich bestimmten Arbeitsbedingungen - nach Maßgabe des § 613a Abs. 1 Satz 2 bis 4 BGB - erhalten bleiben.[5]

Aufgrund der erfolgten Regelung tarifrechtlicher Fragen innerhalb der Vorschriften des Bürgerlichen Gesetzbuchs wird die Bestimmung zu Recht als eine „Außenstelle des Tarifvertragsgesetzes“[6] bezeichnet. Sie betrifft Fragen, die das Tarifvertragsgesetz selbst nicht regelt. In diesem Zusammenhang wird insbesondere auch darauf einzugehen sein, ob sich dennoch in dieser Vorschrift für das Tarifrecht allgemeingültige Rechtsgedanken wiederfinden lassen oder ob es sich lediglich um eine Sonderregelung für den Betriebsinhaberwechsel handelt.[7]

Trotz der zu § 613a BGB im allgemeinen wie auch zu Abs. 1 Satz 2 bis 4 im besonderen bereits vorhandenen zahlreichen Veröffentlichungen wurde die Weitergeltung kollektivrechtlicher Vereinbarungen, speziell von Tarifverträgen, nach einem Betriebsübergang in der vorliegenden Arbeit erneut problematisiert. Insoweit wird der Versuch unternommen, zur wissenschaftlichen Durchdringung des § 613a Abs. 1 Satz 2 bis 4 BGB einen vertiefenden Beitrag zu leisten. Diese Konzeption bedingte jedoch eine Beschränkung hinsichtlich der zu behandelnden Probleme. Die vorliegenden Ausführungen konzentrieren sich auf die in § 613a Abs. 1 Satz 2 bis 4 BGB selbst angelegten Fragestellungen. Nicht vertieft werden konnten hingegen die nachstehend angedeuteten Fragen, die in erster Linie die Einbettung von § 613a Abs. 1 BGB in das System der Rechtsnachfolge betreffen.

A. Einzel- und Gesamtrechtsnachfolge

Ein Betriebsübergang als Wechsel des Betriebsinhabers kann sich im Wege der Gesamtrechtsnachfolge (Universalsukzession) oder im Wege der Einzelrechtsnachfolge (Singularsukzession) vollziehen. Im Rahmen der Einzelrechtsnachfolge rückt der Rechtsnachfolger aufgrund eines besonderen Übertragungsaktes in die Rechtsposition seines Vorgängers ein. Hierauf bezieht sich § 613a Abs. 1 BGB in erster Linie, wenn der Übergang auch der Arbeitsverhältnisse auf den neuen Betriebsinhaber vorgesehen wird, soweit ein Betrieb oder Betriebsteil durch Rechtsgeschäft übergeht. Die Weitergeltung des beim Betriebsveräußerer zur Anwendung gekommenen Tarifvertrages beim Betriebserwerber richtet sich dann im Grundsatz nach § 613a Abs. 1 Satz 2 bis 4 BGB.[8]

Fraglich ist demgegenüber die Anwendung der Bestimmung im Falle eines Übergangs im Wege der Gesamtrechtsnachfolge. Bei einer Gesamtrechtsnachfolge

---

5 Vgl. *Zöllner*, DB 1995, 1401; kritisch zur Schutzwirkung des § 613a Abs. 1 Satz 2 bis 4 BGB *Trümner*, FA 1998, 344 ff.

6 *Hanau*, ArbRGW 34 (1997), 21.

7 Auch dazu *Hanau*, ArbRGW 34 (1997), 21, 22.

8 Nachstehend § 1 B I 3 zur Subsidiarität der Weitergeltungsanordnung in § 613a Abs. 1 Satz 2 BGB.

geht auf den Rechtsnachfolger unmittelbar die Rechtsposition des Vorgängers insgesamt über, ohne daß es dazu einzelner Übertragungsakte bedarf. Der Rechtsnachfolger eines Betriebsinhabers rückt in dessen gesamte individual- und kollektivrechtliche Stellung ein, soweit es sich nicht um ausschließlich persönliche Rechte oder Pflichten handelt. Damit tritt der Gesamtrechtsnachfolger des bisherigen Betriebsinhabers ohnehin als Arbeitgeber in bestehende Arbeitsverhältnisse ein. Auch ein Eintreten des Rechtsnachfolgers in die Stellung des bisherigen Betriebsinhabers als Partei eines Firmentarifvertrages ist danach grundsätzlich möglich. Demgegenüber geht die Bindung des bisherigen Betriebsinhabers an einen Verbandstarifvertrag nicht schon aufgrund der Gesamtrechtsnachfolge auf den Rechtsnachfolger über. Denn die Mitgliedschaft in einem Arbeitgeberverband ist nach § 38 BGB regelmäßig höchstpersönlich und geht nicht ohne weiteres auf den Rechtsnachfolger über. In diesen Fällen kann es daher darauf ankommen, ob die Weitergeltung der tariflichen Rechtsnormen bei dem Rechtsnachfolger über § 613a Abs. 1 Satz 2 bis 4 BGB gewährleistet wird.[9]

Zu einer Gesamtrechtsnachfolge kommt es nur in den gesetzlich abschließend geregelten Fällen. Dazu gehören insbesondere der Erbfall sowie die Umwandlung von Unternehmen nach dem Umwandlungsgesetz. Das Recht der Umwandlung ist durch das am 1.1.1995 in Kraft getretene Gesetz zur Bereinigung des Umwandlungsrechts[10] neu geregelt worden. In § 1 UmwG wird zwischen verschiedenen Formen der Umwandlung von Unternehmen unterschieden. Diese Unterscheidung hat auch für die Rechtsfolgen aus arbeitsrechtlicher Sicht Bedeutung. So vollzieht sich allein der gesellschaftsrechtliche Formenwechsel nach §§ 1 Abs. 1 Nr. 4, 190 UmwG unter Wahrung der Identität des Rechtsträgers. Damit handelt es sich nicht um den Übergang eines Betriebes auf einen neuen Inhaber.[11] Eine Anwendung von § 613a BGB ist insoweit weder angezeigt noch erforderlich.

Verschmelzung (§§ 1 Abs. 1 Nr. 1, 2 UmwG), Spaltung (§§ 1 Abs. 1 Nr. 2, 123 ff. UmwG) und Vermögensübertragung (§§ 1 Abs. 1 Nr. 3, 174 UmwG) sind demgegenüber mit einem Wechsel des Rechtsträgers verbunden. Die Betriebe des Unternehmens gehen im Zuge der Umwandlung im Wege der Gesamtrechts-

---

9 Zur kollektivrechtlichen Weitergeltung eines Tarifvertrages noch § 1 B I 1, 2. Irrig insoweit die Auffassung, der durch die Gesamtrechtsnachfolge erreichte Schutz entspreche ohnehin schon dem des § 613a BGB. So aber *Jung*, RdA 1981, 360; *Moll*, AnwBl 1991, 282, 295; *Schreiber*, RdA 1982, 137, 142 Fn. 81; MünchArbR/*Wank*, § 120 Rn. 68. Auch nach Auffassung von Staudinger/*Richardi*, BGB, § 613a Rn. 81 besteht bei einem Betriebsübergang im Wege der Gesamtrechtsnachfolge keine Lücke im Bestandsschutz, die über § 613a BGB geschlossen werden müßte.

10 BGBl. I (1994), S. 3210.

11 *Baumann*, DStR 1995, 888, 889; *Heinze*, DB 1998, 1861; *Kamlah*, Bestandsschutz, S. 144; *Mengel*, Umwandlungen, S. 52 f. m.w.N.; *Schaub*, ZTR 1997, 245, 246.

nachfolge auf den entstehenden Rechtsträger über. Insoweit stellt sich die Frage nach einer Bindung des neuen Betriebsinhabers an die bisher geltenden Tarifnormen nach § 613a Abs. 1 Satz 2 bis 4 BGB. Bis zur Neuregelung des Umwandlungsrechts wurde dies zumeist verneint.[12] Zur Begründung wurde in erster Linie ausgeführt, daß § 613a BGB von einem Betriebsübergang kraft Rechtsgeschäfts ausgehe, die Rechtsnachfolge in den Fällen der Umwandlung hingegen kraft Gesetzes eintrete.[13] Überdies wurde aus § 613a Abs. 3 BGB, der die Weiterhaftung des bisherigen Betriebsinhabers nach § 613a Abs. 2 BGB in den Fällen einer Umwandlung ausdrücklich ausschließt, gefolgert, § 613a BGB sei insgesamt nicht anzuwenden.[14] Allenfalls im Hinblick auf Art. 1 Abs. 1, 3 Abs. 3 der EG-Richtlinie, wonach für Verschmelzungen und rechtsgeschäftliche Betriebsübertragungen gleichermaßen die Aufrechterhaltung auch kollektivvertraglicher geregelter Arbeitsbedingungen gefordert wird, wurde von dieser Auffassung abgewichen.[15]

Eine Regelung zur Frage der Anwendbarkeit des § 613a BGB auf die Fälle gesellschaftsrechtlicher Umwandlungen findet sich nach der Neuordnung des Umwandlungsrechts in § 324 UmwG. Danach bleibt § 613a Abs. 1 und 4 BGB in den Fällen der Verschmelzung, Spaltung und Vermögensübertragung unberührt. Zweifelhaft ist, ob aus dieser Fassung des Gesetzes und angesichts der zuvor zur Anwendung des § 613a BGB vertretenen Auffassungen gefolgert werden kann, § 613a Abs. 1 und 4 BGB seien auf die genannten Formen der Umwandlung unmittelbar anwendbar.[16] Insoweit wird darauf verwiesen, daß eine von vornherein nicht anwendbare Vorschrift auch nicht als unberührt bleibend qualifiziert zu werden bräuchte.[17] Der Rechtsausschuß, auf dessen Vorschlag hin die Bestimmung des § 324 UmwG in das Gesetz Eingang fand, begründete die gewählte

---

12 BAG 25.2.1981 AP Nr. 24 zu § 613a BGB. Vgl. weiter die Darstellung des Meinungsstandes bei *Mengel*, Umwandlungen, S. 53 ff. m.w.N.

13 Grundlegend *Seiter*, Betriebsinhaberwechsel, S. 19, 42; ebenso *Heinze*, ZfA 1997, 1, 14; *Schaub*, ArbRGW 18 (1981), 71, 74. Vgl. aber die Einwände von *Boecken*, ZIP 1994, 1087, 1090; *Däubler*, RdA 1995, 136, 139; *K. Schmidt*, AcP 191 (1991), 495, 516 ff.

14 Auch dazu *Seiter*, Betriebsinhaberwechsel, S. 146. Anders hingegen *Däubler*, RdA 1995, 136, 139; *B. Gaul*, NZA 1995, 717, 721.

15 Statt aller *Seiter*, DB 1980, 877, 881 f. sowie RGRK/*Ascheid*, BGB, § 613a Rn. 108 f.; *Bauer*, Unternehmensveräußerung, S. 25 ff.; *Däubler*, Tarifvertragsrecht, Rn. 1527, 1569; *Debong*, EG-Richtlinie, S. 16 ff.; *Düwell*, AuR 1994, 357, 359; *Jung*, RdA 1981, 360 Fn. 3; Staudinger/*Richardi*, BGB, § 613a Rn. 76 ff.; *Schreiber*, RdA 1982, 137, 142; *Wlotzke*, RdA 1994, 73, 80 f.

16 Vgl. *Baumann*, DStR 1995, 888, 889; *Boecken*, Unternehmensumwandlungen, S. 48 f.; *Buchner*, GmbHR 1997, 434, 441 f.; *Henssler*, FS Schaub, S. 311, 312, 217; *Joost*, ZHR 161 (1997), 715, 716; *Kreßel*, BB 1995, 925, 926; *Schaub*, ZTR 1997, 245, 246.

17 *Boecken*, ZIP 1994, 1087, 1089; *Däubler*, RdA 1995, 136, 139.

Formulierung damit, daß die Anwendbarkeit von § 613a Abs. 1 und 4 BGB in Umwandlungsfällen klargestellt werden sollte.[18] Die EG-Richtlinie bezieht schließlich den Übergang von Unternehmen im Rahmen von gesellschaftsrechtlichen Umwandlungen ausdrücklich in die Schutzanforderungen zugunsten der Arbeitnehmer ein.[19] Daher findet § 613a Abs. 1 BGB bei Verschmelzung, Spaltung oder Vermögensübertragung unter Geltung des § 324 UmwG Anwendung.[20]

Der Erbe des bisherigen Betriebsinhabers tritt kraft Gesetzes nach § 1922 BGB in dessen Rechtsstellung ein. Auch insoweit ergeben sich die Probleme eines Übergangs der tarifrechtlichen Rechtsstellung und Weitergeltung des Tarifvertrages, vergleichbar den vorgenannten Umwandlungsfällen. § 613a Abs. 1 Satz 2 bis 4 BGB findet hier allerdings keine Anwendung.[21] In Ermangelung einer § 324 UmwG vergleichbaren Vorschrift hat damit der Erbfall nur bei kollektivrechtlicher Bindung auch des Erben des bisherigen Betriebsinhabers an den bisher geltenden Tarifvertrag keinen Einfluß auf die Arbeitsbedingungen der Arbeitnehmer.

B. Kollektivrechtliche Weitergeltung eines Tarifvertrages

Die kollektivrechtliche Weitergeltung des beim bisherigen Betriebsinhabers zur Anwendung gekommenen Tarifvertrages kann unter zwei Gesichtspunkten im Zusammenhang mit § 613a Abs. 1 Satz 2 bis 4 BGB erheblich werden.[22] Falls der bisher geltende Tarifvertrag beim neuen Betriebsinhaber ohnehin und ungeachtet der Weitergeltungsanordnung des § 613a Abs. 1 Satz 2 bis 4 BGB normativ zur Anwendung kommen würde, stellt sich die Frage, ob das Eingreifen der Vor-

---

18 BTag-Drucksache 12/7850, S. 61.

19 Kritisch *Heinze*, ZfA 1997, 1, 15 angesichts der Verwendung nicht-deutscher Fachausdrücke in den jeweiligen Fassungen der Richtlinie. Er stützt sich jedoch darauf, daß eine Ungleichbehandlung zwischen rechtsgeschäftlicher und gesetzlicher Nachfolge nicht sinnvoll begründbar sei.

20 So die nunmehr nahezu einhellige Auffassung, statt vieler *Boecken*, ZIP 1994, 1087, 1090 f.; *Däubler*, RdA 1995, 136, 139; *B. Gaul*, NZA 1995, 717, 721; *Hanau*, ZGR 1990, 548, 553; *Heinze*, ZfA 1997, 1, 14; *Herbst*, AiB 1995, 5, 10; *Quander*, Betriebsinhaberwechsel, S. 182 f.; *Schaub*, FS Wiese, S. 535, 537 f.; *Spirolke*, Betriebsübergang, S. 7 ff., 93 ff.; Kallmeyer/*Willemsen*, UmwG, § 324 Rn. 2; *ders.*, RdA 1993, 133, 138; *ders.*, NZA 1996, 791, 798 f.; *Wlotzke*, DB 1995, 40, 42; wohl auch *Bauer/Lingemann*, NZA 1994, 1057, 1061.

21 Für eine analoge Anwendung der Vorschrift hingegen *Hanau/Vossen*, FS Hilger/Stumpf, S. 271, 289; *Seiter*, Betriebsinhaberwechsel, S. 144. Auch *Preis/Steffan*, FS Kraft, S. 477, 480 erwägen eine analoge Anwendung von § 613a Abs. 1 Satz 2 bis 4 BGB; insbesondere sei diese gegenüber einer analogen Anwendung von § 4 Abs. 5 TVG vorzuziehen.

22 Zu den vor Inkrafttreten des § 613a BGB in der nun geltenden Fassung vertretenen Auffassung im Hinblick auf die Möglichkeit einer kollektivrechtlichen Weitergeltung eines Tarifvertrages vgl. § 3.

schrift trotz der Eröffnung ihres Anwendungsbereiches dadurch verdrängt werden kann. Weiterhin ist zu fragen, inwieweit außerhalb des Anwendungsbereichs des § 613a Abs. 1 Satz 2 bis 4 BGB eine Weitergeltung von Tarifverträgen nach Betriebsübergang möglich ist.

I. Geltung des Tarifvertrages aufgrund Tarifgebundenheit

Der bisher geltende Tarifvertrag kann außerhalb des Anwendungsbereiches des § 613a BGB in erster Linie dann weiterhin zur Anwendung kommen, wenn der neue Betriebsinhaber nach den Voraussetzungen des Tarifvertragsgesetzes an diesen Tarifvertrag gebunden ist.

1. Verbandstarifvertrag

Das ist hinsichtlich eines beim bisherigen Betriebsinhaber geltenden Verbandstarifvertrages dann der Fall, wenn der Betriebserwerber ebenfalls Mitglied des tarifschließenden Arbeitgeberverbandes ist. Die Geltung des Tarifvertrages folgt dann bereits aus §§ 3 Abs. 1, 4 Abs. 1 TVG. Ein Übergang der Mitgliedschaft des bisherigen Betriebsinhabers auf den neuen Betriebsinhaber kommt dagegen regelmäßig wegen §§ 38, 40 BGB weder im Fall der Einzel- noch im Fall einer Gesamtrechtsnachfolge in Betracht. Eine kollektivrechtliche Geltung des Verbandstarifvertrages kann sich unabhängig von der Mitgliedschaft im Arbeitgeberverband allenfalls noch bei einer Allgemeinverbindlichkeitserklärung des Tarifvertrages nach § 5 TVG ergeben.[23]

2. Firmentarifvertrag

Die Möglichkeit kollektivrechtlicher Bindung des neuen Betriebsinhabers an einen Firmentarifvertrag des bisherigen Betriebsinhabers aufgrund eines Überganges der Parteistellung wird unterschiedlich beurteilt. Im Falle eines Betriebsübergangs im Wege der Gesamtrechtsnachfolge soll der neue Betriebsinhaber grundsätzlich in die Stellung seines Rechtsvorgängers als Partei des Firmentarifvertrages eintreten können.[24] Demgegenüber wird eine Bindung des neuen Be-

---

23 Statt aller *Moll*, Brennpunkte des Arbeitsrechts 1996, S. 185, 206; *Preis/Steffan*, FS Kraft, S. 477, 479.

24 Vgl. *Hanau/Vossen*, FS Hilger/Stumpf, S. 271, 297 sowie *Däubler*, RdA 1995, 136, 140, allerdings unter Ausnahme von Verschmelzung und Eingliederung, da eine mit dem Übergang der Parteistellung verbundene Erstreckung des Firmentarifvertrages auf andere Unternehmensteile über den Gedanken einer Gesamtrechtsnachfolge hinaus gehen würde. Dazu weiterhin *Bachner*, NJW 1995, 2881, 2882; *Birk*, ZGR 1984, 23, 44; *Boecken*, Unternehmensumwandlungen, S. 139; *B. Gaul*, NZA 1995, 717, 722 f.; *Gussen/Dauck*, Weitergeltung, Rn. 368 ff., S. 241 ff. m.w.N.; *Joost*, ZHR 161 (1997), 715, 718; *Schaub*, FS Wiese, S. 535, 538; *Stein*, Tarifvertragsrecht, Rn. 194.

triebsinhabers an den Firmentarifvertrag im Falle des Übergangs des Betriebes im Wege der Einzelrechtsnachfolge nur durch Vertragsübernahme bzw. Neuabschluß eines inhaltsgleichen Tarifvertrages für möglich gehalten.[25] Zweifelhaft ist, ob sich die Annahme einer kollektivrechtlichen Fortgeltung von Betriebsvereinbarungen, soweit die Betriebsidentität trotz des Betriebsüberganges erhalten bleibt[26], auf Firmentarifverträge übertragen läßt.[27] Dies wird unter Hinweis darauf befürwortet, daß die Abschluß- und Beendigungsmechanismen beider Regelungsinstrumente nicht in rechtlich erheblicher Weise so verschieden seien, daß beide Kollektivvertragsformen unterschiedlicher Behandlung bedürften. Voraussetzung sei unter Anknüpfung an die arbeitstechnische Einheit, daß die Arbeitgeberstellung beider Betriebsinhaber letztlich tariflich identisch sei.[28] Auch die Koalitionsfreiheit des Betriebserwerbers werde nicht in gleicher Weise berührt wie bei der Bindung an einen Verbandstarifvertrag.[29]

Dabei wird zwar zu Recht darauf verwiesen, daß Partei eines Firmentarifvertrages wie einer Betriebsvereinbarung der Betriebsinhaber selbst ist. Dennoch bestehen zwischen beiden Regelungsinstrumenten gewichtige Unterschiede.[30] Die Rechtswirkungen eines Firmentarifvertrages für die Arbeitsverhältnisse richten sich wie beim Verbandstarifvertrag nach den Voraussetzungen des Tarifvertrags-

---

25 So RGRK/*Ascheid*, BGB, § 613a Rn. 185; *Boewer*, Brennpunkte des Arbeitsrechts 1997, S. 91, 139; Erman/*Hanau*, BGB, § 613a Rn. 79; *ders.*, FS Gaul, S. 287, 296; *Hanau/Adomeit*, Arbeitsrecht, J IV 2; *Hanau/Vossen*, FS Hilger/Stumpf, S. 271, 296; *Seiter*, Betriebsinhaberwechsel, S. 91 f.; MünchArbR/*Wank*, § 120 Rn. 172; *ders.*, NZA 1987, 505, 507; *Zöllner*, DB 1995, 1401; wohl auch KassArbR/*Hattesen*, 1.7 Rn. 164.

26 Vgl. BAG 5.2.1991 AP Nr. 89 zu § 613a BGB; BAG 27.7.1994 AP Nr. 118 zu § 613a BGB; *Hanau/Vossen*, FS Hilger/Stumpf, S. 271, 272 ff.; *Gussen/Dauck*, Weitergeltung, Rn. 46 ff., alle m.w.N.; *Schiefer*, RdA 1994, 83, 87. Hiergegen indes *Junker*, RdA 1993, 203, 204 ff.

27 Verneinend *Gussen/Dauck*, Weitergeltung, Rn. 199, S. 134 f.; Erman/*Hanau*, BGB, § 613a Rn. 79; *Hanau/Vossen*, FS Hilger/Stumpf, S. 271, 296 f.; *Liessem*, Übergang der Arbeitsverhältnisse, S. 80; *Sowka/Weiss*, DB 1991, 1518, 1522; MünchArbR/*Wank*, § 120 Rn. 172; *ders.*, NZA 1987, 505, 507;
a.A. hingegen *Gamillscheg*, Kollektives Arbeitsrecht, Bd. 1, S. 778 m.w.N.; *Jung*, RdA 1981, 360, 361 f.; *Kempen*, BB 1991, 2006, 2008; *Kerschner/Köhler*, Betriebsveräußerung, S. 63; *Picot*, Kauf und Restrukturierung von Unternehmen, S. 343, Rn. 37; *Spirolke*, Betriebsübergang, S. 83; *Trappehl/Lambrich*, Anm. zu BAG 24.6.1998, DB 1999, 291, 292; wohl auch *Kittner/Trittin*, Kündigungsschutzrecht, § 613a BGB Rn. 196. Unklar *Simon*, ZfA 1987, 311, 332. Die grundsätzlich kollektivrechtliche Fortgeltung eines für einen bestimmten Betriebes abgeschlossenen Firmentarifvertrages nach dessen Veräußerung wird durch *Bachner*, AiB 1996, 291, 303 angenommen.

28 Vgl. im einzelnen zu den verschiedenen Formen einer Unternehmensumwandlung *Spirolke*, Betriebsübergang, S. 83 ff.

29 *Moll*, RdA 1996, 275; *ders.*, Brennpunkte des Arbeitsrechts 1996, S. 185, 207; so auch *Henssler*, FS Schaub, S. 311, 326 f.; *Spirolke*, Betriebsübergang, S. 81.

30 Instruktiv *Kempen*, ArbRGW 30 (1993), 97 ff.

gesetzes. Demgegenüber gelten für Betriebsvereinbarungen die Vorschriften des Betriebsverfassungsgesetzes. So gilt ein Firmentarifvertrag, abgesehen von den Regelungen zu betrieblichen und betriebsverfassungsrechtlichen Fragen, nur für die Arbeitsverhältnisse der gleichfalls tarifgebundenen Arbeitnehmer. Eine Betriebsvereinbarung gilt hingegen für alle Arbeitnehmer des Betriebes mit Ausnahme leitender Angestellter nach § 5 Abs. 3 BetrVG 1972. Allerdings ist der Betriebsinhaber auch schon vor Abschluß einer Betriebsvereinbarung Organ der Betriebsverfassung. Demgegenüber kommt dem Betriebsinhaber erst mit Abschluß eines Firmentarifvertrages die Stellung als Tarifvertragspartei zu. Insoweit findet sich eine stärkere Betonung bestehender vertraglicher Beziehungen im Tarifvertragsgesetz. Insbesondere unter diesem Gesichtspunkt erscheint daher eine Anlehnung gerade an die Ablehnung einer kollektivrechtlichen Weitergeltung eines Verbandstarifvertrages geboten.[31]

3. § 613a Abs. 1 Satz 2 bis 4 BGB als Auffangregelung

Kommt aufgrund der Bindung auch des neuen Betriebsinhabers an den bisher zur Anwendung gekommenen Tarifvertrag dessen kollektivrechtliche Fortgeltung in Betracht, fragt sich im Anwendungsbereich des § 613a Abs. 1 Satz 2 bis 4 BGB, nach welchen Regelungen sich die Geltung der Tarifnormen nach Betriebsübergang richtet. Überwiegend wird angenommen, die Regelung des § 613a Abs. 1 Satz 2 bis 4 BGB sei nicht als abschließende gesetzgeberische Entscheidung gegen eine kollektivrechtliche Fortgeltung von Betriebsvereinbarungen und Tarifverträgen zu verstehen.[32] Vielmehr sollte der nach der EG-Richtlinie geforderte Bestandsschutz kollektivvertraglicher Regelungen lediglich nach unten abgesichert werden. Überdies sei Zweck der Regelung in § 613a Abs. 1 Satz 2 bis 4 BGB, die Aufrechterhaltung der Arbeitsbedingungen der vom Betriebsübergang betroffenen Arbeitnehmer in kollektivrechtlicher Hinsicht zu gewährleisten, unabhängig von einer nicht mehr vorliegenden Anwendbarkeit des Tarifvertrages

---

31 Hierzu *D. Gaul*, Arbeitsrecht im Betrieb, Bd. II, K II Rn. 12; *Gussen/Dauck*, Weitergeltung, Rn. 199, S. 134 f.; *Hanau/Vossen*, FS Hilger/Stumpf, S. 271, 296 f. Beachte aber BAG 24.6.1998 AP Nr. 1 zu § 20 UmwG, wonach die Weitergeltung eines Firmentarifvertrages nach § 20 Abs. 1 Nr. 1 UmwG als Verbindlichkeit auf den neuen Betriebsinhaber unabhängig von § 324 UmwG in Betracht komme. Kritisch hierzu insbesondere *Trappehl/Lambrich*, Anm. zu BAG 24.6.1998, DB 1999, 291 f., nach denen regelmäßig die kollektivrechtliche Weitergeltung eines Firmentarifvertrages zu einer nicht begründbaren Ausweitung seines vertraglichen Geltungsbereiches führe. Vgl. auch die ähnliche Problematik im Rahmen der Frage, ob ein beim Betriebserwerber geltenden Firmentarifvertrag ohne weiteres auch für einen übernommenen Betrieb oder Betriebsteil gelten könne, nachstehend § 15 A I 2b.

32 *Däubler*, RdA 1995, 136, 140; *Hanau/Vossen*, FS Hilger/Stumpf, S. 271, 272; *Kittner/Trittin*, Kündigungsschutzrecht, § 613a BGB Rn. 181 ff.; *Schiefer*, RdA 1994, 83, 87; *ders.*, NJW 1998, 1817, 1821.

nach Tarifrecht. Dem würde nicht Rechnung getragen, wenn ungeachtet einer Geltung der Tarifnormen aufgrund der Tarifbindung des Betriebsinhabers dessen lediglich individualrechtliche Geltung angenommen werden würde.[33] Insoweit handelt es sich bei der Weitergeltungsanordnung des § 613a Abs. 1 Satz 2 bis 4 BGB lediglich um einen Auffangtatbestand. Zu einer Weitergeltung des bisher anwendbaren Tarifvertrages nach § 613a Abs. 1 Satz 2 bis 4 BGB kommt es nur dann, wenn der Tarifvertrag nicht ohnehin kollektivrechtlich weitergilt.[34]

II. Entsprechende Anwendung von § 3 Abs. 3 TVG oder § 4 Abs. 5 TVG

Vor Inkrafttreten des § 613a Abs. 1 BGB in der nun geltenden Fassung wurde die kollektivrechtliche Weitergeltung eines Tarifvertrages nach Betriebsübergang vielfach über eine entsprechende Anwendung von § 3 Abs. 3 TVG bzw. § 4 Abs. 5 TVG begründet. Abgesehen von der schon gegenüber diesen Ansätzen geäußerten grundsätzlichen Kritik[35] ist jedenfalls fraglich, ob die für eine entsprechende Anwendung dieser Vorschriften erforderliche planwidrige Unvollständigkeit

---

33 Zu Recht weist BAG 24.6.1998 AP Nr. 1 zu § 20 UmwG darauf hin, daß die Weitergeltung eines Tarifvertrages nach § 613a Abs. 1 Satz 2 bis 4 BGB in den Rechtsfolgen hinter einer kollektivrechtlichen Weitergeltung zurückbleibt.

34 BAG 5.2.1991 AP Nr. 89 zu § 613a BGB; BAG 27.7.1994 AP Nr. 118 zu § 613a BGB; BAG 24.6.1998 AP Nr. 1 zu § 20 UmwG; RGRK/*Ascheid*, BGB, § 613a Rn. 182; *Bachner*, NJW 1995, 2881, 2882; *ders.*, AiB 1996, 291, 303; *Bauer*, FS Schaub, S. 19, 36; *Boewer*, Brennpunkte des Arbeitsrechts 1997, S. 91, 137; *Hanau/Adomeit*, Arbeitsrecht, J IV 2; *Hanau/Vossen*, FS Hilger/Stumpf, S. 271, 272, 288; KassArbR/*Hattesen*, 1.7 Rn. 163; *Heinze*, DB 1998, 1861, 1862; *Henssler*, FS Schaub, S. 311, 312; *Hromadka/Maschmann/Wallner*, Tarifwechsel, Rn. 337; *Jung*, RdA 1981, 360, 361 f.; *Kempen*, BB 1991, 2006; *Kreßel*, BB 1995, 925, 926; *Moll*, Brennpunkte des Arbeitsrechts 1996, S. 185, 205 f.; GK-KR/*Pfeiffer*, § 613a BGB Rn. 90; ErfurtKom/*Preis*, § 613a BGB Rn. 68; *Preis/Steffan*, FS Kraft, S. 477, 478; Staudinger/*Richardi*, BGB, § 613a Rn. 166; *Schaub*, ArbRGW 18 (1981), 71, 79; *Schiefer*, RdA 1994, 83, 87; *ders.*, NJW 1998, 1817, 1821; *ders.*, FA 1998, 270; *Simon*, ZfA 1987, 311, 330; MünchArbR/*Wank*, § 120 Rn. 168; *ders.*, NZA 1987, 505, 507; *Wirges*, ZTR 1998, 62, 68; *Wollenschläger/Pollert*, ZfA 1996, 547, 575; *Zöllner*, DB 1995, 1401; *Zöllner/Loritz*, Arbeitsrecht, § 20 III 8.
Beachte aber *Junker*, RdA 1993, 203, 204 ff. zur Frage kollektivrechtlicher Weitergeltung von Betriebsvereinbarungen außerhalb des § 613a BGB bei Betriebsidentität. Nach dessen Auffassung könne eine Gesetzesänderung nicht mit dem Hinweis ignoriert werden, die bisherige Rechtslage sei zweckmäßiger gewesen. Die These, § 613a Abs. 1 Satz 2 BGB enthalte insoweit einen bloßen Auffangtatbestand für den Fall fehlender kollektivrechtlicher Weitergeltung, könne daher nicht begründet werden. Auch ein Betriebsübergang unter Beibehaltung der Betriebsidentität führe nach § 613a Abs. 1 Satz 2 BGB dazu, daß die Regelungen der Betriebsvereinbarung einzelvertraglich weitergelten.

35 Dazu noch § 3 B 2, 3.

des Gesetzes[36] angesichts der in § 613a Abs. 1 Satz 2 bis 4 BGB getroffenen Regelung angenommen werden kann. § 613a Abs. 1 Satz 2 bis 4 BGB enthält gegenüber einer im übrigen begründbaren Weitergeltung eines Tarifvertrages auf kollektivrechtlicher Ebene zwar lediglich eine Auffangregelung. Dies betrifft aber nur die Fälle, in denen sich eine kollektivrechtliche Weitergeltung der tariflichen Rechtsnormen schon aus dem Gesetz ergibt. Die analoge Heranziehung gesetzlicher Vorschriften kann jedoch nicht die Anwendung von § 613a Abs. 1 Satz 2 bis 4 BGB in dessen Anwendungsbereich ausschließen, insoweit fehlt es schon an einer Regelungslücke.[37]

III. Einwirkungspflicht des bisherigen Betriebsinhabers

Eine andere Form der Geltung eines Tarifvertrages nach Betriebsübergang kann sich aus der Annahme von Einwirkungspflichten des bisherigen tarifgebundenen Betriebsinhabers gegenüber dem neuen Betriebsinhaber in Richtung auf die Einhaltung des Tarifvertrages ergeben. Diese Überlegung ist bisher nur in der sog. Goethe-Institut-Entscheidung des Bundesarbeitsgerichts[38], in der es um einen Betriebsübergang innerhalb eines Konzerns und dessen tarifrechtliche Folgen bei fehlender Tarifgebundenheit des neuen Betriebsinhabers geht, praktisch geworden.[39] Ausgangspunkt für die Annahme einer Einwirkungspflicht ist, daß auch die rechtliche oder wirtschaftliche Abhängigkeit eines Tochterunternehmens nicht zu dessen Tarifbindung aufgrund einer bestehenden Tarifbindung des Mutterunternehmens führt.[40] Allerdings, so das Bundesarbeitsgericht zu Recht, sei das ausgliedernde Mutterunternehmen aus einem abgeschlossenen Firmentarifvertrag verpflichtet, das Tochterunternehmen zu veranlassen, die Arbeitsbedingungen entsprechend dem Firmentarifvertrag weiterhin zu gewähren, soweit die Umgehung der Tarifbindung des Mutterunternehmens erklärtes Ziel der Ausgliederung gewesen sei. Dies wird aus der, einem jeden Tarifvertrag innewohnenden, schuldrechtlichen Verpflichtung der Vertragsparteien, dafür Sorge zu tragen, daß der

---

36 Vgl. § 9 C I.

37 Ebenso *Boewer*, Brennpunkte des Arbeitsrechts 1997, S. 91, 138 f.; *D. Gaul*, Arbeitsrecht im Betrieb, Bd. II, K II Rn. 10; *Gussen/Dauck*, Weitergeltung, Rn. 190, S. 130; im Ergebnis auch BAG 26.9.1979 AP Nr. 17 zu § 613a BGB; *Gamillscheg*, Kollektives Arbeitsrecht, Bd. 1, S. 780; *Weimar/Alfes*, BB 1993, 783, 788. Vgl. auch *Henssler*, FS Schaub, S. 311, 315 f. zur Heranziehung dieser Vorschriften in Umwandlungsfällen.

38 BAG 11.9.1991 AP Nr. 29 Internationales Privatrecht, Arbeitsrecht.

39 Vgl. aber schon die Erwägungen von *Sinzheimer*, Arbeitstarifgesetz, S. 54; *ders.*, Arbeitsnormenvertrag, Teil II, S. 118 Fn. 30. Dazu auch § 2 D, F I 2.

40 BAG 11.9.1991 AP Nr. 29 Internationales Privatrecht, Arbeitsrecht; *Henssler*, NZA 1994, 294, 300; *Kempen/Zachert*, TVG, § 3 Rn. 9; *Moll*, RdA 1996, 275, 285; *Trittin*, AiB 1994, 12; *Wiedemann/Stumpf*, TVG, § 3 Rn. 42. Vgl. auch *Wiedemann*, FS Fleck, S. 447, 451, nach dem eine konzernrechtliche Einheitsbetrachtung im Tarifvertragsrecht nicht in Betracht komme. Unklar dagegen *Birk*, ZGR 1984, 23, 44.

Tarifvertrag auch durchgeführt werde[41], abgeleitet. Danach sind die Vertragsparteien auch dazu verpflichtet, alles zu unterlassen, was zu einem Leerlaufen der tarifvertraglichen Regelungen führen könnte. Insoweit handelt es sich nicht um die aus dem Tarifvertrag folgende Einwirkungspflicht im herkömmlichen Sinn - die des Verbandes in Bezug auf seine Mitglieder -, sondern um die Verpflichtung, die Durchführung des Tarifvertrages nicht durch eigenes Verhalten zu verhindern.[42] Die Verletzung dieser Realisierungspflicht begründet einen Schadensersatzanspruch. Dieser Anspruch führt zwar nicht zur Rückgängigmachung der Ausgliederung, wohl aber zur Verpflichtung, auf das Tochterunternehmen einzuwirken, um dem Tarifvertrag weiterhin Geltung zu verschaffen.[43]

Allerdings gelten diese Erwägungen allenfalls unter den Besonderheiten des Bestehens eines Firmentarifvertrages und dem mit der Ausgliederung explizit verfolgten Zweck des Unterlaufens des Tarifvertrages.[44] Nur im Falle eines Firmentarifvertrages treffen die schuldrechtlichen Pflichten den Betriebsinhaber selbst. Nur dann kann sich auch dessen Verpflichtung zur Durchführung des Tarifvertrages ergeben, die sich in der Verpflichtung zur Einwirkung auf den neuen Betriebsinhaber niederschlägt.[45] Im übrigen ist es Sache des Betriebsinhabers zu widerlegen, daß die Ausgliederung zum Zwecke der Umgehung der Anwendung eines Tarifvertrages erfolgte.[46] In dem vom Bundesarbeitsgericht entschiedenen Fall konnte die Weitergeltungsanordnung des § 613a Abs. 1 Satz 2 bis 4 BGB nicht eingreifen. Damit war der Rückgriff auf die schuldrechtliche Verpflichtung des bisherigen Betriebsinhabers aus dem geschlossenen Firmentarifvertrag erforderlich, um den Arbeitnehmern weiterhin die tariflichen Arbeitsbedingungen zu sichern.

Die Annahme einer solchen Einwirkungspflicht des bisherigen Betriebsinhabers steht im übrigen nicht notwendig in einem Ausschließlichkeitsverhältnis zur Anwendung des § 613a Abs. 1 Satz 2 bis 4 BGB. Praktische Bedeutung könnte diese Frage erlangen im Hinblick auf die Abänderbarkeit der durch die weitergeltenden Tarifnormen bestimmten Arbeitsbedingungen nach Ablauf eines Jahres nach

---

41 *Henssler*, NZA 1994, 294, 300; *Trittin*, AiB 1994, 12. Vgl. noch § 9 A, C II 2.

42 Darauf verweist zu Recht *Henssler*, NZA 1994, 294, 300 f.

43 BAG 11.9.1991 AP Nr. 29 Internationales Privatrecht, Arbeitsrecht; *Trittin*, AiB 1994, 12, 13; *Zachert*, Anm. zu BAG 11.9.1991, AuR 1992, 125.

44 *Buchner*, DB 1992, 572, 573; *Henssler*, NZA 1994, 294, 300; *ders.*, FS Schaub, S. 311, 328; *Kittner/Trittin*, Kündigungsschutzrecht, § 613a BGB Rn. 198; *Moll*, RdA 1996, 275, 285; *ders.*, Brennpunkte des Arbeitsrechts 1996, S. 185, 235.

45 Mißverständlich in diesem Zusammenhang *Otto*, Anm. zu BAG 11.9.1991, SAE 1993, 185, 191, nach dem die Annahme einer Einwirkungspflicht einer Tarifvertragspartei auf ein Unternehmen voraussetze, daß das Unternehmen als Mitglied der Tarifvertragspartei selbst tarifgebunden sei.

46 Dazu noch *Riesenhuber*, BB 1993, 1001, 1004; *Trittin*, AiB 1994, 12, 13.

§ 613a Abs. 1 Satz 2 BGB, der die Einwirkungspflicht des bisherigen Betriebsinhabers entgegenstehen könnte.

C. Darstellung zu § 613a Abs. 1 Satz 2 bis 4 BGB

Mit § 613a BGB ist Gegenstand der vorliegenden Arbeit eine Vorschrift, die einen Blick auf das gesamte Arbeitsrecht verlangt. So ist *Hanau* zuzustimmen, der sie als „Brennspiegel, in dem sich wichtige ungeklärte Probleme des Arbeitsrechts sammeln und durch den sie auch zur Auflösung kommen“[47], bezeichnet. Dies zeigt sich gerade auch im Rahmen der Erwägungen zu den Einzelfragen der Fortgeltung tariflicher Rechtsnormen nach einem Betriebsübergang, was nachstehend gezeigt werden soll. Ausgangspunkt und gleichzeitig Weichenstellung für die Behandlung der aufgeworfenen Probleme ist die Überlegung, welchen rechtsdogmatischen Weg der Gesetzgeber gewählt hat, um die Fortgeltung der Tarifnormen zu gewährleisten. Dabei wird besonders auf das Verhältnis einzelvertraglicher und kollektivvertraglicher Regelung von Arbeitsbedingungen und die jeweiligen Besonderheiten einzugehen sein. In einem ähnlichen systematischen Zusammenhang stehen die Erwägungen zur Möglichkeit der (einzelvertraglichen) Weitergeltung der verschiedenen, durch §§ 1 Abs. 1, 4 Abs. 2 TVG vorgesehenen tariflichen Regelungen. Insoweit ist danach zu fragen, ob eine einzelvertragliche Weitergeltung hinsichtlich aller Bestimmungen eines Tarifvertrages zum einen vom Gesetzgeber angestrebt ist und sich zum anderen rechtstechnisch auch verwirklichen läßt.[48] Diese Überlegungen geben darüber hinaus Anlaß zu Ausführungen über die Zuordnung tariflicher Regelungen zu den Normengruppen des § 1 Abs. 1 TVG.

Besonderes Augenmerk verlangt auch die in § 613a Abs. 1 Satz 2 BGB vorgesehene, zumal dogmatisch ungewöhnliche, Umwandlung von Tarifnormen in einzelvertragliche Bestimmungen. Abweichungen gegenüber der Behandlung sonstiger einzelvertraglicher Vereinbarungen der Arbeitsvertragsparteien sind dabei insbesondere in der Anordnung einseitig zwingender Wirkung für ein Jahr nach Betriebsübergang durch § 613a Abs. 1 Satz 2 BGB, verbunden mit der Möglichkeit vorzeitiger Abänderung mit individualarbeitsrechtliche Mitteln nach § 613a Abs. 1 Satz 4 BGB, bedingt.

Weiterhin stellt sich die Frage nach den Auswirkungen des Zusammentreffens einzelvertraglich weitergeltender Tarifnormen mit beim neuen Betriebsinhaber geltenden anderen kollektivvertraglichen Regelungen. Hier ist im Grundsatz zwar zu trennen zwischen einem beim neuen Betriebsinhaber geltenden Tarifvertrag und einer durch ihn abgeschlossenen Betriebsvereinbarung. Allerdings bezieht

---

47 *Hanau*, ArbRGW 34 (1997), 21.

48 Vgl. auch *Scholz*, FS G. Müller, S. 509, 514.

sich die Problematik in beiden Fällen nicht allein auf das Verhältnis einzelvertraglicher zu kollektivvertraglichen Regelungen. Vielmehr ist im Grundsatz auch die ursprünglich kollektivrechtliche Natur der weitergeltenden Regelungen zu berücksichtigen. Allerdings darf dies im Einzelfall nicht dazu verleiten, die weitergeltenden Tarifnormen wie wirkliches Tarifrecht allein nach den dafür geltenden Regeln zu behandeln. Dem steht nämlich deren Umwandlung in einzelvertragliche Bestimmungen nach Betriebsübergang entgegen. Eine andere Frage wiederum ist die nach den Auswirkungen eines beim bisherigen Betriebsinhaber normativ geltenden Tarifvertrages auf die Wirksamkeit einer beim Betriebserwerber bestehenden Betriebsvereinbarung. Insoweit verlangt gerade § 613a Abs. 1 Satz 3 BGB eine Beantwortung von Fragen, die das Verhältnis Tarifvertrag und Betriebsvereinbarung betreffen.

Schließlich sind die Fragen einer weiteren Anwendung eines Tarifvertrages nach Betriebsübergang zu klären, die sich aus der einzelvertraglichen Inbezugnahme beim Betriebsveräußerer ergeben. Hier sind insbesondere Überlegungen dahingehend erforderlich, aus welchen Gründen derartige Vereinbarungen in Arbeitsverträgen getroffen werden und welche Auswirkungen sich hieraus für die Rechtslage nach dem Übergang des Arbeitsverhältnisses auf den Betriebserwerber ergeben.

Kapitel I. Geschichtliche Entwicklung bis 1980

§ 2 Tarifrechtliche Regelungsansätze

Den zu Beginn dieses Jahrhunderts aufkommenden Bestrebungen, das Tarifvertragsrecht gesetzlich zu regeln, standen sowohl die Arbeitnehmer- als auch die Arbeitgeberseite, die sich mehr auf „Selbsthilfe“ als auf „Staatshilfe“ verlassen wollten, mit Zurückhaltung gegenüber.[1] Dennoch wurde eine Reihe von Gesetzesentwürfen zum Tarifrecht in der Folgezeit vorgelegt. Dabei ging es vornehmlich um die Regelung der Voraussetzungen für den Abschluß von Tarifverträgen und die Wirkung der Tarifnormen auf die Arbeitsverträge zwischen den aus diesem Tarifvertrag Verpflichteten. Auch das Problem der Auswirkungen des Übergangs eines Betriebes auf einen neuen Inhaber für die Anwendung von Tarifverträgen wurde in diesem Zusammenhang erkannt und verschiedentliche Regelungsansätze in die Entwürfe aufgenommen.

A. Gesetzesentwurf Sulzer/Lotmar, 1902[2]

Nach dem Gesetzesentwurf von *Sulzer/Lotmar* konnten Verbände von Arbeitern mit ein oder mehreren Gewerbeinhabern oder deren Verbänden Tarifverträge abschließen.[3] Für die aus dem Tarifvertrag Verpflichteten, insbesondere die Vertragsparteien und die Mitglieder der jeweiligen Verbände,[4] sollte der Inhalt des

---

1 Vgl. die Einschätzung von *Sinzheimer*, ArbR 1921, 94.

2 *Sulzer/Lotmar*, Soziale Praxis, Bd. 11 (1901/02), S. 349 ff.

3 *I. des Entwurfs:*

> *Die gegenseitigen Rechte und Pflichten von Gewerbeinhabern und Arbeitern ... können durch Vertrag eines Verbandes von Arbeitern, der auf Gemeinsamkeit der Werkstätte (Fabrik) oder des Berufes beruht, mit einem oder mehreren Gewerbeinhabern oder mit einem Verbande solcher geregelt werden. ...*

4 *IV. des Entwurfs:*

> *Durch den kollektiven Arbeitsvertrag werden verpflichtet:*
>
> *1. Die Vertragsparteien.*
>
> *2. Alle einzelnen Gewerbeinhaber und Arbeiter, die zur Zeit des Vertragsabschlusses Mitglieder der dabei beteiligten Verbände sind ...*
>
> *3. Gewerbeinhaber und Arbeiter, die den vertragschließenden Verbänden nach dem Vertragsabschluß beitreten, von dem Zeitpunkt ihres Beitritts an.*
>
> *4. Wenn die vertragschließenden Gewerbeinhaber Verbände bilden, deren Eigenschaft als organisierte Verbände durch Eintragung ins Handelsregister oder durch öffentlich-rechtliche Ordnung und Anerkennung feststeht, auch Gewerbeinhaber, die diesen Verbänden nicht angehören, aber deren Arbeitsstätten innerhalb des vertraglich festgestellten örtlichen Geltungsbereichs liegen, sobald sie Arbeiter beschäftigen oder einstel-*

Tarifvertrages ohne weiteres Bestandteil der von ihnen geschlossenen Arbeitsverträge werden.[5]

Eine ausdrückliche Regelung ist in dem Gesetzesentwurf nur für den Rechtsnachfolger eines Verbandes, der Partei des Tarifvertrages ist, vorgesehen. Nach *Sulzer/Lotmar* sollen die Rechte aus diesem Tarifvertrag auf denjenigen Verband übergehen, der die Wahrung der vertraglichen Interessen ausdrücklich oder der Natur der Verhältnisse nach übernommen hat.[6]

Allerdings konnte nach IX. des Entwurfs die Aufhebung des Tarifvertrages durch Zustimmung der Vertragsparteien oder ihrer Rechtsnachfolger bzw. durch den Abschluß eines neuen Vertrages zwischen den gleichen Vertragsparteien oder ihren Rechtsnachfolgern erfolgen.[7] Dies spricht für die Annahme, daß die Stellung als Tarifvertragspartei im Wege der Rechtsnachfolge jedenfalls dann übergehen sollte, wenn ein einzelner Arbeitgeber den Tarifvertrag abgeschlossen hatte. Denn nur so ist zu erklären, warum auch der Rechtsnachfolger dieses Arbeitgebers die Möglichkeit zur Aufhebung des Tarifvertrages haben sollte. Der Tarifvertrag selbst sollte demgemäß auch nicht mit dem Wechsel, sondern erst mit dem völligen Verschwinden einer Vertragspartei untergehen.[8]

Ungeklärt blieben indessen die Auswirkungen eines Betriebsübergangs, soweit der bisherige Betriebsinhaber Mitglied des tarifschließenden Verbands war und sich daraus dessen Tarifbindung ergeben hatte.

---

len, deren Arbeitsbedingungen oder sonstige Interessen durch den kollektiven Vertrag geregelt werden, ...

5 *V. des Entwurfs:*

Der kollektive Arbeitsvertrag wird für die daraus Verpflichteten ohne weiteres ein Bestandteil aller von ihnen abgeschlossenen individuellen Dienstverträge, ... Nur die durch privatrechtliche Vereinbarungen nicht aufhebbaren gesetzlichen Bestimmungen über das Dienstverhältnis können auch durch den kollektiven Arbeitsvertrag nicht aufgehoben werden.

6 *VIII. des Entwurfs:*

Löst sich ein Verband auf, der Vertragspartei bei einem kollektiven Arbeitsvertrag war, oder spaltet er sich, oder fusioniert sich mit einem anderen Verbande, so gehen seine Rechte aus dem kollektiven Vertrag auf denjenigen Verband über, der die Wahrung der vertraglichen Interessen ausdrücklich oder der Natur der Verhältnisse gemäß übernommen hat ...

7 *IX. des Entwurfs:*

Ein kollektiver Arbeitsvertrag kann während der Vertragsdauer aufgehoben oder abgeändert werden:

1. Durch einfache Aufhebung infolge Zustimmung beider Vertragsparteien oder ihrer Rechtsnachfolger ...

2. Durch einen neuen kollektiven Arbeitsvertrag zwischen den gleichen Kontrahenten oder ihren Rechtsnachfolgern.

8 *Lotmar*, Der Arbeitsvertrag nach dem Privatrecht des deutschen Reiches, Bd. I, S. 794.

B. Gesetzesentwurf Rosenthal, 1908[9]

Nach dem Gesetzesentwurf von *Rosenthal* kamen als Tarifvertragsparteien Arbeiter und Arbeitgeber sowie die jeweiligen Berufsvereine in Betracht.[10] Jeder Arbeitsvertrag, der zwischen den an einem Tarifvertrag beteiligten Parteien geschlossen wurde, sollte automatisch dessen Bestimmungen in sich aufnehmen.[11]

In dem Gesetzesentwurf fand sich keine ausdrückliche Regelung über die tariflichen Auswirkungen eines Betriebsinhaberwechsels. Es wurde lediglich bestimmt, daß, sofern sich ein Berufsverein mit einem anderen verschmilzt, dessen Rechte und Pflichten auf den Rechtsnachfolger übergehen sollen.[12] Daraus läßt sich aber nichts für die tarifrechtlichen Auswirkungen des Übergangs des Betriebs eines tarifgebundenen Arbeitgebers auf einen neuen Inhaber herleiten. Dies gilt sowohl für die Tarifbindung des bisherigen Betriebsinhabers aufgrund der Mitgliedschaft im tarifvertragsschließenden Verband als auch den Abschluß eines Firmentarifvertrages.

C. Gesetzesentwurf Wölbling, 1908[13]

Tarifverträge sollten nach dem durch *Wölbling* vorgelegten Gesetzesentwurf von Arbeitgebern und Arbeitern selbst oder vertreten durch Koalitionen, abgeschlos-

---

9 *Rosenthal*, in: Festgabe für Paul Laband, Bd. II, S. 135, 147 ff.

10 Vgl. dazu *§§ 1 und 2 Abs. 1 des Entwurfs:*

> *§ 1. Tarifvertrag ist eine Vereinbarung (zwischen Arbeitgebern und Arbeitern) über Arbeits- und insbesondere Lohnbedingungen, an welche die Beteiligten beim Abschluß von Arbeitsverträgen gebunden sind.*
>
> *§ 2.*
>
> *(1) Ein Tarifvertrag kann abgeschlossen werden zwischen einem oder mehreren Arbeitgebern oder einem oder mehreren Arbeitgebervereinen (Berufsverein) auf der einen Seite und mehreren Arbeitern oder einem oder mehreren Arbeiterverbänden (Berufsverein) auf der anderen Seite.*

11 *§ 8 des Entwurfs:*

> *(1) Die Bestimmungen des Tarifvertrags gelten unmittelbar als Bestandteil eines Arbeitsvertrags, der zwischen Arbeitgebern und Arbeitern abgeschlossen wird, die an dem Tarifvertrag beteiligt sind...*

12 Vgl. *Rosenthal*, in: Festgabe für Paul Laband, Bd. II, S. 135, 174 sowie die Regelung in

§ 7 des Entwurfs:

> *(1) Bei Auflösung eines an einem Tarifvertrage beteiligten Berufsvereins haftet dessen Vermögen noch bis zum Ablauf eines Jahres nach der Auflösung für alle aus dem Tarifvertrag erwachsenen Ansprüche.*
>
> *(2) Die Rechte und Verbindlichkeiten der Mitglieder des aufgelösten Berufsvereins aus einem Tarifvertrag werden durch die Auflösung nicht berührt.*

13 *Wölbling*, Soziale Praxis, Bd. 18 (1908/09), Sp. 166 f.

sen werden können.[14] Auf die von den Tarifvertragsparteien geschlossenen Arbeitsverträge wirkten die Tarifnormen nach den Vorstellungen *Wölblings* entgegen der Lehre von deren Unabdingbarkeit[15] nur obligatorisch ein. Danach durften zwar die Tarifvertragsparteien aus tarifrechtlicher Sicht keine Arbeitsverträge mit einem dem Tarifvertrag widersprechenden Inhalt abschließen, ein derartiges Vorgehen sollte allerdings nicht deren Unwirksamkeit zur Folge haben.[16]

Auch dieser Entwurf enthielt keine Regelung über die tariflichen Auswirkungen eines Betriebsinhaberwechsels. *Wölbling* hielt indes auch ohne ausdrückliche gesetzliche Bestimmung in Bezug auf Einzelne einen Übergang der Rechte und Pflichten aus dem Tarifvertrag jedenfalls durch Erbschaft für möglich.[17]

D. Gesetzesentwurf Sinzheimer, 1916[18]

Nach dem Entwurf von *Sinzheimer* konnten Arbeitgeberberufsvereine oder einzelne Arbeitgeber mit Arbeiterberufsverbänden Tarifverträge abschließen[19], die für alle Beteiligten rechtsverbindlich waren[20]. Dabei sollten die Normen eines Tarifvertrages grundsätzlich auf alle Arbeitsverhältnisse im Betrieb Anwendung finden, sofern der Arbeitgeber als Tarifangehöriger aus dem Tarifvertrag verpflichtet wurde, ohne Rücksicht darauf, ob der jeweilige Arbeitnehmer dem tarifschließenden Arbeiterberufsverein angehörte.[21]

Sofern ein einzelner Arbeitgeber einen Tarifvertrag abschloß, mußte nach Ansicht von *Sinzheimer* allerdings eine rechtliche Sicherung von Gesetzes wegen für den

---

14 *§ 4 des Entwurfs:*

> *Neben einem Verein von Berufsgenossen, welcher deren gemeinsame wirtschaftliche Interessen als Arbeitgeber und Arbeiter verfolgt (Berufsverein), gelten die Mitglieder als Vertragsparteien.*

sowie *Wölbling*, Archiv für Sozialwissenschaft und Sozialpolitik, Bd. 29 (1909), S. 481, 500 ff.

15 Dazu insbesondere *Sinzheimer*, Arbeitstarifgesetz, S. 101 ff. m.w.N.

16 *Wölbling*, Archiv für Sozialwissenschaft und Sozialpolitik, Bd. 29 (1909), S. 481, 490 f.

17 *Wölbling*, Archiv für Sozialwissenschaft und Sozialpolitik, Bd. 29 (1909), S. 481, 494; siehe auch *ders.*, Der Akkord- und Tarifvertrag, S. 341.

18 *Sinzheimer*, Arbeitstarifgesetz, S. 211 ff.

19 *Sinzheimer*, Arbeitstarifgesetz, S. 52 ff.; vgl. auch *§ 2 Abs. 1 des Entwurfs*:

> *Nur Arbeiterberufsvereine können nach diesem Gesetz mit Arbeitgeberberufsvereinen oder Arbeitgebern, die nicht Vertragsmitglieder sind, Tarifverträge abschließen.*

20 *§ 1 des Entwurfs*:

> *(1) Zur Verhütung oder Beendigung von Arbeitskämpfen können Tarifverträge geschlossen werden, die für alle Beteiligten rechtsverbindlich sind.*
> *(2) Beteiligte sind außer den Vertragsparteien die Vertragsmitglieder.*

21 *Sinzheimer*, Arbeitsnormenvertrag, Teil II, S. 15.

Fall eines Betriebsinhaberwechsels eingeführt werden,[22] um die Tarifbindung des bisherigen Inhabers auf dessen Nachfolger im Betrieb überzuleiten. Damit sollte gewährleistet werden, daß der Tarifvertrag auch bei einem Übergang des Betriebes auf einen neuen Inhaber durch Rechtsgeschäft unter Lebenden oder von Todes wegen auf die Arbeitsverträge der im Betrieb beschäftigten Arbeitnehmer weiterhin galt. Nach Auffassung von *Sinzheimer* war es hier insbesondere nicht ausreichend, lediglich den bisherigen Arbeitgeber zu verpflichten, er habe dafür Sorge zu tragen, daß auch der neue Betriebsinhaber den Tarifvertrag einhalte.[23] Es sollte deshalb gesetzlich angeordnet werden, daß Tarifverträge auf den Nachfolger des tarifgebundenen Arbeitgebers mit allen Rechten und Pflichten übergehen, sofern der Nachfolger den Betrieb fortsetzte.[24] Bei *Sinzheimer* fand sich demgemäß die erste ausdrückliche Regelung über tarifliche Auswirkungen eines Betriebsübergangs auf einen neuen Inhaber. Nach § 5 seines Entwurfs trat der Rechtsnachfolger des bisherigen Betriebsinhabers in alle Rechte und Pflichten ein, die der Vorgänger aus dem Tarifvertrag hatte.[25]

E. Gesetzesentwurf Brentano/Heinemann, 1918[26]

Nach dem Entwurf von *Brentano/Heinemann* waren die Tarifvertragsparteien als Zwangsverbände aller gleichartig beschäftigten Arbeitnehmer und der jeweiligen Arbeitgeber in ein vom Registergericht zu führendes Verzeichnis einzutragen.[27]

Aus dem Erfordernis der zwangsweisen Mitgliedschaft in diesen Verbänden, die in Abhängigkeit von der Art der betrieblichen Produktion gebildet werden sollen, ergibt sich, daß der Rechtsnachfolger eines Betriebsinhabers, wie sein Vorgänger auch, verpflichtet wäre, sich in das ihn betreffende Verzeichnis eintragen zu las-

---

22 *Sinzheimer*, Arbeitstarifgesetz, S. 54.

23 *Sinzheimer*, Arbeitstarifgesetz, S. 54; dazu bereits *ders.*, Arbeitsnormenvertrag, Teil II, S. 118 Fn. 30.

24 *Sinzheimer*, Arbeitstarifgesetz, S. 54

25 *§ 5 des Entwurfs:*

War der Inhaber eines Betriebs an einem Tarifvertrag beteiligt, so tritt sein Nachfolger in alle Rechte und Pflichten ein, die der Vorgänger aus dem Tarifvertrag hatte.

26 *Brentano/Heinemann*, Gesetzesentwurf zur Abänderung des § 105 RGewO v. 14.12.1918, BA Koblenz, Nl. Brentano Nr. 243, abgedruckt bei *Hainke*, Entstehung der Tarifvertragsverordnung, S. 160 ff.

27 *Entwurf des § 105a RGewO:*

Zu dieser Festsetzung der Arbeitsbedingungen sind sämtliche Arbeitgeber, welche Arbeiter einer bestimmten gleichartigen Tätigkeit beschäftigen, in ein vom Gewerbegericht zu führendes Verzeichnis einzutragen; desgleichen in ein gesondertes Verzeichnis die so beschäftigten Angestellten und Arbeiter. Alle so eingetragenen Arbeitgeber bilden einen Verband, desgleichen die eingetragenen Angestellten und Arbeiter.

sen. Er würde damit Mitglied im Arbeitgeberverband. Der neue Betriebsinhaber wäre deshalb, sofern der Betrieb fortgesetzt wird, ebenso wie der bisherige Betriebsinhaber an den vom betreffenden Zwangsverband abgeschlossenen Tarifvertrag gebunden. Hinsichtlich der Anwendung der Tarifnormen auf die mit Arbeitnehmern geschlossenen Arbeitsverträge ergaben sich demzufolge aus einem Betriebsinhaberwechsel selbst keine Änderungen. Damit erübrigte sich auch eine gesonderte gesetzliche Regelung dieser Frage in dem Entwurf.

F. Verordnung über Tarifverträge, Arbeiter- und Angestelltenausschüsse und Schlichtung von Arbeitsstreitigkeiten vom 23.12.1918[28]

Mit der Verordnung über Tarifverträge, Arbeiter- und Angestelltenausschüsse und Schlichtung von Arbeitsstreitigkeiten vom 23. 12. 1918 (TVO) erfolgte in Deutschland zum ersten Mal eine gesetzliche Regelung des Tarifvertragsrechts.[29] Die Verordnung beschränkte sich allerdings auf die Bestimmung der Parteien eines Tarifvertrages, der unmittelbaren und zwingenden Wirkung der Tarifvertragsnormen[30] sowie der Möglichkeit einer Allgemeinverbindlichkeitserklärung.[31] So

---

28 RGBl. 1918, S. 1456 ff.

29 Zu dem bestehenden Bedürfnis nach einer gesetzlichen Regelung vgl. insbesondere *Köppe*, Der Arbeitstarifvertrag als Gesetzgebungsproblem, sowie *Brückner*, Recht 1911, Sp. 345 ff.

30 Dazu *Jacobi*, Grundlehren, S. 220 ff.; *Lehmann*, Tarifvertrag und Nachwirkung, S. 21 ff.; *Molitor*, TVO, § 1 Rn. 36 ff.; *Sinzheimer*, Grundzüge, S. 261 ff.; *Sitzler*, Tarifvertragsrecht, § 1 Anm. 3.
Vgl. *§ 1 TVO:*

> *(1) Sind die Bedingungen für den Abschluß von Arbeitsverträgen zwischen Vereinigungen von Arbeitnehmern und einzelnen Arbeitgebern oder Vereinigungen von Arbeitgebern durch schriftlichen Vertrag geregelt (Tarifvertrag), so sind Arbeitsverträge zwischen den beteiligten Personen insoweit unwirksam, als sie von der tariflichen Regelung abweichen. Abweichende Vereinbarungen sind jedoch wirksam, soweit sie im Tarifvertrage grundsätzlich zugelassen sind, oder soweit sie eine Änderung der Arbeitsbedingungen zugunsten des Arbeitnehmers enthalten und im Tarifvertrage nicht ausdrücklich ausgeschlossen sind. An die Stelle unwirksamer Vereinbarungen treten die entsprechenden Bestimmungen des Tarifvertrags.*
>
> *(2) Beteiligte Personen im Sinne des Abs. 1 sind Arbeitgeber und Arbeitnehmer, die Vertragsparteien des Tarifvertrags oder Mitglieder der vertragschließenden Vereinigungen sind oder bei Abschluß des Arbeitsvertrags gewesen sind oder die den Arbeitsvertrag unter Berufung auf den Tarifvertrag abgeschlossen haben.*

31 *Sinzheimer*, ArbR 1921, 94 f.; *Sitzler*, Gew.- u. Kfms.-G. 1919, Sp. 95; vgl. auch *Bohle*, Einheitliches Arbeitsrecht in der Weimarer Republik, S. 34. Siehe dazu *§ 2 TVO:*

> *(1) Der Reichsarbeitsminister kann Tarifverträge, die für die Gestaltung der Arbeitsbedingungen des Berufskreises in dem Tarifgebiet überwiegende Bedeutung erlangt haben, für allgemein verbindlich erklären. Sie sind dann innerhalb ihres räumlichen Geltungsbereichs für Arbeitsverträge, die nach*

konnten gemäß § 1 Abs. 1 TVO[32] Tarifverträge zwischen Vereinigungen von Arbeitnehmern und einzelnen Arbeitgebern bzw. Arbeitgeberverbänden geschlossen werden. Solange ein solcher Tarifvertrag nicht nach § 2 Abs. 1 TVO[33] für allgemeinverbindlich erklärt worden war, verpflichtete und berechtigte er - abgesehen von der nach § 1 Abs. 2 TVO bestehenden Möglichkeit, Arbeitsverträge unter Berufung auf den Tarifvertrag abzuschließen[34] - nur die Mitglieder der tarifschließenden Verbände bzw. den einzelnen Arbeitgeber, der den Tarifvertrag abgeschlossen hatte.[35]

Grundlage für die Wirkung der Tarifnormen auf ein Arbeitsverhältnis war danach die Zugehörigkeit beider Parteien des Arbeitsvertrages zu den tarifschließenden Vertragsparteien.[36] Speziell für die Geltung von Normen eines Verbandstarifvertrages sollte daraus aber nicht generell zu folgern sein, daß die Bindung der Arbeitsvertragsparteien an den Tarifvertrag in zeitlicher Hinsicht stets mit ihrer Verbandszugehörigkeit zusammenfallen mußte.[37] Dies wurde insbesondere aus dem

---

der Art der Arbeit unter den Tarifvertrag fallen, auch dann verbindlich im Sinne des § 1, wenn der Arbeitgeber oder Arbeitnehmer oder beide an dem Tarifvertrage nicht beteiligt sind.

(2) Fällt ein Arbeitsvertrag unter mehrere allgemein verbindliche Tarifverträge, so ist im Streitfall, vorbehaltlich einer abweichenden Bestimmung des Reichsarbeitsministers, derjenige von ihnen maßgebend, der für die größte Zahl von Arbeitsverträgen in dem Betrieb oder Betriebsabteilung Bestimmungen enthält.

32 Siehe Fn. 30.

33 Siehe Fn. 31.

34 Siehe Fn. 30. Auch sofern die Parteien eines Arbeitsvertrages sich lediglich auf einen Tarifvertrag beriefen, trat die unabdingbare Wirkung der Tarifnormen auf die Arbeitsverhältnisse ein. Obwohl die Tarifnormen dabei nur kraft des Willens der Arbeitsvertragsparteien zur Anwendung kamen, wurde insoweit von einem Fall gesetzlicher Tarifbeteiligung gesprochen, vgl. *Erdel*, NZfA 1922, Sp. 71, 79; *Hueck/Nipperdey*, Arbeitsrecht, Bd. II, 1. und 2. Auflage 1930, § 17 II 2 d, S. 184 f., die darauf abstellen, daß die tariflichen Normen gerade nicht kraft des Arbeitsvertrages, sondern kraft des Tarifvertrages für das Arbeitsverhältnis der (vertraglich) tarifbeteiligten Vertragsparteien gelten; *Sinzheimer*, Grundzüge, S. 259, der die Berufung auf den Tarifvertrag als besondere Tarifunterworfenheit versteht, die so lange währen soll, wie der betreffende Arbeitsvertrag besteht;

a.A. dagegen *Hawelka*, in: Sitzler/Hawelka, Grundfragen einer Tarifrechtsreform, S. 24, 29 ff.; *A. Hueck*, Handbuch des Arbeitsrechts, Bd. III: Tarifrecht, § 8 Anm. II Ziffer 3; *Jacobi*, Grundlehren, S. 229; *Kaskel/Dersch*, Arbeitsrecht, S. 68; *Molitor*, TVO, § 1 Rn. 52; *Nikisch*, Arbeitsrecht, S. 113 f.; *Potthoff*, NZfA 1928, Sp. 729 ff.

35 *Behrens*, Fernwirkung, S. 13; *Kaskel*, Arbeitsrecht, 1. Auflage 1925, § 6 III A, S. 18.

36 *Erdel*, SchlWes 1921, 222; *Sitzler*, Gew.- und Kfms.-G. 1919, Sp. 95, 98.

37 *Erdel*, SchlWes 1921, 222; im Ergebnis ebenso *Molitor*, TVO, § 1 Rn. 51, nach dem mit dem Erlöschen der Tarifbeteiligung zwar stets auch das Erlöschen der Tarifwirkung einhergeht, allerdings diesbezüglich mit der Einschränkung, daß durch den Austritt aus dem tarifschließenden Verband die Tarifbeteiligung gerade nicht erlöschen solle.

Ausschluß rückwirkender Ansprüche von erst nach Abschluß des Tarifvertrages in den tarifschließenden Verband eintretenden Arbeitgebern oder Arbeitnehmern[38] sowie aus der Regelung des § 1 Abs. 1 Satz 3 und Abs. 2 TVO[39], die das Ende der unabdingbaren Wirkung der Tarifnormen bei einem Verbandsaustritt einer Partei des Arbeitsvertrages nach Abschluß des Tarifvertrages verhindern sollten, geschlossen.[40] Danach konnte grundsätzlich auch die weitere Anwendung der Normen eines Tarifvertrages auf die bestehenden Arbeitsverhältnisse in Betracht kommen, wenn ein Betrieb auf einen neuen, selbst nicht tarifbeteiligten Arbeitgeber überging. Voraussetzung dafür war der Übergang der Tarifbeteiligung des bisherigen Betriebsinhabers auf dessen Nachfolger. Allerdings wurden die tariflichen Auswirkungen eines Betriebsinhaberwechsels nicht ausdrücklich geregelt.

Zunächst wurde diese Frage nach allgemeinem Privatrecht, das vor Inkrafttreten der Tarifvertragsordnung auch auf Tarifverträge angewendet wurde, beantwortet. Danach sollte auch ohne ausdrückliche Regelung sowohl im Falle der rechtsgeschäftlichen Veräußerung wie auch bei der Vererbung des Unternehmens der oder die Rechtsnachfolger des bisherigen Betriebsinhabers in die tarifvertraglichen Rechte und Pflichten in vollem Umfang eintreten.[41] Unter Geltung der Tarifvertragsverordnung wurde hinsichtlich der Möglichkeit einer weiteren Geltung der Tarifnormen im Betrieb des bisherigen Arbeitgebers auch nach einem Wechsel des Betriebsinhabers zumeist zwischen der Geltung eines Firmen- oder Verbandstarifvertrages sowie dem Übergang des Betriebes im Wege der Einzel- oder Gesamtrechtsnachfolge unterschieden.

---

38 Siehe *Molitor*, TVO, § 1 Rn. 49.

39 Siehe Fn. 30.

40 Vgl. *Erdel*, SchlWes 1921, 222 f.; *A. Hueck*, Handbuch des Arbeitsrechts, Bd. III: Tarifrecht, § 8 Anm. II Ziffer 2 f.; *Hueck/Nipperdey*, Arbeitsrecht, Bd. II, 1. und 2. Auflage 1930, § 17 II 2 c, S. 182 f.; *Jacobi*, Grundlehren, S. 227; *Kaskel/Dersch*, Arbeitsrecht, S. 67; *Molitor*, TVO, § 1 Rn. 50; a.A. *Nikisch*, Arbeitsrecht, S. 113; zur Diskussion um eine Nachwirkung von Tarifnormen siehe auch *Hawelka*, in: Sitzler/Hawelka, Grundfragen einer Tarifrechtsreform, S. 53 ff.; *Lehmann*, Tarifvertrag und Nachwirkung.

41 *Köppe*, Der Arbeitstarifvertrag als Gesetzgebungsproblem, S. 83. Nach Auffassung von *Brückner*, Recht 1911, Sp. 345, 356 sollte der Tarifvertrag zumindest im Fall des Todes des Arbeitgebers für und gegen dessen Erben fortgelten können. Vgl. dazu auch schon *Sinzheimer*, Arbeitsnormenvertrag, Teil II, S. 118, nach dem die Verpflichtung des Arbeitgebers aus dem Tarifvertrag für dessen Gewerbebetrieb eingegangen und daher unter Beachtung des § 25 HGB mit diesem vererblich oder veräußerlich sein sollte.

I. Weitergeltung eines Firmentarifvertrages

1. Betriebsübergang durch Gesamtrechtsnachfolge

Nach allgemeiner Auffassung sollte mit dem Tod des bisherigen Betriebsinhabers in der Regel der Firmentarifvertrag nicht enden, sondern die Tarifbeteiligung des Arbeitgebers auf seinen Erben übergehen.[42] Gleiches wurde auch für andere Fälle der Gesamtrechtsnachfolge angenommen.[43]

2. Betriebsübergang durch Einzelrechtsnachfolge

Grundsätzlich war nach Auffassung von *Behrens* davon auszugehen, daß der Tarifvertrag an sich nicht ohne weiteres gleichzeitig mit dem Betrieb auf den Erwerber übergehen könne.[44] Allerdings war er der Ansicht, daß sich der Tarifvertrag seiner Natur nach nicht von anderen allgemeinen Geschäftsverbindlichkeiten unterscheide, so daß die aus ihm erwachsenen Verbindlichkeiten als Ansprüche im Sinne des § 419 BGB und als im Betrieb begründete Verbindlichkeiten im Sinne des § 25 HGB angesehen werden konnten. Demgemäß sollten sie auch auf den Erwerber nach den §§ 419 BGB, 25 HGB übergehen können. Diese Normen konnten, so *Behrens*, auch zur Anwendung kommen. Zum einen sollte zumindest eine formell weiterbestehende Bindung des Veräußerers aus dem Tarifvertrag denkbar sein. Zum anderen sollte das Bestehenbleiben einer vollen Haftung des Veräußerers neben dem Erwerber nicht Voraussetzung für die Anwendung der genannten Vorschriften sein.[45]

---

[42] RAG 4.10.1930 Bensh. Samml. 10, 200; RAG 25.3.1931 Bensh. Samml. 11, 521, 522 mit zust. Anm. *A. Hueck*; *ders.*, Handbuch zum Arbeitsrecht, Bd. III: Tarifrecht, § 6 Anm. 4a; *ders.*, Recht des Tarifvertrages, S. 78; ebenso auch *Hueck/Nipperdey*, Arbeitsrecht, Bd. II, 1. und 2. Auflage 1930, S. 178; *Nipperdey*, Beiträge, S. 132 Anm. 67. Dem zustimmend *Jacobi*, Grundlehren, S. 219; *Koch*, Beginn, Rückwirkung und Beendigung des Tarifvertrages, S. 50; *Lautner*, Probleme der Tarifrechtsreform, S. 34 f.; *F. Neumann*, ArbRPraxis 1929, 51, 54; sowie *Behrens*, Fernwirkung, S. 74, allerdings mit der Einschränkung, dies könne nicht gelten sofern der - höchst seltene - Fall eintrete, daß der Firmentarifvertrag höchstpersönlicher Natur sei. Dazu siehe *A. Hueck*, Recht des Tarifvertrages, S. 79.

[43] RAG 25.3.1931 Bensh. Samml. 11, 521, 522; so auch *Koch*, Beginn, Rückwirkung und Beendigung des Tarifvertrages, S. 50. Dagegen sollte nach *A. Hueck*, Handbuch zum Arbeitsrecht, Bd. III: Tarifrecht, § 8 Anm. II Ziffer 3, die zwingende Wirkung der Normen eines Firmentarifvertrages auf mit tarifgebundenen Arbeitnehmern geschlossene Arbeitsverhältnisse grundsätzlich mit dem Wechsel des Betriebsinhabers enden, sofern der neue Arbeitgeber nicht selbst tarifbeteiligt war.

[44] *Behrens*, Fernwirkung, S. 72.

[45] *Behrens*, Fernwirkung, S. 73 f.

Bei einer Veräußerung des Unternehmens unter Lebenden sollte auch nach *A. Hueck* die Stellung des Arbeitgebers als Tarifvertragspartei nur unter den Voraussetzungen des § 25 HGB auf den Nachfolger übergehen können.[46] Auch *Meißinger* begründete den möglichen Übergang eines bestehenden Firmentarifvertrages auf den Erwerber des Betriebs damit, daß dieser als Betriebsverbindlichkeit i.S.d. § 25 HGB anzusehen sei, da es sich trotz der Rechtsnatur des Tarifvertrages als Spezialvertrag mit öffentlich-rechtlichen Auswirkungen um einen Vertrag des bürgerlichen Rechts handelte. Danach wurde der neue Betriebsinhaber kraft Gesetzes Angehöriger des bestehenden Firmentarifvertrages.[47] Dies sollte jedoch lediglich für den von § 25 HGB erfaßten Bereich gelten.[48]

Im übrigen wurde ein derartiger Übergang der Tarifbeteiligung des bisherigen Betriebsinhabers auf seinen Nachfolger nicht ohne weiteres angenommen.[49] Sofern der Betriebsübergang auf den neuen Inhaber auf andere Weise erfolgte, war vielmehr der Firmentarifvertrag wegen Wegfalls einer Vertragspartei als beendet anzusehen. Der Tarifvertrag konnte mangels einer gesetzlichen Regelung nicht auf den Erwerber des Betriebs übergehen.[50] Die weitere Bindung des Veräußerers an den Tarifvertrag dagegen wurde als inhaltslos angesehen.[51] Daher sollte in einem solchen Fall der Tarifvertrag regelmäßig erlöschen.[52]

Außerhalb des Anwendungsbereiches von § 25 HGB sollte es den Parteien jedoch unbenommen bleiben, eine, den Übergang der Stellung als Tarifpartei herbeiführende Vereinbarung zu treffen.[53] Erforderlich war hier nach Auffassung von *Behrens* eine Vereinbarung zwischen den tarifschließenden Parteien, d.h. dem bisherigen Betriebsinhaber und der tarifschließenden Arbeitnehmervereinigung, sowie dem bisher nicht beteiligten Arbeitgeber, kraft derer die Tarifbeteiligung

---

46 *Jacobi*, Grundlehren, S. 219; *A. Hueck*, Handbuch zum Arbeitsrecht, Bd. III: Tarifrecht, § 6 Anm. 4a; *ders.*, Recht des Tarifvertrages, S. 79 Fn. 12; so auch *Hueck/Nipperdey*, Arbeitsrecht, Bd. II, 1. und 2. Auflage 1930, S. 178; *Lautner*, Probleme der Tarifrechtsreform, S. 34 f.; *F. Neumann*, ArbRPraxis 1929, 51, 54; *ders.*, Tarifrecht, S. 138; *Nipperdey*, Beiträge, S. 132 Anm. 67.

47 *Meißinger*, NZfA 1924, Sp. 521, 524 f.

48 *Koch*, Beginn, Rückwirkung und Beendigung des Tarifvertrages, S. 50; *Meißinger*, NZfA 1924, Sp. 521, 525.

49 *F. Neumann*, ArbRPraxis 1929, 51, 54; *ders.*, Tarifrecht, S. 138; so auch *Koch*, Beginn, Rückwirkung und Beendigung des Tarifvertrages, S. 50.

50 *Meißinger*, NZfA 1924, Sp. 521, 525.

51 *Meißinger*, NZfA 1924, Sp. 521, 525.

52 *Koch*, Beginn, Rückwirkung und Beendigung des Tarifvertrages, S. 50

53 *Behrens*, Fernwirkung, S. 73; ebenso *A. Hueck*, Handbuch zum Arbeitsrecht, Bd. III: Tarifrecht, § 6 Anm. 4a; *Hueck/Nipperdey*, Arbeitsrecht, Bd. II, 1. und 2. Auflage 1930, S. 178 f.; *Koch*, Beginn, Rückwirkung und Beendigung des Tarifvertrages, S. 50; *F. Neumann*, ArbRPraxis 1929, 51, 54; *ders.*, Tarifrecht, S. 138; *Nipperdey*, Beiträge, S. 132 Anm. 67.

übergehen sollte. Dabei sollte es sich der Sache nach allerdings nicht um eine Rechtsnachfolge im eigentlichen Sinn, sondern um zwei zusammenfallende Rechtsvorgänge handeln: die Aufhebung des bisherigen Tarifvertrages und der Abschluß eines neuen, zu dem alten inhaltsgleichen, Tarifvertrages.[54] Sofern eine derartige Vereinbarung nicht ausdrücklich getroffen wurde, sollte sie stillschweigend nur bei Vorliegen besonderer Umstände angenommen werden können.[55]

Unabhängig davon sollte dem bisherigen Inhaber vor allem nach Ansicht von *A. Hueck* aus dem Firmentarifvertrag die Verpflichtung obliegen, auf die Einhaltung des geschlossenen Tarifvertrages durch den Rechtsnachfolger zu achten.[56] Dem wurde entgegengehalten, daß dann eine derartige Verpflichtung des bisherigen Betriebsinhabers auch für dessen übrige Vertragsverpflichtungen angenommen werden müsse, die sich von der Verpflichtung aus dem Tarifvertrag infolge dessen Vertragseigenschaft aber nicht unterscheiden.[57]

II. Weitergeltung eines Verbandstarifvertrages

Soweit die bisherigen Arbeitsverträge nach dem Betriebsübergang mit dem neuen Arbeitgeber weiterzuführen waren,[58] war umstritten, ob den Normen eines Verbandstarifvertrages nach einem Betriebsübergang auf einen nicht an den Tarifvertrag gebundenen Arbeitgeber (unmittelbare und zwingende) Wirkung zukommen konnte.[59] Unterschieden wurde sowohl für einen Betriebsübergang durch Einzel- wie auch durch Gesamtrechtsnachfolge zwischen den Auswirkungen des Betriebsinhaberwechsels auf die Verbandsmitgliedschaft des Arbeitgebers einerseits und auf die tarifliche Normwirkung andererseits.

---

54 *Behrens*, Fernwirkung, S. 69 f.

55 *Behrens*, Fernwirkung, S. 70 f.

56 *A. Hueck*, Handbuch zum Arbeitsrecht, Bd. III: Tarifrecht, § 6 Anm. 4a; *ders.*, Recht des Tarifvertrages, S. 79 Fn. 12; *F. Neumann*, ArbRPraxis 1929, 51, 54; *ders.*, Tarifrecht, S. 138; zweifelnd *Jacobi*, Grundlehren, S. 219.

57 So bereits *Sinzheimer*, Arbeitsnormenvertrag, Teil II, S. 118 Fn. 30 sowie im Anschluß daran *Meißinger*, NZfA 1924, Sp. 521, 525; zustimmend *Behrens*, Fernwirkung, S. 71 f. sowie *Hueck/Nipperdey*, Arbeitsrecht, Bd. II, 1. und 2. Auflage 1930, S. 179 Fn. 47.

58 *Hueck/Nipperdey*, Arbeitsrecht, Bd. I, 1. und 2. Auflage 1930, § 51 III, S. 248 ff.; *Molitor*, TVO, § 1 Rn. 51; dazu vgl. *ders.*, Arbeitnehmer und Betrieb, S. 38 f. Nach *Vanselow*, SchlWes 1922, 95 war der (ausdrücklich oder stillschweigend mögliche) Abschluß neuer Arbeitsverträge durch den neuen Betriebsinhaber mit den im Betrieb beschäftigten Arbeitnehmern erforderlich.

59 Zur Frage der Rechtsnachfolge eines tarifschließenden Arbeitgeber- oder Arbeitnehmerverbands und deren Auswirkungen siehe *Erdel*, Arbeitsrecht 1925, Sp. 101 ff.

1. Übergang der Mitgliedschaft im Arbeitgeberverband

Die Grundlage der Tarifbeteiligung des Betriebsinhabers an einem Verbandstarifvertrag, dessen Mitgliedschaft im vertragsschließenden Verband,[60] war und ist nach § 38 BGB grundsätzlich weder übertragbar noch vererblich, sondern höchstpersönlich.[61] Wenn nun aber die Mitgliedschaft im Verband nicht ohne weiteres auf den Erwerber des Betriebes übergehen könne, wurde daraus abgeleitet, daß dies auch für die Beteiligung am Verbandstarifvertrag gelte.[62] Die Möglichkeit des Übergangs der Mitgliedschaft kann nach § 40 BGB allerdings in der Satzung des Arbeitgeberverbands bestimmt werden. Für diesen Fall sollte die Beteiligung an einem Verbandstarifvertrag ebenso wie bei Firmentarifverträgen übergehen können.[63] Allerdings sollte der Erwerber des Betriebs auch dann jedenfalls nicht ohne ausdrückliche eigene Willenserklärung in die tarifschließende Arbeitgebervereinigung als Rechtsnachfolger des bisherigen Betriebsinhabers eintreten.[64]

Molitor hielt es ungeachtet dessen grundsätzlich für möglich, für die Zugehörigkeit zu dem vertragsschließenden Verband auf den jeweiligen Betriebsinhaber statt auf individuell bestimmte Personen abzustellen.[65] Danach wäre stets der jeweilige Betriebsinhaber Mitglied des zuständigen Arbeitgeberverbandes. Weiterhin sollte es auch zu einem Übergang der Tarifbeteiligung an einem Verbandstarifvertrag auf den neuen Betriebsinhaber im Anwendungsbereich des § 25 HGB kommen können.[66] Als entscheidend angesehen wurde jedoch auch dabei, ob durch die Rechtsnachfolge verbandsrechtlich gesehen die Beteiligung an der Ta-

---

60 *Erdel*, SchlWes 1921, 222; *Molitor*, TVO, § 1 Rn. 44.

61 *Behrens*, Fernwirkung, S. 76; ebenso RAG 24.5.1930 Bensh. Samml. 9, 458, 460 f. zur Bindung an einen auf der Arbeitgeberseite von einer Innung abgeschlossenen Tarifvertrag. Danach sei die Innungszugehörigkeit eine rein persönliche, die grundsätzlich mit dem Tode des Mitgliedes erlösche und nicht auf den Erben übergehen könne.

62 *Behrens*, Fernwirkung, S. 76.

63 Vgl. dazu auch RAG 16.4.1930 Bensh. Samml. 9, 226; RAG 24.5.1930 Bensh. Samml. 9, 458, 460 sowie *Behrens*, Fernwirkung, S. 77.

64 *Frielinghaus*, SchlWes 1922, 195; ebenso *Kaskel/Dersch*, Arbeitsrecht, S. 67.

65 *Molitor*, TVO, § 1 Rn. 51. In die gleiche Richtung gehen auch die Erwägungen in *ders.*, Arbeitnehmer und Betrieb, S. 40 f., wonach bei einem Wechsel des Betriebsinhabers nicht der neue Arbeitgeber in die mit dem bisherigen Arbeitgeber abgeschlossenen Arbeitsverträge eintreten sollte, sondern die bestehenden Arbeitsverträge als von vornherein für den jeweiligen Betriebsinhaber abgeschlossen anzusehen waren. Ähnlich auch RAG 8.2.1928 Bensh. Samml. 2, 71, 75 zur Frage der Bemessung der Urlaubszeit, die von einer gewissen Beschäftigungszeit in demselben Betrieb abhängt, nach einem Betriebsinhaberwechsel. Danach sei der Begriff des „Betriebes" nicht mit dem Betriebsinhaber gleichzustellen, so daß auch bei dessen Wechsel der Betrieb unverändert als derselbe fortbestehen könne.

66 *Molitor*, TVO, § 1 Rn. 51; ebenso *Frielinghaus*, SchlWes 1922, 195.

rifpartei in Gestalt der Mitgliedschaft im Arbeitgeberverband übergehen konnte.[67] Daher sollte für den konkreten Einzelfall zu prüfen sein, ob der betreffende Verband im Rahmen seiner Satzung den Übergang der Mitgliedschaft zuließ.[68]

2. Tarifbeteiligung des neuen Betriebsinhabers

Im Hinblick auf eine Weitergeltung von Verbandstarifverträgen gab es Erwägungen, ob der Übergang der Tarifbeteiligung sich getrennt von einem Übergang der zugrunde liegenden Verbandszugehörigkeit vollziehen könne. So wurde die Tarifbeteiligung als eng mit dem Betrieb verbunden angesehen und daraus deren Übergang mit dem Betrieb auf den neuen Inhaber abgeleitet.[69] Dem widersprach das Reichsarbeitsgericht, nach dessen Auffassung davon auszugehen war, daß tarifgebunden nicht der Betrieb selbst, sondern deren Inhaber sei.[70] Auch *Meißinger* ging davon aus, daß, anders als bei einem Firmentarifvertrag, nicht angenommen werden konnte, daß die Tarifbeteiligung des bisherigen Betriebsinhabers als Betriebsverbindlichkeit i.S.d. § 25 HGB auf den Betriebserwerber überging.[71] Dies begründete er damit, daß sich das persönlich wirkende Koalitionsrecht, auf dem die Mitgliedschaft im Arbeitgeberverband und damit die Tarifangehörigkeit beruhte, sich auch nur gegenüber Personen, nicht aber betriebsgebunden auswirken konnte. Das Vereinsrecht sei selbst auf persönlichen Charakter ausgerichtet, die Rechte und Pflichten aus der Zugehörigkeit zu einem Verband deshalb grundsätzlich auch nicht übertragbar, veräußerlich oder vererblich.[72]

Auch nach Ansicht von *Hueck/Nipperdey* wurde der Rechtsnachfolger des an einem Verbandstarifvertrag beteiligten Arbeitgebers nicht allein aufgrund der Betriebsübernahme tarifbeteiligt.[73] Vielmehr endete die Tarifbeteiligung des bisherigen Betriebsinhabers, eine Tarifbeteiligung des neuen Arbeitgebers konnte erst mit dessen Eintritt in den betreffenden Arbeitgeberverband beginnen.[74] Im Gegensatz zur Rechtslage bei einem Firmentarifvertrag wurde daher ausschließlich die

---

67 *Molitor*, TVO, § 1 Rn. 51.

68 *Molitor*, TVO, § 1 Rn. 51.

69 *Citron*, Magazin für Arbeitsrecht 1927, S. 28.

70 RAG 24.5.1930 Bensh. Samml. 9, 458, 461, nach dem aus dem Wortlaut des § 1 TVO eindeutig hervorgehe, daß nicht der Betrieb als solcher, sondern nur dessen Inhaber, d.h. eine Person oder Personenvereinigung, tarifgebunden sei.

71 *Meißinger*, NZfA 1924, Sp. 521, 526; ebenso *Behrens*, Fernwirkung, S. 77.

72 *Meißinger*, NZfA 1924, Sp. 521, 526.

73 *Hueck/Nipperdey*, Arbeitsrecht, Bd. II, 1. und 2. Auflage 1930, S. 187; so auch *Hawelka*, in: Sitzler/Hawelka, Grundfragen einer Tarifrechtsreform, S. 24, 32; *Sitzler/Goldschmidt*, Tarifvertragsrecht, § 1 Anm. 6.b.

74 *Hueck/Nipperdey*, Arbeitsrecht, Bd. II, 1. und 2. Auflage 1930, S. 187; vgl. auch *Erdel*, SchlWes 1921, 222; *Jacobi*, Grundlehren, S. 228; *Kaskel/Dersch*, Arbeitsrecht, S. 67; *Meißinger*, NZfA 1924, Sp. 521, 526; *Sitzler*, Gew.- u. Kfms.-G. 1919, Sp. 95, 98.

Verbandszugehörigkeit, nicht aber die Betriebsinhaberschaft als entscheidend angesehen.[75]

Aus den Fehlen der Tarifbeteiligung sollte sich stets auch das Erlöschen der Tarifwirkung ergeben. Mit dem Übergang eines Betriebs auf einen nicht selbst tarifbeteiligten Inhaber war damit die Voraussetzung für die unmittelbare und unabdingbare Wirkung der Tarifnormen auf die Arbeitsverträge nicht mehr gegeben.[76] *Jacobi* wies diesbezüglich insbesondere auf das Fehlen einer gesetzlichen Grundlage in der Tarifvertragsverordnung hin.[77] Die Annahme weiterer normativer Wirkung des Tarifvertrages sollte nur bei Vorliegen einer ausdrücklichen gesetzlichen Regelung einer besonderen, kraft Gesetzes wirkenden Tarifbeteiligung für den Fall eines Betriebsübergangs, wie sie *Sinzheimer* in seinem Entwurf eines Arbeitstarifgesetzes vorgesehen hatte,[78] möglich sein. Da eine derartige Regelung in der Tarifvertragsordnung aber nicht getroffen wurde, sollte nach *Jacobi* die Wirkung der Tarifnormen auf die Arbeitsverträge sofort mit Betriebsübergang wegfallen.

Der Wegfall der unabdingbaren Wirkung der Tarifnormen sollte auch durch eine gegenteilige Bestimmung im Tarifvertrag selbst nicht verhindert werden können, da der Tarifvertrag anderenfalls seine Wirkung unzulässigerweise auf Unbeteiligte - den mangels Mitgliedschaft im Verband nicht tarifbeteiligten Rechtsnachfolger des bisherigen Betriebsinhabers - ausdehnen würde.[79]

3. Aufrechterhaltung der tariflichen Arbeitsbedingungen

Die Ablehnung des Übergangs der Tarifbeteiligung und damit der weiteren Geltung der tariflichen Regelungen mit zwingender Wirkung nach dem Betriebsübergang bedeutete jedoch nicht das endgültige Ende jeglicher Wirkung des Tarifvertrages. So sollte es nach Auffassung von *Molitor* zu einer Art Nachwirkung der Tarifnormen, ähnlich wie beim Ablauf eines Tarifvertrages, kommen können.[80] Dieser Auffassung zugrunde lag die Vorstellung, daß die Tarifnormen Bestandteile des einzelnen Arbeitsverhältnisses zwischen tarifbeteiligten Arbeitsvertragsparteien würden. Nach Auffassung des Reichsarbeitsgerichtes hatte allein der

---

[75] *Hueck/Nipperdey*, Arbeitsrecht, Bd. II, 1. und 2. Auflage 1930, S. 187.

[76] Ebenso *Jacobi*, Grundlehren, S. 228; *Molitor*, TVO, § 1 Rn. 51 sowie *F. Neumann*, ArbRPraxis 1929, 51, 53, der davon ausgeht, der betreffende Betrieb werde ohne weiteres tariffrei.

[77] *Jacobi*, Grundlehren, S. 228 Fn. 17.

[78] Dazu vorstehend unter § 2 D.

[79] *Molitor*, TVO, § 1 Rn. 51; ebenso *Kaskel/Dersch*, Arbeitsrecht, S. 67.

[80] *Molitor*, TVO, § 1 Rn. 51; ablehnend demgegenüber *Jacobi*, Grundlehren, S. 228 sowie *Nikisch*, Arbeitsrecht, S. 116, der der Lehre von einer möglichen Nachwirkung von Tarifnormen entgegenhielt, daß die Geltung von Tarifnormen allein auf dem Willen der Tarifvertragsparteien beruhe und daher schon ihrem Wesen nach befristet sei.

Übergang des Arbeitsverhältnisses auf den nicht tarifbeteiligten Rechtsnachfolger des Betriebsinhabers nicht schon die automatische Änderung des bisher durch den Tarifvertrag bestimmten Inhalts des Arbeitsverhältnisses zur Folge.[81] Das Reichsarbeitsgericht forderte überdies, daß die Arbeitnehmer nach Treu und Glauben annehmen durften, daß die Arbeitsverträge zu den bisherigen, tariflich bestimmten, Bedingungen weiter bestehen sollten.[82]

Allerdings standen die Arbeitsbedingungen der Arbeitnehmer nunmehr einer Verschlechterung offen, da den Tarifnormen nicht mehr die unabdingbare Wirkung zukam. Soweit eine Änderung der Arbeitsbedingungen nicht erfolgte, fand weiterhin der alte Arbeitsvertrag, mit dem durch den abgelaufenen Tarifvertrag bestimmten Inhalt Anwendung.[83] Demgemäß sollten im Falle eines Betriebsinhaberwechsels die Arbeitsverträge mit dem bisherigen tariflichen Inhalt auch gegenüber dem neuen, nicht aufgrund Mitgliedschaft im Arbeitgeberverband tarifbeteiligten Arbeitgeber weiterbestehen können, sofern nicht ein neuer Arbeitsvertrag abweichend vom Tarifvertrag geschlossen wurde.[84]

III. Übergang der Tarifbeteiligung

Nach Ansicht von *Sitzler* hatte der Wechsel des Betriebsinhabers den Übergang der Tarifbeteiligung auf den neuen Betriebsinhaber zur Folge, sofern nicht dieser ohnehin Beteiligter in Bezug auf den bisher zur Anwendung gekommenen Tarifvertrag war.[85] Er unterschied dabei jedoch nicht danach, aus welchem Grund der bisherige Betriebsinhaber als Tarifbeteiligter i.S.d. § 1 Abs. 2 TVO anzusehen war, ob also dessen Tarifbindung auf dem Abschluß eines Firmentarifvertrages oder auf der Mitgliedschaft im vertragschließenden Arbeitgeberverband beruhte.

Dechant verneinte demgegenüber ausdrücklich sowohl für Firmen- als auch für Verbandstarifverträge die Möglichkeit des Übergangs der Tarifgebundenheit des bisherigen Betriebsinhabers auf dessen Rechtsnachfolger. Nach seiner Auffassung war der Zustand der Tarifunterworfenheit auf Arbeitgeberseite insbesondere nicht vererblich, da es sich um die Eigenschaft, objektivem Recht unterworfen zu sein, handelte, die nicht auf den Erben übergehen könne. Die Tarifgebundenheit des bisherigen Betriebsinhabers sollte sich auch nicht als eine Art dinglicher Belastung des Betriebs durch den Kollektivvertrag verstehen lassen, die mit dem Betrieb selbst übergehen konnte.[86] Etwas anderes sollte allerdings für die mit dem

---

81 Vgl. RAG 25.3.1931 Bensh. Samml. 11, 521, 522.

82 RAG 8.2.1928 Bensh. Samml. 2, 71, 73.

83 *Sinzheimer*, Grundzüge, S. 260 f.

84 RAG 8.2.1928 Bensh. Samml. 2, 71, 73; so auch *Kaskel/Dersch*, Arbeitsrecht, S. 67; *Sitzler/Goldschmidt*, Tarifvertragsrecht, § 1 Anm. 6.b.

85 *Sitzler*, Tarifvertragsrecht, § 1 Anm. 5b.

86 *Dechant*, Kollektivvertrag, S. 138.

Abschluß des Kollektivvertrages eingegangenen schuldrechtlichen Verpflichtungen gelten. Diese wären vererblich und könnten auch mit der Übertragung des Betriebs unter Lebenden auf den Erwerber übergehen. Nach Auffassung von *Dechant* sollte dies letztlich dazu führen, daß beim Firmentarifvertrag der Nachfolger kraft der Schuldrechtsverpflichtungen des Kollektivvertrages den Vertrag selbst zur Gänze übernahm. Der Nachfolger eines einem Verbandstarifvertrag unterworfenen Arbeitgebers sollte dem Kollektivvertrag dagegen erst dann unterworfen sein, sofern in seiner Person einer jener Gründe gegeben war, die den Zustand der Regelunterworfenheit herbeiführten.[87]

G. Entwurf Arbeitsrechtsausschuß des Reichsarbeitsministeriums, 1921[88]

Der Arbeitsrechtsausschuß des Reichsarbeitsministeriums stellte seinen unter Mitwirkung von *Sinzheimer*[89] entwickelten Entwurf eines Tarifvertragsgesetzes unter den Anspruch, die unvollständig gebliebene Regelung der Tarifvertragsordnung von 1918 durch eine allgemeine Regelung des Tarifrechts zu ergänzen.[90] Insbesondere der Gedanke der Organisation der Tarifvertragsparteien als öffentlich-rechtliche Zwangsverbände[91] wurde in diesem Zusammenhang wegen einer befürchteten schweren Gefährdung des Tarifgedankens[92] abschlägig beschieden.

Im Gegensatz zur geltenden Tarifvertragsordnung fanden sich in dem Entwurf des Arbeitsrechtsausschusses detaillierte Bestimmungen zum Kreis der Tarifangehörigen, insbesondere zum Ende der Tarifangehörigkeit.[93] So sollte gem. § 13 Abs. 1 des Entwurfs[94] nach dem Ausscheiden eines Mitglieds aus dem vertragsschlie-

---

87 *Dechant*, Kollektivvertrag, S. 139.

88 RABl. AT 1921, 491 ff; ArbR 1921, 106 ff. mit Begründung von *Sinzheimer* RABl. AT 1921, 493 ff.; ArbR 1921, 94 ff.

89 So finden sich auch die Grundgedanken *Sinzheimers* über die Regelung des Rechts der Tarifverträge in diesem Entwurf wieder, vgl. *A. Hueck*, JW 1921, 613 sowie *Zimmermann*, Soziale Praxis, Bd. 30 (1921), Sp. 434; zu dem Entwurf von *Sinzheimer* vorstehend § 2 D.

90 *Sinzheimer*, ArbR 1921, 94, 95; zu dem Bedürfnis nach einer derartig weitergehenden Regelung siehe auch *ders.*, Grundzüge, S. 275 ff. sowie *Erdel*, Die Krise des Tarifgedankens und des Schlichtungswesens.

91 Vgl. den Entwurf von *Brentano/Heinemann*, vorstehend § 2 E.

92 *Sinzheimer*, ArbR 1921, 94, 95 f.; zustimmend *A. Hueck*, DJZ 1921, Sp. 394, 396 f.

93 *A. Hueck*, JW 1921, 613, 615; *Meißinger*, Arbeitgeber 1921, 141, 143.

94 *§ 13 Abs. 1 des Entwurfs:*

> *Die Tarifangehörigkeit nach § 11 Ziffer 1 und 2 endigt mit dem Ablauf des TV. Die Tarifangehörigkeit derjenigen Arbeitgeber und Arbeitnehmer, die nach dem Abschluß des TV aus den Vertragsvereinigungen ausgeschieden sind, erlischt, sobald der TV abgelaufen ist oder abgelaufen wäre, wenn eine der Vertragsparteien zum nächsten zulässigen Zeitpunkte gekündigt hätte.*

ßenden Verband dessen Tarifangehörigkeit erst bei Ablauf des Tarifvertrages oder im Fall der Kündigung des Tarifvertrages enden. Diese Regelung sollte die Dauerhaftigkeit der Wirkung einmal auf ein Arbeitsverhältnis anwendbarer Tarifnormen sicherstellen.[95] In diesen Zusammenhang paßte sich auch die Vorschrift des § 13 Abs. 3 des Entwurfs[96] ein, nach der die Tarifangehörigkeit des Betriebsinhabers auf seinen Rechtsnachfolger im Betriebe übergehen sollte.[97] Damit ergab sich für die Geltung der Tarifnormen auf die Arbeitsverträge im Betrieb keine Veränderung nach einem Betriebsinhaberwechsel sowohl im Wege der Einzel- als auch der Gesamtrechtsnachfolge, da eine besondere, unmittelbar kraft Gesetzes wirkende Tarifbeteiligung des Rechtsnachfolgers eines tarifbeteiligten Arbeitgebers festgeschrieben wurde.

Das diesem Entwurf zugrunde liegende Bestreben einer Neuregelung des Tarifrechts konnte allerdings nicht weiterverfolgt werden, da der Arbeitsrechtsausschuß des Reichsarbeitsministeriums 1924 seine Tätigkeit einstellen mußte.[98]

H. Entwurf Nipperdey, 1924[99]

In seinem Entwurf einer gesetzlichen Regelung des Tarifrechts stellte *Nipperdey* den Tarifvertrag als schriftlichen Vertrag zwischen Arbeitgebern bzw. ihren Vereinigungen und Arbeitnehmervereinigungen dar.[100] *Nipperdey* setzte sich in diesem Entwurf insbesondere mit dem von den Überlegungen *Sinzheimers* beeinflußten Entwurf des Arbeitsrechtsausschusses auseinander. *Nipperdey* ging in § 8 Nr. 4[101] seines Entwurfs davon aus, daß tarifangehörig auch der Rechtsnachfolger

---

95 *A. Hueck*, JW 1921, 613, 615.

96 *§ 13 Abs. 3 des Entwurfs:*

> *Die Tarifangehörigkeit des Inhabers geht auf seinen Rechtsnachfolger im Betriebe über.*

97 *Hawelka*, in: Sitzler/Hawelka, Grundfragen einer Tarifrechtsreform, S. 24, 39; zustimmend *Lautner*, Probleme der Tarifrechtsreform, S. 41.

98 *Brauns*, Soziale Praxis, Bd. 30 (1924), 122.

99 *Nipperdey*, Beiträge, S. 186 ff.

100 vgl. *§ 1 des Entwurfs:*

> *TV. ist der schriftliche Vertrag zwischen Arbeitgebern oder ihren tariffähigen Vereinigungen als Vertragsparteien auf der einen Seite und tariffähigen Vereinigungen von Arbeitnehmern als Vertragsparteien auf der anderen Seite zur Regelung*
>
> *1. des Inhalts von Arbeitsverhältnissen zwischen Arbeitgeber und Arbeitnehmer,*
>
> *2. sonstiger Rechtsbeziehungen von Arbeitgebern und ihren Vereinigungen zu Arbeitnehmern, ihren Vertretungen und ihren Vereinigungen.*

101 Siehe *§ 8 des Entwurfs:*

> *Tarifangehörige sind, soweit in dem TV nicht eine Einschränkung vorgesehen ist:*

eines selbst tarifangehörigen Arbeitgebers wurde.[102] Dies hatte zur Folge, daß tarifangehörig auch Personen sein konnten, die nicht Mitglieder der Verbände waren, denselben aber als deren Nachfolger gleichgestellt wurden.[103] Nach § 9 Nr. 4[104] sollte die Tarifangehörigkeit des neuen Betriebsinhabers in diesem Fall mit dem Eintritt der Rechtsnachfolge beginnen. Nach Auffassung von *Lautner* konnte es für die Tarifangehörigkeit des Rechtsnachfolgers angesichts einer solchen Regelung nicht darauf ankommen, auf welchem Umstand die Tarifbindung des bisherigen Arbeitgebers beruhte - auf der Mitgliedschaft im tarifschließenden Arbeitgeberverband oder dem eigenen Abschluß eines Firmentarifvertrages, so daß dieser Unterschied nicht im Gesetz selbst hervorgehoben werden mußte.[105]

Anders als der Entwurf des Arbeitsrechtsausschusses des Reichsarbeitsministeriums nahm *Nipperdey* eine besondere Regelung zum Erlöschen der auf einem Betriebsübergang beruhenden Tarifangehörigkeit des neuen Betriebsinhabers in seinen Entwurf auf.[106] Im Gegensatz zu dem Übergang der Tarifbeteiligung mußte

---

1. *Arbeitgeber, die Parteien des TV sind,*
2. *Arbeitgeber und Arbeitnehmer, die Mitglieder der vertragsschließenden Vereinigungen sind oder es zur Zeit des Abschlusses des TV oder nach dieser Zeit gewesen sind,*
3. *Arbeitgeber und Arbeitnehmer, die sich mit Zustimmung der Parteien des TV dem TV freiwillig durch schriftliche Erklärung unterworfen haben,*
4. *Arbeitgeber, die Rechtsnachfolger des Inhabers eines Unternehmens sind, der zur Zeit der Rechtsnachfolge nach Ziff. 1, 2 oder 3 tarifangehörig war.*

102 Einer derartigen Regelung zustimmend *Lautner*, Probleme der Tarifrechtsreform, S. 41. Vgl. auch *Hawelka*, in: Sitzler/Hawelka, Grundfragen einer Tarifrechtsreform, S. 24, 32, nach dem dies dem praktischen Bedürfnis wie auch der modernen Auffassung von der Tarifgebundenheit des Betriebes am ehesten entsprechen solle.

103 *Nipperdey*, Beiträge, S. 157.

104 Vgl. *§ 9 des Entwurfs:*

Die Tarifangehörigkeit beginnt:

1. *mit dem Abschluß des TV, soweit nicht in Ziff. 2 bis 4 etwas anderes bestimmt ist,*
2. *für Arbeitgeber und Arbeitnehmer, die nach dem Abschluß des TV Mitglieder der vertragsschließenden Vereinigungen geworden sind, mit dem Erwerb der Mitgliedschaft, wenn in dem TV nicht ein späterer Zeitpunkt festgesetzt ist.*
3. *im Fall des § 8 Ziff. 3 mit dem Tage, an dem die Unterwerfungserklärung abgegeben wird, wenn nicht mit Zustimmung der Parteien des TV die schriftliche Unterwerfungserklärung einen anderen Zeitpunkt angibt.*
4. *im Falle des § 8 Ziff. 4 mit dem Eintritt der Rechtsnachfolge.*

105 *Lautner*, Probleme der Tarifrechtsreform, S. 43 Fn. 86 in Anlehnung an die Regelung, die § 13 Abs. 3 des Entwurfs des Arbeitsrechtsausschusses vorsah und gegen § 8 Ziff. 4 des Entwurfs von *Nipperdey*.

106 Vgl. *§ 10 des Entwurfs:*

(1) Die Tarifangehörigkeit erlischt mit der Auflösung des TV.

nach Auffassung von *Lautner* angesichts sowohl der in dem Entwurf des Arbeitsrechtsausschusses von 1921 als auch in dem Entwurf von *Nipperdey* für das Erlöschen der Tarifbindung des Betriebserwerbers unterschieden werden zwischen der Rechtslage bei einem Verbands- und einem Firmentarifvertrag. So sollte bei einem Firmentarifvertrag die Beendigung der Tarifangehörigkeit des neuen Betriebsinhabers nur in Betracht kommen bei Erlöschen des Tarifvertrages selbst. Im übrigen sollte der neue Betriebsinhaber in den bestehenden Firmentarifvertrag als Partei eintreten.[107] Bei einem Verbandstarifvertrag sollte die Tarifangehörigkeit des neuen Betriebsinhabers, der Verbandsmitglied war, nach den gleichen Grundsätzen wie die Tarifangehörigkeit seines verbandsangehörigen Vorgängers erlöschen können. War der Rechtsnachfolger des Betriebsinhabers hingegen nicht Verbandsmitglied, sollte das Ende der Tarifangehörigkeit auch durch ihn selbst herbeigeführt werden können, indem er durch einseitige, empfangsbedürftige Willenserklärung zumindest an den Arbeitgeber-, unter Umständen zur Erhöhung der Rechtssicherheit auch gegenüber dem Arbeitnehmerverband erklärte, daß er nicht mehr an den bisherigen Tarifvertrag gebunden sei. Das Erlöschen der Tarifangehörigkeit sollte dann zum nächsten ordentlichen Kündigungstermin bzw. dem Ausspruch der Unzumutbarkeit weiterer Tarifangehörigkeit durch das Arbeitsgericht eintreten.[108]

I. Referentenentwurf des Reichsarbeitsministeriums, 1931

Nach dem im Verlauf der Bestrebungen zur Angleichung des deutschen und österreichischen Tarifrechts zusammen mit der österreichischen Regierung[109] ausgearbeiteten Referentenentwurf des Reichsarbeitsministeriums von 1931 sollten einzelne Arbeitgeber oder Arbeitgeberverbände mit Arbeitnehmerverbänden Tarifverträge abschließen können.[110]

---

(2) Die Tarifangehörigkeit der Arbeitgeber und Arbeitnehmer, die nach dem Abschluß des TV aus den vertragschließenden Vereinigungen ausgeschieden sind, erlischt auch mit dem Wirksamwerden einer Aenderung des TV, sowie mit dem Zeitpunkt, zu dem nach dem Ausscheiden der TV frühestens von einer Partei gekündigt werden könnte.

(3) Das Arbeitsgericht hat auf Antrag der Arbeitgeber und Arbeitnehmer, die nach dem Abschluß des TV aus den vertragschließenden Vereinigungen ausgeschieden sind, die Tarifangehörigkeit mit sofortiger oder nach Ablauf der Frist eintretender Wirkung aufzuheben, wenn die weitere Tarifangehörigkeit dem Ausgeschiedenen nicht zuzumuten ist.

(4) Die Vorschriften des Absatz 2 und 3 gelten auch für Tarifangehörige nach § 8 Ziff. 4.

107 *Lautner*, Probleme der Tarifrechtsreform, S. 43.

108 *Lautner*, Probleme der Tarifrechtsreform, S. 43 sowie Fn. 91.

109 *Sitzler*, NZfA 1932, Sp. 201, 207.

110 Dazu *§ 1 des Entwurfs:*

In § 11 Nr. 3[111] sah der Entwurf vor, daß sich die Tarifangehörigkeit auch auf einen Arbeitgeber erstreckte, auf den der Betrieb eines tarifangehörigen Arbeitgebers übergegangen war.[112] Diese Regelung entsprach den in dem Entwurf vorgesehenen tarifrechtlichen Auswirkungen des Austritts einer Partei des Arbeitsvertrages aus dem tarifschließenden Verband in § 11 Nr. 2. Ein solcher Austritt bedeutete danach nicht ohne weiteres das Erlöschen der Tarifbindung.[113] Das Erlöschen der Tarifangehörigkeit trat nach § 13 Abs. 2 des Entwurfs[114] vielmehr erst mit dem Zeitpunkt ein, zu dem die Kündigung des Tarifvertrages frühestens zulässig gewesen wäre. Dementsprechend erlosch nach § 13 Abs. 4 des Entwurfs[115] die Tarifangehörigkeit, die sich nur auf der Übernahme des Betriebs eines tarifangehörigen Arbeitgebers begründete, mit dem Zeitpunkt, zu dem die Kündigung des Tarifvertrages bei Betriebsübergang frühestens zulässig war, soweit nicht die Tarifvertragsparteien von der ihnen durch § 13 Abs. 5 des Entwurfs[116] eröffneten Möglichkeit, Abweichendes zu vereinbaren, Gebrauch ge-

---

(1) Tarifvertrag ist der Vertrag zwischen einem oder mehreren Arbeitgebern oder tariffähigen Vereinigungen von Arbeitgebern einerseits und tariffähigen Vereinigungen von Arbeitnehmern anderseits zur Regelung des Arbeitsverhältnisses oder unmittelbar damit zusammenhängender Beziehungen zwischen Arbeitgebern und Arbeitnehmern. ...

111 *§ 11 des Entwurfs*:

Voraussetzungen der Tarifangehörigkeit.

Tarifangehörig sind, soweit der Tarifvertrag nicht eine Einschränkung vorsieht,

1. *Arbeitgeber, die Vertragspartei sind;*
2. *Arbeitgeber und Arbeitnehmer, die zur Zeit des Abschlusses des Tarifvertrags Mitglieder einer am Vertrage beteiligten Vereinigung sind oder später werden; soweit es sich um Beschäftigung im Haushalt handelt, ersetzt die Mitgliedschaft des Haushaltsleiters die des Arbeitgebers;*
3. *Arbeitgeber, auf die der Betrieb eines tarifangehörigen Arbeitgebers übergeht.*

112 Vgl. auch die entsprechende Regelung im österreichischem sog. Antiterrorgesetz vom 5.4.1930; dazu *Goldschmidt*, NZfA 1930, Sp. 333 ff.

113 Dazu auch die Begründung des Referentenentwurfs, S. 65.

114 *§ 13 des Entwurfs:*

(2) Scheiden tarifangehörige Arbeitgeber oder Arbeitnehmer vor der Beendigung des Tarifvertrages aus einer am Tarifvertrag beteiligten Vereinigung aus, so erlischt ihre Tarifangehörigkeit mit dem Zeitpunkte, zu dem die Kündigung des Tarifvertrags bei ihrem Ausscheiden frühestens zulässig ist. Die Tarifangehörigkeit eines Arbeitnehmers erlischt jedoch nicht, wenn der Tarifvertrag zu jenem Zeitpunkt im Betrieb allgemein gilt (§ 12).

115 Vgl. *§ 13 des Entwurfs:*

(4) Eine auf Uebergang des Betriebes beruhende Tarifangehörigkeit eines Arbeitgebers erlischt mit dem Zeitpunkte, zu dem die Kündigung des Tarifvertrags bei dem Uebergange des Betriebes frühestens zulässig ist.

116 *§ 13 des Entwurfs*:

macht hatten. Die Tarifangehörigkeit sollte in diesen Fällen grundsätzlich auch nicht erlöschen, wenn der Tarifvertrag vor diesem Zeitpunkt durch die Vertragsparteien abgeändert wurde.[117] Etwas anderes sollte lediglich dann anzunehmen sein, wenn Änderungen vorgenommen wurden, die Wesen und Bestand des Tarifvertrages betrafen. Denn dann sollte anzunehmen sein, daß unter Aufhebung des alten Vertrages ein neuer Tarifvertrag abgeschlossen worden sei, so daß die Tarifangehörigkeit bezüglich des ursprünglichen Tarifvertrages wegen Beendigung desselben erlösche.[118]

Mit der Machtergreifung der Nationalsozialisten fanden das Bemühen zur weiteren gesetzlichen Regelung des Tarifrechts zunächst ein Ende. Es kam überdies zur Zerschlagung des bis dahin entwickelten Tarifvertragswesens. Die Aufhebung der Tarifvertragsverordnung erfolgte bereits kurze Zeit später durch § 65 Nr. 6 des Gesetzes zur Ordnung der Nationalen Arbeit vom 20. Januar 1934[119] zum 1. Mai 1934. Nach 1945 wurde eine Neuregelung des Tarifvertragsrechts in Deutschland als notwendiger Bestandteil einer demokratischen Rechtsordnung angesehen. Dazu wurden insbesondere in der britischen und amerikanischen Besatzungszone Kontrollratsdirektiven und Verordnungen erlassen, die zwar den Abschluß von Tarifverträgen gestatteten, jedoch noch keine gesetzliche Regelung beinhalteten. Unabhängig davon kam es daher in den jeweiligen westlichen Besatzungszonen zu Entwürfen für ein neues Tarifvertragsgesetz.

J. Rechtsentwicklung im Vereinigten Wirtschaftsgebiet

Der in der britischen Besatzungszone 1948 durch das Zentralamt für Arbeit (ehemals Hauptamt für Arbeit) vorgelegte Entwurf (sog. Lemgoer Entwurf)[120] sah vor, daß Tarifverträge von Arbeitgebern bzw. Arbeitgeberverbänden und Gewerkschaften abgeschlossen werden können.[121] Den Normen des Tarifvertrages sollten die Mitglieder der vertragschließenden Verbände sowie der Arbeitgeber, der einen Tarifvertrag selbst abgeschlossen hat, unterliegen.[122] In dem Entwurf

---

(5) Die Tarifparteien können durch Tarifvertrag ein früheres Erlöschen der Tarifangehörigkeit vereinbaren.

117 Begründung des Referentenentwurfs, S. 65.

118 Begründung des Referentenentwurfs, S. 65 f.

119 RGBl. I S. 45.

120 Abgedruckt in ZfA 1973, 129, 130 ff.

121 Vgl. *§ 1 des Entwurfs:*
Tariffähigkeit
(1) Tariffähig sind Gewerkschaften, Arbeitgeberverbände und Arbeitgeber.
(2) Spitzenverbände sind nur tariffähig, wenn der Abschluß von Tarifverträgen zu ihren satzungsmäßigen Aufgaben gehört.

122 Vgl. *§ 3 Abs. 1 Satz 2 des Entwurfs:*

findet sich allerdings keine Regelung hinsichtlich der tariflichen Folgen eines Betriebsübergangs auf einen nicht an diesen Tarifvertrag gebundenen Arbeitgeber. Eine ähnliche Regelung des Tarifvertragsrechts sollte nach dem ebenfalls 1948 vorgelegten Entwurf der Arbeitsgemeinschaft der Arbeitgeber erfolgen.[123] Auch hier wurde aber keine Bestimmung über die tarifrechtlichen Auswirkungen eines Betriebsübergangs auf einen neuen Inhaber getroffen. Gleiches gilt für den Entwurf des Arbeitsrechtsausschusses des Länderrats (sog. Zusmarshausener bzw. Stuttgarter Entwurf).[124]

Tarifunterworfen sind die Mitglieder der Tarifvertragsparteien und der Arbeitgeber, der selbst Partei des Tarifvertrages ist.

123 Vgl. die nachstehenden Vorschriften des Entwurfs:

§ 1. Tariffähigkeit

(1) Tariffähig sind Gewerkschaften, Arbeitgeberverbände und einzelne Arbeitgeber.

(2) Tariffähig sind auch Zusammenschlüsse von Vereinigungen von Arbeitgebern und Arbeitnehmern (Spitzenverbände), wenn sie satzungsmäßig zum Abschluß von Tarifverträgen befugt sind und ihnen im Einzelfall der Auftrag und die Ermächtigung von der ihnen zusammengeschlossenen Verbänden erteilt sind.

§ 4. Wirkung der Tarifbestimmungen

(1) Tarifgebunden sind:

1. *die Mitglieder der Tarifvertragsparteien,*
2. *frühere Mitglieder der Tarifvertragsparteien, wenn sie bei Abschluß eines Tarifvertrages einer Tarifvertragspartei angehörten,*
3. *Arbeitgeber, die selbst Partei des Tarifvertrages sind,*
4. *Arbeitgeber und Arbeitnehmer, die den Arbeitsvertrag unter Berufung auf einen Tarifvertrag abgeschlossen haben.*

(2) Die Rechtsnormen des Tarifvertrages gelten unmittelbar und zwingend für die Arbeitsverträge der Tarifgebundenen, die unter den räumlichen, betrieblichen, fachlichen und zeitlichen Geltungsbereich des Tarifvertrages fallen.

124 Abgedruckt in ZfA 1973, 129, 138 ff.; vgl. insbesondere die Vorschriften der § 1 Abs. 1 und § 3 Abs. 1, 2 und 6:

§ 1 Begriff des Tarifvertrages

(1) Der Tarifvertrag ist eine schriftliche Vereinbarung zur Regelung zwischen den Tarifparteien (Gewerkschaften einerseits, Arbeitgeber oder Vereinigungen von Arbeitgebern andererseits) und zur Festsetzung von Rechtsnormen, die das Eingehen, den Inhalt und die Beendigung von Arbeitsverhältnissen sowie betriebliche und betriebsverfassungsrechtliche Fragen ordnen können.

§ 3 Wirkung der Tarifnormen

(1) Den Tarifnormen über Arbeitsverhältnisse unterliegen die Mitglieder der Tarifparteien oder im Falle des § 1 Abs. 2 der zusammengeschlossenen Vereinigungen sowie Arbeitgeber, die selbst Tarifpartei sind.

(2) Die Tarifnormen gelten unmittelbar und zwingend für die Arbeitsverhältnisse zwischen Tarifunterworfenen. ...

Auch in den daraufhin vorgelegten Entwürfen der Gewerkschaften zur gesetzlichen Regelung des Tarifvertragsrechts, die in den Entwurf des Bundesvorstandes des Deutschen Gewerkschaftsbundes für die britische Zone mündeten, wurde die Frage der tariflichen Auswirkungen eines Betriebsinhaberwechsels nicht geregelt.[125]

Ebenso gab es in dem auf Grund dieser Entwürfe ergangenen Gesetz zum Tarifvertragsrecht vom 9. 4. 1949[126] keine Regelung zu den Auswirkungen eines Betriebsinhaberwechsels auf die Geltung von Tarifverträgen.

K. Rechtsentwicklung außerhalb des Vereinigten Wirtschaftsgebietes

In der französischen Besatzungszone wurde namentlich in Rheinland-Pfalz ein Gesetz über den Tarifvertrag vom 24. Februar 1949[127] geschaffen, das sich inhaltlich an dem für das Vereinigte Wirtschaftsgebiet in Kraft getretenen Tarifvertragsgesetz orientierte. Allerdings wurde auch in diesem Gesetz keine Regelung zu den tarifrechtlichen Folgen eines Betriebsübergangs getroffen. Gleiches gilt für die im Saarland[128] und in Berlin[129] in Kraft getretenen Regelungen, die sich ebenfalls an das für das Vereinigte Wirtschaftsgebiet geltende Tarifvertragsgesetz anlehnten.

L. Tarifvertragsgesetz vom 9. April 1949

Das Tarifvertragsgesetz vom 9. April 1949 trat zunächst in den Ländern der britischen und amerikanischen Zone in Kraft. Es galt mit Inkrafttreten des Grundgesetzes nach Art. 123, 125 GG als partielles Bundesrecht fort. Durch das Gesetz über die Erstreckung des Tarifvertragsgesetzes vom 23. April 1953[130] wurde dessen Anwendungsbereich auf die französische Besatzungszone ausgedehnt. Im

---

(6) Wer tarifunterworfen ist, bleibt tarifunterworfen, bis der Tarifvertrag endet oder geändert wird.

125 Vgl. die folgenden Vorschriften dieses Entwurfs:
§ 1 Tariffähigkeit
Tariffähig sind Gewerkschaften, Arbeitgeberverbände und einzelne Arbeitgeber.
§ 4 Tarifgebundenheit
Tarifgebunden sind diejenigen, die Mitglieder der Tarifvertragsparteien sind oder beim Abschluß des Arbeitsvertrages gewesen sind, und der Arbeitgeber, der selbst Partei des Tarifvertrages ist.

126 WiGBl. S. 55.

127 GVBl. S. 82.

128 ABl. S. 597.

129 Tarifvertragsgesetz für Groß-Berlin vom 12. September 1950, GVBl. S. 417.

130 BGBl. I S. 165; dazu *Scheerer*, AuR 1953, S. 144 ff.

Saarland trat das Tarifvertragsgesetz erst am 6. Juli 1959 in Kraft, in Berlin (West) in der Fassung vom 25. August 1969 am 26. Januar 1975.

Tarifgebunden sind nach § 3 Abs. 1 TVG die Mitglieder der tarifschließenden Verbände bzw. der Arbeitgeber, der selbst Partei eines Firmentarifvertrages ist. Nach § 4 Abs. 1 TVG ist Voraussetzung für die unmittelbare und zwingende Wirkung der Normen eines Tarifvertrages auf Arbeitsverträge - mit Ausnahme der betriebs- und betriebsverfassungsrechtlichen Normen nach § 3 Abs. 2 TVG - die beiderseitige Tarifgebundenheit der Parteien des Arbeitsvertrages. Diese Voraussetzung gilt auch nach einem Betriebsinhaberwechsel.[131]

Das Tarifvertragsgesetz selbst trifft wie schon die Tarifvertragsverordnung von 1918 keine Regelung zu den tarifrechtlichen Auswirkungen des Übergangs eines Betriebs von einem tarifgebundenen auf einen nicht oder einem anderen Tarifvertrag unterworfenen Arbeitgeber.[132] Dies hatte zur Folge, daß auch unter der Geltung des Tarifvertragsgesetzes die diesbezügliche Rechtslage kontrovers beurteilt wurde.

I. Weitergeltung eines Firmentarifvertrages

Nach *Hueck/Nipperdey* sollte ungeachtet des Fehlens einer ausdrücklichen Regelung im Tarifvertragsgesetz anzunehmen sein, daß bei Abschluß eines Firmentarifvertrages der Erwerber des Betriebs in die Stellung des bisherigen Betriebsinhabers als Partei des Tarifvertrages einrückt, da der Tarifvertrag hier in der Regel für den Betrieb abgeschlossen werde. Dies gelte sowohl für den Tod des Arbeitgebers als auch für andere Fälle der Gesamtrechtsnachfolge.[133] Auch nach Auffassung von *Nikisch* sollte jedenfalls der Erbe in die Stellung des bisherigen Betriebsinhabers als Partei eines Firmentarifvertrages kraft Gesetzes eintreten.[134] Er begründete dies damit, daß im Zuge der Gesamtrechtsnachfolge alle übertragbaren Positionen des bisherigen Betriebsinhabers auf den neuen Betriebsinhaber übergeleitet werden.[135] Dem wurde jedoch entgegengehalten, daß die Regelungen eines Firmentarifvertrages nach dieser Ansicht eine „eigenartige Selbständigkeit"

---

131 *Bobrowski/Gaul*, Arbeitsrecht im Betrieb, 6., Auflage 1970, K II Rn. 2, S. 609.

132 *Wiedemann/Stumpf*, TVG, § 3 Rn. 71; vgl. auch *Herschel*, ZfA 1973, 183, 191 f.

133 *Hueck/Nipperdey*, Arbeitsrecht, Bd. II/1, S. 473; ebenso *Hueck/Nipperdey/Tophoven/Stahlhacke*, TVG, § 1 Rn. 40 sowie § 3 Rn. 21; *Galperin*, DB 1962, 1113, 1114, nach denen sowohl Tarifpartnerstellung als auch Tarifgebundenheit auf den Betriebserwerber übergehen sollten; vgl. dazu auch *D. Neumann*, DB 1960, 60.

134 *Nikisch*, Arbeitsrecht, Bd. 2, § 76 II 2, S. 354.

135 *Bobrowski/Gaul*, Arbeitsrecht im Betrieb, 6., Auflage 1970, K II Rn. 5, S. 610, nach denen dann der mit dem bisherigen Betriebsinhaber abgeschlossenen Tarifvertrag jedenfalls in entsprechender Anwendung des § 3 Abs. 3 TVG in der Person des neuen Betriebsinhabers weiter gelten sollte.

gewönnen, wenn sie auch gegenüber dem neuen Betriebsinhaber Geltung haben sollten.[136]

Bei einer Veräußerung des Betriebs sollte der Erwerber des Betriebs bei Firmenfortführung lediglich nach Maßgabe des § 25 HGB Partei des Firmentarifvertrages werden können. In den übrigen Fällen konnte der Erwerber des Betriebes nach Ansicht von *Hueck/Nipperdey* die Rechte und Pflichten aus dem Firmentarifvertrag allerdings durch einen Vertrag mit dem Veräußerer übernehmen, wenn die auf Arbeitnehmerseite den Tarifvertrag schließende Gewerkschaft dieser Vereinbarung zugestimmt hatte. Sofern sich der Veräußerer gegenüber der Gewerkschaft gebunden hatte, sollte er daraus überdies verpflichtet sein, darauf hinzuwirken, daß der neue Betriebsinhaber in den Tarifvertrag eintritt. Mit dem Eintritt des Erwerbers in den Tarifvertrag sollte dann auch die Tarifgebundenheit des bisherigen Betriebsinhabers auf ihn übergehen.[137]

Dieser Auffassung wurde durch *Nikisch* entgegengehalten, daß sie den Tarifvertrag wie einen beliebigen schuldrechtlichen Vertrag behandeln würde. In erster Linie gehe es aber um die Weitergeltung der Rechtsnormen eines Tarifvertrages für die Arbeitsverhältnisse. Sofern der Erwerber daher in die bestehenden Arbeitsverhältnisse eintrat, mußte er sie nach *Nikisch* auch mit dem Inhalt übernehmen, den sie durch die Geltung der Tarifnormen erhalten hatten. Eine Übernahme der Arbeitsverhältnisse mußte daher zur Rechtsnachfolge in den für diesen Betrieb abgeschlossenen Tarifvertrag führen. Denn infolge einer engen Zweckbindung zwischen Betrieb und Firmentarifvertrag sei dieser mehr auf den Betrieb bezogen, als daß er von der Person des Erwerbers abhänge.[138] Danach sollte die Bindung an einen Firmentarifvertrag immer den jeweiligen Inhaber des Betriebes treffen.[139] Ein gesonderter Übergang der Tarifbeteiligung auf den Erwerber des Betriebs mußte nicht stattfinden.

Nach Auffassung von *Maus* sah das Tarifvertragsgesetz lediglich in zwei Fällen vor, daß die Normwirkung eines Tarifvertrages auf Arbeitsverhältnisse bestehen bleiben konnte, obwohl das ausgetretene Verbandsmitglied der Tarifbindung nicht mehr unterlag (§ 3 Abs. 3 TVG) oder das Tarifverhältnis selbst beendet war (§ 4 Abs. 5 TVG). Darüber hinaus sollte kein Raum für eine weitere Anwendung

---

136 *Maus*, Tarifvertragsgesetz, § 1 Rn. 302 und 299. Zur Frage der Weitergeltung der Normen eines Verbandstarifvertrages nachstehend unter § 2 L II.

137 *Hueck/Nipperdey*, Arbeitsrecht, Bd. II/1, S. 473 f.; *Hueck/Nipperdey/Tophoven/Stahlhacke*, TVG, § 1 Rn. 40; siehe dazu bereits *A. Hueck*, Handbuch zum Arbeitsrecht, Bd. III: Tarifrecht, § 6 Anm. 4a.

138 *Nikisch*, Arbeitsrecht, Bd. 2, § 76 II 2, S. 354.

139 *Nikisch*, Arbeitsrecht, Bd. 2, § 76 II 2, S. 354.

der Normen des Tarifvertrages auf die bestehenden Arbeitsverhältnisse, sofern der Betrieb auf einen nicht tarifgebundenen Inhaber überging bestehen.[140]

Im Falle eines Betriebsübergangs durch Einzelrechtsnachfolge kam es jedoch insbesondere nicht zu einer Tarifgebundenheit des neuen Betriebsinhabers nach § 3 Abs. 3 TVG. Auch ein Übergang der Tarifgebundenheit auf den Erwerber des Betriebes sollte nicht in Betracht kommen. Allenfalls konnte der neue Betriebsinhaber die im Betrieb bestehenden Einzelarbeitsverhältnisse zu den Bedingungen des Firmentarifvertrages übernehmen. In diesem Fall sollten die Tarifnormen aber nicht mehr unabdingbar, sondern kraft einzelvertraglicher Vereinbarung gelten, sofern der neue Betriebsinhaber die Arbeitsverträge unangetastet bestehen bleiben ließ. Dabei sollte es sich nicht um eine gesetzlich begründete Nachwirkung der Tarifnormen entsprechend § 4 Abs. 5 TVG handeln.[141]

II. Weitergeltung eines Verbandstarifvertrages

Der Rechtsnachfolger eines an einen Verbandstarifvertrag gebundenen Betriebsinhabers wurde als nicht tarifgebunden angesehen, sofern er nicht selbst Mitglied des tarifschließenden Verbands war bzw. wurde[142] oder die Mitgliedschaft in dem vertragsschließenden Verband auf ihn überging.[143] Aus dem Wortlaut des Gesetzes, der für die Tarifgebundenheit die Mitgliedschaft im tarifschließenden Verband fordert, wurde geschlossen, daß auf die Person des Betriebsinhabers abzustellen sei. Daraus wurde abgeleitet, daß es für die weitere Anwendung der Tarifnormen nach dem Tode des bisherigen Betriebsinhabers oder der Veräußerung des Betriebes ausschließlich darauf ankam, ob der Erwerber selbst durch Mitgliedschaft im Verband tarifgebunden war.[144] Die fehlende Verbandsmitgliedschaft sollte insbesondere nicht dadurch ersetzt werden können, daß der Arbeitgeber sich nach Treu und Glauben so behandeln lassen mußte, als wenn er Mit-

---

140 *Bobrowski/Gaul*, Arbeitsrecht im Betrieb, 6., Auflage 1970, K II Rn. 6, S. 610; *Maus*, Tarifvertragsgesetz, § 1 Rn. 303.

141 *Bobrowski/Gaul*, Arbeitsrecht im Betrieb, 6., Auflage 1970, K II Rn. 6, S. 610; im Ergebnis ebenso, allerdings unter der Annahme der Nachwirkung der Tarifnormen entsprechend § 4 Abs. 5 TVG *Hueck/Nipperdey/Tophoven/Stahlhacke*, TVG, § 3 Rn. 13 sowie § 4 Rn. 64.

142 LAG München 19.10.1951 ABl. Bayer. ArbMin. 1952, C S. 168; *Bobrowski/Gaul*, Arbeitsrecht im Betrieb, 6., Auflage 1970, K II Rn. 3, S. 609; *Galperin*, DB 1962, 1113, 1114; *Hueck/Nipperdey*, Arbeitsrecht, Bd. II/1, § 23 B V 2, S. 490 sowie § 23 B VIII 1 b, S. 495; *Hueck/Nipperdey/Tophoven/Stahlhacke*, TVG, § 3 Rn. 22; *Kirschner*, DB 1964, 1061, 1062; *Nikisch*, Arbeitsrecht, Bd. 2, § 71 II 2, S. 265.

143 *Hueck/Nipperdey*, Arbeitsrecht, Bd. II/1, S. 495; *Hueck/Nipperdey/Tophoven/Stahlhacke*, TVG, § 3 Rn. 22.

144 *Nikisch*, Arbeitsrecht, Bd. 2, § 71 II 3, S. 265.

glied im tarifschließenden Arbeitgeberverband wäre.[145] Auch im Tarifvertrag selbst sollte nicht bestimmt werden können, daß die Rechtsnachfolger von Mitgliedern der Tarifparteien tarifgebunden seien.[146] Nicht die Betriebsinhaberschaft, sondern die Verbandsmitgliedschaft war danach für die Annahme der Tarifbindung des Betriebserwerbers maßgebend.[147] Dies hatte grundsätzlich das Erlöschen der normativen Tarifwirkung auf die im Betrieb bestehenden Arbeitsverhältnisse bei einem Übergang des Betriebes auf einen nicht dem tarifschließenden Arbeitgeberverband angehörenden Inhaber zur Folge.[148]

Allerdings sollte eine Nachwirkung der Tarifnormen nach § 4 Abs. 5 TVG in Betracht kommen können.[149] Sofern der Betrieb im Wege einer Gesamtrechtsnachfolge auf einen neuen Inhaber überging, sollten die Tarifnormen für die Arbeitsverhältnisse ihre Wirkung beibehalten, ungeachtet des Fehlens der Mitgliedschaft des neuen Betriebsinhabers im betreffenden Arbeitgeberverband, bis die Arbeitsverträge durch andere Abmachungen geändert wurden.[150] Insoweit sollte der Erwerber des Betriebs in die Rechtsstellung des bisherigen Betriebsinhabers eintreten, ohne daß es eines darauf gerichteten besonderen Rechtsaktes bedurfte.[151] Dies sollte allerdings nur beschränkt auf die tariflichen Regelungen über Arbeitsbedingungen angenommen werden können.[152]

Schließlich wurde auch eine einzelvertragliche Verpflichtung des neuen Betriebsinhabers, die zur Zeit des Betriebsinhaberwechsels geltenden tariflichen Arbeitsbedingungen weiter zu gewähren, in Betracht gezogen. Da es sich dann nicht mehr um eine tarifliche Verpflichtung handelte, sollten spätere Änderungen des Tarifvertrages nach Eintritt der Rechtsnachfolge für die Arbeitsbedingungen der Arbeitnehmer unbeachtlich sein.[153]

---

145 *Hueck/Nipperdey/Tophoven/Stahlhacke*, TVG, § 3 Rn. 2; *Nikisch*, Arbeitsrecht, Bd. 2, § 71 II 3, S. 266, Fn. 25.

146 *Hueck/Nipperdey/Tophoven/Stahlhacke*, TVG, § 3 Rn. 26.

147 *Hueck/Nipperdey*, Arbeitsrecht, Bd. II, 6. Auflage 1957, S. 349; ebenso *Nikisch*, Arbeitsrecht, Bd. 2, § 76 II 2, S. 354 Fn. 31.

148 LAG München 19.10.1951 ABl. Bayer. ArbMin. 1952, C S. 168; *Galperin*, DB 1962, 1113, 1114.

149 *Hueck/Nipperdey*, Arbeitsrecht, Bd. II/1, § 23 B V 2, S. 490; vgl. dazu auch *Hueck/Nipperdey/Tophoven/Stahlhacke*, TVG, § 4 Rn. 64.

150 *Bobrowski/Gaul*, Arbeitsrecht im Betrieb, 6., Auflage 1970, K II Rn. 4, S. 609.

151 *Bobrowski/Gaul*, Arbeitsrecht im Betrieb, 6., Auflage 1970, K II Rn. 4, S. 609; so wohl auch *Kirschner*, DB 1964, 1061, 1062, nach dem die Arbeitnehmer für die Zeit nach dem Betriebsinhaberwechsel ihre tariflichen Rechte insoweit verlieren sollten, als die tariflichen Arbeitsbedingungen nicht mehr unabdingbar auf die Arbeitsverhältnisse einwirkten.

152 *Bobrowski/Gaul*, Arbeitsrecht im Betrieb, 6., Auflage 1970, K II Rn. 4, S. 609.

153 *Galperin*, DB 1962, 1113, 1114.

§ 3 Regelung des § 613a Abs. 1 BGB

Da durch das Tarifvertragsgesetz keine gesetzliche Regelung des Betriebsübergangs und seiner Rechtsfolgen erfolgte, sollte dem dahingehend weiterhin bestehenden Bedürfnis durch die Einfügung des § 613a BGB Rechnung getragen werden. Absatz 1 Satz 1 sowie die Absätze 2 und 3 der Bestimmung wurden durch § 122 BetrVG 1972[1] in das BGB eingefügt und sind am 19. 1. 1972 in Kraft getreten. Gesetzgeberischer Anlaß für diese Regelung war die damals erhobene Forderung, den Betriebsübergang als solchen ausdrücklich der Mitbestimmung des Betriebsrats zu unterwerfen.[2] Allerdings wurde statt der Schaffung eines ausdrücklichen Beteiligungsrechts des Betriebsrats eine Regelung der grundsätzlichen arbeitsrechtlichen Folgen eines rechtsgeschäftlichen Betriebsinhaberwechsels innerhalb der Vorschriften des BGB über das Recht der Dienstverhältnisse vorgenommen.[3] Danach sollten die Arbeitsverhältnisse gemäß § 613a Abs. 1 BGB gesetzlich auf den neuen Betriebsinhaber übergehen, bei gleichzeitiger Weiterhaftung des Veräußerers nach § 613a Abs. 2 BGB.[4]

Obwohl die Vorschrift durch das Betriebsverfassungsgesetz 1972 in das BGB eingefügt wurde, handelt es sich nicht um eine betriebsverfassungsrechtliche, sondern eine bürgerlich-rechtliche Vorschrift.[5] Daher sind für deren Anwendungsbereich Einschränkungen aus dem Betriebsverfassungsrecht, wie die Betriebsratsfähigkeit des Betriebes nach § 1 BetrVG 1972 erst ab mindestens 5 wahlberechtigten Arbeitnehmern oder die nur eingeschränkte Geltung für Tendenzbetriebe und Religionsgemeinschaften nach § 118 BetrVG 1972, nicht zu beachten.[6] Daraus folgt weiterhin, daß § 613a BGB ebenso auf leitende Angestellte Anwendung findet wie auch auf Körperschaften, Anstalten oder Stiftungen des öffentlichen Rechts.[7] Dies begründet sich damit, daß durch die Schaffung dieser Vorschrift eine Regelung der grundsätzlichen arbeitsrechtlichen Folgen eines rechtsgeschäftlichen Betriebsinhaberwechsels innerhalb der Vorschriften des

---

1 BGBl. I, S. 13.

2 Begründung zum Regierungsentwurf, BTag-Drucksache VI/1786, 59.

3 Begründung zum Regierungsentwurf, BTag-Drucksache VI/1786, 59.

4 Vgl. dazu *Neumann-Duesberg*, BB 1971, 969 ff.

5 BAG 7.11.1975 AP Nr. 3 zu § 99 BetrVG 1972; BAG 22.2.1978 AP Nr. 11 zu § 613a BGB; *Fischer*, Individualarbeitsrechtliche Probleme, S. 5 ff. m.w.N.; *D. Gaul*, BuV 1972, 181, 186; *ders.*, BB 1979, 1666; *ders.*, DB 1980, 98, 99; Staudinger/*Richardi*, BGB, § 613a Rn. 21; *Seiter*, Betriebsinhaberwechsel, S. 36; MünchArbR/*Wank*, § 120 Rn. 17; a.A. *Bulla*, RdA 1976, 233, 236 Fn. 59.

6 BAG 7.11.1975 AP Nr. 3 zu § 99 BetrVG 1972; *Galperin/Löwisch*, BetrVG, § 118 Rn. 85; Erman/*Hanau*, BGB, § 613a Rn. 1; *Neumann-Duesberg*, NJW 1973, 268; Staudinger/*Richardi*, BGB, § 613a Rn. 23; *Schreiber*, RdA 1982, 137, 140; MünchArbR/*Wank*, § 120 Rn. 17; a.A. *Mayer-Maly*, BB 1973, 761, 769.

7 Staudinger/*Richardi*, BGB, § 613a Rn. 22, 26; MünchArbR/*Wank*, § 120 Rn. 17.

BGB über das Recht der Dienstverhältnisse lediglich anläßlich des neuen Betriebsverfassungsgesetzes[8] vorgenommen, nicht aber eine spezifisch betriebsverfassungsrechtliche Bestimmung geschaffen wurde.[9] Die Bestimmung ist nicht aus dem Zusammenhang ihrer Herkunft, sondern aus dem Zusammenhang, in den sie hineingestellt ist und in den sie gehört, heraus zu interpretieren.[10]

Allerdings erfolgte auch zu diesem Zeitpunkt noch keine ausdrückliche Regelung der tarifrechtlichen Auswirkungen eines Betriebsübergangs auf einen neuen Arbeitgeber.[11] Die diesbezügliche Rechtslage wurde in Literatur und Rechtsprechung sowohl im Hinblick auf die Weitergeltung der Normen von Verbandstarifverträgen wie auch von Firmentarifverträgen für den Fall einer Einzel- oder Gesamtrechtsnachfolge in die Betriebsinhaberschaft kontrovers beurteilt. Unterschieden wurde dabei zwischen einem möglichen Übergang der Tarifbindung des bisherigen Betriebsinhabers auf den Erwerber des Betriebes auf der einen und der weiteren Anwendung der Tarifnormen auf die vom Übergang des Betriebes betroffenen Arbeitsverhältnisse auf der anderen Seite.

A. Weitergeltung eines Firmentarifvertrages

I. Betriebsübergang durch Einzelrechtsnachfolge

Ein Firmentarifvertrag wird von der zuständigen Gewerkschaft mit dem jeweiligen Betriebsinhaber abgeschlossen. Daher trifft diesen nicht nur die normative Wirkung der Tarifnormen auf die mit tarifgebundenen Arbeitnehmern abgeschlossenen Arbeitsverträge, sondern auch die aus dem Tarifvertrag sich ergebenden schuldrechtlichen Verpflichtungen. Ging der Betrieb, für den ein solcher Firmentarifvertrag abgeschlossen wurde, auf einen neuen Inhaber über, stand daher nicht nur die Begründung der Tarifbindung des Erwerbers des Betriebes, sondern dessen Einbeziehung in den Tarifvertrag selbst in Frage.[12]

1. Anwendung des § 613a Abs. 1 BGB

§ 613a Abs. 1 BGB regelte in seiner ursprünglichen Fassung nur den Übergang von Betrieben oder Betriebsteilen durch Rechtsgeschäft und die Auswirkungen eines derartigen Wechsels des Betriebsinhabers auf die im Betrieb bestehenden Arbeitsverhältnisse. Einer direkten Anwendung dieser Vorschrift auf die Tarifgebundenheit des bisherigen Betriebsinhabers stand damit entgegen, daß sie hinsichtlich der Weitergeltung kollektivrechtlicher Vereinbarungen nach einem Be-

---

8 Begründung zum Regierungsentwurf, BTag-Drucksache VI/1786, 59.

9 Vgl. *D. Gaul*, BuV 1972, 181, 186; *ders.*, BB 1979, 1666; *ders.*, DB 1980, 98, 99.

10 *Herschel*, ZfA 1977, 219, 220.

11 *Nagels*, Betriebsaufspaltung, S. 36.

12 *Birk*, AuR 1975, 312, 316.

triebsübergang bei ihrer Einfügung in das BGB gerade keine Regelung enthielt.[13] Einer Anwendung von § 613a Abs. 1 BGB wurde insoweit entgegengehalten, daß die Bindung des Betriebserwerbers an bisher normativ wirkende tarifliche Vorschriften sich allein nach den Bestimmungen des Tarifvertragsgesetzes zu richten hatte.[14]

Es wurde jedoch angenommen, daß es sich bei den Rechten und Pflichten aus Tarifverträgen um Ansprüche aus dem Arbeitsverhältnis handelt.[15] Diese sollten nach § 613a Abs. 1 BGB als inhaltliche Bestandteile der Arbeitsverhältnisse auf den Betriebserwerber übergehen und deshalb auch von diesem zu erfüllen sein.[16] Anderenfalls, so die Begründung hierfür, würde den Arbeitnehmern, auf deren Arbeitsverträge die Tarifnormen kraft einzelvertraglicher Bezugnahme einwirken, die tariflich geschützte Rechtsposition erhalten bleiben, da es sich in diesen Fällen um Rechte und Pflichten aus dem Arbeitsverhältnis handele, währenddem dies den tarifgebundenen Arbeitnehmern versagt bliebe.[17] Dies hätte, obwohl dem Wortlaut des geltenden Rechts entsprechend, zur Folge, daß der Grundsatz der Gleichbehandlung vergleichbarer Arbeitnehmer verletzt wie auch das Gebot der Tarifeinheit vielfach durchbrochen werde.[18]

Allerdings sollte selbst die Anwendung des § 613a BGB auf die tarifvertraglichen Rechte und Pflichten nicht zur Folge haben, daß der Übergang der Arbeitsverhältnisse nach dieser Vorschrift den Eintritt des neuen Betriebsinhabers in die entsprechenden Kollektivverträge zwangsläufig nach sich zog.[19]

---

13 *Jung*, RdA 1981, 360, 361; *Mösenfechtel/Schmitz*, RdA 1976, 108; *Sulzberger-Schmitt*, Übergang der Arbeitsverhältnisse bei Betriebsinhaberwechsel, S. 111; *Wendeling-Schröder*, Anm. zu BAG 26.9.1979, AuR 1980, 191. Ebenso *v. Hoyningen-Huene/Windbichler*, RdA 1977, 329, 335 zur Weitergeltung von Betriebsvereinbarungen.

14 So BAG 4.12.1974 AP Nr. 2 zu § 3 TVG mit zust. Anm. *Wiedemann*.

15 *Borngräber*, Arbeitsverhältnis bei Betriebsübergang, S. 77; so auch *Roemheld*, BB 1976, 845, 847; a.A. dagegen *Birk*, AuR 1975, 312, 316, nach dem der Tarifvertrag nicht als individualrechtlicher, in den Einzelarbeitsvertrag inkorporierter Bestandteil fortwirken könne. Gegen die Anwendung des § 613a BGB auch *Posth*, Arbeitsrechtliche Probleme beim Betriebsinhaberwechsel, S. 245 sowie *Mösenfechtel/Schmitz*, RdA 1976, 108. Siehe zu dem Verhältnis von Tarifnormen zu dem ihnen unterliegenden Arbeitsverhältnis unter der Geltung des Tarifvertragsgesetzes auch *Herschel*, ZfA 1976, 89, 94 ff.

16 So *Borngräber*, Arbeitsverhältnis bei Betriebsübergang, S. 94, 77 ff.

17 *Borngräber*, Arbeitsverhältnis bei Betriebsübergang, S. 77.

18 *Hasford*, BB 1973, 526, 527.

19 Vgl. *Borngräber*, Arbeitsverhältnis bei Betriebsübergang, S. 94.; a.A. *Becker-Schaffner*, BlStSozArbR 1975, 305, 308, nach dem bei Anerkennung des automatischen Übergangs der Arbeitsverhältnisse bei einem Betriebsübergang folgerichtig auch die Rechtsnachfolge in den für den Betrieb abgeschlossenen Firmentarifvertrag bejaht werden müsse, sowie *Kehrmann*, MitbestGespräch 1975, 88, 90, nach dem es diesbe-

2. Analoge Anwendung des § 613a Abs. 1 BGB

Auch eine analoge Anwendung von § 613a Abs. 1 BGB wurde in Betracht gezogen.[20] Danach sollte die gesamte Stellung des bisherigen Betriebsinhabers als Tarifvertragspartei auf den neuen Inhaber übergehen können.[21] Mit dieser Auffassung ging man sogar über die Annahme des bloßen Fortbestehens der Tarifbindung des Arbeitgebers hinaus, da dies lediglich zur Folge gehabt hätte, daß die Normen des normativen Teils des Tarifvertrages auch weiterhin auf die mit tarifgebundenen Arbeitnehmern geschlossene Arbeitsverträge einwirken.[22] Nach dieser Auffassung aber sollte der neue Betriebsinhaber sogar an die schuldrechtlichen Rechte und Pflichten aus dem Firmentarifvertrag gebunden werden.[23] Diesbezügliche konstruktive Bedenken sollten dabei zurückstehen, um eine vom Gesetzgeber im Hinblick auf die analoge Anwendung des § 613a BGB auf die Weitergeltung von Betriebsvereinbarungen nicht gewollte Aufspaltung der umfassend angeordneten Bestandsschutzsicherung herbeizuführen.[24]

Dem wurde entgegengehalten, daß es an der für einen Analogieschluß notwendigen Voraussetzung der Vergleichbarkeit der Interessenlagen[25] und an der erforderlichen unbeabsichtigten Regelungslücke[26] fehle. Zwar würde es sich bei dem von § 613a BGB angeordneten Übergang der Arbeitsverhältnisse auf den Betriebserwerber wie bei dem in Frage stehenden Übergang der Tarifbeteiligung des bisherigen Betriebsinhabers jeweils um den Übergang von Rechtsverhältnissen handeln. An diesen seien aber verschiedene Parteien beteiligt: Arbeitnehmer und Arbeitgeber im Bereich der Arbeitsverträge einerseits sowie der Arbeitgeber und

---

züglich keines besonderen Übertragungsaktes hinsichtlich des Eintritts des Betriebserwerbers in den Firmentarifvertrag bedürfe.

20 *Becker-Schaffner*, BlStSozArbR 1975, 305, 308; *Birk*, AuR 1975, 312, 316; *Däubler/Hege*, Tarifvertragsrecht, 1. Auflage 1978, Anm. 497 f.; *Nipperdey/Säcker*, AR-Blattei Tarifvertrag III, F 1; *Posth*, Arbeitsrechtliche Probleme beim Betriebsinhaberwechsel, S. 239; *Richardi*, AR-Blattei Tarifvertrag XIII, G; *Sulzberger-Schmitt*, Übergang der Arbeitsverhältnisse bei Betriebsinhaberwechsel, S. 114. So auch *Bracker*, Betriebsübergang und Betriebsverfassung, S. 79 zur Weitergeltung von Betriebsvereinbarungen nach einem Betriebsübergang.

21 *Becker-Schaffner*, BlStSozArbR 1975, 305, 308.

22 *Birk*, AuR 1975, 312, 316.

23 *Becker-Schaffner*, BlStSozArbR 1975, 305, 308.

24 *Posth*, Arbeitsrechtliche Probleme beim Betriebsinhaberwechsel, S. 239; im Ergebnis so auch *Becker-Schaffner*, BlStSozArbR 1975, 305, 308; *Birk*, BB 1976, 1227, 1230.

25 *Jung*, RdA 1981, 360, 361; *Mösenfechtel/Schmitz*, RdA 1976, 108; so auch *Borngräber*, Arbeitsverhältnis bei Betriebsübergang, S. 101; *Wiedemann/Stumpf*, TVG, § 3 Rn. 73; a.A. *Sulzberger-Schmitt*, Übergang der Arbeitsverhältnisse bei Betriebsinhaberwechsel, S. 114.

26 *Kunze*, RdA 1976, 31, 33.

Gewerkschaften andererseits, die den Firmentarifvertrag abgeschlossen haben.[27] Im übrigen wurde darauf abgestellt, daß § 613a BGB lediglich einen Arbeitsplatzschutz zugunsten der im Betrieb beschäftigten Arbeitnehmer für den Fall eines Betriebsübergangs enthalte, jedoch nicht auch einen Inhaltsschutz zugunsten der Arbeitsverhältnisse bezwecke.[28] Auch aus dem engen Bezug des Firmentarifverhältnisses zum Arbeitsverhältnis sollte sich nichts für eine Analogie zu § 613a BGB herleiten lassen.[29] Zudem wäre es dem Gesetzgeber bereits bei Einfügung der Vorschrift in das Gesetz ein Leichtes gewesen, eine derartige Anwendbarkeit der Bestimmung auf Rechte und Pflichten aus im Betrieb des bisherigen Inhabers geltenden Tarifverträgen ausdrücklich anzuordnen.[30] Weiterhin wurde gegen eine analoge Anwendung des § 613a BGB angeführt, eine Rechtsnachfolge des neuen Betriebsinhabers in den Firmentarifvertrag sei keine notwendige Konsequenz des Übergangs der Arbeitsverhältnisse.[31]

Die Arbeitnehmer wurden trotz Ablehnung des Übergangs der Tarifbindung auf den Erwerber des Betriebs allerdings nicht völlig schutzlos gestellt.[32] Denn die Tarifnormen sollten nach § 4 Abs. 5 TVG nachwirken, da diese Norm auch Anwendung finde, wenn der Tarifvertrag zwar nicht beendet sei, aber eine Voraussetzung der Tarifwirkung - hier die Tarifbindung des neuen Arbeitgebers, der nicht den Firmentarifvertrag mit der zuständigen Gewerkschaft abgeschlossen hat - wegfalle.[33] Dies hatte zur Folge, daß die Tarifnormen weiterhin, wenn auch nicht mehr unabdingbar, auf die bestehenden Arbeitsverhältnisse einwirkten.[34]

3. Grundsatz der Tarifgebundenheit des Betriebes

Es wurde auch angenommen, daß der Erwerber des Betriebes, sofern ein Betrieb rechtsgeschäftlich auf einen neuen Inhaber übertragen wurde, mit dem Eintritt in

---

27 *Borngräber*, Arbeitsverhältnis bei Betriebsübergang, S. 95; *Mösenfechtel/Schmitz*, RdA 1976, 108.

28 *Mösenfechtel/Schmitz*, RdA 1976, 108; *Wiedemann/Stumpf*, TVG, § 3 Rn. 73; dagegen *Sulzberger-Schmitt*, Übergang der Arbeitsverhältnisse bei Betriebsinhaberwechsel, S. 114 Fn. 344.

29 *Mösenfechtel/Schmitz*, RdA 1976, 108.

30 *Kunze*, RdA 1976, 31, 34.

31 *Borngräber*, Arbeitsverhältnis bei Betriebsübergang, S. 100; *Jung*, RdA 1981, 360, 361; a.A. *Becker-Schaffner*, BlStSozArbR 1975, 305, 308.

32 *Borngräber*, Arbeitsverhältnis bei Betriebsübergang, S. 95; a.A. *Heckelmann* ZfA 1973, 425, 475, nach dem der Schutzzweck der Vorschrift nur bei analoger Anwendung auf Firmentarifverträge voll erreicht werden kann; ebenso *Bracker*, Betriebsübergang und Betriebsverfassung, S. 79 zur Weitergeltung von Betriebsvereinbarungen nach einem Betriebsinhaberwechsel.

33 *Mösenfechtel/Schmitz*, RdA 1976, 108, 109; vgl. auch *D. Gaul*, DB 1980, 98, 102; *Kunze*, RdA 1976, 31, 33.

34 *Mösenfechtel/Schmitz*, RdA 1976, 108, 109.

die bestehenden Arbeitsverhältnisse nach § 613a BGB auch als Partei des Firmentarifvertrages an die Stelle des bisherigen Betriebsinhabers trat und damit selbst nach § 3 Abs. 1 TVG tarifgebunden war.[35] Dies wurde hauptsächlich damit begründet, daß der Firmentarifvertrag mehr an den Betrieb als an den jeweiligen Betriebsinhaber gebunden sei.[36] Zum Teil wurde einschränkend vertreten, dies gelte nur bei Vorliegen der Voraussetzungen des § 25 HGB.[37] Diese Vorschrift ordnet nach ihrem Wortlaut lediglich die Haftung des Erwerbers in den Fällen der Veräußerung eines Handelsgeschäfts als Gesamtschuldner für alle im Betrieb begründeten Verbindlichkeiten des früheren Inhabers an. Dennoch sollte nach § 25 HGB auch die Parteistellung des bisherigen Betriebsinhabers auf den Erwerber übergehen können, so daß der Tarifvertrag für die Arbeitnehmer des Unternehmens weiter galt.[38] Lagen die Voraussetzungen des § 25 HGB nicht vor, sollte der Erwerber des Betriebes nur dann in den bestehenden Firmentarifvertrag eintreten, wenn er diesen mit Zustimmung der beteiligten Gewerkschaft übernahm.[39]

II. Betriebsübergang durch Gesamtrechtsnachfolge

Im Falle einer Gesamtrechtsnachfolge sollte der Erwerber des Betriebes in die Bindung des bisherigen Betriebsinhabers an den geschlossenen Firmentarifvertrag

---

35 So *Schaub*, Arbeitsrechtshandbuch, 4., Auflage 1980, § 119 III, S. 461, nach dem der neue Betriebsinhaber in vollem Umfang in die Rechte und Pflichten des bisherigen Inhabers eintrete und sich daraus der Übergang der Tarifbindung bei einem Firmentarifvertrag ergebe; siehe dazu weiterhin *Falkenberg*, DB 1980, 783, 786; *Kehrmann*, MitbestGespräch 1975, 88, 90. *Heinze* DB 1980, 205, 210 geht davon aus, daß anderenfalls die durch § 613a BGB geforderte Identität der übergegangenen Arbeitgeberstellung nicht mehr gegeben wäre; im Ergebnis ebenso *Oberhofer*, BetrRat 1977, 303, 309 sowie *Wiedemann/Stumpf*, TVG, § 3 Rn. 73, der dies im Wege offener Rechtsfortbildung herleitet; a.A. dagegen *Borngräber*, Arbeitsverhältnis bei Betriebsübergang, S. 100 f.; *D. Gaul*, DB 1980, 98, 102; *Kunze*, RdA 1976, 31, 34; *Mösenfechtel/Schmitz*, RdA 1976, 108 f.; *Sulzberger-Schmitt*, Übergang der Arbeitsverhältnisse bei Betriebsinhaberwechsel, S. 113.

36 *Wiedemann/Stumpf*, TVG, § 3 Rn. 73; vgl. dazu auch vorstehend § 2 L I; ablehnend *Sernetz*, Rechtsnachfolge, S. 195.

37 *Kunze*, RdA 1976, 31, 33; dagegen *Mösenfechtel/Schmitz* RdA 1976, 108 und *Sernetz*, Rechtsnachfolge, S. 193 ff., nach denen nach § 25 HGB lediglich die Haftung des Erwerbers für die im Geschäftsbetrieb begründeten Verbindlichkeiten des bisherigen Betriebsinhabers begründet wird sowie *Birk*, AuR 1975, 312, 316. So auch *Sulzberger-Schmitt*, Übergang der Arbeitsverhältnisse bei Betriebsinhaberwechsel, S. 112 f.; *Wiedemann/Stumpf*, TVG, § 3 Rn. 73.

38 Vgl. *Liessem*, Übergang der Arbeitsverhältnisse, S. 137 f.

39 *Kunze*, RdA 1976, 31, 33. Nach *Sernetz*, Rechtsnachfolge, S. 196 ist dagegen die rechtsgeschäftliche Übertragung des Tarifvertrages auf den neuen Betriebsinhaber der einzig denkbare Weg, eine Nachfolge in die Tarifgebundenheit bei einem Firmentarifvertrag herbeizuführen.

eintreten.[40] Demgemäß bestand der Firmentarifvertrag weiter, sollte allerdings beim Betriebserwerber nur für die übernommenen Arbeitnehmer Geltung erlangen können.[41] Dies sollte sich bei Tod des bisherigen Betriebsinhabers schon daraus ergeben, daß der Tarifvertrag als privatrechtlicher Vertrag zu behandeln sei und deshalb dessen Stellung als Vertragspartei nach § 1922 BGB auf den Erben übergehen müßte.[42]

B. Weitergeltung eines Verbandstarifvertrages

Die weitere unabdingbare Wirkung der Normen eines Verbandstarifvertrages auf die übergegangenen Arbeitsverhältnisse war nach dem Betriebsinhaberwechsel unproblematisch anzunehmen, wenn auch der neue Betriebsinhaber Mitglied in dem Arbeitgeberverband war, der den bereits vor dem Betriebsübergang im betreffenden Betrieb geltenden Verbandstarifvertrag abgeschlossen hatte.[43] Umstritten war die Rechtslage aber im Hinblick auf die normative Wirkung der Tarifnormen nach einem Betriebsübergang, sofern der neue Betriebsinhaber nicht dem tarifschließenden Arbeitgeberverband angehörte. Auch hier wurde danach unterschieden, ob der neue Betriebsinhaber im Wege der Rechtsnachfolge in die Verbandsmitgliedschaft des bisherigen Arbeitgebers eintritt oder aber lediglich die Tarifnormen auf die im Betrieb bestehenden Arbeitsverhältnisse weiterhin einwirken können.

I. Betriebsübergang durch Einzelrechtsnachfolge

Die Mitgliedschaft des bisherigen Betriebsinhabers im tarifschließenden Arbeitgeberverband konnte nach §§ 38, 40 BGB nur auf den Erwerber des Betriebes übergehen, sofern diese Möglichkeit in der Verbandssatzung vorgesehen war. Allerdings konnte sich dieser Übergang selbst dann nicht in der Weise vollziehen, daß der Erwerber des Betriebs allein aufgrund der Satzungsbestimmung Mitglied des Verbandes wurde. Denn soweit dies auch gegen seinen Willen eintreten sollte, wurde hierin ein Verstoß gegen dessen negative Koalitionsfreiheit gesehen.[44] Daher konnte die Mitgliedschaft des Erwerbers im tarifvertragsschließenden Arbeitgeberverband nur dadurch herbeigeführt werden, daß er selbst entweder in

---

40 *Birk*, AuR 1975, 312, 315; *Kehrmann*, MitbestGespräch 1975, 88, 90; *Richardi*, AR-Blattei Tarifvertrag XIII, G.

41 *Kunze*, RdA 1976, 31, 33.

42 *Birk*, AuR 1975, 312, 315; *Seiter*, Betriebsinhaberwechsel, H I 2, S. 143.

43 *Bracker*, Betriebsübergang und Betriebsverfassung, S. 79 Fn. 147; *Schaub*, Arbeitsrechtshandbuch, 4., Auflage 1980, § 119 II.1, S. 460.

44 *Mösenfechtel/Schmitz*, RdA 1976, 108, 110.

den Verband eintrat oder sich mit dem bisherigen Betriebsinhaber über die Nachfolge in dessen Mitgliedschaft einigte.[45]

Jedenfalls sollten bei Geltung eines Verbandstarifvertrages im übergehenden Betrieb der bisherige und der neue Betriebsinhaber miteinander vereinbaren können, daß die tariflichen Regelungen weiterhin auf die Arbeitsverhältnisse Anwendung finden sollten. Soweit die Tarifnormen Verpflichtungen der Arbeitnehmerseite beinhalteten, war für die weitere Anwendung des Tarifvertrages deren Zustimmung als erforderlich angesehen worden.[46]

Fraglich war aber eine weitere normative Geltung des bisher zur Anwendung gekommenen Tarifvertrages.

1. Anwendung von § 613a Abs. 1 BGB

Aus dem in § 613a Abs. 1 BGB angeordneten Eintritt des Betriebserwerbers in die bestehenden Arbeitsverhältnisse wurde auch für die aus einem Verbandstarifvertrag folgenden Rechte und Pflichten, die sich zumindest auch als Rechte und Pflichten aus dem Arbeitsverhältnis darstellen sollten[47], geschlossen, daß er zumindest verpflichtet sei, weiterhin die bisherigen tarifvertraglichen Leistungen zu gewähren.[48] Danach hätte er wenigstens bis zum Ablauf des Tarifvertrages den Tarifvertrag zu erfüllen. Für den neuen Betriebsinhaber bestand dabei die Möglichkeit, durch Änderungskündigung von dieser Verpflichtung frei zu kommen,

---

45 *Mösenfechtel/Schmitz*, RdA 1976, 108, 110; *Sulzberger-Schmitt*, Übergang der Arbeitsverhältnisse beim Betriebsinhaberwechsel, S. 116. Zur Übergang der Mitgliedschaft des Betriebsveräußerers nach § 25 HGB *Liessem*, Übergang der Arbeitsverhältnisse, S. 138 f.

46 *Becker-Schaffner*, BlStSozArbR 1975, 305, 308.

47 *Borngräber*, Arbeitsverhältnis bei Betriebsübergang, S. 99.

48 *Borngräber*, Arbeitsverhältnis bei Betriebsübergang, S. 99; *Oberhofer*, BetrRat 1977, 303, 310; ebenso *Kehrmann*, MitbestGespräch 1975, 88, 90; *Roemheld*, BB 1976, 845, 847. Nach Ansicht von *Sulzberger-Schmitt*, Übergang der Arbeitsverhältnisse bei Betriebsinhaberwechsel, S. 117 bleibt dieser Lösungsansatz jedoch unbefriedigend, da er ein Schutzdefizit zu Lasten der Arbeitnehmerseite enthalte. A.A. auch BAG 4.12.1974 AP Nr. 2 zu § 3 TVG mit zust. Anm. *Wiedemann*, nach dem nach § 613a BGB allein Rechte und Pflichten „aus" dem Arbeitsverhältnis übergehen können, nicht jedoch die Bindung des neuen Betriebsinhabers an tarifliche Vorschriften, die bisher mit Normwirkung die im Betrieb bestehenden Arbeitsverhältnisse bestimmt hatten. Insoweit zustimmend auch *Martens*, Anm. zu BAG 4.12.1975, SAE 1976, 83, 84, der allerdings weiter zu bedenken gibt, daß mit der Entscheidung des Gesetzgebers in § 613a BGB zugunsten berechtigter Kontinuitätserwartungen der Arbeitnehmer nach einem Betriebsübergang diese Vorschrift jedenfalls auch einen Übergang kollektivrechtlicher Arbeitsbedingungen nahelege. Gegen einen Übergang der Tarifbindung aus § 613a BGB auch BAG 26.9.1979 AP Nr. 17 zu § 613a BGB mit kritischen Anm. *Wendeling-Schröder*, AuR 1980, 191 f.

die zwingende Wirkung der Tarifnormen auf das Arbeitsverhältnis entfiel infolge des Betriebsübergangs.[49]

2. Analoge Anwendung von § 3 Abs. 3 TVG

Von Teilen der Literatur wurde angenommen, daß bei einem Betriebsübergang im Wege der Einzelrechtsnachfolge unter analoger Anwendung von § 3 Abs. 3 TVG der Erwerber des Betriebs bis zum Ende des bei Betriebsübergang geltenden Tarifvertrages an diesen gebunden sei.[50] Die Möglichkeit der entsprechenden Anwendung der Bestimmung wurde damit begründet, daß beim Betriebsinhaberwechsel wie in den Fällen des Austritts des Arbeitgebers aus dem tarifschließenden Arbeitgeberverband verhindert werden solle, daß die Tarifgeltung zum Nachteil der Arbeitnehmer beeinträchtigt werde.

Dem wurde entgegengehalten, daß eine Tarifbindung des Erwerber des Betriebs nicht nach § 3 Abs. 3 TVG begründet werden könne, da diese Bestimmung nur den Fortbestand einer durch Mitgliedschaft bereits begründeten Tarifbindung anordne.[51] Weiterhin wurde darauf hingewiesen, daß die Bestimmung des § 3 Abs. 3 TVG einen schweren Eingriff in die Vertragsfreiheit des Arbeitgebers beinhalte, die nur im Zuge seines Verhaltens, des freiwilligen Eintritts in den Arbeitgeberverband, gerechtfertigt werden konnte. Eine solche tarifbezogene Rechtfertigung in einem Verhalten des Betriebserwerbers fehle dagegen für den Übergang der Tarifgebundenheit bei einem Betriebsinhaberwechsel.[52]

3. Analoge Anwendung von § 4 Abs. 5 TVG

In der Literatur wurde hinsichtlich des bisher für die im Betrieb bestehenden Arbeitsverträge maßgeblichen Tarifvertrages auch eine analoge Anwendung von § 4

---

49 *Borngräber*, Arbeitsverhältnis bei Betriebsübergang, S. 99; *Oberhofer*, BetrRat 1977, 303, 310.

50 *Birk*, AuR 1975, 312, 316; *ders.*, BB 1976, 1227, 1230 f.; *Däubler/Hege*, Tarifvertragsrecht, 1. Auflage 1978, Anm. 501; AK/*Derleder*, BGB, § 613a Rn. 4; *Heckelmann*, ZfA 1973, 425, 475; *Heinze*, DB 1980, 205, 210; *Posth*, Arbeitsrechtliche Probleme beim Betriebsinhaberwechsel, S. 246 f.; ebenso *Bracker*, Betriebsübergang und Betriebsverfassung, S. 79 Fn. 147; *Martens*, Anm. zu BAG 4.12.1975, SAE 1976, 83, 85; dagegen *Borngräber*, Arbeitsverhältnis bei Betriebsübergang, S. 98; *Kunze*, RdA 1976, 31, 33; *Mösenfechtel/Schmitz* RdA 1976, 108, 110; *Sernetz*, Rechtsnachfolge, S. 203 f.; *Sulzberger-Schmitt*, Übergang der Arbeitsverhältnisse bei Betriebsinhaberwechsel, S. 118 f.

51 *Mösenfechtel/Schmitz*, RdA 1976, 108, 110; ebenso *Oberhofer*, BetrRat 1977, 303, 310; im Ergebnis ebenso BAG 26.9.1979 AP Nr. 17 zu § 613a BGB mit kritischen Anm. *Wendeling-Schröder*, AuR 1980, 191 f.

52 *Mösenfechtel/Schmitz*, RdA 1976, 108, 110.

Abs. 5 TVG erwogen.[53] Dies hatte zur Folge, daß den Normen des Tarifvertrages nach dem Betriebsinhaberwechsel keine zwingende Wirkung mehr zukam.[54] Die Tarifnormen konnten danach erst mit Eintritt des neuen Betriebsinhabers in den tarifschließenden Arbeitgeberverband und dessen daraus folgender Tarifbindung wieder zwingende Wirkung erlangen.[55]

II. Betriebsübergang durch Gesamtrechtsnachfolge

Auch wenn ein Betrieb im Wege der Gesamtrechtsnachfolge auf einen neuen Inhaber überging, konnte die Mitgliedschaft des bisherigen Betriebsinhabers im tarifschließenden Arbeitgeberverband nach §§ 38, 40 BGB nur dann übergehen, wenn dies in der Satzung des Verbands so vorgesehen war.[56]

Insbesondere im Falle des Todes des bisherigen, an einen Verbandstarifvertrag gebundenen Betriebsinhabers sollte allerdings nicht allein auf Vererblichkeit oder Übertragbarkeit der Mitgliedschaft im tarifschließenden Verband nach vereinsrechtlichen Gesichtspunkten abzustellen sein.[57] Dies wurde damit begründet, daß zwar die Mitgliedschaft im Arbeitgeberverband die gesetzliche Voraussetzung für die Bindung an den normativen Teil des Tarifvertrages nach § 3 Abs. 1 TVG war, die Tarifbindung des Arbeitgebers selbst aber aus dem Gesetz abzuleiten sei. Lediglich die Bindung an den obligatorischen Teil des Tarifvertrages sollte danach durch die Mitgliedschaft selbst vermittelt sein.[58]

Um dennoch die weitere Anwendung der Normen eines Verbandstarifvertrages auch nach dem Betriebsinhaberwechsel durch Gesamtrechtsnachfolge zu begründen, wurden unterschiedliche Gesichtspunkte herangezogen. So war nach Auffassung von *Sernetz* entscheidend, daß formelle Unterschiede bei der Tarifgebun-

---

53 So insbesondere *Becker-Schaffner*, BlStSozArbR 1975, 305, 308; *Falkenberg*, DB 1980, 783, 785; *D. Gaul*, DB 1980, 98, 102; *ders.*, Anm. zu BAG 26.9.1979 EzA Nr. 2 zu § 3 TVG; kritisch hierzu *Konzen*, Anm. zu BAG 26.9.1979, SAE 1980, 66, 67; *Schaub*, Arbeitsrechtshandbuch, 4., Auflage 1980, § 119 II 2, S. 460; *Wendeling-Schröder*, Anm. zu BAG 26.9.1979, AuR 1980, 191 f.; *Wiedemann*, Anm. zu BAG 4.12.1974 AP Nr. 2 zu § 3 TVG; *Wiedemann/Stumpf*, TVG, § 3 Rn. 80; a.A. *Borngräber*, Arbeitsverhältnis bei Betriebsübergang, S. 98 f.; *Kunze*, RdA 1976, 31, 33; *Posth*, Arbeitsrechtliche Probleme beim Betriebsinhaberwechsel, S. 245; *Sulzberger-Schmitt*, Übergang der Arbeitsverhältnisse bei Betriebsinhaberwechsel, S. 116 f.

54 *Becker-Schaffner*, BlStSozArbR 1975, 305, 308; so auch *Schaub*, Arbeitsrechtshandbuch, 4., Auflage 1980, § 119 II 2, S. 460.

55 *Schaub*, Arbeitsrechtshandbuch, 4., Auflage 1980, § 119 II 2, S. 460.

56 *Mösenfechtel/Schmitz*, RdA 1976, 108, 110; *Nipperdey/Säcker*, AR-Blattei Tarifvertrag III, F.1; *Seiter*, Betriebsinhaberwechsel, H I 2, S. 143.

57 *Birk*, AuR 1975, 312, 313; dazu auch *Martens*, Anm. zu BAG 4.12.1975, SAE 1976, 83 f.; anders noch *Hueck/Nipperdey/Tophoven/Stahlhacke*, TVG, § 3 Rn. 10.

58 *Birk*, AuR 1975, 312, 313.

denheit an einen Firmen- oder Verbandstarifvertrag zugunsten eines sachlich gleichen Ergebnisses korrigiert werden müßten. Danach sollte sich die Tarifgebundenheit bei einem Verbandstarifvertrag nicht anders auswirken, als wenn der Arbeitgeber den Tarifvertrags selbst mit der zuständigen Gewerkschaft abgeschlossen hätte. Denn der durch die Einwirkung der Tarifnormen auf das Arbeitsverhältnis gewährte Schutz der Arbeitnehmer sollte nicht davon abhängen, ob sich der Betriebsinhaber zufällig durch einen Firmentarifvertrag oder durch Mitgliedschaft in einem Arbeitgeberverband gebunden hatte.[59] Daher wurde angenommen, § 38 Satz 1 BGB sei infolge der von den §§ 21 ff. BGB abweichenden Typik der Arbeitgeberverbände einschränkend zu interpretieren.[60] Eine derartige Möglichkeit sollte sich insbesondere aus der in § 3 Abs. 3 TVG getroffenen Regelung, die gleichfalls darauf hin deute, daß im Tarifrecht nicht ausschließlich die vereinsrechtlichen Grundsätze des BGB anzuwenden seien, ergeben.[61]

Weiterhin sollte auch hier die Weitergeltung der Tarifnormen für die im Betrieb bestehenden Arbeitsverträge nach § 3 Abs. 3 TVG analog[62] oder nach § 4 Abs. 5 TVG analog[63] angenommen werden können. Das Bundesarbeitsgericht hatte allerdings eine Fortgeltung der Tarifnormen analog § 3 Abs. 3 TVG für den Betriebserwerber abgelehnt.[64] In Betracht wurde außerdem ein, nach § 242 BGB zu

---

59 *Sernetz*, Rechtsnachfolge, S. 207.

60 Dazu *Martens*, Anm. zu BAG 4.12.1975, SAE 1976, 83; *Sernetz*, Rechtsnachfolge, S. 190 ff.; a.A. *Birk*, AuR 1975, 312, 314; *Nagels*, Betriebsaufspaltung, S. 89 f. und 96 f. sowie *Seiter*, Betriebsinhaberwechsel, H I 2, S. 144, die sich auf die durch Art. 9 Abs. 3 Satz 1 GG ebenfalls geschützte und anderenfalls beeinträchtigte negative Koalitionsfreiheit des Erben stützen, die deshalb nicht durch eine bloß restriktive Auslegung des § 38 Satz 1 BGB begründet werden kann, sofern die Verbandssatzung keine Bestimmung im Hinblick auf eine Vererblichkeit der Mitgliedschaft enthält.

61 So *Sernetz*, Rechtsnachfolge, S. 199.

62 *Bobrowski/Gaul*, Arbeitsrecht im Betrieb, 6., Auflage 1970, K II Rn. 2, S. 609. Dazu auch *Birk*, AuR 1975, 312, 314; *Däubler/Hege*, Tarifvertragsrecht, 1. Auflage 1978, Anm. 500; *Martens*, Anm. zu BAG 4.12.1975, SAE 1976, 83, 84 f.; dagegen *Sernetz*, Rechtsnachfolge, S. 200 ff.

63 *Wiedemann*, Anm. zu BAG 4.12.1974, AP Nr. 2 zu § 3 TVG, nach dem insoweit keine Bedenken bestehen, wenn eine Nachwirkung der Tarifnormen sogar bei Wegfall der Tarifzuständigkeit anzunehmen sei. Ablehnend im Hinblick auf die Möglichkeit analoger Anwendung des § 3 Abs. 3 TVG *Martens*, Anm. zu BAG 4.12.1975, SAE 1976, 83, 85 wegen der gegenüber dem ursprünglichen Tarifzustand geringeren Bestandskraft.

64 BAG 4.12.1974 AP Nr. 2 zu § 3 TVG mit zust. Anm. *Wiedemann*; ebenso auch *Kunze*, RdA 1976, 31, 33; *Wiedemann/Stumpf*, TVG, § 3 Rn. 80 f.; dagegen aber *Birk*, AuR 1975, 312, 315; kritisch auch *Martens*, Anm. zu BAG 4.12.1975, SAE 1976, 83, nach dem dann übertragende Veränderungen der Rechtsform eines Unternehmens zu einem Ausfall tarifvertraglich gesicherter Rechtspositionen führen würden; unklar *Schaub*,

schützendes, Vertrauen der Arbeitnehmer auf den Fortbestand der Tarifbindung gezogen. Allerdings sollte auch eine darauf begründete Fortgeltung tariflicher Regelungen nicht über den in § 3 Abs. 3 TVG genannten Zeitpunkt hinaus reichen dürften.[65]

Arbeitsrechtshandbuch, 4., Auflage 1980, § 119 II 2, S. 460 f. Vgl. auch schon vorstehend § 3 B I 2, 3.

65 *Birk*, AuR 1975, 312, 314 f.

§ 4 Gemeinschaftsrechtliche Grundlagen

Trotz der primär wirtschaftlichen Zielsetzung des EG-Vertrages, der Verwirklichung eines europäischen Binnenmarktes und der Errichtung von Wirtschafts- und Währungsunion, befaßt sich der Gemeinschaftsgesetzgeber zunehmend auch mit - flankierenden - arbeitsrechtlichen Regelungen.[1] Insbesondere im Zusammenhang mit der Forderung nach einer gesetzlichen Regelung der Folgen eines Betriebsüberganges hinsichtlich der durch Kollektivvertrag geregelten Arbeitsbedingungen zeigt sich dabei der Einfluß des EG-Rechts auf nationales Recht. Maßgebend ist insoweit die „Richtlinie des Rates vom 14. Februar 1977 zur Angleichung der Rechtsvorschriften der Mitgliedstaaten über die Wahrung von Ansprüchen der Arbeitnehmer beim Übergang von Unternehmen, Betrieben oder Betriebsteilen" in der durch die Richtlinie 98/50/EG vom 29. Juni 1998 geänderten Fassung.[2]

Die Umsetzung dieser Richtlinie durch die Mitgliedstaaten sollte nach Art. 8 Abs. 1 innerhalb von 2 Jahren erfolgen.[3] Erst nach Ablauf dieser Frist fügte der deutsche Gesetzgeber § 613a Abs. 1 Satz 2 bis 4 BGB durch Abs. 1 Nr. 5 des arbeitsrechtlichen EG-Anpassungsgesetzes vom 13. 8. 1980[4], das am 21. 8. 1980 in Kraft getreten ist, ein, um den Anforderungen insbesondere des Art. 3 Abs. 3 der EG-Richtlinie zu entsprechen.

A. Regelungsform

Richtlinien wirken nicht unmittelbar auf das Recht der Mitgliedstaaten ein.[5] Es bedarf grundsätzlich ihrer Umsetzung durch den nationalen Gesetzgeber, gegen-

---

1 Vgl. *Balze/Rebel/Schuck*, Outsourcing, S. 52.

2 EG-Richtlinie 77/187/EWG, ABl. EG vom 5.3.1977, Nr. L 61/26, auch abgedruckt in RdA 1977, 162 sowie EG-Richtlinie 98/50/EG, ABl. EG vom 17.7.1998, Nr. L 201/88. In Art. 3 der EG-Richtlinie ist als neuer Abs. 2 zum Schutz des Betriebserwerbers eingefügt worden, daß dieser durch den Veräußerer über den Übergang der Rechte und Pflichten informiert werden müsse, ein Unterlassen der Information auf den Übergang der Rechte und Pflichten jedoch keine Auswirkungen habe. Dadurch ändert sich die Numerierung der folgenden Absätze. Art. 3 Abs. 3 der Richtlinie n.F. entspricht Art. 3 Abs. 2 der Richtlinie a.F.

3 Ablauf der Umsetzungsfrist nach der für den Fristbeginn maßgebenden Bekanntgabe der Richtlinie im Amtsblatt der EG damit am 5.3.1979; vgl. *Debong*, EG-Richtlinie, S. 13 Fn. 5.

4 BGBl. I, S. 1308.

5 Vgl. aber die Ausnahme der nicht rechtzeitigen oder nur unvollständigen Umsetzung einer Richtlinie durch den nationalen Gesetzgeber. So ist eine Richtlinie im Verhältnis Unionsbürger-Mitgliedsstaat nach Ablauf der Umsetzungsfrist auch ohne Tranformationsakt unmittelbar anwendbar, wenn ihr Inhalt hinreichend klar bestimmt und aus sich heraus anwendbar ist. Sie entfaltet allerdings keine Drittwirkung, weil Private als mög-

über dem sie nach Art. 189 EG-Vertrag eine sog. gestufte Verbindlichkeit entfalten. Danach sind verbindlich nur die Ziele der angestrebten Regelung vorgegeben. Der nationale Gesetzgeber ist demgegenüber frei in der Wahl von Form und Mittel zur Verwirklichung dieser Ziele.[6] Richtlinien eignen sich aufgrund dieser Wirkung insbesondere als Mittel zur Rechtsvereinheitlichung, die eine in den Mitgliedstaaten einheitliche Rechtslage herbeiführen soll, dennoch aber die Rücksichtnahme auf nationale Bedürfnisse bezüglich der Regelung von Rechtsgrundlage und Verfahren fordert. Ist eine Umsetzung des Richtlinieninhaltes durch den nationalen Gesetzgeber erfolgt, so behält die zugrunde liegende EG-Richtlinie Bedeutung insbesondere insoweit, als Rechtsanwender zur richtlinienkonformen Auslegung des nationalen Rechts verpflichtet sind.[7] Auch dies ist Folge des Einsatzes von EG-Richtlinien zur Vereinheitlichung des Rechtes der Mitgliedsstaaten, da eben nur die an der Richtlinie selbst ausgerichtete Auslegung der nationalen Bestimmung eine einheitliche Geltung des Richtlinieninhalts in allen Mitgliedsstaaten gewährleisten kann.[8]

Der Rat der Europäischen Gemeinschaft konnte den Erlaß der Richtlinie zur Regelung der Folgen eines Betriebsübergangs sowohl auf Art. 100 EG-Vertrag als allgemeine Ermächtigungsgrundlage als auch auf Art. 117 EG-Vertrag stützen. Die Richtlinie 77/187/EWG sollte der Vereinheitlichung der Rechtslage in den Mitgliedstaaten zur Sicherung der Arbeitsbedingungen in den von einem Inhaberwechsel betroffenen Betrieben dienen.[9] Infolge dieser Zielsetzung handelte es sich um eine Maßnahme auf sozialpolitischem Gebiet, die von Art. 117 EG-Vertrag erfaßt wird.[10] Die Richtlinie wird als Maßnahme der Rechtsangleichung zur Sicherung der gleichmäßigen wirtschaftlichen und sozialen Entwicklung überdies von Art. 100 EG-Vertrag erfaßt. Sie ist in erster Linie dem sozialen

---

liche Anspruchsgegner keine Einflußmöglichkeiten auf eine fristgerechte Transformation der Richtlinie haben. Hierzu statt aller *Bleckmann*, Europarecht, Rn. 431 ff. sowie *v. Alvensleben*, Rechte der Arbeitnehmer, S. 141 ff. m.w.N.; *Balze/Rebel/Schuck*, Outsourcing, S. 59.

6 EuGH 8.4.1976 Slg. 1976, S. 497, 517; EuGH 25.5.1982 Slg. 1982, S. 1791, 1804 f.; EuGH 15.3.1983 Slg. 1983, S. 711, 718 f.; *Bleckmann*, Europarecht, Rn. 420 ff.; *Nicolaysen*, Europarecht, S. 161 ff.; *Oppermann*, Europarecht, Rn. 455; *Schweitzer/Hummer*, Europarecht, Rn. 359; *Streinz*, Europarecht, Rn. 391 sowie zur hier maßgeblichen Richtlinie *v. Alvensleben*, Rechte der Arbeitnehmer, S. 130 ff.; *Balze/Rebel/Schuck*, Outsourcing, S. 57 f.

7 EuGH 8.11.1990 Slg. 1990, S. 3941, 3975 f.; *Nicolaysen*, Europarecht, S. 166; *Oppermann*, Europarecht, Rn. 577 ff.; *Streinz*, Europarecht, Rn. 405. Siehe zu den Wechselwirkungen zwischen nationalem und Gemeinschaftsrecht auch *Zuleeg*, VersR 1995, 861, 863 ff.

8 *Balze/Rebel/Schuck*, Outsourcing, S. 58.

9 *v. Alvensleben*, Rechte der Arbeitnehmer, S. 126.

10 *v. Alvensleben*, Rechte der Arbeitnehmer, S. 45, 124.

Funktionieren des Gemeinsamen Marktes zu dienen bestimmt, auf welches sich unterschiedliche Rechtsvorschriften in den Mitgliedstaaten bezüglich der Rechtsfolgen eines Betriebsinhaberwechsels auswirken können.[11]

B. Anforderungen an den nationalen Gesetzgeber

Die EG-Richtlinie 77/187/EWG bezweckt den Schutz der Arbeitnehmer und ihrer Arbeitsbedingungen wie auch die Wahrung ihrer Ansprüche nach einem Betriebsübergang. Nach Art. 1 Abs. 1 der EG-Richtlinie wird sowohl der Übergang von Unternehmen, Betrieben und Betriebsteilen durch vertragliche Übertragung als auch durch Verschmelzung erfaßt.[12] Besondere Bedeutung haben in dem hier interessierenden Zusammenhang der Weitergeltung tariflicher Bestimmungen beim Betriebserwerber die Regelungen des Art. 3 der EG-Richtlinie, die die arbeitsrechtlichen Folgen eines Betriebsüberganges betreffen. Nach Art. 3 Abs. 1 gehen die zum Zeitpunkt des Übergangs bestehenden arbeitsvertraglichen Rechte und Pflichten des bisherigen Betriebsinhabers auf den Erwerber über. Das Schicksal kollektivvertraglich geregelter Arbeitsbedingungen richtet sich dagegen nach Art. 3 Abs. 3 der EG-Richtlinie n.F.[13]

Nähere Ausführungen zu den Anforderungen, die nach Art. 3 Abs. 3 der EG-Richtlinie an das nationale Recht zu stellen sind, finden sich im Rahmen der europarechtskonformen Auslegung des § 613a Abs. 1 Satz 2 bis 4 BGB bei der Behandlung einzelner Probleme. An dieser Stelle seien daher nur einige wenige, einleitende Bemerkungen vorausgeschickt. Die EG-Richtlinie in der verabschiedeten Fassung unterscheidet nicht mehr danach, ob die Arbeitsbedingungen der Arbeitnehmer durch Firmen-, Verbandstarifvertrag oder Betriebsvereinbarung geregelt sind. Eine andere Regelung war noch in dem Kommissionsvorschlag zum Erlaß der Richtlinie vom 31.5.1974[14] vorgesehen worden. Soweit der bisherige Betriebsinhaber selbst Partei des Kollektivvertrages war, sollte der Erwerber der Betriebes in die kollektivvertragliche Rechtsstellung eintreten. In Bezug auf Verbandstarifverträge wurde hingegen insoweit ein Verstoß gegen die Koalitionsfreiheit befürchtet. Schließlich ist jedoch eine einheitliche Regelung für alle Kollektivverträge gefunden worden, die die Weitergeltung sowohl von Betriebsvereinbarungen als auch Tarifverträgen erfaßt. Dieses umfassende Verständnis entspricht insbesondere dem Zweck der Richtlinie, zugunsten der Ar-

---

11 *v. Alvensleben*, Rechte der Arbeitnehmer, S. 128; vgl. auch *Löw*, Betriebsveräußerung, S. 6.

12 Bereits an dieser Stelle ergeben sich durchaus Fragen dahingehend, ob insoweit die bestehende deutsche Regelung in § 613a Abs. 1 BGB sowie § 324 UmwG den Anforderungen der EG-Richtlinie genügt.

13 Vormals und inhaltsgleich Art. 3 Abs. 2 der EG-Richtlinie 77/187/EWG a.F.

14 ABl. EG 1974, C 104, S. 1 ff., auch abgedruckt in RdA 1975, 124 ff.

beitnehmer einen weitgehenden Schutz für den Fall eines Betriebsinhaberwechsels zu schaffen.[15]

Nach Art. 3 Abs. 3 Satz 1 der EG-Richtlinie wird der Erwerber des Betriebes verpflichtet, die kollektivvertraglich vereinbarten Arbeitsbedingungen bis zu der Kündigung oder dem Ablauf des Kollektivvertrages bzw. bis zu dem Inkrafttreten oder der Anwendung eines anderen Kollektivvertrages aufrechtzuerhalten.[16] Die Richtlinie enthält keine darüber hinausgehende Bestimmung über die Art und Weise der Aufrechterhaltung der kollektivvertraglich geregelten Arbeitsbedingungen. Insoweit besteht Regelungsermessen der einzelnen Mitgliedstaaten.[17] Insbesondere im Hinblick auf die Weitergeltung von Verbandstarifverträgen wird jedoch eine Lösung nahe gelegt, durch die dem Erwerber zwar nicht die Stellung einer Kollektivvertragspartei aufgedrängt wird, er jedoch zumindest verpflichtet ist, die bisherigen kollektivvertraglichen Arbeitsbedingungen weiter zu gewähren. Die Aufrechterhaltung der Arbeitsbedingungen hat nach Art. 3 Abs. 3 Satz 1 der EG-Richtlinie in gleichem Maße zu erfolgen, wie sie in dem Kollektivvertrag für den Veräußerer vorgesehen war. Der Europäische Gerichtshof verfolgt eine weite Auslegung der Schutzbestimmungen der Richtlinie. Er hat ausdrücklich hervorgehoben, daß die Richtlinie die Aufrechterhaltung der Rechte der Arbeitnehmer „soweit wie möglich" gewährleisten soll.[18] Der Zeitraum der Aufrechterhaltung der Arbeitsbedingungen kann nach Art. 3 Abs. 3 Satz 2 der EG-Richtlinie zwar begrenzt werden, allerdings muß die Aufrechterhaltung der Arbeitsbedingungen für mindestens ein Jahr nach Betriebsübergang gewährleistet bleiben.

Die EG-Richtlinie trägt in erster Linie dem Interesse der übernommenen Arbeitnehmer an einer Beibehaltung ihrer Arbeitsbedingungen Rechnung. Sie berücksichtigt aber auch das Interesse des Betriebserwerbers an einer Vereinheitlichung der geltenden Arbeitsbedingungen. Die endgültige Fassung der Richtlinie geht diesbezüglich auf die kritische Stellungnahme des Wirtschafts- und Sozialausschusses vom 23./24.4.1975 zurück.[19] Dieser hatte gefordert, daß die Normen eines Verbands- und Firmentarifvertrages (nur) solange fortgelten sollten, bis die Parteien eine andere kollektivvertragliche Regelung getroffen haben.

---

15 *Debong*, EG-Richtlinie, S. 53.

16 Art. 3 Abs. 4 der EG-Richtlinie schränkt die Verpflichtung des Betriebserwerbers zur Gewährung bisheriger Arbeitsbedingungen gegenständlich ein, soweit es um Leistungen bei Alter, Invalidität oder für Hinterbliebene aus betrieblichen oder außerbetrieblichen Zusatzversorgungseinrichtungen geht.

17 *Debong*, EG-Richtlinie, S. 36; ebenso auch *Seiter*, DB 1980, 877, 881; *Willemsen*, Anm. zu BAG 26.9.1979 AP Nr. 17 zu § 613a BGB; dazu noch nachstehend § 6 B IV.

18 EuGH 10.2.1988 Slg. 1988, S. 749, 752 Rn. 9.

19 ABl. EG 1975, C 255, S. 25, 27 f.

§ 5 Zusammenfassung

Schon im Zuge früher Überlegungen zu einer gesetzlichen Regelung des Tarifrechts wurde das Problem der Auswirkungen eines Betriebsinhaberwechsels auf die Geltung von Tarifverträgen erkannt und in entsprechenden Entwürfen berücksichtigt. Dennoch dauerte es noch geraume Zeit, bis es tatsächlich zu einer ausdrücklichen gesetzlichen Regelung kam. Insbesondere hinsichtlich der Schaffung des Tarifvertragsgesetzes 1949 lassen sich, an sich unverständlich, von vornherein keine entsprechenden Erwägungen feststellen. Die Ansätze, mit denen ungeachtet dessen diese Frage zu beantworten und eine Weitergeltung des Tarifvertrages auch gegenüber einem Rechtsnachfolger des bisherigen Betriebsinhabers zu begründen versucht wurde, sind maßgeblich beeinflußt von dem konstruktiven Verständnis der Geltung tariflicher Regelungen auf normunterworfene Arbeitgeber und Arbeitnehmer. Insoweit wurde in Bezug auf den Abschluß des Tarifvertrages auf Arbeitgeberseite für dessen Weitergeltung stets nach Firmen- und Verbandstarifvertrag unterschieden. Eine wichtige Rolle spielte bei der Diskussion tarifrechtlicher Auswirkungen eines Betriebsübergangs auch die Frage nach einem Übergang im Wege der Einzel- oder der Gesamtrechtsnachfolge.

Obschon sich damit zumindest praktikable Lösungen erzielen ließen, kann nicht verkannt werden, daß den von einem Betriebsübergang betroffenen Arbeitnehmern die im übrigen durch die gesetzliche Anordnung von unabdingbarer und unmittelbarer Wirkung sowie des Günstigkeitsprinzips im Verhältnis zu abweichenden einzelvertraglichen Vereinbarungen besonders geschützten tariflichen Arbeitsbedingungen verloren gingen. Maßgebliche Grundlage für Bestrebungen nach einer Verstärkung des Arbeitnehmerschutzes in der folgenden Rechtsentwicklung war die EG-Richtlinie 77/187/EWG, die schließlich auch den deutschen Gesetzgeber zu einer gesetzlichen Regelung der Rechtsfolgen eines Betriebsübergangs hinsichtlich kollektivvertraglich geregelter Arbeitsbedingungen veranlaßte.

Kapitel II. Fortgeltung tariflicher Rechtsnormen nach § 613a Abs. 1 Satz 2-4 BGB

§ 6 Regelungstechnik

A. Kollektives und Individualarbeitsrecht

Im System arbeitsrechtlicher Rechtsquellen, die auf den Inhalt des jeweiligen konkreten Arbeitsverhältnisses - als das hier die Gesamtheit der zwischen Arbeitgeber und Arbeitnehmer bestehenden Beziehungen, ihrer Rechte und Pflichten verstanden werden soll - einwirken, ist zwischen der individualrechtlichen Ebene auf der einen und der kollektivrechtlichen Ebene auf der anderen Seite zu unterscheiden. Eine derartige Trennung ist unter dem Gesichtspunkt erforderlich, daß kollektives und Individualarbeitsrecht unterschiedlichen Rechtsregeln, insbesondere in Bezug auf die Geltung, Außerkraftsetzung oder Änderung der ihnen entstammenden arbeitsrechtlichen Regelungen und deren Einwirkung auf die Bedingungen des konkreten Arbeitsverhältnisses, unterliegen.[1] Auch wenn aber die Bestimmungen eines Kollektivvertrages auf ein Arbeitsverhältnis Anwendung finden, erschöpfen sich die Beziehungen zwischen Arbeitnehmer und Arbeitgeber nicht darin. Vielmehr treten daneben Vereinbarungen zwischen den Parteien des Arbeitsvertrages, die einzelvertraglich Arbeitsbedingungen regeln.[2] Diese Fälle des Zusammentreffens von einzelvertraglichen und kollektivrechtlichen Regelungen in einem Arbeitsverhältnis sind gleichfalls nur mit Rücksicht auf die Wirkungsweise der jeweiligen Regelung zu lösen.[3]

Einem Arbeitsverhältnis zugrunde liegt der von Arbeitgeber und Arbeitnehmer geschlossene Arbeitsvertrag, der die Rechte und Pflichten beider Vertragsparteien individualrechtlich regelt. Hier kommen die allgemeinen Grundsätze des bürgerlichen Rechts über den Vertragsschluß und dessen Wirksamkeit zur Anwendung.[4] Die im Arbeitsvertrag vereinbarten Bestimmungen können einvernehmlich von den Vertragsparteien durch Änderungsvereinbarung oder einseitig durch eine

---

1 *Hanau/Adomeit*, Arbeitsrecht, B I 3, S. 45; *J. Schipp*, NZA 1994, 865, 868; *Schipp/Schipp*, Arbeitsrecht und Privatisierung, Rn. 181, S. 83; MünchArbR/*Wank*, § 120 Rn. 174; *Wank/Brüning*, ZfA 1995, 699, 730.

2 *Etzel*, NZA 1987, Beilage 1, S. 19.

3 Allerdings bedarf nach Auffassung von *Reuter*, RdA 1991, 193, 194 und 202 f. das tradierte Verhältnis von Individual-, Betriebs- und Tarifautonomie der kritischen Überprüfung. Ansatzpunkte hierfür sollen insbesondere in der Ausformung und Handhabung des Günstigkeitsprinzips und dem Schutz tariflicher Außenseiter zu sehen sein.

4 *Hanau/Adomeit*, Arbeitsrecht, B I 3, S. 45; MünchArbR/*Wank*, § 120 Rn. 174; *Wank/Brüning*, ZfA 1995, 699, 730.

Vertragspartei - in der Regel durch den Arbeitgeber - im Wege der Änderungskündigung abgeändert werden.

Kollektivrechtlich können die Rechte und Pflichten der Arbeitsvertragsparteien durch Regelungen in Tarifverträgen[5] und Betriebsvereinbarungen[6] gestaltet und konkretisiert werden. Tarifnormen sind nach § 4 Abs. 1 TVG kraft Gesetzes mit unmittelbarer und zwingender Wirkung auf Arbeitsverhältnisse, deren Parteien tarifgebunden sind und die unter den Geltungsbereich des Tarifvertrages fallen, ausgestattet. Die Tarifbindung des Arbeitnehmers folgt aus der Mitgliedschaft in der tarifschließenden Gewerkschaft, die Tarifbindung des Arbeitgebers kann sich aus dem eigenen Abschluß eines Firmentarifvertrages oder aus der Mitgliedschaft in dem tarifschließenden Arbeitgeberverband ergeben.[7] Den Tarifnormen wird über die Anordnung unmittelbarer und zwingender Wirkung hinaus nach dem Gesetzeswortlaut in § 1 Abs. 1 und § 4 Abs. 1 TVG ausdrücklich die Qualität von Rechtsnormen verliehen.[8] Nicht mehr aufrechtzuerhalten ist damit zur Erklärung der Wirkung von Tarifverträgen auf das Einzelarbeitsverhältnis die Vorstellung vom Eingehen der Tarifnormen in die einzelnen Arbeitsverträge[9], die auf dem Gedanken der Vertretung der Arbeitsvertragsparteien durch die jeweiligen tarifschließenden Verbände beruhte.[10]

Als Rechtsnormen sind die tariflichen Normen Bestandteil der staatlichen Rechtsordnung.[11] Daraus folgt, daß Tarifnormen vergleichbar den arbeitsrechtlichen Gesetzen auf das Arbeitsverhältnis einwirken.[12] Dies bedeutet aber auch, daß die tariflichen Regelungen nach den Vorstellungen des Gesetzgebers nicht

---

[5] Zum Sonderfall arbeitsvertraglicher Geltung von Tarifnormen kraft einzelvertraglicher Inbezugnahme siehe nachstehend §§ 16-18.

[6] Zum Verhältnis von in Betriebsvereinbarungen enthaltenen Regelungen zu einzelvertraglichen Bestimmungen siehe *Loritz*, RdA 1987, 65, 78.

[7] Zu beachten sind Tendenzen, eine Mitgliedschaft im Arbeitgeberverband ohne Tarifbindung anzubieten. Diese Möglichkeit bejahend LAG Rheinland-Pfalz 17.2.1995 NZA 1995, 800, 801 f.; *Buchner*, NZA 1994, 2, 3 ff.; *ders.*, NZA 1995, 761, 764 ff.; ablehnend hingegen *Däubler*, ZTR 1994, 448, 452 ff.; *ders.*, NZA 1996, 225, 230 ff.; *Röckl*, DB 1993, 2382 ff.

[8] *Bötticher*, Gestaltungsrecht und Unterwerfung im Privatrecht, S. 22; MünchArbR/*Löwisch*, § 246 Rn. 18 ff.; *Zöllner*, RdA 1964, 443, 444. Gegen die Qualität als Rechtsnormen noch *Ramm*, Die Parteien des Tarifvertrages, S. 84 ff.; *ders.*, JZ 1962, 78 ff.

[9] So noch *Nikisch*, Arbeitsrecht, Bd. 2, § 79 III 2, S. 389 f.

[10] *Kempen*, ArbRGW 30 (1993), 97, 103 f.

[11] *Kempen*, ArbRGW 30 (1993), 97, 104; MünchArbR/*Löwisch*, § 246 Rn. 18. Dagegen *Ramm*, Die Parteien des Tarifvertrages, S. 84 f., nach dem der Gesetzgeber allenfalls die zwingende und unmittelbare Wirkung von Tarifnormen vorschreiben kann und ihnen damit nur eine den Rechtsnormen ähnliche Wirkung verleihen könne.

[12] *Jung*, RdA 1981, 360, 361; MünchArbR/*Löwisch*, § 263 Rn. 20; *Siebert*, FS Nipperdey, S. 119, 121 f.; *Wank/Brüning*, ZfA 1995, 699, 730.

Bestandteil der einzelnen Arbeitsverträge werden,[13] sondern von außen auf das Arbeitsverhältnis einwirken.[14] Die tariflichen Regelungen wirken auf das Arbeitsverhältnis insbesondere unabhängig von dem einzelnen Arbeitsvertrag selbst ein. Insoweit bedarf es keiner - rechtsgeschäftlichen - Mitwirkung bereits tarifgebundener Parteien des Arbeitsvertrages, um den Tarifnormen zur Geltung im Arbeitsverhältnis zu verhelfen.[15] Die Geltung der Tarifnormen unterliegt eigenen Voraussetzungen, die sich aus dem Tarifvertragsgesetz ergeben.[16]

In der Regelung des § 613a Abs. 1 Satz 2 BGB wird eine gesetzliche Bestätigung der Wirkung des Tarifvertrages „von außen" auf die Arbeitsverhältnisse gesehen, da der Gesetzgeber hier gerade ausdrücklich anordne, daß die Tarifnormen als Inhalt des Einzelarbeitsvertrages nach einem Betriebsübergang weitergelten.[17] Zu beachten ist in diesem Zusammenhang, daß, obwohl der Gesetzgeber die Weitergeltung als Individualarbeitsrecht auch für die Regelungen einer Betriebsvereinbarung vorsieht, darin keine Bestätigung einer Rechtsnormqualität auch dieser Bestimmungen gesehen werden kann, denn auch § 613a Abs. 1 Satz 2 BGB spricht ausdrücklich nur von den Regelungen einer Betriebsvereinbarung, im Gegensatz zu den Rechtsnormen eines Tarifvertrages.[18]

Aus der getroffenen Unterscheidung in Individual- und kollektives Arbeitsrecht ergeben sich aus rechtsdogmatischer Sicht prinzipiell zwei Möglichkeiten der Aufrechterhaltung der Geltung von Tarifnormen auch nach dem Betriebsübergang.

I. Kollektivrechtliche Lösung

Kollektivrechtlich und damit normativ wirken die Tarifnormen auch bei dem Erwerber des Betriebes fort, wenn dieser in die entsprechende Rechtsposition des bisherigen Betriebsinhabers einrückt.[19] So ist es denkbar, im Rahmen einer kollektivrechtlichen Lösung die Tarifbindung des bisherigen Betriebsinhabers auf den neuen Betriebsinhaber auszudehnen bzw. überzuleiten. Die Tarifnormen

---

13 Dazu *Etzel*, NZA 1987, Beilage 1, S. 19, 23; Erman/*Hanau*, BGB, § 613a Rn. 77; *Herschel*, ZfA 1976, 89, 94 ff.; *Jung*, RdA 1981, 360, 361; *Siebert*, FS Nipperdey, S. 119, 121 f.

14 *Jung*, RdA 1981, 360, 361; *Preis/Steffan*, FS Kraft, S. 477, 478; *J. Schipp*, NZA 1994, 865, 868; *Siebert*, FS Nipperdey, S. 119, 121 f.; MünchArbR/*Wank*, § 120 Rn. 174.

15 *Etzel*, NZA 1987, Beilage 1, S. 19, 23.

16 MünchArbR/*Wank*, § 120 Rn. 174.

17 So *Kempen*, ArbRGW 30 (1993), 97, 104.

18 Hierauf weist *Kempen*, ArbRGW 30 (1993), 97, 104 Fn. 29 unter Verweis auf *Hanau*, RdA 1989, 207 ff. zutreffend hin. Vgl. hierzu auch Erman/*Hanau*, BGB, § 613a Rn. 213.

19 Vgl. *Baumann*, DStR 1995, 888, 890.

würden dann wie bisher auf die Arbeitsverhältnisse tarifgebundener Arbeitnehmer normativ einwirken.

Die kollektivrechtliche Fortgeltung eines Firmentarifvertrages könnte eintreten, wenn der neue Betriebsinhaber in diesen im Wege einer gesetzlich angeordneten Vertragsübernahme eintritt. Soweit bei dem Betriebsveräußerer Regelungen eines Verbandstarifvertrages zur Anwendung gekommen sind, könnte der neue, bisher nicht tarifgebundene Betriebsinhaber in die die Tarifgebundenheit vermittelnde Mitgliedschaft des bisherigen Betriebsinhabers im tarifschließenden Verband eintreten, was einer Übertragung dieser Mitgliedschaft mit dem Betrieb gleichkäme. Tritt der Betriebserwerber auf diese Weise in die Rechtsstellung des Veräußerers ein, würden neben der Anwendbarkeit tarifvertraglicher Regelungen gleichermaßen Rechtsbeziehungen zu dem tarifschließenden Arbeitgeberverband begründet.[20] Unabhängig von einer Mitgliedschaft des neuen Betriebsinhabers im Arbeitgeberverband hätte auch die bloße Tarifgebundenheit des Erwerbers des Betriebes als Rechtsnachfolger eines tarifgebundenen Arbeitgebers angeordnet werden können.

II. Individualrechtliche Lösung

Denkbar ist aber auch, daß die zuvor normativ einwirkenden tarifrechtlichen Regelungen individualrechtlich nach einem Betriebsübergang fortgeführt werden. So kann sich eine individualrechtliche Fortgeltung der bis dahin auf kollektivrechtlicher Grundlage wirkenden Tarifnormen durch deren Umwandlung in Arbeitsvertragsrecht vollziehen. Es kommt dann zu einer Weitergeltung der tariflichen Rechtsnormen im Arbeitsvertrag, die individualrechtlich weitergeltenden Tarifnormen verlieren damit die ihnen zukommende normative Wirkung.

B. Weitergeltung von Tarifnormen nach § 613a Abs. 1 Satz 2 BGB

Angesichts der vorstehend dargestellten Lösungsmöglichkeiten auf beiden arbeitsrechtlichen Regelungsebenen ist im Wege der Auslegung festzustellen, auf welche Art und Weise in § 613a Abs. 1 Satz 2 BGB die Weitergeltung von Tarifnormen nach einem Betriebsübergang vorgesehen ist.

I. Grammatische Auslegung

Da die Grenze des möglichen Wortsinnes zugleich auch die Grenze der Auslegung darstellt, ist Ausgangspunkt und Grundlage jeder Auslegung der Wortlaut des Gesetzes.[21] Zu ermitteln ist der mögliche Wortsinn des Gesetzestextes.[22]

---

20 *Löw*, Betriebsveräußerung, S. 67.

21 Vgl. BVerfG 23.10.1985 E 71, 108, 115; *Larenz/Canaris*, Methodenlehre der Rechtswissenschaft, S. 145; *Zippelius*, Juristische Methodenlehre, S. 43.

Eine naheliegende Möglichkeit der Regelung der Auswirkungen eines Betriebsinhaberwechsels auf die Anwendung von Tarifverträgen wäre, das beim früheren Inhaber geltende Tarifrecht als solches, d. h. kollektivrechtlich weitergelten zu lassen.[23] Demgegenüber besagt der Wortlaut von § 613a Abs. 1 Satz 2 BGB, daß die Rechte und Pflichten aus dem Arbeitsverhältnis, die durch Rechtsnormen eines Tarifvertrages geregelt sind, bei einem Betriebsübergang Inhalt des nach Maßgabe von § 613a Abs. 1 Satz 1 BGB bestehenden Arbeitsverhältnisses zwischen dem neuen Betriebsinhaber und dem Arbeitnehmer werden. Dies spricht für die Annahme, der Gesetzgeber habe die Weitergeltung der Tarifnormen nach einem Betriebsübergang auf der Grundlage der individualrechtlichen Lösung regeln wollen, die Tarifnormen sollten als einzelvertragliche Bestandteile des Individualarbeitsvertrages weitergelten.[24] Allerdings ergibt sich dies nur dann eindeutig aus dem Wortlaut der Vorschrift, wenn sich das Wort „sie" in der zweiten Satzhälfte tatsächlich auf die Normen des Tarifvertrages bezieht und damit deren Eingehen in das einzelne Arbeitsverhältnis anordnet. Die Bestimmung kann aber auch so verstanden werden, daß „sie" im Sinne der Rechte und Pflichten der Arbeitsvertragsparteien gebraucht wird und diese selbst als Bestandteile der Arbeitsverhältnisse weiterwirken sollen, ohne daß damit zwingend das Eingehen der ihnen zugrunde liegenden kollektiven Normen in die Arbeitsverhältnisse verbunden sein muß.

Weiterhin könnte unter dem Gesichtspunkt an der Weitergeltung der Tarifnormen als Bestandteile des einzelnen Arbeitsvertrages gezweifelt werden, daß das Gesetz in § 613a Abs. 1 Satz 2 BGB von einer Weitergeltung der tariflich bestimmten Rechte und Pflichten der Arbeitsvertragsparteien als Inhalt der Arbeitsverhältnisse übernommener Arbeitnehmer mit dem neuen Betriebsinhaber spricht.[25] Sofern der Begriff des Arbeitsverhältnisses nicht mit dem des Arbeitsvertrages gleichzusetzen wäre, eröffnete dies die Möglichkeit der Annahme einer Weitergeltung der Tarifnormen auf anderer Grundlage als nach der individualrechtlichen Lösung. Allerdings gebraucht der Gesetzgeber den Begriff des Arbeitsverhältnisses bereits an anderen Stellen synonym zu dem des Arbeitsvertrages, er unterscheidet insoweit nicht. So spricht § 611a Abs. 1 Satz 1 BGB von der Pflicht des Arbeitgebers zur Gleichbehandlung bei der Begründung des Arbeitsverhältnisses. § 612 Abs. 3 BGB regelt diese Pflicht in Bezug auf die Vergütung innerhalb eines

---

22 Dazu *Larenz/Canaris*, Methodenlehre der Rechtswissenschaft, S. 141 ff.; *Röhl*, Allgemeine Rechtslehre, S. 628 ff.; *Zippelius*, Juristische Methodenlehre, S. 41 ff.

23 *Kempen*, BB 1991, 2006.

24 Vgl. *Moll*, Brennpunkte des Arbeitsrechts 1996, S. 185, 208 f.

25 Soergel/*Raab*, BGB, § 613a Rn. 104 weist darauf hin, daß die kollektivrechtlich geltenden Tarifnormen zwar Rechte und Pflichten der Arbeitsvertragsparteien begründen, insoweit Inhalt des Arbeitsverhältnisses werden, ohne jedoch Inhalt des Arbeitsvertrages zu sein.

Arbeitsverhältnisses. Daher davon ausgegangen werden, daß der Wortlaut des Gesetzes sich auf eine individualvertragliche Weitergeltung tariflicher Rechtsnormen im einzelnen Arbeitsvertrag bezieht.

Nach dem Wortlaut der Vorschrift wird damit die Weitergeltung tariflicher Rechtsnormen dadurch gewährleistet, daß diese nunmehr individualrechtliche Bestandteile und Inhalt der einzelnen Arbeitsverhältnisse werden.[26] Die Tarifnormen sollen so weitergelten, als seien sie zwischen den vom Betriebsübergang betroffenen Arbeitnehmern und dem neuen Betriebsinhaber arbeitsvertraglich vereinbart worden.[27] Sofern die Regelung einer kollektiven Fortgeltung tariflicher Inhalte bezweckt gewesen wäre, hätten dafür bereits im Gesetzeswortlaut Anhaltspunkte gegeben werden können. Das Gesetz ordnet nicht an, daß der Erwerber des Betriebes in die kollektivrechtliche Vertragsstellung des bisherigen Betriebsinhabers eintritt[28] oder aufgrund der Übernahme eines Betriebes, dessen bisheriger Inhaber tarifgebunden war, selbst kollektivrechtlich gebunden ist[29]. Auch die Mitgliedschaft im alten Arbeitgeberverband geht nicht kraft gesetzlicher Anordnung auf den Betriebsnachfolger über. Diesen trifft auch keine Pflicht zum Verbandsbeitritt.[30] Der Wortlaut ist insoweit eindeutig[31] und gibt zu erkennen, daß eine individualrechtliche Lösung vorgenommen worden ist.[32]

Zwar hat *Zöllner* bereits das Verständnis der Regelung in § 613a Abs. 1 Satz 2 BGB als Anordnung individualrechtlicher Fortgeltung kollektivrechtlicher Nor-

---

26 *Beseler*, Betriebsübergang, S. 169, 185; *Berscheid*, Betriebsinhaberwechsel, Rn. 115; *Binkert*, JZ 1979, 747, 750; *D. Gaul*, Betriebsübergang, S. 273; Erman/*Hanau*, BGB, § 613a Rn. 78; *ders.*, FS Gaul, S. 287, 296; *Hattesen*, HzA, Gruppe 1 Rn. 3363; *Kania*, DB 1994, 529; *Kempen*, BB 1991, 2006, 2009; *ders.*, ArbRGW 30 (1993), 97, 104; *Kempen/Zachert*, TVG, § 3 Rn. 55; *Knigge*, BB 1980, 1272, 1276; *Oberhofer*, BetrRat 1990, 98; *Oetker*, Anm. zu BAG 1.4.1987, SAE 1987, 305, 307; Staudinger/*Richardi*, BGB, § 613a Rn. 164; *Röder*, DB 1981, 1980; MünchKom/*Schaub*, BGB, § 613a Rn. 148; *Seiter*, Betriebsinhaberwechsel, S. 89; *ders.*, DB 1980, 877; MünchArbR/*Wank*, § 120 Rn. 167.

27 *Schuster/Beckerle*, NZA 1985, 16, 17; *Wank/Brüning*, ZfA 1995, 699, 731.

28 *Blank/Blanke u.a.*, Arbeitnehmerschutz, S. 202; *Ingenfeld*, Betriebsausgliederung, S. 263; *Löwisch/Rieble*, TVG, § 2 Rn. 69. Im Ergebnis ebenso *Belling/Müsgen*, NZA 1991, Beilage 1, S. 7, 17; *Düwell*, AuR 1994, 357, 359; *Schaub*, ArbRGW 18 (1981), 71, 78; *Weimar/Alfes*, BB 1993, 783, 788.

29 *Bauer/Diller*, DB 1993, 1085, 1088; Erman/*Hanau*, BGB, § 613a Rn. 78; Staudinger/*Richardi*, BGB, § 613a Rn. 164.

30 LAG Brandenburg 10.3.1992 LAGE Nr. 24 zu § 613a BGB; *D. Gaul*, Betriebsübergang, S. 326; *Hanau/Vossen*, FS Hilger/Stumpf, S. 271, 288 f.; *Niebler/Förschner*, Betriebsveräußerung, Rn. 334, S. 114; *Wank*, NZA 1987, 505; *Weimar/Alfes*, BB 1993, 783, 788.

31 *Braun*, Anm. zu BAG 20.4.1994, WiB 1995, 121, 122; *Gamillscheg*, Kollektives Arbeitsrecht, S. 780.

32 *Willemsen*, Anm. zu BAG 26.9.1979, AP Nr. 17 zu § 613a BGB.

men grundsätzlich in Frage gestellt.[33] Allerdings verkennt auch er dabei nicht, daß der Wortlaut der Vorschrift die Fortgeltung der Bestimmungen als Inhalt des Einzelarbeitsvertrages vorgibt.[34] Nunmehr hat auch *Heinze* sich gegen das Verständnis von § 613a Abs. 1 Satz 2 BGB als Grundlage einer individualrechtlichen Weitergeltung des bisher zur Anwendung gekommenen Tarifvertrages gewendet.[35] Er versteht die Vorschrift vielmehr als gesetzliche Weitergeltungsanordnung, die alleinige Grundlage für die weitere Anwendung des alten Tarifvertrages sei und bewegt sich damit außerhalb des Systems der kollektivrechtlichen oder individualrechtlichen Weitergeltung. *Heinze* erklärt dabei jedoch nicht, wie sich seine Auffassung mit dem Wortlaut des § 613a Abs. 1 Satz 2 BGB in Übereinstimmung bringen läßt.

II. Systematische Auslegung

Ziel der systematischen Auslegung ist es, die jeweilige Vorschrift nicht isoliert zu betrachten, sondern sie in den Bedeutungszusammenhang des Gesetzes und der Rechtsordnung und allgemeiner Rechtsprinzipien insgesamt zu stellen und dadurch ihren Sinngehalt zu erfassen.[36] Damit sollen im Sinne der „Einheit des Rechts"[37] Systemwidrigkeiten und Widersprüche innerhalb der Rechtsordnung vermieden werden.[38] Unter diesem Gesichtspunkt ist die Regelung des § 613a Abs. 1 Satz 2 bis 4 BGB sowohl als Bestandteil des Bürgerlichen Gesetzbuchs und innerhalb des Regelungsbereichs des § 613a BGB selbst zu begreifen. Weiterhin ist das Verhältnis von kollektivem und Individualarbeitsrecht, das sich aus anderen arbeitsrechtlichen Vorschriften ergibt, zum Verständnis des § 613a Abs. 1 Satz 2 bis 4 BGB heranzuziehen. Die Bestimmung kann auch als Gegenstück zur Regelung der Tarifgeltung für den Fall des Austritts eines Arbeitgebers aus dem tarifschließenden Arbeitgeberverband in § 3 Abs. 3 TVG betrachtet werden.

---

[33] *Zöllner*, DB 1995, 1401 f. Dazu noch nachstehend § 6 B II 2, 4.

[34] *Zöllner*, DB 1995, 1401, 1402.

[35] *Heinze*, FS Schaub, S. 275, 280 f. Auch dazu noch § 6 B II 4.

[36] Dazu *Larenz/Canaris*, Methodenlehre der Rechtswissenschaft, S. 145 ff.; *Röhl*, Allgemeine Rechtslehre, S. 642 ff.; *Zippelius*, Juristische Methodenlehre, S. 48 ff. Die Heranziehung verfassungsrechtlicher und europarechtlicher Vorschriften im Rahmen der systematischen Auslegung einer Norm sollen hier dennoch gesondert behandelt werden.

[37] Vgl. *Zippelius*, Juristische Methodenlehre, S. 48.

[38] Zu berücksichtigen gilt es dabei, daß die sich in einer Gesetzesbestimmung findende Detaillösung zwar auf allgemeinere Rechtsprinzipien zurückgeführt werden kann (sog. Prinzipienjurisprudenz), diese Prinzipien aber jeweils wechselseitig aufeinander abgestimmt werden müssen. Infolge dieses Zwanges zur Abstimmung kann sich aus diesen Prinzipien in ihrer Gesamtheit allenfalls ein „bewegliches" System ergeben, das gerade Platz für Einzelfallösungen bietet. Dazu *Röhl*, Allgemeine Rechtslehre, S. 644 f.

1. Regelung als Bestandteil des § 613a BGB

a. Einordnung innerhalb des § 613a BGB

Die Regelung über die Auswirkungen eines Betriebsinhaberwechsels auf die Geltung von Tarifnormen im Betrieb wurde als Satz 2 bis 4 in § 613a Abs. 1 BGB eingefügt. Demgegenüber findet sich in § 613a Abs. 1 Satz 1 BGB eine Bestimmung zu den individualrechtlichen Auswirkungen eines Betriebsübergangs im Hinblick auf beim bisherigen Betriebsinhaber einzelvertraglich geregelte Arbeitsbedingungen. Die Stellung im selben Absatz der gesetzlichen Bestimmung spricht für die Annahme, daß auch die tarifrechtlichen Wirkungen eines Betriebsübergangs auf individualrechtlicher Ebene geregelt wurden. Insoweit kann § 613a Abs. 1 Satz 2 BGB im Zusammenhang mit seiner Stellung in Bezug auf § 613a Abs. 1 Satz 1 BGB als Bestandteil einer individualrechtlichen Bestandsschutzregelung verstanden werden. § 613a Abs. 1 Satz 1 BGB spricht von Rechten und Pflichten aus dem Arbeitsverhältnis und knüpft insoweit an die einzelvertraglich begründeten Rechtsbeziehungen zwischen Arbeitnehmer und Betriebsinhaber an. Dem entsprechend bezieht sich auch die Weitergeltung von Tarifnormen nach einem Betriebsübergang gemäß § 613a Abs. 1 Satz 2 BGB auf eine Fortgeltung als Inhalt des Arbeitsverhältnisses, also eine Fortgeltung auf individualrechtlicher Ebene.[39]

Andererseits besteht zwischen den Regelungen in § 613a Abs. 1 Satz 1 und Satz 2 BGB ein Unterschied insofern, als die einzelvertraglichen Arbeitsbedingungen, um deren Geltung bei dem neuen Betriebsinhaber es in Satz 1 geht, von vornherein auf individualvertraglicher Ebene die Rechte und Pflichten der Arbeitsvertragsparteien bestimmt haben. Satz 1 ordnet diesbezüglich eine Fortwirkung der Arbeitsbedingungen auf individualrechtlicher Ebene an. Aus der gesonderten Regelung der Weitergeltung einzelvertraglicher Vereinbarungen nach Satz 1 und der Tarifnormen nach Satz 2 ist aber nicht zwingend auf eine Fortgeltungsanordnung in Satz 2 auf kollektivrechtlicher Ebene zu schließen. Denn diese Trennung liegt lediglich darin begründet, daß sich aus § 613a Abs. 1 Satz 1 BGB die Fortgeltung der Tarifnormen nach einem Betriebsübergang nicht ergeben konnte, insofern also ein Regelungszusatz erforderlich war.

Für die Annahme der Anordnung der Fortgeltung des Tarifvertrages auf kollektivrechtlicher Ebene in § 613a Abs. 1 Satz 2 BGB soll demgegenüber die im Zusammenhang mit § 613a Abs. 1 Satz 2 BGB getroffene Regelung in Satz 4 sprechen.[40] § 613a Abs. 1 Satz 2 BGB untersagt den Arbeitsvertragsparteien, vor Ablauf eines Jahres nach dem Betriebsübergang die beim bisherigen Betriebsin-

---

39 Ähnlich *D. Gaul*, Anm. zu BAG 26.9.1979, EzA Nr. 2 zu § 3 TVG.

40 *Zöllner*, DB 1995, 1401, 1402.

haber tariflich geregelten Arbeitsbedingungen zu Lasten des Arbeitnehmers zu ändern. Diese Verschlechterungssperre endet nach Satz 4 schon vorzeitig, d.h. vor Ablauf eines Jahres, wenn der Tarifvertrag nicht mehr gilt.[41] Nach Auffassung von *Zöllner* hat diese Anordnung die Fortgeltung des Tarifvertrages auf kollektivrechtlicher Ebene zur logischen Prämisse.[42] Dem ist jedoch nur insoweit zuzustimmen, als das Gesetz überhaupt die Weitergeltung der Tarifnormen voraussetzt. Daraus ergibt sich aber nicht zwingend der Schluß auf eine kollektivrechtliche Fortgeltung der Tarifnormen. Selbst *Zöllner* hält es für systematisch denkbar, die Veränderungssperre als ein gesetzliches Verbot der Abänderung des Arbeitsvertrags bei dem neuen Betriebsinhaber hinsichtlich der einem Tarifvertrag entstammenden Regelungen zu Lasten des Arbeitnehmers zu begreifen.[43] Damit steht die Regelung einer Veränderungssperre in § 613a Abs. 1 Satz 2 BGB der Annahme einer Fortgeltung auf individualrechtlicher Ebene nicht notwendig entgegen. Es ist darüber hinaus auch nicht ersichtlich, warum ein vorzeitiges Ende dieser Veränderungssperre nicht auch bei individualrechtlicher Geltung der Tarifnormen von einem Geltungsende des Tarifvertrages beim Betriebsveräußerer abhängig gemacht werden soll.

Das Verständnis der Regelung des § 613a Abs. 1 Satz 2 BGB als Anordnung zwingender, nach einem Jahr dispositiver Fortgeltung der bisherigen Tarifnormen für die übergegangenen Arbeitsverhältnisse soll nach Auffassung von *Zöllner* plausibler erscheinen lassen, warum Tarifvertragsnormen, die schon im Zeitpunkt des Betriebsübergangs dispositiven Charakter hatten, der einjährigen Veränderungssperre nicht unterliegen.[44] Auch dies läßt sich aber auf der Grundlage des Verständnisses des § 613a Abs. 1 Satz 2 BGB als individualrechtliche Weitergeltungsanordnung hinreichend erklären.[45]

b. Einordnung in die Systematik des Bürgerlichen Gesetzbuchs

Die Regelung der tarifrechtlichen Auswirkungen eines Betriebsinhaberwechsels ist durch die Sätze 2 bis 4 des § 613a Abs. 1 BGB erfolgt, die durch das Betriebsverfassungsgesetz 1972 eingefügt wurden. Die sich daraus ergebende Stellung der Vorschrift innerhalb der Regelungen über Dienstverträge in den §§ 611 ff. BGB[46] spricht für die Annahme, daß die Tarifnormen einzelvertraglich auf der

---

41 Dazu nachstehend § 13 B III 1.

42 *Zöllner*, DB 1995, 1401, 1402.

43 *Zöllner*, DB 1995, 1401, 1402.

44 *Zöllner*, DB 1995, 1401, 1402.

45 Dazu nachstehend § 14 B.

46 Auf die durch die systematische Stellung des § 613a BGB bedingte individualrechtliche Prägung der Vorschrift wies *D. Gaul*, DB 1980, 98, 99 schon zu § 613a a.F. hin. Allerdings betonte er auch, daß daraus keine Schlußfolgerungen über Ob und Wie der Wei-

Grundlage der individualrechtlichen Lösung nach dem Betriebsübergang weitergelten sollen.[47] Insbesondere wurde die Weitergeltung tariflicher Bestimmungen bei dem neuen Betriebsinhaber nicht als Bestandteil des - kollektivrechtlich bestimmten - Tarifvertragsgesetzes geregelt. Allerdings wurde in diesem Zusammenhang auch darauf hingewiesen, daß sich die Stellung des § 613a BGB a.F. als Bestandteil des individualrechtlich geprägten BGB nicht als rechtlich so maßgeblich erweise, daß gegen die Einfügung der Regelung über kollektivrechtliche Auswirkungen des Betriebsübergangs mit dem Arbeitsrechtlichen EG-Anpassungsgesetz Bedenken bestünden.[48] Dennoch bleibt festzuhalten, daß die Stellung der Vorschrift im BGB jedenfalls nicht zwingend zu der Annahme einer kollektivrechtlichen Fortgeltung der Tarifnormen führt.

2. Umwandlung kollektivrechtlicher in individualrechtliche Normen

Das System arbeitsrechtlicher Rechtsquellen wird bestimmt von der rechtlichen Trennung der individual- und kollektivrechtlichen Ebene, die zwar wechselseitig auf die Bedingungen des konkreten Arbeitsverhältnisses einwirken, jedoch grundsätzlich eigenen Rechtsregeln folgen.[49] Bei Annahme einer individualrechtlichen Fortgeltung der Tarifnormen nach dem Betriebsübergang würde diese Trennung unterbrochen, die weitere Geltung der Tarifnormen verbunden mit einer Umwandlung der Tarif- und damit kollektivrechtlichen Normen in Individualarbeitsrecht. Fraglich ist, wie sich diese Konstruktion der einzelvertraglichen Wirkung kollektivrechtlicher Normen in das System arbeitsrechtlicher Rechtsquellen integrieren läßt.

Mit der Transformation tariflicher Normen in einzelvertragliche Bestimmungen wird auf ein dem Arbeitsrecht in seiner bisherigen Entwicklung nicht gänzlich unbekanntes Verständnis der Wirkungsweise von Tarifnormen zurückgegriffen. Der Gedanke des Eingehens tariflicher Normen in den einzelnen Arbeitsvertrag geht zurück auf Vorstellungen von der Wirkung tariflicher Regelungen nach der Tarifvertragsverordnung von 1918 und die im Vorfeld hierzu geführte Tarifrechtsdiskussion.[50] Nach § 1 TVO waren Arbeitsverträge zwischen den tarifbeteiligten Personen insoweit unwirksam, als sie von der tariflichen Regelung abwichen. In diesem Fall sollten an die Stelle der unwirksamen Vereinbarungen die entsprechenden Normen des Tarifvertrages treten. Daraus wurde geschlußfolgert, daß die Tarifverträge letztlich unmittelbar in die Arbeitsverträge eingehen,

---

tergeltung tariflicher Normen geschlossen werden konnten. Zur diesbezüglichen Rechtslage vgl. § 3.

47 *D. Gaul*, Anm. zu BAG 26.9.1979, EzA Nr. 2 zu § 3 TVG.

48 *Wendeling-Schröder*, Anm. zu BAG 26.9.1979, AuR 1980, 191.

49 Dazu schon vorstehend § 6 A.

50 Vgl. *Binkert*, JZ 1979, 747, 750; instruktiv auch der Überblick bei *Herschel*, ZfA 1976, 89, 92 f.

die Tarifnormen damit wie einzelvertraglich vereinbarte Bestimmungen wirken sollten.[51] Diese Vorstellung von der Wirkungsweise der Tarifnormen wurde auch den Anforderungen gerecht, die unter Geltung der Tarifvertragsverordnung an die Regelung von Arbeitsbedingungen durch Kollektivverträge gestellt wurden, indem durch das Eingehen der Tarifnormen in den Arbeitsvertrag dessen Inhalt den kollektivrechtlichen Bestimmungen gemäß gestaltet wurde.[52]

Zwar blieb diese Auffassung nicht unwidersprochen. So wurde entgegengehalten, daß den Tarifnormen der gleiche Charakter wie Gesetzesrecht zukomme, welches anerkanntermaßen auch nicht Inhalt des Arbeitsvertrages werde. Vielmehr sollten die Tarifnormen von außen auf die Arbeitsverhältnisse zwischen tarifbeteiligten Arbeitsvertragsparteien einwirken. Dies entspreche allein dem Wesen des Kollektivrechts.[53] Dennoch könnte die Regelung in § 613a Abs. 1 Satz 2 BGB so verstanden werden, als sei der Gesetzgeber zu einer zumindest nicht gänzlich neuen Konzeption zurückgekehrt, nach der tarifliche Rechte und Pflichten in das Arbeitsverhältnis eingehen.[54] § 613a Abs. 1 Satz 2 BGB schreibt insoweit nicht eine dem deutschen Arbeitsrecht bis dahin unbekannte einzelvertragliche Geltungsform tariflicher Normen vor, allenfalls die Transformation der vorherigen kollektiven Normen in Individualarbeitsrecht ist dem Rechtssystem so nicht geläufig.[55]

Auch bei Schaffung des Tarifvertragsgesetzes von 1949 wurde erörtert, ob tarifliche Regelungen als zwingend wirkendes Recht für die Arbeitsverträge von außen gelten sollen, oder ob die Normen in den Inhalt der Arbeitsverhältnisse selbst - gegebenenfalls auch korrigierend - eingreifen und deren Bestandteile werden.[56] Im Ergebnis wurde von einer Regelung der Wirkungsweise der Tarifnormen wie nach der Tarifvertragsverordnung von 1918 aber gerade Abstand genommen.[57] Daraus wurde mit Recht geschlußfolgert, der Gesetzgeber sei von einer anderen Wirkungsweise der Tarifnormen als nach der Tarifvertragsordnung ausgegangen, diese würden als kollektivrechtliche Bestimmungen von außen auf die Arbeitsverhältnisse einwirken. Insofern stellt sich aber eine Weitergeltung der Tarifnor-

---

51 Vgl. nur RAG 25.3.1931 Bensh. Sammlg. 11, 521, 522; *A. Hueck*, NZfA 1926, 151; *Jacobi*, Grundlehren, S. 221, Fn. 3 m.w.N.; *Kaskel*, NZfA 1924, Sp. 129.

52 So schon *Sinzheimer*, Arbeitsnormenvertrag, Bd. 2, S. 44.

53 *Hueck/Nipperdey*, Arbeitsrecht, Bd. II, 3.-5. Auflage 1932, § 20 II 3, S. 235 ff. m.w.N.; so im Ergebnis auch *Hardt*, NZfA 1925, 77, 82; *A. Hueck*, Recht des Tarifvertrages, S. 113; *Lehmann*, Tarifvertrag und Nachwirkung, S. 20 ff.; *Molitor*, TVO, § 1 Rn. 35; *ders.*, NZfA 1923, 43; *Vanselow*, NZfA 1924, 331.

54 So *Däubler*, Tarifvertragsrecht, Rn. 1535, S. 640; dahingehend auch *Gamillscheg*, Kollektives Arbeitsrecht, S. 780.

55 *Falkenberg*, BB 1987, 328, 329.

56 Vgl. *Herschel*, ZfA 1973, 183, 192 f.

57 *Herschel*, ZfA 1973, 183, 193.

men nach einem Betriebsübergang auf einzelvertraglicher Ebene an sich tatsächlich insoweit als Systemwidrigkeit dar, die sich nur schwer in das bestehende Rechtssystem integrieren läßt.[58]

Dies zeigt sich auch in den unterschiedlichen Formulierungen, die zur Charakterisierung der in § 613a Abs. 1 Satz 2 BGB getroffenen Weitergeltungsanordnung verwendet werden.[59] So wird ausgeführt, die Vorschrift sehe einen dem Arbeitsrecht ansonsten unbekannten Transformationsakt vor, der dazu führe, daß Tarifverträge ihren kollektiven Charakter verlieren und kraft Gesetzes zu Individualvereinbarungen werden.[60] Die Umwandlung der Tarifnormen wird auch als „rechtstechnischer Kunstgriff"[61] bezeichnet, der „fingierte Individualvereinbarungen"[62] entstehen lasse, sie beruhe „auf einer aus Konstruktionsgründen gewählten Fiktion des Gesetzgebers"[63]. Es handele sich dabei um eine eigenartige Konstruktion zur Regelung der Fortgeltung von Kollektivnormen nach einem Betriebsübergang.[64] Im Hinblick auf die in § 613a Abs. 1 Satz 2 BGB angeordnete Veränderungssperre wird die Fortgeltung der Tarifnormen auf einzelvertraglicher Grundlage zunächst ohne Möglichkeit der Änderung der Arbeitsbedingungen durch die Arbeitsvertragsparteien im Sinne einer „zwingenden einzelvertraglichen Regelung" als dogmatischer Widerspruch in sich bezeichnet.[65]

Angesichts dessen soll es nach Auffassung von *Zöllner* naheliegen, ungeachtet des Gesetzeswortlauts eine partielle Fortgeltung des bisherigen Tarifvertrages anzunehmen. Eine solche partielle Fortgeltung von Rechtsnormen sei in Übergangssituationen, wie sie ein Betriebsübergang darstelle, auch außerhalb des Arbeitsrechts nicht ungewöhnlich und werde durch Übergangsrecht vom Gesetzgeber vorgesehen.[66] Dies sollte der Annahme einer Fortgeltung der Tarifnormen nach dem Betriebsübergang auf kollektivrechtlicher Ebene entsprechen, die sich überdies in das System arbeitsrechtlicher Regelungsmechanismen besser einordnen lasse. Der abweichende Wortlaut der Vorschrift sei demgegenüber nicht erheblich, da der Gesetzgeber nur ergebnisbezogene Rechtswirkungen beschreibe.

---

58 Ebenso die Einschätzung von MünchArbR/*Wank*, § 120 Rn. 167; im Anschluß daran *Niebler/Förschner*, Betriebsveräußerung, Rn. 334, S. 113.

59 Darauf weist auch *Zöllner*, DB 1995, 1401, 1402 zu Recht hin.

60 Hölters/*Bauer*, Unternehmens- und Beteiligungskauf, S. 416, Rn. 197; *Röder*, DB 1981, 1980; *Wank/Brüning*, ZfA 1995, 699, 731.

61 *Henssler*, NZA 1994, 913, 919; MünchArbR/*Wank*, § 120 Rn. 184; *ders.*, NZA 1987, 505, 510.

62 *Wank*, Anm. zu BAG 19.3.1986, SAE 1987, 142, 144.

63 *Henssler*, NZA 1994, 913, 920.

64 *Seiter*, Anm. zu BAG 13.11.1985, EWiR § 613a BGB 2/86.

65 *Gamillscheg*, Kollektives Arbeitsrecht, S. 780.

66 *Zöllner*, DB 1995, 1401, 1402. Siehe nachstehend zu § 3 Abs. 3 TVG § 6 B II 3 und zu § 4 Abs. 5 TVG § 6 B II 4.

Sofern darüber hinaus im Gesetz eine Rechtsfigur zur Erreichung dieser Rechtswirkungen konstruiert werde, sei dies für den Normanwender unverbindlich, stringente Konstruktion sei nicht Sache des Gesetzgebers.[67]

Bloße Probleme, eine durch den Gesetzgeber geschaffene Vorschrift in die Systematik des Gesetzes einzuordnen, können jedoch allein nicht dazu legitimieren, sich über den insoweit eindeutigen Gesetzeswortlaut[68] hinwegzusetzen.[69] Insbesondere kann das Verständnis von § 613a Abs. 1 Satz 2 BGB als Anordnung einer kollektivrechtlichen Regelung nicht damit begründet werden, der Gesetzgeber habe lediglich die Weitergeltung der Tarifnormen überhaupt anordnen wollen und nur so sei auch der Wortlaut des Gesetzes zu verstehen. Damit würde der inhaltliche Gehalt der Vorschrift nur unzureichend berücksichtigt. Nach Auffassung von *Zöllner* kann der Gesetzgeber nur Rechtswirkungen anordnen, nicht jedoch die zugrunde liegende Rechtsdogmatik bindend klären.[70] Abgesehen davon, daß *Zöllner* eine argumentative Begründung hierfür schuldig bleibt, hat der Gesetzgeber in der vorliegenden Vorschrift nichts anderes getan, als Rechtswirkungen zu beschreiben: die Rechtsnormen eines Tarifvertrages sollen als Inhalt der Arbeitsverhältnisse nach einem Betriebsübergang weitergelten. Diese Bestimmung ist dann aber auch in diesem Umfang gesetzlicher Anordnung zu begreifen, es kann nicht ein Teil des Inhalts der Vorschrift außer acht gelassen und damit - wie *Zöllner* dies tut - die Norm auf die bloße Anordnung der Weitergeltung der Kollektivnormen nach einem Betriebsübergang überhaupt reduziert werden. Auch im Falle der Anordnung zwingender und unmittelbarer Wirkung der Tarifnormen nach dem Tarifvertragsgesetz hat der Gesetzgeber im übrigen - in der Terminologie von *Zöllner* - eine rechtliche Konstruktion geschaffen, die - soweit ersichtlich - auch nicht mit der Begründung abgelehnt wird, dies sei gar nicht Sache des Gesetzgebers. Dann ist aber nicht nachvollziehbar, daß dem Gesetzgeber mit dieser Begründung verwehrt wird, diese normative Wirkung wieder zurückzunehmen und für den Sonderfall des Betriebsübergangs anzuordnen, die Tarifnormen sollten lediglich als Bestandteil des Arbeitsverhältnisses weitergelten.[71] Dies gilt ins-

---

67 *Zöllner*, DB 1995, 1401, 1402.

68 Dazu vorstehend § 6 B I.

69 Gegen die Argumentation von *Zöllner* auch *Moll*, RdA 1996, 275, 277.

70 *Zöllner*, DB 1995, 1401, 1402. Ähnlich schon *Ramm*, Die Parteien des Tarifvertrages, S. 85, nach dem die wissenschaftliche Einordnung und Deutung eines rechtlichen Phänomens nicht Sache des Gesetzgebers sei. Kritisch dagegen *Moll*, Brennpunkte des Arbeitsrechts 1996, S. 185, 209.

71 Auch *Ramm*, Die Parteien des Tarifvertrages, S. 85 geht davon aus, daß der Gesetzgeber die unmittelbare und zwingende Wirkung der Tarifnormen ähnlich den Rechtsnormen anordnen könne. Er erkennt gerade in dieser „Beleihung der Verbände" den Anspruch des Staates an, seine Überordnung über diese zu betonen und die verliehene Macht wieder zurücknehmen zu können, siehe *Ramm*, Die Parteien des Tarifvertrages, S. 85 Fn. 7.

besondere unter Berücksichtigung dessen, daß den Tarifnormen im übrigen wegen fehlender Tarifbindung des Betriebserwerbers ansonsten auf die Arbeitsverhältnisse der übernommenen Arbeitnehmer gänzlich keine Wirkung mehr zukommen würde.

Die Fortgeltung von Tarifnormen unter Veränderung ihrer Rechtsqualität auch nicht derart systemfremd, wie es den Anschein hat, soweit die Umwandlung kollektivrechtlicher in individualvertragliche Bestimmungen angeordnet wird. Nach Auffassung von *Wank*[72] geht es um den im rechtsdogmatischen Sinn gerade umgekehrten Fall, um kollektivrechtliche Bindungen individualvertraglicher Vereinbarungen, im Rahmen der Problematik von ablösenden Betriebsvereinbarungen[73].

3. Verhältnis zu § 3 Abs. 3 TVG

§ 613a Abs. 1 Satz 2 BGB enthält eine Regelung zur weiteren Geltung von Tarifnormen für die von einem Betriebsübergang und dem damit einher gehendem Arbeitgeberwechsel betroffenen Arbeitsverhältnisse. Demgegenüber betrifft § 3 Abs. 3 TVG die weitere Geltung von Tarifnormen, wenn der bisher aufgrund Mitgliedschaft tarifgebundene Arbeitgeber aus dem tarifschließenden Arbeitgeberverband ausgetreten ist. Beide Bestimmungen beziehen sich damit auf Änderungen der Tarifgeltung infolge von Änderungen rechtlich maßgeblicher Umstände auf der Arbeitgeberseite. Insofern könnten sich Schlußfolgerungen für das Verständnis von § 613a Abs. 1 Satz 2 BGB aus der zeitlich früher geschaffenen Norm des § 3 Abs. 3 TVG ziehen lassen. Voraussetzung hierfür ist jedoch, daß sich diesbezüglich ein durch den Gesetzgeber geschaffenes System einheitlicher tariflicher Auswirkungen von Änderungen auf Arbeitgeberseite erkennen läßt, in das der Gesetzgeber die Vorschrift des § 613a Abs. 1 Satz 2 BGB eingefügt haben müßte.

a. Wirkungsweise des § 3 Abs. 3 TVG

Die Regelung des § 3 Abs. 3 TVG soll verhindern, daß sich der Arbeitgeber durch den Austritt aus dem tarifschließenden Arbeitgeberverband einseitig seiner Tarifbindung entziehen kann.[74] Denn an sich hätte der Austritt des Arbeitgebers aus dem tarifschließenden Verband das Ende seiner Mitgliedschaft und damit

---

72 MünchArbR/*Wank*, § 120 Rn. 174.

73 Siehe grundlegend dazu BAG GrS 16.9.1986 AP Nr. 17 zu § 77 BetrVG 1972; BAG 3.11.1987 AP Nr. 25 zu § 77 BetrVG 1972.

74 *Bauer/Diller*, DB 1993, 1085; *Däubler*, ZTR 1994, 448, 449; *Feger*, AiB 1995, 490, 491; *Konzen*, ZfA 1975, 401, 411; *Löwisch/Rieble*, TVG, § 3 Rn. 78; *Wiedemann/ Stumpf*, TVG, § 3 Rn. 29. *Herschel*, ZfA 1973, 183, 192 weist darüber hinaus darauf hin, daß sich dies auch als Bestandsschutz der Arbeitgeberverbände auswirken kann, wenn für Arbeitgeber der Wegfall der Tarifbindung, der gegebenenfalls einen Anreiz zum Austritt bietet, nicht eintritt.

auch das Erlöschen seiner darauf beruhenden Tarifgebundenheit zur Folge. Damit würde aber auch die nach § 4 Abs. 1 TVG grundsätzlich die beiderseitige Tarifgebundenheit der Arbeitsvertragsparteien voraussetzende zwingende Wirkung der Tarifnormen auf die Arbeitsverhältnisse im Betrieb beendet.[75] Der Arbeitgeber bleibt nach § 3 Abs. 3 TVG demgegenüber bis zum Ende des Tarifvertrages an diesen gebunden.[76] Dazu fingiert das Gesetz dessen fehlende Verbandsmitgliedschaft bis zum Ende des Tarifvertrages und führt dadurch bis zu diesem Zeitpunkt eine Tarifbindung des Arbeitgebers weiter, die dessen Tarifgebundenheit aufgrund tatsächlicher Mitgliedschaft gleichgestellt ist.[77] Damit bleibt der Austritt des Arbeitgebers aus seinem Verband zunächst ohne spürbare tarifrechtliche Wirkung, der geltende Tarifvertrag wird genauso angewandt, wie wenn der Austritt nicht erfolgt wäre.[78] Die Tarifnormen gelten danach auch nach dem Verbandsaustritt des Arbeitgebers für den Zeitraum bis zum Ende des Tarifvertrages zunächst weiterhin unmittelbar und zwingend.[79]

b. Auswirkungen für das Verständnis von § 613a Abs. 1 Satz 2 BGB

Mit der Regelung des § 613a Abs. 1 Satz 2 BGB soll dem Geltungsverlust kollektivvertraglicher Rechtsnormen infolge eines Betriebsübergangs bei fehlender Tarifbindung des Betriebserwerbers vorgebeugt werden. Diese Zielsetzung entspricht hinsichtlich der weiteren Geltung von Tarifnormen, die im Betrieb des bisherigen Arbeitgebers Anwendung fanden, dem Zweck des § 3 Abs. 3 TVG.[80] Im Rahmen der sich solcherart entsprechenden Zwecke könnte desgleichen für § 613a Abs. 1 Satz 2 BGB anzunehmen sein, auch für den Fall der weiteren Geltung von Normen eines Tarifvertrages nach einem Betriebsinhaberwechsel habe der Gesetzgeber eine kollektivrechtliche Lösung vornehmen und eine Tarifbindung des Betriebserwerbers schaffen wollen. Allein daraus kann aber noch nicht auf ein beide Regelungen verbindendes Systemdenken des Gesetzgebers geschlossen werden.

Gegen eine derartige Annahme sprechen vielmehr die gewählten unterschiedlichen Formulierungen sowie die Verankerung in unterschiedlichen Gesetzen, die

---

75 Vgl. *Beseler*, Betriebsübergang, S. 169, 178; *Wiedemann/Stumpf*, TVG, § 3 Rn. 29.

76 *Wiedemann/Stumpf*, TVG, § 3 Rn. 35 m.w.N.; a.A. *Löwisch/Rieble*, TVG, § 3 Rn. 29, nach denen die Tarifbindung nur bis zum nächst möglichen Kündigungstermin des Tarifvertrages bestehen bleiben soll.

77 BAG 4.8.1993 AP Nr. 15 zu § 3 TVG.

78 *Däubler*, ZTR 1994, 448, 449; *Feger*, AiB 1995, 490, 491. Zu fordern ist insoweit, daß die übrigen Voraussetzungen der Tarifwirkung, insbesondere hinsichtlich Tarifzuständigkeit und Geltungsbereich des Tarifvertrages, weiterhin vorliegen, vgl. *Kempen/Zachert*, TVG, § 3 Rn. 26; *Wiedemann/Stumpf*, TVG, § 3 Rn. 32.

79 *Konzen*, ZfA 1975, 401, 408.

80 *Kempen/Zachert*, TVG, § 3 Rn. 47.

gerade in Bezug auf die in Frage stehende Art der Fortgeltung den verschiedenen arbeitsrechtlichen Regelungsebenen zuzuordnen sind.[81] Überdies enthält § 613a Abs. 1 BGB im Vergleich zu § 3 Abs. 3 TVG eine Abschwächung des Arbeitnehmerschutzes, da nach Satz 2 von den Tarifnormen längstens nach Ablauf eines Jahres auch zuungunsten der Arbeitnehmer abgewichen werden kann.[82] Für den Fall des Austritts des Arbeitgebers aus dem tarifschließenden Verband folgt aufgrund der durch § 3 Abs. 3 TVG angeordneten weiteren Tarifbindung bis zum Ende des Tarifvertrages hingegen auch die Geltung von § 4 Abs. 3 TVG für diesen Zeitraum, wonach von den Tarifnormen nicht zuungunsten der Arbeitnehmer abgewichen werden darf.

4. Verhältnis zu § 4 Abs. 5 TVG

Während § 3 Abs. 3 TVG eine Übergangsregelung zur Aufrechterhaltung der Tarifgeltung für den Fall des Austritts des Arbeitgebers aus dem tarifschließenden Verband vorsieht, betrifft § 4 Abs. 5 TVG die Rechtslage bei Ende eines Tarifvertrages. Eine Erklärung der Wirkungen des § 613a Abs. 1 Satz 2 BGB in Anlehnung an § 4 Abs. 5 TVG folgt jeweils den dazu vertretenen Auffassungen in Bezug auf die Wirkungsweise der Tarifnormen nach dem Ablauf eines Tarifvertrages. So wird einerseits § 4 Abs. 5 TVG als Anordnung einer kollektivrechtlichen Weitergeltung des Tarifvertrages verstanden. Die Tarifnormen sollen rechtsdogmatisch gesehen nach kollektivrechtlichen Grundsätzen als Normen[83] weiterwirken. Nach dem Ende des Tarifvertrages wirken die Tarifnormen damit weiterhin zwar unmittelbar auf die Arbeitsverhältnisse Tarifgebundener ein. Allerdings sind von den Tarifbestimmungen abweichende Vereinbarungen der Arbeitsbedingungen möglich. Die Tarifnormen wirken damit nicht mehr zwingend im Sinne des Tarifrechts.[84] Sie bilden dennoch auch weiterhin die Geltungsgrundlage für die Gestaltung der Rechte und Pflichten der Arbeitsvertragsparteien. Damit könnte die von § 613a Abs. 1 Satz 2 BGB bezweckte Geltungsweise von Tarifnormen nach Betriebsübergang jedenfalls auch erklärt werden.[85]

Gemeinsam ist beiden Bestimmungen der Regelungssachverhalt insoweit, als nach bestehendem Recht an sich den Tarifnormen zukünftig keine Wirkung mehr zukommt, auf der einen Seite wegen des Endes des Tarifvertrages, auf der anderen Seite wegen fehlender beiderseitiger Tarifgebundenheit der Arbeitsvertrags-

---

81 *Sernetz*, Rechtsnachfolge, S. 204 lehnt die zu § 613a BGB a.F. herangezogene analoge Anwendung von § 3 Abs. 3 TVG ab, nicht infolge mangelnder Ausdehnungsfähigkeit, sondern wegen mangelnder Rechtsähnlichkeit der betroffenen Sachverhalte.

82 *Däubler*, ZTR 1994, 448, 454; *ders.*, NZA 1996, 225, 232.

83 BAG 29.1.1975 AP Nr. 8 zu § 4 TVG Nachwirkung; MünchArbR/*Löwisch*, § 266 Rn. 4 f.

84 MünchArbR/*Löwisch*, § 266 Rn. 8 ff.

85 Dies gestehen auch *Gussen/Dauck*, Weitergeltung, Rn. 128, S. 93 zu.

parteien an den bisher geltenden Tarifvertrag. § 4 Abs. 5 TVG ordne daher an, daß die Tarifnormen nur noch dispositiv - gleichwohl normativ - für die Arbeitsverhältnisse nach dem Ende des Tarifvertrages nachwirken. Im Fall des Betriebsübergangs ist die Lage insoweit ähnlich, als die Rechtsnormen eines Tarifvertrages zwingend für ein Jahr, danach wie im Fall der Nachwirkung dispositiv fortgelten sollen.[86] Aus diesem Grund sollte auch § 613a Abs. 1 Satz 2 BGB, als ähnlich wie § 4 Abs. 5 TVG wirkende und vergleichbare Vorschrift, im Sinne der Anordnung einer partiellen Fortgeltung des bisherigen Tarifvertrages verstanden werden.[87]

Dieser Schluß aus der vergleichbaren Regelungslage beider Bestimmungen auf die Anordnung kollektivrechtlicher Weitergeltung der Tarifnormen nach § 613a Abs. 1 Satz 2 BGB ist jedoch nicht zwingend zu ziehen. Dies ergibt sich, wie schon im Verhältnis zu § 3 Abs. 3 TVG, auch hier aus den unterschiedlichen Regelungsorten beider Normen. Im übrigen kann nicht nur aus der - im Ergebnis zugegeben vergleichbaren - Rechtsfolgenanordnung durch den Gesetzgeber, der lediglich in beiden Fällen die Bestimmungen eines Tarifvertrages aufrechterhalten wollte, gefolgert werden, auch im Rahmen des § 613a Abs. 1 Satz 2 BGB sollten die Tarifnormen normativ weitergelten. Hätte der Gesetzgeber eine insoweit der kollektivrechtlichen Fortgeltung in § 4 Abs. 5 TVG ähnliche Regelung schaffen wollen, hätte es nahe gelegen, nicht eine Unabänderbarkeit der Tarifbedingungen nach dem Betriebsübergang für ein Jahr festzuschreiben, sondern, wie in § 4 Abs. 5 TVG positiv die Abänderbarkeit der tariflich bestimmten Arbeitsbedingungen nach Ablauf dieser Zeit. Denn darin zeigt sich, daß der Gesetzgeber im Rahmen von § 613a Abs. 1 Satz 2 BGB grundsätzlich von einer Abänderbarkeit der Bestimmungen ausging. Dies spricht aber nicht für die Anordnung kollektivrechtlicher Fortgeltung aufgrund einer mit § 4 Abs. 5 TVG vergleichbaren Regelung.

Andererseits wird zu § 4 Abs. 5 TVG vertreten, Geltungsgrundlage für die Arbeitsbedingungen der Arbeitnehmer könne nicht mehr der bereits abgelaufene Tarifvertrag sein. Vielmehr handele es sich bei der Vorschrift um eine gesetzliche Geltungsgrundlage, die allein die Weiterwirkung des beendeten Tarifvertrages zur

---

86 *Zöllner*, DB 1995, 1401, 1402. Auch *Gamillscheg*, Kollektives Arbeitsrecht, S. 780 sieht in § 613a Abs. 1 Satz 2 BGB die Anordnung einer Art Nachwirkung in der Person des Erwerbers mit im ersten Jahr zwingender Wirkung.

87 *Zöllner*, DB 1995, 1401, 1402; *Zöllner/Loritz*, Arbeitsrecht, § 20 III 8. Demgegenüber weisen *Gussen/Dauck*, Weitergeltung, Rn. 129, S. 93 f. darauf hin, daß die nachwirkungsgleiche Weitergeltung der Tarifnormen konsequenterweise gerade den Verlust der zwingenden Wirkung im Zeitpunkt des Betriebsübergangs zur Folge haben müßte. Die Aufrechterhaltung der einseitig zwingenden Wirkung für einen befristeten Zeitraum lasse sich war dogmatisch erklären, spreche jedoch jedenfalls nicht für die konzeptionelle Überlegenheit der Nachwirkungstheorie.

Folge habe.[88] Eine dementsprechende Regelung soll der Gesetzgeber auch in § 613a Abs. 1 Satz 2 BGB getroffen haben. Die Tarifnormen des Betriebsveräußerers sollten nur deshalb gegenüber dem Betriebserwerber weiterhin den Inhalt der Arbeitsverhältnisse bestimmen können, weil dies das Gesetz in § 613a Abs. 1 Satz 2 BGB ausdrücklich anordne.[89]

In diesem Zusammenhang ist auf einen weiteren Gesichtspunkt hinzuweisen. Nach - wenngleich umstrittener - Auffassung des Bundesarbeitsgerichts ist davon auszugehen, daß nach § 4 Abs. 5 TVG nachwirkende Tarifnormen keine Wirkung für im Nachwirkungszeitraum begründete Arbeitsverhältnisse entfalten können.[90] Die Vorstellung von einer nachwirkungsähnlichen tariflichen Weitergeltung nach § 613a Abs. 1 Satz 2 BGB geht insoweit noch mit den Vorstellungen des Gesetzgebers einher, nach Betriebsübergang durch den Betriebserwerber neu eingestellte Arbeitnehmer könnten durch die weitergeltenden kollektivvertraglichen Regelungen des Betriebsveräußerers nicht betroffen werden.[91] Allerdings gilt anderes für die Nachwirkung von Betriebsvereinbarungen nach § 77 Abs. 6 BetrVG 1972. Hier wird die Einbeziehung nachträglich eingestellter Arbeitnehmer in den Anwendungsbereich der Betriebsvereinbarung überwiegend angenommen.[92] Damit ergibt sich aber ein Widerspruch zu der mit der Weitergeltung von kollektivvertraglichen Regelungen nach Betriebsübergang bezweckten beschränkten Geltung nur für die übernommenen Arbeitnehmer. Da insbesondere angesichts der in § 613a Abs. 1 Satz 2 BGB getroffenen einheitlichen Regelung nicht angenommen werden kann, die Fortgeltung von Tarifverträgen und Betriebsvereinbarungen sollte auf dogmatisch unterschiedlichen Ebenen angeordnet werden, spricht auch dies gegen die Annahme einer kollektivrechtlichen, der Nachwirkung von Kollektivvereinbarungen angenäherten Weitergeltungsanordnung in Bezug auf beim Betriebsveräußerer zur Anwendung gekommene Tarifnormen in § 613a Abs. 1 Satz 2 BGB.[93]

---

[88] BAG 14.2.1973 AP Nr. 6 zu § 4 TVG; BAG 29.1.1975 AP Nr. 8 zu § 4 TVG Nachwirkung; nunmehr auch *Heinze*, FS Schaub, S. 275, 278.

[89] So *Heinze*, FS Schaub, S. 275, 280.

[90] Vgl. BAG 29.1.1975 AP Nr. 8 zu § 4 TVG Nachwirkung; BAG 3.12.1985 AP Nr. 2 zu § 74 BAT; *Hueck/Nipperdey*, Arbeitsrecht, Bd. II/1, § 27 IV 5, S. 540; *G. Müller*, DB 1959, 84; a.A. *Herschel*, ZfA 1976, 98 f.; *Kempen/Zachert*, TVG, § 4 Rn. 294; *Löwisch/Rieble*, TVG, § 4 Rn. 226; *Wiedemann/Stumpf*, TVG, § 4 Rn. 186 m.w.N.

[91] Auch *Zöllner*, DB 1995, 1401, 1402 verweist auf die Notwendigkeit der Beschränkung einer kollektivrechtlichen Fortgeltung der Tarifnormen auf die übernommenen Arbeitnehmer.

[92] Vgl. *Hanau*, RdA 1989, 207, 211; GK/*Kreutz*, BetrVG, § 77 Rn. 342 m.w.N.; MünchArbR/*Matthes*, § 319 Rn. 47 m.w.N.; a.A. *Stege/Weinspach*, BetrVG, § 77 Rn. 44. Der Gegenauffassung müßte konsequenterweise auch *Heinze*, FS Schaub, S. 275, 288 f. folgen, der hierzu jedoch keine Ausführungen macht.

[93] Darauf verweisen mit Recht *Gussen/Dauck*, Weitergeltung, Rn. 131, S. 95.

III. Verfassungskonforme Auslegung

Die Verfassungsnormen gehen allen anderen Rechtsnormen im Range vor. Dies ist auch bei der Auslegung des einfachen Gesetzesrechts zu berücksichtigen. Daher ist eine Bestimmung nur dann verfassungswidrig, wenn sie nicht verfassungskonform ausgelegt werden kann.[94] Ebenso ist eine Auslegung, die den Verfassungsprinzipien nicht widerspricht, einer anderen Auslegungsmöglichkeit, bei der die Bestimmung verfassungswidrig sein würde, vorzuziehen.[95] Insoweit kommt es vorliegend darauf an, ob der Gesetzgeber in verfassungsrechtlicher Hinsicht überhaupt eine kollektivrechtliche Fortgeltung der Tarifnormen bei dem neuen Betriebsinhaber hätte anordnen können. Diesbezüglich wird vorgebracht, gegen eine derart normqualitätserhaltende Überleitung der Tarifnormen auf den Betriebserwerber unter Aufrechterhaltung ihrer Rechtsnatur als Kollektivnormen würden verfassungsrechtliche Bedenken sprechen.[96] Mit der Konzeption individualrechtlicher Fortgeltung der Tarifnormen nach einem Betriebsübergang sollte der Gesetzgeber dagegen diesen Bedenken im Hinblick auf die durch Art. 9 Abs. 3 GG geschützte Koalitionsfreiheit des Betriebsübernehmers Rechnung tragen.[97]

Verfassungsrechtliche Bedenken gegenüber der Anordnung kollektivrechtlicher Fortgeltung können sich unter folgenden Gesichtspunkten ergeben: Mit der Anordnung kollektivrechtlicher Geltung der Tarifnormen beim Betriebserwerber - unabhängig von dessen eigener Tarifgebundenheit[98] - könnte diesem unter Umständen gegen seinen Willen eine Tarifbindung aufgedrängt werden. Im Falle eines Verbandstarifvertrages würde der Betriebserwerber Mitglied im tarifschließenden Arbeitgeberverband bzw. zumindest als solches behandelt, ohne aufgrund eigener Willensentschließung selbst Mitglied geworden zu sein. Bestand für den Veräußererbetrieb hingegen ein Firmentarifvertrag, würde der Betriebserwerber bei kollektivrechtlicher Fortgeltung der Tarifnormen als Partei des Firmentarifvertrages behandelt, ohne diesen selbst abgeschlossen zu haben. Weiterhin

---

94 Vgl. statt aller BVerfG 28.5.1993 E 88, 203, 331 ff.; *Larenz/Canaris*, Methodenlehre der Rechtswissenschaft, S. 160 m.w.N.

95 *Larenz/Canaris*, Methodenlehre der Rechtswissenschaft, S. 160 m.w.N.

96 So *Kempen*, BB 1991, 2006; *Niebler/Förschner*, Betriebsveräußerung, Rn. 334, S. 113; *v. Stebut*, Anm. zu BAG 13.11.1985, SAE 1986, 209, 210; *Stein*, Tarifvertragsrecht, Rn. 178. Dazu auch schon BAG 26.9.1979 AP Nr. 17 zu § 613a BGB.

97 *D. Gaul*, ZTR 1989, 432, 434; *Ingenfeld*, Betriebsausgliederung, S. 263; *Kania*, DB 1994, 529; *Kempen*, BB 1991, 2006; *Schaub*, Arbeitsrechtshandbuch, S. 709; *ders.*, ZTR 1997, 245, 247. Siehe aber *Seiter*, Betriebsinhaberwechsel, S. 96 f. zu Bedenken im Hinblick auf die Verfassungsmäßigkeit der individualrechtlichen Lösung, dazu noch nachstehend § 6 B III, insbesondere unter 4.

98 Bei eigener Tarifgebundenheit des Betriebserwerbers an einen anderen Tarifvertrag trägt § 613a Abs. 1 Satz 3 BGB der positiven Koalitionsfreiheit des Betriebserwerbers Rechnung. Dazu noch § 15 A I 3c.

könnte durch die Ausweitung der normativen Geltung von Tarifnormen auf einen nicht selbst tarifgebundenen Arbeitgeber die Autonomie der Tarifvertragsparteien verletzt werden.

1. Bindung an einen Verbandstarifvertrag

Die kollektivrechtliche Fortgeltung der Normen eines Verbandstarifvertrages durch eine Übertragung der Mitgliedschaft des bisherigen Betriebsinhabers oder dessen Tarifbindung von Gesetzes wegen auf den Erwerber des Betriebs könnte diesen in seiner negativen Koalitionsfreiheit beeinträchtigen. Zu unterscheiden ist bei der verfassungsrechtlichen Beurteilung der kollektivrechtlichen Überleitung von Normen eines Verbandstarifvertrages, ob neben der Bindung an die Tarifnormen gleichzeitig auch die Mitgliedschaft im tarifschließenden Arbeitgeberverband auf den Betriebserwerber übergehen soll.[99]

Art. 9 Abs. 3 GG betrifft als positive Koalitionsfreiheit die Freiheit, eine Koalition[100] zu gründen, ihr beizutreten und in ihr zu verbleiben sowie an der Tätigkeit der Koalition innerhalb des verfassungsrechtlich geschützten Bereichs teilzunehmen.[101] Unter dem Schutz des Grundgesetzes steht auch die „negative Koalitionsfreiheit“, was indes aus unterschiedlichen Grundrechten abgeleitet wird. Der Schutz des Austritts aus einer Koalition ebenso wie das Fernbleiben von einer Koalition als negative Freiheitsausübung sollen sich zum einen aus Art. 9 Abs. 3 GG ergeben.[102] Danach beinhaltet Art. 9 Abs. 3 GG als notwendiges gleichrangiges Spiegelbild der positiven Koalitionsfreiheit auch das Recht, einer Koalition

---

99 Auch *Biedenkopf*, Grenzen der Tarifautonomie, S. 93 weist darauf hin, daß hinsichtlich der negativen Koalitionsfreiheit zwei Aspekte zu trennen sind: einerseits die Freiheit, der Koalition fernzubleiben und andererseits der Schutz vor der Erstreckung der Normsetzung der Koalitionen auf das Nichtmitglied.

100 Zum Koalitionsbegriff im Sinne von Art. 9 Abs. 3 GG u.a. Dreier/*Bauer*, GG, Art. 9 Rn. 68 ff.; Sachs/Battis/*Höfling*, GG, Art. 9 Rn. 53 ff.; *Jarass/Pieroth*, GG, Art. 9 Rn. 23 f.; MünchArbR/*Löwisch*, § 236 Rn. 39 ff.; *Zöllner/Loritz*, Arbeitsrecht, § 8 III, jeweils m.w.N.

101 Dazu statt aller grundlegend BVerfG 30.11.1965 AP Nr. 7 zu Art. 9 GG; BVerfG 1.3.1979 AP Nr. 1 zu § 1 MitbestG sowie BVerfG 17.2.1981 AP Nr. 9 zu Art. 140 GG.

102 BVerfG 1.3.1979 AP Nr. 1 zu § 1 MitbestG; BVerfG 17.2.1981 AP Nr. 9 zu Art. 140 GG; BVerfG 14.6.1983 AP Nr. 21 zu § 9 BergmannsVersorgScheinG NRW; Dreier/*Bauer*, GG, Art. 9 Rn. 76; Sachs/Battis/*Höfling*, GG, Art. 9 Rn. 63; *Jarass/Pieroth*, GG, Art. 9 Rn. 25; MünchArbR/*Löwisch*, § 237 Rn. 3; BK/*v. Münch*, GG, Art. 9 Rn. 140; *D. Neumann*, RdA 1989, 243, 246; *Schlüter*, FS Lukes, S. 559, 568; Isensee/Kirchhof/*Scholz*, Handbuch des Staatsrechts, Bd. 6, § 151 Rn. 83; Maunz/Düring/*Scholz*, GG, Art. 9 Rn. 226; *Zöllner/Loritz*, Arbeitsrecht, § 8 IV 5. Anders demgegenüber *Däubler*, Grundrecht auf Mitbestimmung, S. 287; *Däubler/Hege*, Koalitionsfreiheit, Rn. 169 ff., 174 (Schutz über Art. 9 Abs. 1 GG).

nicht beizutreten.[103] Dem wird entgegengehalten, diese Auffassung sei mit dem Wortlaut von Art. 9 Abs. 3 GG nicht vereinbar. Ein Grundrecht könne überdies nicht gleichzeitig seinen Nichtgebrauch garantieren.[104] Daher sei der Schutz der negativen Koalitionsfreiheit aus Art. 2 Abs. 1 GG zu entnehmen.[105] Im übrigen wird vertreten, Teilbereiche der negativen Koalitionsfreiheit seien mittelbar über die Garantie der positiven Koalitionsfreiheit in Art. 9 Abs. 3 GG, die nur freiwillige Zusammenschlüsse erfasse, geschützt.[106] Einigkeit besteht aber unabhängig von der Verankerung des negativen Freiheitsschutzes im Grundgesetz dahingehend, daß jedenfalls ein unmittelbarer wie auch mittelbarer staatlicher Koalitionszwang den verfassungsrechtlichen Grundsätzen widerspricht.[107]

a. Übertragung der Mitgliedschaft im tarifschließenden Verband

In diesem Sinne ist die negative Koalitionsfreiheit des Betriebserwerbers dann beeinträchtigt, wenn dieser als Rechtsnachfolger des bisherigen Betriebsinhabers aufgrund gesetzlicher Anordnung Mitglied des betreffenden Arbeitgeberverbandes würde. Nicht nur, daß der Betriebserwerber damit Tarifverträgen unterworfen würde, die er selbst nicht mitgliedschaftlich legitimiert hat, werden darüber hinaus Rechtsbeziehungen zu dem Arbeitgeberverband selbst begründet. Damit wäre der neue Betriebsinhaber in seiner Entscheidungsfreiheit, einer Koalition nicht als Mitglied beizutreten, beeinträchtigt.[108] Es muß im freien Gestaltungsermessen des Betriebserwerbers stehen, ob er sich durch Mitgliedschaft in einem Arbeitgeberverband den Regelungen eines Tarifvertrages unterwirft.[109]

---

103 *Däubler/Mayer-Maly*, Negative Koalitionsfreiheit, S. 11 ff.; *Schlüter*, FS Lukes, S. 559, 568; Isensee/Kirchhof/*Scholz*, Handbuch des Staatsrechts, Bd. 6, § 151 Rn. 83; *Wiedemann/Stumpf*, TVG, Einleitung Rn. 72; *Zöllner*, Tarifvertragliche Differenzierungsklauseln, S. 25; *ders.*, Rechtsnatur der Tarifnormen nach deutschem Recht, S. 22.

104 *Gamillscheg*, BB 1988, 555, 557; *Hueck/Nipperdey*, Arbeitsrecht, Bd. II/1, § 10 II 2 a, S. 165 f.; *Kempen/Zachert*, TVG, Grundlagen, Rn. 131; AK/*Kittner*, GG, Art. 9 Abs. 3 Rn. 41.

105 So *Gamillscheg*, BB 1988, 555, 557; *Hueck/Nipperdey*, Arbeitsrecht, Bd. II/1, § 10 II 2 b, S. 159 f.; AK/*Kittner*, GG, Art. 9 Abs. 3 Rn. 41; *Ritter*, JZ 1969, 111, 113; *Säkker*, Grundprobleme der kollektiven Koalitionsfreiheit, S. 22 ff., 35 ff.

106 *Kempen/Zachert*, TVG, Grundlagen, Rn. 132.

107 Siehe im einzelnen sogleich. Allerdings führt die Ableitung der negativen Koalitionsfreiheit aus Art. 9 Abs. 3 GG nach Auffassung von *Biedenkopf*, Grenzen der Tarifautonomie, S. 94 zu einer stärkeren Betonung des Individualrechts des Nichtmitgliedes, das jeden Zwang ausschließe.

108 Vgl. *Seiter*, DB 1980, 877, 882.

109 So *D. Gaul*, Betriebsübergang, S. 326; *ders.*, ZTR 1989, 432, 434.

b. Übertragung der Tarifbindung des Betriebsveräußerers

Fraglich ist, ob auch die kollektivrechtliche Überleitung von Verbandstarifrecht durch die gesetzliche Anordnung einer Tarifbindung des Betriebserwerbers an diesen Verbandstarifvertrag - unabhängig von einer Mitgliedschaft im tarifschließenden Arbeitgeberverband - diesem Einwand unterlegen hätte.[110] Auch diesbezüglich wird vertreten, die kollektivrechtlich wirkende Überleitung von Verbandstarifrecht auf einen nicht organisierten Erwerber würde in dessen negative Koalitionsfreiheit eingreifen.[111] Ein Arbeitgeber, der sich nicht durch Beitritt zu einer Koalition binden will, solle über den Umweg des Erwerbs eines Betriebes von einem durch Mitgliedschaft im Arbeitgeberverband tarifgebundenen Arbeitnehmer nicht zu der Anwendung von Tarifnormen gezwungen werden.[112] Da die Koalitionsfreiheit des Art. 9 Abs. 3 Satz 1 und 2 GG auf der freiwilligen Verbandszugehörigkeit beruhe, würde eine direkte Überleitung von Verbandstarifrecht auf den Betriebserwerber auch ohne die gleichzeitige Übertragung der Mitgliedschaft in dem betreffenden Arbeitgeberverband dessen Koalitionsgrundrecht verletzen. Denn er wäre damit unter Tarifverträge gezwungen, die er selbst nicht durch Mitgliedschaft legitimiert hat.[113] In der derart geschaffenen, einem tatsächlichen Koalitionszwang nahe kommenden Situation müsse ein Verstoß gegen die negative Koalitionsfreiheit gesehen werden.[114] Der Betriebserwerber würde damit faktisch unter die von ihm nicht veranlaßte Koalitionszugehörigkeit seines Vorgängers gezwungen.[115] Daher wurde es als erforderlich erachtet, die tarifvertragliche Normenqualität auf einzelvertragliche Regelungen zu reduzieren, um nicht einen Verstoß gegen die tarifautonome Gestaltungsmacht des Betriebserwerbers zu begründen.[116]

Zur Beurteilung der Rechtslage ist der Umfang des grundgesetzlichen Schutzes der negativen Koalitionsfreiheit herauszustellen. In diesem Rahmen wird nach herkömmlichem Verständnis[117] die Freiheit gewährleistet, einer Koalition nicht

---

110 Unklar insoweit *Preis/Steffan*, FS Kraft, S. 477, 478 nach denen der Gesetzgeber habe verhindern wollen, daß der neue Betriebsinhaber gegen seinen Willen der Geltung eines Verbandstarifvertrages unterworfen und damit zugleich Mitglied des betreffenden Arbeitgeberverbandes werde.

111 *Jung*, RdA 1981, 360, 361; *Niebler/Förschner*, Betriebsveräußerung, Rn. 334, S. 114. So auch schon BAG 26.9.1979 AP Nr. 17 zu § 613a BGB sowie *Wiedemann/Stumpf*, TVG, § 3 Rn. 80 zur Überleitung der Tarifbindung des Betriebsveräußerers auf den Erwerber des Betriebes analog § 3 Abs. 3 TVG.

112 *Niebler/Förschner*, Betriebsveräußerung, Rn. 334, S. 114.

113 *Kempen*, BB 1991, 2006. Ebenso *Balze/Rebel/Schuck*, Outsourcing, S. 180.

114 *v. Stebut*, Anm. zu BAG 13.11.1985, SAE 1986, 209, 210. Ebenso *Sernetz*, Rechtsnachfolge, S. 204.

115 *Kempen*, BB 1991, 2006, 2008.

116 *D. Gaul*, Betriebsübergang, S. 273.

117 Vgl. *Säcker*, Grundprobleme der kollektiven Koalitionsfreiheit, S. 35.

beitreten zu müssen, geschützt wird vor unmittelbarem und mittelbarem Mitgliedszwang.[118] Danach bezieht sich der Schutz der negativen Koalitionsfreiheit des Betriebserwerbers zunächst auf den Status als Mitglied eines Arbeitgeberverbandes.[119] Der Einzelne soll jedenfalls rein formal vor einer zwangsweisen Mitgliedschaft in einem tarifschließenden Verband - mit den Folgen einer Tarifbindung - geschützt werden.[120] Mit der negativen Koalitionsfreiheit unvereinbar ist damit jede staatliche Regelung, die den Betriebserwerber durch Zwang oder Beitrittspflicht zum Mitglied im tarifschließenden Arbeitgeberverband macht.[121] Zum Teil wird die negative Koalitionsfreiheit auf die Gewährung dieses Schutzes beschränkt.[122] Erfaßt ist danach nur das Freisein von Zwang und Druck in Richtung auf eine Mitgliedschaft.[123] Dem wird mit Recht entgegengehalten, dann sei der Schutz der negativen Koalitionsfreiheit praktisch darauf beschränkt, nicht gegen den eigenen Willen Mitgliedsbeiträge zu zahlen. Er würde sich hingegen nicht auf den bedeutsamen Bereich der Unterwerfung unter die von einer Koalition geschaffenen Normen beziehen.[124] Daher ist grundsätzlich auch das Recht des Nichtorganisierten, von der Normsetzung der Koalitionen nicht betroffen zu werden, zu erfassen.[125]

Allerdings dient die Normsetzung durch die Tarifvertragsparteien der Wahrung und Förderung der Arbeits- und Wirtschaftsbedingungen im Sinne von Art. 9 Abs. 3 GG. Damit geht es, anders als bei der Mitgliedschaft im tarifschließenden Verband, nicht in erster Linie um die Gestaltung der persönlichen Situation des

---

118 Dazu *Biedenkopf*, Grenzen der Tarifautonomie, S. 93, 99; *Säcker*, Grundprobleme der kollektiven Koalitionsfreiheit, S. 35 f. Darüber hinaus wird vertreten, die negative Koalitionsfreiheit umschließe auch das Recht des Außenseiters, der Normsetzungsbefugnis der Koalitionen überhaupt nicht (*Zöllner*, Tarifvertragliche Differenzierungsklauseln, S. 25) bzw. mit Ausnahme des § 3 Abs. 2 TVG grundsätzlich nicht (*Bettermann*, FS Nipperdey, Bd. II, S. 723, 735) unterworfen zu werden.

119 BVerfG 24.5.1977 AP Nr. 15 zu § 5 TVG; BVerfG 14.6.1983 AP Nr. 21 zu § 9 BergmannsVersorgScheinG NRW; MünchArbR/*Löwisch*, § 237 Rn. 4; *Löwisch/Rieble*, TVG, § 3 Rn. 2.

120 *Schlüter*, FS Lukes, S. 559, 569.

121 Isensee/Kirchhof/*Scholz*, Handbuch des Staatsrechts, Bd. 6, § 151 Rn. 84.

122 So *Däubler*, Grundrecht auf Mitbestimmung, S. 287 f.; *Däubler/Hege*, Koalitionsfreiheit, Rn. 175; *Säcker*, Grundprobleme der kollektiven Koalitionsfreiheit, S. 36. Ablehnend dazu *Schlüter*, FS Lukes, S. 559, 569 f.

123 BVerfG 24.5.1977 AP Nr. 15 zu § 5 TVG; bestätigend BVerfG 14.6.1983 AP Nr. 21 zu § 9 BergmannsVersorgScheinG NRW.

124 *Schlüter*, FS Lukes, S. 559, 570. Dazu auch schon *Wiedemann*, RdA 1969, 321, 330; *Zöllner*, Rechtsnatur der Tarifnormen nach deutschem Recht, S. 22 f.; *ders.*, RdA 1962, 453, 458.

125 So *Biedenkopf*, Grenzen der Tarifautonomie, S. 101, 310; *Richardi*, Kollektivgewalt, S. 214 f.; *Schlüter*, FS Lukes, S. 559, 567 f., 570; *Schüren*, RdA 1988, 138, 139; *Zöllner*, RdA 1962, 453, 458.

Einzelnen, sondern um die Ordnung rechtlicher Beziehungen.[126] Aus diesem Grund kann es dem Staat auch nicht schlechthin verwehrt sein, Nichtorganisierte dennoch Tarifverträgen zu unterstellen.[127] So kann ein Recht, als Außenseiter und Nichtmitglied von der Normsetzungsbefugnis der Verbände überhaupt nicht berührt zu werden, aus der negativen Koalitionsfreiheit nicht hergeleitet werden. Der durch die negative Koalitionsfreiheit vermittelte Schutz Nichtorganisierter ist insoweit nur enger als im Hinblick auf die Mitgliedschaft in einer Koalition.[128]

Daraus ergibt sich, daß nicht jede Tarifbindung stets auf Verbandsmitgliedschaft oder dem eigenen Abschluß eines Firmentarifvertrages beruhen muß.[129] Grundsätzlich ist zwar von einem Prinzip der Bindung der Normwirkung eines Verbandstarifvertrages an die Verbandszugehörigkeit auszugehen, was sich auch in der gesetzlichen Regelung des § 3 Abs. 1 TVG zeigt.[130] Daraus ist aber eben nicht abzuleiten, daß Koalitionsfremde von der Normsetzungsmacht der Verbände überhaupt nicht tangiert werden dürfen.[131] Davon ging offensichtlich auch der Gesetzgeber bei Schaffung des Tarifvertragsgesetzes aus, wie die Vorschriften der §§ 3 Abs. 2, 3 Abs. 3 und 5 TVG aufzeigen.[132] Allerdings ist eine Rechtfertigung zur Erstreckung der Tarifwirkung auf ein Nichtmitglied im tarifschließenden Arbeitgeberverband erforderlich.[133] Diesbezüglich ist zwischen den Regelungen in § 3 und § 5 TVG zu unterscheiden.

Sowohl § 3 Abs. 2 als auch Abs. 3 TVG knüpfen die Normwirkung eines Tarifvertrages an die Tarifgebundenheit einer Arbeitsvertragspartei. Im übrigen erfolgt für gesetzlich von vornherein bestimmte Fälle die Ausdehnung der normativen

---

126 Ähnlich *Biedenkopf*, Grenzen der Tarifautonomie, S. 99.

127 MünchArbR/*Löwisch*, § 237 Rn. 4.

128 *Biedenkopf*, Grenzen der Tarifautonomie, S. 99.

129 Ebenso *Binkert*, JZ 1979, 747, 751. Dagegen aber *Sernetz*, Rechtsnachfolge, S. 204, nach dem der Grundsatz der möglichen Erhaltung der Tarifgebundenheit dort seine Grenze finde, wo sonst eine Auflösung der Verknüpfung der Tarifgebundenheit mit einer Verbandsmitgliedschaft herbeigeführt würde.

130 Nach Auffassung von *Binkert*, JZ 1979, 747, 751 verkürze die alleinige Bezugnahme auf § 3 Abs. 1 TVG methodische Überlegungen hinsichtlich eines Übergangs der Tarifbindung auf den Betriebserwerber.

131 *Binkert*, JZ 1979, 747, 751; *Säcker*, Grundprobleme der kollektiven Koalitionsfreiheit, 1969, S. 36. Vgl. auch *Däubler*, Grundrecht auf Mitbestimmung, S. 287 f.

132 Deren Verfassungsmäßigkeit nicht anzuzweifeln ist, vgl. *Binkert*, JZ 1979, 747, 751 sowie *Seiter*, DB 1980, 877, 882. Zur Verfassungsmäßigkeit von § 3 Abs. 2 TVG insbesondere *Wiedemann/Stumpf*, TVG, § 3 Rn. 67. Dazu auch *Scholz*, FS G. Müller, S. 509, 515 f.

133 Nach Auffassung von MünchArbR/*Löwisch*, § 237 Rn. 4; *Löwisch/Rieble*, TVG, § 3 Rn. 2, müssen sich staatliche Erstreckungen der Koalitionsgewalt auf Nichtmitglieder - nicht anders als die Errichtung von Zwangsverbänden - an Art. 2 Abs. 1 GG i.V.m. dem Demokratie- und Rechtsstaatsprinzip messen lassen.

Wirkung auf Außenseiter. Nach § 3 Abs. 2 TVG genügt die Tarifgebundenheit des Arbeitgebers zur Ingeltungsetzung von Normen über betriebliche und betriebsverfassungsrechtliche Fragen im Betrieb. Die Erstreckung dieser Tarifnormen läßt sich damit verfassungsrechtlich rechtfertigen, daß die entsprechenden Bestimmungen in der sozialen Wirklichkeit aus tatsächlichen oder rechtlichen Gründen nur einheitlich gelten können.[134] Die Regelung des § 3 Abs. 3 TVG, die die Tarifgebundenheit eines ehemaligen Mitgliedes trotz Austritts aus dem Arbeitgeberverband aufrecht erhält, rechtfertigt sich im Verhältnis zu dessen negativer Koalitionsfreiheit daraus, daß nicht ein Außenseiter der tariflichen Regelungsgewalt von Verbänden unterstellt wird, sondern ein ehemaliges Verbandsmitglied aufgrund der mit der Mitgliedschaft begründeten früheren Rechtsetzungsgewalt noch für einige Zeit den tarifvertraglichen Rechtssätzen unterworfen wird.[135] Die erweiterte Tarifgebundenheit stellt sich damit für den Betriebsinhaber als Auswirkung des eigenen tarifbezogenen Handelns dar.[136]

Die Allgemeinverbindlichkeitserklärung eines Tarifvertrages hingegen dehnt die Wirkung der Tarifnormen auf Arbeitsvertragsparteien aus, die diesem bisher überhaupt nicht unterfielen. In § 5 TVG ist dabei lediglich die grundsätzliche Möglichkeit einer Ausdehnung der normativen Wirkung von Tarifnormen vorgesehen, im konkreten Einzelfall ist jedoch die staatliche Mitwirkung an der Wirkungserstreckung auf tarifliche Außenseiter erforderlich.[137] So macht § 5 TVG die - von einer Tarifbindung gänzlich unabhängige - Erstreckung der normativen Wirkung auf nichtorganisierte Arbeitsvertragsparteien von einer Entscheidung des Bundesministers für Arbeit und Sozialordnung abhängig.[138] Wegen der Beteiligung des Staates, der auch den Interessen der Nichtorganisierten und der Allgemeinheit verpflichtet ist, ist die Ausdehnung der Normwirkung durch Allgemeinverbindlichkeitserklärung eines Tarifvertrages nicht zu beanstanden.[139] Ferner muß die Allgemeinverbindlichkeitserklärung des Tarifvertrages nach § 5 Abs. 1 Nr. 2 TVG im öffentlichen Interesse geboten sein. Durch das damit gewährlei-

---

134 BAG 21.1.1987 AP Nr. 46 zu Art. 9 GG; *Däubler*, Grundrecht auf Mitbestimmung, S. 281 ff.; *Löwisch/Rieble*, TVG, § 3 Rn. 8; *Wiedemann/Stumpf*, TVG, § 3 Rn. 69. Dagegen äußern insbesondere *Biedenkopf*, Grenzen der Tarifautonomie, S. 101 f.; *Richardi*, Kollektivgewalt, S. 224 ff. m.w.N. und *Zöllner*, RdA 1964, 443, 447 Bedenken.

135 *Konzen*, ZfA 1975, 401, 409; *Richardi*, Kollektivgewalt, S. 221 m.w.N.

136 *Buchner*, Tarifvertragsgesetz und Koalitionsfreiheit, S. 86; *Konzen*, ZfA 1975, 401, 409.

137 BVerfG 15.7.1980 AP Nr. 17 zu § 5 TVG; BVerfG 14.6.1983 AP Nr. 21 zu § 9 BergmannsVersorgScheinG NRW. Ebenso *Badura*, ArbRGW 15 (1977), 17, 31.

138 Nach Auffassung des Bundesverfassungsgerichts handelt es sich bei der Allgemeinverbindlichkeitserklärung um einen Rechtssetzungsakt eigener Art, der seine Grundlage in Art. 9 Abs. 3 GG findet. Dazu BVerfG 24.5.1977 AP Nr. 15 zu § 5 TVG; BVerfG 15.7.1980 AP Nr. 17 zu § 5 TVG.

139 *Biedenkopf*, Grenzen der Tarifautonomie, S. 101.

stete Abstellen auf die besondere Einzelfallsituation ist eine Berücksichtigung der negativen Koalitionsfreiheit der betroffenen Arbeitsvertragsparteien hinreichend gewährleistet.[140]

Wäre nun § 613a Abs. 1 Satz 2 BGB als Anordnung kollektivrechtlicher Fortgeltung zu verstehen, würde der Betriebserwerber an die Normen des übergeleiteten Tarifvertrages gebunden. Die Erstreckung der normativen Wirkung der Tarifnormen ergäbe sich dabei bereits aus dem Gesetz. Allerdings ergibt sich aus der Vorschrift nicht auch hinreichend die sachliche Legitimation für eine kollektivrechtliche Unterwerfung des Betriebserwerbers unter den beim bisherigen Betriebsinhaber geltenden Tarifvertrag. Insbesondere ist die bloße Übernahme des Betriebes vom tarifgebundenen Betriebsveräußerer nicht ausreichend, da ein Anknüpfungspunkt, der sich vergleichbar der Regelung in § 3 TVG aus dem eigenen Handeln des Betriebserwerbers mit tariflichem Bezug ergibt, fehlt.[141] Auch eine einzelfallbezogene Prüfung wie im Fall der Allgemeinverbindlichkeitserklärung eines Tarifvertrages ist nicht vorgesehen.

2. Bindung an einen Firmentarifvertrag

Bei der Anordnung kollektivrechtlicher Fortgeltung der Tarifnormen nach einem Betriebsinhaberwechsel würde der Betriebserwerber unter Umständen gegen seinen Willen zur Partei eines Kollektivvertrages gemacht werden.[142]

Hat ein Arbeitgeber mit der zuständigen Gewerkschaft einen Firmentarifvertrag abgeschlossen, ist seine Tarifbindung nicht durch eine Mitgliedschaft im tarifschließenden Verband „koalitionsförmig“ vermittelt.[143] Art. 9 Abs. 3 GG betrifft aber nur als kollektive Koalitionsfreiheit den Schutz von Koalitionen bzw. das Verhältnis des Einzelnen zur Koalition im Rahmen der individuellen Koalitionsfreiheit. Insoweit lassen sich aus Art. 9 Abs. 3 GG keine verfassungsrechtlichen Bedenken gegen die kollektivrechtliche Weitergeltung eines Firmentarifvertrages beim Betriebserwerber anführen.[144] Insbesondere hat die Tatsache, daß dem einzelnen Arbeitgeber durch § 2 Abs. 1 TVG einfachgesetzlich Tariffähigkeit verlie-

---

140 Siehe dazu ausführlich BVerfG 24.5.1977 AP Nr. 15 zu § 5 TVG sowie *D. Neumann*, RdA 1989, 243, 246 zur Abwägung des Schutzes der Koalition mit dem Fernbleiberecht des Einzelnen.

141 *Seiter*, DB 1980, 877, 882 hält eine Verletzung der negativen Koalitionsfreiheit wegen der sich aus der Bestimmung im übrigen ergebenden Beschränkungen nicht für gegeben. Allerdings seien infolge des sich aus dem Sozialstaatsprinzip ergebenden Schutzauftrages im Hinblick auf Besitzstand und Vertrauen der Arbeitnehmerseite in den Fortbestand der Arbeitsbedingungen diese Beschränkungen auch nur zu rechtfertigen, wenn es um die Weitergeltung eines Verbandstarifvertrages geht.

142 *Jung*, RdA 1981, 360, 361.

143 Vgl. *Kempen*, BB 1991, 2006, 2008.

144 Ebenso *Kempen*, BB 1991, 2006, 2008; *Spirolke*, Betriebsübergang, S. 81.

hen wurde, nicht die Bedeutung, daß dieser gleich den Verbänden über Art. 9 Abs. 3 GG geschützt wird.[145] Es erfolgt in dieser Hinsicht keine Gleichstellung mit den tarifschließenden Verbänden. Daher kommt hier jedenfalls nur eine Beeinträchtigung von Art. 2 Abs. 1 GG in Frage.[146] Beeinträchtigt ist die Vertragsfreiheit des Betriebserwerbers, wenn er zur Partei eines Firmentarifvertrages gegen seinen Willen durch gesetzliche Anordnung gemacht würde. Diese Freiheit unterliegt den Schranken der verfassungsmäßigen Ordnung. Auch hier fehlt eine hinreichende Rechtfertigung zur Überleitung der Stellung als Partei eines Firmentarifvertrages auf den Betriebserwerber.[147]

3. Koalitionsfreiheit der Tarifvertragsparteien

a. Zuständigkeit zur Regelung der Arbeits- und Wirtschaftsbedingungen

Über Art. 9 Abs. 3 GG wird als kollektive Koalitionsfreiheit die Betätigungsfreiheit der Koalitionen verfassungsrechtlich geschützt. Dazu gehört auch die Regelung von Arbeits- und Wirtschaftsbedingungen in grundsätzlich eigener Verantwortung.[148] Darin enthalten ist die Befugnis der Koalitionen, als Tarifvertragsparteien in erster Linie durch den Abschluß von Tarifverträgen materielles Recht für die Tarifgebundenen zu setzen.[149] Mit dieser verfassungsrechtlich garantierten Zuständigkeit der Koalitionen würde aber die Erstreckung deren Normsetzung durch eine gesetzliche Anordnung der kollektivrechtlichen Fortgeltung der Tarifnormen nach einem Betriebsübergang bei dem nichtorganisierten Betriebserwerber kollidieren.

Trotz der Garantie des Art. 9 Abs. 3 GG bleibt die Zuständigkeit des staatlichen Gesetzgebers zur Regelung der Arbeits- und Wirtschaftsbedingungen subsidiär bestehen.[150] Allenfalls wäre eine materiell-rechtliche, durch den Gesetzgeber ge-

---

145 Anders insoweit *Gamillscheg*, Kollektives Arbeitsrecht, Bd. 1, S. 779, nach dem die Tatsache, daß der einzelne Arbeitgeber keine Koalition im Sinne des Art. 9 Abs. 3 GG darstellt, gegenüber dem mit dieser Vorschrift bezweckten Schutz der Tarifautonomie zurücktrete, da Art. 9 Abs. 3 GG nicht in erster Linie das Recht der Vereinigung selbst betreffe.

146 Im Ergebnis so auch *Jung*, RdA 1981, 360, 361. Anders *D. Gaul*, ZTR 1989, 432, 434 insoweit, als er das Recht zur eigenen Entscheidung über die Unterwerfung unter einen Firmentarifvertrag aus Art. 9 Abs. 3 GG ableitet.

147 A.A. *Seiter*, DB 1980, 877, 883, der eine kollektivrechtliche Bindung des Betriebserwerbers für unbedenklich hält.

148 BVerfG 24.5.1977 AP Nr. 15 zu § 5 TVG; BVerfG 1.3.1979 AP Nr. 1 zu § 1 MitbestG; *Däubler/Hege*, Koalitionsfreiheit, Rn. 206 ff.

149 *Biedenkopf*, Grenzen der Tarifautonomie, S. 102 f.; v. Münch/Kunig/*Löwer*, GG, Art. 9 Rn. 71.

150 *Biedenkopf*, Grenzen der Tarifautonomie, S. 106; dazu auch BVerfG 27.2.1973 AP Nr. 7 zu § 19 HAG.

schaffene Ordnung der Arbeitsbedingungen, die für die Tarifvertragsparteien keinen Regelungsspielraum mehr ließe und damit die verfassungsrechtliche Zuständigkeit der Koalitionen ausheben würde, verfassungswidrig.[151] Dies kann in der Anordnung kollektivrechtlicher Fortgeltung der Tarifnormen beschränkt auf Betriebsübergänge jedoch nicht gesehen werden.

b. Verbandsautonomie der Koalitionen

Verfassungsrechtlich legitimiert sich die Normsetzung der Tarifvertragsparteien gegenüber ihren Mitgliedern aus dem Prinzip der Selbstbestimmung. [152] Daher wird durch Art. 9 Abs. 3 GG auch die Selbstbestimmung der Koalitionen über ihre eigene Organisation geschützt.[153] Danach ist es in erster Linie Sache der Koalition selbst, in einer Satzung über ihre Organisationszuständigkeit und damit auch über die Tarifzuständigkeit zu entscheiden.[154] Diese Befugnis aber ist beeinträchtigt, wenn die normative Wirkung der durch die Tarifvertragsparteien gesetzten Tarifnormen auf einen Betriebserwerber ausgedehnt wird, der dem Geltungsbereich des Tarifvertrages - unabhängig von seiner Tarifbindung - im übrigen nicht unterfällt.[155]

Die Erstreckung vereinbarter Normen auch auf Nichtorganisierte wird zum Teil als Vorgang verstanden, der in erster Linie dem Schutz der Koalition bzw. ihrer Normsetzung dient.[156] Denn solange die als Sonderrechtsordnung begriffenen tariflichen Arbeitsbedingungen nicht den gesamten betroffenen Bereich regelten, seien sie durch Abweichungen von der Norm bedroht.[157] Insoweit könnte die Erstreckung kollektivrechtlicher Bindung auf den Betriebserwerber auch als Schutz-

---

151 *Biedenkopf*, Grenzen der Tarifautonomie, S. 104.

152 *Kempen*, BB 1991, 2006; *Kempen/Zachert*, TVG, Grundlagen. Rn. 64; *Niebler/Förschner*, Betriebsveräußerung, Rn. 334, S. 113.

153 BVerfG 1.3.1979 AP Nr. 1 zu § 1 MitbestG.

154 *Gamillscheg*, Kollektives Arbeitsrecht, S. 213 sowie S. 531, 534; Maunz/Düring/*Scholz*, GG, Art. 9 Rn. 246. Ebenso BAG 17.2.1970 AP Nr. 3 zu § 2 TVG Tarifzuständigkeit; BAG 29.11.1978 AP Nr. 12 zu § 4 TVG Tarifkonkurrenz; LAG München 29.11.1995 LAGE Nr. 1 zu § 2 TVG Tarifzuständigkeit; *D. Gaul*, ZTR 1989, 432, 434; *Hess*, ZfA 1976, 45, 52; *Hueck/Nipperdey*, Arbeitsrecht, Bd. II/1, S. 447; *Kempen/Zachert*, TVG, § 2 Rn. 113 ff.

155 *D. Gaul*, ZTR 1989, 432, 434 spricht von einer Einschränkung der tariflichen Gestaltungsautonomie bei Überleitung der Tarifnormen auf den Betriebserwerber ohne Änderung von deren Rechtsqualität. Allerdings hält *Biedenkopf*, Grenzen der Tarifautonomie, S. 106 f. einen Eingriff unter dem Gebot der Wahrung der Zweck-Mittel-Relation grundsätzlich für rechtfertigbar.

156 *Biedenkopf*, Grenzen der Tarifautonomie, S. 100.

157 *Biedenkopf*, Grenzen der Tarifautonomie, S. 100. So ist auch nach Auffassung von *Gamillscheg*, Kollektives Arbeitsrecht, S. 374 die Problematik der Außenseiter eines der Probleme der die Funktionstüchtigkeit der Tarifautonomie wahrenden Verbände.

regelung zugunsten der Funktionsfähigkeit des Tarifvertragssystems verstanden werden. Allerdings haben diesbezüglich schon die Tarifvertragsparteien selbst durch eine entsprechende satzungsmäßige Festschreibung des eigenen Zuständigkeitsbereiches es in der Hand, diesen Schutz zu verwirklichen. Wenn sie dies nicht für notwendig erachten, muß es dem Gesetzgeber verwehrt bleiben, insoweit regelnd einzugreifen. Dieser Auffassung steht weiterhin entgegen, daß bei einer legislativen Ausdehnung der normativen Tarifwirkung auf Nichtorganisierte für diese die Notwendigkeit entfällt, zu deren Erreichung in den tarifschließenden Verband einzutreten. Damit könnte es hier gerade zu einer Schwächung der Koalitionen kommen. Auch unter diesem Gesichtspunkt erscheint daher die Anordnung kollektivrechtlicher Fortgeltung von Tarifnormen bei einem Betriebsübergang als verfassungsrechtlich zumindest bedenklich.

4. Weitergeltung der Tarifnormen ohne normative Wirkung

Eine Schlußfolgerung für das Verständnis der Regelung in § 613a Abs. 1 Satz 2 BGB kann aber nur gezogen werden, wenn die vorstehend ausgeführten verfassungsrechtlichen Bedenken gegen die kollektivrechtliche Fortgeltung von Tarifnormen beim Betriebserwerber nicht auch gleichermaßen gegen eine Weitergeltung auf individualrechtlicher Ebene vorgebracht werden könnten. Dazu wird vertreten, grundsätzlich bestünden gegen eine solche Regelung dieselben Bedenken.[158] Verfassungsrechtliche Einwände gegen die Auswirkungen einer kollektivrechtlichen Weitergeltung von Tarifnormen könnten durch eine bloße Änderung der rechtlichen Konstruktion nicht beseitigt werden.[159]

Im Zuge einer einzelvertraglichen Weitergeltung der Tarifnormen nach einem Betriebsübergang wird die Mitgliedschaft des Betriebsveräußerers nicht auf den neuen Betriebsinhaber übertragen. Allenfalls kann sich eine Beeinträchtigung unter dem Gesichtspunkt ergeben, daß der Erwerber des Betriebes auch bei Geltung der Tarifnormen als Bestandteile des Arbeitsvertrages von der Normsetzungsmacht der Tarifvertragsparteien berührt wird, ohne selbst und aufgrund eigenen

158 Vgl. *Seiter*, Betriebsinhaberwechsel, S. 96 f.; *ders.*, DB 1980, 877, 882 Fn. 38; *v. Stebut*, Anm. zu BAG 13.11.1985, SAE 1986, 209, 210. So wohl auch *D. Gaul*, ZTR 1989, 432, 434, nach dem auch bei Umwandlung der tariflichen Normen in einzelvertragliche Regelungen durch den Gesetzgeber die Gefahr eines Eingriffs in das Recht der Tarifvertragsparteien, die kollektivrechtliche Gestaltungsmacht eigenständig betätigen zu können, besteht. Ebenso *Zöllner*, DB 1995, 1401, 1402 zur Kollision mit der negativen Koalitionsfreiheit des Betriebserwerbers.

159 *Zöllner*, DB 1995, 1401, 1402. Allerdings hält *Zöllner* die Regelung bereits auf kollektivrechtlicher Basis nicht für verfassungsrechtlich bedenklich, wenn die Regelung personell auf die übernommenen Arbeitnehmer und die zwingende Bindung zeitlich auf ein Jahr beschränkt ist, DB 1995, 1401, 1403 Fn. 29. So auch *Seiter*, DB 1980, 877, 882 für die kollektivrechtliche Bindung an einen Verbandstarifvertrag.

Entschlusses tarifgebunden zu sein, da die Fortgeltung der Tarifnormen mit zunächst zwingender Wirkung angeordnet wird. Insofern ergibt sich in der Tat kaum ein Unterschied zu einer kollektivrechtlichen Weitergeltung der Tarifnormen. Allerdings rechtfertigt sich diese Regelung mit dem besonderen Erfordernis des Arbeitnehmerschutzes bei Übergang des Betriebes auf einen nicht tarifgebundenen Betriebsinhaber. Im übrigen erfaßt die Aufrechterhaltung der tariflich vereinbarten Arbeitsbedingungen nur die vom Betriebsübergang tatsächlich betroffenen Arbeitnehmer[160] und ist überdies auf ein Jahr beschränkt[161]. Die positive Koalitionsfreiheit des Betriebserwerbers findet in § 613a Abs. 1 Satz 3 BGB Berücksichtigung.[162]

Im Hinblick auf die Rechte der Koalitionen ist anzumerken, daß der Gesetzgeber durch die Anordnung einzelvertraglicher Fortgeltung der Tarifnormen nicht in deren Betätigungsfeld eingreift. Insbesondere erfolgt keine Ausdehnung der satzungsmäßig vorgesehenen Tarifzuständigkeit, die sich nur auf eine unmittelbare und zwingende Geltung der Tarifnormen nach Maßgabe des Tarifrechts bezieht. Eine derartige Erstreckung wird hier aber gerade nicht angeordnet.

Danach bleibt festzuhalten, daß gegen eine kollektivrechtliche Fortgeltung der Tarifnormen bei einem nicht tarifgebundenen Betriebserwerber zumindest verfassungsrechtliche Bedenken derart sprechen, daß nicht davon ausgegangen werden kann, § 613a Abs. 1 Satz 2 BGB könne nur als Anordnung kollektivrechtlicher gegenüber der Möglichkeit einer individualrechtlichen Fortgeltung verstanden werden.

IV. Europarechtskonforme Auslegung - die Richtlinie 77/187/EWG

Der Gesetzgeber sah sich zu der Regelung kollektivrechtlicher Auswirkungen eines Betriebsübergangs durch die Einfügung von § 613a Abs. 1 Satz 2 bis 4 BGB durch die EG-Richtlinie 77/187/EWG vom 14.2.1977 veranlaßt. Durch diese Richtlinie wurde der nationale Gesetzgeber verpflichtet, die bisher nicht gesetzlich geregelten Folgen des Betriebsübergangs für die in einem Kollektivvertrag vereinbarten Arbeitsbedingungen[163] einer normativen Lösung zuzuführen.[164] Daher können Anhaltspunkte für das Verständnis dieser Regelung auch aus der zugrunde liegenden Richtlinie gewonnen werden. So soll nach Auffassung von

---

160 Dazu noch nachstehend § 10 A. Allerdings wird angenommen, die Beeinträchtigung der negativen Koalitionsfreiheit sei derart zwar geringer, die Regelung gleichwohl nicht über jeden verfassungsrechtlichen Zweifel erhaben, vgl. *Konzen*, Anm. zu BAG 26.9.1979, SAE 1980, 66, 68.

161 Dazu auch noch § 13 B II.

162 Vgl. auch § 15 A I 3c.

163 Siehe dazu § 7 D I.

164 *Willemsen*, Anm. zu BAG 26.9.1979, AP Nr. 17 zu § 613a BGB.

Zöllner[165] das Erfordernis der Richtlinienkonformität eine quasi-normative Konstruktion der in § 613a Abs. 1 Satz 2 BGB vorgesehenen Weitergeltung von Kollektivnormen nahelegen.

Nach Art. 3 Abs. 1 der Richtlinie sollen die Rechte und Pflichten des Veräußerers des Betriebes aus den im Zeitpunkt des Betriebsübergangs bestehenden Arbeitsverhältnissen auf den Betriebserwerber übergehen. Diese Bestimmung betrifft - vergleichbar mit § 613a Abs. 1 Satz 1 BGB - allerdings nur die einzelvertraglich vereinbarten Arbeitsbedingungen. Hinsichtlich der beim bisherigen Betriebsinhaber kollektivrechtlich gestalteten Arbeitsbedingungen ist Art. 3 Abs. 3 der Richtlinie heranzuziehen. Danach hat der Erwerber des Betriebes die in einem Kollektivvertrag vereinbarten Arbeitsbedingungen grundsätzlich auch nach dem Betriebsübergang aufrechtzuerhalten, und zwar in dem gleichen Maße, wie sie in dem Kollektivvertrag für den Veräußerer vorgesehen waren. Fraglich ist aber, ob sich daraus ergibt, daß eine individual- oder kollektivrechtliche Fortgeltung der Kollektivnormen beim Betriebserwerber vorgesehen ist.[166]

1. Grammatische Auslegung

Nach dem Wortlaut von Art. 3 Abs. 3 der Richtlinie wird der Erwerber des Betriebes zur Aufrechterhaltung der in einem Kollektivvertrag vereinbarten Arbeitsbedingungen verpflichtet.[167] Soweit daraus geschlossen wird, dies spreche für das Verständnis von der Anordnung kollektivrechtlicher Fortgeltung[168], ist dem nicht zuzustimmen. *Zöllner* begründet seine Auffassung damit, daß die von Art. 3 Abs. 3 der Richtlinie geforderte Aufrechterhaltung kollektivrechtlicher Arbeitsbedingungen sich mittels der Konstruktion der individualrechtlichen Weitergeltung von Kollektivnormen als einzelvertragliche Bestimmungen nicht in dem von der Richtlinie geforderten Umfang verwirklichen lasse und weist dabei insbesondere auf die Problematik bei Betriebsnormen hin.[169] Allerdings ist die Frage, ob dem Wortlaut der EG-Richtlinie eine zwingend vorgeschriebene Form der Weitergeltung von kollektivrechtlichen Normen beim neuen Betriebsinhaber zu entnehmen ist, eine andere als die, ob der mittels einer individualrechtlichen Lösung erzielba-

---

165 *Zöllner*, DB 1995, 1401, 1402.

166 Zu den Auslegungsgrundsätzen bei EG-Richtlinien im Überblick vgl. *Debong*, EG-Richtlinie, S. 9 ff. Im Ergebnis entspricht die Auslegungsmethodik des EuGH diesbezüglich weitgehend der im nationalen Recht. Dazu auch *Bleckmann*, EuR 1979, 239 ff.; *Zuleeg*, EuR 1969, 97 ff.; vgl. weiter bei den einzelnen Kriterien.

167 Zu den Problemen der grammatischen Auslegung von EG-Richtlinien *Nicolaysen*, Europarecht, S. 50.

168 *Zöllner*, DB 1995, 1401, 1402.

169 *Zöllner*, DB 1995, 1401, 1402. Im einzelnen nachstehend § 7 C I.

re Schutz kollektivrechtlich geregelter Arbeitsbedingungen auch inhaltlich den Vorgaben der Richtlinie gerecht zu werden vermag.[170]

Art. 3 Abs. 3 der Richtlinie fordert nicht die Aufrechterhaltung der Kollektivvertragsnormen. In Art. 3 Abs. 3 der Richtlinie heißt es lediglich, daß die in einem Kollektivvertrag geregelten Arbeitsbedingungen aufrecht erhalten werden müßten.[171] Wie die Aufrechterhaltung der kollektivrechtlich geregelten Arbeitsbedingungen rechtstechnisch zu geschehen hat, wird ausdrücklich durch den Wortlaut nicht bestimmt.[172] Denn dies kann gerade sowohl kollektivrechtlich als auch individualrechtlich erfolgen. Damit ergeben sich aus dem Wortlaut der Bestimmung weder zwingende Argumente für die eine noch für die andere Form der Weitergeltung.[173] Es geht insbesondere nicht eindeutig hervor, ob der Betriebserwerber in die kollektivvertragliche Stellung des Veräußerers einrücken oder lediglich kraft Gesetzes gegenüber der Belegschaft an den Inhalt des Kollektivvertrages gebunden sein soll.[174] Die Richtlinie trifft auch keine Aussage zu dem rechtlichen Schicksal der Kollektivverträge selbst.[175]

2. Systematische Auslegung[176]

Art. 3 der Richtlinie befaßt sich mit den Auswirkungen eines Betriebsübergangs i.S.v. Art. 1 der Richtlinie auf die Arbeitsverhältnisse der betroffenen Arbeitnehmer. Dabei ordnet Abs. 1 der Vorschrift die individualrechtliche Fortgeltung einzelvertraglich vereinbarter Arbeitsbedingungen an. Demgegenüber regelt Art. 3 Abs. 3 der Richtlinie die Fortgeltung von Kollektivnormen, die Rechte und Pflichten der Arbeitsvertragsparteien betreffen. Aus dieser Unterscheidung läßt sich - wie schon zu § 613a Abs. 1 Satz 1 und 2 BGB ausgeführt - nur schlußfolgern, daß auch der Gemeinschaftsgesetzgeber nicht davon ausging, die kollektivrechtlich geregelten Arbeitsbedingungen würden bereits von dem Übergang der Einzelarbeitsverhältnisse auf den Erwerber des Betriebes erfaßt. Dennoch bleibt

---

170 Darauf weist schon *Löw*, Betriebsveräußerung, S. 73 zutreffend hin. In dieser Hinsicht wohl ebenso Seiter, DB 1980, 877, 881, wenn er davon ausgeht, lediglich die nach der Gesetzesfassung konstruktiv begründeten Folgewirkungen entsprächen nicht der Richtlinie.

171 Auf diesen Unterschied verweist auch *Moll*, Brennpunkte des Arbeitsrechts 1996, S. 185, 210.

172 *Debong*, EG-Richtlinie, S. 36; so auch *Kamlah*, Bestandsschutz, S. 60; *Seiter*, DB 1980, 877, 881.

173 *Moll*, RdA 1996, 275, 276; *Moll*, Brennpunkte des Arbeitsrechts 1996, S. 185, 210; ebenso im Ergebnis *Niebler/Förschner*, Betriebsveräußerung, Rn. 333, S. 113; *Schipp/Schipp*, Arbeitsrecht und Privatisierung, Rn. 174, S. 79; *Schreiber*, RdA 1982, 137, 146.

174 *Löw*, Betriebsveräußerung, S. 67.

175 *Moll*, RdA 1996, 275, 276.

176 Hierzu siehe *Bleckmann*, Europarecht, Rn. 542 f.

die Möglichkeit offen, die Fortgeltung der Kollektivnormen im neuen Betrieb individualrechtlich wie auch kollektivrechtlich zu regeln.

3. Teleologische Auslegung

Auch nach Sinn und Zweck der EG-Richtlinie[177] erscheint die Rechtsnachfolge des Betriebserwerbers bezüglich der vom Veräußerer eingegangenen Bindungen an Verbandstarifverträge nicht erforderlich.[178] Denn die Arbeitnehmer sollen lediglich vor einer Verschlechterung ihrer materiellen Arbeitsbedingungen geschützt werden. Dazu ist es ausreichend, daß der Betriebserwerber kraft Gesetzes gegenüber den übernommenen Arbeitnehmern zur Aufrechterhaltung der kollektivvertraglichen Arbeitsbedingungen verpflichtet wird.[179]

Für diese Annahme spricht auch der Regelungsmechanismus von EG-Richtlinien. Gerade diese Regelungsform gibt die Möglichkeit, trotz der Bestrebungen, das Recht der Mitgliedstaaten zu vereinheitlichen, Rücksicht auf die verschiedenen Rechtssysteme zu nehmen. Dies ist aber nur dann rechtstatsächlich auch möglich, wenn im Rahmen einer vorgegebenen Zwecksetzung, hier die Aufrechterhaltung der kollektivvertraglich im Betrieb des Veräußerers geregelten Arbeitsbedingungen, dem Mitgliedstaat die Art und Weise dessen Verwirklichung überlassen bleibt. Dies bedeutet für den vorliegenden Fall, daß nicht angenommen werden kann, die Richtlinie habe entweder die individualrechtliche oder die kollektivrechtliche Lösung als ausschließlich ihr entsprechend ansehen wollen.[180] Damit sind die Mitgliedsstaaten lediglich dazu verpflichtet, sicherzustellen, daß die betroffenen Arbeitnehmer von dem Erwerber des Betriebes auch weiterhin zu den beim Veräußerer geltenden kollektivvertraglichen Arbeitsbedingungen beschäftigt werden.[181] Es ergibt sich weder eine individualrechtliche Lösung zwingend aus den Richtlinienbestimmungen[182], noch kann der Richtlinie nur durch eine kollek-

---

177 Zur Bedeutung der teleologischen Interpretation bei EG-Richtlinien *Birk*, Zur Schwierigkeit der Umsetzung von Richtlinien im Arbeitsrecht, S. 6; *Bleckmann*, Europarecht, Rn. 547 f.; *ders.*, RIW 1987, 929 ff.

178 *Löw*, Betriebsveräußerung, S. 67.

179 *Löw*, Betriebsveräußerung, S. 67. Anderer Auffassung *Seiter*, DB 1980, 877, 881 sowie *Willemsen*, Anm. zu BAG 26.9.1979, AP Nr. 17 zu § 613a BGB, nach denen die Zielstellung der Richtlinie eine kollektivrechtliche Weitergeltungsanordnung durch den nationalen Gesetzgeber erwarten lasse.

180 *Gamillscheg*, Kollektives Arbeitsrecht, S. 778 weist darauf hin, daß eine normative Wirkung des Tarifvertrages nicht in allen europäischen Ländern bekannt sei und insoweit eine solche auch nach Betriebsübergang gar nicht hätte vorgeschrieben werden können.

181 *Löw*, Betriebsveräußerung, S. 69.

182 *Debong*, EG-Richtlinie, S. 38; *Kamlah*, Bestandsschutz, S. 77.

tivrechtliche Lösung in rechtsdogmatischer Hinsicht hinreichend Rechnung getragen werden.

4. Historische Auslegung

Weiterhin ist zu prüfen, ob aus den Materialien zur Entstehung der Richtlinie Rückschlüsse bezüglich der Form der Weitergeltung von Kollektivnormen beim Betriebserwerber gezogen werden können.[183] Die Richtlinie basierte auf einem Vorschlag der Kommission vom 13.9.1974[184], durch den eine weitgehende Regelung der sozialen Lage der Arbeitnehmer nach Strukturveränderungen in Unternehmen angeregt werden sollte. Dieser Vorschlag sah in Art. 3 Abs. 3 und 3 unterschiedliche Regelungen hinsichtlich der Weitergeltung von Firmentarifverträgen und Betriebsvereinbarungen auf der einen und Verbandstarifverträgen auf der anderen Seite vor.

Nach Art. 3 Abs. 3 des Kommissionsvorschlages sollten die Rechte und Pflichten aus einem vom Veräußerer geschlossenen Firmentarifvertrag ohne weiteres auf den Erwerber übergehen. In dieser Hinsicht wurde als selbstverständlich und unproblematisch die Lösung gewählt, den Betriebserwerber ohne weiteres in die Stellung des Veräußerers eintreten zu lassen. Dadurch wäre es zu einer kollektivrechtlichen Weitergeltung bis zum Ende des Firmentarifvertrages gekommen.[185] Diese Regelung wurde hingegen nicht für Verbandstarifverträge getroffen. Für den Fall der Geltung eines Verbandstarifvertrages beim Betriebsveräußerer war in Art. 3 Abs. 3 des Vorschlages vorgesehen, daß der nicht an diesen Tarifvertrag gebundene Erwerber die kollektivvertraglich bestimmten Arbeitsbedingungen weiterhin zu gewähren habe. Befürchtet wurde eine Gefährdung der Koalitionsfreiheit, wenn der Erwerber des Betriebes gegen seinen Willen zur Partei des Kollektivvertrages gemacht würde. Daher sollte ihm lediglich, ohne dem Betriebserwerber eine Parteistellung aufzudrängen, die Gewährung der kollektivvertraglichen Arbeitsbedingungen auferlegt werden.[186] Die Befürchtung des Verstoßes gegen die Koalitionsfreiheit des Betriebserwerbers gegenüber einer Anordnung der kollektivrechtlichen Weitergeltung greift in dieser Form allerdings nicht für das deutsche Tarifrecht, da hiernach der neue Betriebsinhaber jedenfalls nicht Partei des Verbandstarifvertrages werden kann. Partei eines Verbandstarifvertrages ist auf Arbeitgeberseite nur der tarifschließende Verband. Dennoch ist der Begründung des Entwurfs insoweit die Zielsetzung der Kommission zu ent-

---

[183] Zum Maßstab historischer Auslegung vgl. § 6 B VI.

[184] ABl. EG 1974, C 104, S. 1 ff., auch abgedruckt in RdA 1975, 124 ff.

[185] Begründung der Kommission, RdA 1975, 124, 125.

[186] Begründung der Kommission, RdA 1975, 124, 125.

nehmen, daß dem Betriebserwerber nicht kollektivvertragliche Verpflichtungen ohne diesbezügliche eigene Willensentschließung aufgedrängt werden sollten.[187]

In der Stellungnahme des Europäischen Parlamentes zum Entwurf der Kommission[188] wurde nicht gesondert auf die Problematik der Weitergeltung kollektivvertraglicher Vereinbarungen nach einem Betriebsinhaberwechsel eingegangen. Hingegen befaßte sich der Wirtschafts- und Sozialausschuß in seiner Stellungnahme[189] auch mit Art. 3 des Kommissionsentwurfs.

In der endgültigen Fassung der Richtlinie wurde auf eine Sonderregelung für Firmentarifverträge und Betriebsvereinbarungen verzichtet. Die ursprünglich nur für Verbandstarifverträge vorgesehene Bestimmung wurde dagegen auf alle Kollektivverträge - Firmen- wie Verbandstarifverträge gleichermaßen - ausgedehnt. Der Betriebserwerber war nach Art. 3 Abs. 3 verpflichtet, die kollektivvertraglich bei dem bisherigen Betriebsinhaber geregelten Arbeitsbedingungen auch nach dem Betriebsübergang aufrecht zu erhalten. Im Hinblick auf diese Entwicklung könnte zu schließen sein, daß der Gemeinschaftsgesetzgeber damit auch für Firmentarifverträge von einer kollektivrechtlichen Weitergeltung nach einem Betriebsübergang Abstand genommen hat.

Aus der Entwurfsfassung der Kommission ergibt sich, daß die unterschiedlichen rechtsdogmatischen Wege, auf denen eine Weitergeltung kollektivvertraglicher Bestimmungen bei dem neuen Betriebsinhaber erreicht werden könnten, berücksichtigt wurden.[190] Insbesondere kann auch nicht davon ausgegangen werden, lediglich aus Gründen sprachlicher Vereinfachung sei in der endgültigen Richtlinienfassung nicht mehr zwischen der Weitergeltung eines Verbands- und eines Firmentarifvertrages unterschieden worden. Zu deutlich war im Entwurf zur Kenntnis gegeben worden, daß es sich um zwei rechtstechnisch unterschiedliche Wege der Aufrechterhaltung der Tarifnormen beim Erwerber des Betriebes handelte. Insoweit ist damit kenntlich gemacht worden, daß auf die ausdrückliche Anordnung des Eintretens des Betriebserwerbers in den Firmentarifvertrag verzichtet werden sollte.[191]

Art. 3 Abs. 3 des Kommissionsentwurfs sah vor, daß der Betriebserwerber die verbandstarifvertraglich geregelten Arbeitsbedingungen gegenüber den übernom-

---

187 Vgl. *Löw*, Betriebsveräußerung, S. 68 Fn. 216.

188 ABl. EG 1975, C 95, S. 17 ff.

189 ABl. EG 1975, C 255, S. 25.

190 Ebenso *Löw*, Betriebsveräußerung, S. 67.

191 Siehe *Löw*, Betriebsveräußerung, S. 68 f.; so im Ergebnis auch *Debong*, EG-Richtlinie, S. 36. Anders dagegen *Seiter*, DB 1980, 877, 881, nach dem mit der „vagen" Verpflichtung zur Aufrechterhaltung auf die unterschiedlichen Kollektivvertragstypen eingegangen werden sollte und daher auf die in der Vorschlagsfassung enthaltene Differenzierung zurückzugreifen sei.

menen Arbeitnehmern weiter zu gewähren habe. Darin kann ein Anhaltspunkt für eine beabsichtigte einzelvertragliche Verpflichtung des neuen Betriebsinhabers gesehen werden.[192] Für diese Auffassung spricht auch die oben dargestellte Unterscheidung zwischen der kollektivrechtlichen Weitergeltung eines Firmentarifvertrages und der weiteren Gewährung verbandstarifvertraglicher Arbeitsbedingungen.[193] Demgegenüber ist die Fassung der Richtlinie, die in Art. 3 Abs. 3 eine Verpflichtung zur Aufrechterhaltung der Arbeitsbedingungen vorsieht, neutraler. Eindeutig ist daraus nicht die Anordnung kollektiv- bzw. individualrechtlicher Fortgeltung der Tarifnormen abzuleiten.[194]

Eine weitere Abweichung des Entwurfs der Kommission im Vergleich zu der endgültigen Fassung der Richtlinie liegt darin, daß das Aufrechterhaltungsgebot in Art. 3 Abs. 3 der Richtlinie gegenüber dem ansonsten vergleichbaren Inhalt des Art. 3 Abs. 3 des Kommissionsentwurfs durch den Zusatz „in dem gleichen Maße" unterstrichen wurde.[195] Allerdings ist daraus nicht zwingend die Schlußfolgerung zu ziehen, der Betriebserwerber sei zu verpflichten, die nach kollektivrechtlichen Grundsätzen bei dem Veräußerer des Betriebes wirkenden Bestimmungen in rechtstechnisch gleicher Weise wie bei dem bisherigen Betriebsinhaber zur Anwendung zu bringen.[196] Angesichts der vorstehenden Ausführungen liegt die Deutung näher, daß durch einen bekräftigenden Zusatz lediglich eine grundsätzlich inhaltliche Veränderung der kollektivrechtlich bestimmten Arbeitsbedingungen zu Ungunsten der vom Betriebsübergang betroffenen Arbeitnehmer verhindert werden sollte.

Die Anordnung der kollektivrechtlichen Fortgeltung der tarifvertraglich geregelten Arbeitsbedingungen ist damit nicht erforderlich, aber auch nicht ausgeschlossen. Letztlich bleibt nach der Entstehungsgeschichte der Richtlinie offen und damit dem Regelungsermessen der Mitgliedsstaaten überlassen, welcher Weg zur Aufrechterhaltung dieser Arbeitsbedingungen gewählt wird.[197]

---

[192] So *Kunze*, RdA 1976, 31, 34; a.A. *Seiter*, DB 1980, 877, 881. Zweifelnd *Debong*, EG-Richtlinie, S. 38.

[193] Dies gibt auch *Debong*, EG-Richtlinie, S. 38 zu.

[194] *Debong*, EG-Richtlinie, S. 38. Ebenso *Seiter*, DB 1980, 877, 881 für die Weitergeltung eines Verbandstarifvertrages, hinsichtlich eines Firmentarifvertrages soll die Richtlinie dagegen zwingend eine kollektivrechtliche Weitergeltungsanordnung erfordern.

[195] Darauf weist auch *v. Alvensleben*, Rechte der Arbeitnehmer, S. 244 hin.

[196] So aber *Kittner/Trittin*, Kündigungsschutzrecht, § 613a BGB Rn. 187, 195.

[197] Ebenso *Binkert*, JZ 1979, 747, 750; *Debong*, EG-Richtlinie, S. 36 sowie *Gussen*, Anm. BAG 27.7.1994, AP Nr. 118 zu § 613a BGB.

V. Teleologische Auslegung

Die teleologische Auslegung geht davon aus, daß jede Rechtsnorm als Mittel zu einem außerhalb ihrer selbst liegenden Zweck aufgefaßt werden kann und sucht daraus Anhaltspunkte für deren Verständnis zu finden.[198]

Die Bestimmung des § 613a Abs. 1 Satz 2 BGB wurde in das Gesetz eingefügt, um die Ansprüche der Arbeitnehmer aus Tarifvertrag (oder Betriebsvereinbarung) bei einem Betriebsübergang grundsätzlich in ihrem Bestand zu schützen.[199] Erhalten werden soll der kollektivrechtlich bestimmte Inhalt der übernommenen Arbeitsverhältnisse.[200] Damit einher geht die Intention des Gesetzgebers, der Betriebserwerber solle hinsichtlich neu einzustellender Arbeitnehmer nicht an die beim Betriebsveräußerer geltenden Tarifnormen gebunden sein.[201] Dennoch wird vertreten, daß ein umfassender Bestandsschutz nur durch eine Weitergeltungsanordnung auf kollektivrechtlicher Grundlage erreicht werden könne.[202] Eine lediglich individualrechtliche Weitergeltung der Tarifnormen könne hingegen beim Betriebsübergang eine nicht gewollte Verschlechterung der Arbeitsbedingungen gegenüber der bis dahin bestehenden Rechtslage bedeuten.[203]

Dem ist nicht zuzustimmen. Es finden sich keine Anhaltspunkte dafür, daß ein Bestandsschutz dahingehend gewährt werden sollte, die weitere kollektivrechtliche Geltung der Tarifnormen zu sichern. Durch das Eingehen der Tarifnormen in den einzelnen Arbeitsvertrag ist der neue Betriebsinhaber verpflichtet, den Arbeitnehmern die dementsprechenden Arbeitsbedingungen auch nach einem Betriebsübergang zu gewähren. Die Fortgeltung der Tarifnormen auf der Grundlage der individualrechtlichen Lösung ermöglicht damit eine hinreichende Umsetzung der Ziele des Gesetzgebers.[204] Insofern ergibt sich aus der Berücksichtigung von

---

198 *Röhl*, Allgemeine Rechtslehre, S. 633. Siehe auch *Zippelius*, Juristische Methodenlehre, S. 46 f.

199 Vgl. die Zielsetzung der Bundesregierung, BTag-Drucksache 8/3317, S. 1 sowie die Begründung des Gesetzentwurfs, BTag-Drucksache 8/3317, S. 11. Ebenso auch die Einschätzung in der Literatur, vgl. *Gamillscheg*, Kollektives Arbeitsrecht, S. 777; *Falkenberg*, BB 1987, 328, 329; *Franzen*, Betriebsinhaberwechsel, S. 51; *Röder*, DB 1981, 1980.

200 *Franzen*, Betriebsinhaberwechsel, S. 51.

201 *Seiter*, Anm. zu BAG 13.11.1985, EWiR § 613a BGB 2/86. Dazu auch noch nachstehend § 10.

202 So *Binkert*, JZ 1979, 747, 751; *Düwell*, AuR 1994, 357, 359; *Herbst*, AiB 1995, 5, 10; *Seiter*, DB 1980, 877, 883. Vgl. dagegen *Schaub*, ZTR 1997, 245, 247, nach dem § 613a Abs. 1 Satz 2 BGB auch nach seinem Zweck die Aufrechterhaltung der Tarifnormen durch Transformation in das Arbeitsverhältnis gewährleisten will; so im Ergebnis schon *D. Gaul*, Anm. zu BAG 26.9.1979, EzA Nr. 2 zu § 3 TVG.

203 *Hüper*, Betrieb, S. 57 Fn. 84.

204 Ebenso *Moll*, RdA 1996, 275, 276.

Sinn und Zweck der Vorschrift keine Veranlassung, von der - im Wortlaut der Vorschrift kenntlich gemachten - gesetzlichen Konstruktion der Umwandlung von Tarifnormen in Individualarbeitsrecht abzuweichen.[205] Allenfalls kann es in diesem Rahmen angeraten sein, in besonderem Maße auf die dem Grunde nach kollektivrechtliche Natur der Bestimmungen Rücksicht zu nehmen.[206] Zu weit geht aber *Moll*, der aus Sinn und Zweck der gesetzlichen Regelung entnehmen will, bei den in Arbeitsvertragsrecht umgewandelten Tarifnormen handele es sich lediglich um Anpassungsregelungen, die im Betrieb des neuen Arbeitgebers bis zu einer Vereinheitlichung der dortigen Arbeitsbedingungen gelten sollen (und daher spezifisch kollektivrechtlichen Veränderungsmöglichkeiten unterworfen seien).[207] Dies vernachlässigt die Vorstellungen des Gesetzgebers von einem Bestandsschutz zugunsten der kollektivrechtlich beim bisherigen Betriebsinhaber gestalteten Arbeitsbedingungen, die grundsätzlich auch weiterhin die Arbeitsverhältnisse der übernommenen Arbeitnehmer gestalten sollen. Er reduziert deren Funktion auf bloße Übergangsregelungen.

VI. Historische Auslegung

Anhaltspunkte für das Verständnis von § 613a Abs. 1 Satz 2 BGB als kollektiv- oder individualrechtliche Weitergeltungsanordnung können sich grundsätzlich auch aus der Regelungsabsicht des historischen Gesetzgebers ergeben.[208] Maßgebend sind in diesem Zusammenhang die Grundabsicht des Gesetzgebers und die in den Beratungen des gesetzgebenden Organs und der zuständigen Ausschüsse zum Ausdruck gebrachten Vorstellungen.[209]

Die Vorschrift des § 613a BGB wurde - allerdings unter Außerachtlassung der Regelung kollektivrechtlicher Auswirkungen eines Betriebsübergangs - ursprünglich durch § 122 BetrVG 1972[210] in das BGB eingefügt. Hierzu ist überwiegende Auffassung, daß es sich dennoch nicht um eine betriebsverfassungsrechtliche,

---

205 Ebenso *Moll*, RdA 1996, 275, 277; *ders.*, Brennpunkte des Arbeitsrechts 1996, S. 185, 210.

206 *Moll*, RdA 1996, 275, 276; *ders.*, Brennpunkte des Arbeitsrechts 1996, S. 185, 210 hält die Berücksichtigung der besonderen Qualität der Arbeitsvertragsnormen als umgewandelte kollektivvertragliche Regelungen gar für erforderlich. *Henssler*, NZA 1994, 913, 920 geht davon aus, unter dem Blickwinkel der Schutzbedürftigkeit blieben die umgewandelten Tarifnormen kollektivrechtliche Regelungen.

207 *Moll*, RdA 1996, 275, 277.

208 Zu den Problemen eines Vorstellungs- und Bedeutungswandels in der Rechtsordnung *Larenz/Canaris*, Methodenlehre der Rechtswissenschaft, S. 153; *Röhl*, Allgemeine Rechtslehre, S. 632 f.; *Zippelius*, Juristische Methodenlehre, S. 47 f.

209 Dazu *Larenz/Canaris*, Methodenlehre der Rechtswissenschaft, S. 149 f.

210 BGBl. I, S. 13.

sondern eine bürgerlich-rechtliche Vorschrift handelt.[211] In diesem Zusammenhang hätte es - wenn es denn gewollt gewesen wäre - nahe gelegen, zumindest eine kollektivrechtliche Fortgeltung von beim Betriebsveräußerer geltenden Betriebsvereinbarungen im Rahmen der Neugestaltung des Betriebsverfassungsrechtes zu regeln.[212] Demgegenüber erfolgte eine diesbezügliche Regelung ebenso wie hinsichtlich der Weitergeltung von Tarifverträgen erst mit dem arbeitsrechtlichen EG-Anpassungsgesetz.

Der Entwurf der Bundesregierung zum Erlaß eines Gesetzes, das zugleich den EG-Richtlinien 76/207/EWG und 77/187/EWG entsprechen sollte, sah die Einfügung von § 613a Abs. 1 Satz 2 bis 4 BGB in der Fassung, die dann auch Gesetz geworden ist, vor.[213] Der Bundesrat hat diesbezüglich keine Änderungsvorschläge gemacht.[214] In der Begründung zum Gesetzesentwurf wird zunächst festgestellt, daß die kollektivvertraglichen Auswirkungen eines Betriebsübergangs nicht bereits durch § 613a Abs. 1 BGB a.F. erfaßt seien. Daher sollten die in einem Tarifvertrag oder einer Betriebsvereinbarung geregelten Rechte und Pflichten bei einem Betriebsübergang Inhalt des Arbeitsverhältnisses werden.[215] Hier zeigt sich, daß in der Begründung lediglich der Gesetzeswortlaut wiederholt wurde. Daraus können aber keine Anhaltspunkte für das Verständnis der Bestimmung gewonnen werden. Sofern § 613a Abs. 1 Satz 2 BGB als im Hinblick auf eine individualrechtliche Fortgeltung kollektivvertraglicher Normen nicht eindeutige Bestimmung angesehen wird, können Zweifel daher nicht durch die Heranziehung der Gesetzesbegründung ausgeräumt werden.[216]

Allerdings ist - auch wenn dies nicht ausdrücklich erwähnt wird[217] - aufgrund der zum Zeitpunkt der Gesetzesentstehung geführten Diskussion in Rechtsprechung und Literatur zur Fortgeltung kollektivvertraglicher Vereinbarungen davon auszugehen, daß dem Gesetzgeber die rechtstechnisch möglichen Wege zur Aufrechterhaltung bewußt waren. Dennoch gibt es keine weitergehenden Anhaltspunkte im Hinblick auf die Wahl einer kollektivrechtlichen Weitergeltungsanordnung.[218]

---

211 Vgl. die Nachweise in Fn. 5, S. 43 sowie *Fischer*, Individualarbeitsrechtliche Probleme, S. 5 ff. m.w.N.; Staudinger/*Richardi*, BGB, § 613a Rn. 21; *Seiter*, Betriebsinhaberwechsel S. 36 m.w.N.; MünchArbR/*Wank*, § 120 Rn. 17.

212 *D. Gaul*, Anm. zu BAG 26.9.1979, EzA Nr. 2 zu § 3 TVG.

213 BTag-Drucksache 8/3317, S. 1, 4.

214 Vgl. die Stellungnahme des Bundesrates, BRat-Drucksache 353/79, S. 10.

215 BTag-Drucksache 8/3317, S. 7.

216 Ebenso im Ergebnis *Zöllner*, DB 1995, 1401 Fn. 4; anders dagegen ; *Braun*, Anm. zu BAG 20.4.1994, WiB 1995, 121, 122; *Gamillscheg*, Kollektives Arbeitsrecht, S. 780MünchKom/*Schaub*, BGB, § 613a Rn. 163.

217 Dies kritisiert insbesondere *Willemsen*, Anm. zu BAG 26.9.1979, AP Nr. 17 zu § 613a BGB als „bezeichnend für den Stil moderner Gesetzgebung".

218 Auch wenn nach Auffassung von *D. Gaul*, Anm. zu BAG 26.9.1979, EzA Nr. 2 zu § 3 TVG; *Seiter*, DB 1980, 877, 883 sowie *Willemsen*, Anm. zu BAG 26.9.1979, AP Nr.

Insbesondere kann nicht allein aus den zuvor entwickelten Lösungen in Rechtsprechung und Literatur, die von der Möglichkeit einer kollektivrechtlichen Fortgeltung ausgingen,[219] geschlossen werden, der Gesetzgeber habe ihnen lediglich einen normativen Rahmen verleihen und im übrigen - rechtsdogmatisch gesehen - keine Veränderungen vornehmen wollen.

C. Zusammenfassung

Die Auslegung des § 613a Abs. 1 Satz 2 BGB ergibt damit unter Berücksichtigung verfassungsrechtlicher und europarechtlicher Aspekte, daß der Gesetzgeber keine kollektivrechtliche Fortgeltung der Tarifnormen gegenüber einem nicht selbst an den bereits beim Betriebsveräußerer geltenden Tarifvertrag gebundenen Erwerber des Betriebes angeordnet hat.[220] Der Betriebserwerber wird weder ohne eigene Willensentschließung Mitglied eines tarifschließenden Arbeitgeberverbandes und damit an den abgeschlossenen Verbandstarifvertrag gebunden, noch geht die Stellung des bisherigen Betriebsinhabers als Partei eines Firmentarifvertrages auf ihn ohne weiteres über.[221] Vielmehr erfolgt die Anordnung der Weitergeltung auf individualrechtlicher Grundlage über das Eingehen der Tarifnormen in die übergegangenen Arbeitsverhältnisse selbst.[222] Damit erhalten die betroffenen Arbeitsbedingungen eine neue, einzelvertragliche Geltungsgrundlage.[223] Die Weitergeltung der Tarifnormen ist insoweit verbunden mit der Änderung ihrer Rechtsnatur.[224] Sie gelten nicht mit normativer Wirkung, sondern wie individualvertraglich vereinbarte Regelungen weiter.[225] Diesem, vom ausdrücklichen Wortlaut des Gesetzes getragenen Verständnis der getroffenen Regelung

---

17 zu § 613a BGB die Anordnung einer kollektivrechtlichen Fortgeltung der Tarifnormen in Abweichung von der Fassung des Gesetzentwurfes als wünschenswert und zweckmäßig bezeichnet worden ist.

219 Vgl. dazu § 3.

220 Ebenso *Wank*, Anm. zu BAG 19.3.1986, SAE 1987, 142, 143.

221 *Preis/Steffan*, FS Kraft, S. 477, 478; *Schiefer*, FA 1998, 270.

222 *D. Gaul*, Anm. zu BAG 26.9.1979, EzA Nr. 2 zu § 3 TVG; *ders.*, Arbeitsrecht im Betrieb, Bd. II, K II Rn. 7; *Gussen*, Anm. BAG 27.7.1994, AP Nr. 118 zu § 613a BGB; Erman/*Hanau*, BGB, § 613a Rn. 78; *Schaub*, Arbeitsrechtshandbuch, S. 709; *ders.*, ArbRGW 18 (1981), 71, 78; *Seiter*, Betriebsinhaberwechsel, S. 86 ff.; *Weimar/Alfes*, BB 1993, 783, 788; *Wiesner*, BB 1986, 1636.

223 *v. Stebut*, Anm. zu BAG 13.11.1985, SAE 1986, 209, 210; *Willemsen*, Anm. zu BAG 26.9.1979, AP Nr. 17 zu § 613a BGB.

224 *Bauer*, Unternehmensveräußerung, S. 108; *Beisel/Klumpp*, Unternehmenskauf, Rn. 565; *Kempen/Zachert*, TVG, § 3 Rn. 55; *Niebler/Förschner*, Betriebsveräußerung, Rn. 344, S. 117; *Preis/Steffan*, FS Kraft, S. 477, 478; *Schipp/Schipp*, Arbeitsrecht und Privatisierung, Rn. 181, S. 83; MünchArbR/*Wank*, § 120 Rn. 174.

225 BAG 20.4.1994 AP Nr. 108 zu § 613a BGB; Erman/*Hanau*, BGB, § 613a Rn. 78; *Röder*, DB 1981, 1980; *Simon*, ZfA 1987, 311, 331; *Wollenschläger*, FS Gitter, S. 1067, 1073 f.

wird allgemein auch in der dogmatischen Beurteilung des § 613a Abs. 1 Satz 2 BGB entsprochen.[226]

---

[226] Aus neuerer Rechtsprechung siehe BAG 20.4.1994 AP Nr. 108 zu § 613a BGB; LAG Brandenburg 10.3.1992 LAGE Nr. 24 zu § 613a BGB.
Vgl. aus der Literatur RGRK/*Ascheid*, BGB, § 613a Rn. 181; *Balze/Rebel/Schuck*, Outsourcing, S. 179; *Baumann*, DStR 1995, 888, 890; *Beisel/Klumpp*, Unternehmenskauf, Rn. 564; *Boewer*, Brennpunkte des Arbeitsrechts 1997, S. 91, 136; *Bolck*, ZTR 1994, 14, 16; *Carl*, AuA 1993, 293, 295; *Däubler*, AuA 1991, 196, 199; *ders.*, NZA 1996, 225, 232; *Eich*, NJW 1980, 2329, 2334; *Falkenberg*, BB 1987, 328, 329; *Gamillscheg*, Kollektives Arbeitsrecht, S. 780; *D. Gaul*, Betriebsübergang, S. 272; *ders.*, Anm. zu BAG 26.9.1979, EzA Nr. 2 zu § 3 TVG; *ders.*, ZTR 1989, 432, 434; *Gussen/Dauck*, Weitergeltung, Rn. 131, S. 95; Erman/*Hanau*, BGB, § 613a Rn. 78; *Hanau/Adomeit*, Arbeitsrecht, J IV 2; *Hanau/Vossen*, FS Hilger/Stumpf, S. 271; *Hattesen*, HzA, Gruppe 1 Rn. 3363; *Herbst*, AiB 1995, 5, 11; *Hess/Knörig*, Arbeitsrecht, Rn. 74; *Holzapfel/Pöllath*, Recht und Praxis des Unternehmenskaufs, Rn. 599; *Hüper*, Betrieb, S. 57; *Junker*, RdA 1993, 203; *Kamlah*, Bestandsschutz, S. 77; *Kempen*, BB 1991, 2006; *Khoury*, Arbeitnehmer 1989, 146, 149; *Krahl*, AuA 1990, 211, 213; *Kreßel*, BB 1995, 925, 930; *Kutsch/Hofsäß*, Denkschrift Wiese, S. 64, 70; *Lieb*, Arbeitsrecht, § 3 III 4, Rn. 311; *Löw*, Betriebsveräußerung, S. 72; *Lorenz*, DB 1980, 1745, 1747; *Hanau*, FS Gaul, S. 287, 296; *Mengel*, Umwandlungen, S. 170; *Moll*, RdA 1996, 275, 276 f.; *ders.*, Brennpunkte des Arbeitsrechts 1996, S. 185, 209; *Morell*, Städtetag 1993, 297, 300; ErfurtKom/*Preis*, § 613a BGB Rn. 67; *Preis/Steffan*, FS Kraft, S. 477, 478; Soergel/*Raab*, BGB, § 613a Rn. 104; Staudinger/*Richardi*, BGB, § 613a Rn. 164; *ders.*, Anm. zu BAG 1.4.1987, EWiR § 4 TVG 1/87; *Richter*, AuR 1992, 65, 73; *Röder*, DB 1981, 1980; *Sack*, Schicksal von Altverträgen, S. 107; MünchKom/*Schaub*, BGB, § 613a Rn. 148, 163; *ders.*, ArbRGW 18 (1981), 71, 78; *ders.*, ZiP 1984, 272, 273; *ders.*, AuA 1991, 225, 229; *ders.*, ZTR 1997, 245, 247; *ders.*, FS Wiese, S. 535, 538; *J. Schipp*, NZA 1994, 865, 868; *Schipp/Schipp*, Arbeitsrecht und Privatisierung, Rn. 174, S. 79; *Scholz*, Anm. zu BAG 13.11.1985, AP Nr. 46 zu § 613a BGB; *Seiter*, Anm. zu BAG 13.11.1985, EWiR § 613a BGB 2/86; *Sowka/Weiss*, DB 1991, 1518, 1522; *Steffan*, Arbeitsrecht und Unternehmenssanierung, S. 297; *Wank*, NZA 1987, 505; *Wiedemann*, FS Fleck, S. 477, 453; *Willemsen*, RdA 1993, 133, 138; *Wirges*, ZTR 1998, 62, 67; *Wlotzke*, DB 1995, 40, 43; *Wollenschläger*, FS Gitter, S. 1067, 1073; *Wollenschläger/Pollert*, ZfA 1996, 547, 575; *Zumkeller*, DStR 1998, 1966. Anders nunmehr *Zöllner*, DB 1995, 1401 f.; *Zöllner/Loritz*, Arbeitsrecht, § 20 III 8; *Heinze*, FS Schaub, S. 275, 280 f. sowie auch schon AK/*Derleder*, BGB, § 613a Rn. 4.

§ 7 Weitergeltung der Rechtsnormen eines Tarifvertrages (§ 1 Abs. 1 TVG)

Durch § 613a Abs. 1 Satz 2 i.V.m. Satz 1 BGB wird nicht die Weitergeltung des Tarifvertrages insgesamt nach dem Betriebsübergang angeordnet.[1] Es sollen nach dem Wortlaut der Vorschrift lediglich die Tarifbestimmungen, die als Rechtsnormen[2] Rechte und Pflichten aus den im Zeitpunkt des Betriebsübergangs bestehenden Arbeitsverhältnissen regeln, als Inhalt der übergegangenen Arbeitsverhältnisse fortgelten. Nach § 1 Abs. 1 TVG können Rechtsnormen zu Inhalt, Abschluß und Beendigung von Arbeitsverhältnissen und zu betrieblichen und betriebsverfassungsrechtlichen Fragen vereinbart werden.

A. Tarifliche Inhaltsnormen

Als Inhaltsnormen werden die Bestimmungen eines Tarifvertrages bezeichnet, die sich mit dem Inhalt der Arbeitsverhältnisse befassen. In diesem Zusammenhang können durch Tarifvertrag alle Rechte und Pflichten der Arbeitsvertragsparteien, insbesondere deren Hauptleistungspflichten, geregelt werden.[3] Dazu gehört auch die Regelung der Lohnhöhe oder anderer Gegenleistungen, die dem Arbeitnehmer für seine Arbeitsleistung zustehen. Darüber hinaus können die Bedingungen, unter denen der Arbeitnehmer seine Arbeit erbringt, geregelt werden.[4] Damit gestalten diese Tarifbestimmungen die erfaßten Arbeitsverträge in ihren wechselseitigen Leistungsverplichtungen und die Rechtspositionen der Vertragsparteien.[5] Daraus folgt, daß tarifliche Inhaltsnormen typischerweise gerade Rechte und Pflichten aus dem Arbeitsverhältnis regeln.[6] Sie werden daher bei einem Betriebsübergang nach § 613a Abs. 1 Satz 2 BGB Inhalt der übergegangenen Arbeitsverhältnisse und gelten auf diese Weise fort.[7]

---

1 *Binkert*, JZ 1979, 747, 751; *Richter*, AuR 1992, 65, 74.

2 Zur Weitergeltung schuldrechtlicher Tarifbestimmungen siehe nachstehend § 9.

3 MünchArbR/*Löwisch*, § 253 Rn. 1.

4 Siehe im einzelnen *Wiedemann/Stumpf*, TVG, § 1 Rn. 151 ff.

5 *D. Gaul*, Betriebsübergang, S. 290.

6 *Beseler*, Betriebsübergang, S. 169, 172; *Hueck/Nipperdey*, Arbeitsrecht, Bd. II/1, § 15 II 4, S. 250 ff.; *Moll*, RdA 1996, 275, 277; Staudinger/*Richardi*, BGB, § 613a Rn. 167; MünchKom/*Schaub*, BGB, § 613a Rn. 152; *ders.*, Arbeitsrechtshandbuch, § 202 II; *Wiedemann/Stumpf*, TVG, § 1 Rn. 150 ff.

7 So die einhellige Auffassung: RGRK/*Ascheid*, BGB, § 613a Rn. 192; *Balze/Rebel/Schuck*, Outsourcing, S. 182; *Bauer*, Unternehmensveräußerung, S. 109; *Beseler*, Betriebsübergang, S. 169, 174; *Bichlmeier/Oberhofer*, Gesamtvollstreckungsverfahren, Bd. II, S. 256; *Binkert*, JZ 1979, 747, 751; *Blank/Blanke u.a.*, Arbeitnehmerschutz, S. 203; *Boecken*, Unternehmensumwandlungen, Rn. 190, S. 130; *Braun*, Anm. zu BAG 20.4.1994, WiB 1995, 121, 122; *Däubler*, Tarifvertragsrecht, Rn. 1537, S. 641; *Franzen*, Betriebsinhaberwechsel, S. 172; *Gamillscheg*, Kollektives

Vielfach wird dieser Vorschrift, die die Weitergeltung von Rechtsnormen anordnet, die Rechte und Pflichten aus dem Arbeitsverhältnis regeln, entnommen, die Weitergeltungsanordnung beschränke sich dem Wortlaut nach auf tarifliche Inhaltsnormen. Danach sollen die übrigen Inhalte, deren Vereinbarung durch die Tarifvertragsparteien nach § 1 Abs. 1 TVG möglich ist, nicht bzw. nur aufgrund erweiternder Auslegung von § 613a Abs. 1 Satz 2 BGB als Bestandteile der Arbeitsverhältnisse mit dem neuen Betriebsinhaber weitergelten können.[8] Im übrigen wird vorgeschlagen, auf die danach nicht erfaßten Tarifnormen für den Zeitraum von einem Jahr § 4 Abs. 5 TVG entsprechend anzuwenden.[9] Allerdings ist dem entgegenzuhalten, daß im Vorfeld derartiger Überlegungen zunächst für jede Normengruppe des § 1 Abs. 1 TVG im einzelnen festzustellen ist, ob deren Be-

---

Arbeitsrecht, S. 780; *B. Gaul*, NZA 1995, 717, 721; *ders.*, ZTR 1995, 387; *D. Gaul*, Betriebsübergang, S. 290; *Gussen/Dauck*, Weitergeltung, Rn. 202, S. 137; *Hanau/Adomeit*, Arbeitsrecht, J IV 2; *Hanau/Vossen*, FS Hilger/Stumpf, S. 271, 289; KassArbR/*Hattesen*, 1.7 Rn. 167; *ders.*, HzA, Gruppe 1 Rn. 3373; *Henssler*, FS Schaub, S. 311, 317; *Hess/Knörig*, Arbeitsrecht, Rn. 78; *Hüper*, Betrieb, S. 61; *Kamlah*, Bestandsschutz, S. 80; *Kempen/Zachert*, TVG, § 3 Rn. 56; *Löw*, Betriebsveräußerung, S. 73 f.; *Kempen*, BB 1991, 2006, 2009; *Mengel*, Umwandlungen, S. 180; *Moll*, RdA 1996, 275, 277; *ders.*, Brennpunkte des Arbeitsrechts 1996, S. 185, 211; GK-KR/*Pfeiffer*, § 613a BGB Rn. 94; ErfurtKom/*Preis*, § 613a BGB Rn. 72; Soergel/*Raab*, BGB, § 613a Rn. 109; Staudinger/*Richardi*, BGB, § 613a Rn. 167; *Richter*, AuR 1992, 65, 74; *Röder*, DB 1981, 1980; *Sack*, Schicksal von Altverträgen, S. 109; MünchKom/*Schaub*, BGB, § 613a Rn. 153; *ders.*, Arbeitsrechtshandbuch, S. 710; *ders.*, ArbRGW 18 (1981), 71, 79; *ders.*, ZiP 1984, 272, 278; *Schiefer*, FA 1998, 270; *v. Stebut*, Anm. zu BAG 13.11.1985, SAE 1986, 209; MünchArbR/*Wank*, § 120 Rn. 177; *ders.*, NZA 1987, 505, 506; *Wank/Brüning*, ZfA 1995, 699, 733; *Wollenschläger*, FS Gitter, S. 1067, 1074; *Zöllner*, DB 1995, 1401 Fn. 3.

8 Siehe *D. Gaul*, Betriebsübergang, S. 290; *Gussen/Dauck*, Weitergeltung, Rn. 202, S. 137; *Hess*, AR-Blattei Insolvenzarbeitsrecht, Rn. 149a; *Hess/Knörig*, Arbeitsrecht, Rn. 78; *Hüper*, Betrieb, S. 61; *Mengel*, Umwandlungen, S. 180; *Röder*, DB 1981, 1980; *Schaub*, Arbeitsrechtshandbuch, S. 710; *Schiefer*, FA 1998, 270; *Sowka*, DB 1988, 1318, 1319 zur Betriebsvereinbarung; *Wiedemann/Müller*, Anm. zu BAG 5.10.1993, AP Nr. 42 zu § 1 BetrAVG Zusatzversorgungskassen; *Wollenschläger*, FS Gitter, S. 1067, 1074. So wohl auch *Kempen/Zachert*, TVG, § 3 Rn. 56. Ähnlich auch *Debong*, EG-Richtlinie, S. 39; *Lieb*, Arbeitsrecht, § 3 III 4, Rn. 311, die die Anwendung des § 613a Abs. 1 Satz 2 BGB im Grundsatz auf Inhalts- und Abschlußnormen beschränken. MünchKom/*Schaub*, BGB, § 613a Rn. 152; *ders.*, Arbeitsrechtshandbuch, S. 710; *ders.*, ArbRGW 18 (1981), 71, 79, will § 613a Abs. 1 Satz 2 BGB zumindest entsprechend auf die Tarifnormen anwenden, die auf die Rechtsstellung des Arbeitnehmers Bezug nehmen. Für eine Beschränkung der Weitergeltungsanordnung des § 613a Abs. 1 Satz 2 BGB auf Inhalts- und Beendigungsnormen *Beisel/Klumpp*, Unternehmenskauf, Rn. 567; auf Inhaltsnormen *Gussen*, Anm. BAG 27.7.1994, AP Nr. 118 zu § 613a BGB.

9 So *Röder*, DB 1981, 1980; ablehnend hierzu insbesondere *Bauer*, Unternehmensveräußerung, S. 109; *Wank*, NZA 1987, 505, 506.

stimmungen Rechte und Pflichten aus bei Betriebsübergang bestehenden Arbeitsverhältnissen betreffen.[10] Von vornherein kann diese Möglichkeit jedenfalls nicht ausgeschlossen werden.

B. Tarifliche Abschluß- und Beendigungsnormen

Tarifliche Abschluß- und Beendigungsnormen weisen einen gemeinsamen Bezug zum einzelnen Arbeitsverhältnis auf, als durch sie jeweils „Ob" und „Wie" des Zustandekommens bzw. der Beendigung eines Arbeitsverhältnisses geregelt werden können.

I. Abschlußnormen

Abschlußnormen regeln das Zustandekommen von Arbeitsverträgen. Sie umfassen Bestimmungen, die Art und Weise des Vertragsschlusses ordnen, Abschlußgebote sowie Abschlußverbote.[11] Demgegenüber sind Tarifbestimmungen, die regeln, mit welchem Inhalt das Arbeitsverhältnis zustande kommt, keine Abschlußnormen, sondern Inhalts- oder Beendigungsnormen.[12]

Vielfach wird angenommen, daß sich Abschlußnormen nicht auf bereits bestehende Arbeitsverhältnisse, sondern nur für neu einzustellende Arbeitnehmer auswirken. Damit handele es sich aber nicht um Tarifnormen, die Rechte und Pflichten aus im Zeitpunkt des Betriebsübergangs bestehenden Arbeitsverhältnisse betreffen. Da § 613a Abs. 1 Satz 2 BGB aber gerade auf den Zeitpunkt des Betriebsübergangs abstellt[13], komme eine Weitergeltung tariflicher Abschlußnormen generell nicht in Betracht.[14] Auch insoweit muß aber danach, ob durch die

---

10 Vgl. auch *Hanau/Adomeit*, Arbeitsrecht, J IV 2; *Wank*, NZA 1987, 505, 506. Ähnlich *Kempen*, BB 1991, 2006, 2009, nach dem solche Tarifnormen nach § 613a Abs. 1 Satz 2 BGB weitergelten können, die von ihrem Regelungsgegenstand her auch im Arbeitsvertrag gleichermaßen festgelegt werden könnten. Ähnlich auch *Kittner/Trittin*, Kündigungsschutzrecht, § 613a BGB Rn. 190, nach denen es auf die Übertragbarkeit der Normen auf das Arbeitsverhältnis ankomme.

11 *Beseler*, Betriebsübergang, S. 169, 172; *Buchner*, RdA 1966, 208; *Gamillscheg*, Kollektives Arbeitsrecht, S. 584; *Hueck/Nipperdey*, Arbeitsrecht, Bd. II/1, § 15 III, S. 288; MünchArbR/*Löwisch*, § 253 Rn. 279; MünchKom/*Schaub*, BGB, § 613a Rn. 152; *ders.*, ZIP 1984, 272, 278; *ders.*, Arbeitsrechtshandbuch, § 202 III; *Wiedemann/Stumpf*, TVG, § 1 Rn. 210 ff.

12 MünchArbR/*Löwisch*, § 253 Rn. 39; *Löwisch/Rieble*, TVG, § 1 Rn. 67.

13 Vgl. dazu nachstehend § 10 A, § 13 A I.

14 *Bauer*, Unternehmensveräußerung, S. 109; *Beisel/Klumpp*, Unternehmenskauf, Rn. 567; *Beseler*, Betriebsübergang, S. 169, 175; *Franzen*, Betriebsinhaberwechsel, S. 175 f.; *B. Gaul*, NZA 1995, 717, 721; *ders.*, ZTR 1995, 387; Erman/*Hanau*, BGB, § 613a Rn. 87; *Hanau/Vossen*, FS Hilger/Stumpf, S. 271, 290; *Knigge*, BB 1980, 1272, 1276; *Löw*, Betriebsveräußerung, S. 74; *Lorenz*, DB 1980, 1745, 1747; ErfurtKom/*Preis*, § 613a BGB Rn. 72; Staudinger/*Richardi*, BGB, § 613a Rn. 167; *Seiter*, DB 1980, 877,

Tarifnormen lediglich der Abschluß neuer oder/und die Wiederaufnahme alter bzw. Durchführung unterbrochener Arbeitsverhältnisse geregelt wird, unterschieden werden.[15] Abschlußnormen gelten nur dann nicht beim Betriebserwerber als Individualvertragsrecht weiter, wenn sie sich in ihrer konkreten Erscheinungsform tatsächlich nur auf Neueinstellungen, nicht aber auf die Rechte und Pflichten der Parteien in bereits bestehenden Arbeitsverhältnissen auswirken.[16] Denn nur in diesem Fall ist der Einwand berechtigt, eine Weitergeltung dieser Bestimmungen für die bei Betriebsübergang bereits bestehenden Arbeitsverhältnisse komme nach ihrem Inhalt nicht in Betracht.

1. Art und Weise des Vertragsschlusses

Die Art und Weise des Vertragsschlusses kann in einem Tarifvertrag insbesondere dergestalt geregelt werden, indem für den Abschluß eines Arbeitsvertrages die Wahrung einer bestimmten Form vorgeschrieben wird. Dabei ist zu unterscheiden, ob deren Nichtbeachtung die Nichtigkeit des Arbeitsvertrages nach sich ziehen soll oder ob die Arbeitsvertragsparteien nur voneinander verlangen können, daß die Vereinbarung in der vorgeschriebenen Form ausgefertigt wird.[17]

878; MünchArbR/*Wank*, § 120 Rn. 177; *Wank/Brüning*, ZfA 1995, 699, 733; wohl auch GK-KR/*Pfeiffer*, § 613a BGB Rn. 94.
Gussen/Dauck, Weitergeltung, Rn. 203, S. 138 halten dies mit Recht nur im Grundsatz für richtig. Differenzierend wohl auch *Binkert*, JZ 1979, 747, 751, der die Möglichkeit der Weitergeltung tariflicher Abschlußnormen teilweise für möglich hält, ohne allerdings den erfaßten Bereich genauer zu benennen.

15 *Beseler*, Betriebsübergang, S. 169, 172; *Kempen/Zachert*, TVG, § 1 Rn. 28; *Preis/Steffan*, FS Kraft, S. 477, 482; MünchKom/*Schaub*, BGB, § 613a Rn. 152. Vgl. auch KassArbR/*Hattesen*, 1.7 Rn. 167; *Henssler*, FS Schaub, S. 311, 318; *Moll*, Brennpunkte des Arbeitsrechts 1996, S. 185, 211.

16 Ebenso *Boecken*, Unternehmensumwandlungen, Rn. 190, S. 131; *Hattesen*, HzA, Gruppe 1 Rn. 3373; *Löwisch/Rieble*, TVG, § 3 Rn. 83; *Moll*, RdA 1996, 275, 277; Soergel/*Raab*, BGB, § 613a Rn. 110; *Sack*, Schicksal von Altverträgen, S. 109; MünchKom/*Schaub*, BGB, § 613a Rn. 154; im Ergebnis auch *Däubler*, Tarifvertragsrecht, Rn. 1538, S. 641; *Kamlah*, Bestandsschutz, S. 81.

17 *Buchner*, RdA 1966, 208 m.w.N.; *Däubler/Hege*, Tarifvertragsrecht, Rn. 295, S. 119; *Hueck/Nipperdey*, Arbeitsrecht, Bd. II/1, § 15 III 1, S. 289; *Kempen/Zachert*, TVG, § 1 Rn. 31; *Löwisch/Rieble*, TVG, § 1 Rn. 544; *Nikisch*, Arbeitsrecht, Bd. 2, § 73 III 2, S. 297; *Wiedemann/Stumpf*, TVG, § 1 Rn. 203 f.
Nach BAG 24.6.1981 AP Nr. 2 zu § 4 TVG Formvorschriften sind tarifliche Formvorschriften für den Arbeitsvertrag grundsätzlich deklaratorisch. Ebenso *Wiedemann/Stumpf*, TVG, § 1 Rn. 204.

a. Deklaratorische Formvorschrift

Soweit die Wirksamkeit eines Arbeitsvertrages nicht von der Beachtung der vorgeschriebenen Form abhängt, ist von dieser Tarifnorm der Vertragsschluß selbst nicht betroffen. Daher ist eine solche Bestimmung auch nicht als Abschlußnorm anzusehen. Es handelt sich in der Sache vielmehr um eine tarifliche Inhaltsnorm, die den Anspruch der Arbeitsvertragsparteien gegeneinander enthält, eine Ausfertigung des Arbeitsvertrages in der vorgeschriebenen Form ausgehändigt zu erhalten.[18] Diese Auffassung stützt sich darauf, daß ein derartiger Anspruch durch Tarifvertrag auch den Parteien eines schon bestehenden Arbeitsverhältnisses zuerkannt werden könnte, was dann Gegenstand einer tariflichen Inhaltsnorm wäre.[19] Geregelt wird damit ein Anspruch aus dem Arbeitsvertrag.[20] Eine derart als Inhaltsnorm einzuordnende tarifliche Bestimmung geht nach § 613a Abs. 1 Satz 2 BGB in die mit dem Betriebserwerber entstandenen Arbeitsverhältnisse ein.

b. Konstitutive Formvorschrift

Nur eine konstitutive Formvorschrift, in der geregelt wird, daß der Abschluß eines Arbeitsvertrages zu seiner Wirksamkeit einer bestimmten Form bedarf, ist danach als echte Abschlußnorm anzusehen.[21] Die Vereinbarung einer konstitutiven Formvorschrift durch die Tarifvertragsparteien regelt in erster Linie den Abschluß des Arbeitsvertrages und damit die Neubegründung des Arbeitsverhältnisses. Sofern sich darin die Funktion dieser Tarifbestimmungen erschöpfte, würde sie sich in der Tat nur auf neu einzustellende Arbeitnehmer, nicht aber auf die im Zeitpunkt des Betriebsübergangs bereits bestehenden Arbeitsverhältnisse beziehen.[22]

Der tariflich vereinbarte Formenzwang für den Abschluß eines Arbeitsverhältnisses wirkt für die Arbeitsvertragsparteien nicht wie eine rechtsgeschäftlich vereinbarte, gewillkürte Formvorschrift. Tarifliche Rechtsnormen sind nach Art. 2 EGBGB Gesetze i.S.d. Vorschriften des Bürgerlichen Gesetzbuchs. Die Tarif-

---

18 *Buchner*, RdA 1966, 208; *Hueck/Nipperdey*, Arbeitsrecht, Bd. II/1, § 15 III 1, S. 289; *Kempen/Zachert*, TVG, § 1 Rn. 31; *Nikisch*, Arbeitsrecht, Bd. 2, § 73 III 2, S. 297; *Wiedemann/Stumpf*, TVG, § 1 Rn. 203.

19 *Buchner*, RdA 1966, 208. Ebenso *Wiedemann/Stumpf*, TVG, § 1 Rn. 203.

20 *Hueck/Nipperdey*, Arbeitsrecht, § 15 III 1, S. 289.

21 So auch *Däubler/Hege*, Tarifvertragsrecht, Rn. 295, S. 199; *Zöllner/Loritz*, Arbeitsrecht, S. 347. Hingegen wird auch vertreten, es handele sich gleichzeitig um Abschluß- und Inhaltsnormen, so *Kempen/Zachert*, TVG, § 1 Rn. 31; *Wiedemann/Stumpf*, TVG, § 1 Rn. 203.

22 So stellt denn auch *Seiter*, DB 1980, 877, 878 die Frage nach der praktischen Umsetzung der individualrechtlichen Weitergeltung einer für den Abschluß eines Arbeitsvertrages geltenden, konstitutiven Formvorschrift. Ähnlich *Liessem*, Übergang der Arbeitsverhältnisse, S. 78.

norm gilt als Abschlußnorm nach § 4 Abs. 1 TVG normativ für das Arbeitsverhältnis und damit gleich einer gesetzlich vorgeschriebenen Form i.S.d. § 125 BGB.[23] Eine gesetzliche Formvorschrift ist in ihrer Anwendung jedoch nicht auf den Abschluß des Rechtsgeschäfts beschränkt. Vielmehr sind auch Nebenabreden, nachträgliche Vertragsänderungen oder -ergänzungen diesem Formenzwang unterworfen.[24] Zur Vereinbarung von Nebenabreden oder Vertragsänderungen kommt es typischerweise auch in einem bestehenden Rechtsverhältnis. Damit kann sich die Formvorschrift des Tarifvertrages aber nicht nur auf den Neuabschluß von Arbeitsverträgen durch den Erwerber des Betriebes auswirken, sondern gerade auch in den Arbeitsverhältnissen, die bei Betriebsübergang bereits bestanden und auf den neuen Betriebsinhaber übergeleitet worden sind.

Dieses Ergebnis wird auch durch den mit der Vereinbarung einer Formvorschrift für den Abschluß von Arbeitsverträgen verfolgten Zweck gedeckt. Während in diesem Fall der Warnfunktion der Form, nach der die Parteien des Rechtsgeschäfts vor übereilten Bindungen geschützt werden sollen, nur geringe Bedeutung zuzumessen ist, steht im Vordergrund die Feststellung, ob und mit welchem Inhalt das Arbeitsverhältnis zustande gekommen ist (Beweisfunktion). Es macht aber kaum Sinn, diese Funktion auf den Neuabschluß eines Arbeitsvertrages zu begrenzen. Durch die Beachtung des Formerfordernisses bei Vertragsschluß würde zunächst der Inhalt des Arbeitsverhältnisses klargestellt, dieser könnte aber ohne Beachtung dieser Form - gleichgültig, ob durch den bisherigen Betriebsinhaber oder einen Betriebserwerber - geändert oder ergänzt werden. Demgemäß kommt unter dem Gesichtspunkt der Auswirkungen tariflicher Formvorschriften auf bereits bestehende Arbeitsverhältnisse eine Weitergeltung konstitutiver Formvorschriften bei dem neuen Betriebsinhaber in Betracht.[25]

Allerdings gelten nach § 613a Abs. 1 Satz 2 BGB nur die Tarifbestimmungen weiter, die Rechte und Pflichten aus dem Arbeitsverhältnis normieren. Insofern ist

---

23 BAG 15.11.1957 AP Nr. 2 zu § 125 BGB; BAG 9.2.1972 AP Nr. 1 zu § 4 BAT; BAG 18.5.1977 AP Nr. 4 zu § 4 BAT; Palandt/*Heinrichs*, BGB, § 125 Rn. 6; *Wiedemann/Stumpf*, TVG, § 1 Rn. 203. Vgl. auch *Löwisch/Rieble*, TVG, § 1 Rn. 543.

24 BAG 9.12.1981 AP Nr. 8 zu § 4 BAT; Palandt/*Heinrichs*, BGB, § 125 Rn. 7 f.

25 Ebenso im Ergebnis *Löwisch/Rieble*, TVG, § 3 Rn. 83; *Moll*, RdA 1996, 275, 277; *ders.*, Brennpunkte des Arbeitsrechts 1996, S. 185, 211; Soergel/*Raab*, BGB, § 613a Rn. 110; MünchKom/*Schaub*, BGB, § 613a Rn. 154; *ders.*, ZiP 1984, 272, 278; wohl auch *Gussen/Dauck*, Weitergeltung, Rn. 204, S. 138. Nach Auffassung von *Zöllner*, DB 1995, 1401 Fn. 3 besteht für den in Betracht kommenden Übergang theoretisch zwar möglicher, praktisch aber kaum sinnvoller konstitutiver Formvorschriften für Nebenabreden und Vertragsänderungen kein wesentliches Bedürfnis. Allerdings übersieht er dabei, daß die Anwendung einer Formvorschrift auch auf Nebenabreden und Vertragsänderungen nicht ausdrücklich vereinbart werden muß, sondern sich bereits aus der Tarifbestimmung selbst ergibt. Anderes kommt nur in Betracht, wenn der Tarifvertrag selbst eine Beschränkung in dieser Hinsicht vorsieht.

durchaus fraglich, ob die Beachtung konstitutiver Formvorschriften sich als Pflicht der Arbeitsvertragsparteien darstellt.[26] Hierfür spricht, daß jede, auch die konstitutiv wirkende, Formvorschrift jedenfalls zugleich einen Anspruch auf schriftliche Fixierung des Vertrages gibt.[27]

2. Abschlußgebote

Tarifnormen, die Abschlußgebote enthalten, begründen einen einseitigen Kontrahierungszwang des tarifgebundenen Arbeitgebers.[28] Zu unterscheiden ist zwischen solchen Bestimmungen, die den Abschluß neuer Arbeitsverträge und solchen, die die Wiederaufnahme alter Arbeitsverhältnisse regeln.

a. Abschluß neuer Arbeitsverträge

Mit tariflichen Regelungen, die Vorschriften für die Neueinstellung von Arbeitnehmern betreffen, wird zumeist versucht, bestimmten Arbeitnehmergruppen vorzugsweise eine Arbeitsstelle zu verschaffen.[29] Dazu können die Tarifvertragsparteien sog. Quotenregelungen vereinbaren, nach denen die an den Tarifvertrag gebundenen Arbeitgeber jeweils einen gewissen Prozentsatz bestimmter Arbeitnehmergruppen zu beschäftigen haben.[30] Dies betrifft z.B. die Beschäftigung von Frauen oder behinderter Arbeitnehmer. Derartige Bestimmungen beziehen sich nur auf den Abschluß neuer Arbeitsverträge. Daher handelt es sich jedenfalls nicht um Regelungen, die beim Zeitpunkt des Betriebsübergangs bereits bestehende Arbeitsverhältnisse betreffen. Sie gelten infolgedessen grundsätzlich nicht nach § 613a Abs. 1 Satz 2 BGB weiter. Eine Ausnahme hiervon kann allenfalls

---

26 So ist *Zöllner*, DB 1995, 1401 Fn. 3 der Auffassung, Abschlußnormen regelten generell keine Rechte und Pflichten.

27 *Wiedemann/Stumpf*, TVG, § 1 Rn. 203.

28 *Däubler/Hege*, Tarifvertragsrecht, Rn. 297, S. 119; *Nikisch*, Arbeitsrecht, Bd. 2, § 73 III 3, S. 298; *Wiedemann/Stumpf*, TVG, § 1 Rn. 211.

29 *Nikisch*, Arbeitsrecht, Bd. 2, § 73 III 3, S. 298.

30 Nach Auffassung von *Buchner*, RdA 1966, 208 sind derartige Regelungen keine Abschlußnormen, da sie nicht einem bestimmten Arbeitnehmer einen Anspruch auf Abschluß eines Arbeitsvertrages gegen einen bestimmten Arbeitgeber geben. Es handelt sich lediglich um schuldrechtliche Verpflichtungen, deren Durchsetzung über die Einwirkungspflicht der Tarifvertragsparteien möglich ist. Ebenso schon *Nikisch*, Arbeitsrecht, Bd. 2, § 73 III 3, S. 298 sowie *Zöllner/Loritz*, Arbeitsrecht, § 36 II 2. Nach *Hueck/Nipperdey*, Arbeitsrecht, Bd. II/1, § 15 III 3, S. 290 ist durch Auslegung zu ermitteln, ob derartigen Bestimmungen normative Kraft zukommen soll oder die Verbände nur eine Einwirkungspflicht auf ihre Mitglieder begründen wollen.
Kritisch gegenüber diesen Bestimmungen MünchArbR/*Löwisch*, § 253 Rn. 41; *Löwisch/Rieble*, TVG, § 1 Rn. 71, nach denen der Gesetzgeber die Tarifvertragsparteien zu einem derartigen, mit einem Kontrahierungszwang verbundenen Eingriff in die Vertragsfreiheit ausdrücklich hätte ermächtigen müssen.

dann in Betracht gezogen werden, sofern ein Abschlußgebot auch im Interesse der Belegschaft und damit der bereits beim Betriebsveräußerer beschäftigten Arbeitnehmer liegt. In diesen Fällen kommt die Einordnung dieser Tarifbestimmung auch als Betriebsnorm in Betracht.[31] Die Weitergeltung nach § 613a Abs. 1 Satz 2 BGB hängt dann davon ab, ob durch betriebliche Normen Rechte und Pflichten aus dem einzelnen Arbeitsverhältnis geregelt werden.[32] Nur dann kann für eine solche Doppelnorm eine Fortgeltung beim Betriebserwerber in Betracht kommen.

b. Wiedereinstellungsklauseln

Um Abschlußnormen besonderer Art handelt es sich bei den sog. Wiedereinstellungsklauseln.[33] Dem Arbeitgeber wird durch diese Regelungen aufgegeben, aus betrieblichem Anlaß entlassene Arbeitnehmer bei Wegfall des Entlassungsgrundes wieder einzustellen.[34] Die Tarifnormen begründen dabei regelmäßig einen Anspruch des Arbeitnehmers auf (Weiter-) Beschäftigung zu den früheren Arbeitsbedingungen.[35] Erfaßt werden insbesondere die Fälle, in denen ein Arbeitsvertrag wegen ungünstiger Witterung oder sonst durch betriebsbedingte Kündigung beendet wurde. Hierher gehören auch Bestimmungen, die die Fortsetzung eines Arbeitsverhältnisses nach einem Arbeitskampf, soweit diesem eine lösende Wirkung zukommt, vorsehen.[36] So führt ein Arbeitskampf grundsätzlich nicht zur Beendigung der Arbeitsverhältnisse, sondern zur Suspendierung der gegenseitigen Hauptleistungspflichten.[37] Die Wiedereinstellungspflicht des Arbeitgebers kann sich insoweit allenfalls noch auf eine wirksam lösende Aussperrung, deren Zulässigkeit jedoch umstritten ist[38], beziehen.[39]

---

31 *Wiedemann/Stumpf*, TVG, § 1 Rn. 212.

32 Zur Behandlung von Doppelnormen und der Abgrenzung zu Betriebsnormen nachstehend § 7 C I 2.

33 Dazu noch *Löwisch/Rieble*, TVG, § 1 Rn. 666; *Nikisch*, Arbeitsrecht, Bd. 2, § 66 IV 3, S. 176 f.; *Zöllner/Loritz*, Arbeitsrecht, § 41 VII.

34 *Nikisch*, Arbeitsrecht, Bd. 2, § 73 III 3, S. 298.

35 *Kempen/Zachert*, TVG, § 1 Rn. 29; *Wiedemann/Stumpf*, TVG, § 1 Rn. 214.

36 Dazu *Hueck/Nipperdey*, Arbeitsrecht, Bd. II/1, § 15 II 6, S. 276; *Nikisch*, Arbeitsrecht, Bd. 2, § 73 III 3, S. 298; *Wiedemann/Stumpf*, TVG, § 1 Rn. 213. Siehe auch *Gamillscheg*, Kollektives Arbeitsrecht, Bd. 1, S. 1206 sowie S. 1040 ff.; *Zöllner/Loritz*, Arbeitsrecht, § 41 VII. Beachte aber MünchArbR/*Löwisch*, § 253 Rn. 40, nach dem ein Wiedereinstellungsanspruch nach lösender Aussperrung nur durch Betriebsnormen geregelt werden könne.

37 Vgl. nur BAG GrS 21.4.1971 AP Nr. 43 zu Art. 9 GG Arbeitskampf.

38 Dazu MünchArbR/*Otto*, § 278 Rn. 130.

39 Nach Auffassung von MünchArbR/*Otto*, § 278 Rn. 130 läuft letztlich die Anerkennung einer lösenden Aussperrung mit Wiedereinstellungsautomatik im Ergebnis auch auf eine Suspendierung der Hauptleistungspflichten hinaus.

Um eine Regelung der Rechte und Pflichten aus einem bei Betriebsübergang bereits bestehenden Arbeitsverhältnis kann es sich hier nur dann handeln, wenn ungeachtet der erfolgten Kündigung des Arbeitsvertrages das Arbeitsverhältnis als fortbestehend, wenn auch „ruhend", anzusehen wäre, dessen Wiederaufleben sich nach der tariflichen Regelung richtet. Hiergegen spricht zunächst, daß zwischen den Arbeitsvertragsparteien der Abschluß einer neuen Arbeitsvertrages zur Wiederbegründung eines Arbeitsverhältnisses erforderlich wird.[40] Rechtlich gesehen werden damit neue Arbeitsverhältnisse begründet, die mit den bisher bestehenden Arbeitsverhältnissen nicht identisch sind. Diese sind vielmehr wirksam beendet worden, es handelt sich auch nicht um ihre unmittelbare Fortsetzung.[41] Das Arbeitsverhältnis kann insbesondere auch nicht deshalb als lediglich unterbrochen verstanden werden, weil die Tarifnorm lediglich einen Kontrahierungszwang des Arbeitgebers begründet. Eine Verpflichtung des Arbeitnehmers wird hingegen regelmäßig nicht geschaffen.[42] Formal betrachtet handelt es sich daher um Neueinstellungen des Betriebserwerbers, die durch § 613a Abs. 1 Satz 2 BGB nicht erfaßt werden.

Allerdings ist für die Anwendung des § 613a Abs. 1 Satz 2 BGB auch zu berücksichtigen, daß es sich bei dem Abschluß eines Arbeitsvertrages aufgrund des Eingreifens einer Wiedereinstellungsklausel regelmäßig um etwas qualitativ anderes als eine einfache Neueinstellung handelt. So kann der Arbeitnehmer zumeist verlangen, zu den früheren Arbeitsbedingungen wieder beschäftigt zu werden.[43] Dem kann durch die Tarifvertragsparteien im Zuge einer weitergehenden Regelung Rechnung getragen werden. Die Vereinbarung einer einfachen Wiedereinstellungsklausel, die lediglich einen Anspruch auf Abschluß eines Arbeitsvertrages begründet, reicht allein nicht aus, um die Unterbrechungswirkung der vorausgegangenen Kündigung zu beseitigen. Anderes gilt aber, soweit zugunsten der betroffenen Arbeitnehmer ein allgemeines Benachteiligungsverbot vorgesehen wird, das jeglicher Schlechterstellung der wiedereingestellten Arbeitnehmer entgegen wirkt.[44] So kann im Tarifvertrag festgeschrieben werden, daß frühere Beschäftigungszeiten bei Wiedereinstellung im Hinblick auf Ansprüche, die eine bestimmte Dauer des Bestehens des Arbeitsverhältnisses voraussetzen, anzurechnen sind.[45] Dadurch geben die Tarifvertragsparteien zu erkennen, daß das Arbeitsverhältnis mit dem bisherigen Inhalt weiterbestehen soll und alle Rechtspositionen, für die

---

40 GK-KR/*Pfeiffer*, § 613a BGB Rn. 94 erwägt insoweit die nur entsprechende Anwendung von § 613a Abs. 1 Satz 2 BGB.

41 Ebenso *Hueck/Nipperdey*, Arbeitsrecht, Bd. II/1, § 15 II 6, S. 276.

42 *Wiedemann/Stumpf*, TVG, § 1 Rn. 214.

43 *Wiedemann/Stumpf*, TVG, § 1 Rn. 214.

44 *Hueck/Nipperdey*, Arbeitsrecht, Bd. II/1, § 15 II 6, S. 277.

45 Vgl. die Regelung zur Wiedereinstellung nach Zeiten der Kindererziehung in § 13.4 des MTV für die Metallindustrie Südbaden vom 8.5.1990.

Betriebszugehörigkeit oder Dauer des Arbeitsverhältnisses von Bedeutung sind, erhalten bleiben.[46]

Arbeitsverhältnisse, die vor dem Betriebsübergang aus betrieblichen Gründen beendet wurden, sind - sofern eine solche „erweiterte" Wiedereinstellungsklausel besteht - als lediglich unterbrochene Arbeitsverhältnisse, deren Fortsetzung möglich ist, den im Zeitpunkt des Betriebsübergangs bestehenden Arbeitsverhältnissen gleichzustellen.[47] Derartige tarifliche Wiedereinstellungsklauseln gelten damit nach § 613a Abs. 1 Satz 2 BGB auch gegenüber dem neuen Betriebsinhaber weiter.[48]

3. Abschlußverbote

Abschlußverbote verbieten den Abschluß eines Arbeitsvertrages schlechthin oder mit einem bestimmten Inhalt.[49] Dies vermittelt den Anschein, daß derartige Tarifnormen sich im Zweifel nicht auf bereits bestehende Verträge beziehen, so daß deren Weitergeltung nach § 613a Abs. 1 Satz 2 BGB ausgeschlossen sein könnte. Allerdings gilt auch hier, daß im Einzelfall eine andere Beurteilung angezeigt ist.

a. Allgemeine Abschlußverbote

Allgemeine Abschlußverbote untersagen generell den Abschluß eines Arbeitsvertrages mit einem Arbeitnehmer. Ein derartiges Verbot bezieht sich zunächst auf den Neuabschluß von Arbeitsverträgen. Daher kommt die Beurteilung als Regelung eines bereits bestehenden Arbeitsverhältnisses nur dann in Betracht, wenn diese Tarifnorm sich auch auf im Betrieb bereits beschäftigte Arbeitnehmer auswirkt. Hierfür kommt es maßgeblich darauf an, welchen Zweck die Tarifvertragsparteien mit der Vereinbarung einer solchen Bestimmung verfolgen.

---

46 *Hueck/Nipperdey*, Arbeitsrecht, Bd. II/1, § 15 II 6, S. 277 f.; *Wiedemann/Stumpf*, TVG, § 1 Rn. 214.

47 Weitergehend *Löwisch/Rieble*, TVG, § 1 Rn. 68, die den Wiedereinstellungsanspruch als Inhalt des nachwirkenden Arbeitsverhältnisses begreifen.

48 So generell bei Bestehen einer Wiedereinstellungsklausel RGRK/*Ascheid*, BGB, § 613a Rn. 193; *Boecken*, Unternehmensumwandlungen, Rn. 190, S. 131; *Däubler*, Tarifvertragsrecht, Rn. 1538, S. 641; *Gussen/Dauck*, Weitergeltung, Rn. 204, S. 138; *Hattesen*, HzA, Gruppe 1 Rn. 3373; *Moll*, RdA 1996, 275, 277; *ders.*, Brennpunkte des Arbeitsrechts 1996, S. 185, 211; Soergel/*Raab*, BGB, § 613a Rn. 110.
Nach *Kempen*, BB 1991, 2006, 2009 kommt es auch hier darauf an, ob die Tarifnorm dem Schutz der bereits Beschäftigten dient.
Anders *B. Gaul*, NZA 1995, 717, 721; *Hanau/Vossen*, FS Hilger/Stumpf, S. 271, 290; *Knigge*, BB 1980, 1272, 1276, durch die jede Transformationsfähigkeit von Abschlußnormen verneint wird.

49 *Wiedemann/Stumpf*, TVG, § 1 Rn. 219.

Dient das Abschlußverbot dem Schutz des einzelnen Arbeitnehmers in seiner Eigenschaft als Vertragspartner des Arbeitgebers, handelt es sich um eine echte Abschlußnorm.[50] Dies ist bei solchen Normen der Fall, die den Arbeitnehmer vor gesundheitsschädlicher Beschäftigung oder leistungsmäßiger Überforderung schützen sollen.[51] Sie wirken sich lediglich für die Neubegründung eines Arbeitsverhältnisses aus, die bereits beschäftigten Arbeitnehmer werden hier nicht betroffen.[52] Damit handelt es sich nicht um die Regelung von Rechten und Pflichten aus bei Betriebsübergang bereits bestehenden Arbeitsverhältnissen.

Allerdings kann sich eine derartige Tarifnorm auch auf die Struktur der Belegschaft beziehen und diese im Interesse der bereits beschäftigten Arbeitnehmer gestalten wollen.[53] Hier zu nennen ist der Schutz der Belegschaft vor Gefahren, die etwa aus der Beschäftigung unterqualifizierter Arbeitnehmer erwachsen.[54] Eine derart dem Belegschaftsschutz dienende Norm ist in Bezug auf die bereits beschäftigten Arbeitnehmer als Betriebsnorm anzusehen.[55] Gleichfalls sind als Betriebsnormen anzusehen Vorschriften, die die Einstellung von Arbeitnehmergruppen auf eine bestimmte Zahl oder einen bestimmten Prozentsatz beschränken.[56] In diesem Zusammenhang wird angenommen, daß derart dem Schutz der bereits beschäftigten Arbeitnehmer dienende Tarifnormen beim Betriebserwerber individualrechtlich weitergelten müßten.[57] Allerdings kommt es hier darauf an, ob sich die Weitergeltung dieser tariflichen Bestimmungen unter dem Gesichtspunkt der Regelung betrieblicher Fragen aus § 613a Abs. 1 Satz 2 BGB ergeben kann.[58]

---

50 *Buchner*, RdA 1966, 208, 209; *Schoner*, DB 1968, 483; *Wiedemann/Stumpf*, TVG, § 1 Rn. 220.

51 Vgl. MünchArbR/*Löwisch*, § 253 Rn. 37.

52 Vgl. *Schoner*, DB 1968, 483.

53 Nicht ausgeschlossen ist, daß ein in einem Tarifvertrag enthaltenes Abschlußverbot beiden Zwecken dient, es besteht kein Ausschließlichkeitsverhältnis, *Wiedemann/Stumpf*, TVG, § 1 Rn. 220.

54 Vgl. MünchArbR/*Löwisch*, § 253 Rn. 36.

55 *Buchner*, RdA 1966, 208, 209; MünchArbR/*Löwisch*, § 253 Rn. 36; *Wiedemann/Stumpf*, TVG, § 1 Rn. 220; a.A. *Schoner*, DB 1968, 483, nach dem das generelle Verbot der Beschäftigung bestimmter Arbeitnehmergruppen im Verhältnis zu den bereits im Betrieb Beschäftigten als Inhaltsnorm anzusehen sei, da auch deren Arbeitsverhältnis gestaltet werde.

56 *Kempen/Zachert*, TVG, § 1 Rn. 30; *Schoner*, DB 1968, 483, 484; *Wiedemann/Stumpf*, TVG, § 1 Rn. 220. Anders hingegen *Hueck/Nipperdey*, Arbeitsrecht, Bd. II/1, § 15 III 2, S. 290, nach denen auch diese Bestimmungen als reine Abschlußnormen anzusehen seien, da sie die Einstellung schlechthin untersagen.

57 *Kempen*, BB 1991, 2006, 2009; im Ergebnis so auch *Moll*, RdA 1996, 275, 277; MünchKom/*Schaub*, BGB, § 613a Rn. 154.

58 Dazu nachstehend § 7 C I.

b. Nebentätigkeitsverbot

Durch ein tarifliches Nebentätigkeitsverbot[59] wird dem Arbeitnehmer untersagt, eine berufliche Tätigkeit gegen Entgelt und außerhalb seines Arbeitsverhältnisses auszuüben. Wendet sich dieses Verbot lediglich an den tarifunterworfenen Arbeitgeber, der keine Teilzeitarbeit vergeben soll, betrifft es nur den Neuabschluß von Arbeitsverträgen und kann demnach nicht nach § 613a Abs. 1 Satz 2 BGB für den Betriebserwerber weitergelten. Wendet es sich hingegen auch an den Arbeitnehmer, handelt es sich gleichzeitig um eine Inhaltsnorm, nämlich die Verpflichtung des Arbeitnehmers, keine Nebentätigkeit auszuüben.[60] Als solche bezieht sich die Tarifbestimmung auf bereits bestehende Arbeitsverhältnisse und kann daher auch nach einem Betriebsübergang weitergelten.

c. Beschäftigungsverbot

Ein Abschlußverbot ist in der Regel gleichzeitig als Beschäftigungsverbot zu verstehen.[61] Mit den betroffenen Arbeitnehmern sollen weder Arbeitsverträge abgeschlossen, noch sollen diese im Betrieb beschäftigt werden.[62] Hier wird angenommen, daß die das Beschäftigungsverbot enthaltende Norm über den untersagten Vertragsabschluß hinaus weiterwirke und insoweit den Inhaltsnormen zuzurechnen sei.[63] Allerdings kommt eine Weitergeltung eines Beschäftigungsverbots gegenüber dem neuen Betriebsinhaber nur insoweit in Betracht, als auch das Abschlußverbot selbst nach den vorstehenden Grundsätzen weitergelten kann. Daher gelten auch Beschäftigungsverbote grundsätzlich nur weiter, soweit es um den Schutz bereits beschäftigter Arbeitnehmer geht.[64] Gleiches gilt für Beschäftigungsgebote.

Hiervon zu unterscheiden sind Tarifbestimmungen, die nur die Beschäftigung bestimmter Arbeitnehmer mit gewissen Arbeiten verbieten, nicht aber deren Beschäftigung überhaupt. Dabei geht es um negative Inhaltsnormen[65], die weitergelten können, sofern nur das Arbeitsverhältnis beim Betriebsveräußerer bereits bestand.

---

59 Hierzu *Löwisch/Rieble*, TVG, § 1 Rn. 611 f.

60 Vgl. *Löwisch/Rieble*, TVG, § 1 Rn. 612; *Wiedemann/Stumpf*, TVG, § 1 Rn. 225.

61 *Nikisch*, Arbeitsrecht, Bd. 2, § 73 III 4, S. 299.

62 *Nikisch*, Arbeitsrecht, Bd. 2, § 73 III 4, S. 299.

63 *Gamillscheg*, Kollektives Arbeitsrecht, S. 780.

64 Vgl. *Gussen/Dauck*, Weitergeltung, Rn. 204, S. 138; *Moll*, RdA 1996, 275, 277; *Richter*, AuR 1992, 65, 74; MünchKom/*Schaub*, BGB, § 613a Rn. 154.

65 *Hueck/Nipperdey*, Arbeitsrecht, Bd. II/1, § 15 III 2, S. 290; *Nikisch*, Arbeitsrecht, Bd. 2, § 73 III 4, S. 299; *Schoner*, DB 1968, 483, 485.

II. Beendigungsnormen

Die Tarifvertragsparteien können auch Bestimmungen über die Beendigung des Arbeitsverhältnisses vereinbaren. Dazu gehören Regelungen über Dauer und Befristung sowie Vorschriften zu Form und Frist der Kündigung von Arbeitsverhältnissen. Enthalten sein können auch Regelungen zu Gründen für den Ausspruch einer ordentlichen oder außerordentlichen Kündigung.[66]

Beendigungsnormen können nach § 613a Abs. 1 Satz 2 BGB unproblematisch als Inhalt der Arbeitsverträge mit dem neuen Betriebsinhaber weitergelten.[67] Dies wird zumeist mit der besonderen Nähe derartiger Tarifbestimmungen zu tariflichen Inhaltsnormen[68] begründet und daraus eine Weitergeltung gleich diesen Normen abgeleitet. Allerdings versteht das Tarifvertragsgesetz, wie sich aus § 1 Abs. 1 TVG ergibt, Inhalts- und Beendigungsnormen als zwei Normengruppen, die voneinander zu trennen sind.[69] Es kommt daher auch hier darauf an, ob Beendigungsnormen im Einzelfall Rechte und Pflichten aus dem Arbeitsverhältnis regeln.[70] In Beendigungsnormen können Bestimmungen darüber enthalten sein, unter welchen Bedingungen das Arbeitsverhältnis durch Zeitablauf oder sonstigen Bedingungseintritt endet oder unter denen einer Partei des Arbeitsvertrages das Recht zusteht, sich einseitig vom Vertrag zu lösen. Im Hinblick auf eine Weitergeltung der Regelungen nach einem Betriebsübergang ist diese Unterscheidung zu berücksichtigen.[71]

---

66 *Beseler*, Betriebsübergang, S. 169, 172; *Hueck/Nipperdey*, Arbeitsrecht, Bd. II/1, § 15 II 8, S. 281; *Kempen/Zachert*, TVG, § 1 Rn. 32; *Wank/Brüning*, ZfA 1995, 699, 733; *Wiedemann/Stumpf*, TVG, § 1 Rn. 227.

67 RGRK/*Ascheid*, BGB, § 613a Rn. 194; *Beseler*, Betriebsübergang, S. 169, 174; *Boekken*, Unternehmensumwandlungen, Rn. 190, S. 130; *Däubler*, Tarifvertragsrecht, Rn. 1539, S. 641; *Franzen*, Betriebsinhaberwechsel, S. 176; *B. Gaul*, NZA 1995, 717, 721; KassArbR/*Hattesen*, 1.7 Rn. 167; *ders.*, HzA, Gruppe 1 Rn. 3373; Erman/*Hanau*, BGB, § 613a Rn. 87; *Henssler*, FS Schaub, S. 311, 317; *Kamlah*, Bestandsschutz, S. 82; *Löwisch/Rieble*, TVG, § 3 Rn. 83; *Moll*, RdA 1996, 275, 277; *de3rs.*, Brennpunkte des Arbeitsrechts 1996, S. 185, 211; Soergel/*Raab*, BGB, § 613a Rn. 111; *Seiter*, Betriebsinhaberwechsel, S. 93. Eine erweiternde Auslegung der Vorschrift halten dagegen *Gussen/Dauck*, Weitergeltung, Rn. 205, S. 139 für erforderlich, aber auch für geboten.

68 Hierzu *Franzen*, Betriebsinhaberwechsel, S. 176; *Hueck/Nipperdey*, Arbeitsrecht, Bd. II/1, § 15 II 8, S. 281; *Zöllner/Loritz*, Arbeitsrecht, § 35 I 1, S. 346; so wohl auch *Beisel/Klumpp*, Unternehmenskauf, Rn. 567; ErfurtKom/*Preis*, § 613a BGB Rn. 72; *Preis/Steffan*, FS Kraft, S. 477, 482; *Röder*, DB 1981, 1980 f.

69 Vgl. *Gussen/Dauck*, Weitergeltung, Rn. 205, S. 139 sowie *Wiedemann/Stumpf*, TVG, § 1 Rn. 228.

70 *Wank*, NZA 1987, 505, 506.

71 Daher ist *Kania*, DB 1994, 529, 530 zuzustimmen, nach dem Beendigungsnormen weitergelten, soweit tatsächlich Rechte und Pflichten aus einem bestehenden Arbeits-

1. Dauer des Arbeitsverhältnisses

Durch Tarifnorm kann die Dauer des Arbeitsverhältnisses geregelt werden. Sofern vorgesehen ist, unter welchen Voraussetzungen ein Arbeitsverhältnis durch die Vertragsparteien befristet abgeschlossen werden kann,[72] ist durch Auslegung zu ermitteln, ob es sich um eine Beendigungs- oder eine Abschlußnorm handelt.[73] Unabhängig von dieser Einordnung handelt es sich nicht um die Regelung von Rechten und Pflichten aus einem bereits bestehenden Arbeitsverhältnis, sondern um die Bestimmung der Voraussetzungen, unter denen das Arbeitsverhältnis ohne weiteres allein durch Zeitablauf endet und die Arbeitsvertragsparteien dies bei Vertragsschluß vereinbaren dürfen. Eine Weitergeltung derartiger Bestimmungen kommt nach § 613a Abs. 1 Satz 2 BGB nicht in Betracht, da es nicht um bereits bestehende Arbeitsverhältnisse geht. Dies hat allerdings nicht zur Folge, daß beim Betriebsveräußerer entsprechend den tariflichen Vorgaben befristet abgeschlossene Arbeitsverhältnisse nach Betriebsübergang zu unbefristeten Arbeitsverhältnissen werden. Nach § 613a Abs. 1 Satz 1 BGB tritt der Betriebserwerber in die bestehenden Arbeitsverhältnisse ein. War das Arbeitsverhältnis aber beim Betriebsveräußerer wirksam befristet, kann auch gegenüber dem neuen Betriebsinhaber lediglich ein befristetes Arbeitsverhältnis entstehen.

Ist das Ende eines Arbeitsverhältnisses tarifvertraglich vom Eintritt einer Bedingung, wie dem Erreichen einer bestimmten Altersgrenze, abhängig gemacht, regeln die Tarifvertragsparteien den Zeitpunkt des Erlöschens der Rechte und Pflichten der Arbeitsvertragsparteien. Demgemäß können diese Normen als Bestimmungen des einzelnen Arbeitsverhältnisses nach einem Betriebsübergang weitergelten. Dies hat zur Folge, daß das betreffende Arbeitsverhältnis auch beim Betriebserwerber mit Eintritt der Bedingung endet.

Wird durch den Tarifvertrag die Möglichkeit vorgesehen, vor Erreichen des Zeitpunktes für die gesetzliche Rentengewährung ein Vorruhestandsverhältnis begründen zu können, handelt es sich ebenfalls um Beendigungsnormen, die nach § 613a Abs. 1 Satz 2 BGB bei dem neuen Betriebsinhaber weitergelten können. Im

---

verhältnis betroffen sind. Allerdings erzielt er dieses Ergebnis nur mit Hilfe erweiternder Auslegung des § 613a BGB.

Zu weitgehend hingegen RGRK/*Ascheid*, § 613a Rn. 194; *Franzen*, Betriebsinhaberwechsel, S. 176; *Gussen/Dauck*, Weitergeltung, Rn. 205, S. 138 f.; *Moll*, RdA 1996, 275, 277; *Sack*, Schicksal von Altverträgen, S. 109; *Wank/Brüning*, ZfA 1995, 699, 733, die eine Weitergeltung für alle Beendigungsnormen annehmen.

72 Zu den Anforderungen an ein befristetes Arbeitsverhältnis grundlegend BAG GrS 12.10.1960 AP Nr. 16 zu § 620 BGB Befristeter Arbeitsvertrag.

73 Für eine regelmäßige Bewertung als Abschlußnorm BAG 27.4.1988 AP Nr. 4 zu § 1 BeschFG 1985; BAG 14.2.1990 AP Nr. 12 zu § 1 BeschFG 1985; *Kempen/Zachert*, TVG, § 1 Rn. 31; für die Annahme einer Beendigungsnorm *Löwisch/Rieble*, TVG, § 1 Rn. 67.

Zusammenhang mit einer solchen Regelung kann auch eine Bestimmung vereinbart werden, die quantitative Begrenzungen, in deren Rahmen die Arbeitnehmer den Vorruhestand in Anspruch nehmen können, vorsehen. Auch bei diesen Tarifbestimmungen handelt es sich um Beendigungsnormen, obwohl sie auch Auswirkungen für die Gesamtbelegschaft zur Folge haben können.[74] Sie begrenzen nur den individuellen Anspruch des einzelnen Arbeitnehmers auf Abschluß einer Vorruhestandsvereinbarung.[75] Dies hat zur Folge, daß der sich aus dem beim Betriebsveräußerer geltenden Tarifvertrag ergebende Anspruch des einzelnen Arbeitnehmer auf den Eintritt in den Vorruhestand auch beim Betriebserwerber nur unter dieser Einschränkung fortbesteht.[76]

2. Kündigung des Arbeitsverhältnisses

Vereinbaren die Tarifvertragsparteien Bedingungen, unter denen das Arbeitsverhältnis von Arbeitgeber oder Arbeitnehmer gekündigt werden kann, wie die Normierung einer Kündigungsfrist, spezifischer Kündigungsgründe oder Einschränkungen des Kündigungsrechts, regeln sie damit das Recht einer Partei des Arbeitsvertrages, sich einseitig vom einmal geschlossenen Vertrag lösen zu können. Damit handelt es sich um die Regelung von Rechten aus bestehenden Arbeitsverhältnissen, diese Tarifnormen gelten daher beim neuen Betriebsinhaber nach § 613a Abs. 1 Satz 2 BGB weiter.[77]

C. Normen über betriebliche und betriebsverfassungsrechtliche Fragen

Im Gegensatz zu den vorstehend behandelten Individualnormen mit besonderem Bezug zu dem einzelnen Arbeitsverhältnis können die Tarifvertragsparteien mit betrieblichen und betriebsverfassungsrechtlichen Fragen Gegenstände regeln, deren Bedeutung gerade über das einzelne Arbeitsverhältnis hinaus reicht.[78] Es wer-

---

74 Vgl. BAG 21.1.1987 AP Nr. 47 zu Art. 9 GG; zustimmend *Buchner*, Anm. zu BAG 21.1.1987, AR-Blattei, Tarifvertrag V, Entscheidung Nr. 13; *D. Gaul*, Betriebsübergang, S. 272.

75 BAG 21.1.1987 AP Nr. 47 zu Art. 9 GG.

76 So auch *D. Gaul*, Betriebsübergang, S. 272.

77 Im Ergebnis ebenso *Gussen/Dauck*, Weitergeltung, Rn. 206, S. 139 f., die dies jedoch nicht aus dem Wortlaut des § 613a Abs. 1 Satz 2 BGB ableiten, sondern Sinn und Zweck der Bestimmung als Bestandsschutzregelung zu Gunsten der Arbeitnehmer für eine erweiternde Auslegung bemühen müssen. Ähnlich auch *Kania*, DB 1994, 529, 530. Wie hier dagegen RGRK/*Ascheid*, BGB, § 613a Rn. 194; *Bauer*, FS Schaub, S. 19, 34; *Däubler*, Tarifvertragsrecht, Rn. 1539; S. 641; *Franzen*, Betriebsinhaberwechsel, S. 176; *Moll*, RdA 1996, 275, 277; *Sack*, Schicksal von Altverträgen, S. 109; *Wank/Brüning*, ZfA 1995, 699, 733.

78 MünchArbR/*Löwisch*, § 254 Rn. 1. Zur Unterscheidung von Individualarbeitsverhältnis und „Solidarverhältnis" schon *Richardi*, Kollektivgewalt, S. 226 ff.

den nicht Regelungen mit dem Ziel getroffen, die Einzelbeziehungen zwischen Arbeitgeber und Arbeitnehmer zu bestimmen, sondern es sollen die Beziehungen zwischen Arbeitgeber und Gesamtbelegschaft gestaltet werden.[79]

I. Betriebliche Normen

Um eine Weitergeltung von Tarifnormen über betriebliche Fragen nach § 613a Abs. 1 Satz 2 BGB annehmen zu können, müssen durch sie trotz ihres kollektiven Bezugs Rechte und Pflichten aus einem bei Betriebsübergang bestehenden Arbeitsverhältnis geregelt werden.[80]

1. Regelungsinhalte betrieblicher Normen

Zu den Tarifnormen über betriebliche Fragen zählen Regelungen zu Gestalt, Organisation und Ordnung des Betriebes.[81] Dabei handelt es sich um Regelungen eines Tarifvertrages, welche die Organisationsgewalt des Arbeitgebers mit dem Ziel der Schaffung einer einheitlich wirkenden Ordnung im Betrieb regeln.[82] Insoweit geht es um die Bedingungen, unter denen die Arbeitsleistung von den Arbeitnehmern erbracht wird. Geregelt werden kann insoweit auch das Verhalten der Arbeitnehmer im Betrieb.[83] Durch die Vereinbarung von Betriebsnormen seitens der Tarifvertragsparteien können weiterhin einheitliche Entlohnungs-, Urlaubs- oder Versorgungssysteme geschaffen werden.[84]

Vereinbart werden können auch Regelungen, die sich nicht auf die Leistungsorganisation beziehen. Dazu zählen Bestimmungen zu Einrichtung und Ausstattung der Betriebe sowie die Schaffung von Schutz- oder betrieblichen Sozialeinrichtungen.[85] Die Besonderheit der Vereinbarung von solchen Normen liegt darin, daß

---

79 *Buchner*, AR-Blattei Tarifvertrag V, B III. Nach Auffassung von *A. Hueck*, BB 1949, 530, 532 gestalten Betriebsnormen das betriebliche Rechtsverhältnis, das vom individuellen Arbeitsverhältnis zu unterscheiden ist.

80 Ebenso *Wank*, NZA 1987, 505, 506.

81 *Gamillscheg*, Kollektives Arbeitsrecht, Bd. 1, S. 589 f.

82 Vgl. BAG 3.4.1990 AP Nr. 56 zu Art. 9 GG; *Beseler*, Betriebsübergang, S. 169, 173; *Boecken*, Unternehmensumwandlungen, Rn. 191, S. 131; *Buchner*, AR-Blattei Tarifvertrag V, B III 2; *Gamillscheg*, Kollektives Arbeitsrecht, Bd. 1, S. 589 f.; MünchArbR/*Löwisch*, § 254 Rn. 3; *Richardi*, Kollektivgewalt, S. 239; MünchKom/*Schaub*, § 613a BGB, Rn. 152; *Wank/Brüning*, ZfA 1995, 699, 733; *Wiedemann/Stumpf*, TVG, § 1 Rn. 243.

83 *Hueck/Nipperdey*, Arbeitsrecht, Bd. II/1, § 15 IV 3, S. 291 f.; *Nikisch*, Arbeitsrecht, Bd. 2, § 73 IV 2, S. 301; *Richardi*, Kollektivgewalt, S. 239; *Wiedemann/Stumpf*, TVG, § 1 Rn. 243; ausführlich auch *Buchner*, AR-Blattei Tarifvertrag V, B III 2.

84 Vgl. *Wiedemann/Stumpf*, TVG, § 1 Rn. 244.

85 Weitere Regelungsbeispiele bei *Buchner*, AR-Blattei Tarifvertrag V, B III 1; *Nikisch*, Arbeitsrecht, Bd. 2, § 73 IV 1, S. 299; *Wiedemann/Stumpf*, TVG, § 1 Rn. 244.

sie zwar dem einzelnen Arbeitnehmer, allerdings diesem nur als Mitglied der Belegschaft bzw. einer Belegschaftsgruppe zugute kommen.[86]

2. Regelung von Rechten und Pflichten aus bestehenden Arbeitsverhältnissen

In der Regel geben tarifliche Betriebsnormen dem einzelnen Arbeitnehmer keinen Erfüllungsanspruch gegen den Arbeitgeber.[87] Insbesondere erlegen auch die Solidarnormen dem Arbeitgeber nur eine einseitige, kollektive Verpflichtung auf, die er gegenüber der Gesamtbelegschaft zu erfüllen hat.[88] Soweit aber der Arbeitnehmer nicht selbst die Erfüllung der tarifvertraglich bestimmten Maßnahmen verlangen kann, sind nicht Rechte und Pflichten der Arbeitsvertragsparteien aus dem Arbeitsverhältnis betroffen. Allerdings wird vertreten, alle betrieblichen Normen seien als Inhaltsnormen besonderer Art anzusehen. Der Unterschied bestehe lediglich darin, daß nach § 3 Abs. 2 TVG bei der Anwendung von Betriebsnormen nicht zwischen tarifgebundenen und nicht organisierten Arbeitnehmern unterschieden werde, währenddem die Geltung von Inhaltsnormen beiderseitige Tarifgebundenheit der Arbeitsvertragsparteien voraussetze.[89] Der Arbeitgeber erfülle, indem er der ihm durch die tarifliche Solidarnorm auferlegte Verpflichtung nachkomme, eine Verpflichtung aus dem durch diese Tarifnorm mitbestimmten Arbeitsverhältnis.[90] Auch tarifliche Ordnungsnormen sollen den Inhalt der Arbeitsverhältnisse, nur in allgemeiner Weise nach den Ordnungsbedürfnissen des Betriebes, regeln.[91]

Diese Auffassung wird hingegen den Betriebsnormen als in § 1 Abs. 1 TVG aufgeführter eigenständiger Normengruppe nicht gerecht. Insbesondere sind diese Regelungen nicht als bloße Untergruppe der Inhaltsnormen anzusehen. Denn dann würde sich bereits aus § 4 Abs. 1 Satz 1 TVG deren normative Wirkung ergeben, sie müßte nicht erst durch § 4 Abs. 1 Satz 2 TVG gesondert angeordnet werden. Danach kann nicht davon ausgegangen werden, alle Betriebsnormen seien als Inhaltsnormen anzusehen und erfaßten generell Rechte und Pflichten der

---

86 *Buchner*, AR-Blattei Tarifvertrag V, B III 1; *Gamillscheg*, Kollektives Arbeitsrecht, Bd. 1, S. 591; *Hueck/Nipperdey*, Arbeitsrecht, Bd. II/1, § 15 IV 2 , S. 291; *Nikisch*, Arbeitsrecht, Bd. 2, § 73 IV 1, S. 300.

87 MünchArbR/*Löwisch*, § 254 Rn. 2; *Wiedemann/Stumpf*, TVG, § 1 Rn. 246.

88 MünchArbR/*Löwisch*, § 254 Rn. 2; *Richardi*, Kollektivgewalt, S. 236 f.; *Wiedemann/Stumpf*, TVG, § 1 Rn. 246. Ähnlich auch *Nikisch*, Arbeitsrecht, Bd. 2, § 73 IV 1, S. 300.

89 So *Lieb*, RdA 1967, 441, 444; *Nikisch*, Arbeitsrecht, Bd. 2, § 73 IV 1 f., S. 301 f.; *Wlotzke*, Günstigkeitsprinzip, S. 30.

90 *Nikisch*, Arbeitsrecht, Bd. 2, § 73 IV 1, S. 301.

91 *Nikisch*, Arbeitsrecht, Bd. 2, § 73 IV 2, S. 302.

Arbeitsvertragsparteien im Verhältnis zueinander.[92] Dies aber schließt die Weitergeltung betrieblicher Normen nach § 613a Abs. 1 Satz 2 BGB grundsätzlich aus.

a. Doppelnatur von Betriebsnormen

Denkbar ist aber, daß im Einzelfall einer betrieblichen Norm eine Doppelnatur zukommt und diese gleichzeitig einer anderen Normengruppe des § 1 Abs. 1 TVG - meist den Inhaltsnormen - zuzuordnen ist.[93] Ob dies der Fall ist, muß im Einzelnen durch Auslegung der Tarifnorm ermittelt werden. Einen Anhaltspunkt bieten die durch die Norm betroffenen Regelungsgegenstände. Daneben kommt es auch darauf an, welche Rechtswirkungen die Tarifvertragsparteien mit der Vereinbarung dieser Tarifnorm erreichen wollten. Dies ist für deren Zuordnung zu den Normengruppen des § 1 Abs. 1 TVG in Anbetracht des § 3 Abs. 2 TVG von wesentlicher Bedeutung.[94] Mit einer Inhaltsnorm käme es lediglich zu einer Regelung der Arbeitsverhältnisse tarifgebundener Arbeitnehmer, mit einer Betriebsnorm könnten die Tarifvertragsparteien dagegen alle Arbeitnehmer des Betriebes erreichen.

Betriebliche Normen sind gleichzeitig auch Inhaltsnormen, wenn Rechte und Pflichten der Arbeitsvertragsparteien geregelt werden und damit normativ der Inhalt der einzelnen Arbeitsverhältnisse gestaltet wird. Erforderlich ist, daß sich die Normen insoweit ihrem Regelungsgegenstand nach auf den Inhalt des Einzelarbeitsverhältnisses beziehen.[95] Dies ist insbesondere dann anzunehmen, wenn auch der einzelne Arbeitnehmer durch die Bestimmung geschützt werden soll. In diesem Fall gewährt die Tarifnorm einen Erfüllungsanspruch gegen den Arbeitgeber. Kommt dieser den Verpflichtungen aus dem Tarifvertrag nicht nach, steht dem Arbeitnehmer ein Zurückbehaltungsrecht an seiner Arbeitsleistung zu.[96] Danach sind insbesondere Arbeitsordnungen, betriebliche Arbeitsschutzvorschriften, oder Regelungen über die Nutzung von Sozialeinrichtungen reine Betriebsnormen, da sie nicht unmittelbar den Inhalt des Arbeitsverhältnisses betreffen.[97] Anders kann

---

92 *Moll*, RdA 1996, 275, 277.

93 *Dieterich*, Die betrieblichen Normen, S. 70, 73; *A. Hueck*, BB 1949, 530, 531; *Hueck/Nipperdey*, Arbeitsrecht, Bd. II/1, § 15 III 2, S. 257; *Moll*, RdA 1996, 275, 277; *Säcker/Oetker*, Grundlagen, S. 105; *Wiedemann/Stumpf*, TVG, § 1 Rn. 117.

94 *Säcker/Oetker*, Grundlagen, S. 106.

95 *Richardi*, Kollektivgewalt, S. 237.

96 *Hanau/Vossen*, FS Hilger/Stumpf, S. 271, 290; MünchKom/*Schaub*, BGB, § 613a Rn. 156. Siehe insbesondere dazu *Hueck/Nipperdey*, Arbeitsrecht, Bd. II/1, § 15 II 5, S. 256.

97 *Löw*, Betriebsveräußerung, S. 77.

es sich bei Regelungen verhalten, die dem Schutz oder der Fürsorge für die gesamte Belegschaft oder bestimmte Arbeitnehmergruppen dienen.[98]

b. Weitergeltung nach § 613a Abs. 1 Satz 2 BGB

Nach dem Wortlaut von § 613a Abs. 1 Satz 2 BGB gelten die Tarifnormen weiter, die Rechte und Pflichten aus bestehenden Arbeitsverhältnissen regeln. Soweit betriebliche Normen nach den vorstehenden Grundsätzen auch als Inhaltsnormen anzusehen sind, regeln sie mit dem Inhalt von Arbeitsverhältnissen auch Rechte und Pflichten der Arbeitsvertragsparteien. Damit könnte damit von einer Weitergeltung der Bestimmungen nach einem Betriebsübergang auszugehen sein. Dennoch sollen angesichts der Anknüpfung des § 613a Abs. 1 Satz 2 BGB an die Regelung der Rechte und Pflichten der Arbeitsvertragsparteien die Tarifnormen von einer Weitergeltung ausgenommen werden, die in erster Linie die Organisation des Betriebes durch den Arbeitgeber zum Gegenstand haben. Dies sei ungeachtet der Bedeutung dieser Tarifnormen für das einzelne Arbeitsverhältnis - die nicht bestritten wird - anzunehmen.[99]

Es wird auch vertreten, eine Weitergeltung von Betriebsnormen komme nur in Betracht, wenn mit ihnen sog. wohlerworbene Rechte verbunden seien.[100] Entscheidend sei danach allein, ob mit der Tarifnorm ein Bestandsschutz von Individualrechtspositionen verbunden sei. Begründet wird diese Auffassung damit, daß die individualrechtliche Weitergeltung von Betriebsnormen aus Tarifverträgen und Betriebsvereinbarungen im Ergebnis nur einheitlich entschieden werden könne. Daher sei insoweit auf die entwickelten Grundsätze zur Weitergeltung von betriebsbezogenen Regelungen einer Betriebsvereinbarung zurückzugreifen. Dies wird insbesondere an den Fällen betrieblicher Sozialeinrichtungen gezeigt. So sei hinsichtlich der Regelung einer betrieblichen Altersversorgung ein individualrechtlicher Bezug anzunehmen, so daß eine modifizierte Weitergeltung dieser Regelungen in Betracht komme, die den Betriebserwerber zu entsprechenden Leistungen an die übernommenen Arbeitnehmer für die Vergangenheit bis zum Betriebsübergang verpflichtet.[101]

---

98 *Gussen/Dauck*, Weitergeltung, Rn. 211 f., S. 142. Ähnlich Soergel/*Raab*, BGB, § 613a Rn. 112.

99 So *Boecken*, Unternehmensumwandlungen, Rn. 191, S. 132; gegen die Weitergeltung von Betriebsnormen auch *B. Gaul*, NZA 1995, 717, 721; *Löwisch/Rieble*, TVG, § 3 Rn. 83; Staudinger/*Richardi*, BGB, § 613a Rn. 168.

100 So *Gussen/Dauck*, Weitergeltung, Rn. 214, S. 143 angesichts von Abgrenzungsproblemen zwischen Betriebs- und Inhaltsnormen.

101 *Gussen/Dauck*, Weitergeltung, Rn. 140, S. 99 f. Siehe zu der vergleichbaren Problematik der Weitergeltung von Normen über gemeinsame Einrichtungen der Tarifvertragsparteien § 8.

Auch für die Weitergeltung von betrieblichen Normen kann es aber nach § 613a Abs. 1 Satz 2 BGB nur darauf ankommen, ob Rechte und Pflichten der Arbeitsvertragsparteien tariflich geregelt werden.[102] Dem kann nicht entgegengehalten werden, es würden sich daraus zusätzliche Abgrenzungsschwierigkeiten zwischen Betriebs- und Inhaltsnormen, die die Rechtssicherheit beeinträchtigen könnten, ergeben.[103] Ob eine Betriebsnorm gleichzeitig als Inhaltsnorm anzusehen ist, hat auch Bedeutung im Rahmen von § 3 Abs. 2 TVG, die Notwendigkeit einer Unterscheidung ergibt sich auch hier.

Richtig ist, daß sich § 613a Abs. 1 Satz 2 BGB auf die tarifliche Regelung von Rechten und Pflichten aus dem Arbeitsverhältnis bezieht und deren Weitergeltung als Bestandteile des Individualarbeitsvertrages anordnet. Insofern könnte zu erwägen sein, ob sich das Eingehen in den individualrechtlichen Vertrag wegen des kollektiven Charakters der Betriebsnormen als konstruktive Unmöglichkeit darstellt und unter diesem Gesichtspunkt eine Weitergeltung dieser Bestimmungen auszuschließen ist.[104] Zunächst ist festzuhalten, daß betriebliche Normen, soweit sie Rechte und Pflichten der Arbeitsvertragsparteien regeln, allein von ihrem Regelungsgegenstand her betrachtet, durchaus als Inhalt eines Arbeitsvertrages durch Arbeitgeber und Arbeitnehmer vereinbart werden können.[105] Soweit hingegen die Tarifnormen über betriebliche Fragen nicht Rechte und Pflichten der Arbeitsvertragsparteien regeln, kommt nach dem Wortlaut des § 613a Abs. 1 Satz 2 BGB eine Weitergeltung dieser Bestimmungen ohnehin nicht in Betracht.[106] Die Weitergeltungsanordnung betrifft gerade nur die betrieblichen Normen, die

---

102 So auch *Moll*, Brennpunkte des Arbeitsrechts 1996, S. 185, 211; GK-KR/*Pfeiffer*, § 613a BGB Rn. 94; *Sack*, Schicksal von Altverträgen, S. 110. Dies übersehen *Beisel/Klumpp*, Unternehmenskauf, Rn. 567 und *Henssler*, FS Schaub, S. 311, 318.

103 *Boecken*, Unternehmensumwandlungen, Rn. 191, S. 132 verneint die Weitergeltung von Betriebsnormen im Interesse einer klaren Abgrenzung. Ähnlich *Gussen/Dauck*, Weitergeltung, Rn. 213, S. 143.

104 Diesbezügliche Probleme sehen *Binkert*, JZ 1979, 747, 751; *Seiter*, DB 1980, 877, 878. Ähnlich zunächst auch die Erwägungen bei KassArbR/*Hattesen*, 1.7 Rn. 167. Hiergegen zu Recht *Däubler*, Tarifvertragsrecht, Rn. 1540, S. 641 sowie *Gussen/Dauck*, Weitergeltung, Rn. 207, S. 140 zur Regelung betriebsverfassungsrechtlicher Fragen.

105 Vgl. auch *Wiedemann/Stumpf*, TVG, § 1 Rn. 150. Zur Notwendigkeit betriebseinheitlicher Geltung aber nachstehend § 7 C I 3.

106 Im Ergebnis ebenso *Däubler*, Tarifvertragsrecht, Rn. 1541, S. 641 f.; *Kempen/Zachert*, TVG, § 3 Rn. 56. Ähnlich auch *Schreiber*, RdA 1982, 137, 146, der darauf abstellt, ob eine Tarifnorm auch als Bestandteil des einzelnen Arbeitsverhältnis ihren Sinn behalten würde. Nicht zweifelhaft ist danach die Weitergeltung von Regelungen, die sich auf das einzelne Arbeitsverhältnis beziehen oder den Schutz des einzelnen Arbeitnehmers bezwecken, denn diese Vorschriften gewinnen ihre Bedeutung nicht aus deren Stellung in Kollektivverträgen.

gleichzeitig als Inhaltsnormen anzusehen sind.[107] Dabei ist für jeden Einzelfall zu untersuchen, ob die Norm einen entsprechenden inhaltlichen Bezug zum Arbeitsverhältnis aufweist und damit den Inhaltsnormen gleichsteht.[108]

Darüber hinaus wird vorgeschlagen, hinsichtlich der übrigen Betriebsnormen sei § 4 Abs. 5 TVG anzuwenden, um deren Weitergeltung nach einem Betriebsübergang herbeizuführen. Dies wird damit begründet, daß für Betriebsvereinbarungen, die auch nicht nur den Inhalt von Arbeitsverhältnissen regelten, der Übergang ausnahmslos angeordnet werde. Es dürfe aber keinen Unterschied machen, ob es sich um Regelungen eines Tarifvertrages oder einer Betriebsvereinbarung handele.[109] Dieser Betrachtungsweise kann entgegengehalten werden, daß es sich bei Tarifverträgen und Betriebsvereinbarungen um zwei unterschiedliche Regelungsinstrumente des kollektiven Arbeitsrechts handelt. Bei der Geltung von Betriebsvereinbarungen treten insbesondere nicht die Probleme tariflicher Außenseiter auf, die die Betriebsnormen nicht durch Mitgliedschaft in der vertragschließenden Gewerkschaft legitimiert haben. Anders ist es dagegen im Verhältnis der Arbeitnehmer zum Betriebsrat als Partei einer Betriebsvereinbarung. Insoweit ist auch die unterschiedliche Behandlung der Bestimmungen aus Tarifverträgen oder Betriebsvereinbarungen gerechtfertigt. Im übrigen ist hier aber schon der Ausgangspunkt der Argumentation angreifbar. Mitnichten wird der gesamte Inhalt einer Betriebsvereinbarung von § 613a Abs. 1 Satz 2 BGB erfaßt. Auch hier geht es nur um die Vereinbarungen, die Rechte und Pflichten aus dem Arbeitsverhältnis regeln.[110]

---

107 Ebenso RGRK/*Ascheid*, BGB, § 613a Rn. 195; *Beseler*, Betriebsübergang, S. 169, 173 und 175; *Binkert*, JZ 1979, 747, 751; *Debong*, EG-Richtlinie, S. 40 f.; *Düwell*, NZA 1996, 393, 399; *Gamillscheg*, Kollektives Arbeitsrecht, S. 780 f.; KassArbR/*Hattesen*, 1.7 Rn. 167; *ders.*, HzA, Gruppe 1 Rn. 3373; *Kania*, DB 1994, 529, 530; *Löw*, Betriebsveräußerung, S. 76 f.; *Mengel*, Umwandlungen, S. 180; *Moll*, Brennpunkte des Arbeitsrechts 1996, S. 185, 211; ErfurtKom/*Preis*, § 613a BGB Rn. 72; *Preis/Steffan*, FS Kraft, S. 477, 482; Soergel/*Raab*, BGB, § 613a Rn. 112; *Sack*, Schicksal von Altverträgen, S. 110; *Schaub*, ZIP 1984, 272, 278; *Simon*, ZfA 1987, 311, 332; *Wank*, NZA 1987, 505, 506; *Wank/Brüning*, ZfA 1995, 699, 733; *Zöllner*, DB 1995, 1401 Fn. 3. Im Ergebnis auch *Kamlah*, Bestandsschutz, S. 83 f.
Ausdrücklich eine Weitergeltung aufgrund erweiternder Auslegung des § 613a Abs. 1 Satz 2 BGB nehmen an *Blank/Blanke u.a.*, Arbeitnehmerschutz, S. 203; *Franzen*, Betriebsinhaberwechsel, S. 176; Erman/*Hanau*, BGB, § 613a Rn. 87; *Hanau/Vossen*, FS Hilger/Stumpf, S. 271, 290; *Moll*, RdA 1996, 275, 277; *Richter*, AuR 1992, 65, 74; MünchArbR/*Wank*, § 120 Rn. 177.
Für eine entsprechende Anwendung von § 613a Abs. 1 Satz 2 BGB MünchKom/*Schaub*, § 613a Rn. 153, 156.

108 Soergel/*Raab*, BGB, § 613a Rn. 112; *Wiedemann/Stumpf*, TVG, § 1 Rn. 246.

109 *Röder*, DB 1981, 1980, 1981.

110 Vgl. *Gussen/Dauck*, Weitergeltung, Rn. 135 ff., S. 97 ff. m.w.N.

3. Notwendigkeit betriebseinheitlicher Geltung

Problematisch ist die Einordnung von Tarifnormen gleichzeitig als Betriebs- und Inhaltsnormen unter dem Gesichtspunkt des Außenseiterschutzes. Die Tarifvertragsparteien können durch die Vereinbarung von Betriebsnormen, die zugleich die Rechte und Pflichten von Arbeitgeber und Arbeitnehmer gestalten, über § 3 Abs. 2 TVG auch nicht organisierte Arbeitnehmer ihrer Tarifmacht unterwerfen. Damit regeln sie auch den Inhalt von Arbeitsverhältnissen nicht tarifgebundener Arbeitnehmer. Diesbezüglich steht ihnen eine Regelungskompetenz jedoch nur für Arbeitsverhältnisse tarifgebundener Arbeitnehmer zu. Daher ist der negativen Koalitionsfreiheit der tariflichen Außenseiter gesondert Rechnung zu tragen. So handelt es sich, wenn durch eine Tarifnorm der Inhalt des Arbeitsverhältnisses berührt wird, nur dann gleichzeitig auch um eine Betriebsnorm, wenn die getroffenen Regelungen nicht Gegenstand eines Individualarbeitsvertrages sein „können".[111] Allerdings kann theoretisch fast jede Materie im einzelnen Arbeitsvertrag geregelt werden. Damit bliebe insoweit kein Regelungsbereich für Betriebsnormen. Maßgebend muß daher sein, ob eine individualvertragliche Regelung wegen „evident sachlogischer Unzweckmäßigkeit" ausscheiden muß.[112] Um Tarifnormen, die sowohl Inhalts- als auch Betriebsnormen sind, handelt es sich demnach bei Bestimmungen mit einzelvertraglichem Bezug, bei denen aber eine einzelvertragliche Regelung wegen des gleichzeitig vorhandenen Kollektivbezugs und der damit verbundenen Notwendigkeit einer betriebseinheitlichen Gestaltung ausgeschlossen ist.[113]

Hierzu ist näher zu untersuchen, welche Anforderungen an das Merkmal der Erforderlichkeit einer betriebseinheitlichen Regelung zu stellen sind, sofern sich eine Betriebsnorm gleichzeitig als Inhaltsnorm darstellt. Die Geltung von betrieblichen Normen nach § 3 Abs. 2 TVG auch für Außenseiter läßt sich lediglich damit rechtfertigen, daß die entsprechenden Bestimmungen in der sozialen Wirklichkeit aus tatsächlichen oder rechtlichen Gründen nur einheitlich gelten können[114] Eine notwendig einheitliche Geltung aus rechtlichen Gründen ergibt sich, wenn eine gesetzliche Regelung die Behandlung der Belegschaft als Ganzes verlangt.[115] Tatsächliche Gründe für eine einheitliche Geltung von Tarifnormen können sich aus

---

111 Siehe BAG 21.1.1987 AP Nr. 47 zu Art. 9 GG sowie BAG 26.4.1990 AP Nr. 57 zu Art. 9 GG.

112 BAG 26.4.1990 AP Nr. 57 zu Art. 9 GG; *Säcker/Oetker*, Grundlagen, S. 142 f.; kritisch *Loritz*, Anm. zu BAG 26.4.1990, SAE 1991, 245, 249 f.

113 Vgl. *Löw*, Betriebsveräußerung, S. 76.

114 BAG 26.4.1990 AP Nr. 57 zu Art. 9 GG; *Wiedemann/Stumpf*, TVG, § 3 Rn. 69. Nach Auffassung von *Löwisch/Rieble*, TVG, § 1 Rn. 80, 82 umfaßt die Tarifmacht in Bezug auf betriebliche und betriebsverfassungsrechtliche Fragen von vornherein nur solche Tarifnormen, die eine betriebseinheitliche Geltung voraussetzen.

115 *Löwisch/Rieble*, TVG, § 1 Rn. 88.

technisch-organisatorischen oder wirtschaftlichen Gesichtspunkten ergeben. Wenn die praktische Umsetzung einer Regelung sich nicht auf die organisierten Arbeitnehmer beschränken läßt, handelt es sich um eine technisch-organisatorisch bedingte Einheitlichkeit. Eine Betriebsnorm muß dagegen aus wirtschaftlichen Gründen einheitlich gelten, wenn die Verwirklichung des Tarifziels nur für die organisierten Arbeitnehmer einen unverhältnismäßigen Mehraufwand verursachen würde.[116] Im übrigen ist das Erfordernis der Einheitlichkeit nicht so zu verstehen, daß sich die Regelung auf den gesamten Betrieb beziehen muß. Ausreichend ist bereits, wenn eine Regelung für Teile des Betriebes bzw. eine Gruppe der Belegschaft einheitlich erfolgen muß.[117] „Einheitlichkeit" bedeutet in diesem Zusammenhang, daß für den betroffenen Sachbereich eine Differenzierung zwischen tarifgebundenen und nicht organisierten Arbeitnehmer ausgeschlossen ist.[118]

Fraglich ist, ob die Notwendigkeit der betriebseinheitlichen Geltung von betrieblichen Normen deren Weitergeltung nach einem Betriebsübergang hindert.[119] Beim Betriebsveräußerer gelten die Betriebsnormen nach § 3 Abs. 2 TVG normativ auch für die Arbeitsverhältnisse nicht tarifgebundener Arbeitnehmer. Dagegen werden bereits beim Betriebserwerber beschäftigte oder durch ihn neu eingestellte Arbeitnehmer nicht von den einzelvertraglich weitergeltenden Tarifnormen des Betriebsveräußerers erfaßt.[120] Daher gelten auch die Tarifnormen zu betrieblichen Fragen nicht für deren Arbeitsverhältnisse. Damit aber kann die betriebseinheitliche Geltung der Betriebsnormen auch beim Betriebserwerber zunächst nicht gewährleistet werden. Allerdings wird gerade bei diesen Regelungen die betriebseinheitliche Geltung aus evident sachlogischen Gründen vorausgesetzt, d.h. das Bestehen einer sinnvollen Regelung setzt voraus, daß nicht zwischen tarifgebundenen Arbeitnehmern und tariflichen Außenseitern differenziert wird. Beim Betriebserwerber käme es aber zu einer Unterscheidung zwischen den übernommenen Arbeitnehmern, für die nach § 3 Abs. 2 TVG die Betriebsnormen normativ beim Betriebsveräußerer galten und die daher an die einzelvertraglich weitergeltenden Betriebsnormen gebunden sind[121] und solchen Arbeitnehmern, für die die

---

116 Zum Ganzen *Löwisch/Rieble*, TVG, § 1 Rn. 95 ff.

117 *Löwisch/Rieble*, TVG, § 1 Rn. 84; *Säcker/Oetker*, Grundlagen, S. 142; *Wiedemann/Stumpf*, TVG, § 1 Rn. 242.

118 *Säcker/Oetker*, Grundlagen, S. 142; ebenso *Löwisch/Rieble*, TVG, § 1 Rn. 84; *Wiedemann/Stumpf*, TVG, § 1 Rn. 242.

119 Dies vertreten *Bauer*, Unternehmensveräußerung, S. 109; *B. Gaul*, ZTR 1995, 387; *Löwisch/Rieble*, TVG, § 3 Rn. 83; Staudinger/*Richardi*, BGB, § 613a Rn. 168; *Wendeling-Schröder*, AiB 1991, 79, 85. So auch *Hanau/Vossen*, FS Hilger/Stumpf, S. 271, 290 und *Kempen*, BB 1991, 2006, 2009, die allerdings mit der h.M. eine Ausnahme machen, soweit es sich gleichzeitig um Inhaltsnormen handelt.

120 Dazu nachstehend § 10 B.

121 Zur Tarifgebundenheit als Voraussetzung der normativen Wirkung tariflicher Doppelnormen nachstehend § 11 B II.

betrieblichen Normen des Betriebsveräußerers nicht gelten. Damit kann die Weitergeltung der betrieblichen Doppelnormen, die auf die übernommenen Arbeitnehmer beschränkt bleibt, auf den ersten Blick keinen Sinn ergeben.

Allerdings kann mit dieser Argumentation nicht schlechthin die Weitergeltung von Doppelnormen verneint werden. Denn sie enthalten auf der individualrechtlichen Seite die Regelung von Rechten und Pflichten der Arbeitsvertragsparteien, die nach dem insoweit eindeutigen Wortlaut des § 613a Abs. 1 Satz 2 BGB bei dem neuen Betriebsinhaber weitergelten sollen. Daher ist ein Weg zu suchen, der es ermöglicht, die Weitergeltungsanordnung des § 613a Abs. 1 Satz 2 BGB auch hinsichtlich tariflicher Doppelnormen sinnvoll umzusetzen. Da die nach § 613a Abs. 1 Satz 2 BGB gebotene Weitergeltung auch der tariflichen Doppelnormen nur dann einen Sinn behält, wenn diese Regelungen auch nach Betriebsübergang betriebseinheitlich gelten, ist der Betriebserwerber als verpflichtet anzusehen, die dafür notwendigen Voraussetzungen zu schaffen. So hat er mit neu einzustellenden Arbeitnehmern gleichlautende einzelvertragliche Abmachungen zu treffen.[122] Dieser Auffassung steht nur auf den ersten Blick entgegen, daß § 613a Abs. 1 Satz 2 BGB die Weitergeltung des Tarifrechts des Betriebsveräußerers nur für die vom Betriebsübergang betroffenen Arbeitnehmer anordnet.[123] Denn die Geltung der tariflichen Regelungen wird für die übrigen Arbeitnehmer nicht mit den sich aus § 613a Abs. 1 Satz 2 bis 4 BGB ergebenden Rechtsfolgen angenommen. Es handelt sich um lediglich einzelvertragliche Verpflichtungen des Betriebserwerbers, die ihm aufzuerlegen sind, da nur so der mit § 613a Abs. 1 Satz 2 BGB bezweckte Bestandsschutz für die übernommenen Arbeitnehmer gewährleistet werden kann.

II. Betriebsverfassungsrechtliche Normen

Durch die Vereinbarung von Normen über betriebsverfassungsrechtliche Fragen können die Tarifvertragsparteien Regelungen zur Rechtsstellung der Belegschaft und ihrer Organe im Betrieb treffen sowie deren Rechtsbeziehungen zum Arbeitgeber gestalten.[124] Allerdings kann durch Tarifvertrag weder die grundsätzliche Organisation noch Wahl und Zusammensetzung der betrieblichen Arbeitnehmer-

---

122 So auch *Däubler*, Tarifvertragsrecht, Rn. 1541, S. 642, der überdies erwägt, aus dem Gleichbehandlungsgrundsatz bezüglich betrieblicher (und betriebsverfassungsrechtlicher) Normen eine Gleichstellungsabrede abzuleiten. Dazu noch § 10 B.

123 Kritisch aus diesem Grund *Gussen/Dauck*, Weitergeltung, Rn. 208, S. 140 f. im Hinblick auf betriebsverfassungsrechtliche Tarifnormen.

124 *Buchner*, AR-Blattei Tarifvertrag V, B IV; *Kempen/Zachert*, TVG, § 1 Rn. 38, 165 ff.; *Hueck/Nipperdey*, Arbeitsrecht, Bd. II/1, § 15 V, S. 293; MünchKom/*Schaub*, BGB, § 613a Rn. 152; *ders.*, Arbeitsrechtshandbuch, § 202 V 1; *Wiedemann/Stumpf*, TVG, § 1 Rn. 248.

vertretung abweichend vom Betriebsverfassungsgesetz geregelt werden.[125] Insoweit ist nur eine Konkretisierung der gesetzlichen Vorschriften durch Tarifvertrag möglich.[126] So sind auch die gesetzlich getroffenen Kompetenzzuweisungen im Grundsatz nicht tariflich abänderbar. Der Betriebsrat kann weder ganz noch teilweise von den mit seinem Amt bzw. der Amtsführung verbundenen Pflichten befreit werden.[127] Einer tariflichen Regelung zugänglich sind hingegen die Mitbestimmungs- und Mitwirkungsrechte des Betriebsrates.[128] Wohl mehrheitlich werden die Regelungen über die betriebliche Mitbestimmung im Betriebsverfassungsgesetz als Mindestregelungen angesehen. Eine Verkürzung dieser Rechte durch Tarifvertrag ist daher nicht möglich.[129] Inwieweit dagegen eine Erweiterung der Mitbestimmungsrechte durch die Vereinbarung betriebsverfassungsrechtlicher Tarifnormen möglich ist, wird uneinheitlich beurteilt.[130]

Eine Weitergeltung betriebsverfassungsrechtlicher Normen nach einem Betriebsübergang als Inhalt der auf den Betriebserwerber übergegangenen Arbeitsverhältnisse wird mit unterschiedlichen Begründungen zumeist abgelehnt. So wird ausgeführt, § 613a Abs. 1 Satz 2 BGB könne aufgrund seiner individualrechtlichen Prägung nicht zu einer Überleitung der in diesen Tarifnormen getroffenen kollektivrechtlichen Wertungen führen.[131] Allerdings wird angesichts der generell kollektivrechtlichen Natur auch der übrigen Tarifnormen nach § 1 Abs. 1 TVG nicht dargelegt, welches „Mehr“ an kollektivrechtlicher Eigenart - insbesondere gegenüber den Betriebsnormen - gerade die Weitergeltung der betriebsverfassungsrechtlichen Normen ausschließen soll. Auch für die Weitergeltung dieser Normen nach § 613a Abs. 1 Satz 2 BGB kann es maßgeblich nur darauf ankommen, ob Rechte und Pflichten der Arbeitsvertragsparteien geregelt werden.[132]

---

125 *Hueck/Nipperdey*, Arbeitsrecht, Bd. II/1, § 15 V 1, S. 295, *Wiedemann/Stumpf*, TVG, § 1 Rn. 252; bestätigend auch BAG 16.2.1973 AP Nr. 1 zu § 19 BetrVG 1972.

126 *Nikisch*, Arbeitsrecht, Bd. 2, § 73 V 3, S. 305.

127 *Wiedemann/Stumpf*, TVG, § 1 Rn. 252.

128 Dazu auch *Hueck/Nipperdey*, Arbeitsrecht, Bd. II/1, § 15 V 2, S. 295 f.

129 Vgl. *Wiedemann/Stumpf*, TVG, § 1 Rn. 253.

130 Ausführlich zum Streitstand *Wiedemann/Stumpf*, TVG, § 1 Rn. 253 m.w.N. Dazu auch *Richardi*, Kollektivgewalt, S. 250 ff.

131 *D. Gaul*, Betriebsübergang, S. 292; ähnlich auch *Kamlah*, Bestandsschutz, S. 84; *Richter*, AuR 1992, 65, 74; *Wendeling-Schröder*, AiB 1991, 79, 85; *Zöllner*, DB 1995, 1401 Fn. 3. Im Ergebnis gegen die Weitergeltung betriebsverfassungsrechtlicher Normen auch *Beisel/Klumpp*, Unternehmenskauf, Rn. 567; *Henssler*, FS Schaub, S. 311, 318; ErfurtKom/*Preis*, § 613a BGB Rn. 72.

132 Vgl. *Debong*, EG-Richtlinie, S. 45; *Däubler*, Tarifvertragsrecht, Rn. 1540, S. 641; *Gamillscheg*, Kollektives Arbeitsrecht, S. 781; *Kempen/Zachert*, TVG, § 3 Rn. 56. Ebenso *Sack*, Schicksal von Altverträgen, S. 110 unter Hinweis auf Tarifbestimmungen, die Verfahrensrechte enthalten, ähnlich Soergel/*Raab*, BGB, § 613a Rn. 113. Differenzierend hingegen *Schreiber*, RdA 1982, 137, 146, der auch hier darauf abstellt, ob

Diesbezüglich wird vertreten, betriebsverfassungsrechtliche Normen würden lediglich die Rechtsstellung der Organe der betrieblichen Arbeitnehmervertretung, nicht aber Rechte und Pflichten aus Arbeitsverhältnissen regeln.[133] Dieser Auffassung ist nur insoweit zuzustimmen, als sie davon ausgeht, Normen über betriebsverfassungsrechtliche Fragen wendeten sich in erster Linie an den Betriebsrat. Normadressat kann aber auch der Arbeitgeber sein.[134] Es ist danach denkbar, daß dem Arbeitgeber durch die Tarifnorm Pflichten auferlegt werden, die sich auf seine Stellung als Arbeitsvertragspartei beziehen. Für die Weitergeltungsanordnung des § 613a Abs. 1 Satz 2 BGB ist aber nicht Voraussetzung, daß sich aus einer Tarifnorm Rechte und Pflichten sowohl des Arbeitgebers als auch des Arbeitnehmers ergeben. Auch einseitig verpflichtende Normen sind hier erfaßbar. Über eine Weitergeltung dieser Regelungen erhält auch nicht etwa der einzelne Arbeitnehmer einen Anspruch auf Erweiterung der Mitbestimmungsrechte des Betriebsrates.[135] Es geht hier lediglich um eine Verpflichtung des Arbeitgebers, bei Abwicklung des Arbeitsverhältnisses auch die tariflichen Regelungen mit betriebsverfassungsrechtlichem Gegenstand zu beachten. Insoweit kann auch eine betriebsverfassungsrechtliche Tarifnorm Rechte und Pflichten aus einem bestehenden Arbeitsverhältnis i.S.d. § 613a Abs. 1 Satz 2 BGB regeln.

Eine ergänzungsfähige Gesetzeslücke, deren Vorliegen bezweifelt wird[136], ist zur Begründung der Weitergeltung betriebsverfassungsrechtlicher Normen daher nicht erforderlich. Es wird dadurch auch - nicht anders als bei der Weitergeltung der übrigen Tarifnormen, soweit dies nach § 613a Abs. 1 Satz 2 BGB anzunehmen ist - ein nicht tarifgebundener Arbeitnehmer nicht indirekt an den beim Betriebsveräußerer geltenden Tarifvertrag gebunden.[137] Betroffen sind gerade nur die betriebsverfassungsrechtlichen Normen, die Rechte und Pflichten aus dem Arbeitsverhältnis regeln.[138] Insoweit „können" die betriebsverfassungsrechtlichen

---

eine kollektivrechtliche Vorschrift auch als arbeitsvertragliche Regelung ihren Sinn behalten würde.

Gegen eine Weitergeltung betriebsverfassungsrechtlicher Normen *Knigge*, BB 1980, 1272, 1276; *Röder*, DB 1981, 1980, 1981; *Wank*, NZA 1987, 505, 506.

133 RGRK/*Ascheid*, BGB, § 613a Rn. 196; *Beseler*, Betriebsübergang, S. 169, 173; *Boekken*, Unternehmensumwandlungen, Rn. 191, S. 131; *Franzen*, Betriebsinhaberwechsel, S. 176; *Hanau/Vossen*, FS Hilger/Stumpf, S. 271, 290; Soergel/*Raab*, BGB, § 613a Rn. 113; MünchKom/*Schaub*, BGB, § 613a Rn. 155.

134 *Sack*, Schicksal von Altverträgen, S. 110.

135 So aber *Löw*, Betriebsveräußerung, S. 77 f.

136 Vgl. *D. Gaul*, Betriebsübergang, S. 292.

137 So aber *Gussen/Dauck*, Weitergeltung, Rn. 209, S. 141.

138 Vgl. das Beispiel bei *Gamillscheg*, Kollektives Arbeitsrecht, S. 781: Zustimmungsbedürftigkeit der Kündigung des Arbeitsverhältnisses durch den Arbeitgeber. Die betriebsverfassungsrechtliche Norm ist hier gleichzeitig als Beendigungsnorm einzuordnen, die Rechte und Pflichten aus dem Arbeitsverhältnis regelt. Daher geht die

Tarifnormen durchaus auch als Bestandteile des einzelnen Arbeitsverhältnisses weitergelten.[139] Gegen die Fortgeltung betriebsverfassungsrechtlicher Tarifnormen wird im übrigen eingewandt, derartige Bestimmungen müßten betriebseinheitlich gelten, dies sei aber nach § 613a Abs. 1 Satz 2 BGB, der sich nicht auf vom Betriebserwerber neu eingestellte Arbeitnehmer beziehe, nicht gewährleistet.[140] Hierzu ist auf die vorgehenden Ausführungen zur Weitergeltung von Betriebsnormen[141] zu verweisen. Damit bedeutet der Betriebsübergang auch nicht zwangsläufig gleichzeitig das Ende der tarifvertraglichen Veränderung der gesetzlichen Vorgaben des Betriebsverfassungsgesetzes.[142]

Soweit betriebsverfassungsrechtliche Tarifnormen selbst nicht weitergelten, auf der Grundlage dieser Bestimmungen allerdings Betriebsvereinbarungen beim Betriebsveräußerer bereits zustande gekommen sind, behalten diese nach Maßgabe des § 613a Abs. 1 Satz 2 BGB ihre Wirksamkeit.[143] War hingegen die Betriebsvereinbarung im Zeitpunkt des Betriebsübergangs noch nicht abgeschlossen, Betriebsrat und Arbeitgeber im Tarifvertrag aber diesbezüglich ein schuldrechtlicher Regelungsauftrag, eine tarifgerechte Betriebsvereinbarung abzuschließen, erteilt, ist der neue Betriebsinhaber hieran nicht gebunden.[144]

D. Erweiternde Auslegung von § 613a Abs. 1 Satz 2 BGB

Aus den vorstehenden Ausführungen wird deutlich, daß durch § 613a Abs. 1 Satz 2 BGB dem Wortlaut nach nicht alle Normen, die die Tarifvertragsparteien nach § 1 Abs. 1 TVG vereinbaren können, der Weitergeltung bei dem neuen Betriebsinhaber zugeführt werden. Insoweit könnte sich die Notwendigkeit ergeben, § 613a Abs. 1 Satz 2 BGB erweiternd auszulegen, um die Geltung aller Tarifnor-

---

Befürchtung von *Gussen/Dauck*, Weitergeltung, Rn. 209, S. 141 fehl, der Betriebserwerber würde an Tarifnormen gebunden, die keine Arbeitsbedingungen darstellen.

139 Anders dagegen *Hattesen*, HzA, Gruppe 1 Rn. 3373. Vgl. dazu auch die Ausführungen zur Weitergeltung von Betriebsnormen § 7 C I 2b.

140 So *Bauer*, Unternehmensveräußerung, S. 109; *Beseler*, Betriebsübergang, S. 169, 175; *Blank/Blanke u.a.*, Arbeitnehmerschutz, S. 203; *Boecken*, Unternehmensumwandlungen, Rn. 191, S. 131; *B. Gaul*, NZA 1995, 717, 721; *ders.*, ZTR 1995, 387; *Hanau/Vossen*, FS Hilger/Stumpf, S. 271, 290; *Kamlah*, Bestandsschutz, S. 84; Staudinger/*Richardi*, BGB, § 613a Rn. 168; MünchKom/*Schaub*, BGB, § 613a Rn. 155. Auf diese Problematik verweisen auch *Gussen/Dauck*, Weitergeltung, Rn. 208, S. 140 f.

141 Vorstehend § 7 C I.

142 So aber *D. Gaul*, Betriebsübergang, S. 292.

143 *D. Gaul*, Betriebsübergang, S. 292; *Kempen*, BB 1991, 2006, 2009; zustimmend *Kamlah*, Bestandsschutz, S. 85. Vgl. auch *Gussen/Dauck*, Weitergeltung, Rn. 210, S. 141 f.

144 *Kempen*, BB 1991, 2006, 2009; dazu auch *ders.*, AuR 1989, 261, 268.

men nach einem Betriebsübergang zu verwirklichen.[145] Anhaltspunkte für eine erweiternde Auslegung lassen sich lediglich im Hinblick auf Art. 3 Abs. 3 der EG-Richtlinie 77/187/EWG, die durch § 613a Abs. 1 Satz 2 bis 4 BGB umgesetzt werden sollte, finden. Daher ist die Frage zu stellen, ob Art. 3 Abs. 3 der EG-Richtlinie zu einer erweiternden Auslegung des § 613a Abs. 1 Satz 2 BGB zwingt.[146] Dies ist nur dann anzunehmen, wenn diese Bestimmung die Weitergeltung aller tariflich getroffenen Vereinbarungen verlangt.

I. Arbeitsbedingungen i.S.d. Art. 3 Abs. 3 der EG-Richtlinie

Nach Art. 3 Abs. 3 der EG-Richtlinie hat der Erwerber des Betriebes die in einem Kollektivvertrag vereinbarten Arbeitsbedingungen aufrechtzuerhalten, in dem gleichen Maße, wie sie für den Veräußerer vorgesehen waren. Danach kommt es im Hinblick auf die Weitergeltung von Tarifnormen nach § 613a Abs. 1 Satz 2 BGB darauf an, ob alle der in § 1 Abs. 1 TVG aufgeführten Tarifnormen Arbeitsbedingungen im Sinne der Richtlinie regeln. Die Richtlinie selbst enthält keine Definition des verwendeten Begriffs der Arbeitsbedingungen.[147] Daher ist der Begriffsinhalt durch Auslegung zu ermitteln.

1. Grammatische Auslegung

Der Begriff der Arbeitsbedingungen kann unterschiedlich weit verstanden werden.[148] So können als Arbeitsbedingungen bei enger Auslegung nur die Kollektivnormen angesehen werden, die unmittelbar die im Gegenseitigkeitsverhältnis stehenden Leistungen der Arbeitsvertragsparteien betreffen. In erster Linie ginge es dabei um das Arbeitsentgelt sowie Inhalt und Umfang der Arbeitsleistung.[149] Andererseits kann der Begriff der Arbeitsbedingungen auch weiter zu verstehen sein und alle kollektivvertraglichen Bestimmungen erfassen, die von den Parteien des Kollektivvertrages mit Blick auf die Arbeitsverhältnisse im Betrieb vereinbart wurden und daher - wenn auch unter Umständen nur mittelbar - Einfluß auf die Bedingungen der Leistungserbringung durch die Arbeitsvertragsparteien haben können.[150]

---

145 *Röder*, DB 1981, 1980, 1981 schlägt statt dessen eine analoge Anwendung von § 4 Abs. 5 TVG - entsprechend der Veränderungssperre des § 613a Abs. 1 Satz 2 BGB für den Zeitraum eines Jahres - vor.

146 Vgl. *Wollenschläger*, FS Gitter, S. 1067, 1074.

147 *Löw*, Betriebsveräußerung, S. 69.

148 Dazu sowie zum folgenden *v. Alvensleben*, Rechte der Arbeitnehmer, S. 242; *Löw*, Betriebsveräußerung, S. 69 f.

149 *Debong*, EG-Richtlinie, S. 42 f.; so auch *Hanau/Vossen*, FS Hilger/Stumpf, 1983, S. 271, 290 f.

150 *v. Alvensleben*, Rechte der Arbeitnehmer, S. 242 ff.; *Löw*, Betriebsveräußerung, 1992, S. 70 f., 77; *Röder*, DB 1981, 1980, 1981; *Seiter*, DB 1980, 877, 880 f.; *Willemsen*,

Für eine weite Auslegung des Begriffs und die Erfassung aller Kollektivnormen könnte sprechen, daß der Betriebserwerber die kollektivvertraglich geregelten Arbeitsbedingungen im gleichen Maße wie der Veräußerer des Betriebes aufrecht zu erhalten hat.[151] Allerdings ist es nicht zwingend, diese Anordnung als auf den Umfang der Weitergeltung aller Kollektivnormen bezogen zu begreifen. Möglich ist auch, daß lediglich die Weitergeltung der einzelnen Kollektivnorm selbst gegenüber den Verhältnissen beim bisherigen Betriebsinhaber - ohne inhaltliche Veränderung der kollektivvertraglich geregelten Arbeitsbedingungen allein aufgrund des Betriebsüberganges - festgeschrieben werden soll.[152]

2. Systematische Auslegung

Fraglich ist, ob Anhaltspunkte für das Verständnis des Begriffs der Arbeitsbedingungen aus der systematischen Stellung des Art. 3 Abs. 3 innerhalb der EG-Richtlinie gewonnen werden können. Der dieser Vorschrift vorangehende Art. 3 Abs. 1 befaßt sich mit dem Übergang der Rechte und Pflichten aus dem Individualarbeitsvertrag auf den Betriebserwerber. Insoweit könnte gefolgert werden, auch Abs. 3 befasse sich ausschließlich mit der Weitergeltung derjenigen Bestimmungen aus dem Kollektivvertrag, die eben solche Rechte und Pflichten regeln. Es handele sich lediglich um eine Art. 3 Abs. 1 ergänzende Vorschrift.[153] Dies wird weiterhin darauf gestützt, daß in Art. 3 Abs. 4 der Richtlinie bestimmte Rechte der Arbeitnehmer aus dem Anwendungsbereich von Abs. 1 und 3 ausgenommen werden. Daraus, so wird argumentiert, lasse sich nur schließen, daß auch Abs. 3 lediglich individuelle Rechte und Pflichten der Arbeitsvertragsparteien erfassen könne.[154]

Dem wird zu Recht entgegengehalten, allein aus der Reihenfolge der Regelungen könne nicht geschlußfolgert werden, Art. 3 Abs. 3 solle lediglich die Weitergeltungsanordnung des Abs. 1 ergänzen.[155] Die Notwendigkeit einer getrennten Normierung ergibt sich vielmehr daraus, daß kollektivvertraglich geregelte Arbeitsbedingungen nicht schon von Abs. 1 erfaßt werden. Im übrigen handelt es sich um zwei selbständige Regelungen in sich eigenständiger Sachbereiche. Lediglich deren äußere Umstände, die Ordnung der Folgen eines Betriebsübergangs,

---

Anm. zu BAG 26.9.1979, AP Nr. 17 zu § 613a BGB; *Wollenschläger*, FS Gitter, S. 1067, 1074. Dagegen *Bauer*, Unternehmensveräußerung, S. 109.

151 *v. Alvensleben*, Rechte der Arbeitnehmer, S. 242. Ähnlich wohl *Zöllner*, DB 1995, 1401 Fn. 3, wenn er davon ausgeht, die EG-Richtlinie verlange die Aufrechterhaltung der in einem Kollektivvertrag vereinbarten Arbeitsbedingungen ohne gegenständliche Einschränkung.

152 Vgl. insoweit auch *Kamlah*, Bestandsschutz, S. 61.

153 *Debong*, EG-Richtlinie, S. 42 f.

154 *Debong*, EG-Richtlinie, S. 42 f.

155 *Löw*, Betriebsveräußerung, S. 70.

entsprechen sich und rechtfertigen die Bestimmungen innerhalb einer Vorschrift in unmittelbarer Folge. Soweit auf Abs. 4 der Richtlinie Bezug genommen wird, läßt sich aus dem Abschluß gerade der Bindung des Betriebserwerbers an Rechte der Arbeitnehmer auf Leistungen bei Alter, Invalidität oder für Hinterbliebene aus Zusatzversorgungseinrichtungen nur entnehmen, daß nach Abs. 1 und 3 jedenfalls außer diesen Ansprüchen weitere Regelungen gegenüber dem Betriebserwerber weitergelten sollen. Welche dies im einzelnen sind, dafür liefert Abs. 4 jedoch keinen Anhaltspunkt.

3. Teleologische Auslegung

Letztlich ist daher, um den Begriff der Arbeitsbedingungen im Sinne des Art. 3 Abs. 3 der Richtlinie hinreichend zu klären, auf den Zweck dieser Regelung zurückzugreifen. In dieser Hinsicht ist zunächst darauf Bezug zu nehmen, daß Art. 3 bei einem Betriebsübergang die Rechtsposition der Arbeitnehmer erhalten will. Hierfür sind grundsätzlich auch die Regelungen von Bedeutung, die nicht nur die gegenseitigen Rechte und Pflichten der Arbeitsvertragsparteien direkt gestalten, sondern auf das betriebliche Umfeld einwirken. Eine wertungsmäßige Unterscheidung nach dem Grad der Relevanz solcher Regelungen zum Arbeitsverhältnis läßt sich kaum aufstellen. Unter dem Gesichtspunkt eines möglichst weitgehenden Bestandsschutzes zugunsten der Arbeitnehmer müßten tatsächlich als Arbeitsbedingungen im Sinne der Richtlinie alle in einem Kollektivvertrag vereinbarten Normen angesehen werden.

Allerdings muß hier auch ein anderer Aspekt Beachtung finden. Die Aufrechterhaltung der Arbeitsbedingungen bei dem Betriebserwerber sollte so geschehen, daß diesem nicht die Parteistellung des Kollektivvertrages bzw. - bezogen auf das deutsche Recht - die Bindung an den Tarifvertrag ohne diesbezügliche eigene Willensentschließung aufgedrängt werden sollte.[156] Genau dies würde jedoch eintreten, würde man als Arbeitsbedingungen im Sinne der Richtlinie letztlich alle, das konkrete Arbeitsverhältnis auch nur mittelbar betreffende, Kollektivvertragsbestimmungen ansehen. Daher sind in erster Linie nicht erfaßt die Bestandteile des Kollektivvertrages, die die Beziehungen dessen Parteien zueinander bzw. die

[156] Dazu schon § 6 B III, IV. Dennoch will *Kamlah*, Bestandsschutz, S. 63 schlußfolgern, eine endgültige Abkehr von der Idee, den Kollektivvertrag „ohne weiteres" und damit mit seinem gesamten Inhalt im Sinne eines weiten Verständnisses des Begriffs „Arbeitsbedingungen" auf den Betriebserwerber übergehen zu lassen, könne in der Formulierung der EG-Richtlinie, die nur noch die Aufrechterhaltung der Arbeitsbedingungen fordere, nicht gesehen werden. Eine Einschränkung sei danach nur vorzunehmen, soweit Inhalte des Kollektivvertrages sich zur Aufrechterhaltung „schon aus der Natur der Sache heraus" nicht eignen. Er bezieht sich insoweit auf Regelungen zu betrieblichen Fragen und zu Gemeinsamen Einrichtungen der Tarifvertragsparteien.

Beziehungen zwischen Arbeitgeberverband und Mitglied bestimmen.[157] Darüber hinaus soll die Richtlinie ausweislich ihres Titels lediglich Ansprüche von Arbeitnehmern bei einem Betriebsübergang wahren. Dies spricht maßgeblich für eine enge Auslegung von Art. 3 Abs. 3, der nur die Fortgeltung der Kollektivnormen verlangt, die Rechte und Pflichten der Arbeitsvertragsparteien regeln.[158] Durch Kollektivnormen geregelte, aber nicht zu Ansprüchen derart hinreichend rechtlich verfestigte Arbeitsbedingungen sind von der Weitergeltungsforderung der Richtlinie nach ihrer Zwecksetzung nicht betroffen.

In dieser Hinsicht sind im übrigen die Unterschiede zu einer weiten Auslegung dieses Begriffs im Ergebnis nicht sehr groß. Denn das Abstellen auf die Regelung von Rechten und Pflichten der Arbeitsvertragsparteien hat nicht zur Folge, daß die Weitergeltung von Kollektivnormen mit betrieblichem Bezug generell nicht erforderlich wäre, da auch diese Regelungen Rechte und Pflichten aus dem Arbeitsverhältnis normieren können. Insoweit ist die Rechtsposition eines Arbeitnehmers bei einem Betriebsübergang unter Beachtung dieser Maßgabe aber hinreichend geschützt, so daß dem Zweck der Richtlinie diesbezüglich ausreichend Rechnung getragen wird.

II. Auswirkungen für die Auslegung von § 613a Abs. 1 Satz 2 BGB

Die Weitergeltungsanordnung des § 613a Abs. 1 Satz 2 BGB kann aufgrund ihrer individualrechtlichen Konstruktion von vornherein nur solche Kollektivvertragsnormen erfassen, die das Rechtsverhältnis zwischen Arbeitgeber und Arbeitnehmer betreffen und einen Bezug zum Einzelarbeitsverhältnis aufweisen.[159] Denn nur soweit die Tarifnormen ihrem Wesen nach überhaupt zur Transformation in den Individualarbeitsvertrag geeignet sind, kann ihre Weitergeltung nach § 613a Abs. 1 Satz 2 BGB garantiert werden.[160] Insbesondere betriebliche und betriebsverfassungsrechtliche Normen, die dem Schutz der Gesamtbelegschaft dienen, aber keine korrespondierenden Individualansprüche der Arbeitnehmer begründen, können rechtstechnisch über § 613a Abs. 1 Satz 2 BGB keinen Eingang in das Einzelarbeitsverhältnis finden.[161] Aus diesem Grund wird angenommen, hierdurch käme es zu einer Kollision der gemeinschaftsrechtlichen Vorgaben mit der vom Gesetzgeber gewählten individualrechtlichen Form der Weitergeltung tariflicher

---

157 Ebenso *Löw*, Betriebsveräußerung, S. 71. Zur Weitergeltung schuldrechtlicher Tarifbestimmungen nach § 613a Abs. 1 Satz 2 BGB noch § 9.

158 Im Ergebnis ebenso *Debong*, EG-Richtlinie, S. 45; *Gussen/Dauck*, Weitergeltung, Rn. 56, S. 51.

159 *Willemsen*, Anm. zu BAG 26.9.1979, AP Nr. 17 zu § 613a BGB.

160 *Löw*, Betriebsveräußerung, S. 73; *Schreiber*, RdA 1982, 137, 146.

161 *Willemsen*, Anm. zu BAG 26.9.1979, AP Nr. 17 zu § 613a BGB.

Normen.[162] Allerdings zeigen die vorstehenden Ausführungen, daß auch die EG-Richtlinie nur die Aufrechterhaltung derjenigen Kollektivnormen verlangt, die Ansprüche der Arbeitnehmer enthalten. Insoweit bestehen keine Bedenken gegen die Regelung in § 613a Abs. 1 Satz 2 BGB, die auf die tarifliche Regelung von Rechten und Pflichten der Arbeitsvertragsparteien abstellt. Für eine erweiternde Auslegung der Norm besteht insoweit kein Anlaß.

E. Zusammenfassung

§ 613a Abs. 1 Satz 2 i.V.m. Satz 1 BGB ordnet die Weitergeltung nur solcher Rechtsnormen eines Tarifvertrages an, die Rechte und Pflichten aus im Zeitpunkt des Betriebsübergangs bestehenden Arbeitsverhältnissen regeln. Maßgeblich ist damit jeweils der Inhalt der konkreten Bestimmung des Tarifvertrages. Diese Fassung des Gesetzes bedingt, daß nicht pauschal für die einzelnen Normengruppen des § 1 Abs. 1 TVG entschieden werden kann, ob sie von der Weitergeltungsanordnung des § 613a Abs. 1 Satz 2 BGB erfaßt werden. Vielmehr ist allgemein für jede in einem Tarifvertrag enthaltene Rechtsnorm, die über § 1 Abs. 1 TVG von den Tarifvertragsparteien vereinbart werden kann, gesondert zu prüfen, ob Rechte und Pflichten aus dem Arbeitsverhältnis geregelt werden. Nur unter Berücksichtigung dessen kann dem mit § 613a Abs. 1 Satz 2 BGB bezweckten Schutz der Arbeitsbedingungen der Arbeitnehmer nach einem Betriebsübergang hinreichend Rechnung getragen werden. Daraus folgt im besonderen, daß nicht etwa nur Tarifnormen, die den Inhalt von Arbeitsverhältnissen als Inhaltsnormen i.S.d. § 1 Abs. 1 TVG regeln, weitergelten.

Tarifliche Abschlußnormen enthalten regelmäßig Bestimmungen zu Rechten und Pflichten der (unter Umständen erst zukünftigen) Parteien des einzelnen Arbeitsverhältnisses. Sie gelten jedoch nur dann weiter, soweit sie sich auf bei Betriebsübergang bereits bestehende Arbeitsverhältnisse beziehen. Auch dies ist im einzelnen unter Beachtung des Inhaltes der konkreten Tarifnorm zu entscheiden. Zu vorschnell, wenn auch nicht gänzlich von der Hand zu weisen, wird insoweit häufig die Aussage getroffen, Abschlußnormen würden sich nur auf den Neuabschluß von Arbeitsverträgen beziehen und könnten daher nicht von der Weitergeltungsanordnung des § 613a Abs. 1 Satz 2 BGB erfaßt werden. Beendigungsnormen regeln dagegen zumeist den Inhalt bereits bestehender Arbeitsverhältnisse und können damit unproblematisch nach § 613a Abs. 1 Satz 2 BGB weitergelten.

Die Forderung nach der Regelung von Rechten und Pflichten der Arbeitsvertragsparteien ist auch für die Frage nach einer Weitergeltung von betrieblichen und betriebsverfassungsrechtlichen Regelungen maßgebend. Es gelten nur die sog.

---

162 *Kamlah*, Bestandsschutz, S. 89 f.; *Löw*, Betriebsveräußerung, S. 73; *Wollenschläger/Pollert*, ZfA 1996, 547, 576; a.A. im Ergebnis *Debong*, EG-Richtlinie, S. 45; wohl auch GK-KR/*Pfeiffer*, § 613a BGB Rn. 91a.

Doppelnormen nach einem Betriebsübergang weiter. Probleme ergeben sich bei der Beurteilung von tariflichen Regelungen zu betrieblichen und betriebsverfassungsrechtlichen Fragen aus der in § 3 Abs. 2 TVG angeordneten Geltung auch für Arbeitsverhältnisse tariflicher Außenseiter entgegen dem grundsätzlichen Erfordernis beiderseitiger Tarifgebundenheit. Eine Geltung von tariflichen Regelungen gegenüber Arbeitnehmern, die nicht der tarifschließenden Gewerkschaft angehören, kommt nur in Betracht, soweit diese begriffsnotwendig betriebseinheitlich gelten müssen. Die Unterstellung solcher tariflicher Regelungen unter die Weitergeltungsanordnung des § 613a Abs. 1 Satz 2 BGB macht insoweit von vornherein nur dann Sinn, wenn deren betriebseinheitliche Geltung auch nach Betriebsübergang gewahrt werden kann.

Soweit der Anwendungsbereich der Weitergeltungsanordnung des § 613a Abs. 1 Satz 2 BGB unter Beachtung des Inhaltes der konkreten Tarifnorm bestimmt wird, besteht kein Anlaß zu einer erweiternden Auslegung dieser Bestimmung im Hinblick auf Art. 3 Abs. 3 der EG-Richtlinie. Die darin geforderte Aufrechterhaltung der kollektivvertraglich geregelten Arbeitsbedingungen deckt sich begrifflich mit der Weitergeltung von Tarifnormen, die Rechte und Pflichten aus bestehenden Arbeitsverhältnissen regeln.

§ 8 Weitergeltung der Normen über gemeinsame Einrichtungen der Tarifvertragsparteien (§ 4 Abs. 2 TVG)

Im Gegensatz zu den vorstehend behandelten Normen, die die Tarifvertragsparteien nach § 1 Abs. 1 TVG vereinbaren können, nennt das Gesetz Normen über Gemeinsame Einrichtungen erst in § 4 Abs. 2 TVG. Es handelt sich bei diesen Tarifbestimmungen nicht nur um besondere Rechtswirkungen, die den Normen aus § 1 Abs. 1 TVG beigelegt werden können, sondern um eigenständige Regelungsgegenstände.[1] Daher sind die Normen über gemeinsame Einrichtungen der Tarifvertragsparteien gesondert auf eine Weitergeltung nach einem Betriebsübergang hin zu untersuchen.

A. Gemeinsame Einrichtungen der Tarifvertragsparteien

Nach § 4 Abs. 2 TVG können in einem Tarifvertrag Normen über gemeinsame Einrichtungen vereinbart werden. Mit der Schaffung einer solchen Einrichtung verfolgen die Tarifvertragsparteien regelmäßig verschiedene rechtspolitische Ziele, insbesondere die Förderung der Vermögensbildung oder die Unterstützung bei Arbeitslosigkeit.[2] Der mit der gemeinsamen Einrichtung verfolgte Zweck muß aber stets von der Tarifmacht nach Art. 9 Abs. 3 GG - der Regelung von Arbeits- und Wirtschaftsbedingungen - umfaßt sein.[3] Bei den Tarifnormen, die sich mit gemeinsamen Einrichtungen der Tarifvertragsparteien befassen, ist zu unterscheiden zwischen den Bestimmungen, die die Errichtung der gemeinsamen Einrichtung regeln, einerseits und solchen, die das Verhältnis der Einrichtung zu den tarifgebundenen Arbeitnehmern und Arbeitgebern betreffen, andererseits.[4] Diesbezüglich stellen die tariflichen Normen über gemeinsame Einrichtungen eine Besonderheit dar, als sie nicht nur wie die übrigen Tarifnormen die bereits bestehenden Arbeitsverhältnisse ausgestalten, sondern neue Rechtsbeziehungen schaffen.[5] Nach § 4 Abs. 2 TVG gelten, sofern im Tarifvertrag gemeinsame Einrichtungen der Tarifvertragsparteien vorgesehen und geregelt sind, diese Regelungen unmittelbar und zwingend[6] für die Satzung dieser Einrichtung und das

---

[1] *Wiedemann/Stumpf*, TVG, § 1 Rn. 260; anders noch die Vorstellungen bei Schaffung des Tarifvertragsgesetzes, dazu *Herschel*, ZfA 1973, 183, 188.

[2] Vgl. *Wiedemann/Stumpf*, TVG, § 1 Rn. 271.

[3] *Wiedemann/Stumpf*, TVG, § 1 Rn. 273.

[4] *Buchner*, AR-Blattei Tarifvertrag V, B V 1 und 2; *Hueck/Nipperdey*, Arbeitsrecht, Bd. II/1, § 15 VI, S. 298 f.; *Moll*, RdA 1996, 275, 277; MünchKom/Schaub, BGB, § 613a Rn. 152; *Schelp*, FS Nipperdey, Bd. II, S. 579, 588 f.; *Wiedemann/Stumpf*, TVG, § 1 Rn. 272 ff., 285 ff.

[5] *Wiedemann/Stumpf*, TVG, § 1 Rn. 267.

[6] Ausführlich hierzu *Buchner*, AR-Blattei Tarifvertrag V, B V sowie *Zöllner*, RdA 1967, 361 ff.

Verhältnis der Einrichtung zu den tarifgebundenen Arbeitgebern und Arbeitnehmern.

B. Individualrechtliche Weitergeltung nach § 613a Abs. 1 Satz 2 BGB

Nach dem Wortlaut des § 613a Abs. 1 Satz 2 BGB setzt auch die Weitergeltung von Tarifnormen über gemeinsame Einrichtungen der Tarifvertragsparteien voraus, daß hierdurch Rechte und Pflichten aus den Arbeitsverhältnissen der vom Betriebsübergang betroffenen Arbeitnehmer geregelt werden. Für die Entscheidung, ob Tarifnormen über gemeinsame Einrichtungen der Tarifvertragsparteien Rechte und Pflichten aus Arbeitsverhältnissen betreffen, ist auf den Regelungsgehalt dieser Bestimmungen im einzelnen abzustellen.[7]

I. Auswirkungen eines Betriebsübergangs auf die Rechtsverhältnisse zur gemeinsamen Einrichtung

Bevor es jedoch um die mögliche Weitergeltung von Normen über gemeinsame Einrichtungen der Tarifvertragsparteien nach § 613a Abs. 1 Satz 2 BGB geht, soll die Frage geklärt werden, inwieweit sich der Übergang eines Betriebes auf einen nicht an den maßgeblichen Tarifvertrag gebundenen Betriebsinhaber auf die Rechtsverhältnisse der vom Betriebsübergang betroffenen Arbeitnehmer zur gemeinsamen Einrichtung auswirkt.

Die Gemeinsame Einrichtung selbst wird durch den Betriebsinhaberwechsel nicht berührt. Darüber hinaus wird angenommen, daß auch die Rechtsbeziehungen der übernommenen Arbeitnehmer zu ihr nicht berührt würden. Danach könnten die Arbeitnehmer weiterhin Ansprüche gegen die gemeinsame Einrichtung geltend machen.[8] Allerdings ergeben sich daran Zweifel, da der neue Betriebsinhaber im Gegensatz zu den betroffenen Arbeitnehmern - soweit diese Mitglieder der tarifschließenden Gewerkschaft auch nach Betriebsübergang bleiben - nicht selbst tarifgebunden ist. Es kommt daher darauf an, ob die Arbeitnehmer ungeachtet der nur noch vorliegenden einseitigen Tarifgebundenheit Ansprüche gegen die gemeinsame Einrichtung geltend machen können.

---

7 Zu undifferenziert sind daher Auffassungen, die pauschal die Möglichkeit der Weitergeltung von Tarifnormen über Gemeinsame Einrichtungen mit dem Argument verneinen, es handele sich lediglich um die Regelung im Verhältnis der Tarifvertragsparteien zueinander. So aber Erman/*Hanau*, BGB, § 613a Rn. 87; *Kempen/Zachert*, TVG, § 3 Rn. 56; *Löw*, Betriebsveräußerung, S. 75; Staudinger/*Richardi*, BGB, § 613a Rn. 168; MünchArbR/*Wank*, § 120 Rn. 177; *Wank/Brüning*, ZfA 1995, 699, 733. Mißverständlich *Richter*, AuR 1992, 65, 74, nach dem Tarifnormen über Gemeinsame Einrichtungen dann weitergelten können, wenn der Arbeitgeber in alle Rechte und Pflichten gegenüber der gemeinsamen Einrichtung eintritt.

8 So *Gussen/Dauck*, Weitergeltung, Rn. 222, S. 147.

Überwiegend wird für die Rechtsbeziehungen gegenüber der gemeinsamen Einrichtung die beiderseitige Tarifgebundenheit der Arbeitsvertragsparteien gefordert.[9] Sofern angenommen wird, auch einseitige Tarifgebundenheit genüge[10], handelt es sich um die Fälle, in denen ein Tarifvertrag auf die beiderseitige Tarifgebundenheit von Arbeitgeber und Arbeitnehmer verzichtet. Dies solle möglich sein, da das Recht des Arbeitgebers zu verlangen, daß die gemeinsame Einrichtung auch zugunsten nichtorganisierter Beschäftigter errichtet werde, anzuerkennen sei.[11] Insoweit wird aber nur auf die Tarifgebundenheit der Arbeitnehmer verzichtet. Auf die Tarifgebundenheit des Arbeitgebers kann hingegen regelmäßig nicht verzichtet werden, soweit dessen Verpflichtung zu Beitragszahlungen an die gemeinsame Einrichtung begründet wird.[12] Geht ein Betrieb auf einen neuen Betriebsinhaber über, der nicht an die Tarifnormen über gemeinsame Einrichtungen gebunden ist, bedeutet dies damit an sich das Ende der Rechtsbeziehungen zwischen der gemeinsamen Einrichtung und den Arbeitsvertragsparteien. Der neue Betriebsinhaber ist infolge fehlender eigener Tarifgebundenheit nicht zu Beitragsleistungen an die gemeinsame Einrichtung verpflichtet.[13] Da aber zwischen diesen und den Ansprüchen der Arbeitnehmer auf Leistungen der gemeinsamen Einrichtung ein unlösbarer Zusammenhang besteht[14], kommen Ansprüche übernommener Arbeitnehmer gegen die gemeinsame Einrichtung nach dem Betriebsübergang nur in Betracht, soweit diese Tarifnormen auch bei dem Betriebserwerber weitergelten. Selbst wenn für den Erwerb von Ansprüchen gegen die gemeinsame Einrichtung im Einzelfall ausreichend ist, die Wartezeit bei einem Arbeitgeber des maßgebenden Berufszweiges zu erfüllen, droht ansonsten eine Verschlechterung der Rechtsposition der Arbeitnehmer nach dem Betriebsübergang, wenn der nicht tarifgebundene Betriebserwerber nicht dieser Branche angehört.[15]

Daher ist der Argumentation, eine Weitergeltung von Tarifnormen über gemeinsame Einrichtungen bei einem Betriebsübergang sei nicht erforderlich, nicht zu

---

9 Siehe *Ballerstedt*, Referat zum 48. DJT, S. Q 16; *Bötticher*, Gemeinsame Einrichtungen, S. 61; *Löwisch/Rieble*, TVG, § 3 Rn. 68; *Schelp*, FS Nipperdey, Bd. II, S. 579, 600; *Zöllner*, Gutachten zum 48. DJT, S. G 72 ff.

10 Vgl. *Fahrtmann/Hensche*, ArbRGW 9 (1979), S. 95, 99 f.; *Kempen/Zachert*, TVG, § 4 Rn. 157; *Wiedemann*, RdA 1968, 420, 423.

11 *Wiedemann/Stumpf*, TVG, § 1 Rn. 285.

12 *Wiedemann/Stumpf*, TVG, § 1 Rn. 285.

13 BAG 5.10.1993 AP Nr. 42 zu § 1 BetrAVG Zusatzversorgungskassen; RGRK/*Ascheid*, BGB, § 613a Rn. 197; *Carl*, AuA 1993, 293, 295; Soergel/*Raab*, BGB, § 613a Rn. 114.

14 Vgl. BAG 30.7.1985 AP Nr. 13 zu § 1 BetrAVG Zusatzversorgungskassen.

15 Ein Beispiel hierfür sind die Urlaubskassen des Baugewerbes, vgl. *Bötticher*, Gemeinsame Einrichtungen, S. 12; *Wiedemann*, RdA 1968, 420, 422. Dazu auch *Debong*, EG-Richtlinie, S. 46.

folgen, soweit zur Begründung darauf abgestellt wird, daß die Rechtsbeziehungen zur gemeinsamen Einrichtung durch den Betriebsübergang nicht berührt werden und die Arbeitnehmer weiterhin Ansprüche gegen die Einrichtung geltend machen können.[16] Denn soweit der neue Betriebsinhaber keine Beiträge mehr an die gemeinsame Einrichtung erbringt, können auch die Arbeitnehmer keine Leistungen der Einrichtung mehr in Anspruch nehmen. Lediglich die bereits erworbenen Ansprüche gegen die gemeinsame Einrichtung bleiben dem Arbeitnehmer erhalten. Dabei handelt es sich jedoch beispielsweise im Rahmen der Altersvorsorge regelmäßig nur um eine verhältnismäßig geringe und im übrigen statische Versicherungsrente.[17] Dies käme einer faktischen Beendigung des Versorgungsversprechens[18] ab Betriebsübergang gleich und ist mit dem von § 613a BGB angestrebten inhaltlichen Bestandsschutz zugunsten der übernommenen Arbeitnehmer nicht zu vereinbaren.

II. Tarifnormen zu Errichtung und Satzung der gemeinsamen Einrichtung

Sofern die Tarifnormen die Errichtung der gemeinsamen Einrichtung und die Ausgestaltung ihrer Satzung festschreiben, handelt es sich um lediglich schuldrechtliche Verpflichtungen der Tarifvertragsparteien zur Vornahme der entsprechenden Gründungshandlung.[19] Insoweit regelt der Tarifvertrag nicht Rechte und Pflichten aus dem Arbeitsverhältnis, so daß auch eine Weitergeltung im Arbeitsverhältnis nach dem Wortlaut von § 613a Abs. 1 Satz 2 BGB für diese Tarifnormen nicht in Betracht kommt. Da insoweit die Rechtsstellung der Arbeitsvertragsparteien von diesen Bestimmungen nicht berührt wird, ist deren Weitergeltung auch unter dem Gesichtspunkt des inhaltlichen Bestandsschutzes zugunsten der Arbeitnehmer nicht erforderlich.

III. Rechte und Pflichten der Arbeitsvertragsparteien gegenüber der gemeinsamen Einrichtung

Eine andere Beurteilung könnte allenfalls für diejenigen Bestimmungen eines Tarifvertrages angezeigt sein, die das Verhältnis der gemeinsamen Einrichtung zu

---

16 Äußerst fragwürdig erscheint in diesem Zusammenhang der Vorschlag von *Debong*, EG-Richtlinie, S. 46, bei einem Branchenwechsel infolge des Betriebsübergangs die tariflichen Regelungen bzw. die Satzung der Gemeinsamen Einrichtung richtlinienkonform dahingehend auszulegen, daß der Arbeitnehmer - begrenzt auf ein Jahr - so behandelt werden solle, als gehöre auch der neue Betriebsinhaber der betreffenden Branche an.

17 Siehe *J. Schipp*, NZA 1994, 865, 866.

18 Dazu sogleich unter § 8 B III.

19 *Buchner*, AR-Blattei Tarifvertrag V, B V 1a. Vgl. dazu auch MünchArbR/*Löwisch*, § 270 Rn. 18.

den Parteien des Arbeitsvertrages betreffen. Durch diese Tarifnormen wird geregelt, unter welchen Voraussetzungen und in welcher Höhe Leistungen an die gemeinsame Einrichtung erbracht werden müssen bzw. diese auf Leistungen in Anspruch genommen werden kann.[20]

1. Regelung von Rechten und Pflichten aus dem Arbeitsverhältnis

Nach einer früher vertretenen Auffassung wurden die Zahlungen des Arbeitgebers an die gemeinsame Einrichtung generell als Lohnzahlungen mit einer nur geänderten Leistungsrichtung angesehen.[21] Insoweit sollte der Arbeitgeber seine Pflicht zur Lohnzahlung aus dem Arbeitsvertrag erfüllen, wobei der Arbeitnehmer lediglich einen Teil seines Lohnes nicht direkt ausgezahlt erhalte, sondern dieser ihm über den Umweg eines Anspruchs auf Leistung gegen die gemeinsame Einrichtung zukomme. Nach dieser Auffassung müßten die Tarifnormen, die Zahlungspflichten des Arbeitgebers bzw. Leistungsansprüche des Arbeitnehmers begründen, als Regelungen der Rechte und Pflichten aus dem Arbeitsverhältnis verstanden werden. Das Verständnis von der Stellung der gemeinsamen Einrichtung hat sich allerdings insoweit geändert, als deren Aufgabe nunmehr darin gesehen wird, den Arbeitnehmern Ansprüche zu verschaffen, die der einzelne Arbeitgeber aus organisatorischen, psychologischen oder finanziellen Gründen nicht gewähren kann.[22] Es geht daher nicht nur darum, die gemeinsame Einrichtung lediglich als Finanzierungsinstitut in die Beziehungen zwischen Arbeitgeber und Arbeitnehmer einzubringen.[23]

Daraus ist formal zu schlußfolgern, daß auch die tariflichen Bestimmungen, die den Arbeitgeber zur Beitragszahlung an die gemeinsame Einrichtung verpflichten bzw. deren Leistungsverpflichtung gegenüber den Arbeitnehmern regeln, nicht als Regelungen im Verhältnis zwischen Arbeitgeber und Arbeitnehmer angesehen werden können. Für sich genommen betreffen diese Normen nur die Rechtsbeziehungen der gemeinsamen Einrichtung sowohl zum Arbeitgeber als auch zum Arbeitnehmer.[24] Es werden zwar Rechte und Pflichten der Arbeitsvertragsparteien geregelt, allerdings nur solche, die sich gegenüber der gemeinsamen Einrichtung

---

20 *Buchner*, AR-Blattei Tarifvertrag V, B V 2.

21 Vgl. *Ballerstedt*, Referat zum 48. DJT, S. Q 11 ff. Dazu auch *Schelp*, FS Nipperdey, Bd. II, S. 579, 592.

22 *Bötticher*, Gemeinsame Einrichtungen, S. 10 ff.; *Kempen/Zachert*, TVG, § 4 Rn. 140; *Wiedemann*, RdA 1968, 420, 422; *Wiedemann/Stumpf*, TVG, § 1 Rn. 268.

23 *Wiedemann/Stumpf*, TVG, § 1 Rn. 268.

24 *Gussen/Dauck*, Weitergeltung, Rn. 216, S. 144; KassArbR/*Hattesen*, 1.7 Rn. 168; *Kempen/Zachert*, TVG, § 4 Rn. 138; *Löw*, Betriebsveräußerung, S. 75 f.; *Wiedemann/Müller*, Anm. zu BAG 5.10.1993, AP Nr. 42 zu § 1 BetrAVG Zusatzversorgungskassen; *Wiedemann/Stumpf*, TVG, § 1 Rn. 285. So auch *Debong*, EG-Richtlinie, S. 39.

ergeben. Die Finanzierung und Leistungsgewährung der gemeinsamen Einrichtung vollzieht sich aber gerade nicht im Gegenseitigkeitsverhältnis zwischen den Arbeitsvertragsparteien.[25] Es handelt sich vielmehr um rechtlich eigenständige tarifliche Schuldverhältnisse. Die Beziehungen zwischen den Arbeitsvertragsparteien und die Ansprüche, die der Arbeitnehmer gegen die gemeinsame Einrichtung geltend machen kann, hängen insbesondere auch nicht dergestalt voneinander ab, daß die Erfüllungsansprüche in den jeweiligen Rechtsbeziehungen mit Rücksicht auf das jeweils andere Verhältnis durch ein Zurückbehaltungsrecht gehemmt würden.[26] Aus diesem Grund können diese Tarifnormen nicht nach § 613a Abs. 1 Satz 2 BGB weitergelten.[27] Eine Verpflichtung des Betriebserwerbers zur Zahlung von Beiträgen an eine gemeinsame Einrichtung der Tarifvertragsparteien besteht danach nur dann, wenn diese Verpflichtung sich aufgrund eigener Tarifgebundenheit des Betriebserwerbers ergibt.[28] Damit geht einher, daß sich auch nur in diesem Fall Ansprüche des Arbeitnehmers gegen die gemeinsame Einrichtung ergeben können.

2. Bindung des Betriebserwerbers

Obwohl nach dem Wortlaut des § 613a Abs. 1 Satz 2 BGB eine selbständige Weitergeltung von Normen über gemeinsame Einrichtungen nicht in Betracht kommt, kann sich die Geltung derartiger Tarifnormen beim bisherigen Betriebsinhaber auch auf den Erwerber des Betriebes auswirken. So nimmt das Bundesarbeitsgericht im Grundsatz zu Recht an, daß die Normen über gemeinsame Einrichtungen lediglich die Durchführungsform eines vom Arbeitgeber gegebenen Versorgungsversprechens gegenüber den Arbeitnehmern regeln.[29] In dieses Versorgungsversprechen müsse aber der Betriebserwerber eintreten. Dies soll nach Auffassung des Gerichts auch für tarifvertraglich begründete Ansprüche auf Versorgungsleistungen gelten, die über eine gemeinsame Einrichtung der Tarifvertragsparteien erfüllt werden sollen.[30]

---

25 RGRK/*Ascheid*, BGB, § 613a Rn. 197; *Gussen/Dauck*, Weitergeltung, Rn. 221, S. 147; *Moll*, RdA 1996, 275, 277; *ders.*, Brennpunkte des Arbeitsrechts 1996, S. 185, 212; Soergel/*Raab*, BGB, § 613a Rn. 114; *Wiedemann/Stumpf*, TVG, § 1 Rn. 267.

26 *Wiedemann/Stumpf*, TVG, § 1 Rn. 288; *Zöllner*, RdA 1967, 361, 362.

27 *Beisel/Klumpp*, Unternehmenskauf, Rn. 567; *Boecken*, Unternehmensumwandlungen, Rn. 192, S. 132; KassArbR/*Hattesen*, 1.7 Rn. 168; *Löw*, Betriebsveräußerung, S. 75; *Moll*, RdA 1996, 275, 277; *ders.*, Brennpunkte des Arbeitsrechts 1996, S. 185, 212; im Ergebnis ebenso *Debong*, EG-Richtlinie, S. 39; *Kempen/Zachert*, TVG, § 3 Rn. 56; *Hattesen*, HzA, Gruppe 1 Rn. 3374; ErfurtKom/*Preis*, § 613a BGB Rn. 72; *Preis/ Steffan*, FS Kraft, S. 477, 482; *Sack*, Schicksal von Altverträgen, S. 110.

28 *Hattesen*, HzA, Gruppe 1 Rn. 3374.

29 BAG 5.10.1993 AP Nr. 42 zu § 1 BetrAVG Zusatzversorgungskassen.

30 *Moll*, Brennpunkte des Arbeitsrechts 1996, S. 185, 213 weist darauf hin, daß eine Zusatzversorgung als aufrecht zu erhaltende Arbeitsbedingungen insbesondere nicht aus

Sofern der bisherige Arbeitgeber einzelvertraglich den Arbeitnehmern ein derartiges Versorgungsversprechen gegeben hat, tritt der Betriebserwerber in dieses Versprechen in der Tat nach § 613a Abs. 1 Satz 1 BGB ein. Fraglich ist allerdings, ob bereits jede Einbeziehung von gemeinsamen Einrichtungen durch Tarifvertrag ein Versorgungsversprechen des einzelnen Arbeitgebers gegenüber den Arbeitnehmern beinhaltet.[31] Sofern dies anzunehmen wäre, müßten diese Tarifnormen stets auch gleichzeitig als Inhaltsnormen im Sinne des § 1 Abs. 1 TVG angesehen werden, da sie eine Verpflichtung einer Arbeitsvertragspartei enthalten. Aufgabe der gemeinsamen Einrichtung ist es regelmäßig aber gerade, Leistungen zu gewähren, die der einzelne Arbeitgeber selbst nicht erbringen kann.[32] Daher ist die Begründung eines Versorgungsversprechens des einzelnen Arbeitgebers nur unter Beachtung der Umstände des jeweiligen Einzelfalles zu bejahen. So kann dies nur angenommen werden, wenn die gemeinsame Einrichtung Leistungen erbringt, die auch ein Einzelarbeitgeber gewähren müßte oder könnte.[33] Einer solchen Beurteilung steht dann nicht entgegen, daß die gegenüber den Arbeitnehmern zu erbringenden Leistungen durch Zwischenschaltung einer gemeinsamen Einrichtung gerade aus dem einzelnen Arbeitsvertrag und dessen im Gegenseitigkeitsverhältnis stehenden Verpflichtungen der Arbeitsvertragsparteien herausgenommen werden sollten.[34] Denn die Abwicklung von Leistungen über gemeinsame Einrichtungen der Tarifvertragsparteien erfolgt jedenfalls nicht unter Negierung eines in sachlicher Hinsicht bestehenden Zusammenhangs zwischen Arbeitsverhältnis und den Leistungen der Einrichtung.[35] Im übrigen kann die Annahme eines Versorgungsversprechens sachgerecht nicht von dessen Durchführungsform abhängig gemacht werden.[36] Zudem besagt die Schlußfolgerung, auf

---

dem Anwendungsbereich von Art. 3 Abs. 3 der EG-Richtlinie - dazu schon § 7 D I - ausgenommen werden kann.

31 Kritisch *Wiedemann/Müller*, Anm. zu BAG 5.10.1993, AP Nr. 42 zu § 1 BetrAVG Zusatzversorgungskassen, die darauf abstellen, daß der einzelne Arbeitgeber kein Versorgungsversprechen abgegeben habe, sondern dazu durch Tarifvertrag gezwungen worden wäre. Allerdings kann ein solches Versprechen grundsätzlich auch durch Tarifvertrag begründet werden, da Verpflichtungen unabhängig von ihrem Entstehungsgrund bestehen, siehe, wenn auch kritisch, *Moll*, RdA 1996, 275, 278. Kritisch gegenüber der Entscheidung des Bundesarbeitsgerichts auch KassArbR/*Hattesen*, 1.7 Rn. 168 angesichts der besonderen tarifvertraglichen Ausgestaltung der Zusatzversorgung gerade im Baugewerbe.

32 Siehe vorstehend § 8 A.

33 So auch *Kempen*, BB 1991, 2006, 2009; ähnlich *Gussen/Dauck*, Weitergeltung, Rn. 217, S. 145; Soergel/*Raab*, BGB, § 613a Rn. 114. Insoweit ergibt sich eine Parallele zu Betriebs- und betriebsverfassungsrechtlichen Normen, die im Einzelfall auch als Inhaltsnormen angesehen werden können. Dazu vorstehend § 7 C.

34 So aber *Hattesen*, HzA, Gruppe 1 Rn. 3374; *Sack*, Schicksal von Altverträgen, S. 110.

35 Vgl. auch *Schelp*, FS Nipperdey, Bd. II, S. 579, 592.

36 *Moll*, RdA 1996, 275, 278; *ders.*, Brennpunkte des Arbeitsrechts 1996, S. 185, 214.

den Erwerber des Betriebes gehe das Versorgungsversprechen über, noch nichts darüber, wie der neue Betriebsinhaber dieses Versprechen zu erfüllen habe. Daher kann in einem solchen Fall der Betriebserwerber in das Versorgungsversprechen nach § 613a Abs. 1 Satz 2 BGB eintreten.[37]

IV. Rechtliche Umsetzung einer Bindung des Betriebserwerbers

Sofern der neue Betriebsinhaber nach den vorstehenden Grundsätzen in das Versorgungsversprechen eintritt, ist zu klären, wie sich die durch Tarifvertrag festgelegte Durchführungsform der Einbeziehung einer gemeinsamen Einrichtung auf die Verpflichtung des Betriebserwerbers zur Erfüllung des Versorgungsversprechens auswirkt.

1. Einbeziehung gemeinsamer Einrichtungen gegenüber dem Betriebserwerber

Fraglich erscheint, ob der neue Betriebsinhaber bei Erfüllung des Versorgungsversprechens gänzlich an die tariflich vorgesehene Durchführungsform gebunden werden kann. Danach wäre er verpflichtet, Beiträge an die gemeinsame Einrichtung zu entrichten, so daß den betroffenen Arbeitnehmer bei Erfüllen der übrigen Voraussetzungen auch weiterhin ein Anspruch gegen die gemeinsame Einrichtung zustünde. Dem wird allerdings entgegengehalten, dies hätte das Eintreten des Betriebserwerbers in die Rechtsstellung eines selbst tarifgebundenen Arbeitgebers zur Folge, so daß über den Umweg individualrechtlicher Weitergeltung eine „spezielle Tarifbindung" des neuen Betriebsinhabers geschaffen werde.[38] Eine derartige Bindung sei aber mit der negativen Koalitionsfreiheit des Betriebserwerbers nicht vereinbar, da er als nicht tarifgebundener Arbeitgeber Leistungen an eine Einrichtung erbringen müßte, die von den Tarifvertragsparteien gegründet und verwaltet wird.[39]

---

37 Im Ergebnis ebenso *Blank/Blanke u.a.*, Arbeitnehmerschutz, S. 203; *B. Gaul*, ZTR 1995, 387, 389; *Kempen*, BB 1991, 2006, 2009; *Moll*, RdA 1996, 275, 278; *Preis/Steffan*, FS Kraft, S. 477, 482; MünchKom/*Schaub*, BGB, § 613a Rn. 157; *ders.*, WiB 1996, 97, 101. Erman/*Hanau*, BGB, § 613a Rn. 87 und *Hanau/Vossen*, FS Hilger/Stumpf, S. 271, 291 sehen darin die Möglichkeit einer modifizierten Weitergeltung von Tarifnormen über gemeinsame Einrichtungen. Damit wird jedoch nicht deutlich gemacht, daß in der Sache gerade nicht die Tarifnormen über gemeinsame Einrichtungen weitergelten, sondern es darum geht, daß das Versorgungsversprechen gegenüber den Arbeitnehmern auch von dem neuen Betriebsinhaber zu erfüllen ist.

38 Vgl. *Beseler*, Betriebsübergang, S. 169, 176; *Däubler*, Tarifvertragsrecht, Rn. 1542, S. 642; *Franzen*, Betriebsinhaberwechsel, S. 176 f.; *Gussen/Dauck*, Weitergeltung, Rn. 220, S. 146; *Hanau/Vossen*, FS Hilger/Stumpf, S. 271, 291; *Moll*, RdA 1996, 275, 277; MünchKom/*Schaub*, BGB, § 613a Rn. 157.

39 *Gussen/Dauck*, Weitergeltung, Rn. 220, S. 146.

Der Betriebserwerber ist nach § 613a Abs. 1 Satz 2 BGB an das tarifliche Versorgungsversprechen gebunden. Dieses Versorgungsversprechen gilt damit als Bestandteil des einzelnen Arbeitsvertrages fort. Insoweit kommt aber auch hier nur eine einzelvertragliche Bindung des Betriebserwerbers an die Erfüllung des Versprechens mittels einer gemeinsamen Einrichtung der Tarifvertragsparteien in Betracht. Allerdings erscheint fraglich, ob eine derartige Bindung des neuen Betriebsinhabers auf individualrechtlicher Grundlage tatsächlich geeignet ist, dessen negative Koalitionsfreiheit zu beeinträchtigen. Dies kann nicht mit einer der kollektivrechtlichen - nur scheinbar - gleichen Bindung des Betriebserwerbers an die Tarifnormen über gemeinsame Einrichtungen begründet werden. Denn um die gleiche Konstellation geht es auch bei der individualrechtlichen Weitergeltung der übrigen Tarifnormen. Dabei wird die Weitergeltung der Tarifnormen als Bestandteile des Individualarbeitsvertrages gerade als Weg zur Vermeidung einer Beeinträchtigung der verfassungsmäßigen Rechte des neuen Betriebsinhabers gesehen.[40]

Dies gilt aber nur im Hinblick auf die Weitergeltung lediglich derjenigen Tarifnormen, die Rechte und Pflichten aus dem Arbeitsverhältnis regeln. Gerade an diesem Punkt hat auch die Begründung für die Ablehnung einer so weitgehenden Bindung des Betriebserwerbers anzusetzen. Denn vorstehend wurde festgestellt, daß Normen über gemeinsame Einrichtungen selbst eben nicht Rechte und Pflichten aus dem Arbeitsverhältnis regeln. Eine derartige Bindung des Betriebserwerbers auch an die Einbeziehung der gemeinsamen Einrichtung hätte jedoch die gleichen Folgen wie eine formal-juristische Anwendung des § 613a Abs. 1 Satz 2 BGB. Der neue Betriebsinhaber wäre damit aus dem Arbeitsvertrag verpflichtet, Beiträge an die gemeinsame Einrichtung zu entrichten, so daß die betroffenen Arbeitnehmer bei Erfüllen der übrigen Voraussetzungen einen Anspruch gegenüber der Einrichtung geltend machen können. Diese Einschränkung der Weitergeltungsanordnung für Tarifnormen wird umgangen, wenn der Betriebserwerber als verpflichtet angesehen wird, sich auch hinsichtlich der Durchführung des Versorgungsversprechens an die Regelung der Tarifvertragsparteien zu halten.

Die direkte Bindung des Betriebserwerbers an die Einbeziehung der gemeinsamen Einrichtung ist im übrigen auch unter einem weiteren Gesichtspunkt problematisch. Gemeinsame Einrichtungen nehmen prinzipiell nur Verbandsmitglieder auf, d.h. es gibt keine „freiwillige" im Sinne einer gewillkürten Zugehörigkeit.[41] Für den nicht tarifgebundenen Betriebserwerber besteht daher aus rechtlicher Sicht regelmäßig gar keine Möglichkeit, sich dieser Einrichtungen zu bedienen, um den übernommenen Arbeitnehmern die Leistungen der gemeinsamen Einrich-

---

40 Dazu schon vorstehend § 6 B III.

41 *Kempen*, BB 1991, 2006, 2009. Vgl. auch *Schuster/Beckerle*, NZA 1985, 16, 18.

tung wie bisher zu erhalten. Dies wird besonders deutlich am Beispiel der Privatisierung vormals öffentlicher Unternehmen. Im öffentlichen Dienst besteht eine Zusatzversorgung der Arbeitnehmer, die betriebliche Altersversorgung betreffend.[42] Maßgebend ist der Tarifvertrag über die Versorgung der Arbeitnehmer des Bundes und der Länder sowie von Arbeitnehmern kommunaler Verwaltungen und Betriebe vom 4. 11. 1966.[43] Dem öffentlichen Arbeitgeber ist danach die Versicherung der Arbeitnehmer bei der Versorgungsanstalt des Bundes und der Länder (VBL) möglich. Demgegenüber steht einem privaten Arbeitgeber nach § 19 Abs. 2 und 4 der Satzung der VBL[44] dieser Weg nur dann offen, wenn in dessen Betrieb das für Bund und Länder geltende Tarifrecht oder eines mit wesentlich gleichem Inhalt angewendet wird. Darüber hinaus ist nach den hierzu ergangenen Ausführungsbestimmungen erforderlich, daß durch juristische Personen des öffentlichen Rechts maßgeblicher Einfluß auf die unternehmerische Tätigkeit ausgeübt wird, öffentliche Aufgaben wahrgenommen und eine bestimmte Anzahl von Arbeitnehmern beschäftigt werden, die bei der Versorgungsanstalt versichert werden können.[45] Dies führt dazu, daß der private Arbeitgeber, der einen Betrieb aus öffentlicher Hand übernimmt, nach geltendem Satzungsrecht kaum Beteiligter der Versorgungsanstalt des Bundes und der Länder zu werden vermag, um den Arbeitnehmern weiterhin für den Versorgungsfall die entsprechenden Leistungen zu sichern. Das gleiche Problem zeigt sich auch darin, daß durch eine Bezugnahmeklausel im einzelnen Arbeitsvertrag die satzungsmäßigen Voraussetzungen für eine Mitgliedschaft in der gemeinsamen Einrichtung nicht umgangen werden können.[46]

Ist dem neuen Betriebsinhaber derart die Mitgliedschaft in der gemeinsamen Einrichtung zur Erfüllung des auf ihn übergegangenen Versorgungsversprechens nicht möglich, ist daran zu denken, daß er wegen Unmöglichkeit von dieser Verpflichtung befreit würde. Dem steht aber entgegen, daß die Einbeziehung der gemeinsamen Einrichtung lediglich eine Form der Erfüllung des Versorgungsver-

---

42 Vgl. hierzu *B. Gaul*, ZTR 1995, 387, 389; *Schaub*, WiB 1996, 97, 101; *J. Schipp*, NZA 1994, 865, 866; *Schipp/Schipp*, Arbeitsrecht und Privatisierung, S. 34 ff. Ähnlich auch die Probleme im Zusammenhang mit der Zusatzversorgung im Baugewerbe, vgl. *Bachner*, AiB 1996, 291, 304.

43 GMBl. S. 627. Abgedruckt in *Bretschneider/Kiefer*, Das Tarifrecht im öffentlichen Dienst, Gruppe T9/ 1a.

44 Abgedruckt in *Bretschneider/Kiefer*, Das Tarifrecht im öffentlichen Dienst, Gruppe T9/ 10.

45 *B. Gaul*, ZTR 1995, 387, 389.

46 Vgl. BAG 29.7.1986 AP Nr. 16 zu § 1 BetrAVG Zusatzversorgungskassen sowie *D. Gaul*, ZTR 1993, 355, 357.

sprechens darstellt. Daher ist ein gänzlicher Wegfall der Versorgungsverpflichtung wegen Unmöglichkeit nicht anzunehmen.[47]

2. Erbringung gleichwertiger Leistungen durch den neuen Betriebsinhaber

Sofern danach der neue Betriebsinhaber aus rechtlichen Gründen nicht verpflichtet werden kann, durch Beitragsleistungen an die gemeinsame Einrichtung den übernommenen Arbeitnehmern gegenüber das Versorgungsversprechen zu erfüllen, kommt in Betracht, daß der Betriebserwerber auf andere Art und Weise die Versorgung der Arbeitnehmer sichern muß. So könnte der neue Betriebsinhaber als verpflichtet angesehen werden, die durch die gemeinsame Einrichtung vorgesehenen Leistungen gegenüber den Arbeitnehmern selbst zu erbringen.[48]

Hiergegen wird eingewandt, eine derartige Verpflichtung des neuen Arbeitgebers würde über die Intention des § 613a Abs. 1 Satz 2 BGB hinausgehen, da damit nicht nur ein Bestandsschutz verbunden sei. Indem dem Arbeitnehmer ein arbeitsvertraglicher Anspruch gegen den Betriebserwerber innerhalb des Gegenseitigkeitsverhältnisses der Arbeitsvertragsparteien zugestanden wird, könne der Arbeitnehmer nunmehr ein Zurückbehaltungsrecht gegenüber dem Arbeitgeber geltend machen, wenn dieser seine Verpflichtung nicht erfüllt.[49] Dieser Auffassung ist zuzugeben, daß in der Tat der vor Betriebsübergang in Frage stehende Anspruch der gemeinsamen Einrichtung nicht über ein Zurückbehaltungsrecht mit dessen Leistungspflicht gegenüber dem Arbeitgeber verbunden ist. Die geäußerten Bedenken ließen sich aber insoweit ausräumen, als zwar dem Arbeitnehmer ein vertraglicher Anspruch gegen den Arbeitgeber zugestanden werden könnte, der mit der Verpflichtung zur Arbeitsleistung jedoch nicht über ein Zurückbehaltungsrecht verknüpft wird.

---

47 BAG 5.10.1993 AP Nr. 42 zu § 1 BetrAVG Zusatzversorgungskassen. Zustimmend *B. Gaul*, ZTR 1995, 387, 389.

48 BAG 5.10.1993 AP Nr. 42 zu § 1 BetrAVG Zusatzversorgungskassen. Ebenso aus der Literatur RGRK/*Ascheid*, BGB, § 613a Rn. 197; *Bachner*, AiB 1996, 291, 304; *Blank/Blanke u.a.*, Arbeitnehmerschutz, S. 203; *Däubler*, Tarifvertragsrecht, Rn. 1542, S. 642 f.; *Franzen*, Betriebsinhaberwechsel, S. 177; *Gamillscheg*, Kollektives Arbeitsrecht, S. 781; *B. Gaul*, ZTR 1995, 387, 389; *Hanau/Vossen*, FS Hilger/Stumpf, S. 271, 291; *Kempen*, BB 1991, 2006, 2009; *Moll*, Brennpunkte des Arbeitsrechts 1996, S. 185, 214; ErfurtKom/*Preis*, § 613a BGB Rn. 72; Soergel/*Raab*, BGB, § 613a Rn. 114; MünchKom/*Schaub*, BGB, § 613a Rn. 157; *ders.*, WiB 1996, 97, 101; *Schuster/Beckerle*, NZA 1985, 16, 18. So im Ergebnis wohl auch *Kamlah*, Bestandsschutz, S. 86, nach dem der neue Betriebsinhaber außerhalb des § 613a Abs. 1 Satz 2 BGB gehalten bleibe, „die Errungenschaften der Gemeinsamen Einrichtung aufrecht zu erhalten".
Vgl. weiter BAG 23.2.1988 AP Nr. 18 zu § 1 BetrAVG Zusatzversorgungskassen; BAG 22.3.1988 AP Nr. 17 zu § 18 BetrAVG.

49 *Gussen/Dauck*, Weitergeltung, Rn. 221, S. 146 f.

In Frage zu stellen ist die Verpflichtung des Betriebserwerbers, dieselben Leistungen an die Arbeitnehmer selbst zu erbringen, wie sie von der gemeinsamen Einrichtung erbracht worden wären, vielmehr unter einem anderen Gesichtspunkt. Gegenüberzustellen sind die Verpflichtung des bisherigen Arbeitgebers, Beiträge an eine gemeinsame Einrichtung zu zahlen, und die Verpflichtung des Betriebserwerbers, die Leistungen der gemeinsamen Einrichtung direkt gegenüber den Arbeitnehmern zu erbringen. Hier wird deutlich, daß es sich zwar jeweils um der Sache nach gleichartige (weil Zahlungs-) Verpflichtungen handelt. Dennoch wird vertreten, es handele sich um eine dem Charakter nach andere Inanspruchnahme des neuen Betriebsinhabers.[50] Eine direkte Zahlungsverpflichtung gegenüber dem Arbeitnehmer beinhalte regelmäßig ein „Mehr" an Leistung gegenüber einer bloßen Beitragsverpflichtung.[51] Aus diesem Grund könne die Pflicht des neuen Betriebsinhabers nur soweit gehen, mit dem Zahlungsaufwand, der für Beitragsleistungen eines tarifgebundenen Arbeitgebers an die gemeinsame Einrichtung hätte erbracht werden müssen, das dem Arbeitnehmer gegenüber bestehende Versorgungsversprechen auf anderem Wege zu erfüllen. Dies beinhalte, mit diesen Beiträgen Versicherungsleistungen zugunsten der Arbeitnehmer zu erkaufen, unabhängig von der Höhe dieser Leistungen.[52] Ein direkter Zahlungsanspruch des Arbeitnehmers gegen den Arbeitgeber kommt danach nicht in Betracht. Diese Auffassung hat den Vorteil, daß die Verpflichtung des Betriebserwerbers der Höhe nach auf die vom Veräußerer aufzuwendenden Beträge begrenzt bleibt. Allerdings entsteht eine Lücke im Bestandsschutz, soweit dem neuen Betriebsinhaber die Versicherung der Arbeitnehmer auch über eine andere gemeinsame Einrichtung nicht möglich ist, da das Bestehen einer solchen anderweitigen Versicherungsmöglichkeit vorausgesetzt wird. Daher muß, soweit diese Möglichkeit nicht besteht, auch ein direkter Zahlungsanspruch der Arbeitnehmer gegen den Betriebserwerber angenommen werden. Allerdings hat eine Begrenzung dessen Verpflichtung auf die Höhe der zu entrichtenden Beiträge zu erfolgen.[53]

---

50 *Moll*, RdA 1996, 275, 278; *Wiedemann/Müller*, Anm. zu BAG 5.10.1993, AP Nr. 42 zu § 1 BetrAVG Zusatzversorgungskassen.

51 *Moll*, RdA 1996, 275, 278; *Wiedemann/Müller*, Anm. zu BAG 5.10.1993, AP Nr. 42 zu § 1 BetrAVG Zusatzversorgungskassen.

52 *Moll*, RdA 1996, 275, 278. Anders hingegen *Wiedemann/Müller*, Anm. zu BAG 5.10.1993, AP Nr. 42 zu § 1 BetrAVG Zusatzversorgungskassen, die mit der gleichen Begründung eine Beschränkung der Verpflichtung des Betriebserwerbers auf die im Zeitpunkt des Übergangs bereits bestehenden Ansprüche der Arbeitnehmer annehmen.

53 Ebenso im Ergebnis Soergel/*Raab*, BGB, § 613a Rn. 114, nach dem der Betriebserwerber zu einer gleichwertigen individualrechtlichen Zusage verpflichtet werde, die der Höhe der bisher an die gemeinsame Einrichtung zu leistenden Beiträge entspricht.

C. Zusammenfassung

Tarifnormen über Gemeinsame Einrichtungen der Tarifvertragsparteien nach § 4 Abs. 2 TVG werden von der Weitergeltungsanordnung des § 613a Abs. 1 Satz 2 BGB erfaßt, soweit durch sie Rechte und Pflichten der Arbeitsvertragsparteien geregelt werden. Insoweit kommt es darauf an, ob diese Tarifnormen neben der Vereinbarung der Durchführungsform für die Erbringung von Leistungen über eine Gemeinsame Einrichtung auch das damit zu erfüllende Versorgungsversprechen des Arbeitgebers enthalten. Nur an dieses Versorgungsversprechen wird der neue Betriebsinhaber über § 613a Abs. 1 Satz 2 BGB gebunden. Hingegen entsteht keine Bindung des Betriebserwerbers an die diesbezügliche Durchführungsform der Erbringung von Leistungen über die Einbeziehung einer Gemeinsamen Einrichtung, er hat lediglich gleichwertige Leistungen zur Erfüllung des Versorgungsversprechens nach Übernahme des Betriebes sicherzustellen. Hierzu kann, muß er sich aber nicht einer Gemeinsamen Einrichtung von Tarifvertragsparteien bedienen. Erbringt der Betriebserwerber die Leistungen selbst, ist seine Verpflichtung in der Höhe auf den Betrag beschränkt, den er für die Sicherstellung von Leistungen durch eine Gemeinsame Einrichtung hätte aufwenden müssen.

§ 9 Weitergeltung des schuldrechtlichen Teils des Tarifvertrages

§ 1 Abs. 1 TVG unterscheidet zwischen der Regelung von Rechten und Pflichten der Tarifvertragsparteien sowie Regelungen, die das einzelne Arbeitsverhältnis betreffen oder betriebliche bzw. betriebsverfassungsrechtliche Fragen regeln. Nur letzteren Bestimmungen wird durch § 4 Abs. 1 TVG als Rechtsnormen auch die unmittelbare und zwingende Wirkung auf die Arbeitsverhältnisse verliehen. Hingegen wirken die Regelungen über die Rechte und Pflichten der Tarifvertragsparteien nur schuldrechtlich zwischen ihnen. Fraglich ist, inwieweit die Weitergeltung dieser Bestimmungen nach § 613a Abs. 1 Satz 2 BGB in Betracht kommt.

A. Regelungsinhalte

Der schuldrechtliche Teil eines Tarifvertrages kann sowohl den übrigen Tarifnormen dienende als auch diese ersetzende Bestimmungen enthalten.[1] In diesen Regelungen können die Tarifvertragsparteien eigene Pflichten sowie Einwirkungspflichten begründen oder ausgestalten.[2]

Als schuldrechtliche Verpflichtungen der Tarifvertragsparteien, die den übrigen Tarifnormen zu dienen bestimmt sind, sind in erster Linie die Friedenspflicht und die Durchsetzungspflicht zu nennen. Beide Verpflichtungen sollen gewährleisten, daß die Vertragsparteien den tariflichen Vertragszweck, die Regelung der Arbeits- und Wirtschaftsbedingungen, nicht gefährden oder beeinträchtigen. Sie sind dem Tarifvertrag seinem Wesen nach immanent und müssen daher nicht ausdrücklich im Tarifvertrag vereinbart, können aber auch nicht gänzlich abbedungen werden.[3]

Die Friedenspflicht untersagt den Tarifvertragsparteien zum einen, während der Laufzeit des Tarifvertrages gegen diesen einen Arbeitskampf zu führen oder zu einem solchen aufzurufen. Zum anderen sind die Tarifvertragsparteien aus dem Tarifvertrag verpflichtet, mit verbandsrechtlichen Mitteln gegen die Mitglieder vorzugehen, die während der Laufzeit des Tarifvertrages von sich aus Kampfmaßnahmen gegen diesen einleiten.[4] Im Rahmen der Durchführungspflicht sind

---

1 Vgl. MünchArbR/*Löwisch*, § 246 Rn. 33 ff., 45 ff.

2 Siehe *Hueck/Nipperdey*, Arbeitsrecht, Bd. II/1, § 16 I 2, S. 303 f.; *Nikisch*, Arbeitsrecht, Bd. 2, § 75 I 4, S. 326.

3 *Hueck/Nipperdey*, Arbeitsrecht, Bd. II/1, § 16 I 3, S. 304; MünchArbR/*Löwisch*, § 246 Rn. 34; *Nikisch*, Arbeitsrecht, Bd. 2, § 75 I 1, S. 324 f.; *Wiedemann/Stumpf*, TVG, § 1 Rn. 320, 324, 357.

4 Vgl. *Hueck/Nipperdey*, Arbeitsrecht, Bd. II/1, § 16 II, S. 305 ff.; MünchArbR/*Löwisch*, § 270 Rn. 1 ff.; *Löwisch/Rieble*, TVG, § 1 Rn. 271 ff.; *Nikisch*, Arbeitsrecht, Bd. 2, § 75 II, S. 329 ff.; *Wiedemann/Stumpf*, TVG, § 1 Rn. 323 ff.

die Tarifvertragsparteien dazu angehalten, alles für die Umsetzung des Tarifvertrages zu tun. Danach kann jede Tarifvertragspartei von der jeweils anderen Seite sowohl verlangen, daß sie selbst jedes tarifwidrige Verhalten unterläßt, als auch, daß sie auf ihre Mitglieder mit verbandsrechtlichen Mitteln dahingehend einwirkt, daß diese die mit normativer Wirkung vereinbarten Tarifnormen einhalten.[5] Die Einwirkung des Verbandes auf seine Mitglieder kann mit den satzungsmäßig zur Verfügung gestellten Mitteln geschehen. Dies setzt aber voraus, daß das einzelne Mitglied den Anordnungen des Verbandes nachzukommen verpflichtet ist.[6] Auch dies gewährleistet der Tarifvertrag, der damit neben den Verhältnissen der Tarifvertrags- und Arbeitsvertragsparteien zueinander auch das Innenverhältnis zwischen den Verbänden und ihren Mitgliedern gestaltet.

Neben diesen Verpflichtungen können im schuldrechtlichen Teil des Tarifvertrages auch Bestimmungen vereinbart werden, die die Rechtsnormen nach § 1 Abs. 1 TVG ersetzen. Die Tarifvertragsparteien können insoweit die Sachbereiche des § 1 Abs. 1 TVG - statt durch Rechtsnormen mit normativer Wirkung nach § 4 Abs. 1 TVG - im Rahmen der ihnen zustehenden Vertragsfreiheit auch lediglich schuldrechtlich regeln.[7] Sie müssen von der ihnen übertragenen Normsetzungsbefugnis keinen Gebrauch machen.[8] So können alle Arbeitsbedingungen schuldrechtlich vereinbart werden, denen keine normative Wirkung beigelegt werden soll.[9] Derartige Vereinbarungen können in ihrem Inhalt auch weitergehen als die normativen Regelungen des Tarifvertrages.[10] Die Umsetzung solcher schuldrechtlicher Vereinbarungen kann über Durchführungspflichten im Rahmen der Verbandsgewalt vorgesehen werden.[11] Dadurch verpflichten sich die Tarifvertragsparteien, ihre Mitglieder zur Einhaltung der getroffenen Vereinbarung anzuhalten.

---

5 Im Einzelnen *Hueck/Nipperdey*, Arbeitsrecht, Bd. II/1, § 16 III 3, S. 331 ff.; MünchArbR/*Löwisch*, § 270 Rn. 14 ff.; *Löwisch/Rieble*, TVG, § 1 Rn. 282 ff.; *Nikisch*, Arbeitsrecht, Bd. 2, § 75 III, S. 338 ff.; *Wiedemann/Stumpf*, TVG, § 1 Rn. 349 ff.

6 *Nikisch*, Arbeitsrecht, Bd. 2, § 75 I 4, S. 327.

7 MünchArbR/*Löwisch*, § 246 Rn. 13; *Löwisch/Rieble*, TVG, § 1 Rn. 267; *Wiedemann/Stumpf*, TVG, § 1 Rn. 321.

8 Vgl. MünchArbR/*Löwisch*, § 246 Rn. 13. Allerdings weisen *Hueck/Nipperdey*, Arbeitsrecht, Bd. II/1, § 16 III 2, S. 330 zu Recht darauf hin, daß die Annahme einer rein schuldrechtlichen Regelung hinsichtlich von Vereinbarungen, die auch mit normativer Wirkung hätten vereinbart werden können, nur dann gerechtfertigt ist, wenn sich dies eindeutig aus dem Tarifvertrag ergibt.

9 *Gamillscheg*, Kollektives Arbeitsrecht, Bd. 1, S. 625.

10 BAG GrS 29.11.1967 AP Nr. 13 zu Art. 9 GG. Auch *Gamillscheg*, Kollektives Arbeitsrecht, Bd. 1, S. 627 verweist darauf, daß es keinen Grundsatz gebe, nach dem schuldrechtlich nur vereinbart werden könne, was auch normativ bestimmt werden könne.

11 Vgl. *Löwisch/Rieble*, TVG, § 1 Rn. 304 f. Nach Auffassung von *Gamillscheg*, Kollektives Arbeitsrecht, Bd. 1, S. 629 spielt jedoch die Durchführungspflicht in Bezug auf

B. Weitergeltung nach § 613a Abs. 1 Satz 2 BGB

Die Weitergeltung des schuldrechtlichen Teils des Tarifvertrages nach § 613a Abs. 1 Satz 2 BGB ist durchaus zweifelhaft. Nach dem Wortlaut der Bestimmung gelten in Tarifverträgen enthaltene Rechtsnormen bei dem neuen Betriebsinhaber weiter. Rechtsnormqualität besitzen nach den §§ 1 Abs. 1 und 4 Abs. 1 TVG nur die tariflichen Bestimmungen, die Inhalt, Abschluß und Beendigung von Arbeitsverhältnissen sowie betriebliche und betriebsverfassungsrechtliche Fragen regeln. Dem stehen die Tarifregelungen zu Rechten und Pflichten der Tarifvertragsparteien gegenüber. Demgemäß werden diese Regelungen des schuldrechtlichen Teils nach dem Wortlaut des § 613a Abs. 1 Satz 2 BGB von der Weitergeltungsanordnung nicht erfaßt.[12] Eine erweiternde Auslegung des § 613a Abs. 1 Satz 2 BGB kommt angesichts des dahingehend eindeutigen Wortlauts nicht in Betracht, um die Weitergeltung schuldrechtlicher Tarifbestimmungen zu begründen.[13]

C. Weitergeltung nach § 613a Abs. 1 Satz 2 BGB analog

Fraglich ist, ob die schuldrechtlichen Regelungen eines Tarifvertrages in analoger Anwendung des § 613a Abs. 1 Satz 2 BGB gegenüber dem neuen Betriebsinhaber Wirkungen entfalten können.[14]

---

einen Firmentarifvertrag, soweit es um die Vertragserfüllung des Arbeitgebers geht, eine eher geringe Rolle.

12 RGRK/*Ascheid*, BGB, § 613a Rn. 190; *Beisel/Klumpp*, Unternehmenskauf, Rn. 568; *Debong*, EG-Richtlinie, S. 39; *D. Gaul*, Betriebsübergang, S. 293; Erman/*Hanau*, BGB, § 613a Rn. 88; KassArbR/*Hattesen*, 1.7 Rn. 167; *Kania*, DB 1994, 529, 530; *Kittner/Trittin*, Kündigungsschutzrecht, § 613a BGB Rn. 191; *Löw*, Betriebsveräußerung, S. 74; *Lorenz*, DB 1980, 1745, 1747; *Schaub*, ArbRGW 18 (1981), 71, 79. Im Ergebnis so auch *Boecken*, Unternehmensumwandlungen, Rn. 191, S. 131; *Däubler*, Tarifvertragsrecht, Rn. 1536, S. 640; *Gamillscheg*, Kollektives Arbeitsrecht, S. 778; *Gussen/Dauck*, Weitergeltung, Rn. 223, S. 148; *Kempen/Zachert*, TVG, § 3 Rn. 56; *Hanau/Vossen*, FS Hilger/Stumpf, S. 271, 291; *Hattesen*, HzA, Gruppe 1 Rn. 3371; *Hess/Knörig*, Arbeitsrecht, Rn. 78; *Knigge*, BB 1980, 1272, 1276; *Löw*, Betriebsveräußerung, S. 75; Staudinger/*Richardi*, BGB, § 613a Rn. 167; MünchKom/*Schaub*, BGB, § 613a Rn. 149; *ders.*, Arbeitsrechtshandbuch, S. 710; *ders.*, ZiP 1984, 272, 278; *Seiter*, Betriebsinhaberwechsel, S. 93; MünchArbR/*Wank*, § 120 Rn. 177; *Wank/Brüning*, ZfA 1995, 699, 733; *Willemsen*, Anm. zu BAG 26.9.1979, AP Nr. 17 zu § 613a BGB; *Wollenschläger*, FS Gitter, S. 1067, 1074.

13 Ebenfalls gegen die Möglichkeit einer diesbezüglich erweiternden Auslegung *Gussen/Dauck*, Weitergeltung, Rn. 223, S. 148. *Hüper*, Betrieb, S. 62 spricht zwar von erweiternder Auslegung des § 613a Abs. 1 Satz 2 BGB, wendet die Vorschrift aber in der Sache analog an. Dazu sogleich.

14 Die Grenze zwischen erweiternder Gesetzesauslegung und Lückenfüllung durch Analogie wird durch den möglichen Wortsinn der gesetzlichen Vorschrift gezogen. Wird die Grenze des Bedeutungsspielraums des Gesetzes überschritten, handelt es sich nicht

I. Vorliegen einer Regelungslücke

Die analoge Anwendung des § 613a Abs. 1 Satz 2 BGB kommt in Betracht, wenn hinsichtlich der Fortgeltung schuldrechtlicher Bestimmungen eines Tarifvertrages eine Regelungslücke im Gesetz vorliegt. Eine Regelungslücke im Sinne einer „planwidrigen Unvollständigkeit des Gesetzes“[15] ist dann anzunehmen, wenn eine Bestimmung keine Regelung enthält zu einer Frage, die nach der zugrunde liegenden Regelungsabsicht einer Regelung bedarf.[16] Allerdings ist das tatsächliche Vorliegen einer Regelungslücke von der rechtspolitisch motivierten Kritik an einer Vorschrift zu unterscheiden. So reicht es nicht aus, die ausdrückliche gesetzliche Regelung der Fortgeltung des schuldrechtlichen Teils des Tarifvertrages für rechtspolitisch wünschenswert zu halten. Maßstab für die Beurteilung der Lükkenhaftigkeit einer Regelung kann nur sein, ob das Gesetz, gemessen an seiner eigenen Regelungsabsicht, unvollständig ist. Bezugspunkt ist damit die erstrebte, sachlich umfassende und in diesem Sinn „vollständige“ sowie sachgerechte Regelung.[17]

Wie bereits ausgeführt, erfaßt § 613a Abs. 1 Satz 2 BGB nur die tariflichen Rechtsnormen und ordnet deren Weitergeltung bei dem Erwerber des Betriebes an. Mit dieser Vorschrift sollte der EG-Richtlinie 77/187/EWG, die die Regelung der Folgen eines Betriebsinhaberwechsels in Bezug auf kollektivvertraglich geregelte Arbeitsbedingungen verlangte, Rechnung getragen werden. Daraus läßt sich ableiten, daß durch den Gesetzgeber eine umfassende Regelung der Folgen eines Betriebsübergangs auch in dieser Hinsicht bezweckt worden war. Dem hätte es aber entsprochen, eine Regelung auch für die Fälle zu treffen, daß die einzelvertragliche Rechtsstellung des Arbeitnehmers durch Regelungen des schuldrechtlichen Teils des Tarifvertrages beeinflußt wird. Allerdings ist denkbar, daß mit der Regelung des § 613a Abs. 1 Satz 2 BGB und der Beschränkung des Anwendungsbereichs der Vorschrift auf tarifliche Rechtsnormen eine abschließende Regelung der Rechtsfolgen eines Betriebsübergangs in Bezug auf Tarifverträge durch den Gesetzgeber getroffen wurde. In diesem Fall müßte im Wege eines Umkehrschlusses angenommen werden, für schuldrechtliche Teile des Tarifvertrages sollte gerade keine Weitergeltung bei dem neuen Betriebsinhaber angeordnet werden. Das Vorliegen einer Regelungslücke könnte dann nicht mehr bejaht werden. Ein derartiger Schluß ist aber lediglich dann gerechtfertigt, wenn die betreffende gesetzliche Regelung ausdrücklich oder wenigstens sinngemäß die

---

mehr um Auslegung, sondern das Ausfüllen von Gesetzeslücken. Vgl. *Zippelius*, Juristische Methodenlehre, S. 66.

15 *Elze*, Lücken im Gesetz, S. 3 ff.

16 *Larenz/Canaris*, Methodenlehre der Rechtswissenschaft, S. 193.

17 Siehe dazu ausführlich *Larenz/Canaris*, Methodenlehre der Rechtswissenschaft, S. 195.

Rechtsfolgen „nur“ für den benannten Tatbestand vorsehen will, andere Tatbestände, mögen sie auch vergleichbar sein, hingegen ausschließen will.[18]

Dies darf nicht ohne weiteres unterstellt werden. Aus der auf die Weitergeltung von Rechtsnormen beschränkten Anordnung des § 613a Abs. 1 Satz 2 BGB kann nicht geschlossen werden, damit sei zum Ausdruck gebracht worden, daß die Fortgeltung der schuldrechtlichen Inhalte eines Tarifvertrages nicht angenommen werden sollte und insoweit dem diesbezüglichen Schweigen des Gesetzgebers argumentative Bedeutung zuzumessen sei. Denn insoweit fehlt gerade ein diesen Umkehrschluß nahelegender Anhaltspunkt. Dies gilt insbesondere, da es lediglich eines klarstellenden Hinweises im Gesetz bedurft hätte. Auch in den Gesetzesmaterialien finden sich keine entsprechenden Hinweise.[19] Damit liegt im Hinblick auf die schuldrechtlichen Wirkungen eines Tarifvertrages eine Regelungslücke vor, die den Weg für eine analoge Anwendung des § 613a Abs. 1 Satz 2 BGB öffnet.

II. Vergleichbare Interessenlage

Die Übertragbarkeit einer gesetzlichen Regelung im Wege der Analogie gründet sich darauf, daß infolge ihrer Ähnlichkeit im Hinblick auf die für das Gesetz maßgeblichen Interessenlagen die Sachverhalte gleich zu bewerten sind.[20] Voraussetzung für eine analoge Anwendung von § 613a Abs. 1 Satz 2 BGB auf schuldrechtliche Regelungen eines Tarifvertrages ist daher eine in Bezug auf die Zielsetzung dieser Vorschrift vergleichbare Interessenlage. Hier stellt sich die Frage, ob gemeinsame Merkmale von Tarifnormen und schuldrechtlichen Tarifregelungen es rechtfertigen, die in § 613a Abs. 1 Satz 2 BGB angeordnete Fortgeltung auf den schuldrechtlichen Teil des Tarifvertrages auszudehnen.

§ 613a Abs. 1 Satz 2 BGB betrifft die Weitergeltung von Tarifnormen, die Rechte und Pflichten aus Arbeitsverhältnissen regeln und sich damit auf das Verhältnis der Arbeitsvertragsparteien zueinander beziehen. Demgegenüber enthalten schuldrechtliche Bestimmungen in einem Tarifvertrag Regelungen in Bezug auf das Verhältnis der Tarifvertragsparteien zueinander. Sie betreffen daher bei einem Verbandstarifvertrag die Gewerkschaft und den tarifschließenden Arbeitgeberverband, bei einem Firmentarifvertrag bestehen sie gegenüber der Gewerkschaft und dem einzelnen Arbeitgeber. Insoweit bestimmen diese Regelungen aber nicht unmittelbar die Rechtsposition des einzelnen Arbeitnehmers.[21] Gerade um deren

---

18 Vgl. *Larenz/Canaris*, Methodenlehre der Rechtswissenschaft, S. 209 m.w.N.

19 Ebenso im Ergebnis *Hüper*, Betrieb, S. 62.

20 *Larenz/Canaris*, Methodenlehre der Rechtswissenschaft, S. 202. Dazu auch *Zippelius*, Juristische Methodenlehre, S. 59.

21 *Gussen/Dauck*, Weitergeltung, Rn. 223, S. 148; *Hanau/Vossen*, FS Hilger/Stumpf, S. 271, 291; MünchKom/*Schaub*, BGB, § 613a Rn. 149.

Aufrechterhaltung auch bei einem Betriebsübergang geht es aber in § 613a Abs. 1 Satz 2 BGB. Die Vorschrift bezweckt nur den inhaltlichen Bestandsschutz kollektivvertraglich bestimmter und vom Betriebsübergang betroffener Arbeitsverhältnisse. Dieser Zweck ist durch Bestimmungen des schuldrechtlichen Teils des Tarifvertrages aber regelmäßig nicht betroffen. Diese Einschätzung wird dadurch gestützt, daß die schuldrechtlichen Wirkungen des Tarifvertrages sich zumeist nicht in den einzelnen Arbeitsvertrag zwischen Arbeitnehmer und Betriebserwerber übertragen lassen.[22] Die analoge Anwendung des § 613a Abs. 1 Satz 2 BGB scheidet infolgedessen in der Regel aus.[23] Eine andere Beurteilung kann sich allenfalls ergeben, soweit schuldrechtliche Bestimmungen des Tarifvertrages Rechte und Pflichten aus dem Arbeitsverhältnis regeln. Daher ist zu untersuchen, inwieweit sich Rechte und Pflichten Dritter aus dem schuldrechtlichen Teil des Tarifvertrages ergeben können.[24]

Aus dem schuldrechtlichen Teil des Tarifvertrages können sich wegen des Verbots eines Vertrages zu Lasten Dritter Pflichten nur der Tarifvertragsparteien selbst ergeben.[25] Die Stellung der Mitglieder der tarifschließenden Verbände wird allenfalls im Innenverhältnis über deren Verbandspflichten berührt.[26] Hingegen ist die Begründung von Rechten zugunsten der Verbandsmitglieder grundsätzlich möglich, da schuldrechtliche Verträge zugunsten Dritter geschlossen werden können.[27] Daher muß für die verschiedenen schuldrechtlichen Tarifbestimmungen untersucht werden, ob im Einzelfall Rechte Dritter betroffen sein können.

1. Friedenspflicht

Zur Einhaltung der Friedenspflicht sind in erster Linie die tarifschließenden Verbände in ihrem Verhältnis zueinander verpflichtet. Allerdings kann gleichfalls die Rechtsposition der jeweiligen Mitglieder betroffen werden.[28] Insoweit ist danach zu unterscheiden, wer Ansprüche für den Fall einer Verletzung der Frie-

---

22 Darauf weist auch *Hüper*, Betrieb, S. 61 f. hin.

23 Anders aber *Hüper*, Betrieb, S. 62, nach dem generell neben der individualrechtliche Weitergeltung tariflicher Rechtsnormen das Weiterbestehen der schuldrechtlichen Kollektivnormen anzunehmen sei. Die schuldrechtlichen Kollektivregelungen sollten die in Arbeitsvertragsrecht umgewandelten Tarifnormen überlagern und als solche direkt auf den neuen Betriebsinhaber übergehen.

24 *Kamlah*, Bestandsschutz, S. 87 erwägt insoweit allerdings eine Weitergeltung nach § 613a Abs. 1 Satz 1 BGB.

25 *Hueck/Nipperdey*, Arbeitsrecht, Bd. II/1, § 16 I 1, S. 303 m.w.N.; *Nikisch*, Arbeitsrecht, Bd. 2, § 75 I 5, S. 327.

26 *Nikisch*, Arbeitsrecht, Bd. 2, § 75 I 5, S. 327.

27 Vgl. *Hueck/Nipperdey*, Arbeitsrecht, Bd. II/1, § 16 I 1, S. 303; *Nikisch*, Arbeitsrecht, Bd. 2, § 75 I 5, S. 327; *Wiedemann/Stumpf*, TVG, § 1 Rn. 317.

28 *Hueck/Nipperdey*, Arbeitsrecht, Bd. II/1, § 16 I 1, S. 303; *Nikisch*, Arbeitsrecht, Bd. 2, § 75 I 5, S. 327.

denspflicht geltend machen kann. Bei Verletzung der Friedenspflicht durch Mitglieder einer Tarifvertragspartei steht der anderen Tarifvertragspartei kein Anspruch gegen die Mitglieder selbst zu.[29] Die jeweilige Tarifvertragspartei muß sich an den ihr gegenüberstehenden Verband halten. Die Mitglieder aber sind lediglich dem eigenen Verband gegenüber durch den Tarifvertrag zur Einhaltung der Friedenspflicht verpflichtet.[30]

Allerdings besteht die Friedenspflicht auch gegenüber dem einzelnen Arbeitnehmer ebenso wie gegenüber dem einzelnen Arbeitgeber als Mitglieder der Tarifvertragsparteien, soweit diese vor Arbeitskampfmaßnahmen geschützt werden sollen.[31] Unterschiedlich kann dabei durch Regelungen im Tarifvertrag die Intensität des Schutzes der Arbeitsvertragsparteien gegen die Verletzung der Friedenspflicht durch den anderen Verband ausgestaltet werden.[32] Wird dem jeweiligen Arbeitgeber bzw. Arbeitnehmer ein eigener Anspruch auf Einhaltung der Friedenspflicht eingeräumt, ist der Tarifvertrag insoweit als Vertrag zugunsten Dritter im Sinne des § 328 BGB anzusehen, der dem Dritten einen eigenen Erfüllungsanspruch zuwendet.[33] Allerdings behalten sich die Tarifvertragsparteien regelmäßig und im Zweifel die Geltendmachung des Primäranspruchs vor.[34] In diesen Fällen wird den Arbeitsvertragsparteien zumeist nur ein Schadensersatzanspruch gegen den die Friedenspflicht verletzenden jeweils anderen Verband eingeräumt. Der Tarifvertrag wird insoweit als Vertrag mit Schutzwirkung zugunsten Dritter abgeschlossen.[35] Den Tarifvertragsparteien steht es darüber hinaus auch frei, Ansprüche Dritter gänzlich auszuschließen.[36] Sie verstoßen damit insbesondere nicht gegen den Grundsatz des Bestehens einer Friedenspflicht als notwendige schuldrechtliche Folge der normativen Tarifvertragsregelungen.[37]

Soweit daher die Gewerkschaft die bestehende Friedenspflicht verletzt, kann auch der einzelne Arbeitgeber neben seinem Verband einen Anspruch gegen die Gewerkschaft haben.[38] Bei einer Verletzung der Friedenspflicht durch den Arbeitgeberverband hat demgegenüber der einzelne Arbeitnehmer einen entspre-

---

29 *Hueck/Nipperdey*, Arbeitsrecht, Bd. II/1, § 16 II 1.b, S. 310; *Wiedemann/Stumpf*, TVG, § 1 Rn. 328.

30 *Hueck/Nipperdey*, Arbeitsrecht, Bd. II/1, § 16 II 1.b, S. 311 sowie § 23 C I, S. 497.

31 BAG 31.10.1958 AP Nr. 2 zu § 1 TVG Friedenspflicht.

32 Vgl. *Löwisch/Rieble*, TVG, § 1 Rn. 276.

33 *Löwisch/Rieble*, TVG, § 1 Rn. 276.

34 *Hueck/Nipperdey*, Arbeitsrecht, Bd. II/1, § 38 B II 2, S. 705; *Wiedemann/Stumpf*, TVG, § 1 Rn. 328.

35 *Wiedemann/Stumpf*, TVG, § 1 Rn. 328.

36 *Löwisch/Rieble*, TVG, § 1 Rn. 281.

37 Dazu auch schon vorstehend § 9 A.

38 *Hueck/Nipperdey*, Arbeitsrecht, Bd. II/1, § 16 I 1, S. 303; *Nikisch*, Arbeitsrecht, Bd. 2, § 75 I 5, S. 327.

chenden Anspruch. Daraus ergeben sich mögliche Anspruchskonstellationen, die im Hinblick auf die Veränderungen bei einem Betriebsübergang in tariflicher Hinsicht zu untersuchen sind. So kommt zu einen ein Anspruch des bisherigen Betriebsinhabers gegen die tarifschließende Gewerkschaft in Betracht. Zum anderen geht es um den Anspruch des Arbeitnehmers gegen den tarifschließenden Arbeitgeberverband, dem der bisherige Betriebsinhaber angehörte.[39]

Fraglich ist zunächst, ob eine Überleitung der schuldrechtlichen Friedenspflicht auf den neuen Betriebsinhaber analog § 613a Abs. 1 Satz 2 BGB insoweit in Betracht kommt, als daß nun dieser gegen die tarifschließende Gewerkschaft, soweit diese die Friedenspflicht verletzt, Ansprüche geltend machen kann. Dem steht jedoch entgegen, daß § 613a Abs. 1 Satz 2 BGB lediglich die kollektivrechtliche Rechtsposition der von einem Betriebsübergang betroffenen Arbeitnehmer sichern will.[40] Durch die Begründung eines Anspruchs des Betriebserwerbers gegen die Gewerkschaft wird die Rechtsstellung der übernommenen Arbeitnehmer hingegen nicht betroffen. Insoweit fehlt es hier an der Vergleichbarkeit im Hinblick auf die durch § 613a Abs. 1 Satz 2 BGB angeordnete Weitergeltung tariflicher Rechtsnormen, die sich auf Rechte und Pflichten aus dem Arbeitsverhältnis beziehen. Im übrigen besteht die Friedenspflicht nicht zugunsten des Betriebserwerbers, der nicht kraft Mitgliedschaft, sondern nur nach § 613a Abs. 1 Satz 2 BGB an einen Tarifvertrag gebunden ist, da der vertragschließende Arbeitgeberverband insoweit kein Interesse an einer Friedenspflicht der Gewerkschaft hat.[41]

Anders könnte die Lage zu beurteilen sein, soweit es um den Anspruch des Arbeitnehmers gegen den Arbeitgeberverband geht, dem der bisherige Betriebsinhaber angehört. Verletzt dieser die tarifliche Friedenspflicht, könnte der Arbeitnehmer insoweit einen Anspruch gegen den Arbeitgeberverband geltend machen.

2. Durchführungspflicht

Aus der tariflichen Durchführungspflicht ergeben sich im allgemeinen keine besonderen Rechte der Verbandsmitglieder.[42] Sie können nicht fordern, daß die Ge-

---

39 Anders hingegen *Gussen/Dauck*, Weitergeltung, Rn. 223, S. 148, der lediglich eine Begünstigung des Betriebserwerbers als mögliche Folge der Weitergeltung der Friedenspflicht nach dem Betriebsübergang sieht und aus diesem Grund eine analoge Anwendung des § 613a Abs. 1 Satz 2 BGB ablehnt.

40 Ebenso *Gussen/Dauck*, Weitergeltung, Rn. 223, S. 148.

41 *Hanau/Vossen*, FS Hilger/Stumpf, S. 271, 292; ebenso *Däubler*, Tarifvertragsrecht, Rn. 1562, S. 648, nach dem Arbeitgeberverband und Gewerkschaft nicht einen Vertrag zugunsten Dritter nach § 328 BGB zugunsten irgendwelcher Betriebserwerber abschließen.

42 *Wiedemann/Stumpf*, TVG, § 1 Rn. 317.

genpartei dafür sorgt, daß keine Arbeitsverträge tarifwidrig geschlossen werden.[43] Ausreichend ist insoweit die normative Wirkung des Tarifvertrages, um die tarifliche Regelung gegenüber dem Gegenspieler im Arbeitsverhältnis oder im betrieblichen Rechtsverhältnis durchzusetzen.[44]

3. Schuldrechtliche Regelung der Arbeitsbedingungen

Treten schuldrechtliche Bestimmungen des Tarifvertrages an die Stelle von Tarifnormen, steht den begünstigten Arbeitnehmern und Arbeitgebern regelmäßig ein Anspruch auf Durchführung gegen die gegnerische Tarifvertragspartei zu. Anders als bei den Tarifnormen, die normativ auf die Arbeitsverhältnisse einwirken und damit im Verhältnis der Arbeitsvertragsparteien entsprechende Ansprüche auf Erfüllung geben, haben sie keine einfachere Möglichkeit, die Tarifnormen durchzusetzen.[45] Allerdings steht es den Tarifparteien auch hier frei, einen solchen Anspruch auszuschließen.[46] Fraglich ist, ob zumindest hinsichtlich dieser Bestimmungen eine Weitergeltung analog § 613a Abs. 1 Satz 2 BGB in Betracht zu ziehen ist, soweit es um eigene Ansprüche der Arbeitnehmer aus dem Tarifvertrag als Vertrag zugunsten Dritter geht.[47] Dafür wird angeführt, der von § 613a Abs. 1 BGB gewollte Bestandsschutz könne nicht davon abhängen, ob z.B. ein dreizehntes Monatsgehalt im normativen oder obligatorischen Teil des Tarifvertrages geregelt sei.[48]

Unklar ist aber, wie der ursprüngliche Anspruch der übernommenen Arbeitnehmer gegen den tarifschließenden Arbeitgeberverband analog § 613a Abs. 1 Satz 2 BGB nunmehr gegenüber dem Betriebserwerber geltend gemacht werden sollte. Bereits insoweit ergeben sich Zweifel an der Weitergeltung solcher schuldrechtlicher Bestimmungen. Im übrigen liegt es in der Natur der Sache, daß unterschiedliche Rechtswirkungen sich abhängig von der Regelung der Arbeitsbedingungen im obligatorischen oder normativen Teil des Tarifvertrages ergeben. Dies ist von den beteiligten Tarifvertragsparteien bei Abschluß des Tarifvertrages hingenommen worden. Insoweit besteht aber kein Anlaß, hier für den Fall des Betriebsübergangs korrigierend einzugreifen. Etwas anderes ergibt sich auch nicht

---

43 *Wiedemann/Stumpf*, TVG, § 1 Rn. 317. Allerdings hat das RAG 30.1.1929 Bensh. Slg. 5, 224, 231 für einen Sonderfall der Durchführungspflicht einen Anspruch des einzelnen Arbeitgebers bejaht.

44 *Löwisch/Rieble*, TVG, § 1 Rn. 284.

45 *Löwisch/Rieble*, TVG, § 1 Rn. 314.

46 *Löwisch/Rieble*, TVG, § 1 Rn. 315.

47 Hierfür spricht sich *Däubler*, Tarifvertragsrecht, Rn. 1536, S. 640 aus. Zur Ablehnung der analogen Anwendung des § 613a Abs. 1 Satz 2 BGB, soweit es um die Weitergeltung von Bestimmungen geht, die dem Arbeitgeber einen Anspruch geben, siehe vorstehend § 9 C II 1.

48 *Däubler*, Tarifvertragsrecht, Rn. 1536, S. 640.

unter Berücksichtigung der Erfordernisse nach Art. 3 Abs. 3 der maßgebenden EG-Richtlinie.[49] Zwar ist richtig, daß hier die Aufrechterhaltung der kollektivvertraglich geregelten Arbeitsbedingungen gefordert wird, ohne daß auf eine Unterscheidung von normativem und schuldrechtlichem Teils des Tarifvertrages eingegangen wird.[50] Allerdings bezieht sich, wie vorstehend[51] dargelegt, die Forderung nach einer Weitergeltung nur auf Bestimmungen, die tatsächlich die Rechtsposition der Arbeitnehmer betreffen. Dies ist aber hinsichtlich derartiger Bestimmungen nicht anzunehmen.

D. Zusammenfassung

§ 613a Abs. 1 Satz 2 BGB ist auf schuldrechtliche Bestimmungen eines Tarifvertrages weder direkt noch analog anwendbar. Dies gilt selbst dann, wenn der schuldrechtliche Teil des Tarifvertrages einen Vertrag zugunsten Dritter enthält, aufgrund dessen vom Betriebsübergang betroffene Arbeitnehmer begünstigt werden.[52] Zum einen betrifft die Weitergeltungsanordnung des § 613a Abs. 1 Satz 2 BGB ausdrücklich nur in Tarifverträgen enthaltene Rechtsnormen und bezieht sich damit nur auf dessen normativen Teil. Zum anderen wird die kollektivvertragliche Rechtsstellung der vom Betriebsübergang betroffenen Arbeitnehmer durch § 613a Abs. 1 Satz 2 BGB nur im Hinblick auf Rechte und Pflichten der Arbeitsvertragsparteien gesichert. Der schuldrechtliche Teil des Tarifvertrages betrifft demgegenüber aber Rechte und Pflichten der Tarifvertragsparteien in ihrem Verhältnis zueinander. Selbst soweit aufgrund der schuldrechtlichen Regelungen des Tarifvertrages auch Ansprüche übernommener Arbeitnehmer begründet wurden, können sich daraus keine Rechtsfolgen im Verhältnis zum neuen Betriebsinhaber ergeben. Da der Betriebsübergang nicht zum Ende des Tarifvertrages selbst führt, bleiben die schuldrechtlichen Verpflichtungen damit zwar in Bezug auf die Tarifvertragsparteien wirksam. Sie entfalten jedoch keine Wirkungen für die arbeitsvertraglichen Beziehungen des Betriebserwerbers zu den übernommenen Arbeitnehmern.[53]

---

49 Anders *Däubler*, Tarifvertragsrecht, Rn. 1536, S. 641, nach dem sich die Ansprüche nunmehr gegen den Erwerber des Betriebes richten.

50 Darauf weisen auch *Däubler*, Tarifvertragsrecht, Rn. 1536, S. 640; *Seiter*, DB 1980, 877, 878 hin.

51 Siehe § 7 D 1.

52 *Debong*, EG-Richtlinie, S. 47; Erman/*Hanau*, BGB, § 613a Rn. 88; *Hess*, AR-Blattei Insolvenzarbeitsrecht, Rn. 149a; MünchKom/*Schaub*, BGB, § 613a Rn. 149; *ders.*, ZiP 1984, 272, 278; im Ergebnis auch *Preis/Steffan*, FS Kraft, S. 477, 482. Ebenso *Oberhofer*, BetrRat 1983, 573, 577 f. zu schuldrechtlichen Regelungen, die einer Betriebsvereinbarung entstammen.

53 *D. Gaul*, Betriebsübergang, S. 293; ErfurtKom/*Preis*, § 613a BGB Rn. 72.

Es kommt auch keine Weitergeltung des schuldrechtlichen Teils des Tarifvertrages nach § 613a Abs. 1 Satz 1 BGB in Betracht, wie vereinzelt angenommen wird, selbst sofern diese Normen entsprechend § 328 als Vertrag zugunsten der übernommenen Arbeitnehmer aufzufassen sind. Es handelt sich nicht um einzelvertraglich begründete Rechte der Arbeitnehmer, für die allein § 613a Abs. 1 Satz 1 BGB Anwendung findet.[54]

54 Anders *Debong*, EG-Richtlinie, S. 47. Wie hier dagegen *Schaub*, ZiP 1984, 272, 278.

§ 10 Arbeitsverhältnis zum Betriebsveräußerer

§ 613a Abs. 1 Satz 2 BGB ordnet die Fortgeltung der Tarifnormen in Abhängigkeit davon an, daß Arbeitsverhältnisse durch die Rechtsnormen des Tarifvertrages geregelt werden. Aus dem Wortlaut der Bestimmung allein ergeben sich allerdings der maßgebliche Zeitpunkt für das Bestehen des Arbeitsverhältnisses nicht.

A. Bestehen des Arbeitsverhältnisses bei Betriebsübergang

Nach § 613a Abs. 1 Satz 1 BGB tritt der Betriebserwerber in die Rechte und Pflichten aus im Zeitpunkt des Betriebsübergangs bestehenden Arbeitsverhältnissen ein. Hierauf bezieht sich § 613a Abs. 1 Satz 2 BGB, in dem die Weitergeltung der Tarifnormen, die diese Rechte und Pflichten regeln, vorgesehen ist. Daraus folgt, daß die tariflich geregelten Arbeitsbedingungen nur dann nach Maßgabe des § 613a Abs. 1 Satz 2 BGB auch das Arbeitsverhältnis mit dem neuen Betriebsinhaber gestalten, wenn dieses bereits vor bzw. im Zeitpunkt des Betriebsübergangs mit dem Betriebsveräußerer bestanden hat.[1] Erfaßt sind insoweit auch im Zeitpunkt des Betriebsübergangs - z.B. wegen Erziehungsurlaubes - ruhende Arbeitsverhältnisse.[2] § 613a Abs. 1 Satz 2 BGB gilt hingegen nicht für Arbeitsverhältnisse, die der Erwerber des Betriebes aus Anlaß des Betriebsübergangs neu begründet hat bzw. die vor dem Betriebsübergang bei ihm bereits bestanden haben.[3] Diese sich aus dem Wortlaut und der Systematik des § 613a Abs. 1 BGB unbestritten ergebende Beschränkung der Weitergeltung tariflicher

---

1 RGRK/*Ascheid*, BGB, § 613a Rn. 199; *Bauer*, Unternehmensveräußerung, S. 108; *Däubler*, Tarifvertragsrecht, Rn. 1549, S. 644; *Gamillscheg*, Kollektives Arbeitsrecht, S. 780; *Gussen/Dauck*, Weitergeltung, Rn. 24, S. 34; Erman/*Hanau*, BGB, § 613a Rn. 89; *Hanau/Vossen*, FS Hilger/Stumpf, S. 271, 290; KassArbR/*Hattesen*, 1.7 Rn. 166; *ders.*, HzA, Gruppe 1 Rn. 3370; *Kittner/Trittin*, Kündigungsschutzrecht, § 613a BGB Rn. 208; *Knigge*, BB 1980, 1272, 1276; *Löwisch*, Arbeitsrechtliche Probleme, S. 71; Staudinger/*Richardi*, BGB, § 613a Rn. 170; *Sack*, Schicksal von Altverträgen, S. 108; *Sack*, Schicksal von Altverträgen, S. 108; MünchKom/*Schaub*, BGB, § 613a Rn. 158; *ders.*, Arbeitsrechtshandbuch, S. 710; *ders.*, ZiP 1984, 272, 278; *ders.*, ArbRGW 18 (1981), 71, 79; MünchArbR/*Wank*, § 120 Rn. 175; *ders.*, NZA 1987, 505, 506; *Wank/Brüning*, ZfA 1995, 699, 731.

2 LAG Hamm 28.8.1997 LAGE Nr. 64 zu § 613a BGB.

3 RGRK/*Ascheid*, BGB, § 613a Rn. 199; Hölters/*Bauer*, Unternehmens- und Beteiligungskauf, S. 416, Rn. 197; *ders.*, Unternehmensveräußerung, S. 108; *Beseler*, Betriebsübergang, S. 169, 185; *Däubler*, Tarifvertragsrecht, Rn. 1549, S. 644; *Gamillscheg*, Kollektives Arbeitsrecht, S. 781; *Hattesen*, HzA, Gruppe 1 Rn. 3370; *Hüper*, Betrieb, S. 57; *Lieb*, Arbeitsrecht, § 3 III 4, Rn. 311; *Löwisch*, Arbeitsrechtliche Probleme, S. 71; Staudinger/*Richardi*, BGB, § 613a Rn. 170; *Röder*, DB 1981, 1980; MünchKom/*Schaub*, BGB, § 613a Rn. 158; *ders.*, ZiP 1984, 272, 278; *Seiter*, Betriebsinhaberwechsel, S. 92; *v. Stebut*, Anm. zu BAG 13.11.1985, SAE 1986, 209, 210; MünchArbR/*Wank*, § 120 Rn. 175; *ders.*, NZA 1987, 505, 506.

Rechtsnormen auf bei Betriebsübergang bereits bestehende Arbeitsverhältnisse ist allerdings im Hinblick auf die durch Art. 3 der EG-Richtlinie 77/187/EWG an das Recht der jeweiligen Mitgliedsstaaten gestellten Anforderungen zu überprüfen.

Nach Art. 3 Abs. 3 der EG-Richtlinie hat der Erwerber des Betriebes die in einem Kollektivvertrag vereinbarten Arbeitsbedingungen nach dem Betriebsübergang aufrechtzuerhalten. Aus dem Wortlaut der Vorschrift selbst läßt sich insoweit keine eindeutige Aussage darüber ableiten, ob die Aufrechterhaltung der kollektivrechtlichen Arbeitsbedingungen auf diejenigen Arbeitsverhältnisse beschränkt werden kann, die im Zeitpunkt des Betriebsübergangs bereits bestanden haben.[4] Demgegenüber bezieht sich Art. 3 Abs. 1 der EG-Richtlinie, wonach die Rechte und Pflichten aus Arbeitsverhältnissen auf den Betriebserwerber übergehen sollen, ausdrücklich nur auf die zum Zeitpunkt des Betriebsübergangs bereits bestehenden Arbeitsverhältnisse. Art. 3 Abs. 3 der EG-Richtlinie regelt hingegen den Ausschluß des Übergangs von Rechten und Pflichten auf den neuen Betriebsinhaber für bestimmte, dort aufgeführte Rechte der Arbeitnehmer sowohl in Bezug auf Abs. 1, als auch auf Abs. 2. Aus der systematischen Stellung der Regelung über die Aufrechterhaltung kollektivvertraglich geregelter Arbeitsbedingungen innerhalb des Art. 3 der EG-Richtlinie und der gemeinsamen Nennung der Absätze 1 und 2 in Absatz 3 als die einer Weitergeltung von Arbeitsbedingungen zugrunde liegenden Vorschriften lassen sich jedenfalls Anhaltspunkte für die Annahme ableiten, auch Art. 3 Abs. 3 der EG-Richtlinie meine lediglich die Arbeitsverhältnisse, die im Zeitpunkt des Übergangs des Betriebes bereits bestanden haben.[5]

Dies ergibt sich überdies unter teleologischen Gesichtspunkten. Die EG-Richtlinie 77/187 EWG wurde erlassen, um die Rechtsvorschriften der einzelnen Mitgliedsstaaten hinsichtlich der Wahrung von Arbeitnehmeransprüchen bei einem Betriebsübergang anzugleichen. Dies ergibt sich bereits aus dem Titel der Richtlinie.[6] Um die Wahrung von Ansprüchen der Arbeitnehmer bei einem Betriebsübergang geht es aber nur dann, wenn diese Ansprüche bereits vor diesem Zeitpunkt bestanden haben und nunmehr deren Weiterbestehen gesichert werden soll. Dies setzt wiederum voraus, daß das Arbeitsverhältnis, aus dem sich diese Ansprüche - in Verbindung mit dem jeweiligen Kollektivvertrag - ableiten, bereits vor dem Betriebsübergang bestanden hat. Die Richtlinie soll im übrigen lediglich die Rechtsposition der Arbeitnehmer vor einer Verschlechterung schützen, die allein in dem Übergang der Arbeitsverhältnisse auf einen neuen Arbeitgeber be-

---

4 Ebenso *Löw*, Betriebsveräußerung, S. 71; *Seiter*, DB 1980, 877, 881.

5 So auch *Kamlah*, Bestandsschutz, S. 67; *Löw*, Betriebsveräußerung, S. 72.

6 Hierauf weist auch *Löw*, Betriebsveräußerung, S. 72 hin.

gründet ist.[7] Über diesen Zweck aber geht es hinaus, sofern die Aufrechterhaltung der kollektivvertraglichen Arbeitsbedingungen auch für diejenigen Arbeitsverhältnisse zu verlangen, die erst nach dem Betriebsübergang begründet wurden. Denn auf diese Weise würden Ansprüche begründet, die vor dem Betriebsübergang noch nicht bestanden haben und deren Schutz durch die Richtlinie nicht bezweckt ist. Damit ist der Betriebserwerber auch nach Art. 3 Abs. 3 der EG-Richtlinie nicht gegenüber den von ihm neu eingestellten Arbeitnehmern zur Aufrechterhaltung der bei dem Veräußerer des Betriebes geltenden kollektivvertraglichen Arbeitsbedingungen verpflichtet.[8]

B. Vornahme von Neueinstellungen durch den Betriebserwerber

Aus § 613a Abs. 1 Satz 2 BGB folgt damit nicht die Anwendung der individualrechtlich weitergeltenden Tarifnormen auf nach dem Betriebsübergang durch den Betriebserwerber neu eingestellte Arbeitnehmer. Allerdings ist es den Arbeitsvertragsparteien grundsätzlich freigestellt, den Inhalt des Arbeitsvertrages nach den individualrechtlich weitergeltenden Tarifnormen zu gestalten.[9] In diesem Zusammenhang kann allerdings daran gedacht werden, daß der Betriebserwerber aufgrund des arbeitsrechtlichen Gleichbehandlungsgrundsatzes verpflichtet sein könnte, mit neu einzustellenden Arbeitnehmern eine entsprechende einzelvertragliche Vereinbarung zu treffen.[10] Erfolgt keine ausdrückliche oder konkludente Vereinbarung der Arbeitsbedingungen nach dem beim Betriebsveräußerer geltenden Tarifvertrag, würden für die übernommenen und durch den Betriebserwerber nach Betriebsübergang neu eingestellte Arbeitnehmer unterschiedliche Arbeitsbedingungen gelten. Der arbeitsrechtliche Gleichbehandlungsgrundsatz verwehrt einem Arbeitgeber allerdings die Ungleichbehandlung ohne hinreichenden sachlichen Grund.

---

7 Vgl. EuGH 17.12.1987 Slg. 1987, S. 5465, 5486 mit den Ausführungen des Generalanwalts *Mancini*. Ebenso *Löw*, Betriebsveräußerung, S. 72 sowie *v. Alvensleben*, Rechte der Arbeitnehmer, S. 240 f.

8 Vgl. EuGH 17.12.1987 Slg. 1987, S. 5465, 5486; EuGH 15.6.1988 Slg. 1988, S. 3057, 3077; *v. Alvensleben*, Rechte der Arbeitnehmer, S. 241; *Kamlah*, Bestandsschutz, S. 67; *Löw*, Betriebsveräußerung, S. 72; a.A. *Seiter*, DB 1980, 877, 881.

9 RGRK/*Ascheid*, BGB, § 613a Rn. 199; Erman/*Hanau*, BGB, § 613a Rn. 89; *Kittner/Trittin*, Kündigungsschutzrecht, § 613a BGB Rn. 208; *Röder*, DB 1981, 1980; *Sack*, Schicksal von Altverträgen, S. 108; MünchKom/*Schaub*, BGB, § 613a Rn. 159; *ders.*, ZiP 1984, 272, 278 f.; MünchArbR/*Wank*, § 120 Rn. 175. *Seiter*, Betriebsinhaberwechsel, S. 92 will diesbezüglich eine für den Regelfall zu bejahende konkludente derartige Vereinbarung annehmen.

10 Zu beachten ist hierbei in erster Linie auch, daß jedenfalls kein subjektives Recht des Arbeitnehmers auf Gleichbehandlung folgt. Allenfalls kann ein Arbeitnehmer die Leistung fordern, die ihm unberechtigt nicht gewährt wird, vgl. die Einzelfälle bei *Hunold*, DB 1984, Beilage 5; *ders.*, DB 1991, 1670 ff.

Gegenüber bereits vor Betriebsübergang beim Betriebserwerber beschäftigten Arbeitnehmern wirkt sich der arbeitsrechtliche Gleichbehandlungsgrundsatz nicht dahingehend aus, daß eine Anpassung an die Arbeitsbedingungen der übernommenen Arbeitnehmer verlangt werden könnte. Gleiches gilt auch umgekehrt. Insoweit besteht ein sachlicher Grund für die Ungleichbehandlung der Arbeitnehmer in der Bestandsschutzregelung des § 613a Abs. 1 Satz 2 BGB. Überdies wäre dabei die Annahme einer Gleichbehandlungspflicht für den Betriebserwerber verbunden mit einer Änderung bereits bestehender Arbeitsbedingungen. Dagegen geht es hier um die Arbeitsbedingungen neu einzustellender Arbeitnehmer. Insoweit wäre die Annahme einer Gleichbehandlungspflicht nicht mit einem Eingriff in bestehende Rechtspositionen verbunden.

Maßgebend für die Anwendung des arbeitsrechtlichen Gleichbehandlungsgrundsatz kann aber ungeachtet dessen in erster Linie nur sein, ob Arbeitnehmer ohne hinreichenden sachlichen Grund ungleich behandelt werden. Es kommt damit darauf an, ob die Vereinbarung anderer Arbeitsbedingungen mit den neu einzustellenden Arbeitnehmern willkürlich erfolgt. Voraussetzung für die Feststellung willkürlichen Verhaltens des Arbeitgebers ist, daß es sich um durch ihn freiwillig gewährte Leistungen handeln muß. Soweit dagegen eine Rechtspflicht zur Gewährung bestimmter Arbeitsbedingungen für Arbeitnehmer bzw. Arbeitnehmergruppen besteht, liegt darin jedenfalls zugleich ein sachlicher Grund für das Bestehen unterschiedlicher Arbeitsbedingungen. Im Falle eines Betriebsübergangs ist der Betriebserwerber nach § 613a Abs. 1 Satz 2 BGB zur Aufrechterhaltung der durch die Tarifnormen des Betriebsveräußerers bestimmten Arbeitsbedingungen verpflichtet. Eine Möglichkeit zur Abänderung zu Lasten der Arbeitnehmer besteht erst mit dem Ablauf der Veränderungssperre nach § 613a Abs. 1 Satz 2 und 4 BGB. Jedenfalls für die Zeit der Veränderungssperre handelt es sich damit um eine Rechtspflicht des Betriebserwerbers, entsprechende Arbeitsbedingungen zu gewähren.[11] Nach Ablauf der Veränderungssperre wirken die weitergeltenden Tarifnormen jedoch nicht mehr einseitig zwingend, so daß insoweit auch eine Verschlechterung der Arbeitsbedingungen der übernommenen Arbeitnehmer möglich wird. Ergreift der Betriebserwerber aber keine dahingehenden Maßnahmen, könnte daran zu denken sein, daß er nunmehr die entsprechende Leistungen freiwillig gewährt. Damit wäre der Anwendungsbereich des arbeitsrechtlichen Gleichbehandlungsgrundsatzes zu Gunsten neu einzustellender Arbeitnehmer zumindest eröffnet. Es käme darauf an, ob im übrigen ein sachlicher Grund für eine Ungleichbehandlung der Arbeitnehmer vorgebracht werden könnte.

Allerdings macht auch der bloße Ablauf der Veränderungssperre die aufgrund der aus § 613a Abs. 1 Satz 2 BGB abzuleitenden Rechtspflicht die aufrechterhaltenen

---

11 Auch *Wank/Brüning*, ZfA 1995, 699, 732 schließen daher für diesen Zeitraum das Eingreifen des Gleichbehandlungsgrundsatzes aus.

Arbeitsbedingungen nicht zu freiwillig gewährten Leistungen des Betriebserwerbers. Denn der Ablauf der Veränderungssperre hat nicht den automatischen Wegfall der weitergeltenden Tarifnormen zur Folge. In diesem Fall hätte allerdings die dennoch stattfindende Weitergewährung entsprechender Leistungen durch den Betriebserwerber die Annahme freiwilliger Leistungen zur Folge haben müssen. Soweit jedoch lediglich die durch § 613a Abs. 1 Satz 2 BGB angeordnete zwingende Wirkung der Tarifnormen mit Ablauf der Veränderungssperre entfällt, bleiben die Arbeitsbedingungen der Arbeitnehmer zunächst bestehen und können mit vertraglichen Mitteln geändert werden. Allerdings ist die Zustimmung der Arbeitnehmer zum Abschluß einer Änderungsvereinbarung unwahrscheinlich, soweit die Arbeitsbedingungen zu deren Ungunsten verändert werden sollen. Der Ausspruch einer arbeitgeberseitigen Änderungskündigung ist dagegen an den Anforderungen des Kündigungsschutzgesetzes zu messen. Daher ergibt sich für den Betriebserwerber aus der einmal angeordneten Weitergeltung der beim Betriebsveräußerer zur Anwendung gekommenen Tarifnormen im Ergebnis letztlich auch nach Ablauf der Veränderungssperre die Pflicht zur Gewährung der Arbeitsbedingungen. Demgemäß handelt es sich trotz der Abänderbarkeit der Arbeitsbedingungen der übernommenen Arbeitnehmer nicht um freiwillige Leistungen des Betriebserwerbers.[12] Daher kann auch der arbeitsrechtliche Gleichbehandlungsgrundsatz in Bezug auf neu eingestellte Arbeitnehmer nicht zur Anwendung kommen.[13]

C. Zusammenfassung

Eine Weitergeltung von Tarifnormen nach § 613a Abs. 1 Satz 2 BGB kommt nur in Betracht, soweit durch sie bei Betriebsübergang bestehende Arbeitsverhältnisse geregelt werden. Die Ableitung von Ansprüchen eines übernommenen Arbeitnehmers gegen den neuen Betriebsinhaber aus weitergeltenden Tarifnormen setzt daher voraus, daß dessen Arbeitsverhältnis mit dem Betriebsveräußerer bereits im Zeitpunkt des Betriebsüberganges bestanden hat. Auf die von dem Betriebserwerber mit neueingestellten Arbeitnehmern geschlossenen Arbeitsverhältnisse

---

[12] *Wank/Brüning*, ZfA 1995, 699, 732 wollen darauf abstellen, ob eine Änderung der Arbeitsbedingungen zulässig und praktisch durchführbar wäre. Unterbliebe sie dennoch, müsse die Gleichbehandlung der Arbeitnehmer erfolgen, soweit nicht ein anderer sachlicher Grund die Differenzierung erlaube.

[13] *Gamillscheg*, Kollektives Arbeitsrecht, S. 781; *Gussen/Dauck*, Weitergeltung, Rn. 132, S. 95; *Hanau/Vossen*, FS Hilger/Stumpf, S. 271, 279; *Röder*, DB 1981, 1980; *Wank*, NZA 1987, 505, 506; im Ergebnis auch *Kamlah*, Bestandsschutz, S. 97; anders dagegen *Däubler*, Tarifvertragsrecht, Rn. 1549, S. 644; *Hüper*, Betrieb, S. 57 Fn. 86; *Kittner/Trittin*, Kündigungsschutzrecht, § 613a BGB Rn. 208; *Sack*, Schicksal von Altverträgen, S. 108; MünchKom/*Schaub*, BGB, § 613a Rn. 160; *ders.*, Arbeitsrechtshandbuch, S. 710; *ders.*, ZiP 1984, 272, 279; *ders.*, ArbRGW 18 (1981), 71, 79.

bleibt die Weitergeltung eines Tarifvertrages nach § 613a Abs. 1 Satz 2 BGB hingegen ohne Einfluß. Eine solche Beschränkung der Weitergeltungsanordnung in § 613a Abs. 1 Satz 2 BGB ist mit den Anforderungen des Art. 3 Abs. 3 der EG-Richtlinie vereinbar.

§ 11 Geltung des Tarifvertrages beim Betriebsveräußerer

§ 613a Abs. 1 Satz 2 BGB bezieht sich auf die Erhaltung der Rechtsposition der Arbeitnehmer in kollektivrechtlicher Hinsicht. Dies setzt voraus, daß vor dem Betriebsübergang tatsächlich die Arbeitsbedingungen der betroffenen Arbeitnehmer durch Bestimmungen eines Tarifvertrages geregelt worden sind. In Anbetracht der Regelung des § 613a Abs. 1 Satz 1 BGB, die die Weitergeltung der einzelvertraglich begründeten Rechte und Pflichten aus dem Arbeitsverhältnis auch beim neuen Betriebsinhaber vorsieht, kann es in § 613a Abs. 1 Satz 2 BGB nur darum gehen, daß die Tarifnormen vor dem Betriebsübergang normativ auf die Arbeitsverhältnisse einwirkten.[1] Daher kommt die Bestimmung nicht zur Anwendung, wenn von vornherein das Arbeitsverhältnis nicht unter den Tarifvertrag fiel und der Tarifvertrag damit nicht kollektivrechtlich galt.[2]

A. Geltungsbereich des Tarifvertrages

Damit setzt § 613a Abs. 1 Satz 2 BGB voraus, daß das Arbeitsverhältnis in den Geltungsbereich des Tarifvertrages in persönlicher, räumlicher, fachlicher und zeitlicher Hinsicht fällt. Maßgeblicher Zeitpunkt ist dafür der Moment des Betriebsübergangs.

I. Fachlicher und persönlicher Geltungsbereich

Durch die Bestimmung des persönlichen und fachlichen Geltungsbereichs werden die von dem Tarifvertrag erfaßten Arbeitsverhältnisse im Hinblick auf die von den Arbeitnehmern zu erbringenden Tätigkeiten sowie deren persönliche Merkmale beschränkt.[3] Diese Voraussetzungen müssen von den übernommenen Arbeitnehmern im Zeitpunkt des Betriebsübergangs erfüllt worden sein.

II. Räumlicher Geltungsbereich

Ohne weitere Angabe im Tarifvertrag gilt dieser für das gesamte Tarifgebiet, für das die Tarifvertragsparteien nach ihrer Satzung zuständig sind. Diesbezügliche Beschränkungen sind aber im Tarifvertrag selbst möglich. Das vom Betriebsübergang betroffene Arbeitsverhältnis muß in diesen räumlichen Geltungsbereich des Tarifvertrages beim bisherigen Betriebsinhaber gefallen sein.

---

1 Zu den Auswirkungen einer individualrechtlichen Inbezugnahme eines Tarifvertrages nachstehend § 16.

2 Staudinger/*Richardi*, BGB, § 613a Rn. 174; MünchArbR/*Wank*, § 120 Rn. 176.

3 *Gamillscheg*, Kollektives Arbeitsrecht, Bd. 1, S. 758.

III. Zeitlicher Geltungsbereich

Der zeitliche Geltungsbereich richtet sich nach dem Tarifvertrag selbst, der zumeist den Zeitpunkt des Inkrafttretens der jeweiligen Tarifnormen regelt. Fehlt eine solche Regelung, tritt der Tarifvertrag mit seinem Abschluß in Kraft. Allerdings ist nicht ausgeschlossen, daß die Tarifvertragsparteien hierfür einen späteren Zeitpunkt bestimmen. Zu klären ist, welche Anforderungen in dieser Hinsicht für die Anwendung des § 613a Abs. 1 Satz 2 BGB zu stellen sind.

1. Inkrafttreten des Tarifvertrages vor Betriebsübergang

Soweit der betreffende Tarifvertrag bereits vor Betriebsübergang in Kraft getreten ist, werden die beim bisherigen Betriebsinhaber tarifunterworfenen Arbeitsverhältnisse tatsächlich durch dessen Regelungen bestimmt. In diesem Fall kommt daher § 613a Abs. 1 Satz 2 BGB unproblematisch zur Anwendung.

2. Abschluß des Tarifvertrages nach Betriebsübergang

Sofern ein Tarifvertrag zum Zeitpunkt des Betriebsübergangs noch nicht abgeschlossen ist, kann § 613a Abs. 1 Satz 2 BGB für dessen Bestimmungen nachträglich nicht zur Anwendung kommen. Das folgt bereits daraus, daß auf die Verhältnisse zum Zeitpunkt des Betriebsüberganges abgestellt wird. Zu diesem Zeitpunkt konnten die Rechte und Pflichten aus den vom Übergang betroffenen Arbeitsverhältnissen aber noch nicht durch die späteren Tarifnormen geregelt werden. Daher wird auch der Betriebserwerber nicht zur Gewährung von Arbeitsbedingungen, die sich aus nach Betriebsübergang abgeschlossenen Tarifverträgen ergeben, nach § 613a Abs. 1 Satz 2 BGB verpflichtet.[4] Eine andere Entscheidung in dieser Sache sieht sich Bedenken insbesondere im Hinblick auf die negative Koalitionsfreiheit des nicht aufgrund Verbandsmitgliedschaft tarifgebundenen Betriebserwerbers ausgesetzt.[5]

Findet der Betriebsübergang zu einem Zeitpunkt statt, in dem zugunsten eines tarifschließenden Verbandes eine Erklärungsfrist hinsichtlich eines neuen Tarifvertrages läuft, ist zu unterscheiden, ob bereits ein endgültiger Vertrag vorlag, von dem sich eine Partei noch zurückziehen können sollte. In diesem Fall findet auf die bereits bestehenden Tarifnormen § 613a Abs. 1 Satz 2 BGB Anwendung.

---

4 Ebenso BAG 10.11.1993 AP Nr. 13 zu § 3 TVG Verbandszugehörigkeit; BAG 13.9.1994 AP Nr. 11 zu § 1 TVG Rückwirkung; LAG Brandenburg 10.3.1992 LAGE Nr. 24 zu § 613a BGB; ArbG Cottbus 9.10.1991 EzA Nr. 95 zu § 613a BGB; *Moll*, RdA 1996, 275, 279; ; *Preis/Steffan*, FS Kraft, S. 477, 482; Soergel/*Raab*, BGB, § 613a Rn. 107. Vgl. zur ähnlich gelagerten Problematik der Auswirkungen von nach Betriebsübergang erfolgenden Änderungen des Tarifvertrages § 13 B III 1c.

5 *Rieble*, Anm. zu BAG 13.9.1994, EWiR § 613a BGB 9/95.

Wurde dagegen nur ein Verhandlungsergebnis fixiert, so bestanden die Tarifnormen trotz Rückwirkung einer Genehmigung durch die zuständigen Verbandsstellen nach § 184 BGB noch nicht im Zeitpunkt des Betriebsübergangs.[6]

3. Inkrafttreten des Tarifvertrages nach Betriebsübergang

Fraglich ist allerdings, wie zu entscheiden ist, wenn der jeweilige Tarifvertrag zwar vor Betriebsübergang abgeschlossen wurde, die Tarifvertragsparteien jedoch einen späteren Zeitpunkt des Inkrafttretens vereinbart haben und vor diesem Zeitpunkt der Betrieb auf den Erwerber übergeht. Maßgebend ist auch hier, daß die Anwendung von § 613a Abs. 1 Satz 2 BGB die tatsächliche Regelung der Arbeitsverhältnisse durch Tarifnormen voraussetzt. Die individualrechtliche Fortgeltung nach § 613a Abs. 1 Satz 2 BGB beschränkt sich auf die zur Zeit des Betriebsübergangs geltenden im Sinne tatsächlich Anwendung findender Tarifverträge. Sofern aber die Tarifnormen noch nicht in Kraft getreten sind, konnten sie auch die Rechte und Pflichten der Arbeitsvertragsparteien ebenso wie ein noch nicht abgeschlossener Tarifvertrag nicht bestimmen. Demzufolge gelten die Tarifnormen, die zwar bei Betriebsübergang bereits abgeschlossen, aber noch nicht in Kraft getreten waren, nicht beim Betriebserwerber weiter.[7] Anders liegt es hingegen, wenn die Tarifnormen bereits im Zeitpunkt des Betriebsübergangs in Kraft getreten sind und nur deren Rechtsfolgen später eintreten sollen.[8]

B. Tarifgebundenheit der Arbeitsvertragsparteien

I. Beiderseitige Tarifgebundenheit der Arbeitsvertragsparteien

Voraussetzung für die normative Geltung tariflicher Abschluß-, Inhalts- und Beendigungsnormen auf Arbeitsverhältnisse ist nach § 4 Abs. 1 TVG die beiderseitige Tarifbindung der Parteien des Arbeitsvertrages. Nur sofern sowohl Arbeitgeber als auch Arbeitnehmer tarifgebunden sind, wirken diese Normen des Tarifvertrages unmittelbar und zwingend auf das Arbeitsverhältnis ein. Damit ist

---

6 Vgl. *Däubler*, NZA 1996, 225, 227 zu § 3 Abs. 3 TVG. sowie die Ausführungen zu mit Rückwirkung in Kraft tretenden Tarifnormen § 13 A II 2.

7 *Moll*, RdA 1996, 275, 279; *ders.*, Brennpunkte des Arbeitsrechts 1996, S. 185, 216. Anders Erman/*Hanau*, BGB, § 613a Rn. 87, 89; *ders.*, FS Gaul, S. 287, 297, nach dem der Betriebserwerber auch an einen Tarifvertrag gebunden wird, der, vor Betriebsübergang abgeschlossen, ganz oder teilweise erst nach dem Betriebsübergang in Kraft tritt. Ebenso *Kania*, DB 1994, 529, 530, Fn. 18; ErfurtKom/*Preis*, § 613a BGB Rn. 71; *Preis/Steffan*, FS Kraft, S. 477, 482 sowie wohl *Hüper*, Betrieb, S. 58, nach dem es sich bei späterem Wirkungseintritt dennoch um einen beim Betriebsübergang bestehenden Besitzstand der Beschäftigten handele, der auch als solcher in die Arbeitsverhältnisse eingehen müsse.

8 MünchArbR/*Löwisch*, § 260 Rn. 16. Zu dieser Problematik auch noch § 13 A II 2.

auch für die Weitergeltung dieser Bestimmungen nach § 613a Abs. 1 Satz 2 BGB erforderlich, daß vor dem Betriebsübergang Arbeitnehmer wie Arbeitgeber tarifgebunden waren. Nach § 3 Abs. 1 TVG muß der Arbeitnehmer Mitglied der tarifschließenden Gewerkschaft, der bisherige Betriebsinhaber Mitglied des tarifschließenden Arbeitgeberverbandes sein oder selbst den Tarifvertrag abgeschlossen haben.

Nach § 3 Abs. 3 TVG ist für das Fortbestehen der normativen Wirkung der Tarifnormen auf ein Arbeitsverhältnis allein das Ende der Tarifgeltung selbst maßgebend. Es wird dagegen nicht auf das Fortbestehen der Tarifgebundenheit der Arbeitsvertragsparteien abgestellt.[9] Tritt daher der bisherige Betriebsinhaber noch vor dem Betriebsübergang aus dem tarifschließenden Arbeitgeberverband aus, erhält § 3 Abs. 3 TVG dessen Tarifgebundenheit bis zum Ablauf des Tarifvertrages aufrecht. Die Tarifnormen wirken damit weiterhin normativ auf die Arbeitsverhältnisse ein, so daß auch für den Fall eines Betriebsübergangs nach Austritt des Arbeitgebers aus dem tarifschließenden Verband und vor Ende des geltenden Tarifertrages § 613a Abs. 1 Satz 2 BGB zur Anwendung kommt.[10]

II. Einseitige Tarifgebundenheit des Betriebsveräußerers

Nach § 3 Abs. 2 TVG ist für die normative Geltung betrieblicher und betriebsverfassungsrechtlicher Normen erforderlich, aber auch ausreichend, daß der Arbeitgeber nach Maßgabe des § 3 Abs. 1 TVG durch Mitgliedschaft im tarifschließenden Arbeitgeberverband oder durch Abschluß eines Firmentarifvertrages selbst tarifgebunden ist. Fraglich ist, ob damit § 613a Abs. 1 Satz 2 BGB hinsichtlich dieser Bestimmungen bereits dann zur Anwendung kommt, wenn der bisherige Betriebsinhaber an den Tarifvertrag gebunden war. Eine Weitergeltung betrieblicher und betriebsverfassungsrechtlicher Rechtsnormen nach § 613a Abs. 1 Satz 2 BGB kommt nur in Betracht, sofern diese Tarifnormen Rechte und Pflichten aus Arbeitsverhältnissen regeln und damit einen individualrechtlichen Bezug aufweisen.[11] Damit kommt es hier darauf an, ob tarifliche Doppelnormen, die sowohl einen individualrechtlichen als auch einen kollektivrechtlichen Bezug besitzen, auf die Arbeitsverhältnisse bereits bei nur einseitiger Tarifgebundenheit des Arbeitgebers Anwendung finden.

---

9 MünchArbR/*Löwisch*, § 260 Rn. 20. Zur Eingrenzung des Anwendungsbereichs der Vorschrift auf die Fälle des Austritts bzw. des Ausschlusses des Arbeitgebers aus dem tarifschließenden Verband MünchArbR/Löwisch, § 260 Rn. 23 ff.

10 Vgl. statt aller *D. Gaul*, Betriebsübergang, S. 277; *ders.*, ZTR 1989, 432, 435. Zur Frage, ob sich Auswirkungen auf die zeitliche Dauer der Weitergeltung der in diesem Tarifvertrag enthaltenen Bestimmungen ergeben, nachstehend § 13 B III 1b (1).

11 Vgl. § 7 C.

Hierzu wird vertreten, daß tarifliche Doppelnormen nur diejenigen Arbeitsverhältnisse gestalten, deren Parteien beide tarifgebunden sind.[12] Ihren Ansatzpunkt findet diese Ansicht in dem Bestreben, die negative Koalitionsfreiheit derjenigen Arbeitnehmer zu wahren, die nicht Mitglied der tarifschließenden Gewerkschaft sind. Das würde auch für § 613a Abs. 1 Satz 2 BGB bedeuten, daß eine Weitergeltung dieser Tarifnormen nur in Betracht kommt, sofern der Arbeitnehmer Mitglied der tarifschließenden Gewerkschaft war. Dem ist nicht zuzustimmen. § 3 Abs. 2 TVG ordnet ausdrücklich sowohl für betriebliche als auch betriebsverfassungsrechtliche Normen deren einheitliche Geltung für alle Arbeitnehmer des Betriebes an, sofern nur der Arbeitgeber tarifgebunden ist. Handelt es sich bei einer Bestimmung tatsächlich um eine diesen Gruppen zuzuordnende Tarifnorm, kann hiervon nicht abgewichen werden. Eine sachgerechte Abgrenzung der Doppelnormen von reinen Individualnormen wird unter dem Gesichtspunkt des Schutzes der tariflichen Außenseiter gewährleistet, da darauf abzustellen ist, ob der Gegenstand der tariflichen Regelung begriffsnotwendig betriebseinheitlich zu regeln ist.[13] Dann aber besteht kein Anlaß, nicht organisierte Arbeitnehmer von der Wirkung dieser Tarifbestimmungen auszunehmen, nur weil diese neben dem kollektivem auch einen individuellen Bezug aufweisen. Demgemäß reicht es auch für die Geltung tariflicher Doppelnormen im Betrieb nach § 3 Abs. 2 TVG aus, daß der Betriebsinhaber an den entsprechenden Tarifvertrag gebunden ist.[14] Daraus folgt, daß es für die Anwendung des § 613a Abs. 1 Satz 2 BGB dann nicht auf die Tarifgebundenheit der Arbeitnehmer, sondern allein auf den Betriebsveräußerer ankommt.[15]

III. Allgemeinverbindlichkeit des Tarifvertrages

Eine besondere Form der Tarifgeltung besteht, sofern der maßgebliche Tarifvertrag nach § 5 Abs. 4 TVG für allgemeinverbindlich erklärt worden ist. In diesem Fall werden aus ihm auch die bisher nicht tarifgebundenen Arbeitgeber und Arbeitnehmer berechtigt und verpflichtet, auch gegen deren Willen.[16] Voraussetzung für die Anwendung der Tarifnormen auf ein Arbeitsverhältnis bleibt aber auch hierbei, daß das Arbeitsverhältnis in den Geltungsbereich des Tarifvertrages fällt, die Allgemeinverbindlichkeitserklärung ersetzt nur die bisher fehlende Tarifgebundenheit der Arbeitsvertragsparteien.[17] Die Parteien des Arbeitsvertrages sind im Rahmen des für allgemeinverbindlich erklärten Tarifvertrages als tarifgebun-

---

[12] So *Hanau/Vossen*, FS Hilger/Stumpf, S. 271, 290 f.; *Richardi*, Kollektivgewalt, S. 230, 237; *Zöllner*, RdA 1962, 453, 459.

[13] Vgl. schon vorstehend § 7 C I 3.

[14] So auch *Wiedemann/Stumpf*, TVG, § 1 Rn. 247.

[15] Ebenso Soergel/*Raab*, BGB, § 613a Rn. 112.

[16] *Beseler*, Betriebsübergang, S. 169, 177.

[17] Statt aller *Beseler*, Betriebsübergang, S. 169, 177; *Kempen/Zachert*, TVG, § 5 Rn 21.

den zu behandeln. Demgemäß kommen die Rechtsnormen des Tarifvertrages auf das zwischen ihnen bestehende Arbeitsverhältnis zur Anwendung. Damit kommt auch für die Rechtsnormen eines für allgemeinverbindlich erklärten Tarifvertrages die Anwendung des § 613a Abs. 1 Satz 2 BGB im Falle eines Betriebsübergangs in Betracht, da auch durch diese die Arbeitsbedingungen der in dem Geltungsbereich des Tarifvertrages beschäftigten Arbeitnehmer gestaltet werden.

C. Zusammenfassung

Erforderlich für eine Weitergeltung eines Tarifvertrages nach § 613a Abs. 1 Satz 2 BGB ist, daß das Arbeitsverhältnis vor Betriebsübergang dem Geltungsbereich des betreffenden Tarifvertrages unterfiel. In zeitlicher Hinsicht ist damit Voraussetzung, daß der Tarifvertrag im Zeitpunkt des Betriebsüberganges bereits in Kraft getreten war. Ein Tarifvertrag, der zu diesem Zeitpunkt noch nicht in Kraft getreten, aber schon abgeschlossen ist, regelt nicht die Rechte und Pflichten der Arbeitsvertragsparteien bei Betriebsübergang. Voraussetzung für die Weitergeltung der Tarifnormen im Arbeitsverhältnis mit dem Betriebserwerber ist auch, daß auf dieses Arbeitsverhältnis beim bisherigen Betriebsinhaber der Tarifvertrag zur Anwendung kam. In Betracht kommt insoweit die Geltung der Tarifnormen aufgrund Tarifgebundenheit der Arbeitsvertragspartei oder der Allgemeinverbindlichkeitserklärung des Tarifvertrages. Galten nach § 3 Abs. 2 TVG Tarifnormen zu betrieblichen oder betriebsverfassungsrechtlichen Fragen beim Betriebsveräußerer auch für nicht tarifgebundene Arbeitnehmer, kommt hinsichtlich dieser Tarifnormen auch für deren Arbeitsverhältnisse § 613a Abs. 1 Satz 2 BGB nach Betriebsübergang zur Anwendung.

§ 12 Weitergeltung von Tarifnormen bei Wechsel des tariflichen Geltungsbereichs

Die normative Geltung von Tarifnormen für ein Arbeitsverhältnis setzt voraus, daß dieses unter den Geltungsbereich des Tarifvertrages in räumlicher, fachlicher, persönlicher und zeitlicher Hinsicht fällt.[1] Insoweit kommt die Anwendung des § 613a Abs. 1 Satz 2 BGB auf diese Tarifbestimmungen für den Fall eines Betriebsinhaberwechsels in Betracht. Allerdings ist denkbar, daß der Betrieb im Zuge des Betriebsübergangs aus dem Geltungsbereich des bisher maßgeblichen Tarifvertrages herausfällt. Hierfür kommt es zunächst darauf an, ob Anknüpfungspunkt des Geltungsbereichs des Tarifvertrages der Betrieb selbst oder das Unternehmen ist.[2] Sind danach die Verhältnisse des Betriebes entscheidend, so kann beispielsweise eine Änderung des Betriebszwecks zur Folge haben, daß der Betrieb nicht mehr unter den fachlichen Geltungsbereich des beim Betriebsveräußerer geltenden Tarifvertrages fällt. Fraglich ist, ob auch in einem solchen Fall § 613a Abs. 1 Satz 2 BGB anzuwenden ist, so daß die Tarifnormen in den übergegangenen Arbeitsverhältnissen weitergelten. Hierfür ist maßgebend, zu welchem Zeitpunkt, bezogen auf den Übergang des Betriebes, die Veränderungen eintreten, die das Herausfallen des Betriebes aus dem Geltungsbereich des Tarifvertrages zur Folge haben.

A. Betriebsänderungen vor Betriebsübergang

Sofern Maßnahmen zur Änderung des Betriebszwecks in Vorbereitung des Betriebsübergangs noch durch den Betriebsveräußerer getroffen wurden, hängt die Anwendung des § 613a Abs. 1 Satz 2 BGB davon ab, welche Folgen sich daraus für die Geltung der Tarifnormen zum Zeitpunkt des Betriebsübergangs ergeben. Damit kommt es auf die Auswirkungen, die das Herausfallen eines Betriebes aus dem Geltungsbereich eines Tarifvertrages unabhängig von dem späteren Betriebsübergang - hat, an. Umstritten ist, ob die bis zur Betriebsänderung geltenden Tarifverträge sodann nach § 4 Abs. 5 TVG nachwirken.[3]

Das Bundesarbeitsgericht ging in seiner Entscheidung vom 26.9.1979[4] davon aus, daß für die unmittelbare und zwingende Wirkung von Tarifnormen nach § 4 Abs. 1 TVG Voraussetzung ist, daß das Arbeitsverhältnis unter den Geltungsbereich des Tarifvertrages fällt. Damit aber verliere der Tarifvertrag seine Wirkung, wenn der Arbeitgeber durch einen Produktionswechsel aus dem Geltungsbereich des Tarifvertrages herausfällt. Daraus folgerte das Bundesarbeitsgericht das Ende der

---

1 *Wiedemann/Stumpf*, TVG, § 4 Rn. 120.

2 Vgl. *Hromadka*, DB 1996, 1872.

3 Gegen eine Anwendung von § 3 Abs. 3 TVG LAG Frankfurt 26.11.1985 LAGE Nr. 6 zu § 613a BGB.

4 BAG 26.9.1979 AP Nr. 17 zu § 613a BGB.

kollektivrechtlichen Geltung des Tarifvertrages ohne Nachwirkung für den Fall eines Betriebsinhaberwechsels, wenn sich der Betrieb dadurch aus dem maßgeblichen Geltungsbereich des Tarifvertrages heraus bewegt. Danach müßte das Ende der Geltung der Tarifnormen ohne Nachwirkung in dem Zeitpunkt des Herausfallens des Betriebes aus dem fachlichen Geltungsbereich des Tarifvertrages angenommen werden.

Allerdings hat das Bundesarbeitsgericht in einem Urteil vom 18.3.1992[5] zu der Frage, ob sich an die Tarifbindung nach § 3 Abs. 3 TVG im Fall des Austritts einer Partei des Arbeitsvertrages aus dem tarifschließenden Verband, die mit dem Ablauf des Tarifvertrages endet, eine Nachwirkung der entsprechenden Tarifnormen nach § 4 Abs. 5 TVG anschließt, Stellung genommen. Es stellte hier darauf ab, daß durch die gesetzlich vorgesehene Nachwirkung von Tarifnormen verhindert werden soll, daß das Arbeitsverhältnis inhaltsleer werde oder durch dispositives Gesetzesrecht ergänzt werden müsse. Dann könne es aber nicht darauf ankommen, aus welchem Grund im Einzelfall die Tarifbindung entfalle, so daß sich auch an die Tarifbindung nach § 3 Abs. 3 TVG, die mit Ablauf des Tarifvertrages endet, eine Nachwirkung der Bestimmungen nach § 4 Abs. 5 TVG anschließen müsse. Aus diesem Grund sei § 4 Abs. 5 TVG auf jeden Fall des Wegfalls der Tarifbindung anzuwenden.[6] Darüber hinaus nimmt das Bundesarbeitsgericht in seiner Entscheidung vom 13.7.1994[7] eine Weiterwirkung von Tarifnormen nach § 4 Abs. 5 TVG für die Fälle an, in denen der Gesamtrechtsnachfolger eines tarifgebundenen Arbeitgebers selbst nicht tarifgebunden ist. Auch dies wird damit begründet, daß es für die Auswirkungen auf das Arbeitsverhältnis nicht von Bedeutung sei, ob der Wegfall der Geltung der Tarifnormen auf der Beendigung des Tarifvertrages oder auf dem Wegfall der Tarifbindung infolge einer Gesamtrechtsnachfolge beruht.

Eine Ausdehnung der Nachwirkung über den Wegfall der Mitgliedschaft, durch die die Tarifbindung legitimiert wird, hinaus auch auf den Fall, daß der Betrieb aus dem fachlichen Geltungsbereich des Tarifvertrages herausfällt, ist insoweit mit Recht anzunehmen.[8] Eine Anwendung von § 4 Abs. 5 TVG auf den Fall, daß

---

5 BAG 18.3.1992 AP Nr. 13 zu § 3 TVG.

6 BAG 18.3.1992 AP Nr. 13 zu § 3 TVG; siehe weiterhin BAG 2.12.1992 AP Nr. 14 zu § 3 TVG; zustimmend *Hromadka*, DB 1996, 1872, 1874; *Kania*, DB 1995, 625, 630.

7 BAG 13.7.1994 AP Nr. 14 zu § 3 TVG Verbandszugehörigkeit.

8 So BAG 18.3.1992 AP Nr. 13 zu § 3 TVG; BAG 2.12.1992 AP Nr. 14 zu § 3 TVG; *Däubler*, Tarifvertragsrecht, Rn. 1470, S. 616; *Düwell*, Betriebsübergang, S. 193, 217; *Hromadka*, DB 1996, 1872, 1874; *Kania*, DB 1995, 625, 630; *ders.*, DB 1996, 1921; *Kempen/Zachert*, TVG, § 3 Rn. 26, § 4 Rn. 303; *Konzen*, ZfA 1975, 401, 412 ff.; *Wiedemann*, RdA 1975, 78, 83; *Wiedemann/Stumpf*, TVG, § 3 Rn. 32, § 4 Rn. 188. Im Ergebnis auch *Gamillscheg*, Kollektives Arbeitsrecht, S. 745, 872. Anders hingegen BAG 25.10.1994 AP Nr. 22 zu § 1 TVG Vorruhestand; *Buchner*, GmbHR 1997, 377,

der Betriebsveräußerer Maßnahmen ergreift, infolge derer der Betrieb nicht mehr in den Geltungsbereich des bisherigen Tarifvertrages fällt, hat zur Folge, daß die Tarifnormen in dem für die Anwendung des § 613a Abs. 1 Satz 2 BGB maßgeblichen Zeitpunkt des Betriebsübergangs noch kraft Nachwirkung für die Arbeitsverhältnisse gelten. In diesem Fall richtet sich die Anwendung des § 613a Abs. 1 Satz 2 BGB nach den Grundsätzen über die Weitergeltung nachwirkender Tarifnormen.[9]

B. Betriebsänderungen nach Betriebsübergang

Zu fragen ist weiter, ob sich eine durch den neuen Betriebsinhaber nach dem Betriebsübergang durchgeführte Betriebsänderung und das damit verbundene Herausfallen des Betriebes aus dem Geltungsbereich des Tarifvertrages, der bei dem Betriebsveräußerer normativ galt und dessen Normen nach § 613a Abs. 1 Satz 2 BGB als Bestandteile der übergegangenen Arbeitsverhältnisse weitergelten, auf eben diese Geltung der Tarifbestimmungen auswirkt. Hierfür ist in erster Linie maßgebend, ob die individualrechtliche Weitergeltung der Tarifbestimmungen das Verbleiben des Betriebes im tariflichem Geltungsbereich auf Dauer voraussetzt.

Durch § 613a Abs. 1 Satz 2 BGB werden die Tarifnormen in einzelvertragliche Regelungen umgewandelt. Die Geltung solcher Regelungen - unter gewöhnlichen Umständen handelt es sich um Vereinbarungen zwischen den Arbeitsvertragsparteien - setzt nicht das Unterfallen unter einen bestimmten Geltungsbereich voraus. Derartige Vereinbarungen werden ohnehin regelmäßig für das konkrete Arbeitsverhältnis getroffen. Die Anordnung einzelvertraglicher Weitergeltung spricht insoweit dafür, daß auch für die weitergeltenden Tarifnormen bei dem Betriebserwerber die Bedingungen für eine vormals normative Geltung des Tarifvertrages beim Betriebsveräußerer hinsichtlich des Geltungsbereichs nicht weiter erfüllt sein müssen. Im übrigen wird für die Rechtsfolgen eines Betriebsübergangs durch § 613a Abs. 1 Satz 2 BGB maßgeblich auf die Verhältnisse im Zeitpunkt des Betriebsübergangs abgestellt. Damit können Vorgänge nach dem Betriebsübergang an der einmal erfolgten Umwandlung der beim Betriebsveräußerer geltenden Tarifnormen nachträglich nichts ändern.[10] Eine Produktionsumstellung,

---

383; MünchArbR/*Löwisch*, § 266 Rn. 17 f.; *Löwisch/Rieble*, TVG, § 4 Rn. 48, 240 sowie *Rieble*, Anm. zu BAG 14.6.1994, SAE 1994, 77, 79 mit der Begründung, daß ein Tarifvertrag außerhalb seines Geltungsbereiches überhaupt keine Wirkung entfalten könne.

9 Dazu noch § 14 A.

10 *Rieble*, Anm. zu BAG 14.6.1994, SAE 1995, 77, 79. So auch BAG 5.10.1993 AP Nr. 42 zu § 1 BetrAVG Zusatzversorgungskassen, das ausführt, auch wenn mit einem Betriebsübergang ein Branchenwechsel verbunden sei, ändere dies nichts an der einmal begründeten arbeitsvertraglichen Weitergeltung der Tarifbestimmungen, und MünchArbR/*Löwisch*, § 257 Rn. 26.

die der neue Betriebsinhaber durchführt und durch die ein Betrieb aus dem tariflichen Geltungsbereich herausfällt, berührt das Problem der Weitergeltung der Tarifbestimmungen im Zeitpunkt des Betriebsüberganges daher nicht.[11] Somit kann sich auch das Herausfallen des Betriebes aus dem tariflichen Geltungsbereich durch Vorgänge nach der Übernahme des Betriebes durch den Erwerber nicht auf die arbeitsvertraglich weitergeltenden Tarifnormen auswirken. § 613a Abs. 1 Satz 2 bis 4 BGB enthalten in Ergänzung zu den Vorschriften des § 3 Abs. 3 TVG und § 4 Abs. 5 TVG eine Weitergeltungsanordnung unabhängig von dem Geltungsanspruch des § 4 Abs. 1 Satz 1 TVG.[12] Die Fortgeltung der Tarifnormen bei dem Betriebserwerber ist damit nicht davon abhängig, daß das übergegangene Arbeitsverhältnis weiterhin dem Geltungsbereich des Tarifvertrages unterfällt. Dafür spricht auch, das § 613a Abs. 1 Satz 4 BGB gerade für diese Fälle die Möglichkeit vorzeitiger Änderung der weitergeltenden Tarifnormen durch Vereinbarung der Inbezugnahme des nunmehr einschlägigen Tarifvertrages anordnet.[13]

C. Betriebsänderungen im Zeitpunkt des Betriebsübergangs

Anders kann es sich hingegen verhalten, sofern die Maßnahmen, die zur Veränderung der Charakteristik des Betriebes führen, mit dem Betriebsübergang in zeitlicher Hinsicht zusammenfallen. Hauptsächlich geht es dabei um die Fallkonstellation, daß sich die Anwendung des Tarifvertrages beim bisherigen Betriebsinhaber in einem Nebenbetrieb oder einem Betriebsteil nach der Branchenzugehörigkeit des jeweiligen Hauptbetriebes richtete und die Voraussetzungen für das Unterfallen unter den fachlichen Geltungsbereich dieses Tarifvertrages infolge der Verselbständigung nun nicht mehr vorliegen.

Hierzu wird vertreten, daß es für die Weitergeltung von Tarifnormen nach § 613a Abs. 1 Satz 2 BGB nicht darauf ankomme, ob der Wegfall der normativen Wirkung des Tarifvertrages nach Betriebsübergang auf die fehlende Tarifbindung des Betriebserwerbers oder aber auf das Herauswandern aus dem Geltungsbereich des Tarifvertrages zurückzuführen sei.[14]

Nach Auffassung des Bundesarbeitsgerichts zur Rechtslage vor Geltung des § 613a Abs. 1 Satz 2 BGB sollte die kollektivrechtliche Geltung eines Tarifvertrages ohne Nachwirkung enden, wenn sich der Betrieb oder das Unternehmen im Zuge eines Betriebsinhaberwechsels aus dem maßgeblichen Geltungsbereich des Tarifvertrages heraus bewegten. Es ließ daran die Begründung der Weitergeltung von Tarifnormen nach dem Übergang des Betriebes auf einen nicht selbst tarifge-

---

11 Ebenso im Ergebnis *Gussen/Dauck*, Weitergeltung, Rn. 187, S. 218.

12 Vgl. *Düwell*, Betriebsübergang, S. 193, 217; *Löwisch/Rieble*, TVG, § 4 Rn. 50.

13 *Rieble*, Anm. zu BAG 14.6.1994, SAE 1995, 77, 79. Dazu ausführlich § 13 B III 2.

14 *Buchner*, GmbHR 1997, 434, 438; ähnlich *Preis/Steffan*, FS Kraft, S. 477, 479.

bundenen Betriebsinhaber über § 4 Abs. 5 TVG scheitern.[15] In der Entscheidung vom 1.4.1987 hat dagegen das Bundesarbeitsgericht die Frage der Auswirkungen eines mit dem Betriebsübergang einher gehenden Herausfallens aus dem tariflichen Geltungsbereich offen gelassen.[16] Der Entscheidung lag folgender Sachverhalt zugrunde: Der zwischen dem Betriebsveräußerer und dem in einer Restaurantabteilung beschäftigten Arbeitnehmer geschlossene Arbeitsvertrag unterfiel dem nach dem Prinzip der Tarifeinheit für den Hauptbetrieb anwendbaren Tarifvertrag des Einzelhandels. Die Restaurantabteilung wurde als Nebenbetrieb ausgegliedert und auf den Betriebserwerber übertragen. Damit unterfiel der ausgegliederte, nunmehr selbständige Betrieb nicht mehr dem Geltungsbereich dieses Tarifvertrages. Hier stellte sich das Problem, ob § 613a Abs. 1 Satz 2 BGB auf die Normen des Tarifvertrages des Einzelhandels angewandt werden konnte. Das Bundesarbeitsgericht konnte diese Frage letztlich dahin stehen lassen, da die Tarifnorm, über deren Anwendung auf das Arbeitsverhältnis zu entscheiden war, jedenfalls erst nach dem Betriebsübergang in Kraft trat und schon aus diesem Grund auf die Arbeitsverhältnisse beim Betriebserwerber keinen Einfluß mehr haben konnte.[17]

Das Bundesarbeitsgericht geht in der Entscheidung vom 5.10.1993 für den Fall der Verschmelzung mehrerer Unternehmen zu einem neuen Unternehmen, das dem betrieblichen Geltungsbereich des bisher in einem Unternehmen zur Anwendung gekommenen Tarifvertrages nicht mehr unterfällt, davon aus, daß im Grundsatz die zu § 613a Abs. 1 Satz 2 BGB entwickelten Maßstäbe Anwendung finden müßten. Diesbezüglich führt das Gericht aus, daß sich an der einmal begründeten arbeitsvertraglichen Weitergeltung von Tarifnormen nach § 613a Abs. 1 Satz 2 BGB durch das Herausfallen des Betriebes aus dem Geltungsbereich des Tarifvertrages nichts ändern könne.[18]

Dies ist zwar im Grundsatz richtig.[19] Allerdings ist die Fragestellung bei der hier in Frage stehenden Ausgründung eines Betriebes oder Betriebsteiles, dessen Übertragung auf einen neuen Betriebsinhaber im Wege der Einzelrechtsnachfolge und dem dadurch bedingten Herausfallen aus dem tariflichen Geltungsbereich eine andere. Die Auffassung des Bundesarbeitsgerichts läßt sich nur bei Zugrundelegung der folgenden Vorstellung von einem Betriebsübergang, bei dem sich Herausfallen aus dem tariflichen Geltungsbereich und Betriebsübernahme zeitgleich vollziehen, erklären. Es muß vorausgesetzt werden, daß es zunächst zur Übertragung der Leitungsmacht im Rahmen des Betriebsübergangs auf den Betriebser-

---

15 BAG 26.9.1979 AP Nr. 17 zu § 613a BGB.

16 BAG 1.4.1987 AP Nr. 64 zu § 613a BGB.

17 Dazu schon § 13 A II 2, § 11 A III.

18 BAG 5.10.1993 AP Nr. 42 zu § 1 BetrAVG Zusatzversorgungskassen unter Verweis auf BAG 1.4.1987 AP Nr. 64 zu § 613a BGB.

19 Vgl. vorstehend § 12 B.

werber kommt. Erst aus diesem Übertragungsvorgang ergibt sich sodann das Herausfallen des Betriebes bzw. Betriebsteiles aus dem tariflichen Geltungsbereich. Nach diesem Modell gelten die Tarifnormen im maßgeblichen Zeitpunkt des Betriebsübergangs, d.h. der Übernahme des Betriebes durch den neuen Betriebsinhaber, ersichtlich noch mit normativer Wirkung und auf kollektivrechtlicher Grundlage für die vom Übergang betroffenen Arbeitsverhältnisse, da zu diesem Zeitpunkt der Betrieb dem Geltungsbereich des maßgeblichen Tarifvertrages nach wie vor unterfällt. Insoweit bestünde tatsächlich kein Anlaß, an der Weitergeltung der Tarifnormen nach § 613a Abs. 1 Satz 2 BGB zu zweifeln.

Allerdings ist fraglich, ob dieses Modell tatsächlich sachgerecht die Vorgänge eines derartigen Betriebsübergangs widerspiegelt.[20] Probleme bei der Beurteilung ergeben sich in erster Linie daraus, daß sich die ablaufenden Vorgänge nach außen hin als einheitliches Geschehen darstellen. Dennoch muß davon ausgegangen werden, daß zunächst eine Trennung des Nebenbetriebes bzw. des Betriebsteiles vom Hauptbetrieb erfolgt. Hieraus ergibt sich bereits das Herausfallen des übergehenden Betriebes aus dem tariflichen Geltungsbereich, da sich die Tarifzugehörigkeit des selbständigen Betriebes bzw. Betriebsteiles nun nicht mehr nach dem Hauptbetrieb richtet. Die Voraussetzungen für das Unterfallen unter den Geltungsbereich des bisher zur Anwendung gekommenen Tarifvertrages werden zu diesem Zeitpunkt nicht mehr erfüllt. Dann übernimmt der neue Betriebsinhaber die Leitungsmacht über den Betrieb.[21] Unter der Prämisse dieses Ablaufs sind die Auswirkungen eines solchen Betriebsübergangs hinsichtlich der Anwendung des § 613a Abs. 1 Satz 2 BGB zu untersuchen.

Rieble schlußfolgert auf der Grundlage einer ähnlichen Vorstellung, daß die Vorschrift in dieser Fallkonstellation keine Anwendung finden könne. Dies ergebe sich aus dem Schutzzweck von § 613a Abs. 1 Satz 2 BGB, wonach durch diese Regelung lediglich die Arbeitnehmer vor Verschlechterungen ihrer Arbeitsbedingungen, die nur im Betriebsübergang begründet sind, geschützt werden sollten.[22] Dem ist, wenn auch unter Einschränkungen, zuzustimmen. Die Weitergeltung der beim bisherigen Betriebsinhaber geltenden Tarifnormen wird angeordnet, um den Arbeitnehmern den tariflichen Schutz auch bei einem Betriebsübergang auf einen nicht selbst tarifgebundenen Arbeitgeber zu erhalten. Hier folgt aber der Verlust der Tarifbindung primär aus einer veränderten Betriebsorganisation. Zum Zeit-

---

20 Kritisch auch *Rieble*, Anm. zu BAG 14.6.1994, SAE 1995, 77, 79.

21 Ähnlich *Rieble*, Anm. zu BAG 14.6.1994, SAE 1995, 77, 79, der letztlich zu einem gegenüber der Auffassung des Bundesarbeitsgerichts genau spiegelbildlichen Modell gelangt.

22 Vgl. *Rieble*, Anm. zu BAG 14.6.1994, SAE 1995, 77, 79. Ähnlich *Lieb*, Arbeitsrecht, § 3 III 4, Rn. 318. Anders dagegen *Gussen/Dauck*, Weitergeltung, Rn. 201, S. 136, nach denen die Anwendung der Bestimmung in einem solchen Fall lediglich rechtspolitisch zweifelhaft erscheint.

punkt des eigentlichen Betriebsübergangs, der Ergreifung der Leitungsmacht durch den Betriebserwerber, unterfällt der Betrieb bzw. Betriebsteil schon nicht mehr dem Geltungsbereich des bisher zur Anwendung gekommenen Tarifvertrages. Damit stellt sich dies nicht als spezifische Folge des Betriebsübergangs dar, vor der die Arbeitnehmer nach § 613a Abs. 1 Satz 2 BGB zu schützen wären. Insbesondere geht es hier auch nicht um eine teleologische Reduktion des § 613a Abs. 1 Satz 2 BGB, mit der die Anwendung der Vorschrift auf diejenigen Betriebsübergänge verhindert werden soll, bei denen der Betriebserwerber bereits Inhaber eines Betriebes ist, der in denselben Geltungsbereich wie der beim bisherigen Betriebsinhaber bestehende Hauptbetrieb fällt.[23] Eine solche Einschränkung ließe sich freilich kaum rechtfertigen. Hier werden dagegen die im Betrieb bestehenden und nach § 613a Abs. 1 Satz 1 BGB auf den Erwerber des Betriebs übergehenden Arbeitsverhältnisse infolge des Herausfallen aus dem tariflichen Geltungsbereich tatsächlich nicht mehr durch die beim Betriebsveräußerer geltenden Tarifnormen bestimmt.[24] Maßgeblicher Zeitpunkt für die Beurteilung der Geltung tariflicher Rechtsnormen auf ein Arbeitsverhältnis ist die juristische Sekunde vor Ergreifung der Betriebsleitungsmacht durch den Erwerber, da durch § 613a Abs. 1 Satz 2 BGB die Anwendung der bei dem Veräußerer geltenden kollektivvertraglichen Normen gesichert werden soll.[25] Daher kann § 613a Abs. 1 Satz 2 BGB nicht derart zur Anwendung kommen, als würden nach wie vor Tarifnormen auf die Arbeitsverhältnisse innerhalb ihres Geltungsbereiches normativ einwirken.

Demgegenüber wird vertreten, § 613a Abs. 1 Satz 2 BGB sei auch dann in vollem Umfang anwendbar, wenn mit dem Betriebsinhaberwechsel ein Betriebszweckwechsel einher geht, d.h. wenn der Erwerber mit dem Betrieb einen anderen Zweck verfolgt als der Veräußerer und wenn der Betrieb deshalb in den fachlichen Geltungsbereich eines anderen Tarifvertrages fällt. Dabei wird allein darauf abgestellt, daß eine kollektivrechtliche Fortgeltung der Tarifnormen nicht in Betracht komme und daher § 613a Abs. 1 Satz 2 BGB als Auffangregelung eingreifen müsse.[26] Damit werden aber die Besonderheiten, die das Herausfallen des übergehenden Betriebes aus dem Geltungsbereich des Tarifvertrages für die Anwendung des § 613a Abs. 1 Satz 2 BGB im Einzelfall haben kann, gänzlich außer acht gelassen. Die grundsätzliche Anwendbarkeit der Vorschrift wird auch hier nicht in Zweifel gezogen. Allerdings ist gerade danach zu unterscheiden, ob

---

23 Dies halten *Gussen/Dauck*, Weitergeltung, Rn. 201, S. 136 der hier vertretenen Ansicht entgegen.

24 Vgl. zu den Auswirkungen des Herausfallens aus dem tariflichen Geltungsbereich auf die Geltung der Tarifnormen vorstehend § 12 A.

25 *Düwell*, Betriebsübergang, S. 193, 217.

26 *Gussen/Dauck*, Weitergeltung, Rn. 201, S. 136 f.; *Hromadka/Maschmann/Wallner*, Tarifwechsel, Rn. 338; ähnlich auch ErfurtKom/*Preis*, § 613a BGB Rn. 68.

das Herausfallen aus dem tariflichen Geltungsbereich vor oder erst nach Übernahme des Betriebes eintritt.

Gegen die Anwendung des § 613a Abs. 1 Satz 2 BGB wird im übrigen eingewandt, ohne Beachtung des mit dem Betriebsübergang einher gehenden Herausfallens aus dem Geltungsbereich des Tarifvertrages komme es zu Wertungswidersprüchen zu den Fällen, in denen der Betrieb ausgegliedert wird, der dem tariflichen Geltungsbereich aus sich heraus unterfällt.[27] Dabei tritt das Herausfallen aus dem tariflichen Geltungsbereich für den beim Betriebsveräußerer verbleibenden Betrieb ein. Die Folgen in tarifrechtlicher Hinsicht richten sich auch dann nicht nach § 613a Abs. 1 Satz 2 BGB, sondern nach § 4 Abs. 5 TVG.[28] Eine Änderung dieser Bestimmungen ist dabei jederzeit möglich, im Gegensatz zu den nach § 613a Abs. 1 Satz 2 BGB in den Arbeitsvertrag übertragenen Tarifnormen, die einen Veränderungsschutz von einem Jahr ab Betriebsübergang genießen. Diese Kritik ist nur im Grundsatz berechtigt. So muß für diese Fälle beachtet werden, daß wegen rechtsmißbräuchlicher Umgehung der Tarifgeltung unter Umständen eine andere Beurteilung, die Ausgründung nicht des Haupt-, sondern des Nebenbetriebes, naheliegt.[29]

Zu berücksichtigen sei weiterhin, daß der Arbeitnehmer, der schon einen Wechsel des Arbeitgebers hinnehmen muß, wenigstens seine Arbeitsbedingungen beibehalten können soll. Richtig ist, daß dieser Schutzzweck im Prinzip mit der Änderung des Betriebszwecks nichts zu tun hat.[30] Allerdings kommt es hier nicht darauf an, inwieweit sich die Fälle des Betriebszweckwechsels mit und ohne gleichzeitigem Wechsel des Betriebsinhabers miteinander vergleichen lassen.[31] Denn es geht allein darum, wie die Arbeitsbedingungen des Arbeitnehmers tatsächlich im Zeitpunkt des Betriebsübergangs bestimmt werden. Daraus ergibt sich für den Fall des mit dem Betriebsübergang einher gehenden Herausfallens des Betriebes aus dem tariflichen Geltungsbereich, daß die Tarifnormen im Zeitpunkt der Betriebsübernahme durch den Betriebserwerber nur noch nach § 4 Abs. 5 TVG auf die Arbeitsverhältnisse einwirken. Damit kommt § 613a Abs. 1 Satz 2

---

27 *Rieble*, Anm. zu BAG 14.6.1994, SAE 1995, 77, 79.

28 Unklar bleibt dies bei *Zumkeller*, DStR 1998, 1966, 1967. Dazu schon vorstehend § 12 A. Anders im Ergebnis insoweit *Rieble*, Anm. zu BAG 14.6.1994, SAE 1995, 77, 79, nach dem jede Nachwirkung der Tarifnormen in einem solchen Fall ausgeschlossen ist. Unklar bleibt dies bei *Zumkeller*, DStR 1998, 1966, 1967.

29 Dies halten *Gussen/Dauck*, Weitergeltung, Rn. 201, S. 137 denn auch zu Recht entgegen.

30 *Hromadka/Maschmann/Wallner*, Tarifwechsel, Rn. 341.

31 So aber *Hromadka/Maschmann/Wallner*, Tarifwechsel, Rn. 341.

BGB zwar grundsätzlich zur Anwendung, jedoch mit den für nachwirkende Tarifnormen gegebenenfalls gebotenen Einschränkungen.[32]

D. Zusammenfassung

Kommt es im Zusammenhang mit der geplanten Übernahme eines Betriebes durch einen neuen Inhaber zu Änderungen der Betriebszweckes, so ist für deren Auswirkungen auf die Anwendung des § 613a Abs. 1 Satz 2 BGB entscheidend der Zeitpunkt der Durchführung dieser Änderungen. Fällt der Betrieb noch vor Betriebsübergang aus dem Geltungsbereich des bisher anwendbaren Tarifvertrages heraus, wirken dessen Regelungen nach § 4 Abs. 5 TVG nach. Insoweit kommt eine Weitergeltung nach § 613a Abs. 1 Satz 2 BGB in Betracht. Zeitlich mit dem Zeitpunkt des Betriebsüberganges zusammen fallende Änderungen des Betriebszweckes vollziehen sich regelmäßig dergestalt, daß im Zeitpunkt der Übernahme der Leitungsmacht durch den Betriebserwerber der Betrieb dem Geltungsbereich des bisher maßgeblichen Tarifvertrages schon nicht mehr unterfällt. Insoweit kommt es auch hier zu einer Nachwirkung des Tarifvertrages nach § 4 Abs. 5 TVG, die dessen Weitergeltung nach § 613a Abs. 1 Satz 2 BGB beim Betriebserwerber nicht ausschließt. Änderungen des Betriebszweckes nach Betriebsübergang haben auf die Weitergeltung der beim bisherige Betriebsinhaber zur Anwendung gekommenen Tarifvertrages nach § 613a Abs. 1 Satz 2 BGB keinerlei Einfluß.

---

32 Anders *Rieble*, Anm. zu BAG 14.6.1994, SAE 1995, 77, 79, was sich aus dessen Ablehnung gegenüber einer Nachwirkung von Tarifnormen im Fall des Herausfallens aus dem tariflichen Geltungsbereich generell erklärt. Anders auch *Gussen/Dauck*, Weitergeltung, Rn. 201, S. 137, die § 613a Abs. 1 Satz 2 BGB oder zumindest - d.h. wohl alternativ - § 4 Abs. 5 TVG anwenden wollen.

§ 13 Weitergeltung der Tarifnormen als Individualarbeitsrecht

Nach § 613a Abs. 1 Satz 2 BGB werden die Tarifnormen Inhalt der Arbeitsverhältnisse zwischen dem Betriebsveräußerer und den vom Betriebsübergang betroffenen Arbeitnehmern. Die nach dem Betriebsübergang nur noch individualrechtliche Geltung der Tarifnormen bedeutet, daß die kollektivrechtlichen Grundsätze etwa hinsichtlich Auslegung, Abänderung oder Beendigung nicht mehr gelten.[1] Vielmehr gelten nunmehr die allgemeinen Vertragsgrundsätze.[2] Der Rechtsnatur nach handelt es sich damit um individualrechtliche Regelungen.[3] Andererseits sind die weitergeltenden Tarifnormen nicht auf die konkrete Situation des einzelnen Arbeitnehmers zugeschnitten und besitzen insoweit auch einen kollektiven Aspekt. Die Ansprüche sind damit zwar formell einzelvertraglicher, ihrem Inhalt nach jedoch kollektivrechtlicher Natur.[4] Es entstehen daher den betrieblichen Einheitsregelungen[5] zumindest vergleichbare Regelungen.[6]

A. Art der Verweisung

Zu klären ist, ob sich Änderungen der beim Betriebsveräußerer geltenden Tarifnormen nach dem Betriebsübergang auf die Arbeitsbedingungen der übernommenen Arbeitnehmer, die durch die einzelvertraglich weitergeltenden Tarifnormen bestimmt werden, auswirken. Eine derartige Wirkung setzt voraus, daß § 613a Abs. 1 Satz 2 BGB eine dynamische Weitergeltungsanordnung enthält. Demgegenüber könnte § 613a Abs. 1 Satz 2 BGB aber auch als statische Weitergeltungsanordnung verstanden werden. Dies hätte zur Folge, daß sich die spätere Änderung der Tarifnormen nicht auf die mit dem Betriebserwerber bestehenden Arbeitsverhältnisse auswirkt. Welche Form der Weitergeltung in § 613a Abs. 1 Satz 2 BGB getroffen wurde, ist durch Auslegung zu ermitteln.

---

1 *Niebler/Förschner*, Betriebsveräußerung, Rn. 344, S. 117.

2 *Niebler/Förschner*, Betriebsveräußerung, Rn. 344, S. 117.

3 MünchKom/*Schaub*, BGB § 613a Rn. 177 verweist jedoch darauf, daß die weitergeltenden Tarifnormen nicht als echtes Individualrecht angesehen werden könnten, da deren Übertragung in das Individualrecht auf einem rechtstechnischen Kunstgriff beruhe.

4 *Gamillscheg*, Kollektives Arbeitsrecht, S. 780. Auf die ursprünglich kollektive Natur des Anspruchs weist auch BAG 16.5.1995 AP Nr. 15 zu § 4 TVG Ordnungsprinzip hin.

5 Dazu *Neumann-Duesberg*, JZ 1960, 525, 526 f.

6 Vgl. *Falkenberg*, BB 1987, 328, 329; Erman/*Hanau*, BGB, § 613a Rn. 92; MünchKom/*Schaub*, BGB § 613a Rn. 177; *ders.*, ZIP 1984, 272, 279; *v. Stebut*, Anm. zu BAG 13.11.1985, SAE 1986, 209, 210; *Wiesner*, BB 1986, 1636, 1637.

I. Auslegung des § 613a Abs. 1 Satz 2 BGB

1. Grammatische Auslegung

§ 613a Abs. 1 Satz 2 BGB ordnet die Weitergeltung von Rechten und Pflichten aus dem Arbeitsverhältnis, die durch Rechtsnormen eines Tarifvertrages geregelt sind, bei dem neuen Betriebsinhaber an. Aus der fehlenden Bezugnahme auf einen bestimmten Tarifvertrag wird das mögliche Verständnis von § 613a Abs. 1 Satz 2 BGB als dynamische Weitergeltungsanordnung abgeleitet.[7] Allein aus dem Wortlaut ergibt sich aber nicht zwingend, daß die Weitergeltung nach dieser Vorschrift statisch oder dynamisch erfolgen soll.[8]

2. Systematische Auslegung

a. Stellung der Vorschrift in § 613a Abs. 1 BGB

§ 613a Abs. 1 Satz 1 BGB regelt das Eintreten des neuen Betriebserwerbers in die Rechte und Pflichten aus im Zeitpunkt des Betriebsübergangs bestehenden Arbeitsverhältnissen. Auf diese Vorschrift nimmt § 613a Abs. 1 Satz 2 BGB Bezug, indem die Weitergeltung solcher Rechte und Pflichten vorgesehen wird, soweit sie beim Betriebsveräußerer kollektivvertraglich geregelt waren. Dies legt zwar nahe, auch im Rahmen des Satz 2 könnte maßgeblich auf den Zeitpunkt des Betriebsübergangs abzustellen sein, zweifelsfrei zu entnehmen ist dies daraus aber nicht. So wird der Zeitpunkt bestimmt, zu dem das Arbeitsverhältnis für eine Anwendung des § 613a Abs. 1 Satz 1 BGB bestehen muß. Daher ist auch die Anwendung von § 613a Abs. 1 Satz 2 BGB von vornherein nur in Betracht für diejenigen Arbeitsverhältnisse, die im Zeitpunkt des Betriebsübergangs bereits bestanden haben, denkbar.[9] Dies besagt für sich aber noch nichts über die Auswirkungen einer Veränderung der Tarifnormen auf die bei dem neuen Betriebsinhaber durch deren Weitergeltung bestimmten Arbeitsbedingungen.[10] Daraus läßt sich insbesondere nicht dezidiert im Sinne einer dynamischen Weitergeltungsanordnung schlußfolgern, § 613a Abs. 1 Satz 2 BGB stelle gerade nicht auf die Rechte und Pflichten ab, wie sie zum Zeitpunkt des Betriebsübergangs bestanden, sondern beziehe sich lediglich auf die individualvertragliche Wirkung der kollektivrechtlichen Regelungen.[11]

---

7 Vgl. *Scholz*, FS G. Müller, S. 509, 516, 522.

8 So auch *Denck*, RdA 1982, 160, 162. Anders hingegen *Wank*, NZA 1987, 505, 506, nach dem bereits der Wortlaut der Bestimmung gegen die Anordnung einer dynamischen Fortgeltung der Tarifnormen spricht.

9 Siehe dazu § 10. Vgl. auch *Kamlah*, Bestandsschutz, S. 95.

10 Anders diesbezüglich *Röder*, DB 1981, 1980, 1981 Fn. 13a.

11 So aber *Hüper*, Betrieb, S. 59.

Nach Auffassung von *Scholz* sollen allerdings dennoch die in § 613a Abs. 1 Satz 2 bis 4 BGB getroffenen Regelungen die Annahme einer dynamischen Weitergeltungsanordnung rechtfertigen. Denn soweit § 613a Abs. 1 Satz 2 BGB im Umkehrschluß entnommen werden müsse, die durch die weitergeltenden kollektivvertraglichen Regelungen bestimmten Arbeitsbedingungen könnten bereits vor Ablauf eines Jahres nach Betriebsübergang zugunsten der Arbeitnehmer geändert werden, bedeute dies, daß zumindest für den Zeitraum des Laufs der angeordneten Veränderungssperre dynamisch der jeweils geltende Tarifvertrag die Arbeitsverhältnisse mit dem neuen Betriebsinhaber bestimmen soll.[12] Dem ist aus folgenden Erwägungen nicht zuzustimmen. § 613a Abs. 1 Satz 4, 1. Alt. BGB sieht vor, daß von den durch die fortgeltenden Tarifnormen bestimmten Arbeitsbedingungen schon vor Ablauf der Frist von einem Jahr abgewichen werden kann, wenn der Tarifvertrag nicht mehr gilt. Demgemäß endet die - einseitig - zwingende Wirkung der Tarifbestimmungen auf die Arbeitsverhältnisse beim neuen Betriebsinhaber mit dem Ende des Tarifvertrages. Daraus ergibt sich, daß der neue Betriebsinhaber nicht verpflichtet werden sollte, auch einen neuen (Anschluß-) Tarifvertrag anzuwenden. Dies spricht aber dafür, daß auch Veränderungen der bisher geltenden Tarifnormen gegenüber dem nicht tarifgebundenen Betriebserwerber über die einzelvertragliche Weitergeltung keine Geltung beanspruchen können.[13] Dies gilt insbesondere auch im Hinblick darauf, daß sich die Abgrenzung zwischen einer bloßen Weiterentwicklung eines bereits bestehenden Tarifvertrages und dem Ende eines Tarifvertrages, der durch einen neu abgeschlossenen Tarifvertrag abgelöst wird, häufig nur schwer treffen läßt.[14] Überdies geht es hierbei, wie § 613a Abs. 1 Satz 4, 2. Alt. BGB zeigt, um die Möglichkeit der Änderung der Arbeitsbedingungen durch die Arbeitsvertragsparteien selbst.[15] Diese können sowohl einen anderen Tarifvertrag einzelvertraglich in Bezug nehmen als auch eine Änderungsvereinbarung treffen, wenn der bisher zur Anwendung gekommene Tarifvertrag nicht mehr gilt. Nicht gemeint ist hingegen, daß die Tarifvertragsparteien selbst über eine Änderung des Tarifvertrages noch nachträglich Einfluß auf die beim Betriebserwerber geltenden Arbeitsbedingungen nehmen.

---

12 *Scholz*, FS G. Müller, S. 509, 516, 522 sowie *ders.*, Anm. zu BAG 13.11.1985, AP Nr. 46 zu § 613a BGB, der gegen eine Änderungsmöglichkeit der beim Betriebserwerber geltenden Arbeitsbedingungen durch die Tarifvertragsparteien verfassungsrechtliche Bedenken äußert.

13 Ebenso *Denck*, RdA 1982, 160, 162; *Seiter*, Anm. zu BAG 13.11.1985, EWiR § 613a BGB 2/86; *Wank*, NZA 1987, 505, 506.

14 Dazu noch § 13 B III 1c.

15 Darauf weist auch *Denck*, RdA 1982, 160, 162 zutreffend hin.

b. Anordnung einer individualrechtlichen Weitergeltung

Der Gesetzgeber hat in § 613a Abs. 1 Satz 2 BGB keine kollektivrechtliche Weitergeltung der Tarifnormen beim bisher nicht selbst tarifgebundenen Betriebserwerber angeordnet. Die Tarifnormen werden vielmehr in die mit dem neuen Betriebsinhaber weiterbestehenden einzelnen Arbeitsverhältnisse inkorporiert. Die Fortgeltungsanordnung erfolgt damit auf individualrechtlicher Grundlage. Hieraus könnte zu schlußfolgern sein, die dadurch entstehenden Arbeitsbedingungen seien einer Änderung durch die Tarifvertragsparteien nicht mehr zugänglich, so daß § 613a Abs. 1 Satz 2 BGB demzufolge als lediglich statische Weitergeltung kollektivvertraglicher Bestimmungen verstanden werden müßte.

Mit der Anordnung individualrechtlicher Weitergeltung der Tarifbestimmungen hat der Gesetzgeber eine Konzeption von der Wirkungsweise kollektivvertraglicher Normen aus der Weimarer Zeit wieder aufgegriffen. Anders als nach heutiger Auffassung, wonach die Tarifnormen von außen auf das Arbeitsverhältnis einwirken, wurde angenommen, die tariflichen Regelungen gingen in die Arbeitsverhältnisse selbst ein.[16] Dies schloß allerdings auch nach damaligem Verständnis nicht aus, daß die Änderung von Tarifverträgen im Arbeitsverhältnis wirksam werden konnte. So sollten nach § 1 Abs. 1 TVO die einzelnen Arbeitsverträge automatisch den tarifgemäßen Inhalt erhalten.[17] Dies impliziert, daß sich Veränderungen des Tarifvertrages wiederum unmittelbar auf die Inhalte der Arbeitsverhältnisse auswirken. Allerdings ist hier zu beachten, daß auch kein Grund bestand, eine solche unmittelbare Wirkung von Änderungen des Tarifvertrages auf die Arbeitsverhältnisse aus systematischen Gründen abzulehnen. Denn trotz der Vorstellung vom Eingehen der tariflichen Regelungen in den Arbeitsvertrag behielten diese doch ihre Rechtsnatur als kollektivrechtliche Regelungen, sie unterlagen auch weiterhin der Geltung der Tarifvertragsverordnung. Anders ist es hingegen bei Anwendung des § 613a Abs. 1 Satz 2 BGB. Hier verlieren die Tarifnormen ihren Charakter als Kollektivnormen und werden zu individualrechtlichen Regelungen. Die Geltung der Tarifnormen im einzelnen Arbeitsvertrag war außerdem nach § 1 Abs. 2 TVO beschränkt auf die der Tarifmacht unterliegenden Arbeitnehmer und Arbeitgeber. Demgegenüber geht es in § 613a Abs. 1 Satz 2 BGB um die Weitergeltung von Tarifnormen im Verhältnis zu einem nicht tarifgebundenen Betriebsinhaber. Die Auffassung vom Eingehen der Tarifnormen in das Arbeitsverhältnis ist damit nicht gleichzusetzen mit der in § 613a Abs. 1 Satz 2 BGB angeordneten Fortgeltung der Tarifnormen als Inhalt der einzelnen Arbeitsverhältnisse. Daher lassen sich auch die in der Weimarer Zeit gezogenen Schlußfolgerungen nicht auf § 613a Abs. 1 Satz 2 BGB unter dem Gesichtspunkt

---

16 Dazu schon vorstehend § 6 B II 2.

17 Vgl. *Nikisch*, Arbeitsrecht, S. 105.

des in dieser Vorschrift angeordneten Eingehens der Tarifnormen in die einzelnen Arbeitsverträge übertragen.

Auch nach § 4 Abs. 1 TVG kommt den auf kollektivrechtlicher Grundlage geltenden Tarifnormen für die Arbeitsverhältnisse zwischen tarifgebundenen Parteien unmittelbare und zwingende Wirkung zu. Aus der Anordnung unmittelbarer Wirkung folgt, daß die Tarifnormen unabhängig vom Willen der Arbeitsvertragsparteien die Arbeitsbedingungen bestimmen, insoweit bedarf es keiner Umsetzung im einzelnen Arbeitsvertrag. Daraus ergibt sich, daß sich Änderungen des Tarifvertrages mit deren Inkrafttreten automatisch im einzelnen Arbeitsverhältnis auswirken. Gerade die Anordnung individualrechtlicher Weitergeltung läßt aber an einer dynamischen Fortgeltung von Tarifnormen beim neuen Betriebsinhaber nach § 613a Abs. 1 Satz 2 BGB zweifeln.

So kommt die unmittelbare Wirkung nur Tarifnormen als kollektivrechtlichen Regelungen zu. Demgegenüber ordnet § 613a Abs. 1 Satz 2 BGB aber die Weitergeltung der Tarifnormen als Inhalt der mit dem Betriebserwerber bestehenden Arbeitsverhältnisse an. Angesichts insbesondere der Differenzierung zwischen der kollektivrechtlichen Einwirkung von Tarifnormen von außen auf das Arbeitsverhältnis und einzelvertraglicher Vereinbarungen der Arbeitsvertragsparteien kann nicht davon ausgegangen werden, § 613a Abs. 1 Satz 2 BGB wollte für die Zeit nach dem Betriebsübergang die Unmittelbarkeit der Tarifwirkung aufrechterhalten.[18] Diese aber ist Voraussetzung für eine dynamische Weitergeltung der Tarifnormen beim Betriebserwerber, da hinsichtlich der entsprechenden einzelvertraglichen Arbeitsbedingungen den Tarifvertragsparteien keine Änderungskompetenz zukommt. Die Einflußnahme der Verbände auf den Inhalt der einzelnen Arbeitsverträge beschränkt sich vielmehr darauf, Tarifverträge abzuschließen, die nach Maßgabe des Tarifvertragsgesetzes für die Arbeitsverhältnisse gelten. Zuständig für die Änderung einzelvertraglicher Regelungen sind hingegen die Arbeitsvertragsparteien selbst.[19] Im übrigen ordnet § 4 Abs. 1 TVG die normative Wirkung der tariflichen Regelungen nur für die Arbeitsverhältnisse an, deren Parteien tarifgebunden sind.[20] Der Inhalt des Arbeitsvertrages nicht tarifgebundener Parteien ist demgegenüber dem - direkten - Einflußbereich der Tarifvertragsparteien entzogen. Sie haben nur die Regelungsbefugnis, durch kollektivrechtliche Normen die Arbeitsverhältnisse Tarifgebundener zu gestalten.[21] Im Rahmen des §

---

18 *Boecken*, Unternehmensumwandlungen, Rn. 189, S. 130.

19 So gibt auch BAG 13.11.1985 AP Nr. 46 zu § 613a BGB zu bedenken, aufgrund der Weitergeltung der Tarifnormen als Teil des Arbeitsvertrages fehle es an einer Einwirkungsmöglichkeit normativer Art. Darauf verweist auch *Boewer*, Brennpunkte des Arbeitsrechts 1997, S. 91, 141.

20 Abgesehen namentlich von der Möglichkeit einer Allgemeinverbindlichkeitserklärung nach § 5 TVG und der Geltung betrieblicher Normen nach § 3 Abs. 2 TVG.

21 BAG 13.9.1994 AP Nr. 11 zu § 1 TVG Rückwirkung.

613a Abs. 1 Satz 2 BGB geht es jedoch um die Weitergeltung tariflicher Bestimmungen im Verhältnis zum nicht tarifgebundenen Betriebserwerber. Auch dies spricht dafür, daß die weitergeltenden Tarifnormen nicht mehr normativ, damit auch nicht unmittelbar für die Arbeitsverhältnisse der übernommenen Arbeitnehmer mit dem Betriebserwerber gelten.[22]

Etwas anderes könnte nur angenommen werden, soweit § 613a Abs. 1 Satz 2 BGB in Abweichung zu § 4 Abs. 1 TVG die Voraussetzungen für eine normative Geltung der Tarifnormen neu bestimmt. Dafür gibt es aber keine Anhaltspunkte.[23] Durch die Regelung, nach der die tariflichen Normen in das Arbeitsverhältnis eingehen, wird vielmehr der Anwendungsbereich allein der zum Zeitpunkt des Betriebsübergangs geltenden Tarifnormen in zeitlicher Hinsicht erweitert.[24] Einer entgegenstehenden Auffassung ist insbesondere entgegenzuhalten, daß nach § 613a Abs. 1 Satz 2 BGB gerade keine kollektivrechtliche Bindung des neuen Betriebsinhabers an den beim Veräußerer geltenden Tarifvertrag begründet werden soll.[25] Die Folge fehlender kollektivrechtlicher Fortgeltung des Tarifvertrages ist, daß über § 613a BGB den Arbeitnehmern nur der tarifrechtliche Zustand zur juristischen Sekunde des Betriebsübergangs gesichert wird.[26] Fehl geht damit auch die Auffassung, die in den transformierten Kollektivnormen einen die individualvertragliche Weitergeltung überlagernden Charakter zubilligen will, um zu ermöglichen, daß diese weiterhin kollektivrechtlich auf die Arbeitsverhältnisse einwirken.[27] Sie widerspricht dem Willen des Gesetzgebers, eine individualrechtliche Besitzstandswahrung hinsichtlich der beim Betriebsveräußerer geltenden Tarifnormen vorzunehmen.

Damit ergibt sich bereits aus der Anordnung der individualrechtlichen Weitergeltung der Tarifnormen bei dem neuen Betriebsinhaber in § 613a Abs. 1 Satz 2 BGB, daß sich Änderungen des Tarifvertrages insoweit nicht gegenüber dem Betriebserwerber auswirken können. Es handelt sich danach um eine statische Weitergeltung der tariflichen Bestimmungen.[28]

---

22 Vgl. BAG 13.11.1985 AP Nr. 46 zu § 613a BGB.

23 Ebenso BAG 13.11.1985 AP Nr. 46 zu § 613a BGB sowie *Seiter*, Anm. zu BAG 13.11.1985, EWiR § 613a BGB 2/86.

24 Vgl. BAG 13.11.1985 AP Nr. 46 zu § 613a BGB.

25 Dazu bereits vorstehend § 6 B.

26 *Düwell*, AuR 1994, 357, 359.

27 *Hüper*, Betrieb, S. 60.

28 Ebenso BAG 13.11.1985 AP Nr. 46 zu § 613a BGB; *Denck*, RdA 1982, 160, 162; *Oetker*, Anm. zu BAG 1.4.1987, SAE 1987, 305, 307. Dies gesteht selbst *Zöllner*, DB 1995, 1401, 1402 Fn. 22 zu - im übrigen Anhänger der Annahme kollektivrechtlicher Fortgeltung. Danach werde mit der Anordnung individualrechtlicher Fortgeltung verdeutlicht, daß die Tarifvertragsparteien von der weiteren Einwirkung auf die tariflich bestimmten Arbeitsbedingungen ausgeschlossen seien.

c. Weitergeltung von Tarifnormen nach § 3 Abs. 3 TVG

Nach § 3 Abs. 3 TVG bleibt die Tarifgebundenheit eines aus dem tarifschließenden Verband ausgetretenen Arbeitgebers bis zum Ende des geltenden Tarifvertrages bestehen. Damit wirken sich im Verhältnis zu diesem Arbeitgeber weiterhin auch Änderungen des Tarifvertrages aus.[29] Obwohl die von § 3 Abs. 3 TVG erfaßte Situation und der in § 613a Abs. 1 Satz 2 BGB geregelte Betriebsübergang auf einen nicht tarifgebundenen Erwerber auf den ersten Blick als vergleichbar erscheinen, muß beachtet werden, daß der Gesetzgeber in den Vorschriften unterschiedliche Fortgeltungsmechanismen normiert hat.[30] Zum einen unterscheiden sich § 613a Abs. 1 Satz 2 BGB und § 3 Abs. 3 TVG dadurch, daß für den Fall eines Betriebsübergangs kollektivvertragliche Regelungen unabhängig vom einzelnen Tarifvertrag beim Betriebserwerber weitergelten sollen, während im Falle des Austritts des Arbeitgebers aus dem tarifschließenden Verband lediglich die Weitergeltung eines bestimmten Tarifvertrages bis zu dessen Ende vorgesehen wird. Allerdings ergibt sich daraus noch nicht, ob sich im Rahmen des § 613a Abs. 1 Satz 2 BGB Auswirkungen zeigen, sofern die Tarifvertragsparteien die tariflichen Regelungen nach Betriebsübergang ändern.[31] Zum anderen erhält aber § 3 Abs. 3 TVG die kollektivrechtliche Bindung des ausgetretenen Arbeitgebers weiterhin aufrecht. Die Tarifnormen wirken damit nach wie vor unmittelbar nach § 4 Abs. 1 TVG auf die Arbeitsverhältnisse ein. Demgegenüber überführt § 613a Abs. 1 Satz 2 BGB die weitergeltenden Tarifnormen in individualrechtliche Bestandteile des jeweiligen Arbeitsvertrages. Die (individualrechtliche) Bindung des neuen Betriebsinhabers an die weitergeltenden Tarifnormen ist danach schwächer als die (kollektivrechtliche) Bindung eines aus dem Verband ausgetretenen Arbeitgebers.[32] Dies hat zur Folge, daß die Einwirkung von tariflichen Veränderungen nach Betriebsübergang auf die Arbeitsbedingungen beim neuen Betriebsinhaber noch stärker als nach § 3 Abs. 3 TVG ausgeschlossen wird.[33]

---

[29] Beachte nur Abgrenzung zwischen der Änderung eines Tarifvertrages einerseits und dem Ende dieses Tarifvertrages, an das sich ein Neuabschluß anschließt, andererseits.

[30] Zur Rechtstechnik vgl. schon vorstehend § 6 B II.

[31] Anders insoweit *Scholz*, Anm. zu BAG 13.11.1985, AP Nr. 46 zu § 613a BGB.

[32] Vgl. BAG 13.9.1994 AP Nr. 11 zu § 1 TVG Rückwirkung. Auf die Verschiedenheit der Regelungskonstruktionen weist auch *Scholz*, Anm. zu BAG 13.11.1985, AP Nr. 46 zu § 613a BGB zutreffend hin.

[33] So auch BAG 13.11.1985 AP Nr. 46 zu § 613a BGB; BAG 13.9.1994 AP Nr. 11 zu § 1 TVG Rückwirkung; *Wank*, NZA 1987, 505, 506. Anders *Moll*, Brennpunkte des Arbeitsrechts 1996, S. 185, 216 insoweit, als er auch nach § 3 Abs. 3 TVG den aus dem Verband ausgetretenen Arbeitgeber generell nicht späteren Änderungen des sich in Kraft befindlichen Tarifvertrages unterwirft. Er kommt damit zu einem Gleichlauf der Regelungen von § 613a Abs. 1 Satz 2 BGB und § 3 Abs. 3 TVG. Zum Ende des Tarifvertrages i.S.d. § 3 Abs. 3 TVG und der Abgrenzung zur bloßen Änderung des Tarifvertrages noch § 13 B III 1c.

3. Verfassungskonforme Auslegung

Eine Auslegung des § 613a Abs. 1 Satz 2 BGB als Anordnung dynamischer Weitergeltung begegnet auch unter verfassungsrechtlichen Gesichtspunkten Bedenken.[34] Soweit durch § 613a Abs. 1 Satz 2 BGB die Weitergeltung auf kollektivrechtlicher Grundlage angeordnet würde, käme es zu einer weiteren normativen Geltung der Tarifnormen auf die vom Betriebsübergang betroffenen Arbeitsverhältnisse. Änderungen des Tarifvertrages würden sich dann unmittelbar auf die bei dem neuen Betriebsinhaber weiterbestehenden Arbeitsverhältnisse auswirken. Das gleiche Ergebnis ergibt sich auch bei einer Auslegung des § 613a Abs. 1 Satz 2 BGB als dynamische Weitergeltungsanordnung. Der nicht dem tarifschließenden Arbeitgeberverband angehörende Betriebserwerber wäre damit einem kollektivrechtlich gebundenen Arbeitgeber hinsichtlich der Auswirkungen von Veränderungen des geltenden Tarifvertrages nahezu gleichgestellt. Daher können hier im Grundsatz die gleichen Einwände geltend gemacht werden, die bereits gegen die Annahme einer kollektivrechtlichen Fortgeltung der Tarifnormen sprechen.[35] So ist insbesondere die negative Koalitionsfreiheit des Betriebserwerbers betroffen, wenn eine entsprechende Änderung zu Lasten des Arbeitgebers bzw. zu Gunsten der Arbeitnehmer im genannten Zeitraum durch einen späteren Tarifvertrag erfolgt, der für den Arbeitgeber im Zeitpunkt der Betriebsübernahme noch nicht bestimmbar war und dem er mangels eigener Tarifbindung nicht unterworfen werden darf.[36]

Zum anderen widerspricht es nach Auffassung des Bundesverfassungsgerichts sowohl dem Rechtsstaatsprinzip als auch dem Demokratieprinzip, wenn eine gesetzliche Verweisung auf tarifvertragliche Regelungen dazu führt, daß ein von dieser Regelung Betroffener schrankenlos der normsetzenden Gewalt von Tarifvertragsparteien ausgeliefert wird, die ihm gegenüber weder staatlich demokratisch noch mitgliedschaftlich legitimiert sind. Vielmehr müsse der Inhalt der tariflichen Norm, auf die verwiesen wird, im wesentlichen feststehen.[37] Gerade bei einem Verständnis von § 613a Abs. 1 Satz 2 BGB als dynamischer Verweisung

---

34 Nach Auffassung von *Oetker*, Anm. zu BAG 1.4.1987, SAE 1987, 305, 307 ist die Heranziehung verfassungsrechtlicher Erwägungen allerdings nicht erforderlich, da sich die Anordnung statischer Weitergeltung in § 613a Abs. 1 Satz 2 BGB bereits hinreichend aus der Systematik des Gesetzes ergibt.

35 Im Ergebnis ebenso LAG Brandenburg 10.3.1992 LAGE Nr. 24 zu § 613a BGB. Auch *Seiter*, Anm. zu BAG 13.11.1985, EWiR § 613a BGB 2/86 hält eine Bindung des nicht tarifgebundenen Betriebserwerbers an fremde Tarifvertragsänderungen unter dem Gesichtspunkt von Art. 9 Abs. 3 GG für verfassungsrechtlich bedenklich. Dazu schon vorstehend § 6 B III.

36 Vgl. *Scholz*, Anm. zu BAG 13.11.1985, AP Nr. 46 zu § 613a BGB sowie *ders.*, FS G. Müller, S. 509, 523 ff., 535.

37 BVerfG 14.6.1983 AP Nr. 21 zu § 9 BergmannsVersorgScheinG NRW.

auf die beim bisherigen Betriebsinhaber zur Anwendung gekommenen Tarifnormen ist dies jedoch nicht gewährleistet.

4. Europarechtskonforme Auslegung

Art. 3 Abs. 3 der EG-Richtlinie ordnet an, daß der Erwerber des Betriebes die in einem Kollektivvertrag vereinbarten Arbeitsbedingungen in dem gleichen Maße aufrecht zu erhalten hat, wie sie in dem Kollektivvertrag für den Veräußerer vorgesehen waren. Daraus ist aber nicht zu schlußfolgern, daß § 613a Abs. 1 Satz 2 BGB europarechtskonform als dynamische Weitergeltungsanordnung aufzufassen ist.[38] Richtig ist zwar, daß den Arbeitnehmern Veränderungen der geltenden Tarifnormen beim Betriebsveräußerer weiterhin zugute gekommen wären. Allerdings geht es auch nach der EG-Richtlinie nur um die Aufrechterhaltung der zum Zeitpunkt des Betriebsübergangs bestehenden Rechte und Pflichten der Arbeitsvertragsparteien. Ein umfassender Bestandsschutz wird hingegen nicht angeordnet.[39] Eine Aufrechterhaltung der Kollektivnormen beim Betriebserwerber wird dadurch hinreichend in diesem Sinne gewährleistet, daß auf den Zeitpunkt des Betriebsübergangs abgestellt wird. Damit verlangt auch Art. 3 Abs. 3 der EG-Richtlinie nicht die dynamische Weitergeltung der Tarifnormen beim neuen Betriebsinhaber.

5. Teleologische Auslegung

§ 613a Abs. 1 Satz 2 BGB soll in erster Linie verhindern, daß auf die Arbeitsverhältnisse der vom Übergang des Betriebes betroffenen Arbeitnehmer nicht mehr die beim bisherigen Betriebsinhaber geltenden tarifvertraglichen Regelungen angewendet werden. Die Arbeitsbedingungen der übernommenen Arbeitnehmer sollen insoweit vor einer Verschlechterung geschützt werden, die sich infolge des Betriebsübergangs auf einen nicht an diesen Tarifvertrag gebundenen Betriebsinhaber ergeben kann. Aus dieser Zielsetzung allein könnte aber durchaus geschlußfolgert werden, daß die Tarifnormen bei dem neuen Betriebsinhaber dynamisch nach § 613a Abs. 1 Satz 2 BGB weitergelten. Denn auch beim Betriebsveräußerer hätten die Tarifnormen in ihrer jeweiligen Fassung Anwendung gefunden, sie waren der Fortentwicklung durch die Tarifvertragsparteien zugänglich. Ein umfassender Arbeitnehmerschutz hätte danach die Geltung tarifvertraglicher Veränderungen für die Arbeitsverhältnisse auch nach dem Betriebsübergang erfordert.[40]

---

[38] So aber *Hüper*, Betrieb, S. 59 f.

[39] Vgl. dazu schon § 10 A, § 13 A.

[40] *Hüper*, Betrieb, S. 59.

Allerdings findet der bezweckte Schutz der kollektivrechtlichen Rechtsposition der Arbeitnehmer eine Grenze. Dem Gesetzgeber ging es lediglich darum, die bei Betriebsübergang bestehende Rechtsposition der Arbeitnehmer zu wahren. Daher wird nur ein Bestandsschutz für die bei Betriebsübergang bestehenden Rechte gewährt.[41] Dies zeigt sich auch an der Überschrift des arbeitsrechtlichen EG-Anpassungsgesetzes vom 13.8.1980[42], durch das § 613a Abs. 1 Satz 2 BGB eingeführt wurde, nach der es lediglich um die Wahrung von Arbeitnehmeransprüchen bei einem Betriebsübergang geht.[43] Daraus folgt, daß § 613a Abs. 1 Satz 2 BGB hinsichtlich der weitergeltenden Tarifinhalte auf den Zeitpunkt des Betriebsübergangs abstellt. Der Absicht des Gesetzgebers wird damit hinreichend Rechnung getragen.[44] Dies wird auch im Hinblick darauf gestützt, daß mit den im übrigen in § 613a Abs. 1 Satz 2 bis 4 BGB getroffenen Regelungen die Angleichung der Arbeitsbedingungen der übernommenen Arbeitnehmer an die beim Betriebserwerber unter Umständen bereits bestehenden vorgefundenen Arbeitsbedingungen erleichtert werden sollen.[45] Daraus ergibt sich mittelbar, daß der Gesetzgeber nicht davon ausgeht, es werde zu einer dauerhaften Regelung der Arbeitsverhältnisse der übernommenen Arbeitnehmer durch die weitergeltenden Tarifnormen kommen.[46] Unter diesem Gesichtspunkt erscheint deren dynamische Fortgeltung auch nicht in dem Maße notwendig wie im Fall einer dauerhaften Bestimmung der Arbeitsbedingungen durch die einen Bestandsschutz vorsehende Vorschrift.

Mit § 613a Abs. 1 Satz 2 BGB soll darüber hinaus die Absicht verfolgt werden, die entstehende Verpflichtung des Betriebserwerbers hinsichtlich der zu übernehmenden Arbeitsbedingungen vorhersehbar zu gestalten.[47] Die Auslegung der Bestimmung als statische Weitergeltungsanordnung hat zwar zur Folge, daß sich

---

41 BAG 13.11.1985 AP Nr. 46 zu § 613a BGB; LAG Köln 20.5.1998 LAGE Nr. 69 zu § 613a BGB; zustimmend *Seiter*, Anm. zu BAG 13.11.1985, EWiR § 613a BGB 2/86.

42 BGBl. I, S. 1308.

43 Darauf wird auch hingewiesen durch BAG 13.11.1985 AP Nr. 46 zu § 613a BGB; *Seiter*, Anm. zu BAG 13.11.1985, EWiR § 613a BGB 2/86; *Wank*, NZA 1987, 505, 506.

44 Ebenso *Denck*, RdA 1982, 160, 162; *Johlke/Delhey*, Anm. zu BAG 13.11.1985, WuB IX C 1. § 613a BGB 1.87; *Röder*, DB 1981, 1980, 1981 Fn. 13a; *Seiter*, Anm. zu BAG 13.11.1985, EWiR § 613a BGB 2/86.

45 Vgl. *Seiter*, Anm. zu BAG 13.11.1985, EWiR § 613a BGB 2/86. Im einzelnen zu den Anpassungsmöglichkeiten des neuen Betriebsinhabers noch nachstehend § 13 B III.

46 Ähnlich auch *v. Stebut*, Anm. zu BAG 13.11.1985, SAE 1986, 209, 210. Anders dagegen *Hüper*, Betrieb, S. 61, nach dem für eventuelle Änderungsinteressen des neuen Betriebsinhabers nach Ablauf der Einjahresfrist ausreichend Raum besteht.

47 Vgl. BAG 13.11.1985 AP Nr. 46 zu § 613a BGB; LAG Brandenburg 10.3.1992 LAGE Nr. 24 zu § 613a BGB; *Gamillscheg*, Kollektives Arbeitsrecht, S. 782. Dazu auch *Scholz*, FS G. Müller, S. 509, 535.

der neue Betriebsinhaber auf die von ihm gegenüber den übernommenen Arbeitnehmern zu gewährenden Arbeitsbedingungen von vornherein einstellen kann. Allerdings dient § 613a Abs. 1 Satz 2 BGB vornehmlich nicht dem Schutz des Betriebserwerbers. Diesem Gesichtspunkt kann daher für die Begründung der statischen Weitergeltung allenfalls unterstützende Bedeutung zukommen.[48]

6. Historische Auslegung

Hinweise darauf, wie sich nachträgliche Änderungen des beim Betriebsveräußerer geltenden Tarifvertrages auf die Arbeitsbedingungen der übernommenen Arbeitnehmer beim Betriebserwerber auswirken, lassen sich nicht in den Materialien zur Gesetzgebung finden.[49]

II. Auswirkungen einer statischen Verweisung

Obwohl § 613a Abs. 1 Satz 2 BGB eine statische Weitergeltung anordnet und damit jegliche Veränderung der tariflich bestimmten Arbeitsbedingungen beim neuen Betriebsinhaber ausgeschlossen scheint, gibt es Fälle, in denen dies nicht ohne Einschränkung angenommen werden kann.

1. Dynamischer Tarifvertragsinhalt

Das Verständnis des § 613a Abs. 1 Satz 2 BGB als statische Weitergeltungsanordnung bedeutet nicht in jedem Fall, daß die tariflich bestimmten Arbeitsbedingungen beim Betriebserwerber ohne jegliche Veränderung nach dem Betriebsübergang fortgelten. Soweit die beim bisherigen Betriebsinhaber zur Anwendung gekommenen Tarifnormen einen veränderlichen Inhalt haben, gelten sie mit diesem Inhalt nach § 613a Abs. 1 Satz 2 BGB weiter. Damit unterliegen auch die Arbeitsbedingungen beim Betriebserwerber Veränderungen. Dazu kann es kommen, wenn der Tarifvertrag dynamisch auf einen anderen Tarifvertrag in dessen jeweils geltender Fassung verweist. Die Veränderlichkeit der Tarifnormen ist im Zeitpunkt des Betriebsübergangs bereits angelegt und insoweit Teil der ta-

---

48 Kritisch auch *Hüper*, Betrieb, S. 60 f., nach dem jeder Arbeitgeber mit der Änderung tarifvertraglich bestimmter Arbeitsbedingungen rechnen müsse. Danach sei zu überlegen, ob durch eine dynamische Weitergeltung der Tarifnormen nicht sogar dem marktwirtschaftlichen Wettbewerbsprinzip Rechnung getragen werde. Allerdings ist hier zu beachten, daß im Regelfall tariflicher Geltung kraft eigener Tarifgebundenheit der Arbeitgeber immerhin derartige Veränderungen geltender Tarifverträge auch legitimiert hat.

49 *Denck*, RdA 1982, 160, 162.

riflichen Rechtsposition der Arbeitnehmer zu diesem Zeitpunkt.[50] Demgemäß entspricht es dem mit § 613a Abs. 1 Satz 2 BGB bezweckten Bestandsschutz, der sich auf den Zeitpunkt des Betriebsübergangs bezieht, daß sich Veränderungen des in Bezug genommenen Tarifvertrages mittelbar auf die arbeitsvertraglichen Regelungen beim Betriebserwerber auswirken, soweit sie auf der Weitergeltung des Tarifvertrages beruhen.[51]

2. Rückwirkende Änderungen des Tarifvertrages

Wie vorstehend ausgeführt, gelten die Tarifnormen des Betriebsveräußerers mit dem Inhalt weiter, den sie im Zeitpunkt des Betriebsübergangs besaßen. Spätere Änderungen durch die Tarifvertragsparteien haben grundsätzlich keine Auswirkungen auf die beim Betriebserwerber geltenden Arbeitsbedingungen. Allerdings können die Tarifvertragsparteien Änderungen eines bestehenden Tarifvertrages Rückwirkung beilegen. Zu fragen ist, ob auf diese Weise nachträglich der Inhalt der zum Zeitpunkt des Betriebsübergangs geltenden Tarifnormen verändert werden kann, indem die Tarifvertragsänderung auf einen davor liegenden Zeitpunkt zurückwirkt. Maßgebend für die Weitergeltung von Tarifnormen nach § 613a Abs. 1 Satz 2 BGB ist, daß diese zum Zeitpunkt des Betriebsübergangs die betroffenen Arbeitsverhältnisse regeln. Dies setzt voraus, daß der Tarifvertrag zu diesem Zeitpunkt jedenfalls schon abgeschlossen ist.[52] Im Hinblick darauf wird vertreten, daß rückwirkende Änderungen sich nicht gegenüber dem neuen Betriebsinhaber auswirken können, da die Tarifvertragsparteien ihre Normsetzungsbefugnis nicht über die Rückwirkung auf den nicht tarifgebunden Betriebserwerber ausdehnen können.[53] Entscheidend sei, daß eine Tarifbindung für den gesamten zeitlichen Geltungsbereich eines Tarifvertrages fehlt, wenn sie bei Abschluß des Tarifvertrages nicht mehr vorliegt. Daher könnten die vom Betriebsübergang betroffenen Arbeitsverhältnisse nicht durch den Abschluß rück-

---

50 Gleiches gilt, soweit im Tarifvertrag beim bisherigen Betriebsinhaber die Höhe von Leistungen an veränderbare Bezugsgrößen geknüpft wird, vgl. *Gamillscheg*, Kollektives Arbeitsrecht, S. 782.

51 Ebenso *Gamillscheg*, Kollektives Arbeitsrecht, S. 782; *Moll*, RdA 1996, 275, 279; *ders.*, Brennpunkte des Arbeitsrechts 1996, S. 185, 217. Anders jedoch *Löwisch/Rieble*, FS Schaub, S. 457, 464 für den vergleichbaren Fall der dynamischen Bezugnahme eines nunmehr nachwirkenden Tarifvertrages auf einen anderen. Der Inhalt des nachwirkenden Tarifvertrages soll sich über die dynamische Bezugnahme im Nachwirkungsstadium nicht mehr verändern können.

52 Ausführlich dazu vorstehend § 11 A III.

53 *Moll*, RdA 1996, 275, 279; im Ergebnis auch *Heinze*, FS Schaub, S. 275, 281; *Henssler*, FS Schaub, S. 311, 318; *Schiefer*, NJW 1998, 1817, 1821.

wirkender Tarifverträge für die Zeit vor dem Betriebsübergang an die geänderten Tarifnormen gebunden werden.[54]

Zwar ist im Grundsatz richtig, daß Rückwirkung nur soweit vereinbart werden kann, wie die Regelungsmacht der Tarifvertragsparteien reicht. Auch für zurückliegende Zeiträume kann daher mit normativer Kraft nur ein bei Tarifabschluß Tarifgebundener verpflichtet werden, nicht aber der Betriebserwerber als tariflicher Außenseiter, der nur über § 613a Abs. 1 Satz 2 BGB an die bei Betriebsübergang bestehenden Tarifnormen gebunden ist.[55] Allerdings trifft diese Argumentation nicht den Kern der Problematik. Der Besonderheit einer Rückwirkung von Tarifvertragsänderungen wird dadurch nicht hinreichend Rechnung getragen. Es kommt für die Frage, ob eine rückwirkende Änderung der Tarifnormen Auswirkungen auf die beim Betriebserwerber geltenden Arbeitsbedingungen hat, darauf an, wie eine derartige rückwirkende Tarifänderung rechtstechnisch zu beurteilen ist. Insbesondere geht es gerade nicht darum, den Betriebserwerber direkt an den durch die Tarifvertragsparteien geänderten Tarifvertrag zu binden und damit um die Grenzen der Tarifmacht gegenüber tariflichen Außenseitern, sondern um die mittelbaren Auswirkungen auf den neuen Betriebsinhaber, soweit die Tarifnormen, die beim Betriebsveräußerer kraft dessen Tarifgebundenheit normativ galten, rückwirkend geändert werden.

Sofern die Tarifvertragsparteien rückwirkende Änderungen eines Tarifvertrages vereinbaren, wird der Änderungstarifvertrag erst nach Betriebsübergang abgeschlossen. Obwohl sie nach dem Willen der Tarifvertragsparteien rückwirkend in Kraft treten sollen, galten die geänderten Tarifnormen tatsächlich noch nicht bei Betriebsübergang. Damit konnten die Tarifnormen auch nicht normativ mit dem geänderten Tarifinhalt auf die Arbeitsverhältnisse zu diesem Zeitpunkt einwirken.[56] Rückwirkende Tarifnormen gelten nur in der Gegenwart, nicht in der Vergangenheit. Allein die Auslösung von Rechtsfolgen für die Vergangenheit im Zuge der Rückwirkung führt nicht dazu, daß die Änderungen als im Zeitpunkt des Betriebsübergangs bereits geltend angesehen werden können.[57] Damit aber können sich nach § 613a Abs. 1 Satz 2 BGB keine Auswirkungen auf die beim Betriebserwerber geltenden Arbeitsbedingungen ergeben, soweit rückwirkende Änderungen des beim Betriebsveräußerers geltenden Tarifvertrages in Kraft treten.[58]

---

54 LAG Brandenburg 10.3.1992 LAGE Nr. 24 zu § 613a BGB. Siehe dazu BAG 20.6.1958 AP Nr. 2 zu § 1 TVG Rückwirkung; BAG 19.6.1962 AP Nr. 5 zu § 1 TVG Rückwirkung; BAG 30.4.1969 AP Nr. 6 zu § 1 TVG Rückwirkung.

55 Vgl. ArbG Cottbus 9.10.1991 EzA Nr. 95 zu § 613a BGB sowie *Rieble*, Anm. zu BAG 13.9.1994, EWiR § 613a BGB 9/95.

56 Vgl. ArbG Cottbus 9.10.1991 EzA Nr. 95 zu § 613a BGB.

57 Ebenso *Rieble*, Anm. zu BAG 13.9.1994, EWiR § 613a BGB 9/95.

58 BAG 13.9.1994 AP Nr. 11 zu § 1 TVG Rückwirkung; LAG Brandenburg 10.3.1992 LAGE Nr. 24 zu § 613a BGB; ArbG Cottbus 9.10.1991 EzA Nr. 95 zu § 613a BGB;

Auch durch die Anordnung individualrechtlicher Weitergeltung der Tarifnormen im Arbeitsverhältnis wird betont, daß es sich hierbei allein um die im Zeitpunkt des Betriebsübergangs schon geltenden und nicht um die erst später mit Rückwirkung in Kraft gesetzten Tarifnormen handelt.[59]

3. Tarifliche Stufenregelungen

Zu einer Veränderung der beim Betriebserwerber aufgrund der nach § 613a Abs. 1 Satz 2 BGB fortgeltenden Tarifnormen bestehenden Arbeitsbedingungen kann es schließlich kommen, wenn diese Tarifnormen gestufte Entwicklungsregelungen für die Zukunft enthalten.[60] Bereits im Zeitpunkt des Betriebsübergangs galten diese Tarifnormen mit der Maßgabe zukünftiger Weiterentwicklung. Damit geht es hier nicht um eine erst nachträglich in Kraft tretende Veränderung bereits geltender Tarifnormen. Lediglich der Umsetzungszeitpunkt der einzelnen Stufen liegt zeitlich nach dem Betriebsübergang. Insoweit widerspricht die fortschreitende Ingeltungsetzung der einzelnen Stufen beim Betriebserwerber nicht der in § 613a Abs. 1 Satz 2 BGB erfolgten statischen Weitergeltungsanordnung.[61] Dies gilt allerdings nicht, wenn die jeweils folgende Stufe nicht schon bei Betriebsübergang als Tarifnorm geregelt ist, sondern die Tarifparteien lediglich zu einer entsprechenden Änderung verbindlich verpflichtet sind.[62] Hier besteht die maßgebende Tarifnorm noch nicht im Zeitpunkt des Betriebsübergangs, im Tarifvertrag zu diesem Zeitpunkt enthalten sind lediglich Pflichten der Tarifvertragsparteien. Für diese kommt aber § 613a Abs. 1 Satz 2 BGB nicht zur Anwendung.

Bachner, AiB 1996, 291, 303; *Bauer*, FS Schaub, S. 19, 34; *Boecken*, Unternehmensumwandlungen, Rn. 189, S. 130; *Buchner*, GmbHR 1997, 434, 438; *Düwell*, Betriebsübergang, S. 193, 216; *ders.*, AuR 1994, 357, 359; Erman/*Hanau*, BGB, § 613a Rn. 87; *Heinze*, FS Schaub, S. 275, 281; *Henssler*, FS Schaub, S. 311, 318; *Gamillscheg*, Kollektives Arbeitsrecht, S. 782; *B. Gaul*, NZA 1995, 717, 721; *ders.*, ZTR 1995, 387; *D. Gaul*, Betriebsübergang, S. 290; KassArbR/*Hattesen*, 1.7 Rn. 172; *Kittner/Trittin*, Kündigungsschutzrecht, § 613a BGB Rn. 150, 210; *Löwisch/Rieble*, TVG, § 3 Rn. 56; *Moll*, RdA 1996, 275, 279; *ders.*, Brennpunkte des Arbeitsrechts 1996, S. 185, 216; ErfurtKom/*Preis*, § 613a BGB Rn. 71; ; *Preis/Steffan*, FS Kraft, S. 477, 482; Soergel/*Raab*, BGB, § 613a Rn. 115; *Schiefer*, NJW 1998, 1817, 1821; *ders.*, FA 1998, 270.

59 LAG Brandenburg 10.3.1992 LAGE Nr. 24 zu § 613a BGB.

60 Vgl. *D. Gaul*, Betriebsübergang, S. 290.

61 Ebenso *Beseler*, Betriebsübergang, S. 169, 186; *Däubler*, ZTR 1994, 448, 455 Fn. 89; *D. Gaul*, Betriebsübergang, S. 277, 290; *Hanau*, FS Gaul, S. 287, 297; *Hanau/Kania*, DB 1995, 1229, 1231; *Schwab*, BB 1994, 781, 782; ebenso zu § 3 Abs. 3 TVG *Däubler*, NZA 1996, 225, 227; zweifelnd *Lieb*, NZA 1994, 337 f.; anders dagegen *Bauer/Diller*, DB 1993, 1085, 1088 zu § 3 Abs. 3 TVG, nach dem die bei Austritt aus dem Verband erreichte Stufe maßgebend bleibt.

62 So aber *Däubler*, NZA 1996, 225, 227; wie hier dagegen *Hanau/Kania*, DB 1995, 1229, 1233 zu § 3 Abs. 3 TVG.

Dies muß daher auch gelten für aufgrund einer solchen Verpflichtung erst nachträglich vereinbarte Tarifnormen. Demgegenüber gilt § 613a Abs. 1 Satz 2 BGB auch für solche Tarifnormen, die zum Zeitpunkt des Betriebsübergangs bereits in Kraft getreten sind, jedoch erst in der Zukunft Rechtsfolgen entfalten sollen.[63]

4. Anwartschaften

Auch unter einem weiteren Gesichtspunkt kann sich die nachträgliche Veränderung der geltenden Arbeitsbedingungen bei dem Betriebserwerber gegenüber dem Zeitpunkt des Betriebsübergangs ergeben. Dies betrifft namentlich die Fälle, in denen der einzelne Arbeitnehmer vor Inanspruchnahme tariflicher Leistungen eine bestimmte Wartezeit erfüllen muß, die bei Betriebsübergang noch nicht vollendet war. Auch hierbei wurde seine Rechtsposition im Zeitpunkt des Betriebsübergangs bereits von den entsprechenden Tarifnormen bestimmt, die bei Betriebsübergang bereits in Kraft getreten waren. Die Tarifnormen gelten daher gegenüber dem neuen Betriebsinhaber nach § 613a Abs. 1 Satz 2 BGB weiter. Dabei ist die Zeit nach Betriebsübergang auf die bereits vergangene Wartezeit anzurechnen[64], nach deren Ablauf sich daher Ansprüche des Arbeitnehmers ergeben können, die derart bei Betriebsübergang noch nicht bestanden haben.[65]

III. Zusammenfassung

§ 613a Abs. 1 Satz 2 BGB sieht lediglich eine statische Weitergeltung der Tarifnormen beim neuen Betriebsinhaber vor. Damit gehen die Tarifnormen mit dem Inhalt in die übergegangenen Arbeitsverhältnisse ein, den sie zum Zeitpunkt des Betriebsübergangs hatten. Werden die weitergeltenden Tarifnormen durch die Tarifvertragsparteien nach Betriebsübergang geändert, hat dies keine Auswirkungen der beim Betriebserwerber geltenden Arbeitsbedingungen.[66] Dabei ist unbe-

---

63 *Bolck*, ZTR 1994, 14, 16; *Däubler*, Tarifvertragsrecht, Rn. 1546, S. 644. Ebenso *Hüper*, Betrieb, S. 58.

64 Vgl. BAG 25.8.1976 AP Nr. 41 zu § 242 BGB Gleichbehandlung; BAG 28.4.1982 AP Nr. 3 zu § 2 KSchG 1969; *v. Hoyningen-Huene*, Anm. zu BAG 28.4.1982, AP Nr. 3 zu § 2 KSchG 1969.

65 Ebenso *Däubler*, Tarifvertragsrecht, Rn. 1546, S. 644; *Hüper*, Betrieb, S. 58.

66 Siehe BAG 13.11.1985 AP Nr. 46 zu § 613a BGB; BAG 1.4.1987 AP Nr. 64 zu § 613a BGB; BAG 13.9.1994 AP Nr. 11 zu § 1 TVG Rückwirkung; LAG Frankfurt 26.11.1985 LAGE Nr. 6 zu § 613a BGB; ArbG Cottbus 9.10.1991 EzA Nr. 95 zu § 613a BGB;
RGRK/*Ascheid*, BGB, § 613a Rn. 207; *Bachner*, AiB 1996, 291, 303; *Balze/Rebel/Schuck*, Outsourcing, S. 179; *Bauer*, FS Schaub, S. 19, 34; *Beisel/Klumpp*, Unternehmenskauf, Rn. 576; *Berscheid*, Betriebsinhaberwechsel, Rn. 116; *Beseler*, Betriebsübergang, S. 169, 185; *Boecken*, Unternehmensumwandlungen, Rn. 189, S. 130; *Boewer*, Brennpunkte des Arbeitsrechts 1997, S. 91, 141; *Bolck*, ZTR 1994, 14, 16; *Buchner*, GmbHR 1997, 434, 438; *Commandeur*, Betriebs-, Firmen- und Vermö-

achtlich, ob diese Änderungen zugunsten der Arbeitnehmer erfolgen, oder ob nachträglich tarifliche Leistungen zu Lasten der Arbeitnehmer abgebaut werden.[67] Dies gilt auch dann, soweit Änderungen nach Betriebsübergang mit Rückwirkung in Kraft gesetzt werden. Abweichungen im Sinne einer Veränderung der durch die Tarifnorm bestimmten Arbeitsbedingungen der übernommenen Arbeitnehmer können sich lediglich aus dem Inhalt der weitergeltenden Tarifnorm selbst ergeben. So kann sich die betreffende Regelung auf veränderbare Bezugsgrößen dynamisch beziehen. Auch tarifliche Stufenregelungen schreiten in ihrer Geltung fort und bleiben nicht auf die bei Betriebsübergang erreichte Stufe beschränkt.

B. Weitergeltung der Tarifnormen mit einseitig zwingender Wirkung

Nach § 4 Abs. 1 TVG gelten die Rechtsnormen eines Tarifvertrages mit unmittelbarer und zwingender Wirkung für die Arbeitsverhältnisse, soweit Arbeitgeber und Arbeitnehmer tarifgebunden sind. Durch § 613a Abs. 1 Satz 2 BGB werden die beim bisherigen Betriebsinhaber normativ zur Anwendung gekommenen Tarifnormen in Bestandteile der einzelnen Arbeitsverträge umgewandelt. Dies hat an sich zur Folge, daß beim Betriebserwerber die tariflichen Regelungen nicht mehr

---

gensübernahme, S. 76; *Däubler*, Tarifvertragsrecht, Rn. 1546, S. 643 f.; *Denck*, RdA 1982, 160, 162; *Düwell*, AuR 1994, 357, 359; *Gamillscheg*, Kollektives Arbeitsrecht, S. 781; *B. Gaul*, ZTR 1995, 387; *ders.*, NZA 1995, 717, 721; *D. Gaul*, Betriebsübergang, S. 326; *ders.*, Aktuelle Aspekte des Arbeitsrechts, S. 140, 163; *ders.*, ZTR 1989, 432, 439; *Kempen/Zachert*, TVG, § 3 Rn. 59; Erman/*Hanau*, BGB, § 613a Rn. 89; *ders.*, FS Gaul, S. 287, 296; KassArbR/*Hattesen*, 1.7 Rn. 172; *ders.*, HzA, Gruppe 1 Rn. 3377; *Henssler*, FS Schaub, S. 311, 318; *Holzapfel/Pöllath*, Recht und Praxis des Unternehmenskaufs, Rn. 599; *Hromadka/Maschmann/Wallner*, Tarifwechsel, Rn. 318; *Kania*, DB 1994, 529, 530; *Kempen*, BB 1991, 2006, 2009; *Kittner/Trittin*, Kündigungsschutzrecht, § 613a BGB Rn. 210; *Löwisch/Rieble*, TVG, § 3 Rn. 56; *Moll*, RdA 1996, 275, 278 f.; *ders.*, Brennpunkte des Arbeitsrechts 1996, S. 185, 215 f.; *Niebler/Förschner*, Betriebsveräußerung, Rn. 346, S. 117; *Oetker*, Anm. zu BAG 1.4.1987, SAE 1987, 305, 307; GK-KR/*Pfeiffer*, § 613a BGB Rn. 90; ErfurtKom/*Preis*, § 613a BGB Rn. 71; Soergel/*Raab*, BGB, § 613a Rn. 115; *Schaub*, ZTR 1997, 245, 247; *ders.*, FS Wiese, S. 535, 538; *Schiefer*, NJW 1998, 1817, 1821; *ders.*, FA 1998, 270; *J. Schipp*, NZA 1994, 865, 868; *Schipp/Schipp*, Arbeitsrecht und Privatisierung, Rn. 181, S. 83; *v. Stebut*, Anm. zu BAG 13.11.1985, SAE 1986, 209 f.; MünchArbR/*Wank*, § 120 Rn. 179; *ders.*, NZA 1987, 505, 506; *Wank/Brüning*, ZfA 1995, 699, 734; *Wendeling-Schröder*, AiB 1991, 79, 85; *Willemsen*, Änderung von Arbeitsbedingungen, S. 169, 185.
Im Ergebnis - wenn auch lediglich aus verfassungsrechtlichen Erwägungen - ebenso *Scholz*, Anm. zu BAG 13.11.1985, AP Nr. 46 zu § 613a BGB; anders dagegen *Hüper*, Betrieb, S. 59.

67 *Gamillscheg*, Kollektives Arbeitsrecht, S. 782; Erman/*Hanau*, BGB, § 613a Rn. 89; *Hromadka/Maschmann/Wallner*, Tarifwechsel, Rn. 318; Soergel/*Raab*, BGB, § 613a Rn. 115; *Wank*, Anm. zu BAG 19.3.1986, SAE 1987, 142, 143; *Wank/Brüning*, ZfA 1995, 699, 734.

unmittelbar und zwingend wirken.[68] Ohne eine zusätzliche gesetzliche Absicherung hätten die entstandenen Arbeitsbedingungen damit jederzeit auch zu Ungunsten der übernommenen Arbeitnehmer geändert werden können. Die infolge der einzelvertraglichen Weitergeltung der Tarifnormen mögliche Änderung oder Aufhebung der Arbeitsbedingungen beim neuen Betriebsinhaber läuft aber dem angestrebten Bestandsschutz zuwider. Daher sucht § 613a Abs. 1 Satz 2 BGB die Veränderungsmöglichkeiten zumindest einzuschränken.[69] Um dennoch den Bestrebungen des neuen Betriebsinhabers nach einer Vereinheitlichung der Arbeitsbedingungen der übernommenen und bei ihm unter Umständen bereits beschäftigten Arbeitnehmer Rechnung zu tragen, erfolgt diese Beschränkung befristet auf ein Jahr.[70] Der Gesetzgeber hat damit von dem Vorbehalt des Art. 3 Abs. 3 Satz 2 der EG-Richtlinie Gebrauch gemacht.[71]

I. Rechtskonstruktive Ableitung der einseitig zwingenden Weitergeltung

Der Gesetzgeber hat in § 613a Abs. 1 Satz 2 BGB angeordnet, daß die durch die weitergeltenden Tarifnormen entstandenen einzelvertraglichen Regelungen beim neuen Betriebsinhaber innerhalb eines Zeitraums von einem Jahr ab Betriebsübergang nicht zu Ungunsten der übernommenen Arbeitnehmer abgeändert werden dürfen. Insoweit ergibt sich eine ähnliche Wirkung wie nach § 4 Abs. 3 TVG. Nach dieser Vorschrift darf von normativ geltenden Tarifnormen nur zugunsten des einzelnen Arbeitnehmers abgewichen werden. Dennoch handelt es sich rechtsdogmatisch gesehen im Falle des § 613a Abs. 1 Satz 2 BGB nicht um die kollektivrechtlich zwingende Geltung von Arbeitsbedingungen im Sinne des § 4 Abs. 1 TVG. Die einzelvertraglichen Bestimmungen werden lediglich durch Gesetz mit einer ihnen im übrigen nicht zukommenden Wirkung ausgestattet, die deren Abänderung zu Lasten der Arbeitnehmer verhindert.[72] Die Abänderbarkeit

---

68 Vgl. RGRK/*Ascheid*, BGB, § 613a Rn. 205; *Düwell*, Betriebsübergang, S. 193, 214; *Johlke/Delhey*, Anm. zu BAG 13.11.1985, WuB IX C 1. § 613a BGB 1.87; Soergel/*Raab*, BGB, § 613a Rn. 104; *Richter*, AuR 1992, 65, 74; MünchKom/*Schaub*, BGB, § 613a Rn. 161; *ders.*, ZiP 1984, 272, 279; *v. Stebut*, Anm. zu BAG 13.11.1985, SAE 1986, 209, 210; *Wank*, NZA 1987, 505, 506.

69 *Däubler*, AuA 1991, 196, 199.

70 Staudinger/*Richardi*, BGB, § 613a Rn. 176; MünchKom/*Schaub*, BGB, § 613a Rn. 168; *ders.*, Arbeitsrechtshandbuch, S. 710; *ders.*, ArbRGW 18 (1981), 71, 79 f.; *Schipp/Schipp*, Arbeitsrecht und Privatisierung, Rn. 183, S. 84.

71 *Däubler*, Tarifvertragsrecht, Rn. 1545, S. 643; *Löw*, Betriebsveräußerung, S. 85; MünchKom/*Schaub*, BGB, § 613a Rn. 168. Demgegenüber hat der Gesetzgeber die ebenfalls in der EG-Richtlinie vorgesehene Befristungsmöglichkeit für die Weitergeltung auch der beim Betriebsveräußerer einzelvertraglich geregelten Rechte und Pflichten nicht in Anspruch genommen, vgl. *Löw*, Betriebsveräußerung, S. 85.

72 BAG 13.11.1985 AP Nr. 46 zu § 613a BGB.

der beim Betriebserwerber geltenden Tarifnormen ist Folge der durch § 613a Abs. 1 Satz 2 BGB auf individualrechtlicher Ebene angeordneten Fortgeltung. Insoweit wird durch die befristete Veränderungssperre als Ausgleich für den Verlust des kollektivrechtlichen Charakters die unmittelbare und zwingende Wirkung der Tarifnormen ersetzt.[73] Dies entspricht einer einseitig zwingenden Weitergeltung der Tarifnormen.[74] Und nur insoweit haben die weitergeltenden Inhalte des Tarifvertrages - wenn auch befristet - die gleiche Schutzwirkung wie sie ihnen vor dem Betriebsübergang als kollektivrechtlich geltenden Regelungen zukam.[75]

II. Wirkungen der Veränderungssperre

1. Änderbarkeit der Arbeitsbedingungen nach Betriebsübergang

Die einseitig zwingende Wirkung der weitergeltenden Tarifbestimmungen ist auf längstens ein Jahr begrenzt.[76] Damit muß im Hinblick auf die Abänderbarkeit der Arbeitsbedingungen beim neuen Betriebsinhaber unterschieden werden zwischen innerhalb dieses Zeitraumes und später getroffenen Maßnahmen. § 613a Abs. 1 Satz 2 BGB stellt überdies darauf ab, ob die Arbeitsbedingungen innerhalb eines Jahres zugunsten oder zu Lasten der übernommenen Arbeitnehmer geändert werden sollen. Lediglich vor einer Verschlechterung der Arbeitsbedingungen schützt das Änderungsverbot des § 613a Abs. 1 Satz 2 BGB. Der Sache nach handelt es sich damit um ein Verschlechterungsverbot.[77] Eine Veränderung der Arbeitsbedingungen zugunsten des Arbeitnehmers ist danach jederzeit möglich.[78] Es bedarf demgegenüber grundsätzlich des Ablaufs der Jahresfrist nach Betriebsübergang, um die Arbeitsbedingungen der übernommenen Arbeitnehmer zu deren Nachteil

---

[73] *Düwell*, Betriebsübergang, S. 193, 214; *Hromadka/Maschmann/Wallner*, Tarifwechsel, Rn. 371; MünchKom/*Schaub*, BGB, § 613a Rn. 167; *ders.*, AuA 1991, 225, 229; *ders.*, ZiP 1984, 272, 279; *ders.*, FS Wiese, S. 535, 538; *Wank*, NZA 1987, 505, 506; *Wank/Brüning*, ZfA 1995, 699, 731.

[74] RGRK/*Ascheid*, BGB, § 613a Rn. 206; *Bauer*, Unternehmensveräußerung, S. 108; *Beseler*, Betriebsübergang, S. 169, 185; *Däubler*, Tarifvertragsrecht, Rn. 1547, S. 644; *Röder*, DB 1981, 1980; *Sack*, Schicksal von Altverträgen, S. 107; *Schaub*, ArbRGW 18 (1981), 71, 79; *Seiter*, DB 1980, 877.

[75] Vgl. *Zöllner*, DB 1995, 1401.

[76] Auch insoweit zeigt sich im Vergleich zu § 3 Abs. 3 TVG eine Abschwächung des Arbeitnehmerschutzes. Vgl. *Däubler*, ZTR 1994, 448, 454; *ders.*, NZA 1996, 225, 232; *Seiter*, Betriebsinhaberwechsel, S. 95.

[77] Vgl. *Commandeur*, Betriebs-, Firmen- und Vermögensübernahme, S. 81.

[78] *Bauer*, Unternehmensveräußerung, S. 108; *Beseler*, Betriebsübergang, S. 169, 185; *Däubler*, Tarifvertragsrecht, Rn. 1547, S. 644; *Röder*, DB 1981, 1980, 1981; *Seiter*, Betriebsinhaberwechsel, S. 95.

zu verändern.[79] Mit Ablauf eines Jahres nach Betriebsübergang gelten die übergeleiteten Tarifnormen ohne Einschränkung als einzelvertragliche Regelungen weiter. Damit kommt ihnen nicht mehr die durch § 613a Abs. 1 Satz 2 BGB angeordnete zwingende Wirkung zu, die vor Veränderungen der Arbeitsbedingungen zu Lasten der Arbeitnehmer schützte. Nunmehr können daher die vormals tariflichen Arbeitsbedingungen der übernommenen Arbeitnehmer auch mit individualrechtlichem Instrumentarium verschlechtert werden.[80]

Ebenso wie nach § 4 Abs. 3 TVG für das Verhältnis einzelvertraglicher Vereinbarungen zum normativ geltenden Tarifvertrag ist damit maßgebend, ob die neuen Arbeitsbedingungen für den Arbeitnehmer günstiger sind. Gegenüberzustellen sind diesbezüglich der durch die weitergeltenden Tarifnormen bestimmte und der zukünftig gewollte Inhalt des Arbeitsverhältnisses. Eine Besserstellung der Arbeitnehmer muß insoweit eindeutig feststellbar sein. Sofern eine Regelung weder als Vor- noch als Nachteil eingestuft werden kann oder beide Regelungen gleichwertig sind, kann über das Eingreifen der Veränderungssperre nur unter Beachtung der konkreten Umständen des Einzelfalles entschieden werden.[81] Werden danach unzulässige rechtliche Maßnahmen zur Verschlechterung der Arbeitsbedingungen durch den Betriebserwerber bereits vor Ablauf eines Jahres ergriffen, so sind sie gemäß § 134 BGB unwirksam.[82] Die Jahresfrist des § 613a Abs. 1 Satz 2 BGB beginnt mit dem Übergang des Betriebes, d.h. mit der einvernehmlichen Übertragung der Leitungsmacht auf den Erwerber des Betriebes, zu laufen. Maßgebend ist hingegen nicht der Abschluß des der Übertragung zugrunde liegenden Rechtsgeschäfts.[83] Im übrigen gelten für den Fristablauf die §§ 187 ff. BGB.

---

79 *Bauer*, Unternehmensveräußerung, S. 108; *Ingenfeld*, Betriebsausgliederung, S. 274; *Löwisch*, Arbeitsrechtliche Probleme, S. 70; *Röder*, DB 1981, 1980, 1981; *Seiter*, Betriebsinhaberwechsel, S. 95.

80 Vgl. BAG 13.11.1985 AP Nr. 46 zu § 613a BGB; *Berscheid*, Betriebsinhaberwechsel, Rn. 116; *Commandeur*, Betriebs-, Firmen- und Vermögensübernahme, S. 82; *Eich*, NJW 1980, 2329, 2334; Erman/*Hanau*, BGB, § 613a Rn. 92; *Hüper*, Betrieb, S. 64; *Niebler/Förschner*, Betriebsveräußerung, Rn. 344, S. 117; *Röder*, DB 1981, 1980, 1981; *Schaub*, ZiP 1984, 272, 279; *Wank*, NZA 1987, 505, 510.
Nach Auffassung von *Kittner/Trittin*, Kündigungsschutzrecht, § 613a BGB Rn. 213 wird auch die Verschlechterung der Arbeitsbedingungen der übernommenen Arbeitnehmer nach Betriebsübergang auf kollektivrechtlichem Wege erst nach Ablauf der Veränderungssperre möglich.

81 Vgl. *Commandeur*, Betriebs-, Firmen- und Vermögensübernahme, S. 81.

82 *Commandeur*, Betriebs-, Firmen- und Vermögensübernahme, S. 82; *Däubler*, Tarifvertragsrecht, Rn. 1547, S. 644; ErfurtKom/*Preis*, § 613a BGB Rn. 73; *Preis/Steffan*, FS Kraft, S. 477, 483.

83 BAG 8.11.1988 AP Nr. 6 zu § 1 BetrAVG Betriebsveräußerung; *Commandeur*, Betriebs-, Firmen- und Vermögensübernahme, S. 82; *Däubler*, Tarifvertragsrecht, Rn. 1545, S. 643.

Aus dem Wegfall der einseitig zwingenden Wirkung der fortgeltenden Tarifbestimmungen mit Ablauf eines Jahres folgt lediglich die Veränderbarkeit der Arbeitsbedingungen auch zu Lasten der Arbeitnehmer. Es kommt dagegen nicht zu einem automatischen Geltungsende der tariflichen Regelungen mit Ablauf der Veränderungssperre.[84] § 613a Abs. 1 Satz 2 BGB ordnet eine zeitlich unbeschränkte Weitergeltung der Tarifnormen an, lediglich deren zwingende Wirkung ist auf ein Jahr beschränkt.[85] Die Arbeitsbedingungen beim Betriebserwerber können nach Fristablauf durch Vereinbarung mit dem Arbeitnehmer oder durch Änderungskündigung geändert oder gänzlich aufgehoben werden.[86]

2. Änderungsvereinbarung

Ungeachtet der Veränderungssperre des § 613a Abs. 1 Satz 2 BGB könnte die Möglichkeit einer Verschlechterung der Arbeitsbedingungen bereits vor Ablauf eines Jahres durch Vereinbarung zwischen dem Betriebserwerber und dem übernommenen Arbeitnehmer darauf gestützt werden, daß es dabei immerhin im Belieben des Arbeitnehmers stünde, einer Verschlechterung seiner Arbeitsbedingungen zuzustimmen. Allerdings macht diese Erwägung den Schutz des § 613a Abs. 1 Satz 2 BGB zum einen nicht entbehrlich. Denn es ist denkbar, daß der neue Betriebsinhaber durch Druckausübung im Hinblick auf den Abschluß einer Änderungsvereinbarung den zugunsten der vom Betriebsübergang betroffenen Arbeitnehmer bezweckte Bestandsschutz zu unterlaufen versucht. Gegen die Möglichkeit einer Änderungsvereinbarung zum Nachteil der übernommenen Arbeitnehmer während des Laufes der Veränderungssperre spricht zum anderen auch der Vergleich zu zwingend wirkenden Tarifnormen und gesetzlichen Regelungen. Die

---

84 *Balze/Rebel/Schuck*, Outsourcing, S. 180; Hölters/*Bauer*, Unternehmens- und Beteiligungskauf, S. 419, Rn. 206; KassArbR/*Hattesen*, 1.7 Rn. 173; MünchArbR/*Wank*, § 120 Rn. 185. Mißverständlich dagegen *Lieb*, Arbeitsrecht, § 3 III 4, Rn. 317.

85 *Däubler*, Tarifvertragsrecht, Rn. 1564, S. 649; *ders.*, ZTR 1994, 448, 455; *ders.*, NZA 1996, 225, 233; *Feger*, AiB 1995, 490, 504; *Gamillscheg*, Kollektives Arbeitsrecht, S. 782; *Hanau/Adomeit*, Arbeitsrecht, J IV 2; *Hüper*, Betrieb, S. 64 f.; *Löwisch/Rieble*, TVG, § 3 Rn. 84; *Röder*, DB 1981, 1980, 1981; *Seiter*, Betriebsinhaberwechsel, S. 95; *Wank*, NZA 1987, 505, 510.

86 RGRK/*Ascheid*, BGB, § 613a Rn. 208; *Beisel/Klumpp*, Unternehmenskauf, Rn. 572; *Bichlmeier/Oberhofer*, Gesamtvollstreckungsverfahren, Bd. II, S. 257; *Commandeur*, Betriebs-, Firmen- und Vermögensübernahme, S. 82; *Däubler*, ZTR 1994, 448, 455; *ders.*, NZA 1996, 225, 233; *Eich*, NJW 1980, 2329, 2334; *Feger*, AiB 1995, 490, 504; Erman/*Hanau*, BGB, § 613a Rn. 92; *Henssler*, NZA 1994, 913, 918; *Hüper*, Betrieb, S. 65; *Kempen*, BB 1991, 2006, 2009; *Kutsch/Hofsäß*, Denkschrift Wiese, S. 64, 71; *Röder*, DB 1981, 1980, 1981; MünchKom/*Schaub*, BGB, § 613a Rn. 163, 175 f.; *ders.*, Arbeitsrechtshandbuch, S. 711; *ders.*, ArbRGW 18 (1981), 71, 80; *ders.*, ZiP 1984, 272, 279; *Schipp/Schipp*, Arbeitsrecht und Privatisierung, Rn. 184, S. 85; *Schuster/Beckerle*, NZA 1985, 16, 17; MünchArbR/*Wank*, § 120 Rn. 174; *ders.*, NZA 1987, 505, 510; *Wank/Brüning*, ZfA 1995, 699, 736; *Wiesner*, BB 1986, 1636, 1640.

zwingende Wirkung von Tarifnormen auf die Arbeitsverhältnisse bei beiderseitiger Tarifgebundenheit der Arbeitsvertragsparteien nach § 4 Abs. 1 i.V.m. Abs. 3 TVG schützt die Arbeitnehmer vor einer ihnen nachteiligen Abweichung gegenüber den tariflich vereinbarten Arbeitsbedingungen. Dies gilt auch gegenüber Vereinbarungen der Arbeitsvertragsparteien.[87] Ebenso ist die Rechtslage gegenüber gesetzlichen Vorschriften, die zwingende Mindestarbeitsbedingungen vorschreiben. Auch insoweit ist eine Abweichung zu Lasten des Arbeitnehmers nicht durch Vereinbarung der Arbeitsvertragsparteien möglich.[88] Ein Verzicht des Arbeitnehmers auf tariflich begründete Rechte ist überdies nach Maßgabe des § 4 Abs. 4 TVG nur unter Billigung der Tarifvertragsparteien wirksam möglich. Wird die befristete Veränderungssperre als Ausgleich für den Verlust des kollektivrechtlichen Charakters und insoweit als Ersatz der unmittelbaren und zwingenden Wirkung der Tarifnormen verstanden[89], so erscheint es nur systemgerecht, wenn sich die durch § 613a Abs. 1 Satz 2 BGB angeordnete Unabänderbarkeit der weitergeltenden Tarifnormen auch gegenüber einer Vereinbarung der Arbeitsvertragsparteien zu Lasten des Arbeitnehmers durchsetzt. Daher ist während eines Jahres nach Betriebsübergang auch der Abschluß einer Änderungsvereinbarung, soweit sich daraus eine Verschlechterung der Arbeitsbedingungen der Arbeitnehmer ergibt, von der Veränderungssperre des § 613a Abs. 1 Satz 2 BGB erfaßt.[90]

3. Änderungskündigung

Auch eine Änderungskündigung, die innerhalb eines Jahres nach Betriebsübergang ausgesprochen wird und in diesem Zeitraum auch wirksam werden soll, wird von der Veränderungssperre erfaßt, soweit - was den Regelfall darstellen dürfte - die Arbeitsbedingungen des Arbeitnehmers verschlechtert werden sollen.[91]

a. Zeitpunkt des Ausspruchs der Änderungskündigung

Fraglich ist die Behandlung einer Änderungskündigung, die zwar noch während der Geltung des Veränderungsverbots ausgesprochen wird, allerdings erst nach

---

87 Statt aller MünchArbR/*Löwisch*, § 263 Rn. 22.

88 Vgl. MünchArbR/*Richardi*, § 8 Rn. 22 ff.

89 Vgl. § 13 B I.

90 Ebenso *Debong*, EG-Richtlinie, S. 37; *Schipp/Schipp*, Arbeitsrecht und Privatisierung, Rn. 183, S. 84; wohl auch *Kamlah*, Bestandsschutz, S. 100. So zunächst auch *Zumkeller*, DStR 1998, 1966, 1967, der dennoch hiervon eine Ausnahme machen will, soweit für die verschlechternde einzelvertragliche Vereinbarung sachliche Gründe vorliegen.

91 *Debong*, EG-Richtlinie, S. 37; *Schaub*, WiB 1996, 97, 100; *Wank/Brüning*, ZfA 1995, 699, 737.

Ablauf eines Jahres wirksam werden soll. Zu berücksichtigen ist, daß für das Wirksamwerden regelmäßig die Einhaltung einer Kündigungsfrist erforderlich ist. Soweit der Ausspruch einer Änderungskündigung noch vor Ablauf der Veränderungssperre für zulässig gehalten wird, könnte es zu einer - zumindest teilweisen - zeitlichen Überlagerung des Verbots der Änderung der Arbeitsbedingungen aus § 613a Abs. 1 Satz 2 BGB mit der einzuhaltenden Kündigungsfrist kommen. Darin wird die Gefahr einer Entwertung der Kündigungsfristen gesehen. Die durch den Betriebserwerber angestrebte einheitliche Änderung der Arbeitsbedingungen der übernommenen Arbeitnehmer zu einem möglichst frühen Zeitpunkt nach Betriebsübergang habe danach in Anbetracht unterschiedlich langer Kündigungsfristen nur die Auswirkung, daß der Ausspruch der Änderungskündigung zu jeweils unterschiedlichen Terminen erfolgen müsse. Unberücksichtigt bleibe hingegen, daß der Kündigungsschutz dem Arbeitnehmer durch entsprechendes Alter und/oder Betriebszugehörigkeit erwachsen sei.[92]

Dem ist nicht zuzustimmen. Auch soweit der Ausspruch der Änderungskündigung noch während der Veränderungssperre des § 613a Abs. 1 Satz 2 BGB als wirksam angesehen wird, ist jedenfalls Voraussetzung, daß die jeweilige Kündigungsfrist eingehalten wird. Insoweit kann von deren Entwertung nicht gesprochen werden. Insbesondere wird über die Zulassung des Ausspruchs einer Änderungskündigung innerhalb der Sperrfrist auch nicht ein Anspruch des Betriebserwerbers, die Änderung der Arbeitsbedingungen der übernommenen Arbeitnehmer zu einem einheitlichen Zeitpunkt herbeizuführen, aus § 613a Abs. 1 Satz 2 BGB abgeleitet.[93] Überdies ist es dem Betriebserwerber unbenommen, eine Änderungskündigung bereits vor dem nach der einzuhaltenden Kündigungsfrist spätmöglichstem Zeitpunkt, bezogen auf den angestrebten Termin des Wirkungseintritts der Änderungskündigung, auszusprechen. Daher haben unterschiedlich lange Kündigungsfristen nicht notwendig zur Folge, daß die Änderungskündigung zu unterschiedlichen Zeitpunkten ausgesprochen werden müßten, dem neuen Betriebsinhaber ist ein in zeitlicher Hinsicht einheitliches Vorgehen zur Änderung der Arbeitsbedingungen dennoch möglich. Zweck unterschiedlich langer Kündigungsfristen ist es hingegen nicht, ein Einsetzen der mit dem Ausspruch von Änderungskündigungen bevorstehenden Änderung von Arbeitsbedingungen zu unterschiedlichen Zeitpunkten zu gewähren. Mit Blick auf die in § 622 Abs. 2 BGB geregelten Mindestkündigungsfristen zeigt sich, daß eine Änderung der Arbeitsbedingungen ohne die Regelung des § 613a Abs. 1 Satz 2 BGB regelmäßig früher als nach Ablauf eines Jahres zulässig wäre. Insoweit bleibt dem betroffenen Arbeitnehmer die Kündigungsfrist als Schutzfrist aber erhalten. Damit geht auch die nach Ablauf der Jahresfrist zugunsten des neuen Betriebsinhabers mögliche Ver-

---

92 *Hüper*, Betrieb, S. 65.

93 So aber der Vorwurf von *Hüper*, Betrieb, S. 66.

einheitlichung der Arbeitsbedingungen nicht zu Lasten der von den Arbeitnehmern erworbenen Kündigungsfristen.[94] Darüber hinaus soll § 613a Abs. 1 Satz 2 BGB lediglich die tariflich bestimmten Arbeitsbedingungen der Arbeitnehmer bei dem neuen Betriebsinhaber für ein Jahr in ihrem Bestand sichern, ohne daß sich eine Änderungsmöglichkeit für diesen Zeitraum ergibt. Der Schutz geht jedoch nicht dahin, es dem Betriebserwerber zu verweigern, eine Änderung der Arbeitsbedingungen, die nach Ablauf eines Jahres wirksam werden soll, bereits durch den Ausspruch der Änderungskündigung einzuleiten. In diesem Fall droht dem Arbeitnehmer während der Frist des § 613a Abs. 1 Satz 2 BGB noch keine tatsächliche Veränderung seiner Arbeitsbedingungen. Damit kann der Betriebserwerber wirksam auch schon innerhalb des ersten Jahres nach Betriebsübergang eine Änderungskündigung zu Lasten der Arbeitnehmer aussprechen, soweit deren Wirkung erst nach Ablauf der Veränderungssperre eintritt und die Kündigungsfrist im übrigen gewahrt bleibt.[95]

b. Änderungsbefugnis des Betriebsveräußerers

Auf Erwägungen, daß die Änderung der Arbeitsbedingungen zum Nachteil der Arbeitnehmer durch Änderungskündigung nach Betriebsübergang ungeachtet der Veränderungssperre zulässig sein müßten, wenn sie auch der frühere Betriebsinhaber hätte durchführen müssen und können, um gegebenenfalls betriebsbedingte Kündigungen zu vermeiden, kann es dabei nicht ankommen.[96] Es geht hier um die Frage der Weitergeltung der vor Betriebsübergang zwingend geltenden Tarifnormen. Eine Abweichung von diesen Regelungen wäre auch dem bisherigen Betriebsinhaber in Anbetracht der zwingenden Geltung nach § 4 Abs. 1 TVG nicht möglich gewesen. Da die angeordnete Veränderungssperre gerade diese Wirkung ersetzen will und sich nicht wie § 613a Abs. 1 Satz 4 BGB darauf beschränkt, individualrechtliche Maßnahmen aus Anlaß des Betriebsüberganges zu untersagen, ist eine Änderungskündigung des Betriebserwerbers auch nicht im Hinblick darauf zuzulassen.

c. Einschränkungen des Kündigungsrechts

Das Veränderungsverbot des § 613a Abs. 1 Satz 2 BGB wirkt lediglich in zeitlicher Hinsicht. Allein der Ablauf eines Jahres nach Betriebsübergang führt daher für sich allein nicht schon zur Wirksamkeit einer Änderungskündigung des Be-

---

94 Vgl. aber wiederum *Hüper*, Betrieb, S. 66.

95 Hölters/*Bauer*, Unternehmens- und Beteiligungskauf, S. 416 f., Rn. 197; *ders.*, Unternehmensveräußerung, S. 108; *Commandeur*, Betriebs-, Firmen- und Vermögensübernahme, S. 82; *v. Stebut*, Anm. zu BAG 13.11.1985, SAE 1986, 209, 210; *Wank/Brüning*, ZfA 1995, 699, 737.

96 So aber ErfurtKom/*Preis*, § 613a BGB Rn. 73; *Preis/Steffan*, FS Kraft, S. 477, 483.

triebserwerbers.[97] Vielmehr müssen auch die allgemeinen Wirksamkeitsvoraussetzungen erfüllt sein. So können diesbezüglich die Anforderungen des Kündigungsschutzgesetzes zu beachten sein.[98] Regelmäßig sind damit schwerwiegende Interessen des Arbeitgebers erforderlich, die eine Änderung der Arbeitsbedingungen der übernommenen Arbeitnehmer rechtfertigen.[99]

Waren in dem Tarifvertrag des Betriebsveräußerers Beendigungsnormen enthalten, die das Kündigungsrecht des Arbeitgebers bei Vorliegen bestimmter Voraussetzungen einschränken oder gar ausschließen, werden auch diese Regelungen von der individualrechtlichen Weitergeltungsanordnung des § 613a Abs. 1 Satz 2 BGB erfaßt.[100] Damit hätte auch der Betriebserwerber bei Ausspruch einer Änderungskündigung zur Abänderung der tariflich bestimmten Arbeitsbedingungen der übernommenen Arbeitnehmer diese Einschränkungen zu beachten. Dem wird unter Hinweis auf das bestehende Interesse des Betriebserwerbers an einer Vereinheitlichung der Arbeitsbedingungen nach Betriebsübergang widersprochen. So müsse berücksichtigt werden, daß eine Änderung der Arbeitsbedingungen der übernommenen Arbeitnehmer bei einer Bindung des neuen Betriebsinhabers an diese Regelungen zum Teil sogar gänzlich ausgeschlossen wäre. Daher sollten nur bei einer ausschließlich auf Beendigung des Arbeitsverhältnisses gerichteten Kündigung diese Einschränkungen zu beachten sein.[101]

Allerdings kann dieser Auffassung nicht zugestimmt werden. Zunächst bleibt festzuhalten, daß auch eine Änderungskündigung jedenfalls eine Kündigung im Sinne der tariflichen Bestimmungen ist, so daß die getroffenen Einschränkungen des Kündigungsrechts des Arbeitgebers auch hier gelten müßten. Richtig ist darüber hinaus, daß § 613a Abs. 1 Satz 2 BGB im Grundsatz von der Möglichkeit einer Änderung der Arbeitsbedingungen beim Betriebserwerber nach Ablauf der Veränderungssperre auch durch Änderungskündigung ausgeht. Aus dem Zweck der Bestimmung, den vom Betriebsübergang betroffenen Arbeitnehmern die tariflich bestimmten Rechtspositionen zu erhalten, folgt allerdings, daß eine solche Änderung der Arbeitsbedingungen die Zulässigkeit der Änderungskündigung im übrigen zur Voraussetzung hat. Dagegen sollte der Ausspruch einer Änderungskündigung gegenüber den rechtlichen Möglichkeiten des Betriebsveräußerers

---

97 *Commandeur*, Betriebs-, Firmen- und Vermögensübernahme, S. 82.

98 *Balze/Rebel/Schuck*, Outsourcing, S. 180; *Bichlmeier/Oberhofer*, Gesamtvollstreckungsverfahren, Bd. II, S. 257; *Däubler*, Tarifvertragsrecht, Rn. 1552, S. 645; *Feger*, AiB 1995, 490, 504; Erman/*Hanau*, BGB, § 613a Rn. 92; *Henssler*, NZA 1994, 913, 918; *Johlke/Delhey*, Anm. zu BAG 13.11.1985, WuB IX C 1. § 613a BGB 1.87; *Preis/Steffan*, FS Kraft, S. 477, 483; *Röder*, DB 1981, 1980, 1981; MünchKom/*Schaub*, BGB, § 613a Rn. 176.

99 *Wiesner*, BB 1986, 1636, 1640.

100 Dazu vorstehend § 7 B II 2.

101 So *Gussen/Dauck*, Weitergeltung, Rn. 253 ff., S. 165 f.

nicht für den Betriebserwerber erleichtert werden. Wollte man den Betriebserwerber von einer Beachtung dieser Regelungen freistellen, würden die Arbeitnehmer schlechter gestellt als sie beim Betriebsveräußerer stünden, da sich allein aus dem Betriebsübergang die Möglichkeit erleichterter Änderung der Arbeitsbedingungen zu Lasten der Arbeitnehmer ergäbe. Dem Vereinheitlichungsinteresse des Betriebserwerbers wird dagegen durch § 613a Abs. 1 Satz 3 sowie Satz 4, 2. Alt. BGB Rechnung getragen.

Dem könnte entgegengehalten werden, beim Betriebsveräußerer hätten die im Tarifvertrag enthaltenen Kündigungsbeschränkungen nur für die Änderung geltender einzelvertraglicher Arbeitsbedingungen durch Änderungskündigung gelten können. Beim Betriebserwerber ginge es nunmehr aber um die Änderung von Arbeitsbedingungen, die aufgrund der Weitergeltungsanordnung des § 613a Abs. 1 Satz 2 BGB erst bei Betriebsübergang in einzelvertragliche Regelungen umgewandelt worden seien. Insoweit besteht im Hinblick auf den zu gewährenden Bestandsschutz der vor Betriebsübergang geltenden Arbeitsbedingungen kein Erfordernis der Geltung der Kündigungseinschränkungen für eine Änderungskündigung in bezug auf die weitergeltenden Tarifnormen. Allerdings würde mit dieser - rein formalen - Argumentation übersehen, daß die Rechtsstellung der Arbeitnehmer beim Betriebsveräußerer durch die normativ geltenden Tarifnormen bestimmt wurde. Die bezweckte Aufrechterhaltung der tariflichen Regelungen über deren einzelvertragliche Weitergeltung würde ungerechtfertigt verkürzt, wenn die Kündigungsbeschränkungen nicht mehr auch für Änderungskündigungen Anwendung finden müßten.

Auch die rechtsdogmatische Begründung dieser Auffassung bereitet Schwierigkeiten. So könnte die Nichtanwendung der Einschränkungen des Kündigungsrechts auch für eine Änderungskündigung des Betriebserwerbers grundsätzlich auf die Auslegung des Tarifvertrages gestützt werden. Dann müßte sich aus diesem selbst ergeben, daß von den tariflichen Regelungen eine Änderungskündigung jedenfalls hinsichtlich der weitergeltenden Tarifnormen nicht erfaßt sein sollte. Allerdings wird sich ein dahingehender übereinstimmender Wille der Tarifvertragsparteien regelmäßig nicht feststellen lassen. Weiterhin ließe sich dieses Ergebnis über eine teleologische Reduktion des § 613a Abs. 1 Satz 2 BGB hinsichtlich der Weitergeltung tariflicher Beendigungsnormen erzielen. Allerdings erscheint hier zum einen zweifelhaft, ob der Anwendungsbereich tariflicher Normen über die gesetzliche Weitergeltungsanordnung derart verändert werden kann, daß sie für Änderungskündigungen nach Betriebsübergang keine Geltung beanspruchen. Zum anderen wird das Vereinheitlichungsinteresse des Betriebserwerbers gerade nicht gänzlich über das Interesse der übernommenen Arbeitnehmer an der Aufrechterhaltung ihrer Arbeitsbedingungen gestellt. Durch den Tarifvertrag werden Einschränkungen des arbeitgeberseitigen Kündigungsrechts in der Regeln an besondere Merkmale in der Person des Arbeitnehmers geknüpft, die dessen besondere Schutzbedürftigkeit begründen, oder im Gegenzug für erbrachte Leistungen z.B. während langjähriger Betriebszugehörigkeit gewährt. Gerade die durch Tarifvertrag berücksichtigte besondere Schutzbedürftigkeit des Arbeitnehmers würde aber außer acht gelassen. Es ist im übrigen nicht ersichtlich, warum der Arbeitnehmer gegenüber einer Änderungskündigung, die immerhin auch auf die Beendigung des Arbeitsverhältnisses abzielt, soweit das Änderungsangebot nicht angenommen wird, insoweit nicht schutzwürdig sein sollte. Daher sind durch Tarifvertrag vorgenommene Einschränkungen des Kündigungsrechts durch den Betriebserwerber auch bei Aussprache einer Änderungskündigung zur Vereinheitlichung der Arbeitsbedingungen zu beachten.[102]

III. Vorzeitiges Ende der Veränderungssperre

§ 613a Abs. 1 Satz 2 BGB sieht für den Regelfall vor, daß die beim neuen Betriebsinhaber weitergeltenden Tarifnormen für ein Jahr einseitig zwingend wirken. Von dieser Regelung macht § 613a Abs. 1 Satz 4 BGB eine Ausnahme, indem der Zeitpunkt der Beendigung der zwingenden Wirkung vorverlegt wird, soweit der Tarifvertrag nicht mehr gilt oder die Arbeitsvertragsparteien die Anwendung eines anderen Tarifvertrages vereinbaren.[103] Dies hat zur Folge, daß bereits vor Ablauf eines Jahres die tariflich bestimmten Arbeitsbedingungen der übernommenen Arbeitnehmer auch zu deren Ungunsten abgeändert werden können.[104]

1. Geltungsende des Tarifvertrages, § 613a Abs. 1 Satz 4, 1. Alt. BGB

Die einseitig zwingende Wirkung der fortgeltenden Tarifnormen endet bereits vor Ablauf eines Jahres nach Betriebsübergang, wenn der Tarifvertrag nicht mehr gilt. Hinter dieser Regelung steht im Grundsatz der Gedanke, daß die weitergeltenden Tarifnormen in ihren Rechtswirkungen nicht über die ursprünglich kollektivrecht-

---

102 Dies klingt auch bei *Zöllner*, DB 1995, 1401, 1404 an, der die Notwendigkeit der Anwendung von § 613a Abs. 1 Satz 3 BGB im Falle einseitiger Tarifgebundenheit des Betriebserwerbers damit begründet, daß der Weg zur Vereinheitlichung der Arbeitsbedingungen über eine Änderungskündigung in Anbetracht der Anforderungen des Kündigungsschutzgesetzes kaum in Betracht kommen wird und überdies eine ordentliche Änderungskündigung häufig tariflich ausgeschlossen sein wird, etwa bei Erreichen eines bestimmten Lebensalters durch den Arbeitnehmer oder einer bestimmten Dauer der Unternehmenszugehörigkeit.
LAG Köln 12.10.1995 LAGE Nr. 50 zu § 613a BGB geht davon aus, daß eine im Tarifvertrag enthaltene Beschränkung des arbeitgeberseitigen Rechts zur ordentlichen Kündigung dann nicht gegenüber dem Betriebserwerber wirkt, wenn die Weitergeltung der Tarifnormen über § 613a Abs. 1 Satz 3 BGB ausgeschlossen ist. Zu beachten ist dabei allerdings das Erfordernis der Regelungsidentität, vgl. noch § 15 B.

103 So *Berscheid*, Betriebsinhaberwechsel, Rn. 119.

104 Erman/*Hanau*, BGB, § 613a Rn. 98; *Hanau/Vossen*, FS Hilger/Stumpf, S. 271, 293; *Niebler/Förschner*, Betriebsveräußerung, Rn. 343, S. 116 f.

liche Geltung hinausgehen sollen.[105] § 613a Abs. 1 Satz 2 BGB begründet zugunsten der einzelvertraglich fortgeltenden Tarifnormen eine dem Günstigkeitsprinzip des § 4 Abs. 3 TVG entsprechende einseitig zwingende Wirkung. Den weitergeltenden Tarifnormen soll diese Wirkung daher nicht mehr zukommen, wenn sie auch beim Betriebsveräußerer nicht mehr zwingend gegolten hätten.[106] Mit dem Eintritt des Geltungsendes des Tarifvertrages beim bisherigen Betriebsinhaber kann damit die Abänderung der weitergeltenden Tarifnormen so erfolgen, wie sie an sich erst mit Ablauf eines Jahres seit Betriebsübergang zulässig gewesen wäre. So kann eine individualrechtliche Abänderung der Arbeitsbedingungen über eine Änderungsvereinbarung oder Änderungskündigung erfolgen, sofern die sonstigen Voraussetzungen hierfür vorliegen.[107]

a. Ablauf des Tarifvertrages

Tarifverträge können resolutiv befristet für einen bestimmten zeitlichen Geltungsbereich abgeschlossen werden. Der Tarifvertrag endet dann zu diesem Zeitpunkt.[108] Allerdings tritt damit in der Regel noch kein völliger Geltungsverlust der Tarifnormen ein. Vielmehr wirken die tariflichen Regelungen gemäß § 4 Abs. 5 TVG nach. Sie können damit ab diesem Zeitpunkt durch andere - auch individualrechtliche - Abmachungen abgeändert werden. Dabei ist, entgegen § 4 Abs. 3 TVG, auch eine Verschlechterung der Arbeitsbedingungen des einzelnen Arbeitnehmers möglich. Fraglich ist insoweit, ob der Eintritt der Nachwirkung und die weitere Geltung der Tarifnormen bereits das vorzeitige Ende der Veränderungssperre des § 613a Abs. 1 Satz 2 BGB auslöst.[109]

Überdies ist die nachwirkende Geltung der Tarifnormen zwar regelmäßige, aber nicht notwendige Folge des Ablaufs des Tarifvertrages in zeitlicher Hinsicht. Die Tarifvertragsparteien können im Tarifvertrag dessen Nachwirkung ausschließen, befristen oder sachlich beschränken.[110] Soweit eine solche Beschränkung verein-

---

105 RGRK/*Ascheid*, BGB, § 613a Rn. 230; *D. Gaul*, Arbeitsrecht im Betrieb, Bd. II, K II Rn. 8; *Gussen/Dauck*, Weitergeltung, Rn. 145, S. 102 f.; Erman/*Hanau*, BGB, § 613a Rn. 98; *Seiter*, Betriebsinhaberwechsel, S. 95; *Schipp/Schipp*, Arbeitsrecht und Privatisierung, Rn. 185, S. 85.

106 *Schaub*, Arbeitsrechtshandbuch, S. 710; *ders.*, ArbRGW 18 (1981), 71, 80. Vgl. auch *Junker*, RdA 1993, 203, 206.

107 *Bauer*, Unternehmensveräußerung, S. 111; *Bichlmeier/Oberhofer*, Gesamtvollstreckungsverfahren, Bd. II, S. 256; *Däubler*, Tarifvertragsrecht, Rn. 1552, S. 645; *Gamillscheg*, Kollektives Arbeitsrecht, S. 782; *Wank*, NZA 1987, 505, 506. Dazu schon vorstehend § 13 B II.

108 MünchArbR/*Löwisch*, § 249 Rn. 21.

109 Dazu nachstehend § 13 B III 1d.

110 BAG 3.9.1986 AP Nr. 12 zu § 4 TVG Nachwirkung; BAG 16.8.1990 AP Nr. 19 zu § 4 TVG Nachwirkung; *Kempen/Zachert*, TVG, § 4 Rn. 308; MünchArbR/*Löwisch*, § 249 Rn. 22; *Wiedemann/Stumpf*, TVG, § 4 Rn. 198; a.A. *Herschel*, ZfA 1976, 89, 97.

bart wurde, kommt es mit dem Ablauf des Tarifvertrages zum Geltungsende der Tarifnormen. Insoweit stellt sich die Frage, ob dies für die beim Betriebserwerber fortgeltenden Tarifnormen lediglich das vorgezogene Ende der Veränderungssperre des § 613a Abs. 1 Satz 2 BGB zur Folge hat. In Betracht kommt im Grundsatz gleichermaßen, daß der Ablauf des Tarifvertrages insoweit mit dem Ende der einzelvertraglichen Geltung der Tarifnormen beim neuen Betriebsinhaber einhergeht und damit die Abänderung der Arbeitsbedingungen entbehrlich werden läßt.[111]

b. Kündigung des Tarifvertrages

Tarifverträge können, soweit sie nicht für eine bestimmte Laufzeit abgeschlossen sind, ordentlich gekündigt werden.[112] Darüber hinaus können die Tarifvertragsparteien ein außerordentliches Kündigungsrecht vorsehen.[113] Auch dem Ausspruch der Kündigung folgt nach Ablauf der Kündigungsfrist regelmäßig nicht der völlige Geltungsverlust der Tarifnormen für die ihnen unterfallenden Arbeitsverhältnisse. Wie im Falle des befristeten Abschlusses eines Tarifvertrages tritt grundsätzlich Nachwirkung der Tarifnormen nach § 4 Abs. 5 TVG ein. Allerdings ist eine Beschränkung der Nachwirkung durch Tarifvertrag auch hier möglich. Insoweit ergeben sich in Bezug auf das vorzeitige Ende der einseitig zwingenden Wirkung der weitergeltenden Tarifnormen nach § 613a Abs. 1 Satz 4 BGB die gleichen Probleme wie im Fall der Befristung des Tarifvertrages.[114] Es besteht weiterhin die Möglichkeit, daß ein Tarifvertrag nur hinsichtlich bestimmter Regelungen gekündigt wird, soweit die übrigen Regelungen selbständig aufrechterhalten werden können.[115] Ist dies nicht der Fall, kann eine Teilkündigung des Tarifvertrages nur erfolgen, soweit diese ausdrücklich zugelassen wurde.[116] Ist eine Teilkündigung des Tarifvertrages danach möglich, kommt auch nur für die betroffenen Sachbereiche das vorzeitige Ende der Verschlechterungssperre in Betracht. Hinsichtlich der nicht gekündigten Regelungen bleibt es hingegen bei der Frist des § 613a Abs. 1 Satz 2 BGB von einem Jahr ab Betriebsübergang.[117] Anderenfalls käme es zu einer Schlechterstellung der übernommenen Arbeitnehmer beim Betriebserwerber, da auch beim bisherigen Betriebsinhaber ein Geltungsende des Tarifvertrages allenfalls hinsichtlich der gekündigten Regelungen anzunehmen ist.[118]

---

111 Dazu noch nachstehend § 13 B III 1e.

112 MünchArbR/*Löwisch*, § 249 Rn. 25.

113 MünchArbR/*Löwisch*, § 249 Rn. 28.

114 Siehe dazu schon § 13 B III 1a, 1d.

115 *Däubler*, Tarifvertragsrecht, Rn. 1553, S. 645; MünchArbR/*Löwisch*, § 249 Rn. 27. Vgl. auch *Däubler*, NZA 1996, 225, 227.

116 Vgl. *Bieback*, DB 1989, 477, 478; MünchArbR/*Löwisch*, § 249 Rn. 27.

117 *Däubler*, Tarifvertragsrecht, Rn. 1553, S. 645; *ders.*, NZA 1996, 225, 227.

118 Vgl. *Däubler*, NZA 1996, 225, 227 zu § 3 Abs. 3 TVG.

Fraglich ist, wem nach einem Betriebsübergang das Recht zur Kündigung des Tarifvertrages zustehen soll. Insbesondere ist hier zweifelhaft, ob ein Firmentarifvertrag auch von dem nicht tarifgebundenen Betriebserwerber gekündigt werden kann, soweit die Tarifvertragsparteien die Kündigungsmöglichkeit selbst nicht wahrnehmen.

(1) Notwendigkeit einer Kündigung

Nach § 3 Abs. 3 TVG wird ebenso wie nach § 613a Abs. 1 Satz 4 BGB auf das Geltungsende des Tarifvertrages abgestellt. Diese Vorschrift erhält die Tarifgebundenheit eines aus dem tarifschließenden Verband ausgetretenen Arbeitgebers aufrecht bis der Tarifvertrag endet. Hierzu wird die Auffassung vertreten, die in § 3 Abs. 3 TVG angeordnete Tarifbindung müsse zum ersten möglichen Termin der Kündigung des Tarifvertrages enden. Auf den tatsächlichen Ausspruch der Kündigung zu diesem Termin komme es danach hingegen nicht an. Dies wird damit begründet, daß das aus dem Verband ausgetretene Mitglied nicht mehr die Entscheidung des Verbandes über das Unterbleiben der Kündigung durch Mitgliedschaft legitimiere.[119] Überdies hätten die Arbeitnehmer nicht mit einer Fortgeltung des Tarifvertrages über den Kündigungstermin hinaus verbindlich rechnen können.[120] Fraglich ist, ob dies auch für den Anwendungsbereich des § 613a Abs. 1 Satz 4 BGB denkbar wäre. Die Verschlechterungssperre des § 613a Abs. 1 Satz 2 BGB würde danach bereits mit dem auf den Betriebsübergang folgenden Kündigungstermin unabhängig davon enden, ob die Kündigung tatsächlich erfolgt ist.[121]

Allerdings überzeugen bereits die zu § 3 Abs. 3 TVG angeführten Argumente nicht. Der nunmehr aus dem tarifschließenden Verband ausgetretene Arbeitgeber hat zunächst den unbefristeten Abschluß des Tarifvertrages mit legitimiert.[122] Dann aber kann er mit dem tatsächlichen Ende des Tarifvertrages zu einem Kündigungstermin nicht rechnen.[123] Anders verhält es sich bei der nachträglichen Verlängerung eines zunächst befristeten Tarifvertrages, an die der zwischenzeitlich ausgetretene Arbeitgeber nicht mehr nach § 3 Abs. 3 TVG gebunden ist.[124]

---

119 *Bauer/Diller*, DB 1993, 1085, 1086; *Löwisch/Rieble*, TVG, § 3 Rn. 74; *Schwab*, BB 1994, 781.

120 *Löwisch/Rieble*, TVG, § 3 Rn. 74; *Schwab*, BB 1994, 781; dagegen *Däubler*, ZTR 1994, 448, 450.

121 Mißverständlich ErfurtKom/*Preis*, § 613a BGB Rn. 75, nach dem § 613a Abs. 1 Satz 4, 1. Alt. BGB eingreifen könne, wenn der Tarifvertrag bei Betriebsübergang bereits gekündigt war oder innerhalb der Jahresfrist gekündigt werden konnte.

122 *Däubler*, NZA 1996, 225, 226.

123 *Däubler*, NZA 1996, 225, 226; *Feger*, AiB 1995, 490, 493; *Hanau/Kania*, DB 1995, 1229, 1232.

124 *Däubler*, ZTR 1994, 448, 450; *Hueck/Nipperdey*, Arbeitsrecht, Bd. II/1, S. 491, § 23 B V 3 c.

Darüber hinaus ergeben sich weitere Gegenargument aus der besonderen Situation nach einem Betriebsübergang. Der Betriebserwerber ist nicht Mitglied des tarifschließenden Verbandes. Der Tarifvertrag galt damit von vornherein für ihn nicht kraft mitgliedschaftlicher Legitimation. Nach § 613a Abs. 1 Satz 2 BGB gelten die Regelungen des Tarifvertrages, die Rechte und Pflichten aus übergegangenen Arbeitsverhältnissen betreffen, nur als einzelvertragliche Bestandteile der Arbeitsverhältnisse, nicht hingegen kollektivrechtlich kraft Tarifgebundenheit. Die Regelung des § 613a Abs. 1 Satz 4 BGB soll insoweit eine Entsprechung der einseitig zwingenden Wirkung dieser Regelungen mit der kollektivrechtlichen Geltung der Tarifnormen beim Betriebserwerber herbeiführen. Der Betriebserwerber soll Veränderungen der tariflich bestimmten Arbeitsbedingungen zu Lasten der Arbeitnehmer dann herbeiführen können, wenn auch der bisherige Betriebsinhaber nicht mehr unabdingbar an die Tarifnormen gebunden gewesen wäre. Dies tritt aber nur bei tatsächlich erfolgter Kündigung des Tarifvertrages ein, allein das Verstreichen eines Kündigungstermins ändert nichts an der tariflichen Geltung beim Betriebsveräußerer. Demgemäß ist damit auch kein Fall des § 613a Abs. 1 Satz 4 BGB gegeben.

(2) Kündigung eines Firmentarifvertrages

Zur Kündigung eines Vertrages sind im Grundsatz die Vertragsparteien berechtigt. Damit kann der beim Betriebsveräußerer geltende Firmentarifvertrag regelmäßig von diesem und der tarifschließenden Gewerkschaft gekündigt werden. Soweit ein Firmentarifvertrag außerhalb des § 613a Abs. 1 Satz 2 BGB kollektivrechtlich fortgilt, tritt der Betriebserwerber insoweit in die Stellung des Betriebsveräußerers als Vertragspartner ein. Damit steht ihm auch das Recht zur Kündigung des Tarifvertrages zu. Fraglich ist aber, ob das Kündigungsrecht des bisherigen Betriebsinhabers auch im Hinblick auf nach § 613a Abs. 1 Satz 2 BGB weitergeltende Tarifnormen nunmehr von dem neuen Betriebsinhaber ausgeübt werden kann.

(a) Kündigungsrecht des Betriebserwerbers

§ 613a Abs. 1 Satz 2 BGB sieht vor, daß die durch Tarifnormen geregelten Rechte und Pflichten aus den übergehenden Arbeitsverhältnissen beim Betriebserwerber einzelvertraglich weitergelten. Es wird dagegen keine kollektivrechtliche Stellung des neuen Betriebsinhabers in Bezug auf den Tarifvertrag selbst begründet. Damit erhält der Betriebserwerber nicht die Stellung einer Partei des Tarifvertrages.[125] Das Recht zur Kündigung eines Vertrages ist aber eng mit

---

[125] *Bauer*, Unternehmensveräußerung, S. 112; *Gamillscheg*, Kollektives Arbeitsrecht, S. 782; *Röder*, DB 1981, 1980, 1982; *Seiter*, Betriebsinhaberwechsel, S. 90 f. Dazu auch schon vorstehend § 6 C.

Grundlage der individualrechtlichen Weitergeltungsanordnung kein Recht des Betriebserwerbers zur Kündigung des von ihm nicht abgeschlossenen Firmentarifvertrages ergeben kann. Dennoch wird eine Weitergeltung des kollektivrechtlichen als individualrechtliches Kündigungsrecht aus § 613a Abs. 1 Satz 2 BGB abgeleitet. Danach soll die vorgesehene individualrechtliche Fortgeltung der Tarifnormen auch das Recht zur Kündigung einschließen.[127] Dem steht zunächst entgegen, daß § 613a Abs. 1 Satz 2 BGB lediglich die Fortgeltung der tariflichen Rechtsnormen anordnet, die Rechte und Pflichten aus Arbeitsverhältnissen regeln. Hier geht es jedoch um das Recht der Tarifvertragsparteien zur Kündigung des Tarifvertrages.[128] Diesbezügliche Regelungen des Tarifvertrages gehören zum schuldrechtlichen Teil des Tarifvertrages, dessen Weitergeltung nach § 613a Abs. 1 Satz 2 BGB nicht in Betracht kommt.[129] Im übrigen findet das tarifliche Kündigungsrecht des Betriebsveräußerers eine individualrechtliche Entsprechung in der Möglichkeit des Betriebserwerbers, die Änderung der tariflich bestimmten Arbeitsbedingungen durch Änderungskündigung auf einzelvertraglicher Ebene durchzusetzen. Insoweit besteht auch in systematischer Hinsicht kein Bedürfnis nach einer individualrechtlichen Weitergeltung des kollektivrechtlichen Kündigungsrechts des tarifschließenden Betriebsveräußerers.

Eine Abänderung der tariflich bestimmten Arbeitsbedingungen soll dem neuen Betriebsinhaber zu Lasten der Arbeitnehmer nach § 613a Abs. 1 Satz 2 BGB grundsätzlich erst ein Jahr nach Betriebsübergang möglich sein. Über die Kündigung des Tarifvertrages kann nach § 613a Abs. 1 Satz 4 BGB dagegen über das damit verbundene Geltungsende des Tarifvertrages ein vorzeitiges Ende der Veränderungssperre herbeigeführt werden. Ein kündigungsberechtigter Betriebserwerber könnte sich so aber selbst die Möglichkeit verschaffen, vor Ablauf eines Jahres die Arbeitsbedingungen der übernommenen Arbeitnehmer zu deren Ungunsten zu ändern. Damit wird ihm eine Umgehung der Verschlechterungssperre des § 613a Abs. 1 Satz 2 BGB ermöglicht, die nicht im Sinne der Vorschrift liegen kann.

Hinter der Regelung des § 613a Abs. 1 Satz 4 BGB steht der Gedanke, daß der Betriebserwerber nicht mehr einzelvertraglich an die Tarifnormen des Betriebsveräußerers ohne die Möglichkeit einer Veränderung gebunden sein soll, wenn

---

127 Erman/*Hanau*, BGB, § 613a Rn. 91; *Hanau/Vossen*, FS Hilger/Stumpf, S. 271, 283. So auch *Beisel/Klumpp*, Unternehmenskauf, Rn. 581, nach denen sich ein Kündigungsrecht des Betriebserwerbers aus Sinn und Zweck der Gesamtregelung des § 613a BGB ergeben solle.

128 Vgl. *Bauer*, Unternehmensveräußerung, S. 112; *Seiter*, Betriebsinhaberwechsel, S. 90 f. Darauf weist auch *Boecken*, Unternehmensumwandlungen, Rn. 172, S. 120 im Hinblick auf weitergeltende Betriebsvereinbarungen hin.

129 Hierzu schon § 9.

veräußerers ohne die Möglichkeit einer Veränderung gebunden sein soll, wenn auch bei diesem der Tarifvertrag nicht mehr zwingend gegolten hätte.[130] Damit wird die Aufrechterhaltung der zwingenden Wirkung der weitergeltenden Bestimmungen an die Verhältnisse beim Betriebsveräußerer gebunden. Auch dies spricht nicht dafür, daß über § 613a Abs. 1 Satz 2 BGB der Betriebserwerber zur Kündigung des Tarifvertrages berechtigt werden soll, denn insoweit würde der Eintritt der Änderungsmöglichkeit der Arbeitsbedingungen nur noch von einem Willensentschluß des neuen Betriebsinhabers abhängen. Damit würde aber letztlich nicht mehr auf die Verhältnisse beim Betriebsveräußerer abgestellt. Für ein Kündigungsrecht des Betriebserwerbers wird im übrigen angeführt, es könne ansonsten zu einer Besserstellung der übernommenen Arbeitnehmer nach Betriebsübergang kommen. Soweit dem Betriebsveräußerer eine Kündigung des Firmentarifvertrages möglich gewesen sei, müsse daher dieses Recht auch dem neuen Betriebsinhaber zugestanden werden.[131] Nach dieser Auffassung wird aber letztlich nicht mehr auf die tatsächlichen Verhältnisse beim Betriebsveräußerer abgestellt, sondern hypothetisch allein darauf, ob bei diesem eine Kündigung des Tarifvertrages möglich gewesen wäre. Maßgebend ist aber nach § 613a Abs. 1 Satz 4, 1. Alt. BGB allein, ob ein Geltungsende der Tarifnormen beim Betriebsveräußerer aufgrund der Kündigung erfolgt ist.[132] Dem wird entgegengehalten, die ursprünglichen Parteien des Tarifvertrages seien zur Beurteilung der Interessenlagen in dem übernommenen Betrieb weder berufen noch fähig. Aus diesem Grund müsse auch das Recht zur Kündigung des Tarifvertrages im Zuge der individualrechtlichen Weitergeltung der Tarifnormen auf den Betriebserwerber übergehen.[133] Dieser Auffassung ist nicht zuzustimmen. So hat der neue Betriebsinhaber die Möglichkeit, im Zuge entsprechender Vereinbarungen mit dem Veräußerer seine Interessen zur Geltung zu bringen und auf die Ausübung des ihm nicht zustehenden Kündigungsrechts hinzuwirken.[134] Auch unter diesem Gesichtspunkt kann daher nicht der Übergang des Kündigungsrechts auf den Betriebserwerber entgegen der individualrechtlichen Konzeption des § 613a Abs. 1 Satz 2 BGB angenommen werden. Damit ist auch nach Betriebsübergang lediglich der Betriebsveräußerer auf Arbeitgeberseite zur Kündigung des von ihm abgeschlossenen Firmentarifvertrages berechtigt.[135]

---

130 Dazu § 13 B III 1.

131 *Hanau/Vossen*, FS Hilger/Stumpf, S. 271, 284.

132 Vgl. das Parallelproblem der Annahme eines Geltungsendes des Tarifvertrages bereits aufgrund des bloßen Verstreichenlassens eines Kündigungstermins § 11 B I.

133 Erman/*Hanau*, BGB, § 613a Rn. 89; *Hanau/Vossen*, FS Hilger/Stumpf, S. 271, 283.

134 Dazu sogleich.

135 *Kittner/Trittin*, Kündigungsschutzrecht, § 613a BGB Rn. 193; *Löwisch*, Arbeitsrechtliche Probleme, S. 71; Soergel/*Raab*, BGB, § 613a Rn. 104; *Röder*, DB 1981, 1980, 1982; *Seiter*, Betriebsinhaberwechsel, S. 90 f.; *Wank/Brüning*, ZfA 1995, 699, 735.

(b) Einflußnahme auf die Kündigung durch den Betriebsveräußerer

Allerdings bedeutet dies nicht, daß der Betriebserwerber keinerlei Einfluß auf die Kündigung des Tarifvertrags nach Betriebsübergang hat. So besteht zum einen die Möglichkeit, daß im Zuge der Übernahme eines Betriebes zwischen Veräußerer und Erwerber eine Vereinbarung getroffen wird, nach der sich der Veräußerer als Tarifvertragspartei zur Kündigung des Tarifvertrages nach Betriebsübergang verpflichtet.[136] Zum anderen kann der bisherige Betriebsinhaber die Ausübung seines Kündigungsrechts dem Erwerber des Betriebs überlassen. Ohne eine entsprechende Vereinbarung hat aber der Betriebserwerber keine Möglichkeit, auf die Beendigung des Tarifvertrages durch Kündigung hinzuwirken.

(c) Teilkündigung des Tarifvertrages durch den Betriebsveräußerer

Soweit lediglich ein Betriebsteil auf den Betriebserwerber übergeht, stellt sich die Frage, ob der Betriebsveräußerer eine Teilkündigung aussprechen kann, die für den übergegangenen Betriebsteil das vorzeitige Ende des Verschlechterungsverbots nach § 613a Abs. 1 Satz 4 BGB zur Folge hat, die Geltung der Tarifnormen für den restlichen Betrieb hingegen nicht berührt.[137] Gegen die Annahme einer solchen Möglichkeit sprechen dogmatische Bedenken.[138] Unklar ist bereits, wie ein Tarifvertrag im Hinblick auf nur bestimmte - die übergegangenen - Arbeitsverhältnisse gekündigt werden soll.

Ein weiterer Einwand ergibt sich aus der besonderen Geltung der Tarifnormen nach dem Betriebsübergang. Die Kündigung eines Tarifvertrages zielt auf die Beendigung der normativen Wirkung der Tarifnormen auf die Arbeitsverhältnisse. Allerdings gelten die Tarifnormen beim Betriebserwerber nach § 613a Abs. 1 Satz 2 BGB nur individualrechtlich für die übergegangenen Arbeitsverhältnisse. Insoweit wird in Bezug auf diese Arbeitsverhältnisse keine Kündigung des Tarifvertrages ausgesprochen. Vielmehr hat die nach einer Kündigung fehlende weitere Geltung der Tarifnormen beim Betriebsveräußerer die frühzeitige Änderungsmöglichkeit der Arbeitsbedingungen beim Betriebserwerber zur Folge. Insoweit stellt sich die Annahme einer solchen Teilkündigung letztlich als Kündigung der zwingenden Weitergeltung der Tarifnormen durch den Betriebsveräußerer dar. Da die Fortgeltung des Tarifvertrages bei dem Betriebserwerber auf einer gesetz-

---

136 Siehe *Bauer*, Unternehmensveräußerung, S. 112; *Gamillscheg*, Kollektives Arbeitsrecht, S. 782; *Löwisch*, Arbeitsrechtliche Probleme, S. 71; *Röder*, DB 1981, 1980, 1982.

137 Diese Möglichkeit bejaht *Bauer*, Unternehmensveräußerung, S. 112. So auch *Beisel/Klumpp*, Unternehmenskauf, Rn. 582, die allerdings empfehlen, die Regelung dieser Frage durch Vertrag zugunsten einer Kündigungskompetenz des Betriebserwerbers vorzunehmen.

138 Siehe auch *Seiter*, Betriebsinhaberwechsel, S. 91.

Da die Fortgeltung des Tarifvertrages bei dem Betriebserwerber auf einer gesetzlichen Anordnung beruht, steht dem Betriebsveräußerer insoweit aber kein Kündigungsrecht zu.

Im übrigen sollte die einseitig zwingende Wirkung der tariflichen Regelungen beim neuen Betriebsinhaber durch § 613a Abs. 1 Satz 4 BGB an die zwingende Geltung der Tarifnormen bei dem Betriebsveräußerer gekoppelt werden. Im Falle der Teilkündigung des Tarifvertrages nur in Bezug auf die Geltung der Tarifnormen beim Betriebserwerber gelten die Tarifnormen aber beim bisherigen Betriebsinhaber unverändert weiter. Damit besteht aber auch kein Grund, die zwingende Wirkung der tariflichen Regelungen beim neuen Betriebsinhaber entgegen § 613a Abs. 1 Satz 2 BGB schon vor Ablauf eines Jahres nach Betriebsübergang enden zu lassen. Hiergegen könnte eingewandt werden, im Fall einer Teilkündigung des Tarifvertrages für den betreffenden Betriebsteil durch den Betriebsveräußerer würden die Tarifnormen auch nicht mehr bei diesem normativ für die Arbeitsverhältnisse gelten. Insoweit komme es also tatsächlich auch zu einem Geltungsende der Tarifnormen beim Betriebsveräußerer, wäre der Betriebsteil nicht auf den Betriebserwerber übertragen worden. Darauf kann es hier aber nicht ankommen. Zum einen liegt der Verdacht hier nahe, daß eigentliches Ziel der Teilkündigung lediglich war, die Veränderungssperre des § 613a Abs. 1 Satz 2 BGB für die übernommenen Arbeitnehmer zu verkürzen und dem Betriebserwerber die Verschlechterung der Arbeitsbedingungen zu ermöglichen. Darum kann es aber im Rahmen der Regelung des § 613a Abs. 1 Satz 4, 1. Alt. BGB nicht gehen. Zwar ist auch Ziel einer Kündigung des Firmentarifvertrages durch den Betriebsveräußerer, soweit diese aufgrund einer Vereinbarung bzw. auf Anregung des Betriebserwerbers erfolgt, die vorzeitige Beendigung der Veränderungssperre. Allerdings ist die Situation bei einem Betriebsteilübergang gerade eine andere und bedingt eine erhöhte Schutzbedürftigkeit des Arbeitnehmers. Soweit daher trotz konstruktiver Bedenken die Möglichkeit einer derartigen Teilkündigung angenommen wird, kann diese jedenfalls nicht nach § 613a Abs. 1 Satz 4 BGB zu einem vorzeitigen Ende der Veränderungssperre führen.

(3) Kündigung eines Verbandstarifvertrages

Das Recht zur Kündigung eines Verbandstarifvertrages steht ebenso den tarifschließenden Verbänden als Vertragsparteien zu. Selbst bei kollektivrechtlicher Fortgeltung des Tarifvertrages kommt daher ein Recht des neuen Betriebsinhabers zur Kündigung nicht in Betracht. Demgemäß besteht noch weniger Anlaß als im Falle eines Firmentarifvertrages, eine Berechtigung des Betriebserwerbers zur Kündigung der nach § 613a Abs. 1 Satz 2 BGB weitergeltenden Tarifnormen anzunehmen. Hier wird im übrigen regelmäßig selbst eine Einflußnahme des neuen

Betriebsinhabers auf die Willensentschließung des danach kündigungsberechtigten Verbandes über entsprechende Vereinbarungen ausscheiden.[139]

c. Aufhebung oder Änderung des Tarifvertrages

Selbst soweit nach einer Kündigung oder zeitlich befristeter Geltung eines Tarifvertrages durch die Tarifvertragsparteien ein neuer Tarifvertrag abgeschlossen wird, tritt mit dem Geltungsende des alten Tarifvertrages das vorzeitige Ende des Verschlechterungsverbots nach § 613a Abs. 1 Satz 4 BGB bei dem Betriebserwerber ein. Fraglich sind dagegen die Fälle der Aufhebung eines Tarifvertrages durch Neuabschluß und der Änderung des bisher geltenden Tarifvertrages unter dem Gesichtspunkt einer beim Betriebsveräußerer weiterhin bestehenden tariflichen Regelung.

(1) Beendigung des geltenden Tarifvertrages

Ausgangspunkt dieser Überlegungen ist, daß der Abschluß eines neuen Tarifvertrages durch die Tarifvertragsparteien, der denselben Regelungsgegenstand wie ein bereits bestehender Tarifvertrag betrifft, konkludent die Aufhebung des ursprünglichen Tarifvertrages beinhaltet.[140] Dabei kommt es im Grundsatz zu einem Geltungsende des bisherigen Tarifvertrages. Auch ein Abänderungstarifvertrag wird als Aufhebung der bisher geltenden Tarifnormen, verbunden mit der Vereinbarung eines neuen Tarifvertrages anzusehen sein.[141] Soweit aber lediglich inhaltlich neue, zusätzliche Vereinbarungen durch die Tarifvertragsparteien getroffen werden, tritt kein Geltungsende des bisherigen Tarifvertrages ein.[142] Auch bloße Klarstellungen und Ergänzungen zu dem bereits geltenden Tarifvertrag sind nicht als Änderungen anzusehen und führen nicht zu dessen Geltungsende.[143]

Zweifelhaft sind in diesem Zusammenhang aber die Fälle, in denen die Tarifvertragsparteien den geltenden Tarifvertrag umfassend abändern.[144] Hier kommt es darauf an, inwieweit durch die bloße Änderung von Regelungen des Tarifvertrages dessen Geltungsende herbeigeführt wird.[145] Dabei besteht die Möglichkeit,

---

139 Vgl. nur *Gamillscheg*, Kollektives Arbeitsrecht, S. 782.

140 MünchArbR/*Löwisch*, § 249 Rn. 23.

141 MünchArbR/*Löwisch*, § 249 Rn. 24.

142 Vgl. *Kempen/Zachert*, TVG, § 3 Rn. 32; *Wiedemann/Stumpf*, TVG, § 3 Rn. 36 m.w.N.: Geltung des Tarifvertrages für die ausgeschiedenen Mitglieder in der Fassung ohne die nachträglich erfolgten Zusätze.

143 *Däubler*, Tarifvertragsrecht, Rn. 1513, S. 631; *ders.*, ZTR 1994, 448, 450; *ders.*, NZA 1996, 225, 227; *Kempen/Zachert*, TVG, § 3 Rn. 32; *Krauss*, DB 1995, 1562; *Wiedemann/Stumpf*, TVG, § 3 Rn. 36.

144 Diese Frage wurde bisher vor allem im Rahmen der Bindung eines aus dem tarifschließenden Verband ausgetretenen Arbeitgebers nach § 3 Abs. 3 TVG diskutiert.

145 Vgl. die Überlegungen von *Zöllner*, DB 1995, 1401, 1402 Fn. 22.

daß nur diese Teile enden oder der gesamte Tarifvertrag, also einschließlich unveränderter Regelungen. Ein Geltungsende ist jedenfalls hinsichtlich der geänderten Regelungen anzunehmen. Die unveränderten Bestimmungen sind, soweit sie als eigenständige Regelungskomplexe aus sich heraus sinnvoll bleiben, dagegen nicht als beendet anzusehen.[146] Damit endet der gesamte Tarifvertrag nur dann, wenn sich die Änderungen auf diesen insgesamt beziehen.[147] Dies entspricht sowohl dem Schutzzweck des § 3 Abs. 3 TVG als auch dem des § 613a Abs. 1 Satz 4, 1. Alt. BGB, die den Arbeitnehmern die tariflichen Regelungen möglichst weitgehend erhalten wollen. Damit ist aber nicht vereinbar, bereits jede Änderung einzelner Regelungen als Beendigung des gesamten Tarifvertrages anzusehen.[148] Dem wird insbesondere durch das Bundesarbeitsgericht entgegengehalten, Gründe der Rechtsklarheit würden dafür sprechen, jede Änderung eines Tarifvertrages als Beendigung auch hinsichtlich der geänderten Bestimmungen anzusehen.[149] Allerdings wird, soweit Regelungen eines Tarifvertrages nichtig sind, ebenso die Aufrechterhaltung der übrigen Bestimmungen für möglich gehalten, soweit es sich um eigenständige und sinnvolle Regelungskomplexe handelt, ohne daß die Rechtsklarheit diesbezüglich als beeinträchtigt angesehen wird.[150]

(2) Teleologische Reduktion des § 613a Abs. 1 Satz 4, 1. Alt. BGB

Soweit danach im Falle der Aufhebung eines Tarifvertrages durch den Abschluß eines gegenstandsgleichen anderen Tarifvertrages bzw. durch die Vereinbarung von Änderungen eines geltenden Tarifvertrages hinsichtlich der betroffenen Regelungen deren Geltungsende eintritt, müßte in diesen Fällen nach § 613a Abs. 1 Satz 4, 1. Alt. BGB die Veränderungssperre zu diesem Zeitpunkt vorzeitig enden. Dem Betriebserwerber wäre sodann eine Änderung der Arbeitsbedingungen zu Lasten der Arbeitnehmer bereits vor Ablauf eines Jahres ab Betriebsübergang möglich.

---

146 *Bieback*, DB 1989, 477, 479; *Däubler*, Tarifvertragsrecht, Rn. 1513, S. 631; *ders.*, NZA 1996, 225, 227; *Feger*, AiB 1995, 490, 494; *Kempen/Zachert*, TVG, § 3 Rn. 32; *Schaub*, BB 1995, 2003. Ähnlich im Ergebnis *Gerhards*, BB 1995, 1290, 1292, nach dem der gesamte Tarifvertrag dann beendet ist, wenn er wegen gravierender Änderungen als nicht mehr fortbestehend angesehen werden muß.

147 *Däubler*, ZTR 1994, 448, 450; *ders.*, NZA 1996, 225, 227; *Feger*, AiB 1995, 490, 494; *Schwab*, BB 1994, 781.

148 Vgl. *Gerhards*, BB 1995, 1290, 1292.

149 BAG 18.3.1992 AP Nr. 13 zu § 3 TVG; kritisch *Däubler*, NZA 1996, 225, 227; *Schaub*, BB 1995, 2003; *Schwab*, BB 1994, 781.

150 Vgl. etwa BAG 26.2.1986 AP Nr. 12 zu § 4 TVG Ordnungsprinzip; LAG Köln 29.7.1991 LAGE Nr. 20 zu § 622 BGB. Darauf weisen auch *Däubler*, ZTR 1994, 448, 450; *ders.*, NZA 1996, 225, 227; *Feger*, AiB 1995, 490, 494; *Gerhards*, BB 1995, 1290, 1292; *Schwab*, BB 1994, 781 hin.

Allerdings ist an der Angemessenheit dieses Ergebnisses zu zweifeln. Soweit aufgrund der Aufhebung eines Tarifvertrages durch Abschluß eines neuen bzw. Änderung des geltenden Tarifvertrages ein Geltungsende des alten Tarifvertrages im Sinne des § 613a Abs. 1 Satz 4, 1. Alt. BGB angenommen würde, droht für die vom Betriebsübergang betroffenen Arbeitnehmer beim Betriebserwerber im Wege der vorzeitigen Beendigung der Veränderungssperre eine ungerechtfertigte Verschlechterung ihrer Rechtsposition, die sich mit dem Bestandsschutzgedanken des § 613a Abs. 1 Satz 2 BGB nicht vereinbaren läßt. Der neue Tarifvertrag gilt nicht über § 613a Abs. 1 Satz 2 BGB für die Arbeitsverhältnisse der übernommenen Arbeitnehmer mit dem nicht tarifgebundenen Betriebserwerber.[151] Daher hat eine Herabsetzung tariflicher Leistungen durch die Vertragsparteien ebensowenig wie die Verbesserung der tariflichen Arbeitsbedingungen zur Folge, daß sich die Arbeitsbedingungen beim Betriebserwerber ebenfalls verändern. Dagegen hat an sich das Geltungsende des alten Tarifvertrages zur Folge, daß die für die weitergeltenden Tarifnormen nach § 613a Abs. 1 Satz 2 BGB bestehende Veränderungssperre vorzeitig nach § 613a Abs. 1 Satz 4, 1. Alt. BGB endet. Soweit sich infolge des neuen Tarifvertrages die Arbeitsbedingungen der tarifgebundenen Arbeitnehmer beim Betriebsveräußerer verbessert hätten, kommt es zu einer Schlechterstellung dieser Arbeitnehmer nach Betriebsübergang in zweifacher Hinsicht. Zum einen kommen ihnen die Verbesserungen der Arbeitsbedingungen über § 613a Abs. 1 Satz 2 BGB nicht zugute, zum anderen kommt es zu dem vorzeitigen Ende der Verschlechterungssperre. Dies ist unter Berücksichtigung des mit § 613a Abs. 1 Satz 4, 1. Alt. BGB verfolgten, dem Bestandsschutzinteresse der übernommenen Arbeitnehmer widersprechenden Zweck zu hinterfragen.

§ 613a Abs. 1 Satz 4, 1. Alt. BGB ordnet das vorzeitige Ende der zwingenden Geltung der fortgeltenden Tarifnormen beim Betriebserwerber für den Fall an, daß auch beim Betriebsveräußerer diese Regelungen nicht mehr zwingend gelten. Damit soll eine Besserstellung der Arbeitnehmer verhindert werden gegenüber der Situation beim Betriebsveräußerer. Soweit die ursprünglich geltenden tariflichen Arbeitsbedingungen verschlechtert werden, leuchtet dies durchaus ein. Denn ohne die Anwendung von § 613a Abs. 1 Satz 4, 1. Alt. BGB würden beim Betriebserwerber bessere Arbeitsbedingungen einseitig zwingend gelten als beim bisherigen Betriebsinhaber. Anders ist es dagegen, soweit der neue Tarifvertrag die Arbeitsbedingungen der Arbeitnehmer beim Betriebsveräußerer zu deren Gunsten abgeändert hätte. Hier ist das vorzeitige Ende der Verschlechterungssperre beim Betriebserwerber unter dem Gesichtspunkt der Vermeidung einer Besserstellung der Arbeitnehmer nach Betriebsübergang nicht erforderlich. Ohnehin gelten für sie schlechtere Arbeitsbedingungen als beim Betriebsveräußerer. Im Interesse des mit § 613a Abs. 1 Satz 2 BGB verfolgten Zweckes der möglichst

---

[151] Siehe dazu § 11 A III.

weitgehenden Aufrechterhaltung auch der kollektivvertraglich geregelten Arbeitsbedingungen nach Betriebsübergang ist daher § 613a Abs. 1 Satz 4, 1. Alt. BGB hinsichtlich seines Anwendungsbereiches teleologisch zu reduzieren. Ein zum vorzeitigen Ende der Veränderungssperre führendes Geltungsende des alten Tarifvertrages im Sinne dieser Vorschrift ist danach nicht anzunehmen, wenn dieser durch Neuabschluß aufgehoben wurde bzw. durch einen neuen Tarifvertrag abgeändert wurde und dadurch die Arbeitsbedingungen der Arbeitnehmer lediglich verbessert wurden. Diese Auslegung des § 613a Abs. 1 Satz 4, 1. Alt. BGB ist auch von dem Wortlaut der Vorschrift gedeckt. Denn diesen Fällen ist der alte Tarifvertrag lediglich theoretisch durch Aufhebung beendet worden. Praktisch erfolgte dies durch die beim Betriebsveräußerer nunmehr an dessen Stelle geltenden neuen tariflichen Bestimmungen. Insoweit ist die Annahme eines Geltungsendes des alten Tarifvertrages weder zwingend noch im Hinblick auf den mit § 613a Abs. 1 Satz 4, 1. Alt. BGB verfolgten Zweck geboten. Dies gilt hingegen nicht, soweit der alte Tarifvertrag durch Kündigung oder aufgrund Zeitablaufs geendet hat. Hier ist, selbst wenn ein Anschlußtarifvertrag abgeschlossen wird, der alte Tarifvertrag tatsächlich zunächst beendet worden. Auf die Günstigkeit der neuen Arbeitsbedingungen kommt es somit für die Anwendung des § 613a Abs. 1 Satz 4, 1. Alt. BGB nicht an. Damit führt aber auch eine tarifliche Lohnerhöhung innerhalb des Zeitraums von einem Jahr nach Betriebsübergang nicht notwendig dazu, daß der Betriebserwerber vorzeitig von dem bisherigen Lohnniveau zu Ungunsten der Arbeitnehmer abweichen kann.[152]

d. Geltungsende trotz Nachwirkung der Tarifnormen

Soweit ein Tarifvertrag gekündigt wird oder aufgrund zeitlicher Befristung ausläuft, wirken dessen Regelungen gemäß § 4 Abs. 5 TVG nach. Damit gelten die Tarifnormen zwar weiterhin, können aber in diesem Stadium der Nachwirkung durch andere Abmachungen ersetzt werden. Sie verlieren daher lediglich ihre zwingende Wirkung. Zweifelhaft ist hier, ob das vorzeitige Ende der Verschlechterungssperre nach § 613a Abs. 1 Satz 4, 1. Alt. BGB, das von dem Geltungsende des Tarifvertrages abhängt, bereits mit Eintritt der Nachwirkung des Tarifvertrages einsetzt oder der völlige Geltungsverlust der Tarifnormen vorauszusetzen ist.

Nach dem Wortlaut des § 613a Abs. 1 Satz 4 BGB wird dem Betriebserwerber eine Veränderung der weitergeltenden Tarifnormen zu Lasten der übernommenen Arbeitnehmer bereits vor Ablauf eines Jahres seit Betriebsübergang ermöglicht, wenn der Tarifvertrag nicht mehr gilt. Dies kann so verstanden werden, daß es

---

152 Anders *v. Stebut*, Anm. zu BAG 13.11.1985, SAE 1986, 209, 210, der für die Wirkung des § 613a Abs. 1 Satz 4, 1. Alt. BGB nicht danach differenziert, ob sich die Arbeitsbedingungen der Arbeitnehmer verbessern oder verschlechtern.

auf den völligen Geltungsverlust der Tarifnormen für die Arbeitsverhältnisse ankommen sollte. Nachwirkende Tarifnormen gelten aber nach § 4 Abs. 5 TVG zunächst weiter. Daher müßte die Anwendung des § 613a Abs. 1 Satz 4 BGB scheitern, soweit gefordert wird, daß der Tarifvertrag gerade nicht mehr gilt.[153] Allerdings ist Charakteristikum der tariflichen Regelungen deren normative, d.h. unmittelbare und zwingende Geltung nach § 4 Abs. 1 TVG. Unter diesem Gesichtspunkt scheint es jedenfalls auch nicht ausgeschlossen, das Eingreifen des § 613a Abs. 1 Satz 4 BGB bereits mit dem Verlust der zwingenden Wirkung von Tarifnormen anzunehmen. Die nachwirkenden Tarifregelungen gelten zwar weiterhin unmittelbar, jedoch nicht mehr zwingend. Abweichungen sind entgegen § 4 Abs. 3 TVG auch zu Ungunsten der Arbeitnehmer gestattet. Insoweit könnte trotz Nachwirkung der Tarifnormen § 613a Abs. 1 Satz 4, 1. Alt. BGB eingreifen.[154]

§ 613a Abs. 1 Satz 2 BGB ordnet die Weitergeltung der Tarifnormen nach Betriebsübergang als individualrechtliche Regelungen an, für die eine einseitig zwingende Wirkung für die Zeit von einem Jahr ab Betriebsübergang festgeschrieben wird. Nach § 613a Abs. 1 Satz 4, 1. Alt. BGB führt das Geltungsende des Tarifvertrages bei dem Betriebsveräußerer zu einem vorzeitigen Ende der einseitig zwingenden Wirkung der tariflichen Regelungen beim Betriebserwerber. Damit steht nicht die Weitergeltung der Tarifnormen überhaupt, sondern die Art und Weise der Bindung des Betriebserwerbers an die tariflichen Regelungen in Frage. Dann aber erscheint es als systemgerecht, eine Veränderung der Wirkungsweise der Tarifnormen beim neuen Betriebsinhaber nicht an den völligen Geltungsverlust, sondern bereits an den mit der Nachwirkung der Tarifnormen eintretenden Verlust der zwingenden Wirkung beim Betriebsveräußerer zu binden.

In diesem Zusammenhang ist zu berücksichtigen, daß durch § 613a Abs. 1 Satz 2-4 BGB Nachteile ausgeglichen werden sollen, die sich aus dem Übergang des Betriebes auf einen nicht tarifgebundenen Betriebsinhaber für die Arbeitsbedingungen der betroffenen Arbeitnehmer ergeben. Allerdings sollen die Arbeitnehmer bei dem neuen Betriebserwerber auch nicht besser gestellt werden, als sie ohne den Betriebsübergang stünden.[155]

---

153 So *Hüper*, Betrieb, S. 69; ebenso auch *Oberhofer*, BetrRat 1983, 573, 579 zur Betriebsvereinbarung.

154 Ablehnend *Hüper*, Betrieb, S. 69, nach dem § 613a Abs. 1 Satz 4, 1. Alt. BGB gerade keine Differenzierung nach der bestehenden Intensität der Geltung von Kollektivregelungen vorsieht. Zweifelnd auch *Kittner/Trittin*, Kündigungsschutzrecht, § 613a BGB Rn. 245.

155 Vgl. RGRK/*Ascheid*, BGB, § 613a Rn. 231; *Bauer*, Unternehmensveräußerung, S. 111; Soergel/*Raab*, BGB, § 613a Rn. 135; *Röder*, DB 1981, 1980, 1982; *Seiter*, Betriebsinhaberwechsel, S. 95. *Hüper*, Betrieb, S. 67 kritisiert in diesem Zusammenhang, daß nicht auch ein Nichtbegünstigungsprinzip für den Betriebserwerber aufgestellt wer-

Richtig ist, daß in der Anordnung der individualrechtlichen Weitergeltung der Tarifnormen beim Betriebserwerber trotz der auf ein Jahr festgeschriebenen einseitig zwingenden Wirkung der weitergeltenden Regelungen eine Schlechterstellung der übernommenen Arbeitnehmer bereits angelegt ist.[156] Daraus ist aber nicht abzuleiten, durch den generellen Verzicht des Gesetzgebers auf die Möglichkeit des vorzeitigen Endes der Veränderungssperre nach § 613a Abs. 1 Satz 2 BGB wäre lediglich die Benachteiligung der Arbeitnehmer wenigstens teilweise ausgeglichen worden, ohne daß die Schwelle zu deren Begünstigung schon überschritten worden wäre.[157] Denn bei der Beurteilung, ob eine Besserstellung der Arbeitnehmer vorliegt, ist jeweils die konkrete rechtliche Gestaltung der Arbeitsbedingungen der Arbeitnehmer vor und nach Betriebsübergang gegenüberzustellen. Mit Eintritt der Nachwirkung der Tarifnormen gelten diese beim Betriebsveräußerer gerade nicht mehr zwingend. Dann aber ist nur folgerichtig, daß auch dem Betriebserwerber ermöglicht wird, die Arbeitsbedingungen der übernommenen Arbeitnehmer schon vor Ablauf eines Jahres zu deren Ungunsten zu verändern. Dies wäre schließlich auch schon beim bisherigen Betriebsinhaber möglich gewesen.[158] Anderenfalls hätten die nur einzelvertraglich weitergeltenden tariflichen Regelungen bei dem neuen Betriebsinhaber eine stärkere Bindungswirkung als die normativ geltenden Tarifnormen gegenüber dem tarifgebundenen Betriebsveräußerer.[159]

Das Geltungsende eines Tarifvertrages im Sinne des § 613a Abs. 1 Satz 4, 1. Alt. BGB tritt demnach bereits ein, wenn die Tarifnormen bei dem Betriebsveräußerer nach § 4 Abs. 5 TVG nachwirken und damit nicht mehr zwingend gelten. Das Verschlechterungsverbot endet danach vor Ablauf eines Jahres nach Betriebsübergang bereits dann, wenn in diesem Zeitraum die Nachwirkung bei dem bisherigen Betriebsinhaber einsetzt.[160]

---

de. Allerdings wird der Betriebserwerber bereits durch die gesetzliche Anordnung der Weitergeltung von Tarifnormen, an die er selbst nicht kollektivvertraglich gebunden ist, belastet, seine Begünstigung steht insoweit kaum zu befürchten.

156 Siehe *Hüper*, Betrieb, S. 67.

157 So aber *Hüper*, Betrieb, S. 67.

158 Vgl. *Bauer*, Unternehmensveräußerung, S. 111; *Berscheid*, Betriebsinhaberwechsel, Rn. 119; *Boecken*, Unternehmensumwandlungen, Rn. 170, S. 117; *Commandeur*, Betriebs-, Firmen- und Vermögensübernahme, S. 82; Erman/*Hanau*, § 613a Rn. 98; *Hromadka/Maschmann/Wallner*, Tarifwechsel, Rn. 372; *Preis/Steffan*, FS Kraft, S. 477, 484; *Schaub*, ZTR 1997, 245, 247; *Schipp/Schipp*, Arbeitsrecht und Privatisierung, Rn. 185, S. 85.

159 *Däubler*, Tarifvertragsrecht, Rn. 1551, S. 645.

160 RGRK/*Ascheid*, BGB, § 613a Rn. 231; *Bauer*, Unternehmensveräußerung, S. 111; *Berscheid*, Betriebsinhaberwechsel, Rn. 119; *Boecken*, Unternehmensumwandlungen, Rn. 170, S. 117; *Commandeur*, Betriebs-, Firmen- und Vermögensübernahme, S. 82; *Däubler*, Tarifvertragsrecht, Rn. 1551, S. 645; *Eich*, NJW 1980, 2329, 2334; Erman/*Hanau*, BGB, § 613a Rn. 98; KassArbR/*Hattesen*, 1.7 Rn. 174; *ders.*, HzA,

e. Abänderung der Tarifnormen bei Ausschluß der Nachwirkung

Maßgebend ist für die Anwendung von § 613a Abs. 1 Satz 4, 1. Alt. BGB das Ende der Geltung des Tarifvertrages beim bisherigen Betriebsinhaber. Damit gilt letztlich im Rahmen der individualrechtlichen Fortgeltung von Tarifnormen nach einem Betriebsübergang, was nach § 3 Abs. 3 TVG auch für die kollektivrechtliche Fortgeltung eines Tarifvertrages nach Austritt eines Arbeitgebers aus dem Arbeitgeberverband gilt.[161] Allerdings endet damit die individualrechtliche Geltung der Tarifnormen nicht automatisch. Ähnlich wie bei Eintritt der Nachwirkung eines Tarifvertrages nach § 4 Abs. 5 TVG fallen die aus einem Tarifvertrag stammenden und bisher zwingend geltenden Arbeitsbedingungen nicht einfach weg; sie verlieren lediglich ihren zwingenden Charakter.[162] Es kann daher nun lediglich eine Abänderung der Tarifnormen auch zu Lasten der Arbeitnehmer erfolgen.

Sofern die Tarifvertragsparteien allerdings den Eintritt der Nachwirkung ausgeschlossen haben, geht mit der Kündigung bzw. dem Ablauf eines befristeten Tarifvertrages der vollständige Geltungsverlust der Tarifnormen für die Arbeitsverhältnisse beim Betriebsveräußerer einher. Damit kann der Betriebserwerber jedenfalls nach § 613a Abs. 1 Satz 4, 1. Alt. BGB bereits zu diesem Zeitpunkt die Arbeitsbedingungen der übernommenen Arbeitnehmer auch zu deren Ungunsten verändern. Fraglich ist aber, ob eine Änderungsvereinbarung oder der Ausspruch einer Änderungsvereinbarung hier überhaupt erforderlich ist.

§ 613a Abs. 1 Satz 4, 1. Alt. BGB sieht für den Fall des Geltungsendes des Tarifvertrages ausdrücklich vor, daß die einseitig zwingende Wirkung der nach § 613a Abs. 1 Satz 2 BGB weitergeltenden Tarifnormen vorzeitig wegfällt. Demgegenüber enthält die Vorschrift nicht die Anordnung des Wegfalls der Geltung der tariflichen Regelungen beim neuen Betriebsinhaber. Daher könnte auch für den Fall des Endes der Tarifnormen beim Betriebsveräußerer ohne Nachwirkung anzunehmen sein, dies habe lediglich die Möglichkeit der vorzeitigen Abänderung der

---

Gruppe 1 Rn. 3382; *Heinze*, FS Schaub, S. 275, 292; *Hromadka/Maschmann/Wallner*, Tarifwechsel, Rn. 372; *Moll*, RdA 1996, 275, 284; *ders.*, Brennpunkte des Arbeitsrechts 1996, S. 185, 231; GK-KR/*Pfeiffer*, § 613a BGB Rn. 102; *Preis/Steffan*, FS Kraft, S. 477, 484; Soergel/*Raab*, BGB, § 613a Rn. 135; *Schaub*, ZiP 1984, 272, 279; *Schipp/Schipp*, Arbeitsrecht und Privatisierung, Rn. 185, S. 85. Anders nur *Hüper*, Betrieb, S. 68.

161 BAG 13.11.1985 AP Nr. 46 zu § 613a BGB.

162 *Däubler*, Tarifvertragsrecht, Rn. 1552, S. 645. Strittig ist hingegen die Frage, ob sich an die Weitergeltung der Tarifnormen nach § 3 Abs. 3 TVG deren Nachwirkung nach § 4 Abs. 5 TVG anschließen kann.

Arbeitsbedingungen für den Betriebserwerber zur Folge.[163] Dem ist allerdings die der Regelung des § 613a Abs. 1 Satz 4, 1. Alt. BGB zugrunde liegende Intention entgegenzuhalten. Danach sollten die Arbeitnehmer beim Betriebserwerber nicht besser stehen, als sie auch beim Betriebsveräußerer stünden.[164] Diese Überlegung ist - wie schon bei der Frage der Anwendung von § 613a Abs. 1 Satz 4, 1. Alt. BGB trotz Nachwirkung der Tarifnormen - heranzuziehen. Soweit beim Betriebsveräußerer die Tarifnormen ohne Nachwirkung enden, gelten sie nicht mehr für die dort bestehenden Arbeitsverhältnisse. Daher stünden die Arbeitnehmer beim Betriebserwerber besser, soweit hier lediglich die vorzeitige Änderungsmöglichkeit bezüglich der tariflich bestimmten Arbeitsbedingungen eintritt. Daher ist § 613a Abs. 1 Satz 4, 1. Alt. BGB dahingehend erweiternd auszulegen, daß es der Abänderung der Arbeitsbedingungen durch den Betriebserwerber nicht bedarf, wenn die Tarifregelungen beim bisherigen Betriebsinhaber gänzlich die Geltung verlieren.[165]

2. Vereinbarung der Geltung eines anderen Tarifvertrages, § 613a Abs. 1 Satz 4, 2. Alt. BGB

Die Parteien des Arbeitsvertrages können die Anwendung tariflicher Regelungen auch einzelvertraglich vereinbaren. Nach § 613a Abs. 1 Satz 4, 2. Alt. BGB löst eine solche Vereinbarung bei fehlender beiderseitiger Tarifgebundenheit das vorzeitige Ende der Veränderungssperre hinsichtlich der tariflich bestimmten Arbeitsbedingungen beim Betriebserwerber aus.[166] Damit steht letztlich das Verschlechterungsverbot des § 613a Abs. 1 Satz 2 BGB einer solchen einzelvertraglichen Vereinbarung eines Tarifvertrages nicht entgegen, selbst wenn dies gegenüber den bisherigen Arbeitsbedingungen der übernommenen Arbeitnehmer eine Veränderung zu deren Ungunsten bedeutet.

a. Fehlende beiderseitige Tarifgebundenheit

Nach dem Wortlaut besteht die Möglichkeit, das Ende der Verschlechterungssperre vorzeitig über eine einzelvertragliche Vereinbarung eines Tarifvertrages

---

163 So *Moll*, RdA 1996, 275, 284; *ders.*, Brennpunkte des Arbeitsrechts 1996, S. 185, 231 sowie *Gussen/Dauck*, Weitergeltung, Rn. 146, S. 103 für den Fall, daß eine Betriebsvereinbarung ohne Nachwirkung endet.

164 Vgl. schon § 13 B III 1 sowie Staudinger/*Richardi*, BGB, § 613a Rn. 178; MünchKom/*Schaub*, BGB, § 613a Rn. 170.

165 Ebenso *Beseler*, Betriebsübergang, S. 169, 187; Erman/*Hanau*, BGB, § 613a Rn. 98; *Hanau/Vossen*, FS Hilger/Stumpf, S. 271, 280; Staudinger/*Richardi*, BGB, § 613a Rn. 178; ablehnend dazu insbesondere *Moll*, Brennpunkte des Arbeitsrechts 1996, S. 185, 231.

166 *Löwisch/Rieble*, FS Schaub, S. 457, 468 betonen allerdings, daß es sich um die nachträgliche Vereinbarung einer Bezugnahmeklausel handeln muß.

herbeizuführen, bei beiderseits fehlender Tarifgebundenheit. Dies kann zum einen den Fall betreffen, daß nur jeweils Betriebserwerber oder Arbeitnehmer Mitglied in einem tarifschließenden Verband sind. Zum anderen besteht die Möglichkeit, daß der Arbeitnehmer Mitglied einer Gewerkschaft, der neue Betriebsinhaber Mitglied in einem Arbeitgeberverband ist, die Verbände miteinander jedoch keinen Tarifvertrag geschlossen haben. Schließlich ist die Behandlung der Fälle zu klären, in denen weder Betriebserwerber noch Arbeitnehmer tarifgebunden sind.

(1) Einseitige Tarifbindung des Betriebserwerbers

§ 613a Abs. 1 Satz 4, 2. Alt. BGB setzt die fehlende beiderseitige Tarifbindung der Arbeitsvertragsparteien voraus. Dies kann im Sinne des Fehlens der Tarifbindung gleichzeitig auf beiden Seiten zum einen so verstanden werden, als dürften sowohl Betriebserwerber als auch der übernommene Arbeitnehmer nicht tarifgebunden sein. Allerdings ist auch denkbar, diese Vorschrift so zu verstehen, daß die beiderseitige Tarifbindung bereits dann fehlt, wenn nur eine Partei des Arbeitsvertrages nicht tarifgebunden ist.[167] In diesem Fall käme die Anwendung von § 613a Abs. 1 Satz 4, 2. Alt. BGB auch dann in Betracht, wenn einseitig nur der Betriebserwerber tarifgebunden ist. Es handelt sich damit jedenfalls nicht um eine über den Wortlaut hinausgehende oder gar entgegenstehende Auslegung der Bestimmung.[168]

Die Vorschrift des § 613a Abs. 1 Satz 4, 2. Alt. BGB muß in engem Regelungszusammenhang zu § 613a Abs. 1 Satz 3 BGB gesehen werden.[169] Nach § 613a Abs. 1 Satz 3 BGB gelten die beim bisherigen Betriebsinhaber zur Anwendung gekommenen Tarifnormen nicht nach Satz 2 beim Betriebserwerber weiter, wenn die Rechte und Pflichten aus den Arbeitsverhältnissen bei diesem kollektivvertraglich geregelt werden. Hierbei ist problematisch, ob § 613a Abs. 1 Satz 3 BGB auch dann zur Anwendung kommt, wenn nur der Betriebserwerber einseitig an einen Tarifvertrag gebunden ist. Falls dies anzunehmen ist, folgt nach § 613a Abs. 1 Satz 3 BGB, daß die bisher geltenden Tarifnormen nicht als einzelvertragliche Bestandteile der übergegangenen Arbeitsverhältnisse weitergelten. Damit

---

167 Vgl. ErfurtKom/*Preis*, § 613a BGB Rn. 76.

168 Anders insoweit *B. Gaul*, ZTR 1995, 387 Fn. 116; *Heinze*, FS Schaub, S. 275, 292; *Kittner/Trittin*, Kündigungsschutzrecht, § 613a BGB Rn. 247; *Moll*, RdA 1996, 275, 284; Staudinger/*Richardi*, BGB, § 613a Rn. 179; MünchKom/*Schaub*, BGB, § 613a Rn. 172. Erman/*Hanau*, BGB, § 613a Rn. 99 hält den Wortlaut für mißverständlich. Dagegen handelt es sich nach Auffassung von *Kania*, DB 1996, 1921, 1923 um einen in Zusammenhang mit § 4 Abs. 1 TVG gebrauchten tarifrechtlichen terminus technicus. Die danach auch für die normative Geltung von Tarifnormen erforderliche beiderseitige Tarifgebundenheit entfalle eben schon dann, wenn nur eine Seite nicht entsprechend tarifgebunden ist.

169 Vgl. auch *Gamillscheg*, Kollektives Arbeitsrecht, S. 784 sowie *Moll*, Brennpunkte des Arbeitsrechts 1996, S. 185, 232.

entsteht aber auch kein Veränderungsverbot hinsichtlich der Arbeitsbedingungen beim neuen Betriebsinhaber, das vorzeitig zu beenden wäre. Demnach hängt die Anwendung von § 613a Abs. 1 Satz 4, 2. Alt. BGB im Falle einseitiger Tarifbindung des Betriebserwerbers in systematischer Hinsicht davon ab, wie der Anwendungsbereich des § 613a Abs. 1 Satz 3 BGB zu verstehen ist.[170]

Für das Verständnis des § 613a Abs. 1 Satz 4, 2. Alt. BGB aus sich heraus ist ausschlaggebend der Sinn und Zweck dieser Regelung. § 613a Abs. 1 Satz 4, 2. Alt. BGB bietet die Möglichkeit der vorzeitigen Änderung der Arbeitsbedingungen übernommener Arbeitnehmer, unabhängig davon, ob es dadurch zu einer Verschlechterung der Arbeitsbedingungen kommt. Damit soll dem Betriebserwerber ermöglicht werden, die in seinem Betrieb geltenden Arbeitsbedingungen innerhalb eines kurzen Zeitraumes zu vereinheitlichen. Ein Bedürfnis danach besteht aber gerade dann, wenn der Betriebserwerber an einen Tarifvertrag gebunden ist, der mangels Tarifgebundenheit auch der Arbeitnehmer nicht auf alle Arbeitsverhältnisse gleichermaßen Anwendung findet.[171] Im übrigen geht es nicht darum, die Abänderung und damit Vereinheitlichung der Arbeitsbedingungen überhaupt zu ermöglichen. Nach Ablauf eines Jahres nach Betriebsübergang ist dies nach § 613a Abs. 1 Satz 2 BGB unter den allgemeinen Voraussetzungen ohnehin möglich. Ziel des § 613a Abs. 1 Satz 4, 2. Alt. BGB ist es nur, eine frühzeitige Möglichkeit zur Vereinheitlichung der Arbeitsbedingungen zu schaffen.[172] Die einzelvertragliche Vereinbarung der Geltung eines Tarifvertrages vor Ablauf eines Jahres soll dann nicht davon abhängen, daß die Regelungen dieses Tarifvertrages die Arbeitsbedingungen der Arbeitnehmer lediglich zu deren Gunsten verändern. Demgemäß findet § 613a Abs. 1 Satz 4, 2. Alt. BGB auch Anwendung auf den Fall der einseitigen Tarifgebundenheit des Betriebserwerbers.[173]

---

170 Darauf verweisen auch *Gussen/Dauck*, Weitergeltung, Rn. 148, S. 104; *Hromadka/Maschmann/Wallner*, Tarifwechsel, Rn. 374; *Moll*, RdA 1996, 275, 284; Staudinger/*Richardi*, BGB, § 613a Rn. 179; vgl. insoweit auch *Heinze*, FS Schaub, S. 275, 293. Zu § 613a Abs. 1 Satz 3 BGB ausführlich nachstehend § 15A I 3.

171 Vgl. dazu weiter *Kania*, DB 1994, 529, 531; *Preis/Steffan*, FS Kraft, S. 477, 484; MünchKom/*Schaub*, BGB, § 613a Rn. 172; *Schipp/Schipp*, Arbeitsrecht und Privatisierung, Rn. 187, S. 86.

172 Dies wird bei *Kania*, DB 1994, 529, 531 nicht hinreichend deutlich. Fehl geht insoweit auch der Hinweis von *Kamlah*, Bestandsschutz, S. 101, eine Vereinbarung der Inbezugnahme eines Tarifvertrages sei schließlich auch bei Tarifgebundenheit nur einer Arbeitsvertragspartei möglich. Denn es geht hier konkret um die Beseitigung des durch § 613a Abs. 1 Satz 2 BGB geschaffenen Verschlechterungsverbots.

173 RGRK/*Ascheid*, BGB, § 613a Rn. 232; *Boecken*, Unternehmensumwandlungen, Rn. 170, S. 118; *B. Gaul*, ZTR 1995, 387 Fn. 116; Erman/*Hanau*, BGB, § 613a Rn. 99; *Kania*, DB 1994, 529, 531; *Moll*, RdA 1996, 275, 284; GK-KR/*Pfeiffer*, § 613a BGB Rn. 103; Soergel/*Raab*, BGB, § 613a Rn. 136; Staudinger/*Richardi*, BGB, § 613a Rn. 179; MünchKom/*Schaub*, BGB, § 613a Rn. 172; *Schipp/Schipp*, Arbeitsrecht und Pri-

(2) Einseitige Tarifbindung des übernommenen Arbeitnehmers

Auch auf den Fall der einseitigen Tarifgebundenheit des Arbeitnehmers ließe sich § 613a Abs. 1 Satz 4, 2. Alt. BGB dem Wortlaut nach anwenden. Allerdings stellt sich hier der systematische Zusammenhang zu § 613a Abs. 1 Satz 3 BGB anders dar. Sofern nur der Arbeitnehmer, nicht aber der Betriebserwerber tarifgebunden ist, kommt die Ablösung der weitergeltenden Tarifnormen nach § 613a Abs. 1 Satz 3 BGB von vornherein nicht in Betracht. Insoweit ergeben sich daher auch keine Rückschlüsse auf den Anwendungsbereich des § 613a Abs. 1 Satz 4, 2. Alt. BGB in dieser Hinsicht.

§ 613a Abs. 1 Satz 4, 2. Alt. BGB schafft zugunsten des Betriebserwerbers die Möglichkeit zur frühzeitigen Vereinheitlichung der Arbeitsbedingungen. Ein dahingehendes Interesse des Betriebserwerbers drückt sich gerade darin aus, daß dieser als Mitglied eines tarifschließenden Verbandes selbst tarifgebunden ist. Damit werden regelmäßig zumindest für die ebenfalls tarifgebundenen Arbeitnehmer einheitliche Arbeitsbedingungen kraft normativer Geltung dieses Tarifvertrages geschaffen. Ist nur der Arbeitnehmer, nicht aber der Betriebserwerber tarifgebunden, besteht damit im Grundsatz kein rechtlich zu schützendes Vereinheitlichungsinteresse, das die vorzeitige Beendigung der Veränderungssperre rechtfertigt.[174] Demgemäß kommt § 613a Abs. 1 Satz 4, 2. Alt. BGB nicht zur Anwendung.[175] Eine Ausnahme hiervon gilt lediglich dann, wenn der Betriebserwerber über allgemeine Arbeitsbedingungen mit den übrigen bei ihm beschäftigten Arbeitnehmern die Inbezugnahme des dem Geltungsbereich nach einschlägigen Tarifvertrages[176] einzelvertraglich vereinbart. Auch insoweit läßt sich ein Interesse des Betriebserwerbers an der Geltung einheitlicher Arbeitsbedingungen erkennen, das es rechtfertigt, ihm vorzeitig die Ablösung der weitergeltenden Tarifnormen über die Inbezugnahme dieses Tarifvertrages gegenüber den übernommenen Arbeitnehmern zu gestatten.[177]

---

vatisierung, Rn. 187, S. 86; *Seiter*, Betriebsinhaberwechsel, S. 96; MünchArbR/*Wank*, § 120 Rn. 182; *ders.*, NZA 1987, 505, 509; *Zöllner*, DB 1995, 1401, 1404. So wohl auch *Beisel/Klumpp*, Unternehmenskauf, Rn. 576. Anders *Hattesen*, HzA, Gruppe 1 Rn. 3382; *Heinze*, FS Schaub, S. 275, 292; *Kittner/Trittin*, Kündigungsschutzrecht, § 613a BGB Rn. 247.

174 Anders *Gussen/Dauck*, Weitergeltung, Rn. 148, S. 104, die in diesem Fall ein zu schützendes Vereinheitlichungsinteresse des Betriebserwerbers ohne weiteres annehmen.

175 Anders dagegen *Gussen/Dauck*, Weitergeltung, Rn. 148, S. 104; Soergel/*Raab*, BGB, § 613a Rn. 136; Staudinger/*Richardi*, BGB, § 613a Rn. 179; MünchKom/*Schaub*, BGB, § 613a Rn. 172; MünchArbR/*Wank*, § 120 Rn. 182; *ders.*, NZA 1987, 505, 509. So wohl auch RGRK/*Ascheid*, BGB, § 613a Rn. 232.

176 Dazu noch § 13 B III 2b.

177 Ähnlich im Ansatz Erman/*Hanau*, BGB, § 613a Rn. 99, nach dem § 613a Abs. 1 Satz 4, 2. Alt. BGB es dem neuen Betriebsinhaber ermöglicht, den kraft Tarifgebundenheit bzw. einzelvertraglicher Inbezugnahme mit den bereits bei ihm beschäftigten Arbeit-

Selbstverständlich kann auch im übrigen einzelvertraglich die Anwendung eines anderen Tarifvertrages vereinbart werden, wenn Arbeitnehmer, nicht aber Betriebserwerber tarifgebunden sind. Allerdings ist dies, soweit sich dadurch die Arbeitsbedingungen der Arbeitnehmer verschlechtern, grundsätzlich wegen § 613a Abs.1 Satz 2 BGB erst nach Ablauf eines Jahres seit Betriebsübergang möglich.[178]

(3) Fehlende Tarifbindung von Arbeitnehmer und Betriebserwerber

Der Wortlaut des § 613a Abs. 1 Satz 4, 2. Alt. BGB, der die fehlende beiderseitige Tarifgebundenheit verlangt, legt auf den ersten Blick nahe, die Vorschrift jedenfalls dann zur Anwendung zu bringen, wenn weder Arbeitnehmer noch Betriebserwerber an einen Tarifvertrag gebunden sind.[179] Allerdings ist auch insoweit der mit § 613a Abs. 1 Satz 4, 2. Alt. BGB verfolgte Zweck, dem Interesse des Betriebserwerbers an der Geltung einheitlicher Arbeitsbedingungen im Betrieb Rechnung zu tragen, zu berücksichtigen. Diesbezüglich ergibt sich letztlich die gleiche Abwägung wie im Fall der einseitigen Tarifgebundenheit nur des Arbeitnehmers. Zu fordern ist, daß ein Vereinheitlichungsinteresse des Betriebserwerbers tatsächlich erkennbar ist.[180]

b. Vereinbarung der Geltung eines anderen Tarifvertrages

(1) Vereinbarung des einschlägigen Tarifvertrages

Nach dem Wortlaut des § 613a Abs. 1 Satz 4, 2. Alt. BGB ist die Vereinbarung des Tarifvertrages erforderlich, in dessen Geltungsbereich das Arbeitsverhältnis

---

nehmern geltenden Tarifvertrag auch mit den übernommenen Arbeitnehmern zu vereinbaren. Dennoch wendet letztlich auch er die Vorschrift an, wenn nur Arbeitnehmer oder Betriebserwerber tarifgebunden sind. Ähnlich auch *Däubler*, Tarifvertragsrecht, Rn. 1561, S. 648, nach dem es um die Verallgemeinerung eines bereits geltenden Tarifvertrages gehen muß, was voraussetzt, daß jedenfalls der Betriebserwerber tarifgebunden ist. Darüber hinaus hält *Däubler* auch die Tarifbindung von Arbeitnehmern für erforderlich.

178 Anders *Wank*, Anm. zu BAG 19.3.1986, SAE 1987, 142, 143.

179 So schließlich *Gussen/Dauck*, Weitergeltung, Rn. 148, S. 104; *Hattesen*, HzA, Gruppe 1 Rn. 3382; *Moll*, RdA 1996, 275, 281, 284; *ders.*, Brennpunkte des Arbeitsrechts 1996, S. 185, 231; Soergel/*Raab*, BGB, § 613a Rn. 136; Staudinger/*Richardi*, BGB, § 613a Rn. 179; MünchKom/*Schaub*, BGB, § 613a Rn. 172; *Zöllner*, DB 1995, 1401, 1404; wohl auch MünchArbR/*Wank*, § 120 Rn. 182.

180 Vgl. vorstehend § 13 B III 2a; im Ergebnis ähnlich *Preis/Steffan*, FS Kraft, S. 477, 484. Anders insoweit *Moll*, Brennpunkte des Arbeitsrechts 1996, S. 185, 231, nach dem das Bedürfnis nach der Vereinbarung der Anwendung des einschlägigen Tarifvertrages von vornherein insbesondere dann besteht, wenn weder Arbeitnehmer noch Betriebserwerber tarifgebunden sind.

nach dem Betriebsübergang fällt.[181] Eine Konkretisierung dessen ergibt sich unter Berücksichtigung des Zwecks dieser Regelung, die dem Betriebserwerber vorzeitig eine Vereinheitlichung der Arbeitsbedingungen der übernommenen Arbeitnehmer zu den bei ihm bereits Beschäftigten ermöglichen will.[182] Danach muß es sich um die Vereinbarung des Tarifvertrages handeln, der bei Bestehen der beiderseitigen Tarifbindung auf das Arbeitsverhältnis Anwendung finden würde. Damit geht es um den nach seinem fachlichen, räumlichen, persönlichen und betrieblichen Geltungsbereich anwendbaren Tarifvertrag.[183]

(2) Vereinbarung des gesamten Tarifvertragsinhalts

Das vorzeitige Ende der Veränderungssperre tritt überdies nach § 613a Abs. 1 Satz 4, 2. Alt. BGB nur dann ein, wenn die Geltung des Tarifvertrages insgesamt vereinbart wird. Werden nur einzelne Bestimmungen in Bezug genommen, so ist das zwar zulässig, verdrängt aber nach Satz 2 weitergeltende günstigere tarifliche Ansprüche nicht.[184] Es reicht daher nicht aus, nur hinsichtlich bestimmter Arbeitsbedingungen auf die Regelungen eines Tarifvertrages zu verweisen.[185] Dahinter steht der Gedanke, daß dem Tarifvertrag nur in seiner Gesamtheit eine Richtigkeitsgewähr zukommt. Insoweit galt auch für die Arbeitsbedingungen beim Betriebserwerber, die zwar einzelvertraglicher Natur waren, eine Richtigkeitsgewähr, da sie auf dem beim bisherigen Betriebsinhaber geltenden Tarifvertrag

---

181 In der Gesetzesbegründung ist die Rede vom einschlägigen Tarifvertrag, BTag-Drucksache 353/79, S. 18; kritisch *Binkert*, JZ 1979, 747, 751.

182 Staudinger/*Richardi*, BGB, § 613a Rn. 179; MünchKom/*Schaub*, BGB, § 613a Rn. 171; *ders.*, ZiP 1984, 272, 279.

183 RGRK/*Ascheid*, BGB, § 613a Rn. 232; *Boecken*, Unternehmensumwandlungen, Rn. 170, S. 118; *Commandeur*, Betriebs-, Firmen- und Vermögensübernahme, S. 83; *Däubler*, Tarifvertragsrecht, Rn. 1559, S. 647; Erman/*Hanau*, BGB, § 613a Rn. 99; *Hromadka/Maschmann/Wallner*, Tarifwechsel, Rn. 373; *Moll*, RdA 1996, 275, 284; *ders.*, Brennpunkte des Arbeitsrechts 1996, S. 185, 232; *Oberhofer*, BetrRat 1990, 98; GK-KR/*Pfeiffer*, § 613a BGB Rn. 103; Staudinger/*Richardi*, BGB, § 613a Rn. 179; *Röder*, DB 1981, 1980, 1982; MünchKom/*Schaub*, BGB, § 613a Rn. 171; *ders.*, ZiP 1984, 272, 279. Soergel/*Raab*, BGB, § 613a Rn. 136 verlangt die Vereinbarung des zumindest dem räumlichen und fachlichen Geltungsbereich nach einschlägigen Tarifvertrages.

184 *Gamillscheg*, Kollektives Arbeitsrecht, S. 784.

185 Vgl. RGRK/*Ascheid*, BGB, § 613a Rn. 232; *Bauer*, Unternehmensveräußerung, S. 112; *Berscheid*, Betriebsinhaberwechsel, Rn. 120; *Commandeur*, Betriebs-, Firmen- und Vermögensübernahme, S. 83; *Däubler*, Tarifvertragsrecht, Rn. 1560, S. 647; *Gamillscheg*, Kollektives Arbeitsrecht, S. 784; Erman/*Hanau*, BGB, § 613a Rn. 99; KassArbR/*Hattesen*, 1.7 Rn. 176; *Hattesen*, HzA, Gruppe 1 Rn. 3383; *Kamlah*, Bestandsschutz, S. 101; *Moll*, RdA 1996, 275, 284; MünchKom/*Schaub*, BGB, § 613a Rn. 172; *ders.*, Arbeitsrechtshandbuch, S. 710; *ders.*, ArbRGW 18 (1981), 71, 80; *Schipp/Schipp*, Arbeitsrecht und Privatisierung, Rn. 187, S. 86; *Seiter*, Betriebsinhaberwechsel, S. 96.

beruhen. Als Ausgleich für den vorzeitigen Verlust der Veränderungssperre, die den Arbeitnehmer vor einer Verschlechterung der Arbeitsbedingungen schützte, soll den neuen Arbeitsbedingungen ebenso diese Richtigkeitsgewähr inne wohnen.[186] Das setzt eben die einzelvertragliche Vereinbarung des Tarifvertrages in seiner Gesamtheit voraus. Würde man nur die den Arbeitnehmer oder Arbeitgeber belastenden bzw. begünstigenden Bestandteile des Tarifvertrages herausgreifen, wäre die Ablösung der bisherigen Regelung nicht gerechtfertigt.[187] Wird dagegen der gesamte Tarifvertrag einzelvertraglich in Bezug genommen, so ist unerheblich, ob der vereinbarte Tarifvertrag für die Arbeitnehmer ungünstiger ist als die bisherige Regelung; anderenfalls hätte es des § 613a Abs. 1 Satz 4, 2. Alt. BGB nicht bedurft.[188]

(3) Abänderung der Arbeitsbedingungen nach Inbezugnahme des Tarifvertrages

Mit der Vereinbarung eines Tarifvertrages, in dessen Geltungsbereich das Arbeitsverhältnis nach dem Betriebsübergang fällt, endet die Verschlechterungssperre nach § 613a Abs. 1 Satz 4, 2. Alt. BGB. Es wirkt dabei wie eine Selbstverständlichkeit, daß - wie das Gesetz ausdrücklich vorschreibt[189] - es sich um einen anderen als den beim Betriebsveräußerer geltenden Tarifvertrag handeln muß, da dieser ohnehin schon nach § 613a Abs. 1 Satz 2 BGB einzelvertraglich die Arbeitsverhältnisse mit dem Betriebserwerber bestimmt. Allerdings kann diese Voraussetzung Bedeutung erlangen im Hinblick auf eine nachträglich, d.h. nach der individualrechtlichen Inbezugnahme des Tarifvertrages, erfolgende Verschlechterung der Arbeitsbedingungen. Kann der Betriebserwerber nach der einmal erfolgten Beendigung der Verschlechterungssperre nach § 613a Abs. 1 Satz 2 BGB durch die Inbezugnahme des Tarifvertrages nunmehr die Arbeitsbedingungen der übernommenen Arbeitnehmer mit den üblichen rechtlichen Mitteln beliebig auch zu deren Ungunsten verändern, kann die Verschlechterungssperre nur dann vorzeitig enden, wenn ein anderer als der nach § 613a Abs. 1 Satz 2 BGB ohnehin individualrechtlich geltende Tarifvertrag des Betriebserwerbers vereinbart wird. Ansonsten könnte der Betriebserwerber durch eine pro forma Vereinbarung des bisher zur Anwendung gekommenen Tarifvertrages die in § 613a Abs. 1 Satz 2 BGB angeordnete grundsätzlich einjährige Veränderungssperre umgehen.

---

186 *Hromadka/Maschmann/Wallner*, Tarifwechsel, Rn. 373; ErfurtKom/*Preis*, § 613a BGB Rn. 76; *Preis/Steffan*, FS Kraft, S. 477, 484; MünchKom/*Schaub*, BGB, § 613a Rn. 172; *Seiter*, Betriebsinhaberwechsel, S. 96.

187 *Däubler*, Tarifvertragsrecht, Rn. 1560, S. 647 f.

188 Vgl. *Bauer*, Unternehmensveräußerung, S. 111; *Däubler*, Tarifvertragsrecht, Rn. 1561, S. 648; MünchKom/*Schaub*, BGB, § 613a Rn. 171; *Seiter*, Betriebsinhaberwechsel, S. 96; *Wank*, NZA 1987, 505, 509; *Wank/Brüning*, ZfA 1995, 699, 736.

189 *Boecken*, Unternehmensumwandlungen, S. 118, Fn. 292.

Diese Erwägungen lassen im übrigen auf den ersten Blick auch darauf schließen, daß der Gesetzgeber von einer frei möglichen Abänderbarkeit der Arbeitsbedingungen nach dem vorzeitigen Ende des Verschlechterungsverbots kraft einzelvertraglicher Bezugnahme eines anderen Tarifvertrages ausgeht. Hiergegen spricht aber eine andere Überlegung. Den geänderten Arbeitsbedingungen beim Betriebserwerber kommt infolge der Vereinbarung eines gesamten Tarifvertrages weiterhin eine Richtigkeitsgewähr zu. Nur dies ist die Rechtfertigung für das vorzeitige Ende der Veränderungssperre, so daß die Vereinbarung des Tarifvertrages nicht daran scheitert, daß sich dadurch die Arbeitsbedingungen unter Umständen auch zu Lasten der Arbeitnehmer ändern. Eine solche Richtigkeitsgewähr kommt den Arbeitsbedingungen aber nicht mehr zu, wenn nachträglich einzelne Bestimmungen geändert werden. Aus diesem Grund muß angesichts der grundsätzlich in § 613a Abs. 1 Satz 2 BGB angeordneten Veränderungssperre von einem Jahr in Bezug auf die Regelung des § 613a Abs. 1 Satz 4, 2. Alt. BGB angenommen werden, daß die eine Richtigkeitsgewähr bietenden einzelvertraglichen Regelungen des vereinbarten Tarifvertrages einer nachfolgenden nur teilweisen Änderung zu Lasten der Arbeitnehmer vor Ablauf eines Jahres nach Betriebsübergang nicht zugänglich sind. Insoweit wandelt sich der nach § 613a Abs. 1 Satz 2 BGB bestehende Schutz vor der Verschlechterung der durch den Tarifvertrag bestimmten Arbeitsbedingungen nun in den Schutz der durch tarifliche Arbeitsbedingungen vermittelten Richtigkeitsgewähr.

(4) Möglichkeit einer Änderungskündigung

Der Betriebserwerber kann die Anwendung des Tarifvertrages, in dessen Geltungsbereich das Arbeitsverhältnis nach dem Betriebsübergang fällt, einzelvertraglich mit dem übernommenen Arbeitnehmer vereinbaren, um das vorzeitige Ende der Verschlechterungssperre nach § 613a Abs. 1 Satz 4, 2. Alt. BGB auszulösen. Allerdings ist der Arbeitnehmer zum Abschluß einer solchen Änderungsvereinbarung nicht verpflichtet.[190] Daher stellt sich die Frage, ob der neue Betriebsinhaber die Anwendung des Tarifvertrages auch über eine Änderungskündigung herbeiführen kann mit der Folge, daß es auch in diesem Fall entgegen § 613a Abs. 1 Satz 2 BGB nicht darauf ankommt, ob sich die Arbeitsbedingungen der übernommenen Arbeitnehmer verschlechtern.

---

190 RGRK/*Ascheid*, BGB, § 613a Rn. 233; *Boewer*, Brennpunkte des Arbeitsrechts 1997, S. 91, 145; *Commandeur*, Betriebs-, Firmen- und Vermögensübernahme, S. 83; *Däubler*, Tarifvertragsrecht, Rn. 1561, S. 648; *Gamillscheg*, Kollektives Arbeitsrecht, S. 784; *Moll*, RdA 1996, 275, 285; *ders.*, Brennpunkte des Arbeitsrechts 1996, S. 185, 232; ErfurtKom/*Preis*, § 613a BGB Rn. 76; MünchKom/*Schaub*, BGB, § 613a Rn. 173; *ders.*, Arbeitsrechtshandbuch, S. 710; *ders.*, ZiP 1984, 272, 279; *ders.*, ArbRGW 18 (1981), 71, 80; *Wank*, NZA 1987, 505, 509; *Weimar/Alfes*, BB 1993, 783, 788.

§ 613a Abs. 1 Satz 4, 2. Alt. BGB setzt nach seinem Wortlaut voraus, daß Betriebserwerber und Arbeitnehmer die Geltung eines anderen Tarifvertrages vereinbaren. Dies spricht auf den ersten Blick gegen die Zulassung auch einer Änderungskündigung.[191] Allerdings gibt der Betriebserwerber mit dem Ausspruch einer Änderungskündigung rechtstechnisch gesehen zwei Willenserklärungen ab, die Erklärung der Kündigung des Arbeitsverhältnisses und das Angebot zum Abschluß eines Änderungsvertrages, die miteinander über eine Bedingung verbunden sind. Nimmt der Arbeitnehmer dieses Angebot an, kommt es zum Abschluß einer Änderungsvereinbarung. Damit vereinbaren an sich auch hier die Parteien des Arbeitsvertrages die Anwendung eines anderen Tarifvertrages. Mit dieser Begründung ist die Möglichkeit auch einer Änderungskündigung zur Erzielung der Rechtsfolge des § 613a Abs. 1 Satz 4, 2. Alt. BGB anzunehmen.[192] Der Schutz der Arbeitnehmer wird hinreichend gewährleistet, da die Rechtmäßigkeit der Änderungskündigung sich im übrigen an den Bestimmungen des Kündigungsschutzes messen lassen muß.[193] Als Kündigungsgrund nicht anerkannt werden

---

191 Vgl. *Bauer*, Unternehmensveräußerung, S. 111; Hölters/*Bauer*, Unternehmens- und Beteiligungskauf, S. 419, S. 207; KassArbR/*Hattesen*, 1.7 Rn. 175; *Kittner/Trittin*, Kündigungsschutzrecht, § 613a BGB Rn. 248; *Röder*, DB 1981, 1980, 1983. Zweifelnd noch *Hattesen*, HzA, Gruppe 1 Rn. 3382.

192 RGRK/*Ascheid*, BGB, § 613a Rn. 233; *Boewer*, Brennpunkte des Arbeitsrechts 1997, S. 91, 145; *Däubler*, Tarifvertragsrecht, Rn. 1561, S. 648; *Feger*, AiB 1995, 490, 496; *Gamillscheg*, Kollektives Arbeitsrecht, S. 784; *Gussen/Dauck*, Weitergeltung, Rn. 149, S. 104 f.; Erman/*Hanau*, BGB, § 613a Rn. 99; *Hromadka/Maschmann/Wallner*, Tarifwechsel, Rn. 377; *Kania*, DB 1995, 625, 629; *Moll*, Brennpunkte des Arbeitsrechts 1996, S. 185, 232; Soergel/*Raab*, BGB, § 613a Rn. 138; *Schaub*, ZiP 1984, 272, 279; *Schaub*, ArbRGW 18 (1981), 71, 80; MünchKom/*Schaub*, BGB, § 613a Rn. 173; *Seiter*, Betriebsinhaberwechsel, S. 96; *Wank*, NZA 1987, 505, 509. Vgl. weiterhin *Schwab*, BB 1994, 781, 784, nach dem auch § 4 Abs. 5 TVG mit der Formulierung „andere Abmachungen" die Einbeziehung sämtlicher individualrechtlicher Konfliktlösungsmittel meine.
Ablehnend hingegen *Bauer*, Unternehmensveräußerung, S. 111; *Röder*, DB 1981, 1980, 1982 f. sowie *Binkert*, JZ 1979, 747, 751, der dies mit einem vermeintlichen Widerspruch zu § 613a Abs. 1 Satz 2 BGB begründet. So auch *Willemsen*, Änderung von Arbeitsbedingungen, S. 169, 187 sowie KassArbR/*Hattesen*, 1.7 Rn. 175 unter Berücksichtigung des Schutzzweckes von § 613a Abs. 1 Satz 2 BGB.

193 RGRK/*Ascheid*, BGB, § 613a Rn. 233; *Boewer*, Brennpunkte des Arbeitsrechts 1997, S. 91, 145; *Commandeur*, Betriebs-, Firmen- und Vermögensübernahme, S. 83; *Däubler*, Tarifvertragsrecht, Rn. 1561, S. 648; *Feger*, AiB 1995, 490, 496; *Gussen/Dauck*, Weitergeltung, Rn. 149, S. 104 f.; *Moll*, RdA 1996, 275, 285; *Preis/Steffan*, FS Kraft, S. 477, 484; Soergel/*Raab*, BGB, § 613a Rn. 138; MünchKom/*Schaub*, BGB, § 613a Rn. 173; *Schaub*, Arbeitsrechtshandbuch, S. 710; *Weimar/Alfes*, BB 1993, 783, 788. Daher ist *Röder*, DB 1981, 1980, 1983 nicht zuzustimmen, der die Gefahr des Unterlaufens des Schutzes der angeordneten zwingenden Wirkung anführt. So jedoch auch *Kamlah*, Bestandsschutz, S. 102.

kann dabei das bloße Interesse des Arbeitnehmers an einer vorzeitigen Vereinheitlichung der Arbeitsbedingungen.[194] So gibt es keinen besonderen Kündigungsgrund zur Durchführung der Änderungen nach § 613a Abs. 1 Satz 2 bis 4 BGB.[195] Im Regelfall wird sich damit eine Änderungskündigung zur Vereinbarung einer Tarifbezugnahme nur ausnahmsweise und schwer begründen lassen, zumal die Bezugnahme auf das gesamte Regelwerk zu erfolgen hat, während die Erforderlichkeit der Änderungskündigung nur im Hinblick auf die einzelne, jeweilige Arbeitsbedingung zu prüfen ist, deren Änderung herbeigeführt werden soll.[196] Im Rahmen des § 613a Abs. 1 Satz 4, 2. Alt. BGB geht es zudem lediglich um die Ermöglichung der Anpassung der Arbeitsbedingungen der übernommenen Arbeitnehmer an die beim Betriebserwerber geltenden Arbeitsbedingungen bereits vor Ablauf eines Jahres nach Betriebsübergang.[197]

Auch das Kündigungsverbot des § 613a Abs. 4 BGB steht der Zulassung einer Änderungskündigung hier nicht entgegen, da dieses nur einem Verlust des Arbeitsplatzes aus Anlaß des Betriebsübergangs vorbeugen soll.[198] § 613a Abs. 4 BGB schützt den Arbeitnehmer hingegen nicht vor einer Anpassung seiner Arbeitsbedingungen an die beim Betriebserwerber geltenden Arbeitsbedingungen. [199]

IV. Anwendung von § 4 Abs. 3 TVG auf die weitergeltenden Tarifnormen

Vorrang vor tariflichen Regelungen haben nach § 4 Abs. 3 TVG einzelvertragliche Vereinbarungen dann, wenn sie die Arbeitsbedingungen zugunsten der Arbeitnehmer abweichend gestalten. Fraglich ist, inwieweit § 4 Abs. 3 TVG für die weitergeltenden Tarifnormen bei dem neuen Betriebsinhaber gilt.

Veränderungen der tariflich bestimmten Arbeitsbedingungen zu Ungunsten der übernommenen Arbeitnehmer nach § 613a Abs. 1 Satz 2 BGB sind grundsätzlich für die Dauer eines Jahres nach Betriebsübergang ausgeschlossen. Daraus läßt sich ableiten, daß nach Ablauf dieser Frist auch die Verschlechterung der Arbeitsbedingungen hingenommen werden muß. Dies ergibt sich auch daraus, daß

---

194 Vgl. im einzelnen nachstehend § 21.

195 *Hromadka/Maschmann/Wallner*, Tarifwechsel, Rn. 379; *Kania*, DB 1994, 529, 531; *Moll*, Brennpunkte des Arbeitsrechts 1996, S. 185, 232; ErfurtKom/*Preis*, § 613a BGB Rn. 76.

196 *Moll*, RdA 1996, 275, 285; *ders.*, Brennpunkte des Arbeitsrechts 1996, S. 185, 233. *Schaub*, ZiP 1984, 272, 279; *ders.*, ArbRGW 18 (1981), 71, 80 spricht von einer insoweit rein akademischen Bedeutung der Änderungskündigung.

197 Darauf weist auch *Hattesen*, HzA, Gruppe 1 Rn. 3382 hin.

198 *Hromadka/Maschmann/Wallner*, Tarifwechsel, Rn. 378; MünchArbR/*Wank*, § 121 Rn. 29 m.w.N.

199 *Hromadka/Maschmann/Wallner*, Tarifwechsel, Rn. 378; Staudinger/*Richardi*, BGB, § 613a Rn. 217.

die Tarifnormen nach § 613a Abs. 1 Satz 2 BGB als einzelvertragliche Regelungen weitergelten. Insoweit besteht kein Anlaß, nach Ablauf eines Jahres den Arbeitsbedingungen weiterhin entsprechend § 4 Abs. 3 TVG eine besondere Schutzwirkung zugunsten der übernommenen Arbeitnehmer zuzusprechen.[200] Selbstverständlich sind dagegen Abweichungen von den tariflichen Arbeitsbedingungen zu Gunsten der übernommenen Arbeitnehmer jederzeit möglich.[201]

V. Anwendung von § 4 Abs. 4 Satz 1 TVG

Nach § 4 Abs. 4 Satz 1 TVG kann auf tarifliche Rechte nur unter Billigung der Tarifvertragsparteien verzichtet werden. Geschützt wird der Arbeitnehmer vor dem Verlust einmal entstandener tariflicher Rechte. Dazu gehören sowohl Ansprüche als auch Gestaltungs- und Zurückbehaltungsrechte.[202] Die Vorschrift verbietet in erster Linie den Erlaß tariflicher Ansprüche nach § 397 Abs. 1 BGB sowie negative Schuldanerkenntnisse, § 397 Abs. 2 BGB.[203] Grundsätzlich erfaßt ist ebenso der Abschluß eines Vergleiches, da auch in einem vergleichsweisen Nachgeben ein teilweiser Verzicht liegt.[204]

1. Geltung für die tariflich bestimmten Arbeitsbedingungen nach Betriebsübergang

Fraglich ist, ob § 4 Abs. 4 Satz 1 TVG überhaupt auf die bei dem neuen Betriebsinhaber als Bestandteile der Arbeitsverhältnisse weitergeltenden tariflichen Regelungen Anwendung finden kann. Auf den ersten Blick scheint hiergegen einzuwenden, daß es sich aufgrund der individualrechtlichen Konzeption der Weitergeltungsanordnung in § 613a Abs. 1 Satz 2 BGB um einzelvertragliche Regelungen handele.[205] Auf daraus entstammende Rechte kann an sich nach den allgemeinen zivilrechtlichen Grundsätzen verzichtet werden. Allerdings ergibt sich anderes unter Berücksichtigung des Schutzzwecks des § 4 Abs. 4 Satz 1 TVG sowie des tarifrechtlichen Ursprungs der Arbeitsbedingungen der übernommenen Arbeitnehmer. Es handelt sich nicht um rein einzelvertragliche Regelungen, sondern um die nach § 613a Abs. 1 Satz 2 BGB lediglich individualrechtlich weitergeltenden Tarifnormen. Insoweit erscheint die entsprechende

200 Ebenso im Ergebnis *Gussen/Dauck*, Weitergeltung, Rn. 228, S. 151 sowie MünchArbR/*Wank*, § 120 Rn. 185.

201 Unklar insoweit *Gussen/Dauck*, Weitergeltung, Rn. 228, S. 151, die dies ausführlich meinen begründen zu müssen.

202 MünchArbR/*Löwisch*, § 267 Rn. 1 ff.

203 MünchArbR/*Löwisch*, § 267 Rn. 8.

204 Im einzelnen vgl. MünchArbR/*Löwisch*, § 267 Rn. 14 ff.

205 So halten denn auch *Klebe/Wendeling-Schröder*, AiB 1992, 77, 80 die Vorschrift hier für nicht anwendbar.

Anwendung von § 4 Abs. 4 Satz 1 BGB zumindest nicht von vornherein ausgeschlossen.

Nach § 4 Abs. 1 TVG kommt den Tarifnormen zwingende Wirkung zu. Damit ist schon die Entstehung tariflicher Rechte dem Willen der Arbeitsvertragsparteien entzogen. Als Ergänzung zu dieser Konzeption erscheint der Ausschluß auch des Verzichts auf bereits entstandene tarifliche Rechte notwendig zur Stütze der unabdingbaren Geltung der Tarifnormen.[206] Daraus folgt aber, daß § 4 Abs. 4 Satz 1 TVG grundsätzlich keine Anwendung findet, soweit die Tarifnormen nicht mit zwingender Wirkung gelten.[207] Damit scheint die Anwendung von § 4 Abs. 4 Satz 1 TVG auf die einzelvertraglich weitergeltenden Tarifnormen nach Betriebsübergang ausgeschlossen. Allerdings ist in diesem Zusammenhang die gesetzliche Ausgestaltung der Weitergeltungsanordnung in § 613a Abs. 1 Satz 2 BGB im übrigen zu berücksichtigen. Nach § 613a Abs. 1 Satz 2 BGB gelten die Tarifnormen nun zwar als einzelvertragliche Regelungen, jedoch wird für die Zeit von längstens einem Jahr deren einseitig zwingende Wirkung zu Gunsten der übernommenen Arbeitnehmer festgeschrieben. Um diese Wirkung, die als Ausgleich für den Verlust der normativen Wirkung der Tarifnormen vor Betriebsübergang angesehen wird, nicht zu untergraben, ist § 4 Abs. 4 Satz 1 TVG entsprechend auf die individualrechtlich weitergeltenden Tarifnormen anzuwenden.[208] Allerdings ist dies nur für den Zeitraum anzunehmen, in dem die Arbeitsbedingungen mit einseitig zwingender Wirkung bestehen. Danach wird der (nicht an die Zustimmung der Tarifvertragsparteien gebundene) Verzicht auf entstandene Rechte bei dem neuen Betriebsinhaber spätestens ein Jahr nach Betriebsübergang möglich.[209] Der Zeitpunkt verschiebt sich nach vorn, soweit die zwingende Wirkung der arbeitsvertraglichen Regelungen nach § 613a Abs. 1 Satz 4 BGB bereits vor Ablauf eines Jahres endet.

2. Billigung des Verzichts durch die Tarifvertragsparteien

Ein Verzicht auf tarifliche Rechte ist nach § 4 Abs. 4 Satz 1 TVG ausnahmsweise zulässig, sofern er in einem von den Tarifvertragsparteien gebilligten Vergleich erfolgt. Bei der Anwendung von § 4 Abs. 4 Satz 1 TVG auf die nach einem Be-

---

206 MünchArbR/*Löwisch*, § 267 Rn. 1.

207 MünchArbR/*Löwisch*, § 267 Rn. 4.

208 Ebenso, allerdings ohne weitere Einschränkung *Däubler*, Tarifvertragsrecht, Rn. 1548, S. 644; *Gamillscheg*, Kollektives Arbeitsrecht, S. 781; *Gussen/Dauck*, Weitergeltung, Rn. 230, S. 152; *Hanau/Vossen*, FS Hilger/Stumpf, S. 271, 293. Dagegen hält RGRK/*Ascheid*, BGB, § 613a Rn. 205 die Anwendung von § 4 Abs. 4 TVG auf die weitergeltenden Tarifnormen für ausgeschlossen. Er stützt sich darauf, daß die Möglichkeit einer Änderung der betreffenden Arbeitsbedingungen abschließend in § 613a Abs. 1 Satz 2 BGB geregelt sei. Ebenso Soergel/*Raab*, BGB, § 613a Rn. 116.

209 Vgl. nur *Boecken*, Unternehmensumwandlungen, Rn. 192, S. 133.

triebsübergang weitergeltenden Tarifnormen können sich Probleme im Hinblick darauf ergeben, von wessen Zustimmung die Wirksamkeit eines Verzichts auf tarifliche Rechte im Wege eines Vergleichs abhängig ist. Soweit für den Abschluß von Tarifverträgen bei dem neuen Betriebsinhaber dieselben Tarifvertragsparteien wie bei dem Betriebsveräußerer zuständig sind, kann es auf deren Zustimmung ankommen. Sind bei dem neuen Betriebsinhaber andere Tarifparteien zuständig, kann die Wirksamkeit des Vergleichs sowohl von der Zustimmung der tarifschließenden als auch der nunmehr zuständigen Verbände abhängen. Diese Fragen werden kontrovers diskutiert. So wird generell auf die Erforderlichkeit der Zustimmung des ursprünglich tarifschließenden Verbands abgestellt.[210] Es wird aber auch angenommen, bei einem Wechsel der Tarifzuständigkeit infolge des Betriebsübergangs sei es ausreichend, wenn entweder die bisher oder die nunmehr zuständigen Tarifparteien dem Vergleich zustimmen.[211]

a. Zustimmung auf Arbeitgeberseite

Fraglich ist zunächst, ob der Vergleich über Rechte aus nach § 613a Abs. 1 Satz 2 BGB weitergeltenden Tarifnormen überhaupt von der Zustimmung einer arbeitgeberseitigen Tarifpartei abhängig ist.

Ein Vergleich setzt regelmäßig das gegenseitige Nachgeben beider Seiten voraus. Daher ordnet § 4 Abs. 4 Satz 1 TVG die Wirksamkeit eines Vergleichs nur unter Billigung beider Tarifvertragsparteien an. Damit könnte die Vorstellung verbunden werden, daß jede Arbeitsvertragspartei zur Wirksamkeit der jeweils eigenen Vergleichserklärung der Zustimmung des tarifschließenden Verbandes bedürfte. Daraus könnte dann geschlußfolgert werden, ein Vergleich zwischen dem übernommenen Arbeitnehmer und dem Betriebserwerber, entstandene Rechte aus einzelvertraglich weitergeltenden tariflichen Regelungen betreffend, sei auf Arbeitgeberseite zustimmungsfrei wirksam. Allerdings kommt auch nach § 4 Abs. 3 TVG normativ geltenden Tarifnormen eine nur einseitig zwingende Wirkung zugunsten der Arbeitnehmer zu. Dennoch müssen beide Tarifvertragsparteien einem Verzicht auf tarifliche Rechte nach § 4 Abs. 4 Satz 1 TVG zustimmen. Die Entbehrlichkeit einer Zustimmung auf Arbeitgeberseite kann daher nicht auf die nur einseitig zwingende Wirkung der weitergeltenden Tarifnormen nach § 613a Abs. 1 Satz 2 BGB gestützt werden.

Gegen die Entbehrlichkeit einer Zustimmung auf Arbeitgeberseite könnte die Anknüpfung des § 4 Abs. 4 Satz 1 TVG an die zwingende Wirkung der Tarifnormen sprechen. Die Tarifvertragsparteien können die Normen eines Tarifvertrages statt mit zwingender Wirkung von vornherein bzw. durch nachträgliche Vereinbarung

---

210 *Boecken*, Unternehmensumwandlungen, S. 133, Fn. 363.

211 *Däubler*, Tarifvertragsrecht, Rn. 1548 S. 644; *Hanau/Vossen*, FS Hilger/Stumpf, S. 271, 294.

einer Öffnungsklausel dispositiv gestalten. Sie nehmen damit Einfluß auf die Entstehung tariflicher Rechte. Als Pendant dazu steht den Tarifvertragsparteien nach § 4 Abs. 4 Satz 1 TVG die Möglichkeit zu, durch Zustimmung zu einem Vergleich der Arbeitsvertragsparteien die Verzichtbarkeit hinsichtlich bereits entstandener tariflicher Rechte herbeizuführen. Ausgeschlossen ist die Herbeiführung dispositiver Wirkung von Tarifnormen lediglich durch Erklärung derjenigen Tarifvertragspartei, deren Mitgliedern die Möglichkeit der Abweichung von den tariflichen Regelungen zum Nachteil gereichen könnte. Damit geht einher, daß auch der Vergleich auf tarifliche Rechte grundsätzlich nicht bereits dann wirksam sein wird, wenn die Billigung lediglich der Arbeitnehmerseite vorliegt.[212]

Eine andere Beurteilung kann sich allerdings insoweit unter Berücksichtigung der Besonderheiten der nach § 613a Abs. 1 Satz 2 BGB weitergeltenden Tarifnormen nach einem Betriebsübergang ergeben. Zum einen ist hier die einseitig zwingende Wirkung der entstehenden einzelvertraglichen Regelungen nicht Folge einer entsprechenden Vereinbarung von Tarifvertragsparteien. Zwar beruhte die zwingende Geltung der Tarifnormen beim Betriebsveräußerer auf einem dementsprechenden Abschluß des Tarifvertrages, diese hätte jedoch aufgrund des Betriebsüberganges auf einen nicht tarifgebundenen Erwerber ihr Ende gefunden. Die gesetzlich angeordnete Weitergeltung dieser Bestimmungen als Individualarbeitsrecht wäre im übrigen an sich mit dem Verlust deren Unabdingbarkeit einher gegangen. Die einseitig zwingende Wirkung der tariflichen Regelungen bei dem neuen Betriebsinhaber folgt allein aus der gesetzlichen Anordnung in § 613a Abs. 1 Satz 2 BGB. Damit erscheint es aber auch nicht erforderlich, beide tarifschließenden Seiten an einer Entscheidung über die Möglichkeit des Verzichts sich daraus ergebender Rechte zu beteiligen. Dies spricht dafür, im Rahmen der entsprechenden Anwendung von § 4 Abs. 4 Satz 1 TVG auf nach einem Betriebsübergang einzelvertraglich weitergeltende Tarifnormen bereits die Billigung einer Tarifpartei auf Arbeitnehmerseite ausreichen zu lassen.

Zum anderen sprechen sowohl gegen die Erforderlichkeit der Zustimmung des tarifschließenden Arbeitgeberverbandes als auch des gegebenenfalls nunmehr zuständigen Arbeitgeberverbandes Bedenken. Würde man die Zustimmung eines Arbeitgeberverbands für erforderlich halten, wäre der nicht tarifgebundene Betriebserwerber auf die Zustimmung eines Verbandes angewiesen, dem er gerade nicht beigetreten ist. Wegen der zu berücksichtigenden Auswirkungen auf die negative Koalitionsfreiheit kann es daher im Grundsatz auf dessen Zustimmung zu einem Vergleich nicht ankommen.[213] Das Erfordernis einer Zustimmung zu einem Vergleich nach § 4 Abs. 4 Satz 1 TVG beruht überdies letztlich auf dem Abschluß eines Tarifvertrages, dessen Normen zwingende Wirkung zukommt. Der

---

212 Vgl. MünchArbR/*Löwisch*, § 267 Rn. 17.

213 *Gussen/Dauck*, Weitergeltung, Rn. 230, S. 152.

nach einem Branchenwechsel nunmehr zuständige Arbeitgeberverband ist an dem beim bisherigen Betriebsinhaber zur Anwendung gekommenen Tarifvertrag jedoch nicht beteiligt. Daher kann es auf eine Zustimmung auch dieses Arbeitgeberverbandes nicht ankommen. Im übrigen hat der Arbeitgeberverband selbst wohl regelmäßig kein Interesse daran, sich mit einem solchen Vergleich auseinander setzen zu müssen.[214] Damit ist ein Vergleich unter Verzicht auf Rechte aus einzelvertraglich weitergeltenden Tarifnormen bereits dann wirksam, wenn er von einer Tarifvertragspartei auf Arbeitnehmerseite gebilligt wird. Etwas anderes ergibt sich auch nicht, wenn auf Arbeitgeberseite der Tarifvertragspartner der frühere Betriebsinhaber selbst war.[215]

b. Zustimmung auf Arbeitnehmerseite

Die Zustimmung der Arbeitnehmerseite zu dem angestrebten Vergleich ist dagegen in entsprechender Anwendung des § 4 Abs. 4 Satz 1 TVG zu dessen Wirksamkeit erforderlich. Auch hier gilt, daß eine nach dem Betriebsübergang nunmehr zuständige Gewerkschaft, die den Tarifvertrag nicht abgeschlossen hat, die Wirksamkeit des Verzichts nicht herbeizuführen vermag.[216] Vielmehr kommt es auf die Billigung durch die tarifschließende Gewerkschaft an.[217] Die negative Koalitionsfreiheit der Arbeitnehmer wird hierdurch nicht beeinträchtigt, da sie Mitglieder der Gewerkschaft zumindest gewesen sind.

VI. Einzelvertragliche Regelungen des bisherigen Betriebsinhabers

Bei dem bisherigen Betriebsinhaber können Arbeitsbedingungen auch einzelvertraglich geregelt worden sein. Derartige Abmachungen gelten nach § 613a Abs. 1 Satz 1 BGB auch für die Arbeitsverhältnisse der übernommenen Arbeitnehmer mit dem Erwerber des Betriebes. Sofern die betreffenden Arbeitsverhältnisse beim Betriebsveräußerer gleichzeitig durch Tarifnormen bestimmt wurden, richtete sich die Geltung der individualrechtlichen oder kollektivrechtlichen Regelungen beim Betriebsveräußerer nach § 4 Abs. 3 TVG. Danach kam es auf deren Günstigkeit an, soweit keine tarifliche Öffnungsklausel besteht. Fraglich ist, welche Auswirkungen sich aus der gleichzeitigen Regelung der Arbeitsbedingungen auf einzelvertraglicher und tariflicher Ebene für die Arbeitsbedingungen der übernommenen Arbeitnehmer bei dem neuen Betriebsinhaber ergeben.

---

214 *Gussen/Dauck*, Weitergeltung, Rn. 230, S. 152.

215 *Gussen/Dauck*, Weitergeltung, Rn. 230, S. 152.

216 Vgl. vorstehend § 13 B V 2a; auf die Zustimmung der nunmehr zuständigen Gewerkschaft stellt dagegen ab *Gamillscheg*, Kollektives Arbeitsrecht, S. 781.

217 *Gussen/Dauck*, Weitergeltung, Rn. 230 f.; S. 152 f.

1. Ungünstigere einzelvertragliche Abmachungen

Bestanden bei dem bisherigen Betriebsinhaber gegenüber den Tarifnormen ungünstigere einzelvertragliche Vereinbarungen, konnten diese nach § 4 Abs. 3 TVG aufgrund der einseitig zwingenden Wirkung der Tarifnormen keine Wirksamkeit für die Arbeitsbedingungen entfalten. Die Frage, ob die entgegenstehenden einzelvertraglichen Regelungen vernichtet oder aber nur verdrängt werden, ist strittig.[218] Letztlich kommt es auf diese Entscheidung hier aber nicht an.

Soweit von einer bloßen Verdrängung der einzelvertraglichen Regelungen auszugehen wäre[219], könnten diese nach § 613a Abs. 1 Satz 1 BGB auf den Betriebserwerber übergehen, die Tarifnormen würden nach § 613a Abs. 1 Satz 2 BGB als individualrechtliche Vereinbarungen weitergelten. Dabei kommt den auf den weitergeltenden Tarifnormen beruhenden Arbeitsbedingungen bei dem Betriebserwerber eine einseitig zwingende Wirkung für längstens ein Jahr zu. Dies hat zur Folge, daß auch nach dem Betriebsübergang die für den Arbeitnehmer ungünstigeren und daher bereits bei dem Betriebsveräußerer verdrängten einzelvertraglichen Vereinbarungen nicht zur Anwendung kommen. Mit Ablauf der in § 613a Abs. 1 Satz 2 BGB angeordneten zwingenden Wirkung der weitergeltenden Tarifnormen verlieren diese nicht automatisch ihre Geltung, dazu wäre eine Änderungsvereinbarung erforderlich. Solange diese nicht vorliegt, gelten beide Regelungen auf individualrechtlicher Ebene, von denen nach dem allgemeinen arbeitsrechtlichen Günstigkeitsprinzip die für den Arbeitnehmer günstigere, also die ursprünglich tarifliche, zur Anwendung kommt.[220] Sofern dagegen die endgültige Unwirksamkeit der ungünstigeren einzelvertraglichen Abrede angenommen würde[221], gehen lediglich die Tarifnormen nach § 613a Abs. 1 Satz 2 BGB auf den Betriebserwerber über. Ein Konkurrenzproblem zu einzelvertraglichen Vereinbarungen stellt sich nach Betriebsübergang dann von vornherein nicht. Auch insoweit werden daher die Arbeitsbedingungen der übernommenen Arbeitnehmer durch die weitergeltenden Tarifnormen bestimmt.

Galten die Tarifnormen beim Betriebsveräußerer nur noch kraft Nachwirkung, fehlte ihnen die zwingende Wirkung gegenüber abweichenden einzelvertraglichen Vereinbarungen. Eine von Betriebsveräußerer und Arbeitnehmer nach Eintritt der Nachwirkung getroffene einzelvertragliche Abrede beendet insoweit jedenfalls die Geltung der tariflichen Regelung für das Arbeitsverhältnis.[222] Damit gilt bei

---

218 Siehe dazu *Höpfner*, Die normativen Wirkungen kollektivvertraglicher Inhaltsnormen.

219 Vgl. MünchArbR/*Löwisch*, § 263 Rn. 20 f.

220 *Beisel/Klumpp*, Unternehmenskauf, Rn. 570; MünchArbR/*Wank*, § 120 Rn. 179.

221 So MünchKom/*Schaub*, BGB, § 613a Rn. 164; *ders.*, ArbRGW 18 (1981), 71, 79; *ders.*, Arbeitsrechtshandbuch, S. 710.

222 Dagegen beendet eine vor Eintritt einer Tarifbindung durch die Arbeitsvertragsparteien getroffene Vereinbarung nach Auffassung des BAG die Nachwirkung eines Tarifver-

einem Betriebsübergang die individualrechtliche Vereinbarung zwischen den Arbeitsvertragsparteien nach § 613a Abs. 1 Satz 1 BGB weiter.[223] Ein Aufleben der tariflichen Regelung nach Betriebsübergang auf einzelvertraglicher Ebene kommt nicht in Betracht, da die nachwirkende tarifliche Bestimmung infolge der getroffenen einzelvertraglichen Abmachung nicht mehr für das Arbeitsverhältnis galt und demgemäß auch nicht nach § 613a Abs. 1 Satz 2 BGB bei dem Betriebserwerber weitergelten kann.

2. Günstigere einzelvertragliche Abmachungen

Sofern bei dem bisherigen Betriebsinhaber gegenüber den tariflichen Regelungen günstigere einzelvertragliche Abmachungen bestanden, richteten sich die Arbeitsbedingungen der Arbeitnehmer nach § 4 Abs. 3 TVG nach diesen Vereinbarungen. Die einzelvertraglichen Abreden gelten bei dem Betriebserwerber nach § 613a Abs. 1 Satz 1 BGB weiter. Sie können aber jederzeit auch zu Ungunsten der übernommenen Arbeitnehmer geändert werden. Demgegenüber gelten die bei dem Betriebsveräußerer nicht zur Anwendung gekommenen ungünstigeren Tarifnormen nach § 613a Abs. 1 Satz 2 BGB mit einseitig zwingender Wirkung für ein Jahr nach Betriebsübergang weiter. Allerdings gehen ihnen wegen § 613a Abs. 1 Satz 2 BGB die mit dem bisherigen Betriebsinhaber getroffenen günstigeren einzelvertraglichen Abmachungen vor.[224] Jedoch ist im Zuge der möglichen Abänderung einzelvertraglicher Vereinbarungen bei dem neuen Betriebsinhaber eine Verschlechterung der Arbeitsbedingungen der übernommenen Arbeitnehmer unter das Niveau der weitergeltenden Tarifnormen im Grundsatz denkbar.[225] Dann stellt sich die Frage, ob dies die Geltung der einzelvertraglich weitergeltenden tariflichen Regelungen aufleben läßt. Denn § 613a Abs. 1 Satz 2 BGB macht mit der

---

trags als andere Abmachung i.S.d. § 4 Abs. 5 TVG nur, wenn sie ausdrücklich für den Fall der Beendigung des Tarifvertrages abgeschlossen wurde, hierzu BAG 28.5.1997 AP Nr. 27 zu § 4 TVG Nachwirkung.

223 Davon scheint hingegen MünchKom/*Schaub*, BGB, § 613a Rn. 164; *ders.*, Arbeitsrechtshandbuch, S. 710; *ders.*, ArbRGW 18 (1981), 71, 79 entgegen seiner Auffassung von der Vernichtung einzelvertraglicher Abreden im übrigen nicht auszugehen. Vielmehr soll mit Mitteln der Auslegung zu klären sein, welche der gegenüberstehenden Vertragsregelungen nach dem Betriebsübergang zur Anwendung komme. Diesbezüglich will *Schaub* darauf abstellen, ob eine Abweichung von den zunächst nachwirkenden Tarifnormen von den Parteien gewollt war. Darüber kommt er letztlich zur regelmäßigen Geltung der einzelvertraglichen Vereinbarung. So auch *Beisel/Klumpp*, Unternehmenskauf, Rn. 570.

224 RGRK/*Ascheid*, BGB, § 613a Rn. 204; *Beisel/Klumpp*, Unternehmenskauf, Rn. 571; *Däubler*, Tarifvertragsrecht, Rn. 1547, S. 644; *Gamillscheg*, Kollektives Arbeitsrecht, S. 781; KassArbR/*Hattesen*, 1.7 Rn. 170; MünchKom/*Schaub*, BGB, § 613a Rn. 165; *Wank*, NZA 1987, 505, 506; *Wank/Brüning*, ZfA 1995, 699, 733.

225 Darauf weist auch *Däubler*, Tarifvertragsrecht, Rn. 1547, S. 644 hin.

Anordnung der einseitig zwingenden Wirkung der weitergeltenden Tarifnormen für ein Jahr nach Betriebsübergang deutlich, daß zumindest für diese Zeit den übernommenen Arbeitnehmern jedenfalls die tariflichen Arbeitsbedingungen erhalten bleiben sollten.

Das Bestehen günstigerer einzelvertraglicher Vereinbarungen hat nicht die Vernichtung der Tarifnormen zur Folge, diese werden lediglich in ihrer Anwendung verdrängt.[226] Daraus folgt, daß die tariflichen Regelungen bei dem Betriebserwerber nach § 613a Abs. 1 Satz 2 BGB weitergelten. Dann wirken sie auch für grundsätzlich ein Jahr zwingend. Die Arbeitsbedingungen der übernommenen Arbeitnehmer können daher innerhalb dieses Zeitraumes nicht durch andere Abreden verschlechtert werden. Die einzelvertraglichen Regelungen haben zwar an der zwingenden Wirkung der weitergeltenden Tarifnormen nicht teil.[227] Dennoch muß das Tarifniveau als untere Grenze der Arbeitsbedingungen der Arbeitnehmer, für deren Arbeitsverhältnisse beim Betriebsveräußerer ein Tarifvertrag zur Anwendung kam, auch gewahrt bleiben, wenn diese Regelungen zunächst durch günstigere einzelvertragliche Vereinbarungen verdrängt werden. Kommt es daher innerhalb des Zeitraumes der einseitig zwingenden Wirkung der weitergeltenden Tarifnormen bei dem Betriebserwerber zu einer Verschlechterung der Arbeitsbedingungen der übernommenen Arbeitnehmer unter das Tarifniveau, kommen die weitergeltenden Tarifnormen zur Anwendung.[228] Insoweit handelt es sich um den Wegfall der vom Tarifvertrag in zulässiger Weise abweichenden individualrechtlichen günstigeren Vereinbarung, der aber die tarifliche Regelung für das Arbeitsverhältnis wiederaufleben läßt.[229]

VII. Tarifdispositives Gesetzesrecht

Arbeitsrechtliche Gesetze normieren regelmäßig Mindestarbeitsbedingungen, von denen zugunsten der Arbeitnehmer abgewichen werden kann. Insoweit können jedoch tarifdispositive Gesetze geschaffen werden, von denen (nur) durch Tarifvertrag zu Lasten der Arbeitnehmer abgewichen werden darf.[230] Auch tarifliche Regelungen, die Abweichungen von tarifdispositivem Gesetzesrecht enthalten, werden im Gundsatz von der Weitergeltungsanordnung des § 613a Abs. 1 Satz 2 BGB erfaßt.[231] Damit gelten aber im Ergebnis beim Betriebsveräußerer einzelvertragliche Regelungen, die Abweichungen von lediglich tarifdispositivem Gesetz enthalten.

---

226 MünchArbR/*Löwisch*, § 263 Rn. 20 f.

227 *Gamillscheg*, Kollektives Arbeitsrecht, S. 781; KassArbR/*Hattesen*, 1.7 Rn. 170; *ders.*, HzA, Gruppe 1 Rn. 3376.

228 *Gamillscheg*, Kollektives Arbeitsrecht, S. 781.

229 Vgl. auch MünchArbR/*Löwisch*, § 263 Rn. 21 zur Rechtslage im übrigen.

230 MünchArbR/*Löwisch*, § 252 Rn. 109.

231 Darauf weist auch *Seiter*, DB 1980, 877, 878 hin.

Ein ähnliches Problem stellt sich bei der individualrechtlichen Inbezugnahme solcher Tarifnormen. Eine Hinderung der Bezugnahme auf einen Tarifvertrag besteht regelmäßig, soweit Gesetze ausschließlich tarifdispositiv sind. Diese Einschränkung der Bezugnahmefreiheit findet ihre Rechtfertigung darin, daß der in Bezug genommene Tarifvertrag nur als Inhalt des Arbeitsverhältnisses wirkt und keine Tarifgeltung hat, insbesondere nicht wie ein Tarifvertrag durchsetzbar ist. Anderes kann der Gesetzgeber aber ausdrücklich bestimmen, so in § 622 Abs. 4 BGB.[232] Entscheidend in diesen Fällen ist nicht der Geltungsgrund der Anwendung des Tarifvertrages, sondern das Zustandekommen der Regelung unter den Funktionsvoraussetzungen des Tarifvertragssystems.[233] Insoweit muß davon ausgegangen werden, daß auch die einzelvertragliche Weitergeltung solcher Tarifnormen nicht in Betracht kommt, soweit nicht der Gesetzgeber zumindest auch die Möglichkeit der Abweichung von den gesetzlichen Regelungen über die einzelvertragliche Inbezugnahme eines abweichenden Tarifvertrages aufgenommen hat.

VIII. Weitergeltung von Tarifverträgen bei mehrfachem Betriebsübergang

Geht ein Betrieb auf einen neuen Inhaber über, kommt es zu einer Weitergeltung tariflicher Rechtsnormen auf individualrechtlicher Ebene nach Maßgabe von § 613a Abs. 1 Satz 2 bis 4 BGB. Die Tarifnormen wirken nach Betriebsübergang auf die Arbeitsverhältnisse der übernommenen Arbeitnehmer nicht mehr normativ ein. Kommt es in dieser Situation zu einem erneuten Betriebsübergang, so fragt sich, welche Folgen dies für die Geltung der Tarifnormen auf die Arbeitsverhältnisse hat. Da es sich infolge des ersten Betriebsübergangs nunmehr um einzelvertragliche Regelungen handelt, scheint sich deren Weitergeltung auf den ersten Blick aus § 613a Abs. 1 Satz 1 BGB zu ergeben. Dies hätte das Nichteingreifen insbesondere der Ablösungsmöglichkeit nach § 613a Abs. 1 Satz 3 BGB zu Lasten des Betriebserwerbers zur Folge.

Demgegenüber wird angenommen, aufgrund des weiterhin bestehenden kollektiven Charakters der weitergeltenden Tarifnormen sei auch in einem solchen Fall § 613a Abs. 1 Satz 2 bis 4 BGB anzuwenden.[234] Der erste Betriebsübergang habe insoweit an der Rechtsqualität der ursprünglichen Kollektivnormen nichts ändern können, rein arbeitsvertragliche Regelungen, die nach § 613a Abs. 1 Satz 1 BGB weitergelten müßten, seien dabei nicht entstanden.[235] Diese Auffassung erscheint allerdings im Hinblick auf den Gesetzeswortlaut zweifelhaft. § 613a Abs. 1 Satz

---

232 MünchArbR/*Löwisch*, § 238 Rn. 72 sowie MünchArbR/*Richardi*, § 12 Rn. 17 f.

233 Vgl. MünchArbR/*Richardi*, § 12 Rn. 17.

234 So ausdrücklich *Moll*, RdA 1996, 275, 279.

235 *Moll*, RdA 1996, 275, 279; *ders.*, Brennpunkte des Arbeitsrechts 1996, S. 185, 217 f.

2 BGB ordnet gerade die Weitergeltung der Tarifnormen als einzelvertragliche Regelungen an, mag es sich auch in der Sache wegen ihres kollektiven Bezuges um arbeitsvertragliche Einheitsregelungen handeln. Damit kommt aber nur eine Weitergeltung nach § 613a Abs. 1 Satz 1 BGB nach dem zweiten Betriebsübergang in Betracht.[236] Allenfalls könnten die Bestimmungen des § 613a Abs. 1 Satz 2 bis 4 BGB entsprechend auf die bereits vor Betriebsübergang einzelvertraglich geltenden Tarifbestimmungen angewendet werden. Der Betriebserwerber unterliegt nach § 613a Abs. 1 Satz 1 BGB den gleichen einzelvertraglichen Verpflichtungen wie der Betriebsveräußerer. Solange die weitergeltenden Tarifnormen beim ersten Betriebserwerber daher nach § 613a Abs. 1 Satz 2 BGB einseitig zwingend gelten, kommt ihnen diese Wirkung auch nach dem zweiten Betriebsübergang zu.[237] Damit sind die übernommenen Arbeitnehmer hinreichend vor einer Verschlechterung ihrer Rechtspositionen nach dem zweiten Betriebsübergang geschützt.[238] Insoweit bedarf es schon keiner entsprechenden Anwendung der Bestandsschutzregelung in § 613a Abs. 2 und 4 BGB. Allerdings steht dem neuen Betriebserwerber aufgrund der Weitergeltung der Arbeitsbedingungen nach § 613a Abs. 1 Satz 1 BGB zunächst nicht die Ablösungsmöglichkeit des § 613a Abs. 1 Satz 3 BGB zu.[239] Im Hinblick darauf kann sich aber in der Tat ein Bedürfnis nach entsprechender Anwendung der für die Weitergeltung normativ geltender Tarifnormen konzipierten Bestimmung ergeben, da diese Vorschrift dem Betriebserwerber die Vereinheitlichung der Arbeitsbedingungen der Arbeitnehmer nach Betriebsübergang ohne Rücksicht auf deren Günstigkeit gestattet. Ohne die Geltung von § 613a Abs. 1 Satz 3 BGB bliebe das Verhältnis der einzelvertraglich geregelten Arbeitsbedingungen der übernommenen Arbeitnehmer zu beim Betriebserwerber geltenden Kollektivrecht bestimmt vom Günstigkeitsprinzip. Aus diesem Grund wird angenommen, auch die Arbeitsbedingungen der übernommenen Arbeitnehmer, die ehemals auf normativ geltenden Tarifnormen beruhten, könnten durch Kollektivrecht des Betriebserwerbers entsprechend § 613a Abs. 1 Satz 3 BGB abgelöst werden.[240] Begründet wird die analoge An-

---

236 Davon geht zu Recht BAG 20.4.1994 AP Nr. 108 zu § 613a BGB aus. Ebenso Soergel/*Raab*, BGB, § 613a Rn. 108; wohl auch *Gamillscheg*, Kollektives Arbeitsrecht, S. 783; *Nicolai*, Anm. zu BAG 20.4.1994, SAE 1995, 204; MünchKom/*Schaub*, BGB, § 613a Rn. 185.

237 So auch Soergel/*Raab*, BGB, § 613a Rn. 108.

238 Darauf weist auch BAG 20.4.1994 AP Nr. 108 zu § 613a BGB hin. *Nicolai*, Anm. zu BAG 20.4.1994, SAE 1995, 204 Fn. 2 gibt überdies zu bedenken, daß mit der Rechtsfigur des Umgehungsgeschäftes gearbeitet werden könne, soweit mehrere Betriebsübergänge lediglich mit dem Ziel, die Arbeitsbedingungen der Arbeitnehmer zu verschlechtern, herbeigeführt werden.

239 *Bichlmeier*, Anm. zu BAG 20.4.1994, AiB 1995, 195 f.

240 So *Gamillscheg*, Kollektives Arbeitsrecht, S. 783; *Nicolai*, Anm. zu BAG 20.4.1994, SAE 1995, 204; Soergel/*Raab*, BGB, § 613a Rn. 125a; MünchKom/*Schaub*, BGB, §

wendung von § 613a Abs. 1 Satz 3 BGB in erster Linie mit dem kollektivrechtlichen Ursprung der auf den Zweiterwerber übergegangenen Rechte und Pflichten des Betriebserwerbers aus § 613a Abs. 1 Satz 2 BGB, der nicht durch den erneuten Betriebsübergang verloren gehe.[241]

Indessen wirft die erwogene entsprechende Anwendung des § 613a Abs. 1 Satz 3 BGB unter mehreren Gesichtspunkten Probleme auf. So kommt eine entsprechende Anwendung des § 613a Abs. 1 Satz 3 BGB auf die Fälle mehrfacher Betriebsübergänge nur in Betracht, soweit eine diesbezügliche planwidrige Unvollständigkeit der gesetzlichen Regelung festgestellt werden kann. Dies ist nur dann anzunehmen, wenn eine Bestimmung keine Regelung zu einer Frage, die nach der zugrunde liegenden Regelungsabsicht des Gesetzgebers einer Regelung bedarf, enthält.[242] § 613a BGB regelt die Rechtsfolgen eines Betriebsübergangs für die betroffenen Arbeitsverhältnisse. Auch die Folgen eines nachfolgenden Betriebsübergangs ergeben sich unproblematisch aus dieser Vorschrift. Allenfalls kann daher eine gesetzliche Regelung mehrfacher Betriebsübergänge wegen gegebenenfalls auftretender Besonderheiten rechtspolitisch als wünschenswert angesehen werden, eine Regelungslücke hinsichtlich der Möglichkeit für den zweiten Betriebserwerber, die Arbeitsbedingungen der Arbeitnehmer zu vereinheitlichen, die über die entsprechende Anwendung von § 613a Abs. 1 Satz 3 BGB geschlossen werden müßte, ist allerdings nicht anzunehmen. Zudem würde sich im Falle einer entsprechenden Anwendung von § 613a Abs. 1 Satz 3 BGB die Frage stellen, inwieweit Anforderungen an die zeitliche Nähe zweier Betriebsübergänge zu stellen sind, um eine Anwendung von § 613a Abs. 1 Satz 3 BGB in Betracht ziehen zu können. Es wird schon gar nicht angenommen werden können, es sei eine zeitlich unbegrenzte Möglichkeit für den zweiten Betriebserwerber gegeben, die Arbeitsbedingungen der Arbeitnehmer, die nach Ablauf der Veränderungssperre beim Ersterwerber einzelvertraglich und nicht zwingend weitergelten, unabhängig von der Geltung des Günstigkeitsprinzips zu vereinheitlichen.

IX. Zusammenfassung

Obschon die Weitergeltungsanordnung in § 613a Abs. 1 Satz 2 BGB der individualrechtlichen Lösung folgt und eine Umwandlung der Tarifnormen in einzelvertragliche Bestandteile vornimmt, sind die Arbeitsbedingungen der übernom-

---

613a Rn. 185; offen gelassen dagegen von BAG 20.4.1994 AP Nr. 108 zu § 613a BGB.

241 Soergel/*Raab*, BGB, § 613a Rn. 125a; so wohl auch *Moll*, Brennpunkte des Arbeitsrechts 1996, S. 185, 218. Darüber hinaus verweist MünchKom/*Schaub*, BGB, § 613a Rn. 185 auf das „Interesse der Betriebseinheit".

242 Vgl. *Larenz/Canaris*, Methodenlehre der Rechtswissenschaft, S. 193 sowie § 9 C.

menen Arbeitnehmer nach Betriebsübergang nicht ohne weiteres für den Betriebserwerber abänderbar. Der erforderliche Schutz der Arbeitsbedingungen der Arbeitnehmer nach Betriebsübergang wird erreicht durch die Anordnung einer befristet einseitig zwingenden Wirkung der weitergeltenden Tarifnormen. Danach steht dem Betriebserwerber zur Abänderung der Arbeitsbedingungen der übernommenen Arbeitnehmer zwar das gängige individualarbeitsrechtliche Instrumentarium der Änderungsvereinbarung und der Änderungskündigung zur Verfügung. Allerdings sind die Arbeitsbedingungen der übernommenen Arbeitnehmer, die durch die weitergeltenden Tarifnormen bestimmt sind, zunächst nur zu Gunsten der Arbeitnehmer durch den Betriebserwerber abänderbar. Eine uneingeschränkte Änderung und damit auch die Verschlechterung der Arbeitsbedingungen ist grundsätzlich erst nach Ablauf der Veränderungssperre von einem Jahr nach Betriebsübergang möglich. § 4 Abs. 3 TVG findet auf die weitergeltenden Tarifnormen keine darüber hinaus gehende Wirkung.

Für die Wirksamkeit von Änderungen der Arbeitsbedingungen während des Laufes der Veränderungssperre ist damit die Günstigkeit der Veränderung aus der Sicht der übernommenen Arbeitnehmer entscheidend. Der Gesetzgeber folgt insoweit auch im Rahmen der Weitergeltungsanordnung des § 613a Abs. 1 Satz 2 BGB der zwingenden Wirkung der vormaligen Tarifnormen, wie sie sich über § 4 Abs. 3 TVG ergeben hat. Die Vereinbarung von Verschlechterungen der Arbeitsbedingungen mit dem betroffenen Arbeitnehmer selbst macht die Änderung während der Jahresfrist nicht zulässig. Eine Änderungskündigung zu Lasten der Arbeitnehmer, die der Betriebserwerber während des Laufes der Veränderungssperre ausspricht, deren Wirkungen jedoch erst nach deren Ablauf eintreten sollen, ist dagegen möglich, sofern deren sonstige Wirksamkeitsvoraussetzungen gewahrt sind. Auch Einschränkungen des Kündigungsrechts, die sich aus den weitergeltenden Tarifnormen selbst ergeben, sind für den Ausspruch einer solchen Änderungskündigung zu beachten.

Das Gesetz sieht eine regelmäßige Dauer der Veränderungssperre von einem Jahr vor, die jedoch im Einzelfall nach § 613a Abs. 1 Satz 4 BGB abgekürzt sein kann. Dies ist zum einen der Fall, wenn der Tarifvertrag nicht mehr gilt. Maßgebend sind die Verhältnisse bei dem Betriebsveräußerer. Ein Geltungsende des Tarifvertrages kann aufgrund des Zeitablaufs oder einer Kündigung des Tarifvertrages eintreten. Das vorzeitige Ende der Veränderungssperre ist stets von der tatsächlichen Kündigung des Tarifvertrages abhängig, es tritt nicht schon zu einem möglichen Kündigungstermin und Unterbleiben einer Kündigung ein. Kündigungsberechtigt bleiben auch nach Betriebsübergang die tarifschließenden Parteien. Der Betriebserwerber hat allenfalls die Möglichkeit, auf eine Ausübung des Kündigungsrechts der Tarifpartei auf Arbeitgeberseite hinzuwirken. Eine Teilkündigung der weitergeltenden Tarifnormen nur insoweit und unter Weitergeltung des Tarifvertrages im übrigen führt nicht schon zu einem vorzeitigen Ende der Veränderungssperre. Die umfassende Änderung eines geltenden Tarifvertrages durch die Tarifvertragsparteien hat das Geltungsende der geänderten Regelungen zur Folge. Hinsichtlich der nicht geänderten Bestimmungen kommt es darauf an, ob es sich um eigenständige Regelungskomplexe handelt, deren Aufrechterhaltung aus sich heraus sinnvoll bleibt. Dennoch tritt in diesen Fällen nicht schon das vorzeitige Ende der Veränderungssperre nach § 613a Abs. 1 Satz 4 BGB aufgrund der bloßen Änderung eines geltenden Tarifvertrages ein. Dagegen kommt es mit dem Eintritt eines geltenden Tarifvertrages beim bisherigen Betriebsinhaber in das Stadium der Nachwirkung nach § 4 Abs. 5 TVG zu einem vorzeitigen Ende der Veränderungssperre. Endet ein Tarifvertrag ohne anschließende Nachwirkung nach § 4 Abs. 5 TVG beim Betriebsveräußerer, so hat dies für die Arbeitsbedingungen der übernommenen Arbeitnehmer beim Betriebserwerber zur Folge, daß es der selbständigen Abänderung der weitergeltenden Tarifnormen nicht mehr bedarf. Insoweit endet deren Weitergeltung schon automatisch.

Zum anderen endet die Veränderungssperre des § 613a Abs. 1 Satz 2 BGB auch dann vorzeitig, wenn der Betriebserwerber mit dem Arbeitnehmer bei fehlender beiderseitiger Tarifgebundenheit die Anwendung eines anderen Tarifvertrages einzelvertraglich vereinbart. Ein Anwendungsfall des § 613a Abs. 1 Satz 4 BGB liegt dennoch nur dann vor, wenn der Betriebserwerber einseitig an einen Tarifvertrag gebunden ist. Anderenfalls besteht regelmäßig auf dessen Seite kein rechtlich schützenswertes Vereinheitlichungsinteresse, das die vorzeitige Beendigung der Veränderungssperre rechtfertigt. Der Tarifvertrag, dessen Geltung die Arbeitsvertragsparteien vereinbaren, muß seinem Geltungsbereich nach einschlägig sein und vollständig zur Anwendung kommen sollen. Die Vereinbarung der Anwendung eines anderen Tarifvertrages beendet zwar zunächst vorzeitig die Veränderungssperre des § 613a Abs. 1 Satz 2 BGB hinsichtlich der weitergeltenden Tarifnormen, vor Ablauf eines Jahres nach Betriebsübergang sind jedoch sodann die in Bezug genommenen Tarifnormen nicht einer Änderung zu Lasten der Arbeitnehmer zugänglich. Die Vereinbarung der Anwendung eines anderen Tarifvertrages kann auch durch eine Änderungskündigung des Betriebserwerbers erzwungen werden, wenn deren sonstige Voraussetzungen vorliegen.

Auf einen Verzicht auf Ansprüche aus weitergeltenden Tarifnormen ist § 4 Abs. 4 Satz 1 TVG entsprechend anzuwenden, soweit diesen noch die einseitig zwingende Wirkung nach § 613a Abs. 1 Satz 2 BGB zukommt. Eine Zustimmung der auf Arbeitgeberseite tarifschließenden wie auch einer nunmehr zuständigen Tarifvertragspartei ist zur Wirksamkeit eines Verzichts jedoch nicht erforderlich. Auf Arbeitnehmerseite kommt es dagegen auf die Billigung der tarifschließenden Gewerkschaft an.

Einzelvertragliche Abmachungen des bisherigen Betriebsinhabers mit den Arbeitnehmern gelten nach § 613a Abs. 1 Satz 1 BGB weiter. Einzelvertraglichen Vereinbarungen, die für die Arbeitnehmer gegenüber den Regelungen des beim Betriebsveräußerer geltenden Tarifvertrages ungünstiger sind, kommt allerdings auch nach Betriebsübergang aufgrund der einseitig zwingenden Wirkung der nach § 613a Abs. 1 Satz 2 BGB weitergeltenden Tarifnormen keine Geltung zu. Günstigere einzelvertragliche Abmachungen gehen den weitergeltenden Tarifnormen dagegen zunächst vor. Allerdings gilt dies nicht mehr, soweit die Arbeitsbedingungen der Arbeitnehmer noch während des Laufes der Veränderungssperre mit individualrechtlichen Mitteln unter das durch die einseitig zwingend weitergeltenden Tarifnormen bestimmte Niveau abgesenkt werden sollen. Insoweit leben die Tarifnormen wegen Wegfalls der günstigeren einzelvertraglichen Vereinbarung auf.

§ 14 Weitergeltung nachwirkender und dispositiver Tarifnormen

A. Nachwirkende Tarifnormen beim Betriebsveräußerer

Der Gesetzgeber hat mit der Anordnung der Nachwirkung von Tarifnormen in § 4 Abs. 5 TVG eine Übergangsregelung für die Zeit nach dem Ende eines Tarifvertrages geschaffen. Damit soll verhindert werden, daß für die Arbeitsverhältnisse ein regelungsfreier Raum aufgrund des Wegfalls von Tarifnormen entsteht.[1] Fraglich ist, inwieweit bei Eintritt der Nachwirkung bereits vor Betriebsübergang eine Weitergeltung dieser Tarifbestimmungen nach § 613a Abs. 1 Satz 2 BGB bei dem Erwerber des Betriebes in Betracht kommt.

I. Weitergeltung nach § 613a Abs. 1 BGB

Im Ergebnis besteht weitgehend Einigkeit darüber, daß Tarifnormen, die vor dem Betriebsübergang beim Betriebsveräußerer kraft Nachwirkung zur Anwendung gekommen sind, auch bei dem neuen Betriebsinhaber weitergelten. Dies wird sowohl über die Anwendung von § 613a Abs. 1 Satz 1 BGB als auch von Satz 2 begründet.

1. Anwendung von § 613a Abs. 1 Satz 1 BGB

Zweifelhaft ist, ob sich eine Weitergeltung nachwirkender Tarifnormen beim Betriebserwerber aus § 613a Abs. 1 Satz 1 BGB ergeben kann. Dies wird darauf gestützt, daß nachwirkenden Tarifnormen die normative Wirkung auf Arbeitsverhältnisse fehle und daher die Veränderungssperre des § 613a Abs. 1 Satz 2 BGB hier nicht gelten könne.[2]

Aus § 613a Abs. 1 Satz 1 BGB ergibt sich die Weitergeltung von Rechten und Pflichten aus den beim bisherigen Betriebsinhaber bestehenden Arbeitsverhältnissen. Damit erfaßt die Vorschrift nur einzelvertragliche Regelungen. Es kommt daher darauf an, ob nachwirkende Tarifnormen als Bestandteile der Arbeitsverhältnisse gelten. Tarifnormen wirken grundsätzlich von außen auf die Arbeitsverhältnisse ein. Insbesondere die Gegenüberstellung von § 4 Abs. 5 TVG und § 613a Abs. 1 Satz 2 BGB zeigt, daß der Gesetzgeber jedenfalls keine individualrechtliche Fortgeltung der Tarifnormen nach Ablauf eines Tarifvertrages vorgesehen hat. Damit werden auch die nachwirkenden Tarifnormen nicht Bestandteile

---

[1] *Schuster*, Aktuelle Aspekte des Arbeitsrechts, S. 199, 201.

[2] So RGRK/*Ascheid*, BGB, § 613a Rn. 203; KassArbR/*Hattesen*, 1.7 Rn. 169. Zu Recht weist demgegenüber Soergel/*Raab*, BGB, § 613a Rn. 107 darauf hin, daß nachwirkenden Tarifnormen lediglich die zwingende, nicht aber die unmittelbare Wirkung fehle.

der einzelnen Arbeitsverhältnisse.[3] Dies hat zur Folge, daß eine Weitergeltung dieser Bestimmungen nach § 613a Abs. 1 Satz 1 BGB nicht in Betracht kommt.[4]

2. Anwendung von § 613a Abs. 1 Satz 2 BGB

Allerdings könnte sich eine Weitergeltung der nachwirkenden Tarifnormen beim neuen Betriebsinhaber über § 613a Abs. 1 Satz 2 BGB ergeben. Voraussetzung für die Anwendung dieser Vorschrift ist, daß nachwirkende Bestimmungen eines Tarifvertrages weiterhin als Rechtsnormen anzusehen sind. Die Rechtsnatur nachwirkender Tarifnormen wird uneinheitlich beurteilt.[5] Die wohl überwiegende Auffassung geht davon aus, daß auch nach § 4 Abs. 5 TVG nachwirkende Tarifnormen weiterhin als Rechtsnormen anzusehen sind.[6] Indem das Gesetz die Möglichkeit der Ersetzung der tariflichen Regelungen durch andere Abmachungen vorsieht, wird durch § 4 Abs. 5 TVG lediglich die zwingende Wirkung der Tarifnormen aufgehoben.[7] Im übrigen handelt es sich hingegen weiterhin um Rechtsnormen.[8] Danach können auch im Zeitpunkt des Betriebsübergangs nachwirkende Tarifnormen nach § 613a Abs. 1 Satz 2 BGB als einzelvertragliche Regelungen bei dem neuen Betriebsinhaber weitergelten.[9]

---

3 *Balze/Rebel/Schuck*, Outsourcing, S. 181; *Moll*, RdA 1996, 275, 278; *ders.*, Brennpunkte des Arbeitsrechts 1996, S. 185, 215; *Schuster*, Aktuelle Aspekte des Arbeitsrechts, S. 199, 201; a.A. *D. Gaul*, ZTR 1989, 432, 435, nach dem der nachwirkende Tarifvertrag zum Inhalt der hiervon betroffenen Arbeitsverhältnisse werden soll.

4 Ausdrücklich ebenso *Balze/Rebel/Schuck*, Outsourcing, S. 181; *Moll*, RdA 1996, 275, 278; *ders.*, Brennpunkte des Arbeitsrechts 1996, S. 185, 215 sowie *Gussen/Dauck*, Weitergeltung, Rn. 143, S. 102, die darauf hinweisen, daß es sich bei nachwirkenden Tarifnormen eben nicht um Individualarbeitsrecht handelt.

5 Im Überblick *Rotter*, Nachwirkung der Normen eines Tarifvertrages, S. 9 ff.; *Wiedemann/Stumpf*, TVG, § 4 Rn. 183.

6 Vgl. insoweit *Gamillscheg*, Kollektives Arbeitsrecht, Bd. 1, S. 873 f.; *Kempen/Zachert*, TVG, § 4 Rn. 295; MünchArbR/*Löwisch*, § 266 Rn. 5 f.; *Löwisch/Rieble*, Anm. zu BAG 18.3.1992, AP Nr. 13 zu § 3 TVG; *Wiedemann*, Anm. zu BAG 29.1.1975, AP Nr. 8 zu § 4 TVG Nachwirkung. Zum dogmatischen Ansatz des Bundesarbeitsgerichts noch nachstehend § 14 A III.

7 Vgl. *Herschel*, ZfA 1976, 89 ff.; MünchArbR/*Löwisch*, § 266 Rn. 8; *Schuster*, Aktuelle Aspekte des Arbeitsrechts, S. 199, 201.

8 *Kempen/Zachert*, TVG, § 4 Rn. 295.

9 BAG 27.11.1991 AP Nr. 22 zu § 4 TVG Nachwirkung; *Balze/Rebel/Schuck*, Outsourcing, S. 181; *Däubler*, Tarifvertragsrecht, Rn. 1543, S. 643; *Gamillscheg*, Kollektives Arbeitsrecht, S. 781; *Gussen/Dauck*, Weitergeltung, Rn. 143, S. 102; Erman/*Hanau*, BGB, § 613a Rn. 87; *Hess/Knörig*, Arbeitsrecht, Rn. 80; *Kittner/Trittin*, Kündigungsschutzrecht, § 613a BGB Rn. 192; *Löwisch/Rieble*, Anm. zu BAG 27.11.1991, AP Nr. 22 zu § 4 TVG Nachwirkung; *Moll*, RdA 1996, 275, 278; *ders.*, Brennpunkte des Arbeitsrechts 1996, S. 185, 215; *Oetker*, Anm. zu BAG 27.11.1991, EzA Nr. 15 zu § 4 TVG Nachwirkung; GK-KR/*Pfeiffer*, § 613a BGB Rn. 93; Soergel/*Raab*, BGB, § 613a

II. Weitergeltung mit einseitig zwingender Wirkung

Nach § 613a Abs. 1 Satz 2 BGB dürfen die durch die weitergeltenden Tarifnormen bestimmten Arbeitsbedingungen bei dem neuen Betriebsinhaber regelmäßig nicht vor Ablauf eines Jahres geändert werden. Insoweit wird die zwingende Wirkung der Tarifnormen nach § 4 Abs. 1 TVG trotz deren Weitergeltung als individualrechtliche Regelungen aufrechterhalten. Den kraft Nachwirkung geltenden Tarifnormen kam allerdings bereits beim bisherigen Betriebsinhaber keine zwingende Wirkung mehr zu. Dennoch würde eine Anwendung von § 613a Abs. 1 Satz 2 BGB nach dessen Wortlaut zu einer Weitergeltung der nachwirkenden Tarifnormen mit für ein Jahr einseitig zwingender Wirkung führen. Daher wird im Hinblick auf die Weitergeltung nachwirkender Tarifnormen nach § 613a Abs. 1 Satz 2 BGB eine teleologische Reduktion der Vorschrift dahingehend erwogen, daß eine Änderung der durch die nachwirkenden Tarifnormen bestimmten Arbeitsbedingungen nach dem Betriebsübergang auch zu Ungunsten der übernommenen Arbeitnehmer jederzeit möglich sei.

§ 613a Abs. 1 Satz 2 BGB soll seinem Zweck nach vor einer Verschlechterung der Arbeitsbedingungen der übernommenen Arbeitnehmer infolge des Übergangs des Betriebes auf einen nicht tarifgebundenen Betriebsinhaber schützen. Die tariflich bestimmte Rechtsposition der Arbeitnehmer soll allerdings nur gewahrt, nicht jedoch erweitert werden.[10] Unter diesem Gesichtspunkt ist davon auszugehen, daß die Tarifnormen nach dem Betriebsübergang auch nicht mit stärkeren Rechtswirkungen als bei dem bisherigen Betriebsinhaber auf die Arbeitsverhältnisse einwirken sollen.[11] Dies aber wäre der Fall, wenn die im Zeitpunkt des Betriebsübergangs nachwirkenden Tarifnormen, die jederzeit auch zu Ungunsten der Arbeitnehmer geändert werden konnten, nunmehr der einjährigen Veränderungssperre unterliegen würden. Daher kommt die einjährige Veränderungssperre des § 613a Abs. 1 Satz 2 BGB hier nicht zur Anwendung, eine Veränderung der Arbeitsbedingungen zu Lasten der Arbeitnehmer ist jederzeit möglich.[12] Die Verän-

---

Rn. 107; Staudinger/*Richardi*, BGB, § 613a Rn. 175; MünchKom/*Schaub*, BGB, § 613a Rn. 167.

10 Vgl. BAG 13.11.1985 AP Nr. 46 zu § 613a BGB; *Boecken*, Unternehmensumwandlungen, Rn. 170, S. 118; *Gussen/Dauck*, Weitergeltung, Rn. 143, S. 102, Rn. 225, S. 150; *Kamlah*, Bestandsschutz, S. 92; MünchKom/*Schaub*, BGB, § 613a Rn. 167; *ders.*, Arbeitsrechtshandbuch, S. 710; *ders.*, ZiP 1984, 272, 279. Dazu auch schon § 13 A I 5.

11 *Däubler*, Tarifvertragsrecht, Rn. 1543, S. 643; *Gamillscheg*, Kollektives Arbeitsrecht, S. 781; *Hess/Knörig*, Arbeitsrecht, Rn. 80; *Löwisch/Rieble*, TVG, § 3 Rn. 84; *diess.*, Anm. zu BAG 27.11.1991, AP Nr. 22 zu § 4 TVG Nachwirkung; *Oetker*, Anm. zu BAG 27.11.1991, EzA Nr. 15 zu § 4 TVG Nachwirkung; MünchKom/*Schaub*, BGB, § 613a Rn. 167; *ders.*, ZiP 1984, 272, 279.

12 *Balze/Rebel/Schuck*, Outsourcing, S. 181; *Berscheid*, Betriebsinhaberwechsel, Rn. 119; *Beseler*, Betriebsübergang, S. 169, 186; *Boecken*, Unternehmensumwandlungen, Rn.

derbarkeit der Arbeitsbedingungen nach Betriebsübergang folgt aus der Weitergeltung der tariflichen Regelungen als einzelvertragliche Bestandteile des Arbeitsverhältnisses mit dem Betriebserwerber. Dabei handelt es sich hingegen aus rechtstechnischer Sicht nicht um die Abdingbarkeit von Tarifnormen im Stadium der Nachwirkung nach § 4 Abs. 5 TVG.

Dem wird entgegengehalten, mit dem Betriebsübergang würden die Tarifnormen aufgrund der individualrechtlichen Weitergeltung ohnehin ihre zwingende Wirkung verlieren. Die einseitig zwingende Wirkung der tariflichen Regelungen zugunsten der Arbeitnehmer erwachse erst durch deren ausdrückliche gesetzliche Anordnung. Die Verschlechterungssperre setze somit gerade keine Kollektivregelungen mit zwingender Wirkung voraus und müsse deshalb auch für nachwirkende Tarifnormen gelten.[13] Dieser Auffassung kann indes sowohl aus den vorstehend angeführten teleologischen, als auch aus systematischen Erwägungen nicht zugestimmt werden. Nach § 613a Abs. 1 Satz 4, 1. Alt. BGB endet die einseitig zwingende Geltung der Tarifnormen beim Betriebserwerber, wenn der Tarifvertrag bei dem Betriebsveräußerer nicht mehr gilt. Das Ende des Tarifvertrages im Sinne dieser Vorschrift tritt ungeachtet einer Nachwirkung der Tarifnormen ein.[14] Sofern daher beim Betriebsveräußerer die bisher nach § 4 Abs. 1 TVG zwingend geltenden Regelungen eines bestehenden Tarifvertrages nach dessen Ablauf oder Beendigung in das Stadium der Nachwirkung eintreten, be-

---

170, S. 118; *Däubler*, Tarifvertragsrecht, Rn. 1543, S. 643; *Düwell*, Betriebsübergang, S. 193, 215; *Eich*, NJW 1980, 2329, 2334; *Gamillscheg*, Kollektives Arbeitsrecht, S. 781; *Gussen/Dauck*, Weitergeltung, Rn. 143, S. 102, Rn. 225, S. 149; Erman/*Hanau*, BGB, § 613a Rn. 87, 98; *Hanau/Vossen*, FS Hilger/Stumpf, S. 271, 280, 293; *Hess*, AR-Blattei Insolvenzarbeitsrecht, Rn. 152; *Hess/Knörig*, Arbeitsrecht, Rn. 80; *Johlke/Delhey*, Anm. zu BAG 13.11.1985, WuB IX C 1. § 613a BGB 1.87; *Kamlah*, Bestandsschutz, S. 92; *Löwisch/Rieble*, TVG, § 3 Rn. 84; *diess.*, Anm. zu BAG 27.11.1991, AP Nr. 22 zu § 4 TVG Nachwirkung; *Moll*, RdA 1996, 275, 278; *ders.*, Brennpunkte des Arbeitsrechts 1996, S. 185, 215; *Oetker*, Anm. zu BAG 27.11.1991, EzA Nr. 15 zu § 4 TVG Nachwirkung; Soergel/*Raab*, BGB, § 613a Rn. 107; Staudinger/*Richardi*, BGB, § 613a Rn. 175, 178; *Sack*, Schicksal von Altverträgen, S. 107; MünchKom/*Schaub*, BGB, § 613a Rn. 167; *ders.*, ZiP 1984, 272, 279; *ders.*, Arbeitsrechtshandbuch, S. 710; *ders.*, ArbRGW 18 (1981), 71, 79; *Schipp/Schipp*, Arbeitsrecht und Privatisierung, Rn. 186, S. 86; MünchArbR/*Wank*, § 120 Rn. 178; *ders.*, NZA 1987, 505, 506; *Wank/Brüning*, ZfA 1995, 699, 733. Ebenso *Henssler*, NZA 1994, 913, 919 zur nachwirkenden Betriebsvereinbarung. Anders hingegen *Kittner/Trittin*, Kündigungsschutzrecht, § 613a BGB Rn. 192, 214, die insoweit das Leerlaufen der Vorschrift befürchten.

13 *Hüper*, Betrieb, S. 69. Dagegen *v. Stebut*, Anm. zu BAG 13.11.1985, SAE 1986, 209, 210, nach dem die normative Geltung des Tarifvertrages notwendige Voraussetzung für die Aufrechterhaltung der zwingenden individualrechtlichen Mindestarbeitsbedingungen der übernommenen Arbeitnehmer ist.

14 Dazu vorstehend § 13 B III 1d.

steht im Betrieb des Erwerbers die Möglichkeit der Änderung der durch diese Regelungen bestimmten Arbeitsverhältnisse zu Lasten der übernommenen Arbeitnehmer bereits vor Ablauf eines Jahres. Widersprüchlich und systemwidrig erscheint es dann aber, für den Fall der Nachwirkung der Tarifnormen im Zeitpunkt des Betriebsübergangs deren zwingende Wirkung gegenüber dem neuen Betriebsinhaber für den Zeitraum von einem Jahr, wie in § 613a Abs. 1 Satz 2 BGB vorgesehen, anzunehmen.[15]

Damit zeigt sich, daß ein Rückgriff auf § 613a Abs. 1 Satz 1 BGB[16] nicht erforderlich ist, um die Besserstellung der übernommenen Arbeitnehmer nach einem Betriebsübergang im Hinblick auf die Weitergeltung nachwirkender Tarifnormen zu vermeiden. Insbesondere wirkt sich die Entscheidung für die Anwendung von Satz 1 oder Satz 2 nicht dahingehend aus, ob nachwirkende Tarifnormen vor Ablauf der Jahresfrist auch zum Nachteil der Arbeitnehmer abgeändert werden können.[17]

III. Weitergeltung nach § 4 Abs. 5 TVG

Das Bundesarbeitsgericht geht von einem anderen dogmatischen Ansatz hinsichtlich der Erklärung der Nachwirkung eines Tarifvertrages nach § 4 Abs. 5 TVG aus. Danach sind nachwirkende Tarifbestimmungen nicht mehr tariflicher, sondern staatlicher Natur. Dies wird darauf gestützt, daß Rechtsgrundlage der weiteren Geltung der tariflichen Regelungen nur die gesetzliche Bestimmung des § 4 Abs. 5 TVG, nicht aber der nunmehr beendete Tarifvertrag sein könne.[18] Dies könnte einer Weitergeltung dieser Regelungen nach § 613a Abs. 1 Satz 2 BGB, der die Weitergeltung von Rechtsnormen eines Tarifvertrages vorsieht, entgegenstehen.[19]

Fraglich ist, wie die nachwirkenden Tarifnormen von diesem Ausgangspunkt aus im Falle eines Betriebsübergangs folgerichtig zu beurteilen wären. Handelt es sich

---

15 Diese Überlegungen klingen ebenfalls an bei *Düwell*, Betriebsübergang, S. 193, 215; *Löwisch/Rieble*, TVG, § 3 Rn. 84; *Wank*, NZA 1987, 505, 506. Zwar greift auch *Hüper*, Betrieb, S. 69 argumentativ auf zu § 613a Abs. 1 Satz 4 BGB gemachte Ausführungen zurück, allerdings vertritt er auch insoweit eine abweichende Auffassung.

16 So will Soergel/*Kraft*, BGB, Nachtrag 11. Aufl., § 613a Rn. 10 wegen der nach § 613a Abs. 1 Satz 2 BGB eintretenden einjährigen Veränderungssperre hier nur § 613a Abs. 1 Satz 1 BGB anwenden. Ähnlich RGRK/*Ascheid*, BGB, § 613a Rn. 203, der auf die fehlende zwingende Wirkung nachwirkender Tarifnormen vor Betriebsübergang abstellt.

17 So aber *Hattesen*, HzA, Gruppe 1 Rn. 3375.

18 Vgl. BAG 14.2.1973 AP Nr. 6 zu § 4 TVG Nachwirkung; BAG 29.1.1975 AP Nr. 8 zu § 4 TVG Nachwirkung. Zustimmend nunmehr *Heinze*, FS Schaub, S. 275, 278 f.; *ders.*, DB 1998, 1861, 1862.

19 Inkonsequent insoweit BAG 27.11.1991 AP Nr. 22 zu § 4 TVG Nachwirkung.

nach Ablauf des bisher zur Anwendung gekommenen Tarifvertrages nicht mehr um die Geltung von Rechtsnormen, ist eine Weitergeltung nach Betriebsübergang über § 613a Abs. 1 Satz 2 BGB in der Tat nur schwer zu begründen. Denkbar ist insoweit das Abstellen auf den Zweck dieser Vorschrift, die die kollektivvertraglich geregelten Arbeitsbedingungen der übernommenen Arbeitnehmer auch bei dem Betriebserwerber aufrecht erhalten soll. Dies spricht dafür, auch die im Zeitpunkt des Betriebsübergangs nachwirkenden Tarifnormen in den Anwendungsbereich des § 613a Abs. 1 Satz 2 BGB einzubeziehen.[20]

Einen anderen Weg zeigt nunmehr *Heinze*[21] auf. Er stimmt der Auffassung des Bundesarbeitsgerichts im Grundsatz zu, wonach die nachwirkenden Tarifnormen nur deshalb weitergelten, weil dies das Gesetz in § 4 Abs. 5 TVG so anordne. Er lehnt daher auch die Anwendung von § 613a Abs. 1 Satz 2 BGB ab[22] und sieht - konsequent - auch nach Betriebsübergang weiterhin in § 4 Abs. 5 TVG den Geltungsgrund der tariflich bestimmten Arbeitsbedingungen in den Arbeitsverhältnissen der übernommenen Arbeitnehmer. Letztlich heißt aber auch dies für die Arbeitnehmer, daß ihre Arbeitsbedingungen nach Betriebsübergang gegen eine Verschlechterung mit individualvertraglichen Mitteln nicht geschützt werden. Allerdings ergibt sich diese Folgerung nicht schon aus der fehlenden zwingenden Wirkung trotz des Laufes der Veränderungssperre nach § 613a Abs. 1 Satz 2 BGB, wenn den Tarifnormen diese Wirkung bereits vor Betriebsübergang nicht mehr zukam[23], sondern ist Folge der Abdingbarkeit der Tarifnormen im Nachwirkungszeitraum nach § 4 Abs. 5 TVG in direkter Anwendung.[24]

B. Dispositive Tarifnormen beim Betriebsveräußerer

Nach § 4 Abs. 3 TVG sind Abweichungen von Tarifnormen zuungunsten der Arbeitnehmer zulässig, soweit sie durch den Tarifvertrag selbst gestattet sind (sog. dispositive Normen des Tarifvertrages). Dispositive Tarifnormen gelten damit bereits beim Betriebsveräußerer nicht mit zwingender Wirkung. Ebenso wie im Rahmen der Weitergeltung nachwirkender Tarifnormen ist darauf abzustellen, daß § 613a Abs. 1 Satz 2 BGB die Stellung der von dem Betriebsübergang betroffenen Arbeitnehmer nicht verbessern, sondern nur bewahren wollte.[25] Daher kommt eine befristet zwingende Weitergeltung dispositiver Tarifnormen beim

---

20 Vgl. *Oetker*, Anm. zu BAG 27.11.1991, EzA Nr. 15 zu § 4 TVG Nachwirkung, nach dem nicht die formale rechtsdogmatische Qualifikation der Tarifnormen entscheidend sei.

21 *Heinze*, FS Schaub, S. 275, 279 f.; *ders.*, DB 1998, 1861, 1862.

22 Allerdings bezeichnet *Heinze*, DB 1998, 1861, 1862 dies allzu vorschnell als unstreitig.

23 Dazu vorstehend § 13 B I.

24 *Heinze*, DB 1998, 1861, 1862 f.

25 *Boecken*, Unternehmensumwandlungen, Rn. 192, S. 133; *Gussen/Dauck*, Weitergeltung, Rn. 225, S. 150; *Hanau/Vossen*, FS Hilger/Stumpf, S. 271, 293.

Betriebserwerber nicht in Betracht. Dispositive Regelungen eines Tarifvertrages gelten damit zwar als Rechtsnormen nach § 613a Abs. 1 Satz 2 BGB weiter, jedoch unter der Einschränkung, daß die zu Gunsten der Arbeitnehmer befristet angeordnete Veränderungssperre nicht zur Anwendung kommt. Damit können die entstehenden einzelvertraglichen Regelungen beim neuen Betriebsinhaber bereits vor Ablauf eines Jahres auch zu Lasten der übernommenen Arbeitnehmer geändert werden.[26]

C. Zusammenfassung

Tarifnormen, die beim Betriebsveräußerer im Zeitpunkt des Betriebsübergangs nach § 4 Abs. 5 TVG nachwirken, können unter Zugrundlegung der Auffassung, daß Geltungsgrundlage auch weiterhin der Tarifvertrag ist, nach § 613a Abs. 1 Satz 2 BGB beim Betriebserwerber weitergelten. Allerdings kommt insoweit eine Weitergeltung mit einseitig zwingender Wirkung nicht in Betracht, da den Tarifnormen diese Wirkung bereits bei dem bisherigen Betriebsinhaber gefehlt hat. Das gleiche Ergebnis ist zu erzielen, wenn allein § 4 Abs. 5 TVG als Geltungsgrundlage für tariflich bestimmte Arbeitsbedingungen nach Ablauf des Tarifvertrages bis zu einer anderweitigen Regelung angesehen wird.

Dispositive Tarifnormen, bezüglich derer die einzelvertragliche Vereinbarung von Abweichungen auch zu Lasten der Arbeitnehmer entgegen § 4 Abs. 3 TVG bereits vor Betriebsübergang zulässig war, gelten nach § 613a Abs. 1 Satz 2 BGB weiter. Allerdings findet auch insoweit die einjährige Veränderungssperre keine Anwendung.

---

26 RGRK/*Ascheid*, BGB, § 613a Rn. 202; *Beseler*, Betriebsübergang, S. 169, 186; *Boekken*, Unternehmensumwandlungen, Rn. 192, S. 132 f.; *Gussen/Dauck*, Weitergeltung, Rn. 225, S. 149 f.; Erman/*Hanau*, BGB, § 613a Rn. 98; *Hanau/Vossen*, FS Hilger/Stumpf, S. 271, 293; *Hess*, AR-Blattei Insolvenzarbeitsrecht, Rn. 152; *Kamlah*, Bestandsschutz, S. 92; *Löwisch/Rieble*, TVG, § 3 Rn. 84; ErfurtKom/*Preis*, § 613a BGB Rn. 73; *Preis/Steffan*, FS Kraft, S. 477, 483; Staudinger/*Richardi*, BGB, § 613a Rn. 175; *Schaub*, FS Wiese, S. 535, 538; MünchArbR/*Wank*, § 120 Rn. 178; *Wank/Brüning*, ZfA 1995, 699, 733.

§ 15 Vorrang anderer Kollektivvereinbarungen, § 613a Abs. 1 Satz 3 BGB

Art. 3 Abs. 3 der EG-Richtlinie sieht vor, daß der Betriebserwerber bis zum Inkrafttreten bzw. der Anwendung eines anderen Kollektivvertrages zur Aufrechterhaltung der kollektivvertraglichen Bestimmungen bei dem bisherigen Betriebsinhaber verpflichtet sein soll. Dem entspricht der deutsche Gesetzgeber mit der Vorschrift des § 613a Abs. 1 Satz 3 BGB.[1] Danach gelten die bei dem Betriebsveräußerer zu Anwendung gekommenen kollektivvertraglichen Regelungen nicht nach Satz 2 weiter, wenn bei dem Betriebserwerber Rechte und Pflichten aus Arbeitsverhältnissen durch Rechtsnormen eines anderen Tarifvertrages oder durch Betriebsvereinbarung geregelt werden. Ohne die Regelung des § 613a Abs. 1 Satz 3 BGB käme es in einem solchen Fall zu einem Nebeneinander verschiedener kollektivvertraglicher Regelungssysteme bei dem neuen Betriebsinhaber. So würde der beim Betriebsveräußerer zur Anwendung gekommene Tarifvertrag nach § 613a Abs. 1 Satz 2 BGB einzelvertraglich weitergelten. Zudem käme auch die unmittelbare und zwingende Geltung eines anderen Kollektivvertrages nach kollektivrechtlichen Grundsätzen in Betracht. Für diesen Fall stellt das Gesetz den Vorrang der Verpflichtungen des Betriebserwerbers zur Einhaltung bestehender Kollektivverträge gegenüber der individualrechtlichen Verpflichtung aus § 613a Abs. 1 Satz 2 BGB klar.[2]

A. Kollektivrecht des Betriebsnachfolgers

So wie Art. 3 Abs. 3 der EG-Richtlinie allgemein auf das Bestehen anderer Kollektivverträge beim Betriebsveräußerer abstellt, gilt § 613a Abs. 1 Satz 3 BGB im Grundsatz, sofern bei dem neuen Betriebsinhaber eine Betriebsvereinbarung besteht oder ein Tarifvertrag zur Anwendung kommen kann.

I. Tarifverträge

Durch § 613a Abs. 1 Satz 2 bis 4 BGB wird die Befugnis des Betriebserwerbers, einem tarifschließenden Arbeitgeberverband beizutreten bzw. mit der zuständigen Gewerkschaft einen Firmentarifvertrag abzuschließen, nicht berührt.[3] Ist der Erwerber des Betriebes Mitglied eines tarifschließenden Arbeitgeberverbands oder hat er selbst mit der zuständigen Gewerkschaft einen Tarifvertrag abgeschlossen,

---

1 Vgl. *Löw*, Betriebsveräußerung, S. 84.

2 RGRK/*Ascheid*, BGB, § 613a Rn. 217; *Beisel/Klumpp*, Unternehmenskauf, Rn. 575; *Commandeur*, Betriebs-, Firmen- und Vermögensübernahme, S. 77; Erman/*Hanau*, BGB, § 613a Rn. 93; Staudinger/*Richardi*, BGB, § 613a Rn. 171; *Schaub*, Arbeitsrechtshandbuch, S. 711. Vgl. auch *D. Gaul*, ZTR 1989, 432, 434; *Morell*, Städtetag 1993, 297, 300.

3 *D. Gaul*, Betriebsübergang, S. 273.

kann dadurch aber die Weitergeltung der beim bisherigen Betriebsinhaber zur Anwendung gekommenen Tarifregelungen nach § 613a Abs. 1 Satz 3 BGB ausgeschlossen werden. Insoweit trägt diese Bestimmung der betätigten positiven Koalitionsfreiheit des Betriebserwerbers Rechnung.[4] Er soll nicht zur Anwendung eines Tarifvertrages - wenn auch lediglich auf individualrechtlicher Grundlage, mit durch § 613a Abs. 1 Satz 2 BGB angeordneter, nur befristet zwingender Wirkung - gezwungen werden, soweit nach kollektivrechtlichen Grundsätzen die Geltung eines anderen Tarifvertrages in Betracht kommt.

1. Verbands- und Firmentarifverträge

§ 613a Abs. 1 Satz 3 BGB differenziert seinem Wortlaut nach für die Wirkung des beim Betriebserwerber bestehenden Tarifrechts nicht danach, ob es sich um Regelungen eines Verbands- oder Firmentarifvertrages handelt. Zweifelhaft ist im Grundsatz aber insbesondere, ob ein Verbandstarifvertrag beim neuen Betriebsinhaber die Weitergeltung der Normen eines vor dem Betriebsübergang zur Anwendung gekommenen Firmentarifvertrages verhindern kann.

a. Verbandstarifvertrag beim Betriebserwerber

Gegen die Ablösung der Normen eines Firmentarifvertrages des Betriebsveräußerers durch die Normen eines Verbandstarifvertrages beim Betriebserwerber könnte der Grundsatz des regelmäßigen Vorrangs der Regelungen eines Firmentarifvertrages vor denen eines Verbandstarifvertrages sprechen. Sofern für ein Arbeitsverhältnis gleichzeitig die kollektivrechtliche Geltung von zwei Tarifverträgen in Betracht kommt, ist diese Tarifkonkurrenz unter Beachtung des Grundsatzes der Spezialität zu lösen.[5] Danach kommt derjenige Tarifvertrag zur Anwendung, der in Bezug auf das Arbeitsverhältnis die größere Sachnähe aufweist. Dies aber ist gegenüber einem Verbandstarifvertrag regelmäßig der im Betrieb geltende Firmentarifvertrag.[6]

Allerdings geht es nach einem Betriebsübergang nicht darum, daß zwei Tarifverträge gleichzeitig die Geltung für ein Arbeitsverhältnis nach kollektivrechtlichen Grundsätzen beanspruchen. Die Tarifnormen des Betriebsveräußerers gelten nach § 613a Abs. 1 Satz 2 BGB lediglich als einzelvertragliche Regelungen weiter. Überdies entfällt deren Weitergeltung nach § 613a Abs. 1 Satz 3 BGB, soweit bei dem Betriebserwerber ein Kollektivvertrag besteht. Damit ist hier nicht der Vor-

---

4 So auch *Konzen*, Anm. zu BAG 26.9.1979, SAE 1980, 66, 68. *D. Gaul*, ZTR 1989, 432, 434 sieht in der Bestimmung die Anerkennung der Tarifautonomie durch den Gesetzgeber.

5 Dazu noch nachstehend § 15 A I 3e.

6 Vgl. statt aller *Gamillscheg*, Kollektives Arbeitsrecht, S. 755 f.; *Wiedemann/Stumpf*, TVG, § 4 Rn. 165.

rang von Kollektivnormen des neuen Betriebsinhabers gegenüber gleichzeitig geltenden Regelungen eines anderen Kollektivvertrages betroffen, sondern die Aufeinanderfolge von zwei Regelungssystemen in zeitlicher Hinsicht.[7] Damit kommt es aber schon insoweit nicht auf den Spezialitätsgrundsatz an.[8] Im übrigen ist zu berücksichtigen, daß § 613a Abs. 1 Satz 3 BGB auch dem Interesse des Betriebserwerbers an der Vereinheitlichung der in seinem Unternehmen geltenden Arbeitsbedingungen dient. Dieses Interesse ist selbst dann zu wahren, wenn bei dem bisherigen Betriebsinhaber ein Firmentarifvertrag bestand.[9] Weiterhin wird darauf verwiesen, daß den Arbeitnehmern anderenfalls der volle Schutz eines Tarifvertrages, der aufgrund beiderseitiger Tarifbindung auf das Arbeitsverhältnis Anwendung findet, versagt würde zu Gunsten eines nur einzelvertraglich weitergeltenden Tarifvertrages.[10]

Gegebenenfalls ist im Rahmen der für die Verhinderung der Weitergeltung erforderlichen gegenständlichen Regelungsidentität auf die Besonderheiten der Ablösung eines Firmentarifvertrages durch einen Verbandstarifvertrag bei dem Betriebserwerber Rücksicht zu nehmen.[11] Grundsätzlich kann aber auch ein Verbandstarifvertrag beim neuen Betriebsinhaber der Weitergeltung von Regelungen eines Firmentarifvertrages nach § 613a Abs. 1 Satz 3 BGB entgegenstehen.[12]

b. Firmentarifvertrag beim Betriebserwerber

Dagegen erscheint die Verhinderung der Weitergeltung von Normen eines Verbandstarifvertrages durch einen beim Betriebserwerber bestehenden Firmentarifvertrag nach § 613a Abs. 1 Satz 3 BGB als unproblematisch möglich. Soweit al-

---

7 Zur Berücksichtigung des Ordnungsprinzips nachfolgend § 15 A I 8.

8 *Däubler*, Tarifvertragsrecht, Rn. 1563, S. 648; *Gamillscheg*, Kollektives Arbeitsrecht, S. 783.

9 Erman/*Hanau*, BGB, § 613a Rn. 93; *Hanau/Vossen*, FS Hilger/Stumpf, S. 271, 297; *Wank*, NZA 1987, 505, 509; im Ergebnis ebenso *Balze/Rebel/Schuck*, Outsourcing, S. 183; *Blank/Blanke u.a.*, Arbeitnehmerschutz, S. 204; *Steffan*, Arbeitsrecht und Unternehmenssanierung, S. 297.

10 *Löwisch/Rieble*, FS Schaub, S. 457, 463.

11 Vgl. *Röder*, DB 1981, 1980, 1982; dazu noch nachstehend § 15 B.

12 *Balze/Rebel/Schuck*, Outsourcing, S. 183; Hölters/*Bauer*, Unternehmens- und Beteiligungskauf, S. 418, S. 204; *Bichlmeier/Oberhofer*, Gesamtvollstreckungsverfahren, Bd. II, S. 256; *Blank/Blanke u.a.*, Arbeitnehmerschutz, S. 204; *Däubler*, Tarifvertragsrecht, Rn. 1563, S. 648; *Gamillscheg*, Kollektives Arbeitsrecht, S. 783; *D. Gaul*, ZTR 1989, 432, 434; Erman/*Hanau*, BGB, § 613a Rn. 93; *Hanau/Vossen*, FS Hilger/Stumpf, S. 271, 297; Soergel/*Raab*, BGB, § 613a Rn. 128; *Steffan*, Arbeitsrecht und Unternehmenssanierung, S. 297; *Wank*, NZA 1987, 505, 509.
Vgl. auch *Löwisch/Rieble*, FS Schaub, S. 457, 462 f. zur Ablösung eines nachwirkenden Firmentarifvertrages durch einen Verbandstarifvertrag.

lerdings dies auf das Spezialitätsprinzip zurückgeführt wird[13], kann dem nicht uneingeschränkt zugestimmt werden. Zwar löst hier der regelmäßig speziellere Firmentarifvertrag den Verbandstarifvertrag ab, insoweit wird also dem Spezialitätsgrundsatz entsprochen. Allerdings betrifft dieses Prinzip nur das Verhältnis von Bestimmungen auf gleicher Regelungsebene. Es spielt daher für die einzelvertragliche Weitergeltung kollektivvertraglicher Normen nach einem Betriebsübergang gegenüber einem normativ geltenden Tarifvertrag keine Rolle. Ein bei dem neuen Betriebsinhaber geltender Firmentarifvertrag kann daher die Weitergeltung von Regelungen des bisher zur Anwendung gekommenen Verbandstarifvertrages nach dem Betriebsübergang nach § 613a Abs. 1 Satz 3 BGB verhindern.[14] Allerdings muß der betriebliche Geltungsbereich des Firmentarifvertrages auch den übergegangenen Betrieb bzw. Betriebsteil erfassen.[15]

2. Geltungsbereich des Tarifvertrages

Das Vereinheitlichungsinteresse des Betriebserwerbers ist im Sinne einer Ablösung der weitergeltenden Tarifnormen des Betriebsveräußerers nach § 613a Abs. 1 Satz 3 BGB nur schutzwürdig, wenn der bei diesem geltende Tarifvertrag die übergegangenen Arbeitsverhältnisse erfaßt. Dies setzt insbesondere voraus, daß der übernommene Betrieb wie das Arbeitsverhältnis mit dem übernommenen Arbeitnehmer unter den Geltungsbereich dieses Tarifvertrages fallen.[16]

a. Verbandstarifvertrag

(1) Räumlicher Geltungsbereich

Der räumliche Geltungsbereich eines Verbandstarifvertrages bezeichnet das Gebiet, in dem der Tarifvertrag gelten soll, begrenzt durch die Tarifzuständigkeit der vertragschließenden Verbände.[17] Der durch den Betriebserwerber übernommene Betrieb oder Betriebsteil muß daher in örtlicher Hinsicht im Tarifgebiet liegen. Der übernommene Betrieb (-steil) kann Nebenbetrieb oder unselbständiger Betriebsteil eines bereits bestehenden Betriebes des neuen Betriebsinhabers sein. Dieser wird auch dann von dem Geltungsbereich des Tarifvertrages erfaßt, wenn

---

13 So *Hanau/Vossen*, FS Hilger/Stumpf, S. 271, 293; *Steffan*, Arbeitsrecht und Unternehmenssanierung, S. 297.

14 *Hanau/Vossen*, FS Hilger/Stumpf, S. 271, 293; *Röder*, DB 1981, 1980, 1982; *Steffan*, Arbeitsrecht und Unternehmenssanierung, S. 297.

15 Auch MünchKom/*Schaub*, BGB, § 613a Rn. 183 gibt zu bedenken, daß gerade ein Firmentarifvertrag so auf die speziellen Verhältnisse eines Betriebes zugeschnitten sein kann, daß eine Ablösung weitergeltenden Kollektivrechts durch diesen Tarifvertrag nicht in Betracht kommt. Dazu sogleich.

16 *Moll*, RdA 1996, 275, 280; MünchKom/*Schaub*, BGB, § 613a Rn. 182; *ders.*, ZiP 1984, 272, 279; *Wank*, NZA 1987, 505, 508; *Zöllner*, DB 1995, 1401, 1403.

17 *Gamillscheg*, Kollektives Arbeitsrecht, Bd. 1, S. 743.

er nicht im Tarifgebiet liegt.[18] Auf dessen Betriebsort kommt es mithin auch für die Anwendung des § 613a Abs. 1 Satz 3 BGB nicht an.

(2) **Betrieblicher Geltungsbereich**

Der betriebliche Geltungsbereich des Tarifvertrages gibt in der Regel branchenbezogen an, für welche Betriebe im Tarifgebiet die Arbeitsverhältnisse durch Tarifvertrag geregelt werden sollen. Die Arbeitgeberverbände sind nach dem Industrieverbandsprinzip unter Berücksichtigung der Branchenzugehörigkeit der Arbeitgeber organisiert. Der betriebliche Geltungsbereich eines Verbandstarifvertrages umfaßt regelmäßig alle Betriebe der Mitglieder des tarifschließenden Arbeitgeberverbandes. Im Tarifvertrag selbst zu vereinbarende Ausnahmen hiervon sind grundsätzlich von der Zustimmung des betreffenden Mitgliedes abhängig.[19] Diesbezüglich ergeben sich bei der Anwendung des beim Betriebserwerber geltenden Tarifvertrages auf den übernommenen Betrieb oder Betriebsteil regelmäßig keine übergangsspezifischen Probleme.[20] Zu berücksichtigen bleibt lediglich, daß Anknüpfungspunkt für die Beurteilung des Unterfallens des übernommenen Betriebes unter den betrieblichen Geltungsbereich des Tarifvertrages grundsätzlich der Betrieb selbst, nicht das Unternehmen ist.

(3) **Fachlicher und persönlicher Geltungsbereich**

Fachlicher und persönlicher Geltungsbereich beschreiben die von dem Tarifvertrag erfaßten Arbeitsverhältnisse, anknüpfend an die von den Arbeitnehmern zu erbringenden Tätigkeiten sowie deren persönliche Merkmale.[21] Auch unter diesen Gesichtspunkten muß der bei dem Betriebserwerber bestehende Tarifvertrag auf das jeweilige übergegangene Arbeitsverhältnis anwendbar sein.

b. Firmentarifvertrag

Der sachliche Geltungsbereich eines Firmentarifvertrages läßt sich nicht nach den für den Verbandstarifvertrag geltenden Kriterien des räumlichen und betrieblichen Geltungsbereichs bestimmen.[22] Er erfaßt statt dessen regelmäßig alle Betriebe des Unternehmens.[23] Es kommt dabei im Grundsatz weder auf deren örtliche Lage noch auf die Branchenzugehörigkeit an. Allerdings kann in diesem Zusammenhang durchaus fraglich sein, ob der übernommene Betrieb oder Betriebsteil vom

---

18 *Gamillscheg*, Kollektives Arbeitsrecht, Bd. 1, S. 744.

19 Vgl. BAG 9.11.1956 AP Nr. 1 zu § 3 TVG Verbandszugehörigkeit; *Gamillscheg*, Kollektives Arbeitsrecht, Bd. 1, S. 746; *Wiedemann/Stumpf*, TVG, § 4 Rn. 55.

20 Vgl. auch MünchKom/*Schaub*, BGB, § 613a Rn. 183.

21 *Gamillscheg*, Kollektives Arbeitsrecht, Bd. 1, S. 758.

22 *Gamillscheg*, Kollektives Arbeitsrecht, Bd. 1, S. 741.

23 *Gamillscheg*, Kollektives Arbeitsrecht, Bd. 1, S. 745.

Geltungsbereich eines bereits vor dem Übergang durch den Betriebserwerber abgeschlossenen Firmentarifvertrages erfaßt wird.

Der Geltungsbereich eines Tarifvertrages wird innerhalb der Tarifzuständigkeit der Vertragsparteien von ihnen frei festgelegt. Dies gilt auch für den Firmentarifvertrag.[24] Regelmäßig wird aber eine Bestimmung über die Behandlung der auf den Betriebserwerber übergegangenen Betriebe oder Betriebsteile fehlen. Deren Einbeziehung unter den geltenden Tarifvertrag ist damit ebenso denkbar wie die Beschränkung des tariflichen Geltungsbereichs auf die bei Tarifabschluß zu dem Unternehmen gehörenden Betriebe. Die Frage des Geltungsbereichs des Tarifvertrages muß daher für den konkreten Einzelfall durch Auslegung entschieden werden.[25] § 613a Abs. 1 Satz 3 BGB kann im Falle eines beim Betriebserwerber bestehenden Firmentarifvertrages nur dann angewendet werden, soweit sich aus dem Tarifvertrag ergibt, daß er auch für den übernommenen Betrieb gelten soll.[26] Fraglich ist, ob eine Auslegung des Firmentarifvertrages hinsichtlich seines Geltungsbereiches im Zweifel restriktiv vorzunehmen ist.[27] Dies wird damit begründet, daß es regelmäßig im Interesse der Tarifvertragsparteien liege, die Geltung des Firmentarifvertrages auf die Betriebe zu beschränken, die im Zeitpunkt des Vertragsabschlusses im Unternehmen vorhanden waren.[28] Vorgeschlagen wird auch, die Entscheidung von den im Tarifvertrag geregelten Sachgegenständen abhängig zu machen. So könne für Regelungen über die Ordnung des Betriebes, die Arbeitszeit und die Entgelte der Arbeitnehmer die Erfassung hinzukommender Betriebe zu bejahen, dagegen im Bereich der betrieblichen Altersversorgung in der Regel zu verneinen sein.[29]

Die Auslegung eines Tarifvertrages gestaltet sich regelmäßig als schwierig aufgrund des Vertragscharakters auf der einen, des ihm zukommenden Normencharakters auf der anderen Seite. So kann nicht ausschließlich auf den Willen der Tarifvertragsparteien abgestellt werden. Allerdings ist auch eine rein an einem verobjektivierten Willen der Tarifvertragsparteien orientierte Auslegung nicht gerechtfertigt. Letztlich gebührt der Vertragsauslegung zwar der Vorrang, eine Ob-

---

24 *Sowka/Weiss*, DB 1991, 1518, 1521; *Wiedemann/Stumpf*, TVG, § 4 Rn. 51 f.

25 Vgl. *Gamillscheg*, Kollektives Arbeitsrecht, Bd. 1, S. 746 f.; *Kania*, DB 1994, 529, 532; *Kempen/Zachert*, TVG, § 4 Rn. 16; *Wiedemann/Stumpf*, TVG, § 4 Rn. 46. Ebenso BAG 28.4.1992 AP Nr. 11 zu § 50 BetrVG 1972 zum Geltungsbereich einer Gesamtbetriebsvereinbarung.

26 *D. Gaul*, Betriebsübergang, S. 326; *Hanau*, FS Gaul, S. 287, 299; *Schiefer*, RdA 1994, 83, 88; *Sowka/Weiss*, DB 1991, 1518, 1521. Vgl. auch *Hanau/Adomeit*, Arbeitsrecht, J IV 2.

27 So *Sowka/Weiss*, DB 1991, 1518, 1521; anders dagegen *D. Gaul*, BB 1990, Beilage 37, S. 29, 30.

28 *Sowka/Weiss*, DB 1991, 1518, 1521.

29 So *Schiefer*, RdA 1994, 83, 88.

jektivierung der Auslegung ist allerdings mit Blick auf die Wahrung der Rechtsklarheit gegenüber den Normunterworfenen vorzunehmen.[30] Eine ergänzende Vertragsauslegung ist bei einem Tarifvertrag nach der Rechtsprechung des Bundesarbeitsgerichts im übrigen allenfalls dann zulässig, wenn sichere Anhaltspunkte dafür bestehen, welche Regelung die Tarifvertragsparteien getroffen hätten, wenn sie an die nachträglich auftretende Problematik gedacht hätten.[31]

Anzusetzen ist für die Bestimmung des Geltungsbereichs an der von den Tarifvertragsparteien mit dem Abschluß eines Firmentarifvertrages bezweckten Regelung der Arbeitsbedingungen in einem Unternehmen. Der Abschluß eines Firmentarifvertrages begründet sich regelmäßig in der dadurch verstärkt gewährleisteten Berücksichtigung unternehmensspezifischer Gegebenheiten, was im Rahmen eines flächenbezogenen Verbandstarifvertrages nur eingeschränkt gelingt und gelingen kann. Damit aber gibt es keine Veranlassung, von vornherein neu hinzukommende Betriebe aus dem Geltungsbereich des Firmentarifvertrages auszunehmen, soweit diese sich in eben diese Unternehmenscharakteristika einfügen. Einen Anhaltspunkt hierfür kann die gleiche Branchenzugehörigkeit, die beim Verbandstarifvertrag über den Geltungsbereich in betrieblicher Hinsicht Berücksichtigung findet, bilden. Ein Firmentarifvertrag wird zumeist auch abgeschlossen, um einheitliche Arbeitsbedingungen für die Arbeitnehmer des Unternehmens herbeizuführen. Daher wird regelmäßig von einem Interesse der Tarifvertragsparteien auszugehen sein, alle Betriebe des Unternehmens in den Geltungsbereich des Firmentarifvertrages einzubeziehen. Dagegen wird eingewandt, es bestünde keine Vermutung dafür, die Betriebe eines Unternehmens müßten demselben Tarifvertrag unterliegen.[32] Dies ist zwar grundsätzlich richtig, spricht allerdings auch nicht gegen ein dahingehendes Interesse der Tarifvertragsparteien. Dies rechtfertigt die grundsätzliche Annahme, daß auch neu hinzukommende Betriebe von dem Geltungsbereich des vom Betriebserwerber mit der zuständigen Gewerkschaft abgeschlossenen Tarifvertrages erfaßt werden.[33]

Gegenteiliges kann sich aber im Einzelfall aufgrund besonderer Umstände ergeben. Auch wenn die Tarifvertragsparteien dies nicht ausdrücklich vereinbart haben, ist eine andere Beurteilung daher vorzunehmen, soweit bereits beim Betriebserwerber nicht alle Betriebe von dem bestehenden Firmentarifvertrag erfaßt sind. Demgegenüber läßt sich die Entscheidung nicht anhand der im Firmentarifvertrag geregelten Sachbereiche treffen. Dies liegt darin begründet, daß insoweit zumeist kein gemeinsamer Wille der Tarifvertragsparteien festgestellt werden

---

30 Vgl. MünchArbR/*Löwisch*, § 258 Rn. 1 f.

31 BAG 23.9.1981 AP Nr. 19 zu § 611 BGB Lehrer, Dozenten; BAG 24.5.1978 AP Nr. 6 zu § 1 TVG Tarifverträge Metallindustrie.

32 *Kania*, DB 1994, 529, 532; *Sowka/Weiss*, DB 1991, 1518, 1521.

33 Ebenso im Ergebnis *D. Gaul*, Arbeitsrecht im Betrieb, Bd. II, K II Rn. 13.

können wird, der eine Grundlage für die Auslegung des Tarifvertrages bilden kann. Vielmehr wird abhängig von der Art der Regelungen und deren Auswirkungen auf die Rechte und Pflichten der Arbeitsvertragsparteien die eine oder andere Seite der tarifschließenden Parteien den Geltungsbereich des Tarifvertrages eher restriktiv oder expansiv verstanden wissen wollen.

Auch unter dem Gesichtspunkt der Wahrung der Rechtssicherheit erscheint das Ausgehen von einer grundsätzlichen Einbeziehung neuer Betriebe bzw. Betriebsteile in den Geltungsbereich des Firmentarifvertrages ebensowenig bedenklich wie im Fall einer grundsätzlich restriktiven Auslegung. Damit bleibt festzuhalten, daß sich der Geltungsbereich eines Firmentarifvertrages grundsätzlich auch auf neu hinzukommende Betriebe und Betriebsteile, soweit die Tarifzuständigkeit der Vertragsparteien diese Erfassung ermöglicht, erstreckt.[34]

c. Zeitlicher Geltungsbereich

Erst ab Inkrafttreten kann ein Tarifvertrag Wirkungen für die ihm unterfallenden Arbeitsverhältnisse auslösen. Bezogen auf den Zeitpunkt des Betriebsübergangs kann der Tarifvertrag bei dem Betriebserwerber bereits zuvor in Kraft getreten sein. Möglich ist auch, daß der Tarifvertrag erst nach diesem Zeitpunkt abgeschlossen wird und in Kraft tritt. Für beide Fälle ist die Ablösungswirkung eines solchen Tarifvertrages nach § 613a Abs. 1 Satz 3 BGB auf die Weitergeltung tariflicher Regelungen des Betriebsveräußerers zu untersuchen.

(1) Inkrafttreten des Tarifvertrages vor Betriebsübergang

Soweit bei dem neuen Betriebsinhaber ein Tarifvertrag zur Anwendung kommt, der vor Betriebsübergang abgeschlossen wurde und im Zeitpunkt des Betriebsübergangs bereits in Kraft ist, liegt es an sich nahe, in diesem Fall die Verhinderung der Weitergeltung beim Betriebsveräußerer geltender tariflicher Regelungen nach § 613a Abs. 1 Satz 3 BGB als selbstverständlich anzunehmen.[35] Dennoch wird vertreten, § 613a Abs. 1 Satz 3 BGB könne lediglich auf Tarifverträge Anwendung finden, die nach Betriebsübergang von den zuständigen Tarifvertragsparteien neu abgeschlossen werden.[36] Lediglich sofern nach dem Betriebsübergang ein auch für den übernommenen Betrieb einschlägiger Tarifvertrag

---

34 Anderer Auffassung dagegen *Sowka/Weiss*, DB 1991, 1518, 1521, die dafür die dahingehende ausdrückliche Vereinbarung im Tarifvertrag verlangen. So auch *Kania*, DB 1994, 529, 532. BAG 28.4.1992 AP Nr. 11 zu § 50 BetrVG 1972 läßt für die Ausdehnung des Geltungsbereichs einer insoweit vergleichbaren Gesamtbetriebsvereinbarung auf neu hinzukommende Betriebe ausreichen, daß eine Geltung für alle Arbeitnehmer einer bestimmten Gewerkschaft angestrebt wird.

35 Vgl. *Moll*, RdA 1996, 275, 282; *Wank/Brüning*, ZfA 1995, 699, 735, die dies als unproblematisch annehmen.

36 *Kempen/Zachert*, TVG, § 3 Rn. 60.

für allgemeinverbindlich erklärt wird, sollen dessen Normen dem in Individualarbeitsrecht transformierten Tarifrecht vorgehen, gleichgültig ob dieser Tarifvertrag vor oder nach dem Betriebsübergang abgeschlossen wurde. Dies ergebe sich daraus, daß § 5 TVG ein besonderes, eigenes Legitimationsverfahren voraussetzt.[37]

Nach dem Wortlaut von § 613a Abs. 1 Satz 3 BGB ist die Weitergeltung tariflicher Regelungen ausgeschlossen, soweit die Rechte und Pflichten aus Arbeitsverhältnissen durch einen Tarifvertrag geregelt „werden". Dies soll für die Erfassung lediglich neu abgeschlossener Tarifverträge sprechen.[38] Dem ist aber nur insoweit zuzustimmen, als durch die Fassung der Vorschrift explizit nicht zum Ausdruck kommt, daß § 613a Abs. 1 Satz 3 BGB auch dann eingreift, wenn beim Betriebserwerber die Rechte und Pflichten bereits durch Tarifvertrag geregelt „sind". Allerdings kann daraus nicht geschlossen werden, ein bestehender Tarifvertrag könne einer Weitergeltung nach § 613a Abs. 1 Satz 2 BGB nicht entgegenstehen. Der Wortlaut des § 613a Abs. 1 Satz 3 BGB kann durchaus so verstanden werden, daß auch durch einen beim Betriebserwerber bereits bestehenden Tarifvertrag die Rechte und Pflichten aus dem Arbeitsverhältnis, bezogen auf die übernommenen Arbeitnehmer, erst ab dem Zeitpunkt des Betriebsübergangs geregelt „werden" (können) und daher die Fortgeltung bisher geltender tariflicher Regelungen auch durch einen bereits bestehenden Tarifvertrag ausgeschlossen wird. Damit lassen sich aus dem Wortlaut beide Auffassungen hinsichtlich eines bereits bestehenden Tarifvertrages begründen.[39]

Gegen die Verdrängungswirkung eines bestehenden Tarifvertrages beim Betriebserwerber wird angeführt, daß dieser von den betroffenen Arbeitnehmern nicht mitgliedschaftlich legitimiert sei und daher keine Geltung für die übergegangenen Arbeitsverhältnisse beanspruchen könne. Daher sei § 613a Abs. 1 Satz 3 BGB verfassungskonform so auszulegen, daß nur ein neu abgeschlossener Kollektivvertrag die Weitergeltung von Tarifrecht des Betriebsveräußerers verhindern könne.[40] Dem ist nicht zuzustimmen. Die Verdrängungswirkung des bestehenden Tarifvertrages kommt nur in Betracht, soweit an diesen Betriebserwerber und betroffener Arbeitnehmer gebunden sind.[41] Nur in diesem Fall geht die kollektivrechtliche Verpflichtung der individualrechtlichen Weitergeltung nach § 613a Abs. 1 Satz 2 BGB vor. Insoweit geht es hier letztlich um die Frage, ob bei erst nach Abschluß und Inkrafttreten eines Tarifvertrages eintretender beiderseitiger Tarifgebundenheit der Arbeitsvertragsparteien der bestehende Tarifvertrag zur Anwendung kommen kann. Auch dies wird aber nicht mit der Begründung abge-

---

37 *Kempen/Zachert*, TVG, § 3 Rn. 60.

38 *Kempen*, BB 1991, 2006, 2010; *Kempen/Zachert*, TVG, § 3 Rn. 60; vgl. auch *Hüper*, Betrieb, S. 70 Fn. 154.

39 So auch *Hromadka/Maschmann/Wallner*, Tarifwechsel, Rn. 355.

40 *Kempen/Zachert*, TVG, § 3 Rn. 60.

41 Dazu im einzelnen nachstehend § 15 A I 3.

lehnt, es fehle hier an einer mitgliedschaftlichen Legitimation gegenüber dem bereits bestehenden Tarifvertrag.[42] Die Tarifbindung der übernommenen Arbeitnehmer beginnt mit deren Beitritt zu der tarifschließenden Gewerkschaft.[43] Sind die betreffenden Arbeitnehmer schon vor Betriebsübergang Mitglied dieser Gewerkschaft, ist daher die beiderseitige Tarifbindung an den Tarifvertrag mit dem Übergang der Arbeitsverhältnisse auf den neuen Betriebsinhaber und dessen Eintritt in die Arbeitgeberstellung nach § 613a Abs. 1 Satz 1 BGB hergestellt. Die Legitimation zur Geltung der bereits bestehenden Tarifnormen auf die Arbeitsverhältnisse liegt in dem Beitritt zum jeweiligen tarifschließenden Verband. Unter diesem Gesichtspunkt läßt sich daher eine Beschränkung der Verdrängungswirkung auf neu abgeschlossene Tarifverträge nicht rechtfertigen.

Ausschlaggebend für die Entscheidung in dieser Frage ist der mit der gesetzlichen Regelung verfolgte Zweck, dem Interesse des Betriebserwerbers an der Einheitlichkeit der Arbeitsbedingungen der bei ihm beschäftigten Arbeitnehmer Rechnung zu tragen.[44] Ein solches Interesse besteht aber nicht nur, soweit ein neuer Tarifvertrag abgeschlossen wird, sondern auch hinsichtlich eines bei Betriebsübergang bestehenden Tarifvertrages. Dies aber wird vernachlässigt, soweit für den Eintritt der Wirkung des § 613a Abs. 1 Satz 3 BGB der Neuabschluß eines Tarifvertrages für erforderlich gehalten wird.[45] Auch bei Abschluß dieses Tarifvertrages wurden die Arbeitnehmerinteressen durch die beteiligte Gewerkschaft vertreten, auch diesem Tarifvertrag kommt eine Richtigkeitsgewähr zu. Insoweit ist nicht ersichtlich, warum der Neuabschluß eines Tarifvertrages erforderlich sein soll, um die Interessen der übernommenen Arbeitnehmer gesondert zu berücksichtigen.[46] Richtig ist zwar, daß es den nunmehr zuständigen Tarifvertragsparteien möglich ist, durch den Abschluß eines Tarifvertrages nach Betriebsübergang eine rechtliche Lage herbeizuführen, die den Ausschluß der individualrechtlichen Weitergeltung nach § 613a Abs. 1 Satz 3 BGB bedeutet.[47] Daraus ist aber nicht zu schließen, daß dies für die Anwendung der Vorschrift auch erforderlich ist. Unter Beachtung der übrigen Voraussetzungen für eine Anwendung des § 613a Abs. 1 Satz 3 BGB führt eine bereits bestehenden Tarifverträgen zugemessene Verdrängungswirkung nicht zu einem Fehlen jeglichen Bestands- und Vertrauensschutzes.[48] Allerdings müßte selbst eine daraus abgeleitete Folgerung an den Gesetzgeber, eine maximal vierteljährliche Weitergeltung vorzusehen, wenn beim

---

42 Inkonsequent daher *Kempen/Zachert*, TVG, § 3 Rn. 60.

43 Vgl. *Gamillscheg*, Kollektives Arbeitsrecht, Bd. 1, S. 722; *Löwisch/Rieble*, TVG, § 3 Rn. 25, 50 ff.; *Wiedemann/Stumpf*, TVG, § 3 Rn. 20 f.

44 Vgl. die Nachweise in Fn. 123, S. 282.

45 Anders *Hüper*, Betrieb, S. 72.

46 So aber *Hüper*, Betrieb, S. 72.

47 Dazu noch nachstehend § 15 A I 2c.

48 Dies befürchten *Hüper*, Betrieb, S. 72 Fn. 169 sowie *Jung*, RdA 1981, 360, 364.

Übernehmer ungünstigere Kollektivverträge existieren, als unzureichend erscheinen.[49] Besonderes Gewicht kommt für eine hinreichende Berücksichtigung des Schutzes der übernommenen Arbeitnehmer aber dem Erfordernis beiderseitiger Tarifbindung zu.[50] Auch ein bereits bestehender Tarifvertrag kann unter dieser Voraussetzung die Weitergeltung eines bereits beim Betriebsveräußerer zur Anwendung gekommenen Tarifvertrages verdrängen.[51]

(2) Inkrafttreten des Tarifvertrages nach Betriebsübergang

Fraglich ist, ob auch ein nach Betriebsübergang neu abgeschlossener Tarifvertrag die Wirkung des § 613a Abs. 1 Satz 3 BGB auslösen kann.[52] Dies ist wiederum durch Auslegung der Vorschrift zu ermitteln.

(a) Wortlaut

Der Wortlaut der Vorschrift verlangt, daß bei dem Betriebserwerber die Rechte und Pflichten aus Arbeitsverhältnissen durch Tarifvertrag geregelt „werden". Diese Fassung des Gesetzes spricht zumindest nicht dagegen, die der individualrechtlichen Weitergeltung entgegenstehende Wirkung auch einem erst nach Betriebsübergang abgeschlossenen Tarifvertrag zuzumessen. Insbesondere wird nicht ausdrücklich gefordert, daß die Rechte und Pflichten bei dem Betriebserwerber bereits vor Betriebsübergang tariflich geregelt „sind".[53] Selbst wenn die Vorschrift im Rahmen der Anwendung auf bereits bestehende Tarifverträge so zu verstehen ist, daß es sich für die Arbeitnehmer jedenfalls um eine zukünftige Regelung durch Tarifvertrag bei dem Betriebserwerber handeln muß, wird man die

---

[49] So aber der Vorschlag von *Jung*, RdA 1981, 360, 364; hiergegen auch *Hüper*, Betrieb, S. 72 Fn. 169.

[50] Siehe dazu § 15 A I 3.

[51] Im Ergebnis ebenso BAG 19.3.1986 AP Nr. 49 zu § 613a BGB; BAG 20.4.1994 AP Nr. 108 zu § 613a BGB; BAG 16.5.1995 AP Nr. 15 zu § 4 TVG Ordnungsprinzip; *Braun*, Anm. zu BAG 20.4.1994, WiB 1995, 121, 122; *Carl*, AuA 1993, 293, 295; *B. Gaul*, NZA 1995, 717, 722; *ders.*, ZTR 1995, 387, 388; Erman/*Hanau*, BGB, § 613a Rn. 93; *Hromadka*, DB 1996, 1872, 1875; *Moll*, RdA 1996, 275, 282; *Sack*, Schicksal von Altverträgen, S. 119; MünchKom/*Schaub*, BGB, § 613a Rn. 181; *Seiter*, Betriebsinhaberwechsel, S. 94; *Simon*, ZfA 1987, 311, 331; MünchArbR/*Wank*, § 120 Rn. 184; *Wank/Brüning*, ZfA 1995, 699, 735; *Willemsen*, Anm. zu BAG 26.9.1979, AP Nr. 17 zu § 613a BGB; *Zöllner*, DB 1995, 1401, 1403.

[52] Als selbstverständlich nehmen dies nur diejenigen an, die das Eingreifen von § 613a Abs. 1 Satz 3 BGB im Fall eines bei Betriebsübergang bestehenden Tarifvertrages beim Betriebserwerber ablehnen. Dazu vorstehend § 15 A I 2c.

[53] *Kamlah*, Bestandsschutz, S. 119; *Zöllner*, DB 1995, 1401, 1403.

Anwendung der Bestimmung auf den Abschluß neuer Tarifverträge nach Betriebsübergang nicht schon als durch den Wortlaut ausgeschlossen anzusehen haben.[54]

(b) Systematik

Allerdings kann die nachträgliche Verdrängung individualrechtlich weitergeltender Tarifnormen des Betriebsveräußerers durch einen späteren Tarifvertrag beim Betriebserwerber unter systematischen Gesichtspunkten zweifelhaft sein. Soweit die Weitergeltung der beim Betriebsveräußerer zur Anwendung gekommenen Tarifnormen nicht nach § 613a Abs. 1 Satz 3 BGB durch einen beim Betriebserwerber bereits bestehenden Tarifvertrag ausgeschlossen wurde, erfolgt deren Umwandlung in einzelvertragliche Bestandteile der Arbeitsverhältnisse der übernommenen Arbeitnehmer mit dem neuen Betriebsinhaber. Soweit nachfolgend für das Unternehmen ein neuer Tarifvertrag abgeschlossen wird, käme es bei einer Anwendung des § 613a Abs. 1 Satz 3 BGB zur Verdrängung einer individual- durch eine kollektivrechtliche Regelung.[55] Allerdings besteht die Möglichkeit, daß insoweit ein ungünstigerer Tarifvertrag beim Betriebserwerber eine günstigere einzelvertragliche Regelung ablöst. Für das Verhältnis einer tariflichen Regelung, die normativ kraft beiderseitiger Tarifbindung[56] zur Anwendung kommt, und abweichendem Individualrecht gilt an sich das Günstigkeitsprinzip des § 4 Abs. 3 TVG. Danach käme die Geltung des neuen Tarifvertrages unter Verdrängung der weitergeltenden tariflichen Regelungen nur in Betracht, wenn dieser gegenüber den einzelvertraglichen Regelungen die für die Arbeitnehmer günstigere Regelung darstellt. Im übrigen kann eine Veränderung der Arbeitsbedingungen zu Lasten der übernommenen Arbeitnehmer nur mit individualrechtlichen Mittel unter Beachtung der einjährigen Veränderungssperre des § 613a Abs. 1 Satz 2 BGB vorgenommen werden.[57] Einem Abstellen auf das Günstigkeitsprinzip wird diesbezüglich mit unterschiedlichen Begründungen entgegengetreten.[58] Abgesehen davon bestehen aus rechtstechnischer Sicht keine Bedenken, die Verdrängung einzelvertraglicher Normen durch Kollektivrecht des Betriebserwerbers anzunehmen.[59]

---

54 Vgl. auch ArbG Mainz 6.3.1996 DB 1996, 2500; *Hromadka/Maschmann/Wallner*, Tarifwechsel, Rn. 355; MünchKom/*Schaub*, BGB, § 613a Rn. 181; *Zöllner*, DB 1995, 1401, 1403.

55 Darauf weist auch Schaub, Anm. zu BAG 16.5.1995, EWiR § 613a BGB 15/95 hin.

56 Dazu § 15 A I 3.

57 Vgl. *Schipp/Schipp*, Arbeitsrecht und Privatisierung, Rn. 216, S. 99.

58 Dazu im einzelnen noch § 15 A I 8.

59 So wird in § 613a Abs. 1 Satz 3 BGB eine gesetzliche Ermächtigung für abändernde Betriebsvereinbarungen oder Tarifverträge gesehen, mit der durch § 613a Abs. 1 Satz 2 BGB transformierte Tarifnormen nachträglich aus dem individualrechtlichen Regelkreis

(c) Zweck

Im übrigen wird die Einbeziehung auch neu abgeschlossener Tarifverträge in den Anwendungsbereich des § 613a Abs. 1 Satz 3 BGB durch den mit dieser Vorschrift verfolgten Zweck gedeckt. Dem Gesetzgeber ging es darum, eine Vereinheitlichung der Arbeitsbedingungen übernommener Arbeitnehmer mit denen, die für beim Betriebserwerber bereits Beschäftigte gelten, zu ermöglichen.[60] Ein dahingehendes Interesse des Betriebserwerbers besteht aber auch, soweit nach Betriebsübergang ein Tarifvertrag abgeschlossen wird. Auch diesbezüglich soll die Erreichung der Vereinheitlichung der Arbeitsbedingungen möglich sein.[61] Daher sind nach dem Zweck des § 613a Abs. 1 Satz 3 BGB die Ablösung im Zeitpunkt des Betriebsübergangs und die spätere Ablösung gleichzustellen.[62] Es wäre im übrigen schwer verständlich, weshalb ein Arbeitnehmer, dessen Arbeitgeber unter Umständen lediglich noch keine Gelegenheit zum Abschluß von Tarifverträgen oder Betriebsvereinbarungen hatte, besser gestellt werden soll, als derjenige, dessen Betrieb in ein bereits bestehendes Unternehmen integriert wird.[63]

Zwar könnte der Betriebserwerber auch darauf verwiesen werden, die einheitliche Behandlung aller Arbeitnehmer durch die Vereinbarung einzelvertraglicher Bezugnahmeklauseln in Bezug auf diesen Tarifvertrag zu erreichen. Dies begegnet jedoch Bedenken in mehrerer Hinsicht. Der Betriebserwerber ist hierbei auf die Mitwirkung der übernommenen Arbeitnehmer angewiesen. Diese werden jedoch - gerade in dem problematischen Fall einer Verschlechterung ihrer Arbeitsbedingungen durch den neu abgeschlossenen Tarifvertrag - regelmäßig ihre Zu-

---

wieder herausgelöst werden können, vgl. *Schipp/Schipp*, Arbeitsrecht und Privatisierung, Rn. 217, S. 100.

Vgl. auch *Moll*, Brennpunkte des Arbeitsrechts 1996, S. 185, 227 zur Maßgeblichkeit des kollektivrechtlichen Zeitkollisionsgrundsatzes bzw. der Kollektivvereinbarungsoffenheit der Arbeitsvertragsregelung. Die Schwäche des Erklärungsversuchs im zweiten Fall sei danach darin u sehen, daß dieser Aspekt nach der Rechtsprechung des Bundesarbeitsgerichts auf Neben- bzw. Sozialleistungen beschränkt sei und nicht für Hauptleistungspflichten im Arbeitsverhältnis Anwendung finde. Dazu BAG 21.9.1989 AP Nr. 43 zu § 77 BetrVG 1972.

60 Vgl. die Nachweise in Fn. 123, S. 282.

61 BAG 19.3.1986 AP Nr. 49 zu § 613a BGB; BAG 16.5.1995 AP Nr. 15 zu § 4 TVG Ordnungsprinzip; *Braun*, Anm. zu BAG 20.4.1994, WiB 1995, 121, 122; *Däubler*, Tarifvertragsrecht, Rn. 1555, S. 646; *Schaub*, Anm. zu BAG 16.5.1995, EWiR § 613a BGB 15/95; *Schiefer*, NJW 1998, 1817, 1821 f.

62 RGRK/*Ascheid*, BGB, § 613a Rn. 221; *Schaub*, Anm. zu BAG 16.5.1995, EWiR § 613a BGB 15/95; MünchKom/*Schaub*, BGB, § 613a Rn. 181; *Schipp/Schipp*, Arbeitsrecht und Privatisierung, Rn. 217, S. 100; *Seiter*, Betriebsinhaberwechsel, S. 94; MünchArbR/*Wank*, § 120 Rn. 184; *ders.*, NZA 1987, 505, 510; *Wank/Brüning*, ZfA 1995, 699, 735.

63 Darauf verweisen *Schipp/Schipp*, Arbeitsrecht und Privatisierung, Rn. 217, S. 100.

stimmung hierzu verweigern. Eine Erzwingung der Anwendung des neuen Tarifvertrages durch Änderungskündigung wird zumeist am Fehlen eines Kündigungsgrundes scheitern.[64] Eine andere Möglichkeit, die Vereinheitlichung der Arbeitsbedingungen im Fall eines nach Betriebsübergang abgeschlossenen Tarifvertrages zu erreichen, besteht für den Betriebserwerber nicht. Damit kann dessen Vereinheitlichungsinteresse nur dadurch hinreichend Rechnung getragen werden, daß § 613a Abs. 1 Satz 3 BGB auch auf nachträglich in Kraft tretende Tarifverträge Anwendung findet.[65]

(d) Zeitliche Einschränkung

Fraglich ist, ob für die Anwendung von § 613a Abs. 1 Satz 3 BGB auf beim Betriebserwerber neu abgeschlossene Tarifverträge eine zeitliche Beschränkung derart zu treffen ist, daß eine gewisse zeitliche Nähe zum Betriebsübergang bestehen muß.[66] So wird gefordert, es müsse der Tarifvertrag „nach angemessener Frist“[67] oder „aus Anlaß eines Betriebsübergangs“[68] abgeschlossen werden.[69] Das Bundesarbeitsgericht entschied dagegen im Sinne der Ablösung weitergeltender Tarifnormen durch einen zwei Monate nach Betriebsübergang abgeschlossenen Tarifvertrag, ohne aber auf den zeitlichen Aspekt einzugehen.[70]

Der Wortlaut der Vorschrift gibt für eine solche Einschränkung keinen Anhaltspunkt.[71] Auch die Veränderungssperre von einem Jahr bezieht sich lediglich auf die individualrechtliche Änderung der Arbeitsbedingungen nach Betriebsübergang, nicht aber auf deren Ablösung durch nachfolgendes Kollektivrecht. Zwar darf der Inhalt des Arbeitsverhältnisses zwischen dem neuen Betriebsinhaber und dem Arbeitnehmer nicht vor Ablauf eines Jahres nach dem Zeitpunkt des Betriebsübergangs zum Nachteil des Arbeitnehmers geändert werden. Das gilt aber

---

64 Dazu § 21.

65 Ergänzend weist ArbG Mainz 6.3.1996 DB 1996, 2500 darauf hin, daß auch ein Bedürfnis für die Weitergeltung des bisher anwendbaren Tarifvertrages nicht besteht, wenn der Arbeitnehmer durch einen neuen, für den Betriebserwerber geltenden Tarifvertrag geschützt sei.

66 *Schipp/Schipp*, Arbeitsrecht und Privatisierung, Rn. 217, S. 100 sehen hier Schwierigkeiten.

67 So *Henssler*, NZA 1994, 913, 920; MünchKom/*Schaub*, BGB, § 613a Rn. 179.

68 MünchKom/*Schaub*, BGB, § 613a Rn. 181.

69 Hiergegen wenden sich insbesondere *Zöllner*, DB 1995, 1401, 1403 sowie *Moll*, RdA 1996, 275, 282. Dagegen will wohl auch *Willemsen*, Anm. zu BAG 26.9.1979, AP Nr. 17 zu § 613a BGB § 613a Abs. 1 Satz 3 BGB lediglich auf innerhalb der Jahresfrist neu geschlossene Kollektivverträge anwenden; ebenso *Commandeur*, Betriebs-, Firmen- und Vermögensübernahme, S. 80.

70 Vgl. *Schipp/Schipp*, Arbeitsrecht und Privatisierung, Rn. 217, S. 100.

71 Ebenso *Zöllner*, DB 1995, 1401, 1403; im Ergebnis auch *Moll*, Brennpunkte des Arbeitsrechts 1996, S. 185, 226.

dem neuen Inhaber durch Rechtsnormen eines anderen Tarifvertrages geregelt werden.[72] Die Verschlechterung der Arbeitsbedingungen der übernommenen Arbeitnehmer ist nach § 613a Abs. 1 Satz 3 BGB durch eine ablösende tarifliche Regelung bereits vor Ablauf eines Jahres nach Betriebsübergang zulässig. Da diese Schutzfrist lediglich zugunsten der übernommenen Arbeitnehmer besteht, muß die Verschlechterung der Arbeitsbedingungen nach Ablauf dieser Frist durch einen Tarifvertrag nach § 613a Abs. 1 Satz 3 BGB erst recht möglich sein.[73] Nach Ablauf der einjährigen Veränderungssperre wird lediglich die Abänderung der Arbeitsbedingungen der übernommenen Arbeitnehmer auf individualrechtlichem Wege zusätzlich möglich.[74] Insbesondere ergibt sich auch in Bezug auf das Vereinheitlichungsinteresse des Betriebserwerbers insoweit kein Unterschied.[75] Zusätzlich wird darauf abgestellt, daß die nunmehrigen einzelvertraglichen Bestimmungen ursprünglich kollektivrechtlicher Natur waren, die Regelungen daher folgerichtig weiterhin der kollektivrechtlichen Ablösung zugänglich sein müssen.[76] Den fortgeltenden kollektivvertraglichen Normen könne kein Veränderungsschutz wie „echten" Arbeitsvertragsregelungen beigemessen werden.[77] Auch aus dem zugrunde liegenden Art. 3 Abs. 3 der EG-Richtlinie läßt sich eine gegenteilige Auffassung nicht begründen.[78]

(e) Ergebnis

Ungeachtet der im Hinblick auf eine zeitliche Beschränkung vertretenen unterschiedlichen Auffassungen bleibt festzuhalten, daß die Weitergeltung der beim Betriebsveräußerer zur Anwendung gekommenen Tarifnormen nach § 613a Abs. 1 Satz 3 BGB im Grundsatz auch durch einen erst nach Betriebsübergang abgeschlossenen und in Kraft tretenden Tarifvertrag verhindert werden kann. Insoweit erfolgt eine Ablösung der Arbeitsbedingungen der übernommenen Arbeitnehmer durch die tariflichen Regelungen.[79]

---

72 BAG 16.5.1995 AP Nr. 15 zu § 4 TVG Ordnungsprinzip.

73 *B. Gaul*, ZTR 1995, 387, 388; *Moll*, RdA 1996, 275, 282 f.; *ders.*, Brennpunkte des Arbeitsrechts 1996, S. 185, 227; *Zöllner*, DB 1995, 1401, 1403.

74 *Boewer*, Brennpunkte des Arbeitsrechts 1997, S. 91, 142 f.; *Moll*, Brennpunkte des Arbeitsrechts 1996, S. 185, 226.

75 *Boewer*, Brennpunkte des Arbeitsrechts 1997, S. 91, 142 f.; *Zöllner*, DB 1995, 1401, 1403.

76 *Balze/Rebel/Schuck*, Outsourcing, S. 180; *Moll*, Brennpunkte des Arbeitsrechts 1996, S. 185, 227; *Oberhofer*, BetrRat 1990, 98; *Schaub*, Arbeitsrechtshandbuch, S. 711; *ders.*, ArbRGW 18 (1981), 71, 80; MünchArbR/*Wank*, § 120 Rn. 185.

77 So *Moll*, RdA 1996, 275, 282.

78 Vgl. *Moll*, RdA 1996, 275, 283; *ders.*, Brennpunkte des Arbeitsrechts 1996, S. 185, 227; *Zöllner*, DB 1995, 1401, 1403.

79 BAG 19.3.1986 AP Nr. 49 zu § 613a BGB; BAG 20.4.1994 AP Nr. 108 zu § 613a BGB; BAG 16.5.1995 AP Nr. 15 zu § 4 TVG Ordnungsprinzip; *Balze/Rebel/Schuck*, Outsourcing, S. 182; *Bichlmeier/Oberhofer*, Gesamtvollstreckungsverfahren, Bd. II, S.

3. Tarifbindung der Arbeitsvertragsparteien

Voraussetzung für die Anwendung des § 613a Abs. 1 Satz 3 BGB ist nach dem Wortlaut des Gesetzes, daß die Rechte und Pflichten bei dem neuen Betriebsinhaber durch Rechtsnormen eines anderen Tarifvertrages geregelt werden. Zu fragen ist, welche Anforderungen sich daraus an die Tarifgebundenheit der Arbeitsvertragsparteien nach Betriebsübergang ergeben.

Es ist unbestritten, daß von einer Regelung der Arbeitsbedingungen durch Tarifvertrag beim Betriebserwerber jedenfalls nur dann ausgegangen werden kann, wenn der Betriebserwerber selbst an diesen Tarifvertrag gebunden ist.[80] Dabei kann sich die Tarifgebundenheit des Betriebserwerbers aus der Mitgliedschaft im tarifschließenden Verband oder dem Abschluß des Tarifvertrages selbst ergeben. § 613a Abs. 1 Satz 3 BGB verdrängt jedenfalls dann die weitergeltenden Tarifnormen des Betriebsveräußerers, wenn beide Arbeitsvertragsparteien an den neuen Tarifvertrag gebunden sind.[81] Ebenso greift § 613a Abs. 1 Satz 3 BGB auch im Fall der Allgemeinverbindlichkeitserklärung des neuen Tarifvertrages nach § 5 TVG ein. Insofern kann es rechtlich keinen Unterschied machen, ob der Betriebserwerber kraft eigener Tarifbindung die Normen eines Tarifvertrages zur Anwendung bringt oder kraft Gesetzes unter den Voraussetzungen des § 5 TVG ein einschlägiger Tarifvertrag zur Anwendung gelangt.[82]

Dagegen ist fraglich, ob für das Eingreifen der Verdrängungswirkung des § 613a Abs. 1 Satz 3 BGB ausreichend ist, daß nur der neue Betriebsinhaber an den neu-

---

Outsourcing, S. 182; *Bichlmeier/Oberhofer*, Gesamtvollstreckungsverfahren, Bd. II, S. 256; *Boewer*, Brennpunkte des Arbeitsrechts 1997, S. 91, 142; *Boecken*, Unternehmensumwandlungen, Rn. 193, S. 133 sowie Rn. 171, S. 119; *Bolck*, ZTR 1994, 14, 16; *Carl*, AuA 1993, 293, 295; *Commandeur*, Betriebs-, Firmen- und Vermögensübernahme, S. 77, 80; *Däubler*, Tarifvertragsrecht, Rn. 1555, S. 646; *Gamillscheg*, Kollektives Arbeitsrecht, S. 783; *B. Gaul*, NZA 1995, 717, 722; *ders.*, ZTR 1995, 387, 388; Erman/*Hanau*, BGB, § 613a Rn. 93; KassArbR/*Hattesen*, 1.7 Rn. 179; *Hromadka*, DB 1996, 1872, 1875; *Hromadka/Maschmann/Wallner*, Tarifwechsel, Rn. 358; *Moll*, RdA 1996, 275, 282; GK-KR/*Pfeiffer*, § 613a BGB Rn. 98; ErfurtKom/*Preis*, § 613a BGB Rn. 79; *Preis/Steffan*, FS Kraft, S. 477, 490; *Sack*, Schicksal von Altverträgen, S. 119; MünchKom/*Schaub*, BGB, § 613a Rn. 181; *ders.*, ZTR 1997, 245, 247; *ders.*, FS Wiese, S. 535, 538 f.; *Seiter*, Betriebsinhaberwechsel, S. 94; *Simon*, ZfA 1987, 311, 331; *Steffan*, Arbeitsrecht und Unternehmenssanierung, S. 297 f.; MünchArbR/*Wank*, § 120 Rn. 184; *Wank/Brüning*, ZfA 1995, 699, 735; *Willemsen*, Anm. zu BAG 26.9.1979, AP Nr. 17 zu § 613a BGB; anders jedoch *Kittner/Trittin*, Kündigungsschutzrecht, § 613a BGB Rn.235, nach denen der ablösende Tarifvertrag im Zeitpunkt des Betriebsüberganges bereits bestanden haben muß.

80 *Moll*, RdA 1996, 275, 280; *Picot*, Kauf und Restrukturierung von Unternehmen, Rn. 36, S. 342; *Zöllner*, DB 1995, 1401, 1403.

81 BAG 19.11.1996 AP Nr. 153 zu § 613a BGB; *Röder*, DB 1981, 1980, 1982.

82 *D. Gaul*, Betriebsübergang, S. 326 f.; MünchKom/*Schaub*, BGB, § 613a Rn. 184.

en Tarifvertrag gebunden, der übernommene Arbeitnehmer jedoch nicht Mitglied der tarifschließenden Gewerkschaft ist.

a. Grammatische Auslegung

Der Wortlaut von § 613a Abs. 1 Satz 3 BGB kann so verstanden werden, daß die Vorschrift bereits dann zur Anwendung kommen soll, wenn bei dem Betriebserwerber eine tarifliche Regelung besteht.[83] Eine kollektivvertragliche Regelung kann in diesem Sinne beim Betriebserwerber aber unabhängig davon bestehen, ob sie auf das konkrete Arbeitsverhältnis auch Anwendung findet.[84] Damit wäre die Ablösung der Tarifnormen des Betriebsveräußerers nur von der Tarifgebundenheit des neuen Betriebsinhabers, nicht aber von der des übernommenen Arbeitnehmers abhängig. Allerdings kann § 613a Abs. 1 Satz 3 BGB durchaus auch so verstanden werden, daß im Hinblick auf die Regelung der Arbeitsbedingungen beim Betriebserwerber durch Tarifvertrag auf das konkrete Arbeitsverhältnis abgestellt wird.[85] Dann müßten sowohl Betriebserwerber als auch Arbeitnehmer an den nunmehr einschlägigen Tarifvertrag gebunden sein.

Allein aus dem Wortlaut des Gesetzes läßt sich nicht eindeutig ableiten, ob die Tarifbindung der übernommenen Arbeitnehmer für die Verdrängungswirkung des § 613a Abs. 1 Satz 3 BGB erforderlich ist.[86] Allerdings reicht es insoweit nicht aus, darauf zu verweisen, daß die Tarifgebundenheit des Betriebsinhabers regelmäßig mit der betrieblichen Präsenz einer Gewerkschaft einhergehe, so daß die Anwendbarkeit des Tarifvertrages auf den Betrieb zu dessen tatsächlicher Geltung für die Arbeitsverhältnisse führen könne.[87] Denn soweit die Vorschrift die tatsächliche Geltung des Tarifvertrages des Betriebserwerbers für die übernommenen Arbeitnehmer verlangt, reicht dessen bloße Anwendbarkeit eben nicht aus.

---

83 So *Balze/Rebel/Schuck*, Outsourcing, S. 184; *Gussen/Dauck*, Weitergeltung, Rn. 234, S. 154; *Kamlah*, Bestandsschutz, S. 116; *Moll*, RdA 1996, 275, 281; *ders.*, Brennpunkte des Arbeitsrechts 1996, S. 185, 220; *Zöllner*, DB 1995, 1401, 1404. So wohl auch *Schuster/Beckerle*, NZA 1985, 16, 17.

84 LAG Schleswig-Holstein 4.3.1998 (2 Sa 456/97); *Henssler*, FS Schaub, S. 311, 320; *Kania*, DB 1994, 529, 530; *Moll*, RdA 1996, 275, 280; *ders.*, Brennpunkte des Arbeitsrechts 1996, S. 185, 220.

85 So KassArbR/*Hattesen*, 1.7 Rn. 178, der darauf verweist, daß § 613a Abs. 1 Satz 3 BGB von der Regelung der Rechte und Pflichten aus dem Arbeitsverhältnis durch Rechtsnormen eines anderen Tarifvertrages spricht. Die normative Geltung eines Tarifvertrages setze aber gerade beiderseitige Tarifgebundenheit der Arbeitsvertragsparteien nach § 4 Abs. 1 TVG voraus. Im Ergebnis so auch *Buchner*, GmbHR 1997, 434, 438; *Kittner/Trittin*, Kündigungsschutzrecht, § 613a BGB Rn. 235e.

86 Vgl. auch *Hromadka/Maschmann/Wallner*, Tarifwechsel, Rn. 346.

87 So aber *Zöllner*, DB 1995, 1401, 1404.

b. Systematische Auslegung

Anhaltspunkte für das Verständnis von § 613a Abs. 1 Satz 3 BGB können aus der systematischen Stellung der Vorschrift innerhalb der Gesamtregelung der Weitergeltung kollektivvertraglicher Bestimmungen bei einem Betriebsübergang in § 613a Abs. 1 Satz 2 bis 4 BGB gewonnen werden. Im übrigen ist zu fragen, ob sich infolge ähnlichen Wortlauts in anderen gesetzlichen Bestimmungen ein Rückschluß auf die Voraussetzungen des § 613a Abs. 1 Satz 3 BGB ziehen läßt.

(1) § 613a Abs. 1 Satz 2 BGB

§ 613a Abs. 1 Satz 3 BGB knüpft insoweit an Satz 2 der Vorschrift an, als er dessen Eingreifen ausschließt, soweit eine kollektivvertragliche Regelung beim Betriebserwerber besteht. In § 613a Abs. 1 Satz 2 BGB wird eine Regelung zu den tatsächlich geltenden Arbeitsbedingungen der übernommenen Arbeitnehmer getroffen. Dies soll nahelegen, für die Anwendung von § 613a Abs. 1 Satz 3 BGB vorauszusetzen, daß die alten Arbeitsbedingungen tatsächlich durch neue Arbeitsbedingungen in Kollektivverträgen gerade auch für den betreffenden Arbeitnehmer ersetzt werden.[88] Soweit dies ungeachtet der Tarifbindung des einzelnen Arbeitnehmers geschehen soll, stehen Bedenken im Hinblick auf Art. 9 Abs. 3 GG entgegen.[89] Allerdings beschränkt sich § 613a Abs. 1 Satz 3 BGB darauf, nur negativ den Ausschluß der Weitergeltung, nicht aber positiv die Arbeitsbedingungen der Arbeitnehmer zu bestimmen. § 613a Abs. 1 Satz 3 BGB schließt, soweit eine tarifliche Regelung beim Betriebserwerber besteht, dem Wortlaut nach lediglich die individualrechtliche Weitergeltung der beim Betriebsveräußerer zur Anwendung gekommenen Tarifnormen aus. Nicht angeordnet wird statt dessen, daß die beim Betriebserwerber geltenden Tarifnormen an Stelle der bisherigen Regelungen gelten sollen.[90] Nur daraus wäre aber auf die Erforderlichkeit auch der Tarifbindung des Arbeitnehmers an den neuen Tarifvertrag zu schließen, da nur dann die normative Geltung dessen Regelungen in Betracht kommen kann.[91] Im übrigen hätte die Annahme nahe gelegen, § 613a Abs. 1 Satz 3 BGB könne auf den Fall der nur einseitigen Tarifbindung des Betriebserwerbers nicht angewendet werden. Dies ergibt sich aus § 613a Abs. 1 Satz 3 BGB hingegen nicht. Dennoch führt der Verweis auf § 613a Abs. 1 Satz 2 BGB dazu, daß der Einwand, es sei auf die Anwendung des Tarifvertrages im konkreten Arbeitsverhältnis und damit auf die Tarifgebundenheit auch des Arbeitnehmers abzustellen,

---

88 *Kania*, DB 1994, 529, 530.

89 Insoweit ist *Kania*, DB 1994, 529, 530 zuzustimmen.

90 So aber *Hüper*, Betrieb, S. 71. Anders zu Recht LAG Schleswig-Holstein 4.3.1998 (2 Sa 456/97); *Kania*, DB 1994, 529, 530; *Zöllner*, DB 1995, 1401, 1404.

91 Vgl. *Bauer*, Unternehmensveräußerung, S. 110 f.; *Hüper*, Betrieb, S. 71; Soergel/*Raab*, BGB, § 613a Rn. 125.

in systematischer Hinsicht jedenfalls nicht ohne jegliche Berücksichtigung bleiben kann.

(2) **§ 613a Abs. 1 Satz 4, 2. Alt. BGB**

Röder will § 613a Abs. 1 Satz 3 BGB im Fall einseitiger Tarifbindung lediglich des neuen Betriebsinhabers als Ermächtigung ansehen, im Wege der Änderungskündigung der durch Satz 2 erfaßten Arbeitsbedingungen die einzelvertragliche Inbezugnahme zu erreichen.[92] Damit wird er aber dem Wortlaut dieser Bestimmung nicht gerecht.[93] Die Möglichkeit der Änderung der Arbeitsbedingungen der übernommenen Arbeitnehmer mit individualrechtlichen Mitteln betrifft im übrigen die Regelung in § 613a Abs. 1 Satz 2 und 4 BGB. § 613a Abs. 1 Satz 3 BGB regelt hingegen die kollektivrechtliche Ablösung der individualrechtlich weitergeltenden Tarifnormen.[94]

Nach § 613a Abs. 1 Satz 4, 2. Alt. BGB können die Arbeitsvertragsparteien bereits vor Ablauf der einjährigen Veränderungssperre des § 613a Abs. 1 Satz 2 BGB die einzelvertragliche Inbezugnahme eines die Arbeitsbedingungen der Arbeitnehmer verschlechternden Tarifvertrages vereinbaren. Nach dem Wortlaut der Vorschrift besteht diese Möglichkeit bei fehlender beidseitiger Tarifgebundenheit. § 613a Abs. 1 Satz 3 BGB ist jedenfalls dann anzuwenden, wenn sowohl Betriebserwerber als auch Arbeitnehmer an den geltenden Tarifvertrag gebunden sind. Demgegenüber ist die Anwendung der Bestimmung auf die Konstellation, daß zwar der Betriebserwerber, nicht aber der Arbeitnehmer an einen geltenden Tarifvertrag gebunden ist, fraglich.

Würde nun aber § 613a Abs. 1 Satz 3 BGB auf den Fall einseitiger Tarifgebundenheit des Betriebserwerbers angewendet werden, würde die Regelung in § 613a Abs. 1 Satz 4, 2. Alt. BGB insoweit leer laufen.[95] Die Möglichkeit der vorzeitigen Veränderung der Arbeitsbedingungen der übernommenen Arbeitnehmer zu deren Ungunsten hätte keine Bedeutung, da die Weitergeltung des beim Betriebsveräußerer zur Anwendung gekommenen Tarifvertrages nach § 613a Abs. 1

---

92 *Röder*, DB 1981, 1980, 1982; ähnlich auch *Bauer*, FS Schaub, S. 19, 39, nach dem § 613a Abs. 1 Satz 3 BGB auf den Fall einseitiger Tarifbindung des Betriebserwerbers analog angewendet werden sollte mit der Folge eines Rechtes zur Änderungskündigung, um die Anpassung der Arbeitsbedingungen zu erreichen. Offen bleibt allerdings, woraus die Annahme einer Regelungslücke des Gesetzes im Falle nur einseitiger Tarifbindung des Betriebserwerbers folgt.

93 Kritisch auch *Zöllner*, DB 1995, 1401, 1403 Fn. 33.

94 *Kania*, DB 1994, 529, 531.

95 Dies geben auch *Preis/Steffan*, FS Kraft, S. 477, 486 zu bedenken. Nach Auffassung von *Hanau*, RdA 1998, 65, 69 ergibt sich gerade aus der klaren gesetzlichen Regelung in § 613a Abs. 1 Satz 4, 2. Alt. BGB, daß die verdrängende Wirkung des § 613a Abs. 1 Satz 3 BGB beiderseitige Tarifbindung voraussetze.

Satz 2 BGB ohnehin ausgeschlossen wäre. Damit macht die Anwendung des § 613a Abs. 1 Satz 3 BGB auf den Fall einseitiger Tarifbindung lediglich des Betriebserwerbers nur insoweit Sinn, wie dieser Fall als nicht durch § 613a Abs. 1 Satz 4, 2. Alt. BGB erfaßt angesehen wird. Andererseits wird gegen die Anwendung des § 613a Abs. 1 Satz 4, 2. Alt. BGB bei einseitiger Tarifbindung des neuen Betriebsinhabers vorgebracht, daß § 613a Abs. 1 Satz 3 BGB bei sachgerechtem Verständnis gerade auch diese Konstellation regele.[96]

Daraus wird deutlich, daß sich beide Vorschriften in ihrem Anwendungsbereich ergänzen und daher voneinander abzugrenzen sind. Damit kann aber, da sowohl das eine als auch das andere Ergebnis für beide Bestimmungen aus dem Wortlaut begründbar ist, allein aus der systematischen Stellung beider Regelungen zueinander kein Anhaltspunkt für deren Verständnis gewonnen werden.[97] Ein Vorrang der Auslegung von § 613a Abs. 1 Satz 3 BGB, an der sich das Verständnis von § 613a Abs. 1 Satz 4, 2. Alt. BGB zu orientieren hätte, läßt sich insbesondere nicht mit dem spezifisch kollektivrechtlichen Ansatz dieser Bestimmung begründen, die die Ablösung ursprünglich kollektivrechtlicher Regelungen durch Kollektivvertrag vorsieht.[98] Denn die Weitergeltungsanordnung des § 613a Abs. 1 Satz 2 BGB erfolgt gerade auf individualrechtlicher Grundlage, womit sich im Gegenteil gerade ein Vorrang der Anwendung des individualrechtlich geprägten § 613a Abs. 1 Satz 4, 2. Alt. BGB begründen ließe.[99] Allenfalls könnte ein Vorrang des § 613a Abs. 1 Satz 3 BGB in zeitlicher Hinsicht statuiert werden: für den Fall des Eingreifens dieser Bestimmung wird die Anwendung von § 613a Abs. 1 Satz 2 BGB ausgeschlossen, und damit käme es auch auf § 613a Abs. 1 Satz 4, 2. Alt. BGB nicht mehr an. Jedoch gilt dies nur, soweit im Zeitpunkt des Betriebsübergangs bereits ein Tarifvertrag beim Betriebserwerber gilt und § 613a Abs. 1 Satz 3 BGB zur Anwendung kommen kann. Soweit ein in Frage kommender Tarifvertrag erst später abgeschlossen wird bzw. die Bindung an diesen Tarifvertrag nachträglich eintritt, kommt zwar die Anwendung von § 613a Abs. 1 Satz 3 BGB in Betracht.

---

96 So *Moll*, RdA 1996, 275, 282; genau entgegengesetzt die Auffassung von *Boewer*, Brennpunkte des Arbeitsrechts 1997, S. 91, 143.

97 Anders *Zöllner*, DB 1995, 1401, 1404, der aus der Beschränkung der Anwendung des § 613a Abs. 1 Satz 4, 2. Alt. BGB auf die tatsächlich fehlende Tarifgebundenheit auf beiden Seiten die Anwendung des § 613a Abs. 1 Satz 3 BGB im Fall einseitiger Tarifgebundenheit des Betriebserwerbers herleitet. Ähnlich auch *Moll*, RdA 1996, 275, 281. Dagegen begründet *Willemsen*, Anm. zu BAG 26.9.1979, AP Nr. 17 zu § 613a BGB die Anwendung des § 613a Abs. 1 Satz 3 BGB lediglich im Fall beiderseitiger Tarifbindung der Arbeitsvertragsparteien gerade damit, daß die Folgen einseitiger Tarifgebundenheit des Betriebserwerbers bereits durch § 613a Abs. 1 Satz 4, 2. Alt. BGB geregelt werden. So auch *Hanau*, RdA 1998, 65, 69; *Preis/Steffan*, FS Kraft, S. 477, 486.

98 So aber *Moll*, RdA 1996, 275, 282; wohl auch *ders.*, Brennpunkte des Arbeitsrechts 1996, S. 185, 224.

99 So im Ergebnis *Kania*, DB 1994, 529, 531.

Allerdings liegen zu diesem Zeitpunkt bereits einzelvertragliche Regelungen aufgrund der in § 613a Abs. 1 Satz 2 BGB getroffenen Weitergeltungsanordnung vor, für die im Grundsatz auch § 613a Abs. 1 Satz 4, 2. Alt. BGB Anwendung finden kann. Die nähere Betrachtung zeigt sogar, daß letztlich auch bei Bestehen eines Tarifvertrages bereits im Zeitpunkt des Betriebsübergangs zunächst die Umwandlung der Tarifnormen des Betriebsveräußerers stattfindet, deren Weitergeltung dann aber durch § 613a Abs. 1 Satz 3 BGB ausgeschlossen wird.[100]

In diesem Zusammenhang ist außerdem zu berücksichtigen, daß § 613a Abs. 1 Satz 4, 2. Alt. BGB zur Veränderung der Arbeitsbedingungen den Arbeitgeber auf die Mitwirkung der übernommenen Arbeitnehmer im Rahmen einer Änderungsvereinbarung verweist bzw. diesen an die kündigungsschutzrechtlichen Voraussetzungen beim Ausspruch einer Änderungskündigung bindet. Denn nur wenn der Arbeitgeber mit dem übernommenen Arbeitnehmer die Geltung der Vorschriften eines anderen Tarifvertrages einzelvertraglich vereinbart, soll der durch § 613a Abs. 1 Satz 2 BGB mit der Anordnung der Weitergeltung tariflicher Normen auch nach einem Betriebsübergang dem Arbeitsverhältnis gewährte inhaltliche Bestandsschutz entfallen.[101] Im Falle der Anwendung des § 613a Abs. 1 Satz 3 BGB bei nur einseitiger Tarifbindung des Betriebserwerbers jedoch könnte dieser bereits nur durch den Beitritt zum Arbeitgeberverband bzw. den Abschluß eines Firmentarifvertrages eine Veränderung der Arbeitsbedingungen der übernommenen Arbeitnehmer herbeiführen, ohne daß diese darauf Einfluß nehmen könnten.[102]

(3) Regelung durch Tarifvertrag

Als Anhaltspunkt für das Verständnis des § 613a Abs. 1 Satz 3 BGB wird auch § 87 Abs. 1 BetrVG 1972 herangezogen. Nach § 87 Abs. 1 BetrVG 1972 hat der Betriebsrat ein Mitbestimmungsrecht in sozialen Angelegenheiten nur insoweit, als eine tarifliche Regelung nicht besteht. Da auch für diese Bestimmung das Bestehen der Tarifbindung des Arbeitgebers als maßgebend angesehen werde und zum Wortlaut des § 613a Abs. 1 Satz 3 BGB, der darauf abstellt, daß Rechte und Pflichten durch Tarifvertrag geregelt werden, insoweit kein wesentlicher Unterschied bestehe, soll auch für die Ablösung der weitergeltenden Tarifnormen nach

---

100 Vgl. § 15 A I 2c.

101 *Kania*, DB 1994, 529, 531.

102 Darauf weist auch *D. Gaul*, ZTR 1989, 432, 439 hin. Dennoch nimmt er an, daß die weitergeltenden Tarifregelungen mit Tarifbindung des Betriebserwerbers nach § 613a Abs. 1 Satz 3 BGB ihre Wirksamkeit verlieren.

einem Betriebsübergang die Tarifbindung lediglich des Betriebserwerbers zu fordern sein.[103] Dem ist unter beiden angeführten Gesichtspunkten zu widersprechen.

Zum einen ist auch im Rahmen des § 87 Abs. 1 BetrVG 1972 durchaus strittig, ob für dessen Anwendung bereits die Tarifbindung des Arbeitgebers ausreicht.[104] Lediglich soweit es um betriebliche und betriebsverfassungsrechtliche Tarifnormen geht, für deren normative Geltung auf die Arbeitsverhältnisse im Betrieb nach § 3 Abs. 2 TVG die Tarifgebundenheit des Arbeitgebers ausreicht, besteht in Bezug auf § 87 Abs. 1 BetrVG 1972 weitgehende Einigkeit.

Zum anderen sind - selbst wenn man die Tarifbindung des Arbeitgebers als ausreichend für die Anwendung des § 87 Abs. 1 BetrVG 1972 ansehen wollte - die gesetzlichen Bestimmungen schon hinsichtlich ihres Wortlauts nicht vergleichbar, so daß daraus im Rahmen der Auslegung Schlußfolgerungen zwingend gezogen werden müßten. Gerade indem § 87 Abs. 1 BetrVG 1972 lediglich auf das Bestehen einer tariflichen Regelung abstellt, wird deutlich, daß der Inhalt des einzelnen Arbeitsverhältnisses wohl nicht notwendig aufgrund tatsächlicher Anwendung des Tarifvertrag bestimmt sein muß. Demgegenüber verlangt aber § 613a Abs. 1 Satz 3 BGB, daß die Rechte und Pflichten aus den Arbeitsverhältnissen durch den Tarifvertrag geregelt werden. Dadurch wird zum Ausdruck gebracht, daß die tarifliche Regelung dem Inhalt des konkreten Arbeitsverhältnisses sehr viel näher stehen muß. Daher können aus § 87 Abs. 1 BetrVG 1972 keine Rückschlüsse auf den Anwendungsbereich des § 613a Abs. 1 Satz 3 BGB gezogen werden. Dies wird zudem im Hinblick auf die Normzwecke beider Vorschriften deutlich.[105] So soll über § 87 Abs. 1 BetrVG 1972 der Vorrang der verfassungsrechtlich gewährleisteten Tarifautonomie gesichert werden. Insoweit wird berücksichtigt, daß für die Erreichung des Mitbestimmungszweckes schon kein Raum ist, wenn nur eine den Arbeitgeber bindende Regelung durch Tarifvertrag vorliegt.[106] Demgegenüber trägt § 613a Abs. 1 Satz 3 BGB lediglich der betätigten positiven Koalitionsfreiheit des Betriebserwerbers Rechnung. Auch daran wird deutlich, daß § 613a Abs. 1 Satz 3 BGB in stärkerem Maße als § 87 Abs. 1 BetrVG 1972 auf das einzelne Arbeitsverhältnis abstellt.

Im übrigen ist hier auch auf § 4 Abs. 5 TVG hinzuweisen. Nach dieser Vorschrift über das Ende eines Tarifvertrages hinaus weitergeltende Tarifnormen werden nur dann durch einen neuen Tarifvertrag abgelöst, wenn dieser auf das jeweilige

---

103 LAG Schleswig-Holstein 4.3.1998 (2 Sa 456/97); *Moll*, RdA 1996, 275, 280; *ders.*, Brennpunkte des Arbeitsrechts 1996, S. 185, 220. Auch *Heinze*, DB 1998, 1861, 1866 zieht hier eine Parallele.

104 Vgl. GK/*Wiese*, BetrVG, § 87 Rn. 49 m.w.N.

105 Siehe auch *Hanau*, RdA 1998, 65, 69.

106 Statt aller *Richardi*, BetrVG, § 87 Rn. 143.

Arbeitsverhältnis Anwendung findet.[107] Insoweit entspricht ein Abstellen auf die Tarifgebundenheit des Betriebserwerbers und des Arbeitnehmers auch den Anforderungen an die Ablösung weitergeltender tariflicher Regelungen im übrigen.

c. Verfassungskonforme Auslegung: Art. 9 Abs. 3 GG

Gegen die Anwendung von § 613a Abs. 1 Satz 3 BGB auf den Fall, daß nur der Betriebserwerber an einen anderen Tarifvertrag gebunden ist, werden auch verfassungsrechtliche Bedenken geltend gemacht.[108] Soweit schon bei bloß einseitiger Tarifbindung des neuen Betriebsinhabers für die Arbeitsbedingungen der übernommenen Arbeitnehmer der neue Tarifvertrag nach § 613a Abs. 1 Satz 3 BGB gelten soll, wird darin ein Verstoß gegen die negative Koalitionsfreiheit des Arbeitnehmers, der der tarifschließenden Gewerkschaft gerade nicht beigetreten ist, gesehen.[109] Diesem Einwand ist zuzugeben, daß die normative Geltung tariflicher Rechtsnormen für ein Arbeitsverhältnis ungeachtet der Tarifbindung des Arbeitnehmers dessen negative Koalitionsfreiheit verletzen kann, da er insoweit ohne eigene Willensentschließung gleich einem Mitglied der tarifschließenden Gewerkschaft behandelt wird.[110] Allerdings ist diese Befürchtung bei der Anwendung des § 613a Abs. 1 Satz 3 BGB auf den Fall der einseitigen Tarifbindung des Betriebserwerbers nicht begründet. Denn diese Vorschrift beschränkt sich gerade darauf, die Weitergeltung der beim Betriebsveräußerer zur Anwendung gekommenen Tarifnormen nach § 613a Abs. 1 Satz 2 BGB anzuordnen. Es wird hingegen nicht bestimmt, daß statt dessen der Tarifvertrag des neuen Betriebsinhabers auch auf nicht tarifgebundene Arbeitnehmer Anwendung finden soll.[111]

Allerdings kommt eine Beeinträchtigung der Koalitionsfreiheit der Arbeitnehmer auch unter dem Gesichtspunkt einer unzulässigen Druckausübung im Hinblick auf den Eintritt in eine Gewerkschaft in Betracht. Soweit es zu einer Ablösung der

---

107 Vgl. *Hromadka*/Maschmann/Wallner, Tarifwechsel, Rn. 347. Hierzu merkt LAG Schleswig-Holstein 4.3.1998 (2 Sa 456/97) an, daß eine Abmachung i.S.v. § 4 Abs. 5 TVG sich gerade diesbezüglich von einer Regelung i.S.d. § 613a Abs. 1 Satz 3 BGB unterscheide.

108 Keine Bedenken hat hier *Moll*, RdA 1996, 275, 281. Demgegenüber betont LAG Schleswig-Holstein 4.3.1998 (2 Sa 456/97) die Beeinträchtigung der positiven Koalitionsfreiheit des Betriebserwerbers, der, obschon selbst tarifgebunden, aufgrund der Weitergeltungsanordnung des § 613a Abs. 1 Satz 2 BGB den bisher geltenden Tarifvertrag einhalten muß (dazu schon § 6 B III 4). *Heinze*, DB 1998, 1861, 1866 spricht in diesem Zusammenhang sowohl positive als auch negative Koalitionsfreiheit des Arbeitgebers an. Hiergegen insbesondere *Hanau*, RdA 1998, 65, 69.

109 *Gussen/Dauck*, Weitergeltung, Rn. 238, S. 158; *Hromadka/Maschmann/Wallner*, Tarifwechsel, Rn. 348; *Ingenfeld*, Betriebsausgliederung, S. 270; *Kania*, DB 1994, 529, 530; *Weimar/Alfes*, BB 1993, 783, 788.

110 Vgl. schon vorstehend § 7 C I 3.

111 Ebenso Soergel/*Raab*, BGB, § 613a Rn. 125. Dazu auch nachstehend § 15 A I 3e.

bei dem Betriebsveräußerer geltenden Tarifnormen nach § 613a Abs. 1 Satz 3 BGB kommt, obwohl lediglich der Betriebserwerber an einen anderen Tarifvertrag gebunden ist, finden auf die Arbeitsverhältnisse der gleichfalls an diesen Tarifvertrag gebundenen Arbeitnehmer dessen Regelungen nach §§ 3 Abs. 1, 4 Abs. 1 TVG Anwendung. Demgegenüber verlieren die Arbeitnehmer, die lediglich an den beim bisherigen Betriebsinhaber einschlägigen Tarifvertrag gebunden waren, den Schutz tariflicher Arbeitsbedingungen, ohne daß die gleichzeitige Geltung eines anderen Tarifvertrages herbeigeführt wird. Die erneute Geltung von Arbeitsbedingungen, denen die tarifliche Richtigkeitsgewähr beiliegt, kommt nur in Betracht, soweit sie der tarifschließenden Gewerkschaft beitreten.[112] Insoweit müßten sie die Mitgliedschaft in der gewählten Gewerkschaft aufgeben. Auf gleichgerichtete Satzungsbestimmungen der DGB-Gewerkschaften, die für den Fall des Wechsels der Tarifzuständigkeit den Übertritt der Arbeitnehmer in die entsprechende Gewerkschaft vorsehen, kann es jedenfalls für die verfassungsrechtliche Beurteilung der gesetzlichen Bestimmung nicht ankommen.[113] Von den beim Betriebsveräußerer tarifgebundenen Arbeitnehmern kann auch im übrigen nicht verlangt werden, durch Gewerkschaftswechsel die Voraussetzungen für eine Tarifbindung im Verhältnis zum neuen Betriebsinhaber zu schaffen.[114]

Indessen wird auch gegen die Anwendung des § 613a Abs. 1 Satz 3 BGB lediglich bei beiderseitiger Tarifgebundenheit der Arbeitsvertragsparteien ein Einwand aus verfassungsrechtlicher Sicht vorgebracht. Soweit der beim Betriebserwerber geltende Tarifvertrag ungünstigere Arbeitsbedingungen gegenüber den nach § 613a Abs. 1 Satz 2 BGB weitergeltenden Tarifnormen schafft, tritt für die Mitglieder der nunmehr zuständigen Gewerkschaft, die mit dem Betriebserwerber bzw. dessen Arbeitgeberverband den neuen Tarifvertrag abgeschlossen hat, eine Verschlechterung der Arbeitsbedingungen ein. Dies sei aber geeignet, auf die Arbeitnehmer derart Druck auszuüben, daß sie von vornherein gar nicht erst der tarifschließenden Gewerkschaft beitreten. Damit würden gleichzeitig die Arbeitnehmer bevorzugt, die weiterhin Mitglied einer gegebenenfalls gar nicht mehr

---

112 Vgl. auch die Kritik von MünchArbR/*Löwisch*, § 238 Rn. 55 an der Rechtsprechung des Bundesarbeitsgerichts zu § 87 Abs. 1 BetrVG, nach der die Sperrwirkung bereits dann eingreifen soll, wenn nur der Arbeitgeber tarifgebunden ist.

113 Ebenso *Zöllner*, DB 1995, 1401, 1404 Fn. 38; kritisch auch *Gussen/Dauck*, Weitergeltung, Rn. 237, S. 157 f.; MünchArbR/*Löwisch*, § 238 Rn. 11, 57. Anders wohl *Kania*, DB 1995, 625, 626.

114 *Gussen/Dauck*, Weitergeltung, Rn. 237, S. 157; *v. Stebut*, Anm. zu BAG 19.3.1986, AP Nr. 49 zu § 613a BGB; anders hingegen ErfurtKom/*Preis*, § 613a BGB Rn. 78; *Schwerdtner*, Anm. zu BAG 19.3.1986, EWiR § 613a BGB 5/86, 881, 882. Mißverständlich *Schaub*, FS Wiese, S. 535, 538.

tarifzuständigen Gewerkschaft blieben. Auch insoweit wird eine Beeinträchtigung der Koalitionsfreiheit der Arbeitnehmer befürchtet.[115]

Art. 9 Abs. 3 GG schützt den einzelnen Arbeitnehmer in seiner negativen Koalitionsfreiheit grundsätzlich auch vor staatlichem Druck in Richtung auf das Unterbleiben des Eintritts in bzw. den Austritt aus einer Gewerkschaft.[116] Zu § 613a Abs. 1 Satz 3 BGB wird angenommen, ein solcher verfassungsrechtlich relevanter Druck ergebe sich aus der Benachteiligung der Arbeitnehmer, die Mitglied der beim Betriebserwerber tarifschließenden Gewerkschaft (geworden) sind, soweit der nunmehr zur Anwendung kommende Tarifvertrag ungünstigere Regelungen enthält. Damit wird zur Begründung der verfassungsrechtlichen Bedenken auf die Ungleichbehandlung der Mitglieder der tarifschließenden Gewerkschaft und der übrigen Arbeitnehmer abgestellt. Eine derartige Ungleichbehandlung verstößt gegen Art. 9 Abs. 3 GG jedoch nur insoweit, als dadurch ein fühlbarer, nicht unerheblicher Beitrittsdruck ausgeübt wird.[117] Hier ist zu berücksichtigen, daß jede Ungleichbehandlung zwischen den Mitgliedern und Nichtmitgliedern einer Koalition eine Begünstigung auf der einen und eine Belastung auf der anderen Seite hervorzurufen vermag. Damit entsteht aber grundsätzlich bei jeder Ungleichbehandlung der Anreiz für den Belasteten, das Grundrecht der Koalitionsfreiheit in eine Richtung auszuüben.[118] Daher kann nur jene Ungleichbehandlung die Koalitionsfreiheit beeinträchtigen, die nicht durch einen sachlichen Grund gedeckt ist.[119]

Bei einer Anwendung von § 613a Abs. 1 Satz 3 BGB nur auf die Arbeitsverhältnisse, deren Parteien beide tarifgebunden sind, kommt es zu einer Ablösung der individualrechtlich weitergeltenden Tarifnormen des Betriebsveräußerers gerade aufgrund der Anwendung eines neuen Tarifvertrages. Im Ergebnis wird eben dies für verfassungsrechtlich bedenklich erklärt, soweit den übrigen Arbeitnehmern die Arbeitsbedingungen unverändert erhalten bleiben. Allerdings entspricht die Anwendung tariflicher Regelungen auf ein Arbeitsverhältnis zwischen tarifgebun-

---

115 Vgl. *Binkert*, JZ 1979, 747, 751; *Röder*, DB 1981, 1980, 1982; *Zöllner*, DB 1995, 1401, 1404; ablehnend dagegen *Gussen/Dauck*, Weitergeltung, Rn. 239, S. 159; *Moll*, RdA 1996, 275, 281.

116 Dreier/*Bauer*, GG, Art. 9 Rn. 76; *Jarass/Pieroth*, GG, Art. 9 Rn. 25; MünchArbR/*Löwisch*, § 237 Rn. 2. Vgl. zur Ableitung der negativen Koalitionsfreiheit aus Art. 9 Abs. 3 GG aber vorstehend § 6 B III.

117 Vgl. BVerfG 20.7.1971 E 31, 297, 302; BVerfG 15.7.1980 E 55, 7, 22; BVerfG 14.6.1983 E 64, 208, 213 f.; Dreier/*Bauer*, GG, Art. 9 Rn. 76; Sachs/Battis/*Höfling*, GG, Art. 9 Rn. 65; *Jarass/Pieroth*, GG, Art. 9 Rn. 25; v. Münch/Kunig/*Löwer*, GG, Art. 9 Rn. 70, Stichwort negative Koalitionsfreiheit.

118 Darauf weisen auch MünchArbR/*Löwisch*, § 237 Rn. 9; *Spirolke*, Betriebsübergang, S. 97 f. mit Recht hin.

119 MünchArbR/*Löwisch*, § 237 Rn. 13; *Spirolke*, Betriebsübergang, S. 98.

denen Parteien den Vorschriften der §§ 3 Abs. 1, 4 Abs. 1 TVG. Es ist nur natürlich, daß sich die Arbeitsbedingungen der Mitglieder einer Gewerkschaft aufgrund der Anwendung eines Tarifvertrages von denen anderer Arbeitnehmer unterscheiden.[120] Die vorgebrachten Bedenken werden schließlich auch nicht erhoben, soweit beim Betriebserwerber ein günstigerer Tarifvertrag gilt - sie können daher auch nicht in Bezug auf die Anwendung eines ungünstigeren Tarifvertrages auf eine sachwidrige Ungleichbehandlung gestützt werden.

d. Europarechtskonforme Auslegung: Art. 3 Abs. 3 der EG-Richtlinie

Nach Art. 3 Abs. 3 der EG-Richtlinie hat der Betriebserwerber die durch den bisherigen Tarifvertrag bestimmten Arbeitsbedingungen der übernommenen Arbeitnehmer bis zur Anwendung eines anderen Kollektivvertrages aufrechtzuerhalten. Nicht ausreichend ist damit die nur abstrakte Anwendbarkeit des neuen Tarifvertrages.[121] Zu der Anwendung des neuen Tarifvertrages auf die Arbeitsverhältnisse der vom Betriebsübergang betroffenen Arbeitnehmer kann es indes nur bei beiderseitiger Tarifgebundenheit der Arbeitsvertragsparteien kommen. Damit stellt sich die Erforderlichkeit auch der Tarifgebundenheit der Arbeitnehmer für die Anwendung von § 613a Abs. 1 Satz 3 BGB nicht als ein der EG-Richtlinie widersprechendes „Zusatzerfordernis" dar.[122]

e. Teleologische Auslegung

Für das Verständnis von § 613a Abs. 1 Satz 3 BGB kommt es maßgeblich auf Sinn und Zweck dieser Regelung an. Unstreitig dient die Vorschrift dem Interesse des Betriebserwerbers an der Vereinheitlichung der in seinem Betrieb geltenden Arbeitsbedingungen.[123] Allerdings ist fraglich, in welchem Umfang dieses Interes-

---

[120] Vgl. *Moll*, RdA 1996, 275, 281; *Spirolke*, Betriebsübergang, S. 98.

[121] Ebenfalls nicht ausreichend ist die Geltung des Tarifvertrages allein für beim Betriebserwerber beschäftigte Arbeitnehmer aufgrund beiderseitiger Tarifbindung, um eine Ablösungswirkung gegenüber den übernommenen Arbeitnehmern herbeizuführen, vgl. *Gussen/Dauck*, Weitergeltung, Rn. 236, S. 156 f.

[122] So aber *Zöllner*, DB 1995, 1401, 1404. Im Ergebnis ebenso *Moll*, Brennpunkte des Arbeitsrechts 1996, S. 185, 224 f.

[123] Dazu die Begründung zum Gesetzesentwurf, BTag-Drucksache. 8/3317, S. 7, 11 sowie LAG Schleswig-Holstein 4.3.1998 (2 Sa 456/97); *Bachner*, AiB 1996, 291, 303; *Bauer*, Unternehmensveräußerung, S. 108; *Berscheid*, Betriebsinhaberwechsel, Rn. 117; *Commandeur*, Betriebs-, Firmen- und Vermögensübernahme, S. 78; *Gussen/Dauck*, Weitergeltung, Rn. 233, S. 154; Erman/*Hanau*, BGB, § 613a Rn. 93; *Hanau/Vossen*, FS Hilger/Stumpf, S. 271, 282; *Henssler*, FS Schaub, S. 311, 318 f.; *Kania*, DB 1994, 529, 530; *Lorenz*, DB 1980, 1745, 1747; *Moll*, RdA 1996, 275, 280 f.; *Morell*, Städtetag 1993, 297, 300; *Preis/Steffan*, FS Kraft, S. 477, 485; *Röder*, DB 1981, 1980, 1981 f.; MünchKom/*Schaub*, BGB, § 613a Rn. 180; *Schipp/Schipp*, Arbeitsrecht und Privatisierung, Rn. 189, S. 87; *Seiter*, Betriebsinhaberwechsel, S. 94; *ders.*, DB 1980, 877, 878; *Zöllner*, DB 1995, 1401, 1403 f.; *Zumkeller*, DStR 1998, 1966, 1967.

se gegenüber dem der Regelung in § 613a Abs. 1 Satz 2 bis 4 BGB insgesamt zugrunde liegenden Interesse der übernommenen Arbeitnehmer an der Aufrechterhaltung ihrer Arbeitsbedingungen durch § 613a Abs. 1 Satz 3 BGB geschützt wird.[124] Insoweit wird angenommen, das durch das Gesetz als berechtigt anerkannte Interesse des Betriebserwerbers drohe konterkariert zu werden, wenn der Eintritt der Ablösungswirkung nach § 613a Abs. 1 Satz 3 BGB an die beiderseitige Tarifbindung der Arbeitsvertragsparteien nach Betriebsübergang geknüpft werde.[125] Für die Anwendung von § 613a Abs. 1 Satz 3 BGB bei nur einseitiger Tarifgebundenheit des Betriebserwerbers wird ausgeführt, die Vorschrift solle dem Vereinheitlichungsinteresse gerade durch Wahrung des Grundsatzes der Tarifeinheit beim neuen Betriebsinhaber Rechnung tragen.[126] Das Abstellen auf die Tarifgebundenheit auch des übernommenen Arbeitnehmers entspreche dagegen nicht den Grundsätzen zur Auflösung von Tarifkonkurrenzen, wie sie ungeachtet eines Betriebsübergangs Anwendung finden würden.[127] Dem wird insbesondere unter Hinweis auf die Kritik an der Anwendung des Grundsatzes der Tarifeinheit im Fall der Tarifpluralität[128] widersprochen, der nicht auch noch in § 613a Abs. 1 Satz 3 BGB eindringen sollte.[129]

---

124 So beschränkt LAG Schleswig-Holstein 4.3.1998 (2 Sa 456/97) den arbeitnehmerschützenden Zweck der Regelung allein darauf, daß den übernommenen Arbeitnehmern überhaupt kollektivrechtlich geregelte Arbeitsbedingungen zur Verfügung stehen. Es gehe dagegen nicht um einen Bestandsschutz zugunsten des bisher geltenden Tarifvertrages. Ähnlich *Zumkeller*, DStR 1998, 1966, 1967.

125 So LAG Schleswig-Holstein 4.3.1998 (2 Sa 456/97); *Henssler*, FS Schaub, S. 311, 319; *Schiefer*, FA 1998, 270, 271. Demgegenüber verweist ArbG Mainz 6.3.1996 DB 1996, 2500 darauf, daß § 613a Abs. 1 Satz 3 BGB nicht die Vereinheitlichung der Arbeitsbedingungen bzw. die Verwirklichung des Grundsatzes der Tarifeinheit schlechthin für alle denkbaren Konstellationen herbeiführen solle. So auch *Kittner/Trittin*, Kündigungsschutzrecht, § 613a BGB Rn. 233a.

126 BAG 19.3.1986 AP Nr. 49 zu § 613a BGB; *Balze/Rebel/Schuck*, Outsourcing, S. 184; *Kamlah*, Bestandsschutz, S. 116; *Moll*, RdA 1996, 275, 280 f.; *ders.*, Brennpunkte des Arbeitsrechts 1996, S. 185, 221; *Säcker/Oetker*, ZfA 1993, 1, 9; *Schaub*, BB 1995, 2003, 2006; *Zöllner*, DB 1995, 1401, 1403 f. Anders dagegen *Kohte*, Anm. zu BAG 26.1.1994, SAE 1996, 14, 17, nach dem gerade die Regelung des § 613a Abs. 1 Satz 2 bis 4 BGB zeige, daß ein Prinzip der Tarifeinheit im Betrieb für den Fall der Tarifpluralität gerade nicht existiere. Ähnlich auch ErfurtKom/*Preis*, § 613a BGB Rn. 78, nach dem § 613a Abs. 1 Satz 2 bis 4 BGB als abschließende Sonderregelung keinen Platz für die Anwendung des Grundsatzes der Tarifeinheit lasse.

127 *Moll*, RdA 1996, 275, 281.

128 Vgl. nachstehend sowie *Wiedemann/Arnold*, ZTR 1994, 399 ff., 443 ff.

129 Ähnlich *Buchner*, GmbHR 1997, 434, 438 f.

(1) Grundsatz der Tarifeinheit

Der Grundsatz der Tarifeinheit, nach dem im Betrieb nur ein Tarifvertrag Anwendung finden soll, dient der Auflösung von Tarifkonkurrenzen. Ausgehend von dem Fall, daß mehrere Tarifverträge für ein Arbeitsverhältnis Geltung beanspruchten, wurde die Anwendung des Prinzips auf die Geltung mehrerer Tarifverträge für verschiedene Arbeitsverhältnisse im Betrieb ausgedehnt. In Frage steht darüber hinaus die Anwendung dieses Grundsatzes auf das Verhältnis eines normativ geltenden Tarifvertrages zu einem einzelvertraglich in Bezug genommenen Tarifvertrag.

(a) Wahrung der Tarifeinheit im konkreten Arbeitsverhältnis (Tarifkonkurrenz i.e.S.)

Soweit für ein Arbeitsverhältnis mehrere tarifliche Regelungssysteme normativ aufgrund beiderseitiger Tarifgebundenheit zur Anwendung kommen, die dasselbe Sachgebiet regeln, erlangt nach dem Grundsatz der Tarifeinheit nur der speziellere Tarifvertrag tatsächliche Geltung für das Arbeitsverhältnis. Der Arbeitnehmer soll sich nicht aus jedem Tarifvertrag die für ihn günstigen Regelungen heraussuchen können.[130] Hauptsächlich tritt dieser Fall auf, soweit der Arbeitgeber Mitglied im tarifschließenden Arbeitgeberverband und insoweit an einen Tarifvertrag gebunden ist, gleichzeitig aber mit der tarifschließenden Gewerkschaft einen Firmentarifvertrag abgeschlossen hat. Zur Geltung für die Arbeitsverhältnisse der Mitglieder dieser Gewerkschaft kommt dann nur der speziellere Tarifvertrag. Regelmäßig ist dies der Firmentarifvertrag.

(b) Wahrung der Tarifeinheit im Betrieb (Tarifpluralität)

Finden mehrere Tarifverträge auf die Arbeitsverhältnisse der im Betrieb beschäftigten Arbeitnehmer Anwendung, ohne daß es zu einer Konkurrenz der Regelungen im konkreten Arbeitsverhältnis kommt, wird von einer Tarifpluralität gesprochen. Bei der Ausdehnung der Anwendung des Grundsatzes der Tarifeinheit auf den gesamten Betrieb ging es zunächst darum, praktische Probleme bei der Anwendung mehrerer Tarifverträge in einem Betrieb zu vermeiden. Dies betrifft insbesondere die Geltung betriebsverfassungsrechtlicher und betrieblicher Normen, die nach § 3 Abs. 2 TVG für den gesamten Betrieb eines tarifgebundenen Arbeitgebers gelten, unabhängig von der Tarifgebundenheit des einzelnen Arbeitnehmers. Im Verhältnis zweier normativ geltender Tarifverträge im Betrieb muß daher jedenfalls insoweit einem der Vorrang zugewiesen werden. Damit aber zeigt sich, daß das Bundesarbeitsgericht ursprünglich bei der Lösung einer Tarifpluralität auf Konkurrenzüberlegungen hinsichtlich der Anwendung der tariflichen Re-

---

130 BAG 14.6.1989 AP Nr. 16 zu § 4 TVG Tarifkonkurrenz; *Däubler*, Tarifvertragsrecht, Rn. 1489, S. 623; *Etzel*, NZA 1987, Beilage 1, S. 19; *Kania*, DB 1994, 529; *Kempen/Zachert*, TVG, § 4 Rn. 128 ff., insb. 134; *Kraft*, RdA 1992, 161, 165; *B. Müller*, NZA 1989, 449, 450; *Wiedemann/Stumpf*, TVG, § 4 Rn. 163.

gelungen für das einzelne Arbeitsverhältnis, für das sowohl die Regelungen des einen als auch des anderen Tarifvertrages nach § 3 Abs. 2 TVG Geltung beanspruchten, Bezug nahm.[131]

Allerdings ist das Bundesarbeitsgericht einen Schritt über die Lösung nur dieser Problemlage hinausgegangen, indem es die gänzliche Verdrängung eines Tarifvertrages unter Einschluß der enthaltenen individualrechtlichen Normen annimmt. Auch insoweit soll unter Berücksichtigung des Grundsatzes der Tarifeinheit nur ein - der speziellere bzw. sachnähere - Tarifvertrag im Betrieb Anwendung finden.[132] Es kommt dabei zu einer Verdrängung der übrigen Regelungen selbst für die Arbeitsverhältnisse, auf die mangels Tarifgebundenheit der Arbeitnehmer der allein zur Geltung gebrachte Tarifvertrag nicht anzuwenden ist.[133] Dies führt aber nicht auch dazu, daß das Arbeitsverhältnis des an den verdrängten Tarifvertrages gebundenen Arbeitnehmers nunmehr durch die Regelungen des spezielleren Tarifvertrages bestimmt wird.[134] Das hat zur Folge, daß nur die Arbeitnehmer tariflichen Schutz genießen, die der Gewerkschaft angehören, die den spezielleren Tarifvertrag abgeschlossen hat.[135]

Die Heranziehung des Grundsatzes der Tarifeinheit mit dem Ergebnis der Verdrängung eines Tarifvertrags auch für die Arbeitsverhältnisse der insoweit tarifgebundenen Arbeitnehmer wird vielfach kritisch beurteilt.[136] So wird angenommen, dieser Grundsatz habe lediglich die Bedeutung, daß der einzelne Betrieb für die Bestimmung des branchenspezifisch heranzuziehenden Tarifvertrages als eine

---

[131] Vgl. *Willemsen*, Anm. zu BAG 26.9.1979, AP Nr. 17 zu § 613a BGB. Dazu ausführlich *Wiedemann*, Anm. zu BAG 24.9.1975, AP Nr. 11 zu § 4 TVG Tarifkonkurrenz.

[132] BAG 29.3.1957 AP Nr. 4 zu § 4 TVG Tarifkonkurrenz; BAG 24.9.1975 AP Nr. 11 zu § 4 TVG Tarifkonkurrenz; BAG 29.11.1978 AP Nr. 12 zu § 4 TVG Tarifkonkurrenz; BAG 14.6.1989 AP Nr. 16 zu § 4 TVG Tarifkonkurrenz; BAG 20.3.1991 AP Nr. 20 zu § 4 TVG Tarifkonkurrenz. Dem hält insbesondere *Kohte*, Anm. zu BAG 26.1.1994, SAE 1996, 14, 17 entgegen, in den Fällen der Tarifpluralität sei nicht Einheit, sondern Koexistenz das gesetzliche Leitbild.

[133] BAG 20.3.1991 AP Nr. 20 zu § 4 TVG Tarifkonkurrenz.

[134] BAG 29.3.1957 AP Nr. 4 zu § 4 TVG Tarifkonkurrenz; BAG 14.6.1989 AP Nr. 16 zu § 4 TVG Tarifkonkurrenz; BAG 5.9.1990 AP Nr. 19 zu § 4 TVG Tarifkonkurrenz; BAG 20.3.1991 AP Nr. 20 zu § 4 TVG Tarifkonkurrenz.

[135] Kritisch daher BAG 20.3.1991 AP Nr. 20 zu § 4 TVG Tarifkonkurrenz; BAG 26.1.1994 AP Nr. 22 zu § 4 TVG Tarifkonkurrenz.

[136] *Buchner*, FS Kissel, S. 97, 104; *Däubler*, Tarifvertragsrecht, Rn. 1505, S. 628 f.; *Hanau/Kania*, Anm. zu BAG 20.3.1991, AP Nr. 20 zu § 4 TVG Tarifkonkurrenz; *Hohenstatt*, DB 1992, 1678 ff.; *Hromadka*, DB 1996, 1872, 1874; *Kohte*, Anm. zu BAG 26.1.1994, SAE 1996, 14 ff.; *Kraft*, RdA 1992, 161, 168; *Löwisch/Rieble*, TVG, § 4 Rn. 290 ff.; *Merten*, BB 1993, 572 ff.; *B. Müller*, NZA 1989, 499, 451; *Wiedemann/Arnold*, Anm. zu BAG 14.6.1989, AP Nr. 16 zu § 4 TVG Tarifkonkurrenz; *Wiedemann/Stumpf*, TVG, § 4 Rn. 162 ff.; a.A. wohl nur *Säcker/Oetker*, ZfA 1993, 1 ff.

organisatorische Einheit verstanden und bewertet werden soll.[137] Demgegenüber gibt es Stimmen in der Literatur, die eine Beschränkung der Verdrängungswirkung auf Regelungen zu betrieblichen und betriebsverfassungsrechtlichen Fragen befürworten.[138] Dem tritt das Bundesarbeitsgericht unter Berufung auf Abgrenzungsschwierigkeiten zwischen betriebsbezogenen und auf das einzelne Arbeitsverhältnis bezogenen Tarifnormen entgegen.[139] Allerdings ist diese Abgrenzung - ungeachtet der zweifelsohne auftretenden Probleme - auch im Hinblick auf die Geltung der betrieblichen und betriebsverfassungsrechtlichen Regelungen für alle Arbeitnehmer des Betriebes nach § 3 Abs. 2 TVG gegenüber dem Erfordernis beiderseitiger Tarifgebundenheit nach § 4 Abs. 1 TVG im übrigen. Insoweit entstehen keine zusätzlichen Abgrenzungsschwierigkeiten.[140]

Teilweise Zustimmung hat die Rechtsprechung des Bundesarbeitsgerichts zur Tarifpluralität im Ergebnis jüngst erfahren, soweit in einem Betrieb mehrere Tarifverträge verschiedener DGB-Gewerkschaften nebeneinander anzuwenden wären.[141]

(c) Einzelvertragliche Inbezugnahme eines Tarifvertrages

Durch den Grundsatz der Tarifeinheit wurde zunächst die Auflösung einer Konkurrenz gleichrangiger Regelungssysteme, das Zusammentreffen normativ geltender Tarifregelungen, nach dem Spezialitätsprinzip ermöglicht. Der 4. Senat des Bundesarbeitsgerichts wandte den Grundsatz der Tarifeinheit allerdings auch an auf das Verhältnis eines allgemeinverbindlichen, damit normativ geltenden Tarifvertrages zu einem lediglich kraft einzelvertraglicher Inbezugnahme geltenden Tarifvertrag.[142] Nach dessen Auffassung sei für die Anwendung des Grundsatzes

---

137 So *D. Gaul*, Betriebsübergang, S. 274.

138 *Däubler*, Tarifvertragsrecht, Rn. 1504, S. 628; *Kempen/Zachert*, TVG, § 4 Rn. 121; *Wiedemann/Stumpf*, TVG, § 4 Rn. 166. Ähnlich auch LAG Niedersachsen 14.6.1990 LAGE Nr. 1 zu § 4 TVG Tarifpluralität sowie LAG Bremen 28.8.1990 LAGE Nr. 2 zu § 4 TVG Tarifpluralität.

139 BAG 20.3.1991 AP Nr. 20 zu § 4 TVG Tarifkonkurrenz.

140 *B. Gaul*, NZA 1998, 9, 15 verweist überdies auf unbefriedigende Ergebnisse, wenn die Abgrenzung im Einzelfall eindeutig ist.

141 Vgl. *Kania*, DB 1996, 1921 ff., der die Geltung des Prinzips der Tarifeinheit insoweit mit dem Industrieverbandsprinzip als tragendem Organisationsgrundsatz der DGB-Gewerkschaften begründet. Ähnlich *Hanau*, ArbRGW 34 (1997), 21, 29, nach dem aufgrund des im DGB geltenden Prinzips der Tarifeinheit alle von den DGB-Gewerkschaften geschlossenen Tarifverträge dahin ausgelegt werden sollten, daß sie ihre Wirkung verlieren, wenn der Betrieb in den Geltungsbereich eines anderen Tarifvertrages derselben Gewerkschaft oder einer anderen DGB-Gewerkschaft gelangt. Zustimmend *Kittner/Trittin*, Kündigungsschutzrecht, § 613a BGB Rn. 234.

142 BAG 20.3.1991 AP Nr. 20 zu § 4 TVG Tarifkonkurrenz. Kritisch dazu *Hohenstatt*, DB 1992, 1678 ff.; *Löwisch/Rieble*, TVG, § 4 Rn. 286 ff.; *Merten*, BB 1993, 572, 577 f.; *Säcker/Oetker*, ZfA 1993, 1, 13 ff.

der Tarifeinheit nicht die Art und Weise, durch die es zu einer Bindung an einen Tarifvertrag komme, maßgeblich.[143] Wenn schon ein nachwirkender Tarifvertrag durch den Grundsatz der Tarifeinheit verdrängt werden könne, so müsse dies erst recht für einen nur kraft einzelvertraglicher Inbezugnahme geltenden Tarifvertrag gelten.[144] Dem hat der 10. Senat des Bundesarbeitsgerichts widersprochen. Nach seiner Auffassung bestimmt sich die Geltung eines einzelvertraglich in Bezug genommenen Tarifvertrages gegenüber einem normativ geltenden Tarifvertrag allein nach dem Günstigkeitsprinzip.[145]

(2) Tarifeinheit nach Betriebsübergang

§ 613a Abs. 1 Satz 3 BGB wird als gesetzliche Ausformung des Grundsatzes der Tarifeinheit für den Fall eines Betriebsübergangs angesehen. Inwieweit sich dieser Grundsatz allerdings tatsächlich in gesetzlichen Bestimmungen niederschlägt, ist insbesondere bei Vorliegen einer bloßen Tarifpluralität zweifelhaft.[146] Hier geht es darum, inwieweit eine Konkurrenz verschiedener Tarifverträge nach Betriebsübergang entstehen kann und wie sodann deren Lösung unter Beachtung des Zwecks der Gesamtregelung des § 613a Abs. 1 Satz 2 bis 4 BGB vorzunehmen ist.

(a) Einzelvertragliche Weitergeltung der Tarifnormen

Nach einem Betriebsübergang gelten die bisherigen Tarifnormen nach § 613a Abs. 1 Satz 2 BGB als einzelvertragliche Bestandteile der Arbeitsverhältnisse weiter. Damit handelt es sich nicht um die Konkurrenz zweier normativer Regelungen, sondern das Zusammentreffen eines individualrechtlich und eines kollek-

---

143 BAG 20.3.1991 AP Nr. 20 zu § 4 TVG Tarifkonkurrenz.

144 BAG 4.9.1996 AP Nr. 5 zu § 1 TVG Bezugnahme auf Tarifvertrag.

145 Vgl. BAG 22.9.1993 AP Nr. 21 zu § 4 TVG Tarifkonkurrenz; BAG 26.1.1994 AP Nr. 22 zu § 4 TVG Tarifkonkurrenz. Zustimmend *Danne*, Anm. zu BAG 4.9.1996, SAE 1998, 111; *Färber*, Betriebsübergang, S. 133, 138 sowie *Schleusener*, Anm. zu BAG 28.5.1997, SAE 1998, 11, 14, der die Entscheidung des BAG 28.5.1997 AP Nr. 6 zu § 1 TVG Bezugnahme auf Tarifvertrag überdies als „vorsichtiges Abrücken" von der Annahme des Vorliegens einer Tarifpluralität bei einzelvertraglicher Inbezugnahme eines Tarifvertrages wertet. Darin hatte das Bundesarbeitsgericht maßgeblich darauf abgestellt, ob die Bezugnahme auf den Tarifvertrag konstitutiv oder deklaratorisch erfolgt sei.

146 Instruktiv zur Ablösung von nach § 4 Abs. 5 TVG nachwirkenden Tarifnormen durch einen neuen Tarifvertrag unter Inkaufnahme der Geltung zweier Tarifverträge im Betrieb nur bei beiderseitiger Tarifgebundenheit BAG 28.5.1997 AP Nr. 26 zu § 4 TVG Nachwirkung. Gegen die Übertragung der dort herausgestellten Grundsätze wendet sich insbesondere LAG Schleswig-Holstein 4.3.1998 (2 Sa 456/97).

tivrechtlich geltenden Tarifvertrages. Fraglich ist, inwieweit dies bereits der Heranziehung des Grundsatzes der Tarifeinheit entgegensteht.[147]

Soweit aus der einzelvertraglichen Weitergeltung der Tarifnormen abgeleitet wird, es käme gar nicht zu einer Tarifkonkurrenz, da es sich um die Kollision von Regelungen unterschiedlicher rechtlicher Qualität handele und die nachrangige Norm - die weitergeltende tarifliche Regelung - unproblematisch von der höherrangigen Norm - dem beim Betriebserwerber geltenden Tarifvertrag - verdrängt würde[148], ist dem nicht zu folgen. Zum einen wird dabei § 4 Abs. 3 TVG gänzlich außer acht gelassen.[149] Zum anderen können sich daraus keine Schlußfolgerung für die Verdrängungswirkung der Tarifnormen des Betriebserwerbers ergeben, soweit sie mangels Tarifgebundenheit auf die Arbeitsverhältnisse übernommener Arbeitnehmer keine Anwendung finden. Denn diese Auffassung beschränkt sich auf die Lösung einer Tarifkonkurrenz, in Betracht kommt aber das Vorliegen einer Tarifpluralität bei nur einseitiger Tarifbindung des Betriebserwerbers, die nach dem Grundsatz der Tarifeinheit aufgelöst werden könnte.

Gegen die Anwendung des Grundsatzes der Tarifeinheit im Verhältnis zu den einzelvertraglich weitergeltenden Tarifnormen wird im übrigen eingewandt, daß aus kollektivrechtlicher Sicht nur eine Gewerkschaft im Erwerberbetrieb zuständig sei und daher auch nur ein Tarifvertrag gelte. Daher sei das kollektivrechtliche Prinzip der Tarifeinheit gar nicht berührt.[150] Insofern ergibt sich allerdings kein Unterschied zu einer einzelvertraglichen Inbezugnahme eines Tarifvertrages, für die der 4. Senat des Bundesarbeitsgerichts den Grundsatz der Tarifeinheit gerade auch für anwendbar hielt.

Die Frage der Geltung des Grundsatzes der Tarifeinheit im Verhältnis zu einzelvertraglich in Bezug genommenen Tarifnormen muß im Zusammenhang mit § 613a Abs. 1 Satz 3 BGB allerdings nicht entschieden werden.[151] Denn es geht hier nicht darum, den Grundsatz der Tarifeinheit unmittelbar auf das Konkurrenz-

---

147 Dafür *Gussen/Dauck*, Weitergeltung, Rn. 239, S. 159. Anders dagegen *Kania*, DB 1994, 529, 530 f., der dies auch darauf stützt, daß es sich bei den weitergeltenden Tarifnormen nicht um echte einzelvertragliche Regelungen handelt. Ebenso im Ergebnis *Hromadka*, DB 1996, 1872, 1876; *Hromadka/Maschmann/Wallner*, Tarifwechsel, Rn. 350 sowie *Moll*, RdA 1996, 275, 280.

148 So *Gussen/Dauck*, Weitergeltung, Rn. 239, S. 159; *v. Stebut*, Anm. zu BAG 19.3.1986, AP Nr. 49 zu § 613a BGB.

149 Mißverständlich insoweit *Gussen/Dauck*, Weitergeltung, Rn. 239, S. 159. Zur Beachtung des Günstigkeitsprinzips nachstehend § 15 A I 8.

150 *Gussen/Dauck*, Weitergeltung, Rn. 239, S. 159; *Schipp/Schipp*, Arbeitsrecht und Privatisierung, Rn. 217, S. 99.

151 Ebenso *Hromadka*, DB 1996, 1872, 1876, der jedoch darauf abstellt, daß die zwar einzelvertraglich weitergeltenden Tarifnormen dennoch weiterhin wie „eigentliche“ Tarifnormen zu behandeln seien.

verhältnis der weitergeltenden Tarifnormen zum Tarifvertrag des Betriebserwerbers anzuwenden. Es kommt allein darauf an, ob der Grundsatz der Wahrung der Tarifeinheit als Auslegungshilfe für § 613a Abs. 1 Satz 3 BGB herangezogen werden kann. Es erscheint abwegig, die Anwendung von § 613a Abs. 1 Satz 3 BGB auf die Arbeitsverhältnisse an den neuen Tarifvertrag gebundener Arbeitnehmer zu beschränken, sodann aber für die Arbeitsverhältnisse nicht tarifgebundener Arbeitnehmer die Verdrängung der einzelvertraglich geltenden Tarifnormen über den Grundsatz der Tarifeinheit anzunehmen.[152] Soweit dagegen § 613a Abs. 1 Satz 3 BGB bereits bei einseitiger Tarifbindung des Betriebserwerbers zur Anwendung kommt, wird die Weitergeltung tariflicher Regelungen nach § 613a Abs. 1 Satz 2 BGB für alle Arbeitnehmer ausgeschlossen, so daß kein Raum für eine Anwendung des Grundsatzes der Tarifeinheit bleibt. Es kommt damit allein darauf an, inwieweit sich die Auslegung des § 613a Abs. 1 Satz 3 BGB an dem Grundsatz der Tarifeinheit zu orientieren hat. Kann daher § 613a Abs. 1 Satz 3 BGB als gesetzliche Sonderregelung des Grundsatzes der Tarifeinheit gerade für den Fall individualrechtlich weitergeltender Tarifnormen nach einem Betriebsübergang verstanden werden, scheitert auch die Anwendung der Bestimmung nicht an der fehlenden normativen Geltung dieses Tarifvertrages für die übernommenen Arbeitnehmer.[153]

(b) Beiderseitige Tarifbindung

Zu einer Konkurrenz von Regelungen verschiedener Tarifverträge in einem Arbeitsverhältnis kann es im Falle eines Betriebsübergangs wie folgt kommen. Nach dem Betriebsübergang gelten die bisherigen Tarifnormen im Grundsatz nach § 613a Abs. 1 Satz 2 BGB weiter. Zu einer Anwendung des neuen Tarifvertrages kommt es dagegen nur bei Tarifgebundenheit von Betriebserwerber und Arbeitnehmer. Nach dem Grundsatz der Tarifeinheit würden die einzelvertraglich weitergeltenden Tarifnormen von dem - spezielleren - Tarifvertrag des neuen Betriebsinhabers verdrängt. In diesem Fall ist aber die Anwendung von § 613a Abs. 1 Satz 3 BGB ohnehin unstreitig. Damit ergeben sich aus dem Gedanken der Tarifeinheit zur Auflösung einer Tarifkonkurrenz im einzelnen Arbeitsverhältnis keine Anhaltspunkte für eine Entscheidung über die Anwendung der Bestimmung bei einseitiger Tarifgebundenheit des Betriebserwerbers.[154] Insoweit kann § 613a

---

152 So auch der Ansatz von *Kania*, DB 1994, 529, 530 und *Preis/Steffan*, FS Kraft, S. 477, 486 f., die die Geltung des Grundsatzes der Tarifeinheit jedoch im Ergebnis ablehnen. So wohl auch weiterhin *Kania*, DB 1996, 1921, 1923 ff., der jedoch nunmehr im Zusammenhang mit der Weitergeltung eines Tarifvertrages nach Betriebsübergang darauf abstellt, ob es um das Verhältnis zweier DGB-Tarifverträge geht. Nur in diesem Fall soll eine Verdrängung des weitergeltenden durch den beim Betriebserwerber einschlägigen Tarifvertrag in Betracht kommen.

153 Vgl. auch *Schwerdtner*, Anm. zu BAG 19.3.1986, EWiR § 613a BGB 5/86, 881, 882.

154 Ebenso *Zöllner*, DB 1995, 1401, 1403 f.

Abs. 1 Satz 3 BGB durchaus als Regelung echter Tarifkonkurrenz verstanden werden, die dem beim Betriebserwerber normativ geltenden Tarifvertrag den Vorrang gegenüber den weitergeltenden Tarifregelungen zuweist.[155]

(c) Einseitige Tarifbindung des Betriebserwerbers

Soweit § 613a Abs. 1 Satz 3 BGB bei nur einseitiger Tarifbindung des Betriebserwerbers nicht angewendet würde, hätte dieser sowohl die einzelvertraglich geltenden Tarifnormen als auch den neuen Tarifvertrag einzuhalten. Dem wird mit dem Argument entgegengetreten, es gelte damit im Falle eines Betriebsübergangs anderes als nach den allgemeinen Grundsätzen. Ohne § 613a Abs. 1 Satz 3 BGB wäre nach dem Grundsatz der Tarifeinheit dem beim Betriebserwerber normativ geltenden Tarifvertrag als der spezielleren Regelung Verdrängungswirkung beizumessen gewesen. Aus § 613a Abs. 1 Satz 3 BGB könne aber ein Abweichen vom Grundsatz der Tarifeinheit nicht hergeleitet werden.[156] Dem ist nicht zuzustimmen. Der Grundsatz der Tarifeinheit ist lediglich eine Entwicklung der Rechtsprechung zur Lösung von Tarifkonkurrenzen.[157] Der Gesetzgeber kann jedoch ohne weiteres in § 613a Abs. 1 Satz 3 BGB von diesen Vorstellungen abweichen. Von dem angeführten Regelfall der Verdrängung eines Tarifvertrages in einem Betrieb unterscheidet sich die Lage nach einem Betriebsübergang im übrigen beträchtlich. Der betroffene Arbeitnehmer sieht sich bereits dem Wechsel des Arbeitgebers gegenüber. In dieser Situation sollen zumindest seine Arbeitsbedingungen gewahrt werden. Insoweit ist durchaus denkbar, daß durch § 613a Abs. 1 Satz 3 BGB gerade von den allgemeinen Lösungen zur Tarifkonkurrenz abgewichen werden sollte.

Für die Beantwortung der Frage, ob § 613a Abs. 1 Satz 3 BGB als Ausdruck des Prinzips der Tarifeinheit zu werten ist, ist dessen Gegenüberstellung zum Zweck dieser Vorschrift maßgebend. Insoweit ist die Heranziehung des Grundsatzes der Tarifeinheit mit Blick auf die Geltung betriebsbezogener Tarifnormen zu beurtei-

---

155 So *Hanau/Kania*, Anm. zu BAG 20.3.1991, AP Nr. 20 zu § 4 TVG Tarifkonkurrenz. *Hanau*, ArbRGW 34 (1997), 21, 27 versteht § 613a Abs. 1 Satz 3 BGB insoweit als Bestätigung des Grundsatzes vom Vorrang des spezielleren Tarifvertrages, da der beim Betriebserwerber geltende Tarifvertrag in Bezug auf den Betrieb regelmäßig spezieller sei. Auch *Kania*, DB 1994, 529, 531 erfaßt § 613a Abs. 1 Satz 3 BGB als Regelung des Falls einer echten Tarifkonkurrenz und beschränkt den Anwendungsbereich der Vorschrift darauf mit der Begründung, der Fall der Tarifpluralität werde durch § 613a Abs. 1 Satz 4, 2. Alt. BGB geregelt. Ähnlich Soergel/*Raab*, BGB, § 613a Rn. 125 sowie *Kohte*, Anm. zu BAG 26.1.1994, SAE 1996, 14, 17.

156 Vgl. *Moll*, RdA 1996, 275, 281.

157 Dazu auch *Wiedemann*, Anm. zu BAG 24.9.1975, AP Nr. 11 zu § 4 TVG Tarifkonkurrenz, nach dem der Grundsatz der Tarifeinheit lediglich als Auslegungsziel, nicht aber als tarifvertragliches Rechtsprinzip herangezogen werden könne. Hierzu ausführlich auch *Hanau/Kania*, Anm. zu BAG 20.3.1991, AP Nr. 20 zu § 4 TVG Tarifkonkurrenz.

len. Darüber hinaus wird die Anwendung des Grundsatzes der Tarifeinheit im Rahmen von § 613a Abs. 1 Satz 3 BGB gestützt auf das Interesse des Betriebserwerbers an der Vereinheitlichung der in seinem Betrieb geltenden Arbeitsbedingungen. Verfehlt scheint es dagegen, den Grundsatz der Tarifeinheit lediglich um seiner selbst willen anzuwenden und ihn zum Selbstzweck zu erheben. Dies aber ist der Fall, soweit schon aufgrund der einzelvertraglichen Geltung des Tarifvertrages, der beim Betriebsveräußerer zur Anwendung kam, und einer möglichen normativen Geltung eines neuen Tarifvertrages beim Betriebserwerber § 613a Abs. 1 Satz 3 BGB so verstanden wird, daß selbstverständlich nur ein Tarifvertrag nach Betriebsübergang gelten solle und daher die einzelvertraglich weitergeltenden Regelungen zurücktreten müßten.[158] Dann könnte nicht mehr von § 613a Abs. 1 Satz 2 bis 4 BGB als einer Auffangregelung für den Fall fehlender kollektivrechtlicher Geltung des bisherigen Tarifvertrages[159] gesprochen werden. Der Anwendungsbereich der Vorschrift würde sich hingegen auf eine Auffangregelung bei fehlender Tarifgebundenheit des Betriebserwerbers reduzieren.

(i) Betriebliche und betriebsverfassungsrechtliche Normen

Zu berücksichtigen ist danach insbesondere, welche Auswirkungen die Geltung eines Tarifvertrages beim Betriebserwerber auf die Weitergeltung der Normen zu betrieblichen Fragen des bisher zur Anwendung gekommenen Tarifvertrages hat. Die betriebsbezogenen Regelungen des neuen Tarifvertrages gelten nach § 3 Abs. 2 TVG ohnehin für alle Arbeitnehmer eines Betriebes ohne Rücksicht auf deren Tarifgebundenheit. Dagegen gelten die weitergeltenden Normen des Tarifvertrages beim Betriebsveräußerer nur für die übernommenen Arbeitnehmer, nicht aber für beim Betriebserwerber beschäftigte oder neu eingestellte Arbeitnehmer. Allerdings ist der Betriebserwerber verpflichtet, für die betriebseinheitliche Geltung der betrieblichen Regelungen zu sorgen.[160] Damit kann es auch im Rahmen der einzelvertraglichen Weitergeltung von Normen zu betrieblichen Fragen zu einer Konkurrenz mit dem Tarifvertrag des Betriebserwerbers kommen. Insoweit ist eine Entscheidung über den Vorrang der Regelungen des weitergeltenden bzw. des neuen Tarifvertrages erforderlich. Diese Entscheidung hat § 613a Abs. 1 Satz 3 BGB offensichtlich zugunsten des Tarifvertrages getroffen, an den der neue Betriebsinhaber gebunden ist.

(ii) Individualnormen

Bei nur einseitiger Tarifbindung des Betriebserwerbers finden dagegen die im Tarifvertrag enthaltenen Normen, die auf das einzelne Arbeitsverhältnis bezogen

---

[158] So aber *Zöllner*, DB 1995, 1401, 1403 f., wenn auch mit der Einschränkung, daß sich der Betriebserwerber seinerseits nicht schon vor Betriebsübergang auf die Anwendung mehrerer Tarifverträge eingelassen haben darf, *Zöllner*, DB 1995, 1401, 1404 Fn. 35.

[159] So aber die einhellige Auffassung, vgl. § 1 B I.

[160] Dazu vorstehend § 7 C I 3.

sind, keine Anwendung für die übernommenen Arbeitnehmer.[161] Demgegenüber gelten die entsprechenden Tarifnormen, die beim Betriebsveräußerer zur Anwendung kamen, lediglich für die übernommenen Arbeitnehmer, sie beanspruchen im übrigen keine Geltung. Daher kommt es hier nicht zu einer Tarifkonkurrenz im einzelnen Arbeitsverhältnis. Es liegt vielmehr eine Tarifpluralität vor. Fraglich ist, ob auch diese unter Berücksichtigung des Grundsatzes der Tarifeinheit durch § 613a Abs. 1 Satz 3 BGB aufgelöst werden sollte.

§ 613a Abs. 1 Satz 3 BGB soll dem Interesse des Betriebserwerbers an der Geltung einheitlicher Arbeitsbedingungen Rechnung tragen.[162] Maßgebend ist daher, ob durch die Auflösung der bestehenden Tarifpluralität nach dem Grundsatz der Tarifeinheit eine Vereinheitlichung der Arbeitsbedingungen überhaupt erreicht werden kann. Denn nur dann ist die Berücksichtigung dieses Grundsatzes bei der Auslegung von § 613a Abs. 1 Satz 3 BGB gerechtfertigt und durch die Anwendung der Vorschrift bei nur einseitiger Tarifbindung des Betriebserwerbers dessen Vereinheitlichungsinteresse Rechnung zu tragen.[163] Es kommt damit für die Anwendbarkeit von § 613a Abs. 1 Satz 3 BGB auf die sich daraus ergebenden Auswirkungen für die Arbeitsbedingungen der übernommenen Arbeitnehmer an. Soweit § 613a Abs. 1 Satz 3 BGB bei einseitiger Tarifgebundenheit des neuen Betriebsinhabers angewendet wird, endet für die übernommenen Arbeitnehmer die einzelvertragliche Weitergeltung der bisher geltenden Tarifnormen nach § 613a Abs. 1 Satz 2 BGB. Sind die Arbeitnehmer dann nicht an den Tarifvertrag des Betriebserwerbers gebunden, kommen dessen Normen nicht zur Anwendung.[164] Anderes folgt insbesondere nicht aus dem Grundsatz der Tarifeinheit. Damit steht einer am Prinzip der Tarifeinheit orientierten Auslegung des § 613a Abs. 1 Satz 3 BGB jedenfalls nicht schon entgegen, daß eine Bindung an den

---

161 Zweifelhaft erscheint das Argument von *Heinze*, DB 1998, 1861, 1866, nach dem sich Betriebsnormen praktisch häufig mit Inhaltsnormen decken sollen, angesichts der betriebseinheitlichen Geltung der Betriebsnormen.

162 Vgl. die Nachweise in Fn.123, S. 282.

163 Anders zu Unrecht hingegen *Henssler*, FS Schaub, S. 311, 320, nach dem bereits die Weitergeltung der tariflichen Regelungen nach § 613a Abs. 1 Satz 2 BGB dem Vereinheitlichungsinteresse des Betriebserwerbers entgegenstehe.

164 *Zöllner*, DB 1995, 1401, 1405; *Zöllner/Loritz*, Arbeitsrecht, § 20 III 8; vgl. auch *Hromadka/Maschmann/Wallner*, Tarifwechsel, Rn. 349; *Moll*, RdA 1996, 275, 282; *ders.*, Brennpunkte des Arbeitsrechts 1996, S. 185, 225; *Oberhofer*, BetrRat 1990, 98. Dies spricht im übrigen angesichts von Überlegungen zur Vergleichbarkeit der Regelungen in § 613a Abs. 1 Satz 2 BGB und § 4 Abs. 5 TVG für das Erfordernis beiderseitiger Tarifbindung im Rahmen des § 613a Abs. 1 Satz 3 BGB. Denn auch das Ende der Nachwirkung soll nur Eintreten können aufgrund einer „anderen Abmachung", die auf das jeweilige Arbeitsverhältnis tatsächlich Anwendung finde, vgl. BAG 14.2.1991 AP Nr. 10 zu § 3 TVG.

neuen Tarifvertrag nur bei beiderseitiger Tarifbindung eintreten kann.[165] Die übernommenen Arbeitnehmer werden gerade nicht an den neuen Tarifvertrag gebunden.[166] Sie verlieren jedoch den Schutz des bisher zur Anwendung gekommenen Tarifvertrages.

Daher stellt sich die Frage, nach welchen Regeln sich die Arbeitsbedingungen der übernommenen Arbeitnehmer nunmehr richten.[167] Bei Verdrängung eines Tarifvertrages nach dem Grundsatz der Tarifeinheit wird angenommen, daß dessen Rechtsnormen wenigstens nach § 4 Abs. 5 TVG nachwirken.[168] Dies kommt im Rahmen des § 613a Abs. 1 Satz 2 BGB jedoch in Anbetracht der gesetzlichen Regelung in § 613a Abs. 1 Satz 3 BGB, die die einzelvertragliche Weitergeltung der Tarifnormen gänzlich ausschließt, nicht in Betracht.[169] Damit können sich die Arbeitsbedingungen der übernommenen Arbeitnehmer nur nach getroffenen einzelvertraglichen Vereinbarungen, ergänzender Vertragsauslegung bzw. dispositivem und zwingendem Gesetzesrecht bestimmen.[170] Insoweit wird auch darauf hingewiesen, daß hinsichtlich des von den Arbeitnehmern zu beanspruchenden Entgeltes § 612 Abs. 2 BGB maßgeblich werde.[171]

---

165 So aber ArbG Mainz 6.3.1996 DB 1996, 2500; *Wank*, Anm. zu BAG 19.3.1986, SAE 1987, 142, 143. Auch LAG Frankfurt 26.11.1985 LAGE Nr. 6 zu § 613a BGB verweist darauf, daß es der Gesetzgeber unterlassen habe, anzuordnen, daß im Falle des § 613a Abs. 1 Satz 3 BGB die Tarifgeltung schon unter erleichterten Voraussetzungen, wie der nur einseitigen Tarifgebundenheit des Betriebserwerbers eintrete, und folgert daraus die Notwendigkeit beiderseitiger Tarifgebundenheit der Arbeitsvertragsparteien an den neuen Tarifvertrag. Kritisch insoweit zu Recht *Zöllner*, DB 1995, 1401, 1404. Dazu auch schon vorstehend zu § 15 A I 3c.

166 Anderer Auffassung insoweit wohl *Kamlah*, Bestandsschutz, S. 118.

167 Vgl. auch *Gussen/Dauck*, Weitergeltung, Rn. 235 f., S. 155 f. sowie *Hromadka*, DB 1996, 1872, 1874; *Hromadka/Maschmann/Wallner*, Tarifwechsel, Rn. 159; *Zöllner*, DB 1995, 1401, 1405.

168 *Kania*, DB 1995, 625, 631. Für die Geltung der alten Tarifbedingungen auch *Rieble*, Anm. zu BAG 14.6.1994, SAE 1995, 75, 82, der aber nicht auf § 4 Abs. 5 TVG zurückgreift, sondern annimmt, daß nach Wegfall der Tarifnormgeltung der Arbeitsvertrag den durch die Geltung des letzten Tarifvertrages gewonnenen Inhalt aufweist. Ablehnend *Hromadka/Maschmann/Wallner*, Tarifwechsel, Rn. 164.

169 Ebenso *Gussen/Dauck*, Weitergeltung, Rn. 234, S. 155; *Zöllner*, DB 1995, 1401, 1405.

170 *Hanau*, ArbRGW 34 (1997), 21, 30; *Hromadka*, DB 1996, 1872, 1874; *Hromadka/Maschmann/Wallner*, Tarifwechsel, Rn. 165, 349; *Kania*, DB 1994, 529, 531; *Moll*, RdA 1996, 275, 282; Soergel/*Raab*, BGB, § 613a Rn. 125; *Zöllner*, DB 1995, 1401, 1405. *auch Gussen/Dauck*, Weitergeltung, Rn. 235, S. 155 weisen überdies daraufhin, daß aus § 613a Abs. 1 Satz 3 BGB auch nicht abgeleitet werden könne, daß der beim Betriebserwerber geltende Tarifvertrag wenigstens individualrechtlich zur Anwendung kommen soll.

171 *Kania*, DB 1996, 1921, 1922. Nach Auffassung von *Kania* habe über die - entsprechende - Anwendung von § 612 Abs. 2 BGB insoweit eine Angleichung an den verdrängenden Tarifvertrag des Betriebserwerbers zu erfolgen. Dies gelte jedenfalls hin-

Fraglich ist, ob dieses Ergebnis dem Schutzzweck von § 613a Abs. 1 Satz 2 bis 4 BGB entspricht.[172] § 613a Abs. 1 Satz 2 bis 4 BGB sollte im Grundsatz gerade für den Fall des Betriebsübergangs sicherstellen, daß den betroffenen Arbeitnehmern der tarifliche Schutz nicht gänzlich entzogen wird.[173] Das Bundesarbeitsgericht beschränkt sich diesbezüglich auf die Feststellung, daß ein Arbeitnehmer des Schutzes der bisher für ihn geltenden tariflichen Vorschriften nicht mehr bedürfe, wenn er durch neue, für den Betriebserwerber geltenden Tarifvorschriften geschützt sei.[174] Dies aber spricht dafür, daß § 613a Abs. 1 Satz 3 BGB nur zur Anwendung kommt, soweit der beim Betriebserwerber geltende Tarifvertrag die Arbeitsverhältnisse der übernommenen Arbeitnehmer tatsächlich erfaßt.[175] Denn nur bei beiderseitiger Tarifgebundenheit entfaltet dieser Tarifvertrag Schutzwirkung zugunsten der übernommenen Arbeitnehmer.[176] Dem steht nicht entgegen, daß auch bei Anwendung des Grundsatzes der Tarifeinheit den nicht an den danach vorrangigen Tarifvertrag gebundenen Arbeitnehmern der tarifliche Schutz entzogen wird.[177] Abgesehen davon, daß gerade hier die Kritik an der Anwendung dieses Grundsatzes ansetzt, ist die besondere Situation und das - vom Gesetzgeber in § 613a Abs. 1 Satz 2 bis 4 BGB im Gegensatz zu sonst fehlenden gesetzli-

---

sichtlich des branchenmäßig einschlägigen Tarifvertrages einer anderen DGB-Gewerkschaft. Zur Anwendung des neuen Tarifvertrages über § 612 Abs. 2 BGB gelangen auch *Bauer*, FS Schaub, S. 19, 39 f., nachdem die Vorschrift überdies analoge Anwendung im Arbeitszeitbereich finden sollte sowie *Hromadka*, DB 1996, 1872, 1876; *Zöllner*, DB 1995, 1401, 1405.

172 Für unbefriedigend hält eine solche Lösung *Hanau*, RdA 1998, 65, 69 im Fall des Ablaufes eines Tarifvertrages, er hält daher die Nachwirkung eines Tarifvertrages für unentbehrlich..

173 Ebenso *Gussen/Dauck*, Weitergeltung, Rn. 237, S. 157; *Kania*, DB 1994, 529, 531; Soergel/*Raab*, BGB, § 613a Rn. 124 f. Vgl. auch *Boewer*, Brennpunkte des Arbeitsrechts 1997, S. 91, 143.

174 BAG 19.3.1986 AP Nr. 49 zu § 613a BGB.

175 Als Hinweis darauf, daß die Tarifbindung nur des Betriebserwerbers ausreichend sei, versteht dagegen *Moll*, Brennpunkte des Arbeitsrechts 1996, S. 185, 220 die Ausführungen des Bundesarbeitsgerichts. So schließlich auch *Henssler*, FS Schaub, S. 311, 319, nachdem der Arbeitnehmerschutz über § 613a Abs. 1 Satz 2 BGB nur erforderlich sei, wenn kein kollektives Schutzsystem über beim Betriebserwerber geltende Tarifverträge oder Betriebsvereinbarungen existiere.

176 Darauf weisen auch *Gussen/Dauck*, Weitergeltung, Rn. 237, S. 157; *Kania*, DB 1994, 529, 531; Soergel/*Raab*, BGB, § 613a Rn. 125; *Schaub*, AuA 1991, 225, 229; *ders.*, WiB 1996, 97, 100; *ders.*, ZTR 1997, 245, 247 hin. Demgegenüber führt *Moll*, Brennpunkte des Arbeitsrechts 1996, S. 185, 225 aus, daß es eine Vielzahl von Arbeitsverhältnissen gebe, die nicht Tarifnormen unterworfen seien, dies insoweit auch nicht erforderlich sei. Insbesondere würden die Arbeitsverhältnisse schließlich auch nicht inhaltsleer.

177 So aber *Moll*, RdA 1996, 275, 281.

chen Regelungen zur Auflösung von Tarifkonkurrenzen anerkannte - Schutzbedürfnis der vom Betriebsübergang betroffenen Arbeitnehmer zu berücksichtigen.

Dagegen wird ausgeführt, es reiche im Rahmen des § 613a Abs. 1 Satz 3 BGB aus, daß der Schutz eines Tarifvertrages den übernommenen Arbeitnehmern überhaupt zur Verfügung steht. Dies sei aber bereits dann gegeben, wenn nur der Betriebserwerber tarifgebunden ist, denn der Arbeitnehmer könne durch Eintritt in die betreffende tarifschließende Gewerkschaft die Geltung der Tarifnormen für ein Arbeitsverhältnis herbeiführen.[178] Jedoch begegnet diese Auffassung Bedenken im Hinblick auf die durch die Arbeitnehmer durch Eintritt in eine Gewerkschaft zuvor betätigte positive Koalitionsfreiheit.[179]

Nun könnte aber der Gesetzgeber in § 613a Abs. 1 Satz 3 BGB dem Interesse des Betriebserwerbers an der Vereinheitlichung der Arbeitsbedingungen Vorrang gegenüber dem Interesse der Arbeitnehmer an der Aufrechterhaltung der Tarifbestimmungen eingeräumt haben. Dies setzt voraus, daß es hiernach tatsächlich zu einer Vereinheitlichung der Arbeitsbedingungen kommen kann. Soweit § 613a Abs. 1 Satz 3 BGB zu einer Anwendung des beim Betriebserwerber im übrigen geltenden Tarifvertrages auf die übernommenen Arbeitnehmer führe, käme es insoweit tatsächlich zu einer Vereinheitlichung der Arbeitsbedingungen. Allerdings wird dies gerade - zu Recht - nicht aus dem Gesetz hergeleitet. Damit kommt es auch bei Anwendung von § 613a Abs. 1 Satz 3 BGB im Fall einseitiger Tarifgebundenheit des neuen Betriebsinhabers nur zu dem Ende der in § 613a Abs. 1 Satz 2 BGB angeordneten Fortgeltung der bisher zur Anwendung gekommenen Tarifnormen, nicht aber zu einer Angleichung der Arbeitsbedingungen im Verhältnis zu bei dem Betriebserwerber bereits beschäftigten oder neu eingestellten Arbeitnehmern. Damit würde § 613a Abs. 1 Satz 3 BGB jedoch, soweit der Betriebserwerber in einen Arbeitgeberverband eintritt, der einen für die Arbeitnehmer ungünstigeren Tarifvertrag abgeschlossen hat oder einen solchen selbst mit der zuständigen Gewerkschaft abschließt, bei fehlender Tarifbindung des einzelnen Arbeitnehmers der bloßen Verhinderung der Weitergeltung unter Umständen günstigerer Tarifnormen dienen. Eine Vereinheitlichung der Arbeitsbedingungen ist dagegen so nicht erreichbar. Mit diesem Argument kann daher auch die Anwendung des § 613a Abs. 1 Satz 3 BGB im Falle bloß einseitiger Tarifgebundenheit des Betriebserwerbers nicht begründet werden.[180]

Befürworter der Anwendung von § 613a Abs. 1 Satz 3 BGB im Fall einseitiger Tarifbindung des Betriebserwerbers weisen darauf hin, daß die neue tarifliche Regelung immerhin kraft einzelvertraglicher Bezugnahme auf die übernommenen

---

178 *Moll*, RdA 1996, 275, 280 f. Ähnlich auch *Zöllner*, DB 1995, 1401, 1404.

179 Vgl. *Hromadka*, DB 1996, 1872, 1874 m.w.N.

180 So auch *Kania*, DB 1994, 529, 531. Anders dagegen *Zöllner*, DB 1995, 1401, 1403, Fn. 33 sowie 1404; ähnlich *Schiefer*, NJW 1998, 1817, 1821.

Arbeitnehmer Anwendung finden könnte.[181] Richtig ist, daß es dann in der Tat zu einer Angleichung der Arbeitsbedingungen käme. Allerdings ist dafür nicht erforderlich, zunächst die Weitergeltung der Tarifnormen des Betriebsveräußerers durch die Anwendung von § 613a Abs. 1 Satz 3 BGB entfallen zu lassen. Gerade der Hinweis auf die Möglichkeit einzelvertraglicher Bezugnahme zeigt im übrigen das Defizit dieser Auffassung: die Abgrenzung zum Anwendungsbereich des § 613a Abs. 1 Satz 4, 2. Alt. BGB, der eine ausdrückliche Regelung für den Fall einzelvertraglicher Inbezugnahme enthält.[182] Gerade diese Vorschrift, die durch die Ermöglichung der einzelvertraglichen Inbezugnahme allein letztlich die Vereinheitlichung der Arbeitsbedingungen hervorzubringen vermag, soweit der übernommene Arbeitnehmer nicht an den Tarifvertrag beim Betriebsveräußerer gebunden ist[183], spricht dafür, auch § 613a Abs. 1 Satz 3 BGB nur anzuwenden, soweit es tatsächlich zu einer Vereinheitlichung der Arbeitsbedingungen kommt. Das aber wiederum ist nur der Fall, soweit auch der übernommene Arbeitnehmer tarifgebunden ist.

Um den Schutz der übernommenen Arbeitnehmer auch bei Anwendung des § 613a Abs. 1 Satz 3 BGB bei nur einseitiger Tarifbindung des Betriebserwerbers zu gewährleisten, wird angenommen, der neue Betriebsinhaber müsse den für sein Unternehmen geltenden Tarifvertrag tatsächlich auf die Arbeitsverhältnisse dieser Arbeitnehmer zur Anwendung bringen wollen und den Abschluß entsprechender Änderungsverträge anbieten.[184] Damit seien Bedenken, daß die neue tarifvertragliche Ordnung keine Schutzfunktion entfalten könne, wenn der Arbeitgeber das nicht wolle, auszuräumen.[185] Allerdings ist auch hier auf die Regelung in § 613a Abs. 1 Satz 4, 2. Alt. BGB Bezug zu nehmen. Sofern weder Arbeitnehmer noch Betriebserwerber an einen anderen Tarifvertrag gebunden sind, wäre damit die Änderung der Arbeitsbedingungen der übernommenen Arbeitnehmer zu deren Schutz von deren Einverständnis bzw. dem Vorliegen der kündigungsschutzrechtlichen Voraussetzungen abhängig.[186] Kann sich der tarifgebundene Betriebserwerber der Weitergeltungsanordnung hinsichtlich der bisher zur Anwendung gekommenen Tarifnormen nach § 613a Abs. 1 Satz 3 BGB lediglich durch das Angebot der einzelvertraglichen Inbezugnahme eines anderen Tarifvertrages an die übernommenen Arbeitnehmer entziehen, so liegt hierin eine Abschwächung des Arbeitnehmerschutzes gegenüber § 613a Abs. 1 Satz 4, 2. Alt. BGB. Diese Abschwächung wäre im Vergleich zu § 613a Abs. 1 Satz 4, 2. Alt. BGB

---

181 *Zöllner*, DB 1995, 1401, 1405.

182 Darauf weist auch *Kania*, DB 1994, 529, 531 hin.

183 Vgl. *Hanau*, ArbRGW 34 (1997), 21, 29.

184 *Zöllner*, DB 1995, 1401, 1404.

185 *Zöllner*, DB 1995, 1401, 1404. Für nicht erforderlich hält dies dagegen *Moll*, RdA 1996, 275, 281; *ders.*, Brennpunkte des Arbeitsrechts 1996, S. 185, 223 f.

186 Vgl. vorstehend § 13 B II.

allein damit begründet, daß der Betriebserwerber nunmehr tarifgebunden ist. Was allerdings die übernommenen Arbeitnehmer in dieser Situation weniger schutzwürdig machen soll, soweit sie der Änderung ihrer Arbeitsbedingungen nicht zustimmen wollen, ist nicht ersichtlich.[187] Die Änderung der Arbeitsbedingungen würde - unabhängig von deren Lage - allein aufgrund einer Veränderung der Rechtsstellung des Betriebserwerbers erleichtert.

Dem wird entgegengehalten, soweit § 613a Abs. 1 Satz 3 BGB bei nur einseitiger Tarifgebundenheit des Betriebserwerbers keine Anwendung finde, würden die Arbeitsbedingungen der übernommenen Arbeitnehmer für den neuen Betriebsinhaber faktisch unangreifbar.[188] Dies gelte insbesondere im Hinblick auf den Ausspruch einer Änderungskündigung, die an die kündigungsschutzrechtlichen Voraussetzungen gebunden ist. Damit sei aber eine Änderung der tariflich bestimmten Arbeitsbedingungen in Richtung auf eine Vereinheitlichung für den Betriebserwerber kaum noch möglich, er sei stets auf die Mitwirkung der übernommenen Arbeitnehmer angewiesen. Dies zeige sich insbesondere auch dann, wenn ein Arbeitnehmer aufgrund bestimmten Alters oder der Unternehmens-/Betriebszugehörigkeit nach den beim Betriebsveräußerer geltenden tariflichen Regelungen unkündbar war, da dies auch einer Änderungskündigung beim neuen Betriebsinhaber entgegenstehe.[189] Allerdings macht auch die Anwendung des § 613a Abs. 1 Satz 3 BGB bei einseitiger Tarifbindung des Betriebserwerbers eine Mitwirkung der übernommenen Arbeitnehmer zur Vereinheitlichung der Arbeitsbedingungen in Richtung auf die Ingeltungsetzung des bei diesem zur Anwendung kommenden Tarifvertrages nicht entbehrlich. Denn § 613a Abs. 1 Satz 3 BGB bestimmt gerade nicht, daß der neue Tarifvertrag ungeachtet der Tarifbindung der übernommenen Arbeitnehmer auf deren Arbeitsverhältnisse Anwendung findet. Dazu kommt es auch hier nur, soweit diese in die tarifschließende Gewerkschaft eintreten oder zumindest mit dem Betriebserwerber die einzelvertragliche Inbezugnahme diese Tarifvertrages vereinbaren. Im übrigen ist gerade die Gewährung der Unkündbarkeit eines Arbeitnehmers begründet in dem erhöhten Schutzbedürfnis älterer Arbeitnehmer bzw. Gegenleistung für durch ihn geleistete Arbeit im Betrieb. Hier wird deutlich, daß eine Entziehung dieses Schutzes durch § 613a Abs. 1 Satz 3 BGB nur aufgrund der Tarifgebundenheit des Betriebserwerbers ungerechtfertigt ist.

---

[187] *Gussen/Dauck*, Weitergeltung, Rn. 238, S. 158 weisen zu Recht darauf hin, daß eine Obliegenheit der übernommenen Arbeitnehmer, ein solches Angebot des Betriebserwerbers anzunehmen, nicht aufgestellt werden könne.

[188] *Moll*, RdA 1996, 275, 280.

[189] So *Zöllner*, DB 1995, 1401, 1404. *Gussen/Dauck*, Weitergeltung, Rn. 240, S. 160 halten hier entgegen, daß die Änderung der Arbeitsbedingungen aus wichtigem Grund gleichwohl möglich bleibe, die Änderung der Arbeitsbedingungen insoweit nur erschwert, nicht aber verhindert werde. Vgl. auch schon § 7 B II 2.

Die Anwendung von § 613a Abs. 1 Satz 3 BGB auf den Fall einseitiger Tarifgebundenheit des Betriebserwerbers wird schließlich damit begründet, daß der übernommene Arbeitnehmer es ansonsten weitgehend in der Hand habe, eine Vereinheitlichung der Arbeitsbedingungen zu verhindern, in dem er der zuständigen Gewerkschaft nicht beitritt bzw. aus ihr austritt.[190] Es sei aber nicht einzusehen, dieses Ziel zur Disposition des vom Betriebsübergang betroffenen Arbeitnehmers zu stellen.[191] Demgegenüber ist allerdings auch nicht erklärbar, warum die Veränderung der Arbeitsbedingungen der übernommenen Arbeitnehmer, die letztlich auf der Betätigung positiver Koalitionsfreiheit beim Betriebsveräußerer beruhen, nur von der Rechtsstellung des Betriebserwerbers abhängig gemacht werden soll, der im Rahmen des Betriebsübergangs immerhin eine aktive Rolle übernimmt, wohingegen die Arbeitnehmer passiv dessen Auswirkungen ausgesetzt bleiben.[192]

Für die Anwendung von § 613a Abs. 1 Satz 3 BGB bei einseitiger Tarifgebundenheit des Betriebserwerbers spricht schließlich auch nicht, daß die Ablösung der weitergeltenden Tarifnormen bei beiderseitiger Tarifgebundenheit völlig selbstverständlich gewesen sei und daher der ausdrücklichen Regelung im Gesetz nicht bedurft hätte.[193] Denn bei beiderseitiger Tarifgebundenheit der Arbeitsvertragsparteien hätte der neue Tarifvertrag die einzelvertraglichen Arbeitsbedingungen nur unter Beachtung des Günstigkeitsprinzips nach § 4 Abs. 3 TVG ablösen können.[194] Auch die Ablösung eines Firmentarifvertrages des Betriebsveräußerers durch einen beim Betriebserwerber geltenden Verbandstarifvertrag wäre nur schwerlich zu begründen gewesen.[195] Gerade unter diesen Gesichtspunkten behält § 613a Abs. 1 Satz 3 BGB daher jedenfalls seine Berechtigung.

f. Historische Auslegung

Nach der Begründung des Gesetzesentwurfs sollte § 613a Abs. 1 Satz 3 BGB klarstellen, daß gegenüber den in Satz 2 geregelten individualrechtlichen Verpflichtungen die kollektiven Verpflichtungen wie üblich vorgingen. Der Betriebsinhaber sollte lediglich verpflichtet sein, die bei ihm geltenden Tarifverträge einzuhalten und nicht noch daneben Arbeitsbedingungen, die sich nach Satz 2 aus

---

190 Dies gibt auch *Kania*, DB 1994, 529, 530 zu bedenken, der dennoch - und wie gezeigt mit Recht - die Tarifbindung auch des Arbeitnehmers für die Anwendung von § 613a Abs. 1 Satz 3 BGB für erforderlich hält.

191 *Moll*, RdA 1996, 275, 281; *ders.*, Brennpunkte des Arbeitsrechts 1996, S. 185, 221 f. Kritisch insoweit auch MünchKom/*Schaub*, BGB, § 613a Rn. 184.

192 Ähnlich die Erwägung bei *Preis/Steffan*, FS Kraft, S. 477, 486.

193 So aber *Zöllner*, DB 1995, 1401, 1404.

194 Vgl. ArbG Mainz 6.3.1996 DB 1996, 2500. Dazu noch nachstehend § 15 A I 8.

195 Zu Recht *Gussen/Dauck*, Weitergeltung, Rn. 241, S. 161.

anderen Tarifverträgen ergeben.[196] Damit kommt zunächst der gesetzgeberische Wille zum Ausdruck, die Anpassung und Vereinheitlichung der Arbeitsbedingungen unter dem neuen Betriebsinhaber zu erleichtern und ihr den Vorrang vor dem individuellen Bestandsschutz der bisherigen Arbeitsbedingungen einzuräumen.[197] Allerdings ist diese Aussage nur insoweit richtig, als kollektivvertragliche Regelungen mit grundsätzlich zwingender Wirkung gegenüber einzelvertraglichen Vereinbarungen gelten. Es können durchaus - nach § 4 Abs. 3 TVG bzw. dem allgemeinen arbeitsrechtlichen Günstigkeitsprinzip - individualrechtliche Verpflichtungen der kollektivvertraglichen Regelung vorgehen.[198]

Aus der Gesetzesbegründung ist daher allenfalls auf den ersten Blick zu schließen, für die Anwendung des § 613a Abs. 1 Satz 3 BGB sollte lediglich die Tarifgebundenheit des Betriebserwerbers ausreichend sein. Ein regelmäßiger Vorrang kollektivrechtlicher vor einzelvertraglichen Regelungen - abgesehen von § 4 Abs. 3 TVG - besteht nur bei beiderseitiger Tarifgebundenheit der Arbeitsvertragsparteien. Daher kann die Begründung des Gesetzes nur so zu verstehen sein, daß der Betriebserwerber bei tatsächlicher Anwendbarkeit des neuen Tarifvertrages auf das jeweilige Arbeitsverhältnis nicht zur Einhaltung der nach § 613a Abs. 1 Satz 2 BGB weitergeltenden Tarifnormen verpflichtet sein soll.[199]

g. Ergebnis

Damit ist für die Ablösung der weitergeltenden Tarifnormen nach § 613a Abs. 1 Satz 3 BGB grundsätzlich die beiderseitige Tarifbindung der Arbeitsvertragsparteien erforderlich. Insbesondere muß daher, soweit der Tarifvertrag nicht nach § 5 TVG für allgemeinverbindlich erklärt worden ist[200], der übernommene Arbeitnehmer Mitglied der tarifschließenden Gewerkschaft sein bzw. werden.[201] Die

---

196 BTag-Drucksache 8/3317, S. 11.

197 *Sack*, Schicksal von Altverträgen, S. 118 f.

198 Darauf weist auch *Binkert*, JZ 1979, 747, 751 hin.

199 Anders aber *Moll*, RdA 1996, 275, 280 f.; *ders.*, Brennpunkte des Arbeitsrechts 1996, S. 185, 221, der die Verpflichtung des Betriebserwerbers zur Anwendung unterschiedlicher Tarifverträge nicht im Zusammenhang mit den üblichen Regelungsmechanismen für deren Geltung sieht und statt dessen auf den Grundsatz der Tarifeinheit (vgl. noch § 15 A I 3e) abstellen will. So im Ergebnis auch LAG Schleswig-Holstein 4.3.1998 (2 Sa 456/97); *Zöllner*, DB 1995, 1401, 1404.

200 Vgl. *Gamillscheg*, Kollektives Arbeitsrecht, S. 783; MünchKom/*Schaub*, BGB, § 613a Rn. 184.

201 LAG Düsseldorf 10.12.1985 (8 Sa 436/85); LAG Frankfurt 26.11.1985 LAGE Nr. 6 zu § 613a BGB; ArbG Mainz 25.7.1995 AuR 1996, 240, 241; ArbG Mainz 6.3.1996 DB 1996, 2500; ArbG Lübeck 15.8.1996 AiB 1997, 418 f. mit zust. Anm. *Unterhinninghofen*; ArbG Hamburg 28.11.1996 AuR 1997, 82;
RGRK/*Ascheid*, BGB, § 613a Rn. 220; *Bachner*, NJW 1995, 2881, 2883; *Bachner*, AiB 1996, 291, 303; *Beisel/Klumpp*, Unternehmenskauf, Rn. 575; *Bichlmei-*

Verdrängungswirkung des § 613a Abs. 1 Satz 3 BGB gilt auch, wenn die Tarifnormen beim Betriebserwerber nur noch nach § 3 Abs. 3 TVG gelten.[202] Ist dies nicht der Fall, gelten die Tarifnormen des Betriebsveräußerers nach § 613a Abs. 1 Satz 2 BGB weiterhin. Die bloß einseitige Bindung des Betriebserwerbers an einen Tarifvertrag reicht dagegen regelmäßig für die Anwendung von § 613a Abs. 1 Satz 3 BGB nicht aus.[203] Lediglich für die Ablösung tariflicher Regelungen über betriebliche und betriebsverfassungsrechtliche Normen nach § 613a Abs. 1 Satz 3 BGB reicht bereits die Tarifbindung nur des Arbeitgebers nach § 3 Abs. 2 TVG

---

er/Oberhofer, Gesamtvollstreckungsverfahren, Bd. II, S. 256; *Boewer*, Brennpunkte des Arbeitsrechts 1997, S. 91, 142; *Bolck*, ZTR 1994, 14, 16; *Däubler*, Tarifvertragsrecht, Rn. 1557, S. 646; *Gamillscheg*, Kollektives Arbeitsrecht, S. 782; *D. Gaul*, Betriebsübergang, S. 322 f.; *Gussen/Dauck*, Weitergeltung, Rn. 233, S. 153; Erman/*Hanau*, BGB, § 613a Rn. 95; *ders.*, FS Gaul, S. 287, 298; *Hanau/Adomeit*, Arbeitsrecht, J IV 2; *Hanau/Vossen*, FS Hilger/Stumpf, S. 271, 292; KassArbR/*Hattesen*, 1.7 Rn. 178; *Ingenfeld*, Betriebsausgliederung, S. 265; *Kania*, DB 1994, 529, 530; *ders.*, DB 1995, 625, 626; *Kempen/Zachert*, TVG, § 3 Rn. 60; *Kittner/Trittin*, Kündigungsschutzrecht, § 613a BGB Rn. 235e; *Klebe/Wendeling-Schröder*, AiB 1992, 77, 80; *Kohte*, Anm. zu BAG 26.1.1994, SAE 1996, 14, 17; GK-KR/*Pfeiffer*, § 613a BGB Rn. 99; ErfurtKom/*Preis*, § 613a BGB Rn. 77 f.; Soergel/*Raab*, BGB, § 613a Rn. 125; *Sack*, Schicksal von Altverträgen, S. 118; MünchKom/*Schaub*, BGB, § 613a Rn. 184; *ders.*, ZiP 1984, 272, 279; *J. Schipp*, NZA 1994, 865, 868; *Schuster*, BetrRat 1993, 85, 86; *Simon*, ZfA 1987, 311, 332; MünchArbR/*Wank*, § 120 Rn. 182; *ders.*, NZA 1987, 505, 508; *Wank/Brüning*, ZfA 1995, 699, 735; *Wendeling-Schröder*, AiB 1991, 79, 85; *Wiedemann*, FS Fleck, S. 477, 454; *Willemsen*, Anm. zu BAG 26.9.1979, AP Nr. 17 zu § 613a BGB.

Hanau, RdA 1998, 65, 69 f. will es allerdings im Verhältnis von DGB-Tarifverträgen zueinander für ausreichend erachten, auf die Tarifbindung nur des Betriebserwerbers abzustellen. Die für § 613a Abs. 1 Satz 3 BGB erforderliche beiderseitige Tarifbindung bestehe letztlich schon dann, wenn der Arbeitnehmer in einer DGB-Gewerkschaft Mitglied sei. Dem wird zu Recht durch *Löwisch/Rieble*, FS Schaub, S. 457, 463 entgegengehalten, daß der DGB selbst gerade keine Tarifvertragspartei sei, ihm auch kein Recht zum Eingriff in die Tarifpolitik seiner Mitglieder zukomme.

202 *Gamillscheg*, Kollektives Arbeitsrecht, S. 783; *Kempen*, BB 1991, 2006, 2007.

203 So aber LAG Schleswig-Holstein 4.3.1998 (2 Sa 456/97); *Balze/Rebel/Schuck*, Outsourcing, S. 184; *Commandeur*, Betriebs-, Firmen- und Vermögensübernahme, S. 77 f.; *Henssler*, FS Schaub, S. 311, 319; *Hromadka*, DB 1996, 1872, 1876; *Hromadka/Maschmann/Wallner*, Tarifwechsel, Rn. 354; *Löwisch*, Arbeitsrechtliche Probleme, S. 70; *Moll*, RdA 1996, 275, 280; *Schiefer*, NJW 1998, 1817, 1821; *ders.*, FA 1998, 270, 271; *Zöllner*, DB 1995, 1401, 1403; *Zöllner/Loritz*, Arbeitsrecht, § 20 III 8. So wohl auch *Schaub*, BB 1995, 2003, 2006, der die Überführung schon dann ausschließen will, wenn der Betriebserwerber im neuen Verband organisiert ist. Unklar *Richter*, AuR 1992, 65, 74.

Demgegenüber will *Hanau*, ArbRGW 34 (1997), 21, 29 f.; *ders.*, RdA 1998, 65, 70 § 613a Abs. 1 Satz 3 BGB im Fall einseitiger Tarifgebundenheit des Betriebserwerbers nur dann anwenden, wenn es um das Verhältnis zweier mit DGB-Gewerkschaften abgeschlossenen Tarifverträge geht.

auch nach dem Betriebsübergang aus.[204] Insoweit kommt es hier maßgeblich auf die Konkurrenzsituation der tariflichen Regelungen im einzelnen Arbeitsverhältnis an.[205] Der Grundsatz der Tarifeinheit findet dagegen keine Anwendung, da § 613a Abs. 1 Satz 3 BGB insoweit eine abschließende Sonderregelung enthält, die die Verdrängung der weitergeltenden Tarifnormen aufgrund bloßer Tarifpluralität, zu der es bereits kommt, soweit der Betriebserwerber an einen anderen Tarifvertrag gebunden ist, ausschließt.[206]

§ 613a Abs. 1 Satz 3 BGB enthält auch keine gesonderte Ermächtigung für den einseitig tarifgebundenen Betriebserwerber, außerhalb der Anforderungen des § 613a Abs. 1 Satz 4, 2. Alt. BGB die Änderung der Arbeitsbedingungen der übernommenen Arbeitnehmer selbst herbeizuführen.[207] Ihm bleibt aber der Weg über § 613a Abs. 1 Satz 4, 2. Alt. BGB zur Vereinheitlichung der Arbeitsbedingungen.[208]

4. Regelungsmacht und Regelungswille

Bei der Begründung der Ablösungswirkung eines Tarifvertrages beim Betriebserwerber gegenüber der einzelvertraglichen Weitergeltung tariflicher Normen nach § 613a Abs. 1 Satz 3 BGB wird überdies nach der generellen Regelungsmacht und dem konkreten Regelungswillen der tarifschließenden Parteien unterschieden.[209] So haben die Tarifvertragsparteien jedenfalls die Regelungsmacht, im Rahmen ihres rechtlichen Könnens Arbeitsbedingungen für die Verbandsmitglieder zu vereinbaren.[210] Wäre dies allein entscheidend, so käme regelmäßig die Verdrängung der weitergeltenden Vorschriften nach § 613a Abs. 1 Satz 3 BGB in Betracht, soweit dessen Voraussetzungen im übrigen erfüllt sind. Demgegenüber wird aber auch vertreten, es sei auf den maßgeblichen Regelungswillen der Tarifvertragsparteien abzustellen. Danach hätte der beim Betriebserwerber geltende Tarifvertrag nur insoweit Vorrang vor den einzelvertrag-

---

204 Darauf weist auch *Röder*, DB 1981, 1980, 1981 hin.

205 So auch *Willemsen*, Anm. zu BAG 26.9.1979, AP Nr. 17 zu § 613a BGB.

206 Ebenso *Kania*, DB 1994, 529, 530 f. Im Ergebnis gegen die Anwendung des Grundsatzes der Tarifeinheit auch *v. Stebut*, Anm. zu BAG 19.3.1986, AP Nr. 49 zu § 613a BGB, der sich darauf stützt, daß die durch Transformation von Tarifnormen entstandenen Vertragsklauseln in mehrfacher Hinsicht zur Disposition ganz unterschiedlicher Tarifvertragsparteien stehen.

207 So aber *Bauer*, Unternehmensveräußerung, S. 111; *Löwisch*, Arbeitsrechtliche Probleme, S. 70; *Röder*, DB 1981, 1980, 1982.

208 *Wank*, Anm. zu BAG 19.3.1986, SAE 1987, 142, 143.

209 *Gussen/Dauck*, Weitergeltung, Rn. 242 ff., S. 161 ff. verweisen insoweit auf die für die Ablösungswirkung nach § 613a Abs. 1 Satz 3 BGB erforderliche Regelungsidentität. Dazu nachstehend § 15 B.

210 Erman/*Hanau*, BGB, § 613a Rn. 95; *Hanau/Vossen*, FS Hilger/Stumpf, S. 271, 278.

lich weitergeltenden Tarifnormen, als dies seinem Regelungswillen entspricht.[211] Es sei zu prüfen, ob die beim Betriebserwerber bestehenden Tarifnormen die weitergeltenden Regelungen überhaupt beeinflussen, verschlechtern oder verbessern wollen.[212] Diese Auffassung läuft letztlich auf eine Forderung nach einem besonderen Verdrängungswillen[213] der tarifschließenden Parteien hinaus. Für ein solches Erfordernis gibt § 613a Abs. 1 Satz 3 BGB jedoch keine Anhaltspunkte. Vielmehr tritt die Verdrängungswirkung eines beim Betriebserwerber normativ geltenden Tarifvertrages nach § 613a Abs. 1 Satz 3 BGB unabhängig vom Willen der Tarifvertragsparteien kraft Gesetzes ein. Besonderheiten des konkreten Einzelfalles sind bei der Prüfung des betrieblichen Geltungsbereichs des Tarifvertrages sowie im Rahmen des Bestehens von Regelungsidentität zu berücksichtigen.[214]

5. Einzelvertragliche Inbezugnahme eines Tarifvertrages

Die Frage, ob § 613a Abs. 1 Satz 3 BGB auch die Weitergeltung der bisher anwendbaren Tarifnormen verhindert, wenn der beim Betriebserwerber geltende Tarifvertrag lediglich kraft einzelvertraglicher Inbezugnahme für die übernommenen Arbeitnehmer gilt, wird unter mehreren Gesichtspunkten diskutiert.

Zum einen stellt sich dieses Problem, soweit eine solche Bezugnahmeklausel bereits beim Betriebsveräußerer bestand, der Arbeitnehmer aber weder an den Tarifvertrag des Betriebsveräußerers noch an den Tarifvertrag des Betriebserwerbers gebunden war (sog. Doppelaußenseiter). Hier wird vielfach eine analoge Anwendung von § 613a Abs. 1 Satz 3 BGB befürwortet.[215] War der Arbeitnehmer an den Tarifvertrag des Betriebsveräußerers gebunden und fehlt es nun an der für die Anwendung von § 613a Abs. 1 Satz 3 BGB erforderlichen beiderseitigen Tarifbindung beim Betriebserwerber, kann der bei diesem normativ geltende Tarifvertrag durch die Vereinbarung einer einzelvertraglichen Bezugnahmeklausel zur Anwendung gebracht werden. Dies betrifft jedoch nicht die Anwendung von §

211 So Erman/*Hanau*, BGB, § 613a Rn. 94; *Hanau/Vossen*, FS Hilger/Stumpf, S. 271, 278 und 292. Im Anschluß daran auch *Boecken*, Unternehmensumwandlungen, Rn. 195, S. 134 f.

212 Erman/*Hanau*, BGB, § 613a Rn. 96; *Hanau/Vossen*, FS Hilger/Stumpf, S. 271, 278.

213 So ausdrücklich *Hanau/Vossen*, FS Hilger/Stumpf, S. 271, 279.

214 Selbst Erman/*Hanau*, BGB, § 613a Rn. 96 und *Hanau/Vossen*, FS Hilger/Stumpf, S. 271, 279 weisen in diesem Zusammenhang darauf hin, daß gegebenenfalls ein Firmentarifvertrag bei dem Betriebserwerber auf die bei dessen Abschluß im Unternehmen vorhandenen Betriebe zu beschränken ist und die übernommenen Arbeitnehmer nicht erfaßt. Allerdings ist diese Frage durch Auslegung des Tarifvertrages hinsichtlich seines Geltungsbereichs zu klären, vgl. dazu vorstehend § 15 A I 2.

215 Dazu nachstehend § 17.

613a Abs. 1 Satz 3 BGB, sondern richtet sich nach § 613a Abs. 1 Satz 4, 2. Alt. BGB.[216]

Zum anderen kann sich diese Frage stellen für an den beim bisherigen Betriebsinhaber zur Anwendung gekommenen Tarifvertrag gebundene Arbeitnehmer, für die gleichzeitig in den Arbeitsverträgen die Inbezugnahme des jeweils geltenden Tarifvertrages vereinbart war.[217] Die nach § 613a Abs. 1 Satz 1 BGB Bezugnahmeklausel bezieht sich in einem solchen Fall nach Betriebsübergang auf den nunmehr normativ geltenden Tarifvertrag, an den der Betriebserwerber gebunden ist.[218] Nach Betriebsübergang gelten damit für die übernommenen Arbeitnehmer nach § 613a Abs. 1 Satz 2 BGB die bisher zur Anwendung gekommenen Tarifnormen einzelvertraglich weiter, der beim Betriebserwerber einschlägige Tarifvertrag gilt dagegen aufgrund der einzelvertraglich vereinbarten Bezugnahmeklausel. Insoweit ist zu erwägen, ob auch die bloß einzelvertragliche Inbezugnahme des neuen Tarifvertrages die einzelvertragliche Weitergeltung der bisher geltenden Tarifnormen nach § 613a Abs. 1 Satz 3 BGB verhindern kann.

Die Anwendung von § 613a Abs. 1 Satz 3 BGB könnte in einem solchen Fall gerade der Zielsetzung, die Vereinheitlichung der Arbeitsbedingungen beim Betriebserwerber zu erreichen, entsprechen. Immerhin kommt es auch durch die Inbezugnahme des Tarifvertrages, an den der Betriebserwerber gebunden ist, zur Geltung einheitlicher Arbeitsbedingungen im Betrieb.[219] Unterschiede bestehen lediglich in der Art und Weise der Einwirkung der Tarifnormen, einzelvertraglich im Falle der Inbezugnahme, normativ bei beiderseitiger Tarifbindung der Arbeitsvertragsparteien. Gerade aufgrund der nicht normativen Geltung des neuen Tarifvertrages wird angenommen, daß die Anwendung von § 613a Abs. 1 Satz 3 BGB bei nur einzelvertraglicher Inbezugnahme des Tarifvertrages beim neuen Betriebsinhaber ausscheiden müsse.[220] Ist der übernommene Arbeitnehmer an den neuen Tarifvertrag gebunden, kommt es nach § 613a Abs. 1 Satz 3 BGB zum Ende der Weitergeltung des beim Betriebsveräußerer zur Anwendung gekommenen Tarif-

---

216 *Hanau/Vossen*, FS Hilger/Stumpf, S. 271, 292. Kritisch dazu *Zöllner*, DB 1995, 1401, 1403, der allerdings übersieht, daß sich *Hanau/Vossen* durchaus ausdrücklich auf § 613a Abs. 1 Satz 4 BGB beziehen.

217 Siehe auch nachstehend § 16 B sowie § 18 D.

218 Zur Auslegung einzelvertraglicher Bezugnahmeklauseln § 18 A.

219 So im Ergebnis *Gentges*, RdE 1994, 222, 228; *D. Gaul*, ZTR 1989, 432, 439. So auch *Zöllner*, DB 1995, 1401, 1405, der auf die Rechtslage zu sog. Doppelaußenseitern verweist und diesbezüglich § 613a Abs. 1 Satz 3 BGB anwenden will. Dazu nachstehend § 18 B.

220 So *Moll*, RdA 1996, 275, 280; *Schipp/Schipp*, Arbeitsrecht und Privatisierung, Rn. 190, S. 87 f., Rn. 202, S. 93. Ebenso *Braun*, Anm. zu BAG 20.4.1994, WiB 1995, 121, 122, der aber kritisch anmerkt, daß damit bei Gewerkschaftsmitgliedern der neue Tarifvertrag anzuwenden ist, während es für tarifliche Außenseiter bei der Geltung des bisher geltenden Tarifvertrages kraft Inbezugnahme bleibt.

vertrages. Dabei ist aber der durch die zwingende und unmittelbare Geltung des neuen Tarifvertrages vermittelte Schutz des Arbeitnehmers Ausgleich für das Ende der Weitergeltung der alten Tarifnormen. Diesen Schutz gewähren einzelvertraglich in Bezug genommene Tarifregelungen nicht. Insbesondere kann zuungunsten des einzelnen Arbeitnehmers von ihnen abgewichen werden, § 4 Abs. 3 TVG gilt hier nicht. Damit kann der Schutz, den die weitergeltenden Tarifnormen vermitteln, zunächst nicht hinreichend ersetzt werden. Allerdings gewähren auch die weitergeltenden Tarifnormen mit Ende der einseitig zwingenden Wirkung nach Ablauf von längstens einem Jahr nach § 613a Abs. 1 Satz 2 BGB keinen über die Wirkungen einer einzelvertraglichen Inbezugnahme hinausgehenden Schutz mehr. Daher ist insoweit dem Vereinheitlichungsinteresse des Betriebserwerbers Rechnung zu tragen. § 613a Abs. 1 Satz 3 BGB kommt damit zur Anwendung, sofern eine Bezugnahmeklausel besteht und die weitergeltenden Tarifnormen ohnehin nicht mehr zwingend gelten.

6. Zeitpunkt des Bestehens der Tarifbindung

Sofern der übernommene Arbeitnehmer oder der Betriebserwerber erst nach dem Betriebsübergang dem jeweiligen tarifschließenden Verband beitritt und dies zur beiderseitigen Tarifbindung führt, fragt sich, ob auch dann § 613a Abs. 1 Satz 3 BGB zur Anwendung kommt. Maßgebend für die Wirkung der Vorschrift ist, ob die Arbeitsverhältnisse der übernommenen Arbeitnehmer durch den Tarifvertrag bei dem Betriebserwerber tatsächlich geregelt werden. Damit kommt es hier zunächst darauf an, ob ein bereits bestehender Tarifvertrag auch dann Anwendung findet, soweit erst nachträglich Tarifgebundenheit der Arbeitsvertragsparteien eintritt. § 3 TVG verlangt nicht, daß die Verbandsmitgliedschaft von Arbeitgeber und Arbeitnehmer bereits im Zeitpunkt des Abschlusses des Tarifvertrages vorliegt. Für die Tarifgebundenheit auch später eintretender Mitglieder spricht im besonderen die korporative Organisation der Verbände, die auf den Mitgliederwechsel zugeschnitten ist.[221] Unter diesem Gesichtspunkt bereitet die Anwendung von § 613a Abs. 1 Satz 3 BGB im Falle nachträglich eintretender beiderseitiger Tarifgebundenheit keine Probleme.

Allerdings erscheint wie auch im Fall des erst nach Betriebsübergang erfolgenden Abschlusses des Tarifvertrages problematisch, daß die Tarifnormen, die beim Betriebsveräußerer zur Anwendung kamen, nach § 613a Abs. 1 Satz 2 BGB in einzelvertragliche Regelungen umgewandelt wurden. Daher müßte sich die Geltung des neuen Tarifvertrages gemäß § 4 Abs. 3 TVG nach dessen Günstigkeit richten. Allerdings kommt es hier gerade nicht auf § 4 Abs. 3 TVG an.[222] Daher kann auch bei nachträglicher Tarifgebundenheit § 613a Abs. 1 Satz 3 BGB zur

---

221 *Dietz*, FS Nipperdey, Bd. II, S. 141, 144 f.; *Konzen*, ZfA 1975, 401, 424.

222 Dazu nachstehend § 15 A I 8.

Anwendung kommen.[223] Für diese Auslegung spricht auch, daß die Geltung der bisher für den Arbeitnehmer geltenden tariflichen Bestimmungen bei fehlender beidseitiger Tarifgebundenheit nachträglich durch die einzelvertragliche Vereinbarung der Anwendung des einschlägigen Tarifvertrages nach dem Betriebsübergang beseitigt werden kann.[224] Um so mehr muß dann bei einer nachträglich eintretenden beiderseitigen Tarifbindung an neue Tarifverträge die Ablösung der bisherigen Tarifbestimmungen gelten, weil die beiderseitige Tarifbindung wegen ihrer unmittelbare und zwingenden Wirkung dem Arbeitnehmer größeren Schutz bietet als die bloße vertragliche Vereinbarung der Anwendung tariflicher Vorschriften.[225]

7. Anwendung von § 613a Abs. 1 Satz 3 BGB auf nachwirkende Tarifverträge

Galt der beim Betriebsveräußerer einschlägige Tarifvertrag nach § 4 Abs. 5 TVG kraft Nachwirkung für die Arbeitsverhältnisse, hindert dies nicht dessen Weitergeltung nach § 613a Abs. 1 Satz 2 BGB nach Betriebsübergang. Auch diese Regelungen können nach § 613a Abs. 1 Satz 3 BGB durch einen beim Betriebserwerber geltenden Tarifvertrag abgelöst werden.[226] Der beim Betriebserwerber einschlägige Tarifvertrag gilt dann zwingend[227], die beim bisherigen Betriebsinhaber nach § 4 Abs. 5 TVG gegebenen Möglichkeiten zur Abweichung von den nachwirkenden Tarifnormen bestehen daher nicht mehr.[228] Demgegenüber ist die Anwendung von § 613a Abs. 1 Satz 3 BGB fraglich, soweit der beim Betriebserwerber einschlägige Tarifvertrag im Zeitpunkt des Betriebsübergangs nach § 4 Abs. 5 TVG nachwirkt.

---

223 BAG 19.3.1986 AP Nr. 49 zu § 613a BGB; RGRK/*Ascheid*, BGB, § 613a Rn. 221; *Balze/Rebel/Schuck*, Outsourcing, S. 182; Hölters/*Bauer*, Unternehmens- und Beteiligungskauf, S. 419, Rn. 204; *ders.*, FS Schaub, S. 19, 38; *Beisel/Klumpp*, Unternehmenskauf, Rn. 576; *Berscheid*, Betriebsinhaberwechsel, Rn. 117; *Beseler*, Betriebsübergang, S. 169, 189; *Falkenberg*, BB 1987, 328, 329; Erman/*Hanau*, BGB, § 613a Rn. 93; *Henssler*, FS Schaub, S. 311, 319; *Holzapfel/Pöllath*, Recht und Praxis des Unternehmenskaufs, Rn. 599; *Hromadka*, DB 1996, 1872, 1875; MünchArbR/*Wank*, § 120 Rn. 184; *ders.*, NZA 1987, 505, 510; *Wank/Brüning*, ZfA 1995, 699, 735; *Wendeling-Schröder*, AiB 1991, 79, 85; *Willemsen*, Änderung von Arbeitsbedingungen, S. 169, 186.

224 BAG 19.3.1986 AP Nr. 49 zu § 613a BGB.

225 BAG 19.3.1986 AP Nr. 49 zu § 613a BGB.

226 *Schipp/Schipp*, Arbeitsrecht und Privatisierung, Rn. 200, S. 92.

227 Es sei denn, auch dieser Tarifvertrag wirkt nur noch nach, vgl. § 14.

228 *Schipp/Schipp*, Arbeitsrecht und Privatisierung, Rn. 200, S. 92.

a. Geltung für die Arbeitsverhältnisse der übernommenen Arbeitnehmer

Die Ablösung der bisherigen Tarifnormen durch Anwendung von § 613a Abs. 1 Satz 3 BGB kommt von vornherein nur in Betracht, soweit die Regelungen des nachwirkenden Tarifvertrages auf die Arbeitsverhältnisse der übernommenen Arbeitnehmer Anwendung finden können.[229] Dies ergibt sich aus dem Schutzgedanken des § 613a Abs. 1 Satz 2 bis 4 BGB zugunsten der übernommenen Arbeitnehmer gegenüber dem Interesse des Betriebserwerbers an der Geltung einheitlicher Arbeitsbedingungen im Betrieb.[230]

Ob nach Eintritt der Nachwirkung eines Tarifvertrages neu begründete Arbeitsverhältnisse von diesen Regelungen erfaßt werden, ist umstritten.[231] Für die Anwendung der nachwirkenden Tarifnormen spricht hier insbesondere der Schutzgedanke einer Regelung von Arbeitsbedingungen durch Tarifvertrag.[232] Unter diesem Gesichtspunkt könnte aber die Geltung eines bei Betriebsübergang bereits nachwirkenden Tarifvertrages beim Betriebserwerber für die übernommenen Arbeitnehmer - mit der Folge der Ablösung der nach § 613a Abs. 1 Satz 2 BGB weitergeltenden Tarifnormen - fraglich sein. Der Betriebserwerber tritt nach § 613a Abs. 1 Satz 1 BGB im Zeitpunkt des Betriebsüberganges in die Arbeitsverhältnisse der übernommenen Arbeitnehmer ein. Dabei handelt es sich insoweit einerseits nicht um eine Neubegründung der Arbeitsverhältnisse, sondern um einen bloßen Vertragspartnerwechsel. Dem Fall einer Neubegründung des Arbeitsverhältnisses gemeinsam ist andererseits, daß auch die Arbeitsverhältnisse der übernommenen Arbeitnehmer nicht schon den Tarifnormen des Betriebserwerbers vor Eintritt der Nachwirkung unterfielen. Insoweit drängt sich eine Parallele zur Neubegründung von Arbeitsverhältnissen auf, auch dabei erlangen die bereits nachwirkenden Tarifnormen erstmalige Geltung. Soweit in einem solchen Fall die Anwendung der nachwirkenden Tarifnormen auf das neu begründete Arbeitsverhältnis über die Vermutung der Ausgewogenheit der tariflichen Regelung und mit dem gewährleisteten Schutz der Arbeitnehmer begründet wird, kann dies auf die übernommenen Arbeitnehmer nicht zwangsläufig übertragen werden. Denn ihnen steht mit den weitergeltenden Tarifnormen ein Schutzsystem zur Seite, das die

---

229 Anders insoweit *Hanau/Vossen*, FS Hilger/Stumpf, S. 271, 283, die dies aufgrund des Zwecks des § 613a Abs. 1 Satz 3 BGB, dem Vereinheitlichungsinteresse des Arbeitgebers Rechnung zu tragen, für entbehrlich halten.

230 Vgl. schon § 15 A I 3.

231 Für die Geltung der nachwirkenden Tarifnormen auch auf neu begründete Arbeitsverhältnisse *Däubler*, Tarifvertragsrecht, Rn. 1464, S. 613 f.; *Kempen/Zachert*, TVG, § 4 Rn. 294; *Löwisch/Rieble*, TVG, § 4 Rn. 226; *Wiedemann/Stumpf*, TVG, § 4 Rn. 186 m.w.N. Hiergegen jedoch das BAG in ständiger Rechtsprechung, vgl. BAG 29.1.1975 AP Nr. 8 zu § 4 TVG Nachwirkung; BAG 3.12.1985 AP Nr. 2 zu § 74 BAT.

232 Vgl. *Kempen/Zachert*, TVG, § 4 Rn. 294.

Anwendung der nachwirkenden Tarifnormen auf ihre Verhältnisse unter diesem Gesichtspunkt als nicht erforderlich erscheinen läßt.

In diesem Zusammenhang gewinnt jedoch ein weiterer Gedanke an Bedeutung. § 613a Abs. 1 Satz 3 BGB trägt dem Interesse des Betriebserwerbers an der Vereinheitlichung der bei ihm geltenden Arbeitsbedingungen Rechnung. Im Hinblick darauf erscheint es gerechtfertigt, jedenfalls die Möglichkeit der Anwendung der nachwirkenden Tarifnormen auch auf die Arbeitsverhältnisse der übernommenen Arbeitnehmer anzunehmen, um eine Ablösung der weitergeltenden Tarifnormen der Betriebsveräußerers zuzulassen.[233]

b. Dispositive Wirkung des nachwirkenden Tarifvertrages

Die einzelvertragliche Weitergeltung eines Tarifvertrages nach § 613a Abs. 1 Satz 2 BGB endet wegen Satz 3 auch dann, wenn bei dem Betriebserwerber erst nach Betriebsübergang ein Tarifvertrag abgeschlossen wird.[234] Daraus wird geschlußfolgert, daß auch nach § 4 Abs. 5 TVG nachwirkende Tarifnormen die Verdrängungswirkung beim Betriebserwerber auslösen können. Denn es würde keinen Sinn machen, den Betriebserwerber auf einzelvertraglicher Grundlage zu verpflichten, die weitergeltenden Regelungen des Tarifvertrages des Betriebsveräußerers gegenüber den nachwirkenden Tarifnormen einzuhalten, wenn nach Neuabschluß eines Tarifvertrages das Ende der einzelvertraglichen Weitergeltung ohnehin nach § 613a Abs. 1 Satz 3 BGB eintritt.[235] Im übrigen spricht auch insoweit der Gedanke, dem Interesse des Betriebserwerbers an der Geltung einheitlicher Arbeitsbedingungen Rechnung zu tragen, für die Anwendung von § 613a Abs. 1 Satz 3 BGB auf nachwirkende Tarifnormen.[236]

Allerdings ist die Anwendung von § 613a Abs. 1 Satz 3 BGB unter dem Gesichtspunkt des Arbeitnehmerschutzes fraglich. Zum einen steht nicht mit Sicherheit fest, ob beim neuen Betriebsinhaber der Neuabschluß eines Tarifvertrages erfolgt. Dies wird zwar zumeist der Fall sein, dennoch erscheint jedenfalls zweifelhaft, ob der Schutz der übernommenen Arbeitnehmer auf eine Vermutung hin verkürzt werden kann. Zum anderen können die nachwirkenden Tarifnormen jederzeit durch eine abweichende - damit auch durch eine verschlechternde - Vereinbarung beim Betriebserwerber abgelöst werden. Dem gegenüber steht die für zumindest ein Jahr angeordnete zwingende Wirkung der beim Betriebsveräußerer zur Anwendung gekommenen Tarifnormen.[237] Damit besteht für die übernomme-

233 Ebenso *Kittner/Trittin*, Kündigungsschutzrecht, § 613a BGB Rn. 230; im Ergebnis auch *Preis/Steffan*, FS Kraft, S. 477, 490.

234 Dazu schon vorstehend § 15 A I 2c.

235 *Schipp/Schipp*, Arbeitsrecht und Privatisierung, Rn. 201, S. 93.

236 *Hanau/Vossen*, FS Hilger/Stumpf, S. 271, 283.

237 Vgl. *Schipp/Schipp*, Arbeitsrecht und Privatisierung, Rn. 201, S. 92, nach denen sich an der Abdingbarkeit der nachwirkenden Tarifnormen beim Betriebserwerber nichts än-

nen Arbeitnehmer bei Weitergeltung der Tarifnormen des Betriebsveräußerers ein besserer Schutz vor einer Veränderung ihrer Arbeitsbedingungen. Allerdings darf hier nicht außer acht gelassen werden, daß sich die Frage der Anwendung des § 613a Abs. 1 Satz 3 BGB auf nachwirkende Tarifnormen nur stellt, soweit Arbeitgeber und Arbeitnehmer an den nachwirkenden Tarifvertrag beim Betriebserwerber gebunden sind. Dies spricht für die Anwendung von § 613a Abs. 1 Satz 3 BGB.

Der nachwirkende Tarifvertrag kann nach § 4 Abs. 5 TVG durch andere Abmachungen ersetzt werden. Gerade diese dispositive Wirkung könnte aber einer Anwendung von § 613a Abs. 1 Satz 3 BGB entgegenstehen.[238] Denn soweit die Tarifnormen selbst nicht mehr zwingend wirken, erscheint zweifelhaft, ob durch sie die weitergeltenden Regelungen abgelöst werden können. Hier ergibt sich eine nur auf den ersten Blick ähnliche Problematik wie bei den Überlegungen, ob die einzelvertragliche Inbezugnahme eines Tarifvertrages beim Betriebserwerber die Wirkungen des § 613a Abs. 1 Satz 3 BGB auslösen kann. Zwar kann in beiden Fällen von den beim Betriebserwerber geltenden Arbeitsbedingungen abgewichen werden, insoweit besteht keine zwingende Wirkung. Unterschiede bestehen aber in der Art der Regelung. Die einzelvertraglich in Bezug genommenen Tarifnormen gelten aufgrund des Willens der Arbeitsvertragsparteien auf individualrechtlicher Grundlage. Demgegenüber handelt es sich im Stadium der Nachwirkung um Tarifnormen, die weiterhin unmittelbar auf die Arbeitsverhältnisse tarifgebundener Arbeitnehmer nach kollektivrechtlichen Grundsätzen einwirken.

Soweit dem nachwirkenden Tarifvertrag keine Verdrängungswirkung nach § 613a Abs. 1 Satz 3 BGB zugemessen würde, müßten dessen Regelungen gegenüber einzelvertraglichen Bestimmungen - den nach § 613a Abs. 1 Satz 2 BGB weitergeltenden Tarifnormen - zurücktreten. In diesem Zusammenhang kann danach gefragt werden, ob die Verdrängung eines nachwirkenden Tarifvertrages nur durch nach Eintritt der Nachwirkung abgeschlossene Vereinbarungen möglich ist, oder aber ob auch vorher bestehende Regelungen die Nachwirkung tariflicher Normen verhindern können. Vor Eintritt der Bindung der Arbeitsvertragsparteien an einen Tarifvertrag getroffene einzelvertragliche Regelungen, die aufgrund der zwingenden Wirkung des Tarifvertrages verdrängt waren, können nach Wegfall der Tarifbindung wieder aufleben.[239] Allerdings ist dieser Gedanke nicht auf den Eintritt der Nachwirkung eines Tarifvertrages nach § 4 Abs. 5 TVG übertragbar. Durch § 4 Abs. 5 TVG wird gerade die Weitergeltung des Tarifvertrages nach

---

dert, auch wenn diese die mit zwingender Wirkung weitergeltenden Tarifnormen des Betriebsveräußerers ablösen.

238 *Däubler*, Tarifvertragsrecht, Rn. 1557, S. 647; vgl. auch dieselbe Problematik im Rahmen der Tarifkonkurrenz bei *ders.*, Tarifvertragsrecht, Rn. 1496, S. 626.

239 Vgl. *Kempen/Zachert*, TVG, § 4 Rn. 307.

dessen Ende bis zu der Ersetzung durch andere Abmachungen kollektivrechtlicher oder individualrechtlicher Art angeordnet. Die ersetzende Regelung kann folglich im Grundsatz erst nach Eintritt der Nachwirkung getroffen werden. Ein bloßes Wiederaufleben bereits bestehender Regelungen ist dagegen nicht anzunehmen. Allerdings kommt anderes dann in Betracht, wenn schon vor Ablauf des Tarifvertrages durch die Arbeitsvertragsparteien vereinbart wird, daß im Zeitraum der Nachwirkung andere Arbeitsbedingungen gelten sollen. Hinsichtlich der in Frage stehenden Verdrängungswirkung nachwirkender Tarifnormen nach § 613a Abs. 1 Satz 3 BGB spricht dies dafür, der normativen Geltung des Tarifvertrages beim Betriebserwerber, die von § 4 Abs. 5 TVG nicht berührt wird, Vorrang vor der individualrechtlichen Weitergeltungsanordnung des § 613a Abs. 1 Satz 2 BGB zu gewähren. Demgemäß ist davon auszugehen, daß ein nur nachwirkender Tarifvertrag die Verdrängung weitergeltenden Tarifrechts beim Betriebserwerber nach § 613a Abs. 1 Satz 3 BGB herbeiführen kann.[240]

8. Ausschluß des Günstigkeitsprinzips

Zur Ablösung der einzelvertraglich weitergeltenden Tarifnormen kommt es nach § 613a Abs. 1 Satz 3 BGB - abgesehen von Regelungen zu betrieblichen und betriebsverfassungsrechtlichen Fragen[241] - nur bei Bestehen beiderseitiger Tarifbindung der Arbeitsvertragsparteien nach Betriebsübergang. Fraglich ist darüber hinaus, ob es für die Anwendung der Vorschrift auch auf die Günstigkeit des beim neuen Betriebsinhaber geltenden Tarifvertrages ankommt und damit die Arbeitsbedingungen der übernommenen Arbeitnehmer vor einer Verschlechterung geschützt werden. Das Verschlechterungsverbot des § 613a Abs. 1 Satz 2 BGB kann jedenfalls gegenüber einem beim Betriebserwerber normativ geltenden Tarifvertrag keine Anwendung finden, da die Geltung dieser Vorschrift gerade durch § 613a Abs. 1 Satz 3 BGB ausgeschlossen wird.[242] Allerdings könnte die Anwendung von § 4 Abs. 3 TVG zugunsten der nach § 613a Abs. 1 Satz 2 BGB einzelvertraglich weitergeltenden Tarifnormen in Betracht kommen. Diesbezüglich wird danach unterschieden, ob der Tarifvertrag im Zeitpunkt des Betriebsübergangs bereits in Kraft ist oder erst nachträglich abgeschlossen wird.[243]

---

240 RGRK/*Ascheid*, BGB, § 613a Rn. 217; Erman/*Hanau*, BGB, § 613a Rn. 95; *Hanau/Vossen*, FS Hilger/Stumpf, S. 271, 282 f.; ErfurtKom/*Preis*, § 613a BGB Rn. 80; *Schipp/Schipp*, Arbeitsrecht und Privatisierung, Rn. 201, S. 92; anders nur *Däubler*, Tarifvertragsrecht, Rn. 1557, S. 647.

241 Vgl. vorstehend § 11 B.

242 Siehe auch *Balze/Rebel/Schuck*, Outsourcing, S. 182; *D. Gaul*, Betriebsübergang, S. 320; *Schiefer*, FA 1998, 270, 271. Anders dagegen *Kittner/Trittin*, Kündigungsschutzrecht, § 613a BGB Rn. 213, 219 ff., 225.

243 Zur Geltung des § 613a Abs. 1 Satz 3 BGB in diesen Fällen unter § 15 A I 2c.

a. Geltung des Tarifvertrages vor Betriebsübergang

Soweit ein Tarifvertrag beim Betriebserwerber bereits im Zeitpunkt des Betriebsübergangs besteht, wird angenommen, es käme auf das Günstigkeitsprinzip von vornherein nicht an, da hier eine Verdrängung einzelvertraglicher durch kollektivvertragliche Regelungen gar nicht in Frage stehe. Dies wird damit begründet, daß - im Gegensatz zum Inkrafttreten eines Tarifvertrages erst nach Betriebsübergang - nach § 613a Abs. 1 Satz 3 BGB bereits die Weitergeltung des Tarifvertrages an sich verhindert werde, so daß einzelvertragliche Arbeitsbedingungen gar nicht entstehen könnten.[244] Dieser Auffassung ist nicht zuzustimmen. Es kommt auch im Fall des Bestehens eines Tarifvertrages beim Betriebserwerber zunächst zur Umwandlung der bisher zur Anwendung gekommenen Tarifnormen in einzelvertragliche Regelungen nach § 613a Abs. 1 Satz 2 BGB. Die Weitergeltung der Tarifnormen endet erst nach Ablauf einer logischen Sekunde gemäß § 613a Abs. 1 Satz 3 BGB.[245] Für dieses Verständnis spricht, daß das Ende der Weitergeltung lediglich für die Arbeitsverhältnisse der an den neuen Tarifvertrag gebundenen Arbeitnehmer eintritt.[246] Für die übrigen übernommenen Arbeitnehmer bleibt es dagegen bei der Geltung von § 613a Abs. 1 Satz 2 BGB. Damit hat eine Berücksichtigung des Günstigkeitsprinzips bei bereits bestehendem Tarifvertrag jedenfalls unter den gleichen Gesichtspunkten zu erfolgen wie im Fall des nachträglichen Abschlusses eines Tarifvertrages.[247] Im Ergebnis kommt es daher auch bei Bestehen eines Tarifvertrages im Zeitpunkt des Betriebsübergangs nicht darauf an, ob der beim Betriebserwerber normativ geltende und für die tarifgebundenen übernommenen Arbeitnehmer nach § 613a Abs. 1 Satz 3 BGB die weitergeltenden Tarifnormen ablösende Tarifvertrag günstiger ist.[248] Dem wird kritisch entgegengehalten, es könnte damit zu einer Verschlechterung der Lage der übernommenen Arbeitnehmer gänzlich ohne deren Mitwirkung kommen.[249]

---

244 So *Sack*, Schicksal von Altverträgen, S. 121; *Wank*, Anm. zu BAG 19.3.1986, SAE 1987, 142, 143.

245 Ebenso *D. Gaul*, Betriebsübergang, S. 330. Dies gibt zwar auch *Wank*, Anm. zu BAG 19.3.1986, SAE 1987, 142, 143 zu, der sich damit aber zu sich selbst in Widerspruch setzt, vgl. oben Fn. 244.

246 Vgl. vorstehend § 15 A I 3.

247 Dazu sogleich.

248 *Boecken*, Unternehmensumwandlungen, Rn. 171, S. 119; *Commandeur*, Betriebs-, Firmen- und Vermögensübernahme, S. 77; *Däubler*, AuA 1991, 196, 199; *Eich*, NJW 1980, 2329, 2334; *Falkenberg*, BB 1987, 328, 329; *D. Gaul*, Arbeitsrecht im Betrieb, Bd. II, K II Rn. 16; Staudinger/*Richardi*, BGB, § 613a Rn. 171; *Röder*, DB 1981, 1980, 1981; MünchKom/*Schaub*, BGB, § 613 Rn. 189; *ders.*, ZiP 1984, 272, 279; *ders.*, ArbRGW 18 (1981), 71, 80; *Sowka/Weiss*, DB 1991, 1518, 1522; *Wank*, NZA 1987, 505, 509; *ders.*, Anm. zu BAG 19.3.1986, SAE 1987, 142, 144; *Wank/Brüning*, ZfA 1995, 699, 735; *Wiedemann*, FS Fleck, S. 477, 455.

249 So *Hüper*, Betrieb, S. 70.

Allerdings wird hier übersehen, daß § 613a Abs. 1 Satz 3 BGB nur die Weitergeltung des Tarifvertrages des Betriebsveräußerers verhindert, soweit auch die Arbeitnehmer tarifgebunden sind. Sie müssen daher - abgesehen vom Fall der Allgemeinverbindlichkeitserklärung - der zuständigen Gewerkschaft angehören. Darin aber liegt ihre Mitwirkung an der Änderung ihrer Arbeitsbedingungen. Auch sonst können sich aufgrund beiderseitiger Tarifbindung der Arbeitsvertragsparteien die Arbeitsbedingungen der Arbeitnehmer durch einen nachfolgenden Tarifvertrag ohne weiteres verschlechtern. Es ist nicht einzusehen, warum hiervon im Rahmen des § 613a Abs. 1 Satz 3 BGB eine Ausnahme gemacht werden sollte.[250]

b. Geltung des Tarifvertrages nach Betriebsübergang

Soweit im Erwerberbetrieb im Zeitpunkt des Betriebsübergangs noch kein Tarifvertrag besteht, erfolgt die Umwandlung der normativ geltenden Tarifnormen des Betriebsveräußerers in einzelvertragliche Bestimmungen nach § 613a Abs. 1 Satz 2 BGB. Allerdings können die weitergeltenden Tarifnormen auch durch einen nachfolgend in Kraft tretenden Tarifvertrag nach Maßgabe des § 613a Abs. 1 Satz 3 BGB abgelöst werden. In diesem Fall kommt es zur Verdrängung der einzelvertraglich geltenden Tarifnormen durch den kollektivrechtlich zur Anwendung kommenden Tarifvertrag des Betriebserwerbers.

An sich wird das Arbeitsrecht im Verhältnis kollektivrechtlicher und individualrechtlicher Regelungen zueinander vom sog. Günstigkeitsprinzip beherrscht. Danach haben für die Arbeitnehmer günstigere individualrechtliche Bestimmungen Vorrang insbesondere gegenüber tariflichen Regelungen nach § 4 Abs. 3 TVG. Daher stellt sich die Frage, ob die einzelvertraglich weitergeltenden Tarifnormen nach § 613a Abs. 1 Satz 3 BGB selbst im Falle beiderseitiger Gebundenheit der Arbeitsvertragsparteien durch einen nachträglich geschlossenen Tarifvertrag Regelungen verdrängt werden können, soweit damit Veränderungen der Arbeitsbedingungen zu Lasten der übernommenen Arbeitnehmer einher gehen.[251] Soweit ersichtlich wird einheitlich und zu Recht davon ausgegangen, daß es auf einen Günstigkeitsvergleich im Rahmen der Anwendung von § 613a Abs. 1 Satz 3 BGB nicht ankommt. Allerdings werden hier unterschiedliche Begründungsansätze herangezogen.

---

[250] Ebenso *Wank*, NZA 1987, 505, 509.

[251] Vgl. auch *Willemsen*, Anm. zu BAG 26.9.1979, AP Nr. 17 zu § 613a BGB.

(1) Grundsatz der Tarifeinheit

So wird auf die Anwendung des Grundsatzes der Tarifeinheit verwiesen.[252] Auch dabei verdränge der speziellere Tarifvertrag den konkurrierenden Tarifvertrag ohne Rücksicht auf dessen Günstigkeit. Zunächst ist aber das Abstellen auf das Prinzip der Tarifeinheit im Rahmen des § 613a Abs. 1 Satz 3 BGB durchaus zweifelhaft.[253] Im übrigen widerspricht der 10. Senat des Bundesarbeitsgerichts der Anwendung des Grundsatzes der Tarifeinheit gerade im Fall der Konkurrenz eines kraft einzelvertraglicher Inbezugnahme geltenden Tarifvertrages zu einem ungünstigeren normativ geltenden Tarifvertrag und hält hier die Anwendung von § 4 Abs. 3 TVG für geboten.[254]

(2) Bezug zur Nachwirkung eines Tarifvertrages

Desweiteren wird die Möglichkeit der Anwendung des § 613a Abs. 1 Satz 3 BGB ungeachtet der Günstigkeit des Tarifvertrages darauf gestützt, daß der Gesetzgeber mit der einzelvertraglichen Weitergeltung nach § 613a Abs. 1 Satz 2 BGB die Rechtsfolgen einer tariflichen Nachwirkung nach § 4 Abs. 5 TVG nachahme.[255] Nach § 4 Abs. 5 TVG können die nachwirkenden Tarifnormen jederzeit durch eine andere - auch für die Arbeitnehmer ungünstigere - Abmachung ersetzt werden. Gleiches gilt zwar nach § 613a Abs. 1 Satz 2 BGB mit Ablauf der befristeten Veränderungssperre für die einzelvertraglich weitergeltenden Tarifnormen. Allerdings besteht gegenüber der Rechtslage nach § 4 Abs. 5 TVG dennoch ein gewichtiger Unterschied aufgrund der individualrechtlich geprägten Weitergeltungsanordnung. Nachwirkende Tarifnormen gelten kollektivrechtlich weiter, so daß § 4 Abs. 3 TVG ohnehin keine Anwendung finden kann. Anders ist die Situation hingegen nach § 613a Abs. 1 Satz 2 BGB, der einzelvertragliche Regelungen entstehen läßt.

(3) Geltung des Ordnungsprinzips

Das kollektive Arbeitsrecht wird von der Geltung des Ordnungs- bzw. Ablösungsprinzips[256] beherrscht, nach dem die Regelungen eines neuen Kollektivvertrages automatisch an die Stelle älterer Vereinbarungen treten. Dies gilt auch, wenn sich dadurch die Arbeitsbedingungen der Arbeitnehmer verschlechtern.[257] Allerdings gilt das Ordnungsprinzip lediglich für kollektivvertragliche Regelun-

---

252 BAG 19.3.1986 AP Nr. 49 zu § 613a BGB; *Däubler*, Tarifvertragsrecht, Rn. 1554, S. 645 f.; *Krahl*, AuA 1990, 211, 214. Vgl. auch die Nachweise zu Fn. 126, S. 283.

253 Hiergegen wenden sich auch *Kempen/Zachert*, TVG, § 3 Rn. 59.

254 Dazu schon § 15A I 3e.

255 *Wank*, NZA 1987, 505, 509; *Willemsen*, Anm. zu BAG 26.9.1979, AP Nr. 17 zu § 613a BGB.

256 Zur Unterscheidung der Begriffe *Wiedemann/Stumpf*, TVG, § 4 Rn. 149 ff.

257 Vgl. *Etzel*, NZA 1987, Beilage 1, S. 19, 29.

gen. Dagegen gilt im Verhältnis von einzelvertraglichen zu tariflichen Vereinbarungen das Günstigkeitsprinzip des § 4 Abs. 3 TVG. Danach kann im Rahmen des § 613a Abs. 1 Satz 3 BGB die Ablösung der gerade einzelvertraglich weitergeltenden Tarifnormen des Betriebsveräußerers durch einen ungünstigeren Tarifvertrag beim Betriebserwerber entgegen dem Günstigkeitsprinzip nicht von vornherein auf das Ordnungsprinzip gestützt werden.[258]

Dem kann nicht entgegengehalten werden, es handele sich bei den einzelvertraglich weitergeltenden Tarifnormen um fingierte Individualregelungen, die nur aufgrund eines rechtstechnischen Kunstgriffes des Gesetzgebers entstanden seien.[259] Der Gesetzgeber hat die nur individualrechtliche Weitergeltung der Tarifnormen insbesondere aus verfassungsrechtlichen Erwägungen angeordnet. Dies aber würde unterlaufen, soweit die vor Betriebsübergang zur Anwendung gekommenen Tarifnormen im übrigen ungehindert wie kollektivrechtliche Regelungen behandelt werden könnten.[260]

(4) Ausschluß des Günstigkeitsprinzips

Daher kann die Ablösung der weitergeltenden Tarifnormen durch einen ungünstigeren Tarifvertrag beim Betriebserwerber nach § 613a Abs. 1 Satz 3 BGB nur damit begründet werden, daß die Vorschrift als gesetzliche Sonderregelung das Günstigkeitsprinzip des § 4 Abs. 3 TVG ausschließt.[261] Dies läßt sich im Wege

---

258 Dies lassen außer acht *Boewer*, Brennpunkte des Arbeitsrechts 1997, S. 91, 143; *D. Gaul*, Betriebsübergang, S. 320, 322, 329; *ders.*, ZTR 1989, 432, 438; KassArbR/*Hattesen*, 1.7 Rn. 181; *ders.*, HzA, Gruppe 1 Rn. 3381; *Ingenfeld*, Betriebsausgliederung, S. 265; *Kittner/Trittin*, Kündigungsschutzrecht, § 613a BGB Rn. 151; Soergel/*Raab*, BGB, § 613a Rn. 127; *Wank*, NZA 1987, 505, 509; *Wiedemann*, FS Fleck, S. 477, 455; *Wirges*, ZTR 1998, 62, 62; *Wollenschläger*, FS Gitter, S. 1067, 1074; wohl auch RGRK/*Ascheid*, BGB, § 613a Rn. 226.

259 So aber *Ingenfeld*, Betriebsausgliederung, S. 266; *Kamlah*, Bestandsschutz, S. 106 f.; *Lorenz*, DB 1980, 1745, 1747; *Seiter*, DB 1980, 877, 878; MünchArbR/*Wank*, § 120 Rn. 184; *ders.*, NZA 1987, 505, 510.

260 *Wiedemann*, FS Fleck, S. 477, 455 merkt insoweit kritisch an, daß der Gesetzgeber es nicht vermöge, die individualrechtliche Konzeption der Weitergeltungsanordnung selbst durchzuhalten.

261 Ebenso *Balze/Rebel/Schuck*, Outsourcing, S. 183; *Bauer*, Unternehmensveräußerung, S. 110; *Beisel/Klumpp*, Unternehmenskauf, Rn. 578; *Beseler*, Betriebsübergang, S. 169, 190; *Däubler*, Tarifvertragsrecht, Rn. 1554, S. 646; *Eich*, NJW 1980, 2329, 2334; Erman/*Hanau*, BGB, § 613a Rn. 93; *Hromadka*, DB 1996, 1872, 1875; *Kania*, DB 1994, 529, 530; *Kempen*, BB 1991, 2006, 2010; *Kempen/Zachert*, TVG, § 3 Rn. 59; *Kerschner/Köhler*, Betriebsveräußerung, S. 60; Staudinger/*Richardi*, BGB, § 613a Rn. 171; *Röder*, DB 1981, 1980, 1981; MünchKom/*Schaub*, BGB, § 613a Rn. 179, 190; *Schipp/Schipp*, Arbeitsrecht und Privatisierung, Rn. 189, S. 87; *v. Stebut*, Anm. zu BAG 19.3.1986, AP Nr. 49 zu § 613a BGB; im Ergebnis so auch *Hess*, AR-Blattei In-

der Auslegung aus § 613a Abs. 1 Satz 3 BGB entnehmen. Dafür spricht das Interesse des Betriebserwerbers an der Vereinheitlichung der in seinem Betrieb geltenden Arbeitsbedingungen.[262] Demgegenüber sind die der nach Betriebsübergang zuständigen und tarifschließenden Gewerkschaft beigetretenen Arbeitnehmer, unabhängig davon, ob es sich um ungünstigere Regelungen handelt, weniger schutzbedürftig, da sie sich eben dadurch der Geltung des neuen Tarifvertrages unterworfen haben. Gerade derartigen kollektivrechtlichen Verpflichtungen des Betriebserwerbers wollte der Gesetzgeber in § 613a Abs. 1 Satz 3 BGB aber den Vorrang vor den weitergeltenden Tarifnormen einräumen. Die Außerachtlassung des Günstigkeitsprinzips erscheint auch nicht unbillig, da dem neuen Tarifvertrag aufgrund seines Zustandekommens ebenso wie den weitergeltenden Tarifnormen eine Richtigkeitsgewähr beiliegt.[263] Die Weitergeltungsanordnung des § 613a Abs. 1 Satz 2 BGB sollte überdies in Anerkennung der vor Betriebsübergang betätigten Koalitionsfreiheit in erster Linie die Stellung der betroffenen Arbeitnehmer in tariflicher Hinsicht wahren. Sobald die übernommenen Arbeitnehmer einer anderen Gewerkschaft beitreten, die den bei dem Betriebserwerber geltenden Tarifvertrag abgeschlossen hat, entfällt aber das dahingehende Schutzbedürfnis. Dies gilt selbstverständlich unabhängig von der Günstigkeit der einzelnen Regelung.[264] Es erscheint daher nur konsequent, wenn sich die organisierten Arbeitnehmer nach einem Betriebsübergang die Verschlechterung ihrer Arbeitsbedingungen gefallen lassen müssen.[265] Anderenfalls würden die von einem Betriebsübergang betroffenen Arbeitnehmer besser gestellt als die Arbeitnehmer, deren Arbeitsverhältnis unverändert beim bisherigen Betriebsinhaber weiterbesteht.[266] Die Rechtfertigung für den Ausschluß des Günstigkeitsprinzips kann dagegen auch hier nicht in der ursprünglich kollektivrechtlichen Natur der weitergeltenden Tarifnormen gesehen werden.[267]

Allerdings ist angesichts einer möglichen verfassungsrechtlichen Ableitung des Günstigkeitsprinzips fraglich, ob der Gesetzgeber einen solchen Ausschluß durch Gesetz anordnen konnte.[268] § 4 Abs. 3 TVG verwehrt den Tarifvertragsparteien,

---

solvenzarbeitsrecht, Rn. 151; *Löwisch*, Arbeitsrechtliche Probleme, S. 70; ErfurtKom/*Preis*, § 613a BGB Rn. 79; *Preis/Steffan*, FS Kraft, S. 477, 490;
anders dagegen *D. Gaul*, Betriebsübergang, S. 321; *ders.*, ZTR 1989, 432, 434, 438; *Wank*, NZA 1987, 505, 509; *ders.*, Anm. zu BAG 19.3.1986, SAE 1987, 142, 143.

262 *Gamillscheg*, Kollektives Arbeitsrecht, S. 782.

263 Vgl. auch *Wirges*, ZTR 1998, 62, 68.

264 Ebenso *Kempen*, BB 1991, 2006, 2010.

265 BAG 16.5.1995 AP Nr. 15 zu § 4 TVG Ordnungsprinzip; *Balze/Rebel/Schuck*, Outsourcing, S. 183; *v. Stebut*, Anm. zu BAG 19.3.1986, AP Nr. 49 zu § 613a BGB.

266 *Balze/Rebel/Schuck*, Outsourcing, S. 183.

267 So aber *Röder*, DB 1981, 1980, 1981; unklar dagegen Staudinger/*Richardi*, BGB, § 613a Rn. 171. Dazu schon vorstehend § 15 A I 3e.

268 *Däubler*, Tarifvertragsrecht, Rn. 1554, S. 645; *Kempen*, BB 1991, 2006, 2010.

kollektivvertragliche Höchstarbeitsbedingungen zu setzen. Insoweit ist eine Verankerung in der Arbeitsvertragsfreiheit von Arbeitnehmer und Arbeitgeber aus Art. 12 Abs. 1 GG bzw. der aus der Privatautonomie abgeleiteten allgemeinen Vertragsfreiheit über Art. 2 Abs. 1 GG denkbar.[269] Demgegenüber wird auch angenommen, das Günstigkeitsprinzip sei lediglich mittelbar verfassungsrechtlich garantiert.[270] Allerdings kann diese Frage im Rahmen des § 613a Abs. 1 Satz 3 BGB dahingestellt bleiben, da jedenfalls die verfassungsrechtlich geschützte Vertragsfreiheit der Arbeitsvertragsparteien hier gar nicht betroffen wird. Zwar gelten die beim Betriebsveräußerer zur Anwendung gekommenen Tarifnormen als einzelvertragliche Regelungen weiter. Dies allein bedeutet jedoch nicht schon, daß ihnen in verfassungsrechtlicher Hinsicht auch der Schutz, wie er für frei von Vertragsparteien vereinbarte Regelungen zumindest über die Vertragsfreiheit gewährleistet wird, zukommt. Insoweit bestehen gegen den Ausschluß des Günstigkeitsprinzips durch § 613a Abs. 1 Satz 3 BGB keine verfassungsrechtlichen Bedenken.

c. Korrektur anhand von Billigkeitserwägungen

Nach den vorstehenden Ausführungen kommt es für die Anwendung des § 613a Abs. 1 Satz 3 BGB nicht auf das Günstigkeitsprinzip des § 4 Abs. 3 TVG an. Danach endet die einzelvertragliche Weitergeltung der Tarifnormen nach § 613a Abs. 1 Satz 2 BGB auch aufgrund der Geltung eines ungünstigeren Tarifvertrages für das Arbeitsverhältnis des übernommenen Arbeitnehmers. An sich könnte damit der Arbeitnehmer Ansprüche gegen den Betriebserwerber auch nur nach Maßgabe des neuen Tarifvertrages geltend machen. Dennoch wird als durchaus fraglich angesehen, ob der Arbeitnehmer tatsächlich nur in der durch den neuen Tarifvertrag vorgesehenen und gegebenenfalls geringeren Höhe Ansprüche geltende machen kann. Aus entsprechender Anwendung des arbeitsrechtlich geprägten Billigkeitsprinzips[271] (§ 315 BGB) solle vielmehr folgen, daß zwar der neue Tarifvertrag unmittelbar mit dem Zeitpunkt des Betriebsübergangs für die tarifgebundenen Arbeitnehmer zur Anwendung kommt, den Arbeitnehmern aber im Differenzbereich bis zur Höhe ihrer bisherigen bis zum Zeitpunkt des Betriebsüberganges kollektivrechtlich gesicherten Ansprüche eine anrechenbare personenbezogene Zulage verbleibt.[272] Dem steht allerdings die in § 613a Abs. 1

---

269 Vgl. hierzu *Gamillscheg*, Kollektives Arbeitsrecht, § 18, S. 842 f.; *Kempen/Zachert*, TVG, Grundlagen Rn. 127; MünchArbR/*Löwisch*, § 265 Rn. 3, § 239 Rn. 69 ff.

270 Dazu *Däubler*, Tarifvertragsrecht, Rn. 196 f., S. 140 f.

271 Dazu *von Hoyningen-Huene*, Die Billigkeit im Arbeitsrecht, § 3.

272 So *D. Gaul*, ZTR 1989, 432, 435; *D. Gaul*, Betriebsübergang, S. 330, der sich auf in BAG 30.1.1970 AP Nr. 142 zu § 242 BGB Ruhegehalt anklingende Wertungsansätze beruft. Auch bei *Heinze*, DB 1998, 1861, 1866 findet sich ein ähnlicher Vorschlag, der allerdings auf dem Gedanken einer freiwilligen Leistung des Betriebserwerbers auf-

Satz 3 BGB getroffene gesetzliche Regelung entgegen. Indem die Weitergeltung der Tarifnormen nach § 613a Abs. 1 Satz 2 BGB ausgeschlossen wird, entfällt die einzige Grundlage, auf der der Betriebserwerber an die Regelungen des bisher zur Anwendung gekommenen Tarifvertrages festgehalten werden könnte.

d. Verhältnis zu einzelvertraglichen Regelungen

Einzelvertragliche Abreden, die zwischen den Arbeitnehmern und dem Betriebsveräußerer bestanden, gehen nach § 613a Abs. 1 Satz 1 BGB auf den Betriebserwerber über. Sofern sie günstiger sind als ein normativ zur Anwendung kommender Tarifvertrag, werden sie nicht nach § 613a Abs. 1 Satz 3 BGB verdrängt. Gegenüber diesen einzelvertraglichen Vereinbarungen gilt selbstverständlich auch das Günstigkeitsprinzip des § 4 Abs. 3 TVG.[273]

9. Zusammenfassung

Die Weitergeltung des beim Betriebsveräußerer normativ geltenden Tarifvertrages nach Betriebsübergang nach § 613a Abs. 1 Satz 2 BGB kommt nicht in Betracht, soweit bei dem Betriebserwerber die Arbeitsbedingungen der Arbeitnehmer durch einen Tarifvertrag geregelt werden, § 613a Abs. 1 Satz 3 BGB. Es kommt auf beiden Seiten nicht darauf an ob es sich jeweils um einen Firmen- oder einen Verbandstarifvertrag handelt. Das Spezialitätsprinzip findet insoweit keine Anwendung. Voraussetzung ist aber, daß das Arbeitsverhältnis beim Betriebserwerber unter den Geltungsbereich des Tarifvertrages fällt. Problematisch kann insoweit die Feststellung sein, ob sich ein beim Betriebserwerber bestehender Firmentarifvertrag dem Geltungsbereich nach auf neu hinzukommende Betriebe bzw. Betriebsteile erstreckt. Die Anwendung von § 613a Abs. 1 Satz 3 BGB kommt sowohl in Betracht, wenn im Zeitpunkt des Betriebsüberganges ein Tarifvertrag beim Betriebserwerber bereits gilt, als auch, soweit erst nachträglich ein entsprechender Tarifvertrag abgeschlossen wird. Ein zeitlicher Zusammenhang zum Betriebsübergang selbst ist dabei nicht zu fordern. Voraussetzung für eine Anwendung von § 613a Abs. 1 Satz 3 BGB ist überdies, daß sowohl Betriebserwerber als auch der einzelne übernommene Arbeitnehmer an den geltenden Tarifvertrag gebunden sind. Etwas anderes ergibt sich auch nicht aus einer

---

grund einer Besitzstandsklausel zur Motivation der übernommenen Arbeitnehmer beruht.

[273] RGRK/*Ascheid*, BGB, § 613a Rn. 227; *Hattesen*, HzA, Gruppe 1 Rn. 3381; *Hess*, AR-Blattei Insolvenzarbeitsrecht, Rn. 151; *Hess/Knörig*, Arbeitsrecht, Rn. 79; *Kamlah*, Bestandsschutz, S. 122 f.; Soergel/*Raab*, BGB, § 613a Rn. 124; Staudinger/*Richardi*, BGB, § 613a Rn. 171; *Sack*, Schicksal von Altverträgen, S. 122; *Schipp/Schipp*, Arbeitsrecht und Privatisierung, Rn. 189, S. 87; *Sowka/Weiss*, DB 1991, 1518, 1522; *Wank*, NZA 1987, 505, 509; *ders.*, Anm. zu BAG 19.3.1986, SAE 1987, 142, 144; *Wank/Brüning*, ZfA 1995, 699, 735.

Berücksichtigung des Grundsatzes der Tarifeinheit. Unerheblich ist, ob die beiderseitige Tarifbindung an den beim Betriebserwerber geltenden Tarifvertrag schon zum Zeitpunkt des Betriebsüberganges vorliegt oder erst später eintritt. Auch soweit der beim Betriebserwerber geltende Tarifvertrag nur noch nach § 4 Abs. 5 TVG nachwirkt, gilt der bisher zur Anwendung gekommene Tarifvertrag nicht nach § 613a Abs. 1 Satz 2 BGB weiter. Unerheblich ist für den Ausschluß der Weitergeltung durch einen beim Betriebserwerber zur Anwendung kommenden Tarifvertrag nach § 613a Abs. 1 Satz 3 BGB die Günstigkeit der jeweiligen Regelung. § 613a Abs. 1 Satz 3 BGB normiert insoweit einen Ausschluß des Günstigkeitsprinzips.

II. Betriebsvereinbarungen

In Frage kann das Eingreifen der Verdrängungswirkung des § 613a Abs. 1 Satz 3 BGB im Grundsatz auch kommen, wenn beim Betriebserwerber eine Betriebsvereinbarung abgeschlossen wurde bzw. wird.

1. Geltungsbereich

Ebenso wie im Fall des Bestehens eines Tarifvertrages kann einer Betriebsvereinbarung ablösende Wirkung im Sinne des § 613a Abs. 1 Satz 3 BGB gegenüber den einzelvertraglich weitergeltenden Tarifnormen nur beigelegt werden, soweit die Arbeitsverhältnisse der übernommenen Arbeitnehmer in den Geltungsbereich der Betriebsvereinbarung beim Betriebserwerber fallen.

a. Räumlicher Geltungsbereich

Regelmäßig sind die im Betrieb beschäftigten Arbeitnehmer und der Betriebsinhaber ohne weiteres an Betriebsvereinbarungen gebunden, soweit im übrigen deren Wirksamkeitsvoraussetzungen vorliegen.[274] Dennoch können sich im Hinblick auf eine im Zeitpunkt des Betriebsübergangs bereits bestehende Betriebsvereinbarung Zweifel dahingehend ergeben, ob auch die Arbeitsverhältnisse der übergegangenen Arbeitnehmer erfaßt werden. Insoweit stellt sich hier die gleiche Problematik wie bei der Einbeziehung der übernommenen Arbeitnehmer in den Geltungsbereich eines beim Betriebserwerber bestehenden Firmentarifvertrages.[275]

---

274 *Moll*, RdA 1996, 275, 280; Soergel/*Raab*, BGB, § 613a Rn. 125.

275 Dazu schon § 15 A I 2b sowie *Hanau/Vossen*, FS Hilger/Stumpf, S. 271, 282. *Hüper*, Betrieb, S. 162 hält im Anschluß an *Bracker*, Betriebsübergang und Betriebsverfassung, S. 129 f. die Einbeziehung des übernommenen Betriebes in den Geltungsbereich einer bereits bestehenden Betriebsvereinbarung hingegen für nicht möglich, dazu solle es einer Beteiligung der Arbeitnehmervertretung bedürfen.

b. Persönlicher Geltungsbereich

Die Betriebsvereinbarung gilt in persönlicher Hinsicht für alle Arbeitnehmer des Betriebes. Erfaßt werden auch erst nach Abschluß der Betriebsvereinbarung eingestellte Arbeitnehmer. Daher ergeben sich insoweit keine Probleme hinsichtlich der Anwendung der Betriebsvereinbarung auf die übernommenen Arbeitnehmer.

c. Zeitlicher Geltungsbereich

Die Ablösung der weitergeltenden Tarifnormen nach § 613a Abs. 1 Satz 3 BGB ist möglich durch eine im Zeitpunkt des Betriebsübergangs bereits bestehende wie auch durch eine erst nachträglich abgeschlossene Betriebsvereinbarung. Insoweit gelten die gleichen Erwägungen wie für das Bestehen einer tariflichen Regelung beim Betriebserwerber.[276]

2. Ablösungswirkung gegenüber tariflichen Normen

Unproblematisch ist die Verdrängungswirkung einer Betriebsvereinbarung gegenüber einzelvertraglich weitergeltenden Regelungen einer Betriebsvereinbarung nach § 613a Abs. 1 Satz 3 BGB. Fraglich ist allerdings, ob durch eine Betriebsvereinbarung auch die Fortgeltung tariflicher Rechtsnormen nach einem Betriebsübergang verhindert wird. Dies ist durch Auslegung des § 613a Abs. 1 Satz 3 BGB zu ermitteln.

a. Grammatische Auslegung

Nach dem Wortlaut des § 613a Abs. 1 Satz 3 BGB wird die Weitergeltung kollektivvertraglicher Regelungen des Betriebsveräußerers ausgeschlossen, soweit die Rechte und Pflichten der Arbeitsvertragsparteien durch Rechtsnormen eines anderen Tarifvertrages oder durch eine andere Betriebsvereinbarung geregelt werden. Dies kann einerseits so verstanden werden, daß die Ablösung der Weitergeltung einer kollektivvertraglichen Regelung nur durch das rechtstechnisch gleiche Regelungsinstrument erfolgen kann.[277] Danach würde eine Betriebsvereinbarung beim Betriebserwerber der einzelvertraglichen Fortgeltung von Tarifnormen nach § 613a Abs. 1 Satz 2 BGB nicht entgegenstehen. Demgegenüber kann durchaus auch dem Wortlaut von § 613a Abs. 1 Satz 3 BGB entnommen werden, daß es nicht auf das kollektivrechtliche Instrument der Regelung beim Be-

---

[276] Vgl. vorstehend § 15 A I 2c. Ebenso *Trümner*, BetrRat 1990, 90, 96; a.A. *Wiesner*, BB 1986, 1636, 1638 f.

[277] So wohl *Falkenberg*, BB 1987, 328, 329 sowie Staudinger/*Richardi*, BGB, § 613a Rn. 171 gegen die Möglichkeit einer sog. Überkreuzablösung. Auch *Gussen/Dauck*, Weitergeltung, Rn. 249, S. 164 wollen dies zunächst aus dem Wortlaut ableiten.

triebserwerber ankommen solle.[278] Der Wortlaut der Vorschrift deckt damit beide Auslegungsmöglichkeiten.[279]

b. Systematische Auslegung

Die Stellung des § 613a Abs. 1 Satz 3 BGB innerhalb der Regelungen über die Weitergeltung kollektivvertraglicher Vereinbarungen nach einem Betriebsübergang läßt keine Schlußfolgerung auf die Ablösung tariflicher Normen durch eine beim Betriebserwerber bestehende Betriebsvereinbarung zu. Zur Begründung einer solchen Verdrängungswirkung wird angeführt, daß § 613a Abs. 1 Satz 2 BGB ähnliche Rechtsfolgen für die weitergeltenden Tarifnormen anordne, wie sie im Falle der Nachwirkung eines Tarifvertrages nach § 4 Abs. 5 TVG eintreten. Im Nachwirkungsstadium aber könne die Geltung eines Tarifvertrages auch durch Regelungen einer Betriebsvereinbarung beendet werden.[280]

Die Annahme der Verdrängung einzelvertraglich weitergeltender Tarifnormen durch eine Betriebsvereinbarung berührt das Verhältnis beider Regelungsinstrumente zueinander. Sowohl Tarifvertrag als auch Betriebsvereinbarung regeln Arbeitsbedingungen auf kollektivrechtlicher Ebene. Ihr Verhältnis bestimmt sich nach § 77 Abs. 3 und § 87 BetrVG 1972.[281] Danach wird die Regelung von Arbeitsbedingungen durch Betriebsvereinbarung ausgeschlossen, soweit ein entsprechender Tarifvertrag besteht bzw. diese Fragen üblicherweise durch Tarifvertrag geregelt werden. Nach den genannten Vorschriften richtet sich jedoch lediglich die Wirksamkeit einer Betriebsvereinbarung beim Betriebserwerber ge-

---

278 Vgl. *Henssler*, FS Schaub, S. 311, 321; *Hromadka/Maschmann/Wallner*, Tarifwechsel, Rn. 363; *Schiefer*, NJW 1998, 1817, 1822; *ders.*, FA 1998, 270, 271 f.; anders hingegen *Wank*, NZA 1987, 505, 510. Unklar insoweit der Hinweis von *Hromadka*, DB 1996, 1872, 1876 auf § 613a Abs. 1 Satz 4 BGB.

279 Ebenso *Kania*, DB 1995, 625, 626. Anders dagegen *Moll*, RdA 1996, 275, 283; *ders.*, Brennpunkte des Arbeitsrechts 1996, S. 185, 228, nach dem § 613a Abs. 1 Satz 3 BGB allein darauf abstellt, daß die Rechte und Pflichten bei dem Betriebserwerber durch eine andere Betriebsvereinbarung oder einen anderen Tarifvertrag geregelt werden. Daher sei die Ablösungswirkung einer Betriebsvereinbarung gegenüber einem weitergeltenden Tarifvertrag bereits aus dem Wortlaut der Vorschrift zu entnehmen. So auch *Hanau*, ArbRGW 34 (1997), 21, 34.

280 So *Ingenfeld*, Betriebsausgliederung, S. 273. Ähnlich RGRK/*Ascheid*, BGB, § 613a Rn. 225, nach dem die Betriebsvereinbarung beim Erwerber nicht einen Tarifvertrag verdränge, sondern die Weitergeltung einer früheren tarifvertraglichen Regelung im Einzelarbeitsvertrag. Demgegenüber spricht *Schiefer*, FA 1998, 270, 271 von der Frage einer Ablösung im Verhältnis Tarifvertrag (höherrangiges Recht) und Betriebsvereinbarung (niederrangiges Recht).

281 Vgl. *Kempen*, ArbRGW 30 (1993), 97 ff. zu den Auswirkungen gesetzlicher Öffnungsklauseln zugunsten der Betriebspartner im Hinblick auf das Rangverhältnis zwischen Tarifvertrag und Betriebsvereinbarung.

genüber einem bei ihm geltenden Tarifvertrag.[282] Eine andere Frage ist aber die nach der Ablösungswirkung einer Betriebsvereinbarung gegenüber den einzelvertraglich weitergeltenden Tarifnormen nach § 613a Abs. 1 Satz 3 BGB. Eine derartige Wirkung läßt sich nach dem Verhältnis von Tarifvertrag und Betriebsvereinbarung jedenfalls nicht von vornherein unter systematischen Gesichtspunkten ausschließen.

c. Verfassungskonforme Auslegung

Fraglich ist, ob die Zulassung der Ablösung der weitergeltenden tariflichen Regelungen durch eine Betriebsvereinbarung in verfassungsrechtlicher Sicht Probleme aufwerfen kann. Im Grundsatz genießen Tarifverträge über Art. 9 Abs. 3 GG einen besonderen Schutz, der Betriebsvereinbarungen nicht zukommt. Daraus könnte ein stets zu beachtender Vorrang einer tariflichen Regelung vor einer Betriebsvereinbarung zu schließen sein.[283] Allerdings geht es in § 613a Abs. 1 Satz 3 BGB nicht darum, einer an sich anzuwendenden Tarifnorm gegenüber einer Regelung durch Betriebsvereinbarung die Geltung zu versagen. Ohne die Vorschrift des § 613a Abs. 1 Satz 2 BGB hätte der Tarifvertrag des Betriebsveräußerers infolge des Betriebsübergangs auf einen selbst nicht tarifgebundenen Erwerber jegliche Geltung für die übernommenen Arbeitsverhältnisse verloren. Daher kann es hier auf verfassungsrechtliche Erwägungen, was das Ende der angeordneten einzelvertraglichen Weitergeltung des Tarifvertrages durch eine Betriebsvereinbarung beim Betriebserwerber angeht, nicht ankommen.

d. Europarechtskonforme Auslegung

Art. 3 Abs. 3 der EG-Richtlinie sieht vor, daß der Betriebserwerber die in einem Kollektivvertrag vereinbarten Arbeitsbedingungen der übernommenen Arbeitnehmer bis zur Anwendung eines anderen Kollektivvertrages aufrechtzuerhalten hat. Insoweit wird nicht zwischen verschiedenen Arten von Kollektivvereinbarungen unterschieden.[284] Insoweit darf nach dem Gebot der richtlinienkonformen Auslegung auch bei der Anwendung des § 613a Abs. 1 Satz 3 BGB nicht zwischen unterschiedlichen kollektivvertraglichen Regelungsebenen differenziert werden.[285] Hintergrund der Regelung in Art. 3 Abs. 3 der EG-Richtlinie ist der Gedanke, die Weitergeltung von Kollektivrecht des Betriebsveräußerers nur soweit anzuordnen, wie es zum Schutze der übernommenen Arbeitnehmer nach

---

282 Vgl. *Ingenfeld*, Betriebsausgliederung, S. 272 sowie nachstehend § 15 A II 3.

283 Siehe *Kempen*, ArbRGW 30 (1993), 97, 100.

284 *Moll*, RdA 1996, 275, 283.

285 *Hromadka/Maschmann/Wallner*, Tarifwechsel, Rn. 363; *Kania*, DB 1995, 625, 626. Dem widerspricht *Stolz*, Brennpunkte des Arbeitsrechts 1997, S. 163, 186, nach dem die EG-Richtlinie lediglich mit einem Sammelbegriff Bezug auf die einzelstaatlich geltenden Kollektivvereinbarungen unterschiedlicher Natur nehme.

Betriebsübergang erforderlich scheint. Auch dies spricht dafür, es im Rahmen des § 613a Abs. 1 Satz 3 BGB ausreichen zu lassen, daß überhaupt eine Regelung beim Betriebserwerber auf kollektivrechtlicher Ebene die Arbeitsverhältnisse der übernommenen Arbeitnehmer erfaßt.[286]

e. Teleologische Auslegung

§ 613a Abs. 1 Satz 3 BGB soll gegenüber dem Interesse der übernommenen Arbeitnehmer an der Aufrechterhaltung ihrer Arbeitsbedingungen das Interesse des Betriebserwerber an einheitlichen Arbeitsbedingungen im Betrieb zur Geltung bringen.[287] Dies könnte dafür sprechen, auch einer Betriebsvereinbarung die Verdrängungswirkung gegenüber einzelvertraglich weitergeltenden Tarifnormen zuzusprechen.[288] Könnte nur ein beim neuen Betriebsinhaber kraft beiderseitiger Tarifgebundenheit geltender Tarifvertrag die einzelvertragliche Weitergeltung von Tarifnormen des Betriebsveräußerers verhindern, müßte der Betriebserwerber, um die Geltung einheitlicher Arbeitsbedingungen über § 613a Abs. 1 Satz 3 BGB überhaupt erreichen zu können, Mitglied eines tarifschließenden Arbeitgeberverbandes werden. Insoweit könnten sich Probleme im Hinblick auf dessen negative Koalitionsfreiheit aus Art. 9 Abs. 3 GG ergeben. Daher muß es für die Anwendung von § 613a Abs. 1 Satz 3 BGB ausreichen, wenn bei dem Betriebserwerber überhaupt eine kollektivvertragliche Regelung besteht, gleichgültig, ob es sich dabei um einen Tarifvertrag oder eine Betriebsvereinbarung handelt. Demgemäß ist es auch möglich, daß eine bei dem neuen Inhaber geltende Betriebsvereinbarung die in den Arbeitsvertrag eingegangenen Normen eines Tarifvertrages verdrängt.[289] Es geht allerdings hier nicht darum, daß eine Vereinheitlichung der Ar-

---

286 *Gamillscheg*, Kollektives Arbeitsrecht, S. 783; *Hanau/Vossen*, FS Hilger/Stumpf, S. 271, 282; *Hromadka/Maschmann/Wallner*, Tarifwechsel, Rn. 363; *Kania*, DB 1995, 625, 626.

287 *Schiefer*, FA 1998, 270, 272 verweist überdies auf das Interesse der Arbeitnehmer, überhaupt kollektivrechtlich geschützt zu sein. Im Falle des Bestehens einer solchen Regelung soll das Vereinheitlichungsinteresse des Betriebserwerbers ohnehin Vorrang erlangen.

288 *Boecken*, Unternehmensumwandlungen, Rn. 193, S. 133; *Hanau/Vossen*, FS Hilger/Stumpf, S. 271, 282; *Henssler*, FS Schaub, S. 311, 321; *Hromadka/Maschmann/Wallner*, Tarifwechsel, Rn. 363; *Kamlah*, Bestandsschutz, S. 108; *Moll*, RdA 1996, 275, 283; *ders.*, Brennpunkte des Arbeitsrechts 1996, S. 185, 228; *Sack*, Schicksal von Altverträgen, S. 123; *Schiefer*, NJW 1998, 1817, 1822; *Wank*, NZA 1987, 505, 510; *Zöllner*, DB 1995, 1401, 1405 f.; *Zöllner/Loritz*, Arbeitsrecht, § 20 III 8.

289 *Balze/Rebel/Schuck*, Outsourcing, S. 183; *Bauer*, Unternehmensveräußerung, S. 110; Hölters/*Bauer*, Unternehmens- und Beteiligungskauf, S. 418, Rn. 203; *ders.*, FS Schaub, S. 19, 38; *Beseler*, Betriebsübergang, S. 169, 190; *Boecken*, Unternehmensumwandlungen, Rn. 193, S. 133; *Commandeur*, Betriebs-, Firmen- und Vermögensübernahme, S. 80; *Feger*, AiB 1995, 490, 504; *Gussen/Dauck*, Weitergeltung, Rn. 249,

beitsbedingungen für den Betriebserwerber überhaupt nur möglich ist, soweit die Verdrängungswirkung auch dem jeweils anderen Regelungsinstrument zugesprochen wird.[290] Vielmehr kommt es darauf an, inwieweit dem Betriebserwerber ein bestimmtes Verhalten zugemutet werden kann, um die Geltung einheitlicher Arbeitsbedingungen herbeizuführen.

f. Historische Auslegung

Nach den Vorstellungen des Gesetzgebers kommt es für die Transformation von bei dem bisherigen Betriebsinhaber geltenden kollektivrechtlichen Regelungen nicht darauf an, ob es sich um Normen eines Tarifvertrages oder einer Betriebsvereinbarung handelt.[291] Allerdings ergeben sich allein daraus keine weiteren Anhaltspunkte für die Beantwortung der Frage, ob eine Betriebsvereinbarung beim Betriebserwerber die Weitergeltung eines Tarifvertrages nach § 613a Abs. 1 Satz 3 BGB verhindern kann.

3. Wirksamkeit der Betriebsvereinbarung

Von der Frage nach der Verdrängungswirkung einer Betriebsvereinbarung gegenüber der Weitergeltung eines Tarifvertrages nach § 613a Abs. 1 Satz 3 BGB ist zu unterscheiden, ob eine solche Betriebsvereinbarung wirksam ist.[292] Nur in diesem Fall kann sie die einzelvertraglich fortgeltenden tariflichen Regelungen tatsächlich verdrängen. § 613a Abs. 1 Satz 3 BGB selbst betrifft lediglich das Verhältnis zwischen der weitergeltenden tariflichen Regelung und einer im Betrieb des Erwerbers wirksam abgeschlossenen Betriebsvereinbarung Hingegen ergibt sich aus § 88 BetrVG 1972, daß auch die Betriebspartner Arbeitsbedingungen der Arbeitnehmer regeln können.[293] Die Wirksamkeit einer Betriebsvereinbarung gegenüber tariflichen Regelungen ist abhängig von dem Umfang der Sperrwirkung nach § 77 Abs. 3 und § 87 Abs. 1 BetrVG 1972. Im Hinblick auf beide Vorschriften ist zu untersuchen, inwieweit der Abschluß einer Betriebsvereinbarung

---

S. 164; *Hanau/Vossen*, FS Hilger/Stumpf, S. 271, 282, 293; KassArbR/*Hattesen*, 1.7 Rn. 182; *Henssler*, FS Schaub, S. 311, 321; *Holzapfel/Pöllath*, Recht und Praxis des Unternehmenskaufs, Rn. 599; *Kania*, DB 1995, 625, 626; GK-KR/*Pfeiffer*, § 613a BGB Rn. 100; Soergel/*Raab*, BGB, § 613a Rn. 128; *Röder*, DB 1981, 1980; MünchKom/*Schaub*, BGB, § 613a Rn. 196; *Seiter*, Betriebsinhaberwechsel, S. 95; a.A. *Stolz*, Brennpunkte des Arbeitsrechts 1997, S. 163, 186.

290 So aber *Hanau/Vossen*, FS Hilger/Stumpf, S. 271, 282; *Sack*, Schicksal von Altverträgen, S. 123.

291 *Bauer*, Unternehmensveräußerung, S. 110.

292 *Henssler*, FS Schaub, S. 311, 321 f.; *Moll*, RdA 1996, 275, 283; *ders.*, Brennpunkte des Arbeitsrechts 1996, S. 185, 228.

293 *v. Hoyningen-Huene/Meier-Krenz*, ZfA 1988, 293, 301.

beim Betriebserwerber unter Ablösung der nach § 613a Abs. 1 Satz 2 BGB einzelvertraglich fortgeltenden Tarifnormen möglich ist.[294]

a. Sperrwirkung nach § 77 Abs. 3 BetrVG 1972

Nach § 77 Abs. 3 Satz 1 BetrVG 1972 können Arbeitsentgelte und sonstige Arbeitsbedingungen, die durch Tarifvertrag geregelt sind oder üblicherweise geregelt werden, nicht Gegenstand einer Betriebsvereinbarung sein. Insoweit wird den Tarifvertragsparteien eine vorrangige Regelungskompetenz gegenüber den Betriebspartnern eingeräumt.[295] Allerdings haben die Tarifvertragsparteien selbst nach § 77 Abs. 3 Satz 2 BetrVG 1972 die Möglichkeit, durch die Vereinbarung von Öffnungsklauseln den Abschluß von ergänzenden Betriebsvereinbarungen entgegen der angeordneten Sperrwirkung zuzulassen.[296]

Für die Beurteilung des Bestehens bzw. der Üblichkeit einer tariflichen Regelung ist allein auf die Verhältnisse beim neuen Betriebsinhaber abzustellen, da es um die Wirksamkeit einer durch ihn abgeschlossenen bzw. abzuschließenden Betriebsvereinbarung geht. Im Rahmen des § 613a Abs. 1 Satz 3 BGB ist nun besonderes Augenmerk darauf zu richten, ob der beim Betriebsveräußerer bis zum Betriebsübergang zur Anwendung gekommene Tarifvertrag, dessen Möglichkeit der einzelvertraglichen Weitergeltung nach § 613a Abs. 1 Satz 2 BGB gegenüber einer Betriebsvereinbarung beim Betriebserwerber in Frage steht, wegen § 77 Abs. 3 BetrVG 1972 zu einer Unwirksamkeit der Betriebsvereinbarung führen kann. Es geht hier zunächst also nicht um die Sperrwirkung eines nur bei dem neuen Betriebsinhaber geltenden Tarifvertrages.[297] Ein Eingreifen der Regelungssperre aufgrund des beim Betriebsveräußerer einschlägigen und nach § 613a Abs. 1 Satz 2 BGB weitergeltenden Tarifvertrages kommt nur in Betracht, soweit die Voraussetzungen des § 77 Abs. 3 Satz 1 BetrVG 1972 nach Betriebsübergang beim Betriebserwerber selbständig vorliegen.[298] Im übrigen muß, sofern eine solche Sperrwirkung nach den zu § 77 Abs. 3 BetrVG 1972 entwickelten Grundsätzen beim Betriebserwerber anzunehmen ist, gefragt werden, ob nicht § 613a Abs. 1 Satz 3 BGB insoweit einer Anwendung der Vorschrift überhaupt entgegensteht.

---

294 Vgl. auch *Schiefer*, NJW 1998, 1817, 1822.

295 BAG 24.2.1987 AP Nr. 21 zu § 77 BetrVG 1972; *Haug*, BB 1986, 1921; 1922; *v. Hoyningen-Huene/Meier-Krenz*, NZA 1987, 793, 794; *diess.*, ZfA 1988, 293, 301; *Richardi*, BetrVG, § 77 Rn. 230.

296 *v. Hoyningen-Huene/Meier-Krenz*, ZfA 1988, 293, 302. Vgl. auch die ausführliche Darstellung bei *Kempen*, AuR 1989, 261, 266 ff.

297 Eine Sperrwirkung der Tarifverträge, in deren Geltungsbereich der Betrieb beim Betriebserwerber fällt, kommt nach den allgemeinen Grundsätzen selbstverständlich in Betracht, vgl. *Hanau*, ArbRGW 34 (1997), 21, 34.

298 *Zöllner*, DB 1995, 1401, 1406; die Sperrwirkung im Einzelfall bejahend BAG 1.4.1987 AP Nr. 64 zu § 613a BGB.

(1) Bestehen einer tariflichen Regelung

Das Bestehen einer tariflichen Regelung im Betrieb im Sinne des § 77 Abs. 3 BetrVG 1972 setzt voraus, daß ein Tarifvertrag über eine bestimmte Sachfrage abgeschlossen wurde und der Betrieb sowie die beschäftigten Arbeitnehmer unter den Geltungsbereich dieses Tarifvertrages fallen.[299] Nach wohl überwiegender Auffassung kommt es dagegen nicht auf die Tarifgebundenheit der Arbeitsvertragsparteien an.[300] Dies ist zu berücksichtigen, soweit die Auswirkungen der Geltung eines Tarifvertrages beim Betriebsveräußerer auf die Wirksamkeit einer Betriebsvereinbarung beim Betriebserwerber nach § 77 Abs. 3 BetrVG 1972 beurteilt werden. Maßgeblich kommt es damit darauf an, ob der Betrieb und die übernommenen Arbeitsverhältnisse auch nach dem Übergang weiterhin dem Geltungsbereich des beim bisherigen Betriebsinhaber zur Anwendung gekommenen Tarifvertrages unterfallen.[301] Der beim Betriebsveräußerer geltende Tarifvertrag entfaltet für seinen gesamten Geltungsbereich eine Sperrwirkung gegenüber entsprechenden Betriebsvereinbarungen. Soweit daher der Betrieb und die übernommenen Arbeitnehmer weiterhin dem Geltungsbereich dieses Tarifvertrages unterfallen, besteht die Sperrwirkung insoweit auch beim Betriebserwerber. Danach hat bereits der beim Betriebsveräußerer zur Anwendung gekommene Tarifvertrag hier die Unwirksamkeit einer Betriebsvereinbarung zur Folge. Auf die einzelvertragliche Weitergeltung der Tarifnormen nach § 613a Abs. 1 Satz 2 BGB kommt es insoweit gar nicht an.[302]

Verläßt der Betrieb allerdings den Geltungsbereich des Tarifvertrages, kann dieser selbst die Sperrwirkung nach § 77 Abs. 3 BetrVG 1972 nicht mehr auslösen.[303] Insoweit ist fraglich, ob aufgrund der einzelvertraglichen Weitergeltung der Tarifnormen beim Betriebserwerber eine tarifliche Regelung besteht, die die Sperrwirkung zur Folge hat. Dies ist abzulehnen. Auch eine einzelvertragliche Inbezugnahme eines Tarifvertrages innerhalb von Arbeitsverhältnissen außerhalb des Geltungsbereichs eines Tarifvertrages führt nicht zum Bestehen einer tarifli-

---

299 Vgl. statt aller GK/*Kreutz*, BetrVG, § 77 Rn. 81 m.w.N.

300 Vgl. *Bauer/Diller*, DB 1993, 1085, 1089; *Richardi*, BetrVG, § 77 Rn. 243; *Wiedemann/Stumpf*, TVG, § 4 Rn. 291; a.A. GK/*Kreutz*, BetrVG, § 77 Rn. 83 m.w.N.

301 Vgl. auch *Ingenfeld*, Betriebsausgliederung, S. 273, der zutreffend darauf hinweist, daß der Tarifvorbehalt des § 77 Abs. 3 BetrVG 1972 bei Wechsel des Betriebes in den Geltungsbereich eines anderen Tarifvertrages nach dem Betriebsübergang eine andere Ausgestaltung haben kann.

302 So auch *Hanau*, ArbRGW 34 (1997), 21, 33 f.; *Hromadka/Maschmann/Wallner*, Tarifwechsel, Rn. 366; *Zöllner*, DB 1995, 1401, 1406. Anders hingegen ErfurtKom/*Preis*, § 613a BGB Rn. 80; *Preis/Steffan*, FS Kraft, S. 477, 490, die auf den Geltungsbereich eines Tarifvertrages nicht abstellen.

303 Ebenso *Kania*, DB 1995, 625, 626.

chen Regelung im Sinne des § 77 Abs. 3 BetrVG 1972.[304] Gleiches gilt während der Nachwirkung eines Tarifvertrages nach § 4 Abs. 5 TVG, der in diesem Zeitraum nicht mehr zwingend gilt.[305] Die einzelvertraglich weitergeltenden Tarifnormen gelten zwar für längstens ein Jahr zwingend für die übernommenen Arbeitnehmer, allerdings wirken sie als Bestandteile der Arbeitsverhältnisse selbst. Daher kommt eine Sperrwirkung beim Betriebserwerber nach § 77 Abs. 3 BetrVG 1972 insoweit nicht in Betracht.[306]

(2) Üblichkeit einer tariflichen Regelung

Eine tarifübliche Regelung besteht, wenn Arbeitsbedingungen, die zur Zeit nicht tarifvertraglich geregelt sind, schon einmal durch Tarifvertrag geregelt wurden und anzunehmen ist, daß sie auch künftig wieder tarifvertraglich geregelt werden.[307] Auch diese Sperrwirkung gilt nur für den Geltungsbereich des Tarifvertrages, auf den zur Bestimmung der Tarifüblichkeit Bezug genommen wird.[308] Auf die Tarifgebundenheit der Arbeitsvertragsparteien kommt es dagegen auch hier nicht an.[309] Der Unterschied im Anwendungsbereich beider Alternativen des § 77 Abs. 3 BetrVG 1972 besteht daher lediglich darin, daß nun keine aktuell bestehende Tarifregelung gefordert wird. Dies ist immer dann der Fall, wenn ein Tarifvertrag in das Nachwirkungsstadium nach § 4 Abs. 5 TVG eintritt. Dann besteht zwar keine aktuelle Tarifregelung im Sinne des § 77 Abs. 3 TVG, es ist aber regelmäßig von der Üblichkeit einer solchen Regelung auszugehen.[310] Wirkt daher der beim Betriebsveräußerer geltende Tarifvertrag nach § 4 Abs. 5 TVG nach und verläßt der Betrieb im Zuge der Übertragung auf den Betriebserwerber den bisherigen tariflichen Geltungsbereich nicht, setzt die Sperrwirkung nach § 77 Abs. 3 BetrVG 1972 für entsprechende Betriebsvereinbarungen beim Betriebserwerber ein. Dies gilt dagegen nicht, soweit der Betrieb nicht mehr in den Geltungsbereich dieses Tarifvertrages fällt.[311]

---

304 GK/*Kreutz*, BetrVG, § 77 Rn. 86.

305 GK/*Kreutz*, BetrVG, § 77 Rn. 86.

306 Ebenso *Gussen/Dauck*, Weitergeltung, Rn. 250, S. 164 f.; *Hromadka/Maschmann/Wallner*, Tarifwechsel, Rn. 365; *Kania*, DB 1995, 625, 626; GK-KR/*Pfeiffer*, § 613a BGB Rn. 100; Soergel/*Raab*, BGB, § 613a Rn. 128; *Zöllner*, DB 1995, 1401, 1406; *Zöllner/Loritz*, Arbeitsrecht, § 20 III 8; im Ergebnis so auch *Sack*, Schicksal von Altverträgen, S. 122.

307 Vgl. GK/*Kreutz*, BetrVG, § 77 Rn. 96.

308 Ebenso BAG 21.12.1982 DB 1983, 996; GK/*Kreutz*, BetrVG, § 77 Rn. 100; *Richardi*, BetrVG, § 77 Rn. 252 ff.; *Wiedemann/Stumpf*, TVG, § 4 Rn. 291.

309 Vgl. schon vorstehend die Nachweise in Fn. 300, S. 324.

310 Siehe GK/*Kreutz*, BetrVG, § 77 Rn. 98.

311 Vgl. *Hanau*, ArbRGW 34 (1997), 21, 34.

(3) Anwendbarkeit des § 77 Abs. 3 BetrVG 1972

Wie vorstehend gezeigt wurde, kommt damit eine Sperrwirkung des beim Betriebsveräußerer geltenden Tarifvertrages nach § 77 Abs. 3 BetrVG von vornherein nur in Betracht, soweit der Betrieb infolge des Übergangs den Geltungsbereich dieses Tarifvertrages nicht verläßt. Allerdings ist fraglich, ob eine Anwendung der Vorschrift nicht durch § 613a Abs. 1 Satz 3 BGB ausgeschlossen ist. § 613a Abs. 1 Satz 3 BGB könnte in seinem Anwendungsbereich als eine, § 77 Abs. 3 BetrVG 1972 verdrängende, Sonderregelung anzusehen sein.[312] Dies müßte selbst dann die Möglichkeit des Abschlusses entsprechender Betriebsvereinbarungen beim Betriebserwerber zur Folge haben, wenn der Betrieb nach dem Betriebsübergang weiterhin dem Geltungsbereich des beim Betriebsveräußerer zur Anwendung gekommenen Tarifvertrages unterfällt. Allerdings kann nach Auffassung von *Zöllner* § 77 Abs. 3 BetrVG 1972 eingreifen, soweit der alte Tarifvertrag weiterhin nach seinem Geltungsbereich einschlägig ist und aufgrund der Tarifgebundenheit des neuen Betriebsinhabers für gleichfalls tarifgebundene Arbeitnehmer nach § 4 Abs. 1 TVG zur Anwendung kommt.[313] Unklar bleibt, ob die Anwendung des § 77 Abs. 3 BetrVG 1972 im übrigen an der fehlenden Tarifgebundenheit des Betriebserwerbers oder an der nur einzelvertraglichen Weitergeltung der Tarifnormen nach § 613a Abs. 1 Satz 3 BGB scheitern soll.

Gegen die Anwendung von § 77 Abs. 3 BetrVG 1972 auch dann, wenn der Betrieb den Geltungsbereich des Tarifvertrages des Betriebsveräußerers nicht verläßt, wird die mit § 613a Abs. 1 Satz 3 BGB bezweckte Möglichkeit zugunsten des Betriebserwerbers, die geltenden Arbeitsbedingungen auch durch den Abschluß einer Betriebsvereinbarung vereinheitlichen zu können, angeführt.[314] Dem steht allerdings entgegen, daß § 613a Abs. 1 Satz 3 BGB eine andere Regelungsintention besitzt als § 77 Abs. 3 BetrVG 1972. § 613a Abs. 1 Satz 3 BGB regelt die Verdrängung der beim Betriebserwerber einzelvertraglich geltenden Tarifnormen gegenüber dem Kollektivrecht des Betriebserwerbers.[315] Damit geht es allein um die Kollision von Regelungen beim neuen Betriebsinhaber selbst. Dagegen betrifft § 77 Abs. 3 BetrVG 1972 das allgemeine Verhältnis zwischen Betriebsvereinbarung und Tarifvertrag zum Schutz der „ausgeübten und aktuali-

---

312 Ausdrücklich § 613a Abs. 1 Satz 3 BGB als lex specialis zu § 77 Abs. 3 BetrVG 1972 bezeichnen *Boecken*, Unternehmensumwandlungen, Rn. 193, S. 134; Erman/*Hanau*, BGB, § 613a Rn. 93.

313 *Zöllner*, DB 1995, 1401, 1406.

314 So *Gussen/Dauck*, Weitergeltung, Rn. 250, S. 165.

315 Darauf verweisen auch *Hromadka/Maschmann/Wallner*, Tarifwechsel, Rn. 366 sowie *Kania*, DB 1995, 625, 626.

sierten Tarifautonomie“[316]. Es soll dadurch verhindert werden, daß Betriebspartner tarifvertragliche Regelungen unterlaufen können. Diese Gefahr besteht aber nur und gerade im Geltungsbereich des betreffenden Tarifvertrages. Daher kann mittels § 613a Abs. 1 Satz 3 BGB nicht die Sperrwirkung des Tarifvertrages des Betriebsveräußerers unterlaufen werden, soweit der Betrieb auch nach dem Übergang vom Geltungsbereich dieses Tarifvertrages erfaßt wird.[317]

Dafür, daß § 613a Abs. 1 Satz 3 BGB die Geltung von § 77 Abs. 3 BetrVG 1972 in den vorgenannten Fällen unberührt läßt, spricht auch die folgende Überlegung. Soweit der Betrieb auf einen neuen Betriebsinhaber übergeht und in einen bereits bestehenden Betrieb eingegliedert wird, gelten die bisher zur Anwendung gekommenen Tarifnormen nach § 613a Abs. 1 Satz 2 BGB weiter. Verläßt der Betrieb infolge des Übergangs nicht den Geltungsbereich des bisher zur Anwendung gekommenen Tarifvertrages, scheidet eine Regelung gleicher Sachbereiche durch Betriebsvereinbarung wegen § 77 Abs. 3 BetrVG 1972 aus. § 613a Abs. 1 Satz 3 BGB könnte, selbst soweit er als lex specialis gegenüber § 77 Abs. 3 BetrVG 1972 anzusehen wäre, lediglich hinsichtlich der übernommenen Arbeitnehmer den Ausschluß von § 77 Abs. 3 BetrVG 1972 und damit den Abschluß einer Betriebsvereinbarung nach Betriebsübergang ermöglichen. Für die beim Betriebserwerber bereits beschäftigten Arbeitnehmer sowie für Bestrebungen vor Betriebsübergang, eine entsprechende Betriebsvereinbarung abzuschließen, bliebe dagegen die Sperrwirkung der tariflichen Regelung erhalten, da diese vom Betriebsübergang gänzlich unberührt sind. Damit kann auch § 613a Abs. 1 Satz 3 BGB keine Rechtsfolgen insoweit auslösen, § 77 Abs. 3 BetrVG 1972 wäre anzuwenden. Eine neu abgeschlossene Betriebsvereinbarung müßte daher in ihrer Wirksamkeit auf die übernommenen Arbeitnehmer beschränkt werden. Eine Vereinheitlichung der Arbeitsbedingungen nach Betriebsübergangs ist aber auf diesem Wege nicht erreichbar. Diese Ungereimtheiten lassen sich nur dadurch ausräumen, daß richtigerweise angenommen wird, auch gegenüber § 613a Abs. 1 Satz 3 BGB bleibe es bei der Sperrwirkung des § 77 Abs. 3 BetrVG 1972 für Betriebsvereinbarungen mit entsprechenden Regelungsgegenstand beim Betriebserwerber.[318]

---

316 BAG 22.5.1979 AP Nr. 13 zu § 118 BetrVG 1972; BAG 22.1.1980 AP Nr. 3 zu § 87 BetrVG 1972 Lohngestaltung; BAG 24.2.1987 AP Nr. 21 zu § 77 BetrVG 1972; BAG GrS 3.12.1991 AP Nr. 52 zu § 87 BetrVG 1972 Lohngestaltung.

317 So im Ergebnis auch *Moll*, RdA 1996, 275, 284.

318 Im Ergebnis verlangen hier ebenso die Beachtung von § 77 Abs. 3 BetrVG 1972 *Bauer/Diller*, DB 1993, 1085, 1089; *Däubler*, Tarifvertragsrecht, Rn. 1563, S. 648 f.; *ders.*, ZTR 1994, 448, 455; *ders.*, NZA 1996, 225, 233; *Feger*, AiB 1995, 490, 504; *Gamillscheg*, Kollektives Arbeitsrecht, S. 783; *Henssler*, NZA 1994, 294, 300; *Hromadka*, DB 1996, 1872, 1876; *Hromadka/Maschmann/Wallner*, Tarifwechsel, Rn. 366; *Kania*, DB 1995, 625, 626; *Moll*, RdA 1996, 275, 284; *Röder*, DB 1981, 1980, 1981.

b. Sperrwirkung nach § 87 Abs. 1 Einleitungssatz BetrVG 1972

§ 87 Abs. 1 BetrVG 1972 schließt Mitbestimmungsrechte des Betriebsrates in Bezug auf die genannten Sachbereiche aus, soweit eine Regelung durch Tarifvertrag besteht. Diese Mitbestimmungsrechte können auch durch den Abschluß von Betriebsvereinbarungen ausgeübt werden, sofern eine normative Wirkung der getroffenen Vereinbarung auf die Arbeitsverhältnisse angestrebt wird.[319] Daher kann auch § 87 Abs. 1 BetrVG 1972 einer zur Ablösung der weitergeltenden Tarifnormen abgeschlossenen Betriebsvereinbarung entgegenstehen.

Das Bestehen einer Regelung durch Tarifvertrag im Sinne des § 87 Abs. 1 BetrVG 1972 setzt voraus, daß die Tarifnormen unabdingbar beim Betriebserwerber gelten.[320] Daraus folgt zunächst, daß die nach § 613a Abs. 1 Satz 2 BGB einzelvertraglich weitergeltenden Tarifnormen beim Betriebserwerber längstens für ein Jahr nach Betriebsübergang die Beteiligung des Betriebsrates nach § 87 Abs. 1 Einleitungssatz BetrVG 1972 sperren könnten. Denn nur in diesem Zeitraum kommt ihnen nach § 613a Abs. 1 Satz 2 BGB zwingende Wirkung zu. Fraglich ist aber, ob nicht bereits die Geltung der Tarifnormen als einzelvertragliche Bestandteile der Arbeitsverhältnisse überhaupt gegen die Annahme einer bestehenden tariflichen Regelung im Sinne von § 87 Abs. 1 BetrVG 1972 selbst für diese Zeit spricht. Maßgebend für die Entbehrlichkeit der Mitbestimmung des Betriebsrates nach § 87 Abs. 1 BetrVG 1972 ist, ob der Arbeitnehmer durch eine bestehende tarifliche (oder gesetzliche) Regelung hinreichend vor einem individualrechtlichen Vorgehen des Arbeitgebers geschützt ist.[321] Dieser Schutz wird regelmäßig über die Unabdingbarkeit der jeweiligen Regelung gewährleistet. Gerade aber die zwingende Wirkung der weitergeltenden Tarifnormen, die die übernommenen Arbeitnehmer vor einer Verschlechterung ihrer Arbeitsbedingungen schützt, kann nach § 613a Abs. 1 Satz 4 BGB noch vor Ablauf eines Jahres mit individualrechtlichen Mitteln vorzeitig beendet werden. Insoweit besteht nach Betriebsübergang kein hinreichender Schutz durch die weitergeltenden Tarifnormen, der einer bestehenden tariflichen Regelung gleichkommt. Daher gilt die Tarifsperre des § 87 Abs. 1 BetrVG nicht, da für die Arbeitsbedingungen der über-

---

Anders dagegen *Boecken*, Unternehmensumwandlungen, Rn. 193, S. 134; *Gussen/Dauck*, Weitergeltung, Rn. 250, S. 164 f.; Erman/*Hanau*, BGB, § 613a Rn. 93; *Hanau/Vossen*, FS Hilger/Stumpf, S. 271, 281 f. sowie *Zöllner*, DB 1995, 1401, 1408.

319 Vgl. GK/*Wiese*, BetrVG, § 87 Rn. 66.

320 BAG 24.2.1987 AP Nr. 21 zu § 77 BetrVG 1972; BAG GrS 3.12.1991 AP Nr. 51 zu § 87 BetrVG 1972 Lohngestaltung; *Richardi*, BetrVG, § 87 Rn. 151 f.; GK/*Wiese*, BetrVG, § 87 Rn. 42; a.A. *Boewer*, DB 1973, 522, 524.

321 Vgl. BAG 24.2.1987 AP Nr. 21 zu § 77 BetrVG 1972; *Goos*, NZA 1986, 701, 702; *v. Hoyningen-Huene/Meier-Krenz*, NZA 1987, 793, 796; GK/*Wiese*, BetrVG, § 87 Rn. 41 m.w.N.; *ders.*, FS 25 Jahre BAG, S. 661, 662.

nommenen Arbeitnehmer gerade keine tarifvertraglichen, sondern nur noch individualrechtliche Regelungen bestehen.[322]

Damit stellt sich die Frage, ob der beim Betriebsveräußerer normativ geltende Tarifvertrag beim Betriebserwerber der Wirksamkeit einer Betriebsvereinbarung nach § 87 Abs. 1 BetrVG 1972 entgegensteht. Dies kommt von vornherein nur in Betracht, soweit der Betrieb infolge des Übergangs den Geltungsbereich dieses Tarifvertrages nicht verläßt.[323] Zweifelhaft ist im übrigen, inwieweit die Tarifbindung der Arbeitsvertragsparteien Voraussetzung für die Sperrwirkung nach § 87 Abs. 1 BetrVG 1972 gegenüber den Betriebspartnern ist. Die einzelvertragliche Weitergeltung der Tarifnormen nach § 613a Abs. 1 Satz 2 BGB kommt nur in Betracht, soweit der Tarifvertrag nicht schon nach § 4 Abs. 1 TVG wegen Tarifgebundenheit von Betriebserwerber und übernommenen Arbeitnehmer Anwendung findet. Soweit daher für die Sperrwirkung des § 87 Abs. 1 BetrVG 1972 beiderseitige Tarifgebundenheit gefordert wird[324], kann der beim Betriebsveräußerer geltende Tarifvertrag keine Sperrwirkung gegenüber einer die weitergeltenden Tarifregelungen nach § 613a Abs. 1 Satz 3 BGB ablösenden Betriebsvereinbarung beim Betriebserwerber entfalten. Nach der wohl überwiegenden Auffassung ist für den Ausschluß betrieblicher Mitbestimmung nach § 87 Abs. 1 BetrVG 1972 ausreichend, daß der Betriebsinhaber an den betreffenden Tarifvertrag gebunden ist.[325] Allerdings kommt schon im Fall der Tarifgebundenheit des Betriebserwerbers an den beim Betriebsveräußerer einschlägigen Tarifvertrag regelmäßig § 613a Abs. 1 Satz 2 BGB nicht zur Anwendung. Daher kommt es regelmäßig gar nicht zu einer Konstellation, in der einzelvertraglich weitergeltende Tarifnormen nach § 613a Abs. 1 Satz 3 BGB durch eine beim neuen Betriebsinhaber abgelöst werden sollen, für die die Sperrwirkung des § 87 Abs. 1 BetrVG 1972 aufgrund eben dieses Tarifvertrages zur Anwendung kommen kann.

c. Verhältnis von § 77 Abs. 3 BetrVG 1972 zu § 87 Abs. 1 Einleitungssatz BetrVG 1972

Aus den vorstehenden Ausführungen ergibt sich, daß der beim Betriebsveräußerer zur Anwendung gekommene Tarifvertrag Sperrwirkung gegenüber Betriebsvereinbarungen nach § 77 Abs. 3 BetrVG 1972 auch beim Betriebserwerber entfaltet, sofern der übergegangene Betrieb weiterhin dem Geltungsbereich dieses Tarifvertrages unterfällt. Demgegenüber kommt eine Sperrwirkung des beim

322 *Bauer*, FS Schaub, S. 19, 35; *Bauer/Diller*, DB 1993, 1085, 1089.

323 GK/*Wiese*, BetrVG, § 87 Rn. 49.

324 Vgl. dazu GK/*Wiese*, BetrVG, § 87 Rn. 49 m.w.N.

325 BAG 24.2.1987 AP Nr. 21 zu § 77 BetrVG 1972; BAG 24.11.1987 AP Nr. 6 zu § 87 BetrVG 1972 Auszahlung; *Boewer*, DB 1973, 522, 525; *Haug*, BB 1986, 1921, 1924, 1926; *v. Hoyningen-Huene/Meier-Krenz*, NZA 1987, 793, 796 f.; *Stege/Weinspach*, BetrVG, § 87 Rn. 33.

Betriebsveräußerer geltenden Tarifvertrages nach § 87 Abs. 1 BetrVG 1972 regelmäßig nicht in Betracht. Umstritten ist allerdings das Verhältnis der Tarifvorbehalte in § 77 Abs. 3 und § 87 Abs. 1 BetrVG 1972 zueinander.

Anders als in § 112 Abs. 1 Satz 4 BetrVG 1972 fehlt es für den Anwendungsbereich des § 87 Abs. 1 BetrVG 1972 an einem ausdrücklichen Ausschluß der Geltung des Tarifvorrangs aus § 77 Abs. 3 BetrVG 1972. Vertreter der Zwei-Schranken-Theorie schlußfolgern daraus, daß auch die Regelungsgegenstände des § 87 Abs. 1 BetrVG dem Tarifvorbehalt des § 77 Abs. 3 BetrVG 1972 unterliegen und daher bereits bei bloßer Tarifüblichkeit nicht durch Betriebsvereinbarung geregelt werden.[326] Insoweit könnten daher auch keine Betriebsvereinbarungen wirksam geschlossen werden, um im Rahmen von § 613a Abs. 1 Satz 3 BGB die Fortgeltung von Tarifnormen wirksam zu beenden.[327] Dagegen kommt es nach der Vorrangtheorie für die Wirksamkeit einer Betriebsvereinbarung, die Sachfragen des § 87 Abs. 1 BetrVG 1972 betrifft, im Verhältnis zu tariflichen Regelungen allein auf die Voraussetzungen dieser Bestimmung an.[328] Danach schließt die bloße Tarifüblichkeit einer Regelung die Regelungsbefugnis der Betriebsvereinbarungsparteien nicht aus.[329] Dies bedingt insoweit gegenüber § 77 Abs. 3 BetrVG 1972 erweiterte Regelungs- und Ablösungsmöglichkeiten hinsichtlich der weitergeltenden Tarifnormen nach § 613a Abs. 1 Satz 3 BGB.

d. Übernahme des beim Betriebserwerber geltenden Tarifvertrages durch Betriebsvereinbarung

Fraglich ist, ob der Betriebserwerber eine Anpassung der Arbeitsbedingungen der übernommenen Arbeitnehmer an die in seinem Betrieb geltenden Arbeitsbedingungen dadurch herbeiführen kann, daß eine Betriebsvereinbarung abgeschlossen wird, die für alle Arbeitnehmer im Betrieb die Geltung des einschlägigen Tarifvertrages vorsieht. In diesem Fall kommt es nicht auf eine mögliche Sperrwirkung des beim Betriebsveräußerer geltenden Tarifvertrages, sondern des beim Betriebserwerber selbst einschlägigen Tarifvertrages an. Die Wirksamkeit einer solchen Betriebsvereinbarung richtet sich im Grundsatz nach den allgemeinen Re-

---

326 So *Fitting/Kaiser/Heither/Engels*, BetrVG, § 77 Rn. 98 ff.; *Galperin/Löwisch*, BetrVG, § 77 Rn. 76; GK/*Kreutz*, BetrVG, § 77 Rn. 118 ff.; *Waltermann*, RdA 1996, 129, 138 f.; *ders.*, NZA 1995, 1177, 1183; *Wiese*, FS 25 Jahre BAG, S. 661, 664.

327 Moll, RdA 1996, 275, 283.

328 So insbesondere das Bundesarbeitsgericht, vgl. BAG 24.2.1987 AP Nr. 21 zu § 77 BetrVG 1972 Lohngestaltung; bestätigt von BAG GrS 3.12.1991 AP Nr. 52 zu § 87 BetrVG 1972 Lohngestaltung; BAG 24.1.1996 AP Nr. 8 zu § 77 BetrVG 1972 Tarifvorbehalt; kritisch *Schlachter*, RdA 1993, 313, 321.
Vgl. aus der Literatur weiterhin *Kempen*, RdA 1994, 140, 151; *Säcker*, ZfA 1972, Sonderheft S. 41, 65 f.; *Weyand*, AuR 1989, 193, 194 f.; im Ergebnis ebenso *Reuter*, RdA 1994, 152, 166.

329 *Moll*, RdA 1996, 275, 283.

geln aus § 77 Abs. 3 und § 87 Abs. 1 BetrVG 1972. Danach steht dieser Vereinbarung regelmäßig die Tarifsperre jedenfalls nach § 77 Abs. 3 BetrVG entgegen.[330]

Allerdings ist immerhin denkbar, aufgrund der besonderen Situation des Betriebsübergangs insoweit eine andere Beurteilung vorzunehmen. § 613a Abs. 1 Satz 3 BGB schützt das Interesse des Betriebserwerbers an der Vereinheitlichung der geltenden Arbeitsbedingungen nach Betriebsübergang. Diesem Interesse würde der Abschluß einer Betriebsvereinbarung mit der Folge der Geltung des einschlägigen Tarifvertrages für alle Arbeitsverhältnisse im Betrieb entsprechen.[331] Allerdings sind gegen die Entbehrlichkeit der Sperrwirkung des § 77 Abs. 3 Satz 1 BetrVG 1972 in erster Linie zwei Gesichtspunkte anzuführen. Soweit das Zurücktreten dieser Vorschrift aus § 613a Abs. 1 Satz 3 BGB abgeleitet wird[332], stellt sich die Frage, ob die Betriebsvereinbarung auch für die Arbeitnehmer, für deren Arbeitsverhältnisse beim Betriebsveräußerer mangels Tarifbindung kein Tarifvertrag normativ galt, Wirksamkeit erlangen kann. § 613a Abs. 1 Satz 3 BGB greift insoweit für deren Arbeitsbedingungen nicht ein. Im übrigen geht es in § 613a Abs. 1 Satz 3 BGB lediglich um das Verhältnis von kollektivvertraglichen Regelungen des Betriebsveräußerers und des Betriebserwerbers zueinander, nicht aber um verschiedene, beim Betriebserwerber geltende Regelungen.[333] Weiterhin ergeben sich Zweifel an dieser Lösung unter Berücksichtigung des Schutzzweckes des § 77 Abs. 3 BetrVG 1972. Diese Regelung dient der Sicherung der Tarifautonomie, indem sie den Vorrang der tariflichen Normsetzungskompetenz gegenüber den Betriebspartnern festschreibt. Dieser Schutz wird aber allein aufgrund des Betriebsübergangs und des - zugegeben bestehenden - Vereinheitlichungsinteresses des neuen Betriebsinhabers nicht entbehrlich.[334] Damit scheitert eine Betriebsvereinbarung zur Übernahme von tariflichen Regelungen

---

330 *Balze/Rebel/Schuck*, Outsourcing, S. 183; *Boecken*, Unternehmensumwandlungen, Rn. 196, S. 135; *Hanau*, ArbRGW 34 (1997), 21, 33; *v. Hoyningen-Huene*, DB 1994, 2026 ff; *Kania*, DB 1995, 625, 626 f.; *Kittner/Trittin*, Kündigungsschutzrecht, § 613a BGB Rn. 249; GK/*Kreutz*, BetrVG, § 77 Rn. 110; *Moll*, RdA 1996, 275, 284; *ders.*, Brennpunkte des Arbeitsrechts 1996, S. 185, 230; *Richardi*, BetrVG, § 77 Rn. 272 ff.; *Wiedemann/Stumpf*, TVG, § 4 Rn. 299.

331 Vgl. Soergel/*Raab*, BGB, § 613a Rn. 128. Hiergegen wendet sich *Moll*, Brennpunkte des Arbeitsrechts 1996, S. 185, 230.

332 So *Zöllner*, DB 1995, 1401, 1408, der dies darauf stützt, daß im Interesse der Vereinheitlichung der Arbeitsbedingungen nach Betriebsübergang Ausnahmen von allgemeinen kollektivrechtlichen Grundsätzen notwendig und möglich seien.

333 Darauf verweist zu Recht auch *Kania*, DB 1995, 625, 627.

334 Ebenso *Kania*, DB 1995, 625, 626 f. Anders *Gamillscheg*, Kollektives Arbeitsrecht, S. 785, nach dem durch die Zulassung einer solchen Betriebsvereinbarung der mit § 77 Abs. 3 BetrVG bezweckte Vorrang des Tarifvertrags nicht gefährdet, sondern gefördert würde.

für alle Arbeitnehmer beim Betriebserwerber regelmäßig an § 77 Abs. 3 Satz 1 BetrVG 1972.[335] Anderes gilt nur dann, wenn die Vertragsparteien des beim Betriebserwerber einschlägigen Tarifvertrages insoweit eine Öffnungsklausel nach § 77 Abs. 3 Satz 2 BetrVG 1972 vereinbart haben.[336]

e. Ablösung arbeitsvertraglicher Regelungen durch Betriebsvereinbarung

Aufgrund der individualrechtlichen Weitergeltungsanordnung des § 613a Abs. 1 Satz 2 BGB entstehen nach Betriebsübergang einzelvertragliche Einheitsregelungen.[337] Zwar enthält das Betriebsverfassungsgesetz keine § 4 Abs. 3 TVG entsprechende Bestimmung, dennoch hat auch eine Betriebsvereinbarung gegenüber günstigeren einzelvertraglichen Vereinbarungen zurückzutreten. Auch die Betriebspartner sind nicht befugt, Höchstarbeitsbedingungen zu regeln.[338] Das Bundesarbeitsgericht läßt die Ablösung bestehender einzelvertraglicher einheitlicher Arbeitsbedingungen durch Betriebsvereinbarung nur in engen Grenzen zu. Insoweit wird zwischen umstrukturierenden und ablösenden Betriebsvereinbarungen unterschieden.[339] Danach können vertraglich begründete Ansprüche von Arbeitnehmern durch eine nachfolgende Betriebsvereinbarung in den Grenzen von Recht und Billigkeit beschränkt werden, wenn die Neuregelung insgesamt bei kollektiver Betrachtung nicht ungünstiger ist, sog. umstrukturierende Betriebsvereinbarung.[340] Eine ablösende verschlechternde Betriebsvereinbarung ist dagegen grundsätzlich wegen Verstoßes gegen das Günstigkeitsprinzip als allgemeines Rechtsprinzip unwirksam, soweit kein ausdrücklicher Widerrufs- oder Ablösevorbehalt besteht.[341] Im übrigen geht das Bundesarbeitsgericht davon aus, eine

---

335 So im Ergebnis auch *Moll*, RdA 1996, 275, 282; *ders.*, Brennpunkte des Arbeitsrechts 1996, S. 185, 230; MünchKom/*Schaub*, BGB, § 613a Rn. 174; *Seiter*, Betriebsinhaberwechsel, S. 96. Anders dagegen *Gamillscheg*, Kollektives Arbeitsrecht, S. 785 sowie Soergel/*Raab*, BGB, § 613a Rn. 128, der sich darauf stützt, daß schließlich lediglich die weitergeltenden Tarifregelungen durch andere Tarifnormen ersetzt würden, insoweit kein Unterlaufen der tariflichen Regelungsmacht durch die Betriebspartner zu befürchten sei.

336 Ausführlich dazu *Kania*, DB 1995, 625, 627 ff.

337 *D. Gaul*, Betriebsübergang, S. 322; *Kamlah*, Bestandsschutz, S. 106.

338 *Wiesner*, BB 1986, 1636, 1639.

339 BAG GrS 16.9.1986 AP Nr. 17 zu § 77 BetrVG 1972; vgl. dazu statt aller *Blomeyer*, DB 1987, 634 ff.; *Hromadka*, NZA 1987, Beilage 3; *Löwisch*, Anm. zu BAG GrS 16.9.1986, SAE 1987, 185 ff.; *Richardi*, NZA 1987, 185.

340 BAG GrS 16.9.1986 AP Nr. 17 zu § 77 BetrVG 1972. Vgl. auch BAG 30.1.1970 AP Nr. 142 zu § 242 BGB Ruhegehalt; BAG 8.12.1981 AP Nr. 1 zu § 1 BetrAVG Ablösung; BAG 8.12.1981 AP Nr. 1 zu § 1 BetrAVG Unterstützungskasse.

341 *Falkenberg*, BB 1987, 328, 330.

ablösende Betriebsvereinbarung müsse sich grundsätzlich auf Angelegenheiten beschränken, die der erzwingbaren Mitbestimmung unterliegen.[342]

Fraglich ist aber, ob diese Maßstäbe auch auf das Verhältnis der einzelvertraglich weitergeltenden Tarifnormen zu einer nach § 613a Abs. 1 Satz 3 BGB ablösenden Betriebsvereinbarung anzuwenden sind. Diese Erwägungen werden von vornherein darauf beschränkt, daß beim Betriebserwerber erst nach Betriebsübergang eine Betriebsvereinbarung abgeschlossen wird. Da zu diesem Zeitpunkt bereits die Tarifnormen des Betriebsveräußerers als einzelvertragliche Regelungen gelten, müßten die zur Ablösung einzelvertraglicher Einheitsregelungen durch Betriebsvereinbarung entwickelten Grundsätze hier Anwendung finden. Zweifelhaft erscheinen diese Überlegungen aber gerade insoweit, als sie die Beachtung des Günstigkeitsprinzips nur fordern, soweit nach Betriebsübergang eine Betriebsvereinbarung beim Betriebserwerber abgeschlossen wird. Denn auch bei Bestehen einer Betriebsvereinbarung im Zeitpunkt des Betriebsübergangs kommt es zur Umwandlung der Tarifnormen, die beim Betriebsveräußerer zur Anwendung kamen, in Individualarbeitsrecht nach § 613a Abs. 1 Satz 2 BGB. Lediglich deren weitere Geltung wird nach § 613a Abs. 1 Satz 3 BGB von der bestehenden Betriebsvereinbarung verhindert. Insoweit aber löst auch hier die Betriebsvereinbarung einzelvertragliche Regelungen ab.[343] Daher müßten die vorgenannten Grundsätze konsequenterweise auch hier Anwendung finden.

Der Forderung nach einer Beachtung des Günstigkeitsprinzips könnte im Hinblick auf bestehende wie auch auf nachträglich abgeschlossene Betriebsvereinbarungen entgegengehalten werden, es handele sich schließlich um ehemals kollektivvertragliche Regelungen, die nur in einzelvertragliche Inhalte umgewandelt wurden. Insoweit könnte auf die uneingeschränkte Anwendung des Ordnungsprinzips abzustellen sein.[344] Allerdings ist auch hier die ausdrückliche individualrechtliche Weitergeltungsanordnung des § 613a Abs. 1 Satz 2 BGB zu beachten.[345] Die Nichtanwendbarkeit der oben genannten Grundsätze ergibt sich jedoch unter einem anderen Gesichtspunkt. Die Möglichkeit der Verdrängung einzelvertraglich weitergeltenden Kollektivrechts besteht nach § 613a Abs. 1 Satz 3 BGB auch für erst nachträglich abgeschlossene Betriebsvereinbarungen. Das in § 613a Abs. 1 Satz 3 BGB vom Gesetzgeber als berechtigt anerkannte Interesse an einer Vereinheitlichung der Arbeitsbedingungen zwischen übernommenen und bestehenden

---

342 Vgl. den Vorlagebeschluß an den Großen Senat BAG 8.12.1982 AP Nr. 6 zu § 77 BetrVG 1972.

343 Vgl. auch vorstehend § 15 A II 1c.

344 *Hromadka/Maschmann/Wallner*, Tarifwechsel, Rn. 364; vgl. auch *Henssler*, NZA 1994, 913, 919; *Hromadka*, DB 1996, 1872, 1876; *Kamlah*, Bestandsschutz, S. 120 f. Zur Frage des Verständnisses von § 613a Abs. 1 Satz 3 BGB als Ausprägung des Ordnungsprinzips schon § 15 A I 8.

345 Vgl. auch § 15 A I 8b.

Betrieben ist auch dann schutzwürdig, wenn die Vereinheitlichung durch eine neue Betriebsvereinbarung nachträglich erfolgt.[346] Daher scheint es verfehlt, die Ablösung weitergeltenden Tarifrechts durch eine nach Betriebsübergang abgeschlossene Betriebsvereinbarung an strengere Voraussetzungen zu binden. Dies würde insbesondere bedeuten, daß die übernommenen Arbeitnehmer besser gestellt wären, soweit beim Betriebserwerber im Zeitpunkt des Betriebsübergangs gar keine Regelung der Arbeitsbedingungen auf kollektivvertraglicher Ebene bestand.[347] Zur Auflösung dieses Widerspruchs ist auch für die nachträgliche Ablösung der weitergeltenden Tarifnormen durch eine Betriebsvereinbarung nicht auf die Günstigkeit der Regelung beim Betriebserwerber abzustellen.[348] Auch eine Beschränkung auf die nach § 87 BetrVG 1972 der erzwingbaren Mitbestimmung unterliegenden Gegenstände kommt nicht in Betracht.[349]

4. Zusammenfassung

Eine Verhinderung der Weitergeltung eines Tarifvertrages nach § 613a Abs. 1 Satz 3 BGB kommt auch durch eine beim Betriebserwerber geltende Betriebsvereinbarung in Betracht. Voraussetzung ist auch dabei, daß das Arbeitsverhältnis unter den Geltungsbereich der Betriebsvereinbarung fällt. Maßgeblich kommt es für die Frage der Ablösung einer weitergeltenden tariflichen Regelung durch eine Betriebsvereinbarung des Betriebserwerbers darauf an, ob die Betriebsvereinbarung wirksam ist. Besondere Probleme können sich insoweit im Zusammenhang mit § 77 Abs. 3 BetrVG 1972 und einer Sperrwirkung gerade des weitergeltenden

---

346 *Henssler*, NZA 1994, 913, 919, der allerdings einen erkennbaren zeitlichen Zusammenhang zum Betriebsübergang fordert. Auch *Wiesner*, BB 1986, 1636, 1639 hält den Abschluß einer Betriebsvereinbarung beim Betriebserwerber zumindest alsbald nach Ablauf der Jahresfrist des § 613a Abs. 1 Satz 2 BGB für erforderlich. Dazu auch schon § 15 A I 2c.

347 Darauf verweist auch *Henssler*, NZA 1994, 913, 919. Für die Anwendung der Grundsätze zur Billigkeitskontrolle ablösender Betriebsvereinbarungen im Anwendungsbereich des § 613a Abs. 1 Satz 3 BGB dagegen *Hanau/Zimmermann*, ZfA 1982, 639, 643.

348 Ebenso BAG 26.9.1979 AP Nr. 17 zu § 613a BGB; Erman/*Hanau*, BGB, § 613a Rn. 92; *Hromadka/Maschmann/Wallner*, Tarifwechsel, Rn. 364; *Moll*, NJW 1993, 2016, 2020; ErfurtKom/*Preis*, § 613a BGB Rn. 74; *Preis/Steffan*, FS Kraft, S. 477, 483 f.; *Willemsen*, Änderung von Arbeitsbedingungen, S. 169, 183 Fn. 4; *Wank*, NZA 1987, 505, 508; zur Frage verschlechternder Betriebsvereinbarungen auch *Fastrich*, RdA 1994, 129 ff.;
anders hingegen *Commandeur*, Betriebs-, Firmen- und Vermögensübernahme, S. 80; *D. Gaul*, Betriebsübergang, S. 322; *Henssler*, NZA 1994, 913, 919; *Holzapfel/Pöllath*, Recht und Praxis des Unternehmenskaufs, Rn. 599; *Johlke/Delhey*, Anm. zu BAG 13.11.1985, WuB IX C 1. § 613a BGB 1.87; *Schipp/Schipp*, Arbeitsrecht und Privatisierung, Rn. 217, S. 100; *Wiesner*, BB 1986, 1636, 1639.

349 Vgl. *Wiesner*, BB 1986, 1636, 1639.

Tarifvertrages ergeben, soweit eine tarifliche Öffnungsklausel nicht besteht. Der beim Betriebsveräußerer geltende Tarifvertrag entfaltet eine Sperrwirkung zunächst für seinen gesamten Geltungsbereich. Außerhalb dieses Geltungsbereiches kommt es dagegen nicht schon aufgrund der einzelvertraglichen Weitergeltung des Tarifvertrages nach § 613a Abs. 1 Satz 2 BGB zu einer Sperrwirkung beim Betriebserwerber. Auch die Tarifüblichkeit einer Regelung löst eine Sperrwirkung nur innerhalb des bestimmten Geltungsbereiches aus. Verläßt der Betrieb durch den Übergang nicht den Geltungsbereich des beim Betriebsveräußerer geltenden Tarifvertrages, so löst § 77 Abs. 3 BetrVG 1972 für gegenstandsgleiche Betriebsvereinbarungen die Sperrwirkung aus, § 613a Abs. 1 Satz 3 BGB enthält insoweit keine Sonderregelung. Eine Übernahme des beim Betriebserwerber normativ geltenden Tarifvertrages durch Betriebsvereinbarung für alle Arbeitnehmer, um ungeachtet ihrer Tarifgebundenheit die Ablösungswirkung des § 613a Abs. 1 Satz 3 BGB gegenüber den weitergeltenden Tarifnormen herbeizuführen, kommt wegen der Sperrwirkung des § 77 Abs. 3 BetrVG 1972 regelmäßig nicht in Betracht. Für die Ablösungswirkung einer Betriebsvereinbarung gegenüber den einzelvertraglich weitergeltenden Tarifnormen kommt es nicht auf die zur Frage der ablösenden verschlechternden Betriebsvereinbarung entwickelten Grundsätze und damit auch nicht auf die Günstigkeit der jeweiligen Regelung an.

B. Regelungsidentität

Fraglich ist, in welchem Umfang beim Betriebserwerber bestehendes Kollektivrecht nach § 613a Abs. 1 Satz 3 BGB die Weitergeltung tariflicher Regelungen des Betriebsveräußerers hindern kann. Insoweit kommt es nicht nur auf die Voraussetzungen für die Geltung eines Tarifvertrages bzw. einer Betriebsvereinbarung nach Betriebsübergang an, sondern auch auf deren Regelungen in gegenständlicher Hinsicht. Dabei ist zwischen dem Regelungsgegenstand und dem Umfang der Regelung zu unterscheiden.

I. Identität des Regelungsgegenstandes

Ob eine Verdrängung weitergeltender Tarifnormen nur in dem Umfang des Bestehens einer zumindest gegenständlich deckungsgleichen Regelung bei dem neuen Betriebsinhaber in Betracht kommt, ist durch Auslegung des § 613a Abs. 1 Satz 3 BGB zu ermitteln. Nach dessen Wortlaut kommt die Weitergeltung von Kollektivrecht des Betriebsveräußerers nicht in Betracht, soweit die Rechte und Pflichten bei dem neuen Betriebsinhaber kollektivvertraglich geregelt werden. Zwar kann eine Regelung von Rechten und Pflichten der Arbeitsvertragsparteien auf den ersten Blick bereits mit Geltung eines Kollektivvertrages beim Betriebserwerber angenommen werden. Allerdings wird § 613a Abs. 1 Satz 3 BGB damit nur unzureichend erfaßt. Indem § 613a Abs. 1 Satz 3 BGB für die Auslösung der Verdrängungswirkung verlangt, daß die Rechte und Pflichten aus Arbeitsverhältnissen beim Betriebserwerber durch Kollektivvertrag geregelt werden, wird insoweit auf den Inhalt der nach § 613a Abs. 1 Satz 2 BGB einzelvertraglich fortgeltenden Tarifnormen Bezug genommen.[350] Die Vorschrift kann eben nicht nur isoliert betrachtet werden.[351] Danach sollen aber nur diejenigen tariflichen Regelungen des Betriebsveräußerers nicht weitergelten, die eine inhaltliche Entsprechung im Kollektivrecht des Betriebserwerbers gefunden haben. So ist bereits dem Wortlaut des § 613a Abs. 1 Satz 3 BGB unter Berücksichtigung des systematischen Zusammenhangs mit Satz 2 der Bestimmung eine Aussage zum Umfang der Verdrängungswirkung zu entnehmen. Damit handelt es sich auch nicht etwa um die Hinzufügung eines nicht enthaltenen Tatbestandsmerkmals.[352]

Ungeachtet dessen wird das Erfordernis der Regelungsidentität unter verschiedenen Gesichtspunkten, die aus Sinn und Zweck des § 613a Abs. 1 Satz 3 BGB hergeleitet werden, abgelehnt. So wird auf die Intention des Gesetzgebers, mit § 613a Abs. 1 Satz 3 BGB den Vorrang der kollektivrechtlichen Verpflichtungen des Betriebserwerbers vor den individualrechtlichen Verpflichtungen aus § 613a Abs. 1 Satz 2 BGB hervorzuheben, verwiesen.[353] Dieser Aussage ist zwar im Grundsatz zuzustimmen, allerdings folgt daraus nicht die Entbehrlichkeit der Regelungsidentität. Insoweit geht der Hinweis hier fehl. Denn diese Zwecksetzung des Gesetzgebers impliziert das Vorliegen sich gegenüberstehender und widerstreitender Verpflichtungen des Betriebserwerbers. Zu einer Konkurrenzsituation, die eine Entscheidung über den Vorrang einer Verpflichtung erforderlich macht, kommt es überhaupt nur in Bezug auf jeweils identische Regelungsgegenstände.

Etwas anderes ergibt sich auch nicht unter dem Gesichtspunkt der Berücksichtigung des Interesses des Betriebserwerbers an der Geltung einheitlicher Arbeitsbedingungen in seinem Unternehmen.[354] Insoweit wird auch darauf verwiesen, daß § 613a Abs. 1 Satz 3 BGB nicht dem Arbeitnehmerschutz diene.[355] Dies ist zwar richtig, befreit jedoch nicht schon von der Notwendigkeit, den Schutz des Vereinheitlichungsinteresses des Betriebserwerbers in Einklang mit den Interessen der übernommenen Arbeitnehmer am - zumindest und immerhin nur vorläufigen - Bestand ihrer Arbeitsbedingungen zu bringen. Das Ende der einzelvertraglichen Weitergeltung von Kollektivrecht des Betriebsveräußerers macht nur Sinn,

---

350 BAG 20.4.1994 AP Nr. 108 zu § 613a BGB.

351 Dies verkennt offenbar *Nicolai*, Anm. zu BAG 20.4.1994, SAE 1995, 204, 205.

352 So der Vorwurf von *Nicolai*, Anm. zu BAG 20.4.1994, SAE 1995, 204, 207.

353 *Nicolai*, Anm. zu BAG 20.4.1994, SAE 1995, 204, 205.

354 So aber *Nicolai*, Anm. zu BAG 20.4.1994, SAE 1995, 204, 205, der daraus das Bestreben nach einer möglichst umfänglichen Verdrängung der weitergeltenden Regelungen ableitet. Ebenso *Gussen/Dauck*, Weitergeltung, Rn. 245, S. 163; *Sack*, Schicksal von Altverträgen, S. 121. Zum in diesem Zusammenhang argumentativ auch herangezogenen Prinzip der Tarifeinheit schon vorstehend § 15 A I 3e.

355 *Nicolai*, Anm. zu BAG 20.4.1994, SAE 1995, 204, 207.

wenn sich die ablösende kollektivrechtliche Regelung gerade auf die betroffenen Arbeitsbedingungen bezieht. Nur in diesem Fall ist es gerechtfertigt, das Interesse der vom Betriebsübergang betroffenen Arbeitnehmer an der Aufrechterhaltung ihrer Arbeitsbedingungen insoweit zurücktreten zu lassen.[356] Denn soweit durch die weitergeltenden Tarifnormen Sachbereiche betroffen sind, die gegenständlich beim Betriebserwerber nicht kollektivvertraglich geregelt sind, gelten gar keine unterschiedlichen Arbeitsbedingungen, die zu vereinheitlichen wären. In diesem Zusammenhang wird nicht übersehen, daß unter Umständen auch eine beim Betriebserwerber fehlende Regelung Erklärungswert haben kann.[357]

Auch die Befürchtung, daß die hier vertretene Auffassung letztlich auf eine Anwendung der „Rosinentheorie" zugunsten der Arbeitnehmer hinauslaufe[358], ist unberechtigt, da es nicht darum geht, jeweils nur die für die übernommenen Arbeitnehmer günstigeren Regelungen zur Anwendung zu bringen. Im Gegenteil, soweit eine kollektivvertragliche Regelung beim Betriebserwerber besteht, erfolgt die Verdrängung weitergeltenden Tarifrechts gänzlich unabhängig von der Günstigkeit der jeweiligen Bestimmungen.[359] Zum anderen wird der Gefahr einer ungerechtfertigten Besserstellung der Arbeitnehmer vorgebeugt durch die Maßgeblichkeit von Sachgruppen zur Feststellung einer Regelungsidentität.[360]

Die Richtigkeitsgewähr eines jeden Tarifvertrages kann - abgesehen davon, daß insoweit die Frage der Ablösung durch Betriebsvereinbarung offen bleibt - nicht für eine Verdrängung weitergeltenden Tarifrechts über dessen Regelungsgegenstände hinaus sprechen.[361] Denn diese Gewähr erfaßt gerade nur die Bereiche, die auch einer Regelung zugeführt wurden. Nicht betroffen hiervon sind ungeregelte Fragen. Insoweit aber handelt es sich hier nicht um die Entscheidung der Frage, ob es sich um in gegenständlicher Sicht deckungsgleiche Regelungen handelt, sondern vielmehr um den erforderlichen Umfang einer Regelung beim Betriebserwerber.[362] Nicht weiter hilft auch der Verweis darauf, daß § 613a Abs. 1

---

[356] Erman/*Hanau*, BGB, § 613a Rn. 96; *Hanau/Vossen*, FS Hilger/Stumpf, S. 271, 292; *Hromadka/Maschmann/Wallner*, Tarifwechsel, Rn. 345; GK-KR/*Pfeiffer*, § 613a BGB Rn. 98; MünchKom/*Schaub*, BGB, § 613a Rn. 181.

[357] So die Kritik von *Nicolai*, Anm. zu BAG 20.4.1994, SAE 1995, 204, 206. Dazu aber sogleich.

[358] Vgl. *Nicolai*, Anm. zu BAG 20.4.1994, SAE 1995, 204, 206.

[359] Dazu vorstehend § 15 A I 8.

[360] Vgl. *Hanau*, RdA 1998, 65, 70 sowie nachstehend § 15 B II 1.

[361] Auch hier anders *Nicolai*, Anm. zu BAG 20.4.1994, SAE 1995, 204, 207, nach dessen Auffassung dem Arbeitnehmerschutz insoweit durch jeden Tarifvertrag hinreichend Rechnung getragen wird. Dies ist aber nur richtig für die darin geregelten Fragen.

[362] Dies läßt *Nicolai*, Anm. zu BAG 20.4.1994, SAE 1995, 204, 206 bei seiner Kritik an dem Erfordernis der Regelungsidentität außer acht. Unklar insoweit auch *Gussen/Dauck*, Weitergeltung, Rn. 244 f., S. 162 f. einerseits und Rn. 250, S. 165 andererseits.

Satz 3 BGB in Bezug auf einen beim Betriebserwerber geltenden Tarifvertrag nur dann zur Anwendung kommt, wenn sowohl dieser als auch der übernommene Arbeitnehmer tarifgebunden sind.[363] Aus der Ausübung der positiven Koalitionsfreiheit durch die Arbeitnehmer ist allenfalls die Geltung des neuen Tarifvertrages und damit die Ablösung der insoweit deckungsgleichen weitergeltenden Regelungen durch den normativ geltenden Tarifvertrag zu rechtfertigen. Daraus kann hingegen keine Aussage darüber abgeleitet werden, was mit solchen Regelungen geschehen soll, die von dem Tarifvertrag des neuen Betriebsinhabers gar nicht betroffen sind. Daher müssen die beim neuen Betriebsinhaber bestehende kollektivvertragliche Regelung und die weitergeltenden Tarifnormen Identität hinsichtlich der jeweiligen Regelungsgegenstände aufweisen, damit die Ablösungswirkung nach § 613a Abs. 1 Satz 3 BGB angenommen werden kann.[364]

Auch im Hinblick auf die zugrunde liegenden Regelungen der EG-Richtlinie lassen sich andere Schlußfolgerungen nicht ziehen. Nach Art. 3 Abs. 3 hat der Betriebserwerber die kollektivvertraglich vereinbarten Arbeitsbedingungen bis zur Anwendung eines anderen Kollektivvertrages aufrecht zu erhalten. Die Stellungnahme des Wirtschafts- und Sozialausschusses, der an dieser Regelung Kritik übte,[365] beschränkte sich lediglich auf die Äußerung der Befürchtung einer automatischen Verschlechterung der Arbeitsbedingungen der übernommenen Arbeit-

---

363 Anders *Nicolai*, Anm. zu BAG 20.4.1994, SAE 1995, 204, 207 sowie *Gussen/Dauck*, Weitergeltung, Rn. 245, S. 163.

364 BAG 20.4.1994 AP Nr. 108 zu § 613a BGB; RGRK/*Ascheid*, BGB, § 613a Rn. 224 f.; *Bauer*, Unternehmensveräußerung, S. 110; *ders.*, FS Schaub, S. 19, 38; *Beisel/Klumpp*, Unternehmenskauf, Rn. 576; *Beseler*, Betriebsübergang, S. 169, 189; *Boecken*, Unternehmensumwandlungen, Rn. 171, S. 119; *Braun*, Anm. zu BAG 20.4.1994, WiB 1995, 121, 122; *Commandeur*, Betriebs-, Firmen- und Vermögensübernahme, S. 77; *Däubler*, Tarifvertragsrecht, Rn. 1556, S. 646; *ders.*, NZA 1996, 225, 233; *Gamillscheg*, Kollektives Arbeitsrecht, S. 782; Erman/*Hanau*, BGB, § 613a Rn. 96; *Hanau/Vossen*, FS Hilger/Stumpf, S. 271, 292; KassArbR/*Hattesen*, 1.7 Rn. 181; *Heinze*, FS Henckel, S. 401, 404; *Hromadka/Maschmann/Wallner*, Tarifwechsel, Rn. 345; *Kamlah*, Bestandsschutz, S. 113; *Kania*, DB 1994, 529, 530; *Kerschner/Köhler*, Betriebsveräußerung, S. 60; *Lorenz*, DB 1980, 1745, 1747; *Moll*, RdA 1996, 275, 284; *ders.*, Brennpunkte des Arbeitsrechts 1996, S. 185, 230; *Oberhofer*, BetrRat 1983, 573, 579; *ders.*, BetrRat 1990, 98; ErfurtKom/*Preis*, § 613a BGB Rn. 79; Soergel/*Raab*, BGB, § 613a Rn. 126; *Röder*, DB 1981, 1980, 1981; *Sack*, Schicksal von Altverträgen, S. 120; MünchKom/*Schaub*, BGB, § 613a Rn. 181; *Seiter*, Betriebsinhaberwechsel, S. 94; *Simon*, ZfA 1987, 311, 332; *Wank/Brüning*, ZfA 1995, 699, 735; *Zöllner*, DB 1995, 1401, 1403. *Boewer*, Brennpunkte des Arbeitsrechts 1997, S. 91, 142 spricht insoweit von funktionaler Identität der Regelungsgegenstände. So auch GK-KR/*Pfeiffer*, § 613a BGB Rn. 98.

365 Und auf die *Nicolai*, Anm. zu BAG 20.4.1994, SAE 1995, 204, 205 zur Stütze seiner Auffassung einer vollständigen Verdrängung weitergeltenden Kollektivrechts verweist.

nehmer.[366] Aus der Tatsache, daß dieser Einwand sich in der Endfassung des Richtlinientextes nicht durchgesetzt hat, kann allenfalls geschlossen werden, daß es auf die Günstigkeit des beim Betriebserwerber geltenden, ablösenden Kollektivrechts nicht ankommen sollte. Inwieweit nur diejenigen Regelungen abgelöst werden, die von ihrem Gegenstand her eine kollektivvertragliche Entsprechung beim Betriebserwerber gefunden haben, läßt sich daraus dagegen nicht entnehmen.

II. Art der Regelung

Fraglich ist, wie die kollektivvertragliche Regelung beim Betriebserwerber inhaltlich beschaffen sein muß, damit die Verdrängung der weitergeltenden Tarifnormen nach § 613a Abs. 1 Satz 3 BGB herbeigeführt wird. Unproblematisch ist die Verdrängungswirkung des beim Betriebserwerber bestehenden Kollektivvertrages nach § 613a Abs. 1 Satz 3 BGB, soweit in diesem eine ausdrückliche Regelung hinsichtlich aller betroffenen Sachfragen besteht. Dabei kommt es nur darauf an, „ob" der gleiche Regelungsgegenstand durch den beim neuen Betriebsinhaber geltenden Kollektivvertrag betroffen ist; unerheblich ist dagegen, „wie" die Regelung erfolgt ist.[367] Dies zeigt bereits der in § 613a Abs. 1 Satz 3 BGB enthaltene Ausschluß des Günstigkeitsprinzips gegenüber den einzelvertraglich weitergeltenden Tarifnormen.[368] Die Entsprechung aller Regelungsinhalte in ihrer Gesamtheit wird jedoch regelmäßig nur in Ausnahmefällen festgestellt werden können.[369] Praktisch relevanter ist dagegen die Fallgestaltung, daß lediglich teilweise gegenständliche Übereinstimmungen im Verhältnis der weitergeltenden Tarifnormen zum Kollektivrecht des Betriebserwerbers vorliegen, andere Inhalte der weitergeltenden Tarifnormen dagegen ungeregelt bleiben. Die Beurteilung des Vorliegens der Regelungsidentität zwischen den weitergeltenden Tarifnormen und den Kollektivvereinbarungen beim Betriebserwerber ist in diesen Fällen differenziert vorzunehmen.

---

366 Vgl. ABl. EG 1975, C 255, S. 25, 27 f.

367 BAG 20.4.1994 AP Nr. 108 zu § 613a BGB; *Bauer*, Unternehmensveräußerung, S. 110; Erman/*Hanau*, BGB, § 613a Rn. 96; *Hanau/Vossen*, FS Hilger/Stumpf, S. 271, 292; *Hromadka/Maschmann/Wallner*, Tarifwechsel, Rn. 345; *Kania*, DB 1994, 529, 530; Soergel/*Raab*, BGB, § 613a Rn. 126; *Röder*, DB 1981, 1980, 1981.

368 Darauf weist BAG 20.4.1994 AP Nr. 108 zu § 613a BGB zutreffend hin. Vgl. vorstehend § 15 A I 8b.

369 Zu Recht weist daher selbst *Nicolai*, Anm. zu BAG 20.4.1994, SAE 1995, 204, 206 darauf hin, daß die Vorstellung von einer vollständigen Verdrängung weitergeltenden Kollektivrechts nur in sich stimmig sein könne, soweit es Einheitskollektivverträge mit einer umfassenden Regelung aller Arbeitsbedingungen gäbe.

1. Maßgeblichkeit von Regelungskomplexen

Ausgangspunkt kann nur die Bildung vergleichbarer Regelungskomplexe sein.[370] Einerseits würde der Anwendungsbereich des § 613a Abs. 1 Satz 3 BGB zu Lasten des Vereinheitlichungsinteresses des Betriebserwerbers ungerechtfertigt verkürzt, soweit eine vollständige Identität in Bezug auf die kollektivvertraglichen Regelungsgegenstände insgesamt zu fordern wäre. Andererseits scheint es aber auch nicht gerechtfertigt, eine Verdrängungswirkung nur hinsichtlich der beim Betriebserwerber ausdrücklich durch Kollektivrecht geregelten Fragen gegenüber den weitergeltenden Tarifnormen zuzugestehen, dagegen für im Sachzusammenhang hiermit stehende, ungeregelte Teilfragen eine Weitergeltung der Tarifnormen anzunehmen. Denn dabei besteht insbesondere die Gefahr, daß das der Richtigkeitsgewähr des Tarifvertrages zugrunde liegende Gleichgewicht der getroffenen Regelungen unberücksichtigt bleibt.[371] Das Bestehen einer kollektivvertraglichen Regelung beim neuen Betriebsinhaber ist daher hinsichtlich entsprechender Regelungskomplexe zu prüfen. Bestimmungen zu anderen Regelungskomplexen, die beim Betriebserwerber keine Entsprechung gefunden haben, gelten dagegen auf der Grundlage von § 613a Abs. 1 Satz 2 BGB einzelvertraglich fort.[372]

Allerdings erscheint zweifelhaft, nach welchen Kriterien die Einteilung der Regelungskomplexe vorzunehmen ist. So wird zu Recht auf die Ähnlichkeit der Problematik im Rahmen des Günstigkeitsvergleichs verwiesen, wobei inhaltlich miteinander zusammenhängende Regelungen insgesamt und nicht nur die einzelne Regelung für sich genommen betrachtet werden.[373] Im übrigen wird darauf hingewiesen, angesichts des für den Abschluß von Kollektivvereinbarungen regelmäßig erforderlichen gegenseitigen Nachgebens der vertragschließenden Parteien könnten sich die wechselseitigen Zugeständnisse durchaus in verschiedenen, unter Umständen nur mittelbar zusammenhängenden Sachbereichen niederschlagen.

---

370 *Kittner/Trittin*, Kündigungsschutzrecht, § 613a BGB Rn. 231. Selbst *Nicolai*, Anm. zu BAG 20.4.1994, SAE 1995, 204, 206 geht offenbar schließlich - wenn auch aus seiner Sicht inkonsequent - doch von der Bildung von Regelungskomplexen aus.

371 Insoweit finden letztlich auch die Einwände von *Nicolai*, Anm. zu BAG 20.4.1994, SAE 1995, 204, 206 Berücksichtigung. Auch *Hanau*, RdA 1998, 65, 70 verweist zur Begründung auf Befürchtungen hinsichtlich einer „Rosinentheorie".

372 BAG 20.4.1994 AP Nr. 108 zu § 613a BGB; *Boecken*, Unternehmensumwandlungen, Rn. 171, S. 119; *Gentges*, RdE 1994, 222, 228; *Hanau/Vossen*, FS Hilger/Stumpf, S. 271, 292; *Wank*, NZA 1987, 505, 508.

373 *Hanau*, RdA 1998, 65, 70; *Löw*, Betriebsveräußerung, S. 85; *Löwisch/Rieble*, FS Schaub, S. 457, 473. *Moll*, Brennpunkte des Arbeitsrechts 1996, S. 185, 230 verweist darüber hinaus auch auf Abgrenzungsfragen, die im Rahmen der Problematik des Bestehens oder der Üblichkeit von Tarifregelungen auftreten.

Dies spreche für eine weite Fassung der Regelungskomplexe.[374] Dem ist zwar zuzugeben, daß dadurch eine größtmögliche Berücksichtigung der konkreten Einzelregelung möglich ist.[375] Gerade aber sachbereichsübergreifende Zusammenhänge lassen sich wegen regelmäßig fehlender konkreter Nachweisbarkeit nicht mit hinreichender Sicherheit bestimmen. Es muß daher auch unter dem Gesichtspunkt der Rechtsklarheit daran festgehalten werden, daß es nur auf inhaltlich zusammenhängende Regelungen ankommen kann. Demnach ist das Bestehen einer Regelung bestimmter kollektivvertraglicher Rechte und Pflichten durch die Gegenüberstellung der in einem objektiven Sachzusammenhang stehenden Regelungen zu ermitteln.[376]

Besondere Probleme bei der Beurteilung der Regelungsidentität zwischen Kollektivrecht des Betriebsveräußerers und Kollektivrecht des Betriebserwerbers können sich ergeben, soweit beim Betriebsveräußerer ein Firmentarifvertrag galt, dessen Regelungen durch einen beim neuen Betriebsinhaber geltenden Verbandstarifvertrag abgelöst werden sollen. So können sich die Bestimmungen eines Firmentarifvertrages, die Spezialregelungen für Betriebe mit gänzlich atypischer Struktur bzw. Organisation aufgrund dessen durchaus als in sich eigenständige Regelungskomplexe erweisen. Trotz in gegenständlicher Hinsicht vergleichbarer Regelungen im beim Betriebserwerber geltenden Verbandstarifvertrag muß dann eine Anwendung von § 613a Abs. 1 Satz 3 BGB scheitern.[377] Allerdings kann das Vorliegen einer solchen Konstellation nur unter Bezugnahme auf den konkreten Einzelfall und unter Berücksichtigung aller Umstände entschieden werden.

2. Inhaltliche Ausgestaltung des Regelungskomplexes beim Betriebserwerber

Unproblematisch kann die Verdrängung der weitergeltenden Tarifnormen nach § 613a Abs. 1 Satz 3 BGB durch beim Betriebserwerber geltendes Kollektivrecht

---

[374] *Braun*, Anm. zu BAG 20.4.1994, WiB 1995, 121, 122 führt hier als Beispiel an, daß Kündigungsschutz zugunsten der Arbeitnehmer durch die Verlängerung von Kündigungsfristen wie auch über Abfindungszahlungen verwirklicht werden kann. Allerdings wird in diesem Fall wohl ohnehin von einem Regelungskomplex auszugehen sein. Ähnlich im Grundsatz auch *Nicolai*, Anm. zu BAG 20.4.1994, SAE 1995, 204, 206.

[375] Vgl. das Beispiel bei *Gamillscheg*, Kollektives Arbeitsrecht, S. 783. So werden die weitergeltenden Regelungen über ein 13. Monatsgehalt abgelöst, soweit beim Betriebserwerber eine Jahressonderleistung in beliebiger Höhe vorgesehen ist. Dagegen bleibt der Verzicht der Gewerkschaft in den Tarifverhandlungen auf eine Zusatzgratifikation im Gegenzug für eine Verkürzung der Arbeitszeit unberücksichtigt, der übernommene Arbeitnehmer erhält das 13. Monatsgehalt bei verkürzter Arbeitszeit.

[376] *Löw*, Betriebsveräußerung, S. 85.

[377] Auf diese Möglichkeit verweist auch *Röder*, DB 1981, 1980, 1982.

auch hier angenommen werden, soweit der gesamte Regelungskomplex einer vollständigen Regelung zugeführt wurde.

Fraglich sind allerdings die Auswirkungen, soweit im Kollektivvertrag des Betriebserwerbers Teilbereiche des Regelungskomplexes nicht erfaßt werden, insoweit also eine nicht alle Punkte ansprechende und damit inhaltlich nicht gänzlich übereinstimmende Regelung besteht. Dabei ist durch Auslegung der Regelungsgehalt der beim Betriebserwerber geltenden Kollektivvereinbarung zu ermitteln.[378] Zweifelhaft ist ein solcher Regelungsgehalt insbesondere in Bezug auf die beim neuen Betriebsinhaber nicht ausdrücklich einer Regelung zugeführten Teilfragen. Insoweit kommt in Betracht, daß die Kollektivvereinbarungsparteien den gesamten Regelungskomplex abschließend regeln wollten. So kann von der Regelung bestimmter Fragen durch die Vereinbarungsparteien bewußt abgesehen worden sein, ohne damit eine noch lückenhafte Regelung hervorbringen zu wollen.[379] Dies würde dazu führen, daß in Bezug auf den gesamten Regelungsbereich das Vorliegen einer Regelungsidentität im Sinne des § 613a Abs. 1 Satz 3 BGB zu bejahen wäre. In diesem Fall wird die Weitergeltung des gesamten Regelungskomplexes durch § 613a Abs. 1 Satz 3 BGB verhindert.[380]

Allerdings ist ebenso denkbar, daß ergänzende (z.B. nach § 613a Abs. 1 Satz 2 BGB weitergeltende) Vereinbarungen nicht ausgeschlossen werden sollten. Dies ist regelmäßig dann der Fall, wenn keine Gesamtregelung des Sachbereiches vorgenommen wurde, sondern die Regelung auf Teilfragen beschränkt blieb. Die Ausfüllung der Tariflücke wurde nach dem Willen der Tarifvertragsparteien dann regelmäßig den Arbeitsvertragsparteien oder auch den Betriebspartnern überant-

---

378 BAG 20.4.1994 AP Nr. 108 zu § 613a BGB; *Wank*, NZA 1987, 505, 508. Nach Soergel/*Raab*, BGB, § 613a Rn. 126 ist für die Ablösung der weitergeltenden Tarifnormen nach § 613a Abs. 1 Satz 3 BGB die hypothetische Überlegung maßgebend, ob eine Ablösung auch nach der Zeitkollisionsregel erfolgen würde, wenn es sich um zeitlich aufeinanderfolgende Regelungen des gleichen Normengebers gehandelt hätte.

379 Ebenso GK-KR/*Pfeiffer*, § 613a BGB Rn. 98; *Sack*, Schicksal von Altverträgen, S. 120; *Zöllner*, DB 1995, 1401, 1403. So auch *Beseler*, Betriebsübergang, S. 169, 190, nach dem aus der Auslegung des Tarifvertrages folgen könne, er habe alle Ansprüche der Arbeitnehmer abschließend regeln wollen, so daß damit auch bei nicht ausdrücklicher Regelung Regelungsidentität bestehen könne. Zutreffend insoweit auch *Nicolai*, Anm. zu BAG 20.4.1994, SAE 1995, 204, 206.
Stets das Vorliegen einer positiven Regelung verlangen dagegen *Däubler*, Tarifvertragsrecht, Rn. 1556, S. 646; Erman/*Hanau*, BGB, § 613a Rn. 96; *Hanau/Vossen*, FS Hilger/Stumpf, S. 271, 292; ErfurtKom/*Preis*, § 613a BGB Rn. 79; *Preis/Steffan*, FS Kraft, S. 477, 490; MünchKom/*Schaub*, BGB, § 613a Rn. 181.

380 *Zöllner*, DB 1995, 1401, 1403. Auch *Löw*, Betriebsveräußerung, S. 85 weist darauf hin, daß eine einzelne Regelung als unselbständiger Teil eines Regelungskomplexes nicht als isolierte Regelung bestehen bleibt, nur weil im Erwerberbetrieb eine derartige Teilregelung nicht vorgesehen ist.

wortet.[381] Es erscheint ebenso denkbar, die Ausfüllung beim Betriebserwerber durch die beim Betriebsveräußerer geltenden Tarifnormen zuzulassen.[382] Insoweit besteht die Möglichkeit, daß die Regelungen des beim Betriebsveräußerer geltenden Tarifvertrages weitergelten können.[383] Hier ist allerdings auch zu fragen, ob im Einzelfall nicht die getroffene Regelung für sich genommen bereits einen eigenständigen Regelungskomplex darstellt.

Aus diesen Grundsätzen erschließt sich auch die Lösung des in diesem Zusammenhang meist angeführten Problems des Bestehens unterschiedlicher Entgeltregelungen.[384] Sieht der beim Betriebsveräußerer geltende Tarifvertrag die Zahlung von 13 Monatsgehältern vor, der beim Betriebserwerber jedoch nur 12,5, besteht Einigkeit über die Anwendung des § 613a Abs. 1 Satz 3 BGB.[385] Sieht dagegen der beim Erwerber geltende Tarifvertrag 12 Monatsgehälter vor, wird die Verdrängung der weitergeltenden Regelungen des Betriebsveräußerers, die immerhin 13 Monatsgehälter vorsehen, unterschiedlich beurteilt. So wird darauf abgestellt, daß der Tarifvertrag des Betriebserwerbers ersichtlich keine zusätzliche Leistungen an die Arbeitnehmer über die Monatsbezüge hinaus vorsieht und daher eine Verdrängung insoweit selbstverständlich mangels Regelungsidentität stets ausscheiden müsse.[386] Allerdings verbietet sich in einer solchen Konstellation jede derartige Pauschallösung. Richtig ist, daß der Tarifvertrag des Betriebsveräußerers mit dem 13. Monatsgehalt eine Zusatzgratifikation für die Arbeitnehmer vorsieht. Daher kommt es für die Anwendung von § 613a Abs. 1 Satz 3 BGB darauf an, ob auch der Tarifvertrag des Betriebserwerbers eine gegenständliche Aussage

---

381 *Löwisch/Rieble*, FS Schaub, S. 457, 473.

382 *Löwisch/Rieble*, FS Schaub, S. 457, 473 stellen wegen der Ablösung eines nachwirkenden Tarifvertrages maßgebend darauf ab, ob eine solche Regelung, die nach dem Willen der Tarifvertragsparteien den ablösenden lückenhaften Tarifvertrag vervollständigen sollte, besteht. Nur dann sei eine Ablösungswirkung anzunehmen, da ansonsten das Arbeitsverhältnis hinsichtlich eines Punktes, den die Tarifvertragsparteien einer Regelung zugeführt wissen wollten, obgleich sie ihn selbst nicht geregelt haben, inhaltsleer wäre.

383 Vgl. auch BAG 20.4.1994 AP Nr. 108 zu § 613a BGB sowie RGRK/*Ascheid*, BGB, § 613a Rn. 224. In diesem Zusammenhang verweist *Moll*, RdA 1996, 275, 284 auf das Problem, daß Ansprüche auf vermögenswirksame Leistungen aufgrund einer Betriebsvereinbarung beim Betriebsveräußerer gewährt worden sind und ein beim Betriebserwerber bestehender Firmentarifvertrag diese Leistungen nicht (mehr) vorsieht.

384 Vgl. auch *Gamillscheg*, Kollektives Arbeitsrecht, S. 783.

385 *Hanau/Vossen*, FS Hilger/Stumpf, S. 271, 292; *Hromadka/Maschmann/Wallner*, Tarifwechsel, Rn. 345; MünchKom/*Schaub*, BGB, § 613a Rn. 181.

386 *Hanau/Vossen*, FS Hilger/Stumpf, S. 271, 292; *Hromadka/Maschmann/Wallner*, Tarifwechsel, Rn. 345; MünchKom/*Schaub*, BGB, § 613a Rn. 181; diesbezüglich unentschieden *Moll*, RdA 1996, 275, 284; *ders.*, Brennpunkte des Arbeitsrechts 1996, S. 185, 230 f., nach dem mit guten und vertretbaren Gründen ebenso angenommen werden könne, daß die Vergütung in beiden Fällen abschließend geregelt sei und deshalb die neue die alte ablösen könne.

hierzu enthält. So können statt eines zusätzlichen Monatsgehalts andere Gratifikationsleistungen beim Betriebserwerber tariflich vorgesehen sein.[387] In diesem Fall kommt § 613a Abs. 1 Satz 3 BGB zur Anwendung. Denkbar ist auch, daß durch die Tarifvertragsparteien, die nur die Zahlung von 12 Monatsgehältern vereinbart haben, die Leistung von Gratifikationen bewußt ausgeschlossen wurde. Auch dann muß die Verdrängungswirkung des § 613a Abs. 1 Satz 3 hier eingreifen. Nur in den übrigen Fällen haben die übernommenen Arbeitnehmer aufgrund der Weitergeltung der Tarifvertrages nach § 613a Abs. 1 Satz 2 BGB auch weiterhin einen Anspruch auf die Zahlung des 13. Gehalts.

III. Zusammenfassung

Eine Ablösung der weitergeltenden Tarifnormen durch Kollektivrecht des Betriebserwerbers nach § 613a Abs. 1 Satz 3 BGB kommt nur in Betracht, soweit der jeweils gleiche Regelungsgegenstand betroffen ist. Bei der Beurteilung des betroffenen Sachbereiches ist auf innerlich zusammenhängende Regelungskomplexe abzustellen. Nicht erforderlich ist eine jeweils positive Regelung der hierzu gehörigen Fragen, da die Tarifvertragsparteien auch bewußt eine weitergehende Regelung unterlassen haben können. Insoweit sind stets in besonderem Maße die Gegebenheiten des Einzelfalles zu berücksichtigen.

C. Ausschluß der Verdrängungswirkung des § 613a Abs. 1 Satz 3 BGB

In Anbetracht der Verdrängung weitergeltenden Tarifrechts unabhängig von dessen Günstigkeit durch § 613a Abs. 1 Satz 3 BGB kann es zu Bestrebungen kommen, diese Wirkung noch vor Betriebsübergang auszuschließen. Allerdings hat § 613a Abs. 1 Satz 3 BGB an dem zwingenden Charakter der Gesamtregelung des § 613a BGB teil. Daher ist ein Ausschluß der Verdrängung weitergeltenden Kollektivrechts beim Betriebserwerber durch die bisherigen Arbeitsvertragsparteien vor Betriebsübergang nicht wirksam.

Fraglich ist demgegenüber, ob Möglichkeiten einer Einflußnahme auf das Eintreten der Verdrängungswirkung durch Kollektivrecht des Betriebsveräußerers bestehen. Durch Betriebsvereinbarung, die der bisherige Betriebsinhaber mit dem zuständigen Betriebsrat abschließt, können nur die Arbeitsbedingungen bis zum Zeitpunkt des Betriebsübergangs mit normativer Kraft geregelt werden. Nach Betriebsübergang sind insoweit die Betriebspartner beim Betriebserwerber zu-

---

387 Vgl. daher zu Recht auch die Hinweise von *Löw*, Betriebsveräußerung, S. 84 f., wenn neben dem tariflich vorgesehenen Barlohn durch den beim Betriebsveräußerer geltenden Tarifvertrag auch die Gewährung von Deputaten vorgesehen ist. Auch dabei dürfe der Zusammenhang zwischen der Höhe des tariflichen Barlohnes und der Gewährung von Sachleistungen nicht unberücksichtigt bleiben.

ständig.[388] Daher sind Regelungen einer Betriebsvereinbarung des bisherigen Betriebsinhabers, die die Wirkung des § 613a Abs. 1 Satz 3 BGB umgehen wollen, unwirksam.[389]

Eine tarifvertragliche Absicherung der möglichst umfassenden Weitergeltung der tariflichen Rechtsnormen nach § 613a Abs. 1 Satz 2 BGB ist in erster Linie durch eine entsprechende Gestaltung des Geltungsbereichs des Tarifvertrages denkbar.[390] Dagegen kann auch durch Tarifvertrag nicht vorgesehen werden, daß die Arbeitsverhältnisse der übernommenen Arbeitnehmer weiterhin und ungeachtet des § 613a Abs. 1 Satz 3 BGB durch dessen Regelungen bestimmt werden sollen.[391]

D. Rechtsfolge des Bestehens anderer Kollektivvereinbarungen

Soweit die Arbeitsverhältnisse der übernommenen Arbeitnehmer beim neuen Betriebsinhaber entsprechend den vorgenannten Voraussetzungen durch Kollektivvertrag geregelt werden, ordnet § 613a Abs. 1 Satz 3 BGB an, daß die die einzelvertragliche und befristet zwingende Weitergeltung anordnende Bestimmung des § 613a Abs. 1 Satz 2 BGB nicht gilt.[392] Damit endet mit Vorliegen der jeweiligen Voraussetzungen die Geltung des Tarifrechts des Betriebsveräußerers nach Betriebsübergang automatisch, ohne daß es hierzu einer weiteren Mitwirkung der Arbeitsvertragsparteien an der Änderung der Arbeitsbedingungen bedarf.[393] Zu beachten ist dabei, daß § 613a Abs. 1 Satz 3 BGB Rechtsfolgen nur für die Zukunft auslösen kann.[394] Daher bleiben Anwartschaften, die die übernommenen Arbeitnehmer vor diesem Zeitpunkt erworben haben, insoweit unberührt.[395]

---

388 BAG 1.4.1987 AP Nr. 64 zu § 613a BGB; *Moll*, RdA 1996, 275, 285.

389 BAG 1.4.1987 AP Nr. 64 zu § 613a BGB; Erman/*Hanau*, BGB, § 613a Rn. 94; *Moll*, RdA 1996, 275, 285; ErfurtKom/*Preis*, § 613a BGB Rn. 80.

390 *Düwell*, Betriebsübergang, S. 193, 218.

391 *D. Gaul*, Betriebsübergang, S. 291.

392 *Bauer*, Unternehmensveräußerung, S. 110; *Hanau/Vossen*, FS Hilger/Stumpf, S. 271, 292; *Kutsch/Hofsäß*, Denkschrift Wiese, S. 64, 71; MünchKom/*Schaub*, BGB, § 613a Rn. 180; *Zöllner*, DB 1995, 1401, 1403.

393 Vgl. *Kutsch/Hofsäß*, Denkschrift Wiese, S. 64, 71.

394 RGRK/*Ascheid*, BGB, § 613a Rn. 218; *Commandeur*, Betriebs-, Firmen- und Vermögensübernahme, S. 77; *Gussen/Dauck*, Weitergeltung, Rn. 246, S. 163, Rn. 251, S. 165; *Holzapfel/Pöllath*, Recht und Praxis des Unternehmenskaufs, Rn. 600; *Kittner/Trittin*, Kündigungsschutzrecht, § 613a BGB Rn. 151; ErfurtKom/*Preis*, § 613a BGB Rn. 79; *Preis/Steffan*, FS Kraft, S. 477, 490; MünchKom/*Schaub*, BGB, § 613a Rn. 191; *ders.*, Arbeitsrechtshandbuch, S. 711; *ders.*, ArbRGW 18 (1981), 71, 80; *Wank/Brüning*, ZfA 1995, 699, 735. Dazu auch *Kaiser/Gradel*, DB 1996, 1621, 1623.

395 RGRK/*Ascheid*, BGB, § 613a Rn. 218; *Commandeur*, Betriebs-, Firmen- und Vermögensübernahme, S. 77; *Gamillscheg*, Kollektives Arbeitsrecht, S. 786; *Gussen/Dauck*, Weitergeltung, Rn. 246, S. 163; Rn. 251, S. 165; *Henssler*, NZA 1994, 913, 919;

Holzapfel/Pöllath, Recht und Praxis des Unternehmenskaufs, Rn. 600; *Kittner/Trittin*, Kündigungsschutzrecht, § 613a BGB Rn. 227; *Moll*, NJW 1993, 2016, 2020; Erfurt-Kom/*Preis*, § 613a BGB Rn. 79; *Preis/Steffan*, FS Kraft, S. 477, 490; MünchKom/*Schaub*, BGB, § 613a Rn. 191; *ders.*, Arbeitsrechtshandbuch, S. 711; *ders.*, ArbRGW 18 (1981), 71, 80; *Wank/Brüning*, ZfA 1995, 699, 735 sowie *Junker*, RdA 1993, 203, 208 zur Betriebsvereinbarung über eine betriebliche Altersversorgung. Siehe auch BAG 17.1.1980 AP Nr. 185 zu § 242 BGB Ruhegehalt sowie BAG 21.8.1980 AP Nr. 7 zu § 1 BetrAVG Wartezeit.

Kapitel III. Fortwirkung tariflicher Rechtsnormen bei einzelvertraglicher Inbezugnahme

Tarifverträge gelten nach § 4 Abs. 1 TVG normativ nur für die Arbeitsverhältnisse tarifgebundener Arbeitsvertragsparteien. Vielfach vereinbaren aber die Arbeitsvertragsparteien einzelvertraglich die Geltung tariflicher Regelungen - ungeachtet der Voraussetzungen, die nach dem Tarifvertragsgesetz für die normative Geltung eines Tarifvertrages im übrigen vorliegen müssen. Zu klären sind die Auswirkungen eines Betriebsüberganges auf die Arbeitsbedingungen der Arbeitnehmer, in deren Arbeitsverträgen eine solche Inbezugnahme eines Tarifvertrages vereinbart ist. Hierzu findet sich keine ausdrückliche Regelung in § 613a BGB.[1]

§ 16 Rechtswirkungen einer einzelvertraglichen Inbezugnahme von Tarifrecht

In verschiedenen gesetzlichen Vorschriften finden sich Hinweise darauf, daß der Gesetzgeber neben der Geltung tariflicher Regelungen aufgrund der Tarifgebundenheit der Arbeitsvertragsparteien auch von der Möglichkeit ausgeht, Bestimmungen eines Tarifvertrages einzelvertraglich zur Anwendung zu bringen. So spricht § 13 Abs. 1 BUrlG von der Vereinbarung der Geltung einschlägiger tariflicher Urlaubsregelungen im Arbeitsvertrag, § 622 Abs. 4 BGB von der Inbezugnahme tariflicher Regelungen zu Kündigungsfristen. Auch aus der vertraglichen Gestaltungsfreiheit der Arbeitsvertragsparteien (§§ 611, 305 BGB) folgt die Zulässigkeit derartiger individualrechtlicher Vereinbarungen.[2]

Regelmäßig werden Bezugnahmeklauseln in Betrieben tarifgebundener Arbeitgeber ungeachtet einer Gewerkschaftszugehörigkeit des Arbeitnehmers vereinbart.[3] Allerdings ist aufgrund der schon kollektivrechtlichen Geltung des Tarifvertrages nach § 4 Abs. 1 TVG für Arbeitsverhältnisse tarifgebundener Arbeitnehmer für die Wirkungen einer Bezugnahmeklausel insoweit zu differenzieren.

A. Arbeitsverhältnisse nicht tarifgebundener Arbeitnehmer

Ist der Arbeitnehmer nicht kraft Mitgliedschaft in einer Gewerkschaft an einen Tarifvertrag gebunden, kommt es nur aufgrund der einzelvertraglichen Bezugnahmeklausel zur Anwendung der Tarifnormen auf das Arbeitsverhältnis. Eine

---

1 *Khoury*, Arbeitnehmer 1989, 146, 149; Staudinger/*Richardi*, BGB, § 613a Rn. 180; MünchKom/*Schaub*, BGB, § 613a Rn. 193; *ders.*, Arbeitsrechtshandbuch, S. 711; *ders.*, ArbRGW 18 (1981), 71, 81.

2 *D. Gaul*, Betriebsübergang, S. 280; *ders.*, ZTR 1989, 432, 435; *Herschel*, DB 1969, 659; *v. Hoyningen-Huene*, RdA 1974, 138, 139; *Hueck/Nipperdey*, Arbeitsrecht, Bd. II/1, § 23 B III, S. 483.

3 *D. Gaul*, Betriebsübergang, S. 280; *ders.*, ZTR 1989, 432, 435.

kollektivrechtliche Geltung der im Tarifvertrag enthaltenen Regelungen kommt hingegen bei fehlender Tarifbindung des Arbeitnehmers nach § 4 Abs. 1 TVG - abgesehen von der Allgemeinverbindlichkeitserklärung des Tarifvertrages nach § 5 TVG und der Geltung von Tarifnormen zu betrieblichen und betriebsverfassungsrechtlichen Fragen nach § 3 Abs. 2 TVG - nicht in Betracht. Insoweit ist die Bezugnahmeklausel konstitutiv. Das Arbeitsverhältnis wird inhaltlich nach dem in Bezug genommenen Tarifvertrag gestaltet.[4] Allerdings kommt grundsätzlich sowohl in Betracht, daß die in Bezug genommenen tariflichen Regelungen Inhalte der Arbeitsverhältnisse werden und damit individualrechtlich gelten, wie auch, daß die Tarifnormen, einer gewillkürten Tarifgebundenheit der Arbeitsvertragsparteien gleich, kollektivrechtlich und damit normativ zur Anwendung kommen.

Nach § 1 Abs. 2 TVO konnten Arbeitsvertragsparteien durch Vereinbarung einer einzelvertraglichen Bezugnahmeklausel (sog. Berufung auf einen Tarifvertrag) ihre Tarifgebundenheit herbeiführen.[5] Auf die Arbeitsverhältnisse wirkten die Regelungen des in Bezug genommenen Tarifvertrages dann normativ - wie im Fall der Tarifbindung aufgrund Mitgliedschaft im tarifschließenden Verband. Das Tarifvertragsgesetz weicht in seiner Gestaltung offensichtlich von § 1 Abs. 2 TVO ab.[6] § 3 Abs. 1 TVG sieht lediglich die Tarifgebundenheit der Mitglieder tarifschließender Verbände bzw. des einzelnen Arbeitgebers als Partei eines Firmentarifvertrages vor. Überdies trennt der Gesetzgeber in § 101 Abs. 2 ArbGG ausdrücklich zwischen einer Geltung des Tarifvertrages aufgrund der Verbandsmitgliedschaft und der Regelung des Arbeitsverhältnisses durch Tarifvertrag aus anderen Gründen.[7] Dies spricht gegen eine Geltung des in Bezug genommenen Tarifvertrages nach kollektivrechtlichen Grundsätzen.

Allerdings soll sich dennoch eine Geltung der tariflichen Regelungen mit normativer Wirkung nach den Grundsätzen der Rechtswahl, wie sie im Internationalen Privatrecht bekannt sind, ergeben können.[8] Überdies wird für die Fälle der zeitlich dem Tarifvertragsgesetz nachfolgenden ausdrücklichen Aufnahme der Möglichkeit einzelvertraglicher Vereinbarung der Geltung tariflicher Regelungen in

---

4 *D. Gaul*, ZTR 1989, 432, 435.

5 *Herschel*, ZfA 1973, 183, 191; *Hueck/Nipperdey*, Arbeitsrecht, Bd. II, 3.-5. Auflage 1932, S. 214 ff.

6 Vgl. *Gamillscheg*, Kollektives Arbeitsrecht, S. 732; *Herschel*, DB 1967, 245, 247 f.; *ders.*, DB 1969, 659, 662; *Hueck/Nipperdey*, Arbeitsrecht, Bd. II/1, § 23 B III, S. 483; *Nikisch*, Arbeitsrecht, Bd. 2, § 71 V 1, S. 275.

7 Hierauf verweist zunächst auch *v. Hoyningen-Huene*, RdA 1974, 138, 142.

8 So insbesondere *Herschel*, FS Molitor, S. 161, 181; *ders.*, DB 1967, 245, 247 f.; *ders.*, DB 1969, 659, 660 f.; *Schaub*, Arbeitsrechtshandbuch, 1. Aufl. 1972, § 208 III, S. 781. Vgl. die Kritik bei *Nömeier*, Bezugnahme auf Tarifinhalte im Einzelarbeitsverhältnis, S. 56 ff. sowie *Kempen/Zachert*, TVG, § 3 Rn. 68; *Wiedemann/Stumpf*, TVG, § 3 Rn. 89 m.w.N.

Gesetze - vgl. § 13 Abs. 1 BUrlG, § 622 Abs. 4 BGB - eine andere Beurteilung vorgenommen.[9] In den gesetzlich vorgesehenen Fällen solle jedenfalls für den in Bezug genommenen Komplex tariflicher Regelungen zum Urlaubs-, Lohnfortzahlungs- und Kündigungsrecht eine Tarifbindung beider Arbeitsvertragsparteien entstehen, die den im Tarifvertragsgesetz geregelten Fallgruppen der Tarifbindung aufgrund Verbandsmitgliedschaft gleichstehe. Insoweit werden diese Fälle als Spezialregelungen zu § 3 Abs. 1 TVG behandelt.[10] Diese Schlußfolgerung wird sodann über die genannten tariflichen Regelungskomplexe ausgedehnt. Danach lasse die Bezugnahmevereinbarung Tarifgebundenheit hinsichtlich des gesamten Tarifvertrages entstehen.[11] Lediglich die normative Wirkung der Tarifnormen wird auf die Fälle des Bestehens gesetzlicher Spezialregelungen beschränkt.[12] Zugestanden wird aber selbst dabei, daß die Bezugnahme eines nicht von seinem Geltungsbereich her einschlägigen Tarifvertrages keine normative Geltung der Tarifnormen bewirken könne.[13] Die Bestimmungen des Tarifvertrages regeln daher den Inhalt des Arbeitsverhältnisses dann wie andere individualvertragliche Vereinbarungen.[14]

In Frage stehen allerdings weiterhin die Rechtswirkungen einer Bezugnahme des insoweit einschlägigen Tarifvertrages. Gegen die Annahme einer kollektivrechtlichen Geltung sprechen hier mehrere gewichtige Gesichtspunkte.[15] Soweit bereits die bloße einzelvertragliche Inbezugnahme eines Tarifvertrages geeignet ist, die normative Geltung von Tarifnormen für ein Arbeitsverhältnis zu begründen, käme es zu einer Tarifbindung der Arbeitsvertragsparteien ohne Mitgliedschaft im tarifschließenden Verband.[16] Dies erscheint jedoch problematisch im Hinblick auf Art. 9 Abs. 3 GG. Die kollektive Koalitionsfreiheit schützt zugunsten der Verbände deren Betätigungsmöglichkeit zur Wahrung und Förderung der Arbeits- und Wirtschaftsbedingungen in freier Verantwortung.[17] Darin enthalten ist die Befugnis der Koalitionen, als Tarifvertragsparteien in erster Linie durch den Ab-

---

9 *v. Hoyningen-Huene*, RdA 1974, 138, 143; kritisch *Schleusener*, Anm. zu BAG 28.5.1997, SAE 1998, 11, 13 f. sowie *Hromadka/Maschmann/Wallner*, Tarifwechsel, Rn. 380.

10 *v. Hoyningen-Huene*, RdA 1974, 138, 145. Kritisch insbesondere *Nömeier*, Bezugnahme auf Tarifinhalte im Einzelarbeitsverhältnis, S. 60 ff.

11 *v. Hoyningen-Huene*, RdA 1974, 138, 147.

12 *v. Hoyningen-Huene*, RdA 1974, 138, 149.

13 *v. Hoyningen-Huene*, RdA 1974, 138, 149.

14 *Ingenfeld*, Betriebsausgliederung, S. 266.

15 Diese Bedenken lassen sich im übrigen auch gegen die normative Wirkung eines einzelvertraglich in Bezug genommenen einschlägigen Tarifvertrages anführen.

16 Zum Zusammenhang zwischen Tarifbindung und normativer Wirkung von Tarifnormen auch *v. Hoyningen-Huene*, RdA 1974, 138, 144 f.

17 BVerfG 24.5.1977 AP Nr. 15 zu § 5 TVG; BVerfG 1.3.1979 AP Nr. 1 zu § 1 MitbestG; *Däubler/Hege*, Koalitionsfreiheit, Rn. 206 ff.

schluß von Tarifverträgen materielles Recht für die Tarifgebundenen zu setzen.[18] Mit dieser verfassungsrechtlich garantierten Zuständigkeit der Koalitionen würde aber die Erstreckung der Normwirkung tariflicher Regelungen auf die einzelvertragliche Inbezugnahme von Tarifrecht kollidieren. Insoweit zeigt sich die Betroffenheit von Art. 9 Abs. 3 GG. Auch gesetzlich kann daher nicht vorgesehen werden, daß die Arbeitsvertragsparteien durch bloße Inbezugnahme eines Tarifvertrages dessen normative Geltung herbeiführen können. Auf diese Art und Weise kann erheblich in das Kräftegleichgewicht der Koalitionen eingegriffen werden. Die tarifschließenden Verbände könnten sich fallenden Mitgliederzahlen und damit zumindest verminderter Durchsetzungskraft ausgesetzt sehen, wenn die Mitgliedschaft im Verband nicht mehr erforderlich wäre, um in den Genuß der normativen Geltung eines Tarifvertrages zu kommen. Somit kann schon in den Fällen bestehender gesetzlicher Spezialregelungen kaum davon ausgegangen werden, daß eine normative Geltung des Tarifvertrages aus dessen bloßer einzelvertraglicher Inbezugnahme folgen kann. Erst recht gilt dies für das Fehlen derartiger Bestimmungen im Gesetz.

Letztlich kommen die Inhalte des Tarifvertrages allein aufgrund der entsprechenden Willensbildung und Vereinbarung der Arbeitsvertragsparteien zur Anwendung.[19] Der gegebene einzelvertragliche Geltungsgrund birgt die Möglichkeit lediglich individualrechtlicher Geltung der tariflichen Bestimmungen. Der Tarifvertrag wird damit Inhalt des einzelnen Arbeitsvertrages.[20] Rechtsgrundlage für tariflich geregelte Ansprüche ist dann auch nur der einzelne Arbeitsvertrag selbst.[21] Eine normative Geltung des Tarifvertrages kommt dagegen nicht in Betracht.[22] Insbesondere entsteht aufgrund der Bezugnahmeklausel auch keine Ta-

---

[18] *Biedenkopf*, Grenzen der Tarifautonomie, S. 102 f.; v. Münch/Kunig/*Löwer*, GG, Art. 9 Rn. 71.

[19] *Düwell*, Betriebsübergang, S. 193, 213; *D. Gaul*, Betriebsübergang, S. 280; *ders.*, ZTR 1989, 432, 435; *Ingenfeld*, Betriebsausgliederung, S. 267; *Kania*, DB 1994, 529, 532; *Kempen/Zachert*, TVG, § 3 Rn. 68; *Nikisch*, Arbeitsrecht, Bd. 2, § 71 V 2, S. 275; *Richardi*, Kollektivgewalt, S. 406 Anm. 90; *Wiedemann/Stumpf*, TVG, § 3 Rn. 90.

[20] Siehe BAG 22.9.1993 AP Nr. 21 zu § 4 TVG Tarifkonkurrenz; *Düwell*, Betriebsübergang, S. 193, 213; *Gamillscheg*, Kollektives Arbeitsrecht, S. 732; *D. Gaul*, Betriebsübergang, S. 280; *ders.*, ZTR 1989, 432, 435; *Ingenfeld*, Betriebsausgliederung, S. 267; *Kania*, DB 1994, 529, 532; *Kempen/Zachert*, TVG, § 3 Rn. 68; *Löwisch/Rieble*, TVG, § 3 Rn. 104; *Merten*, BB 1993, 572, 577 f.

[21] *D. Gaul*, ZTR 1993, 355, 356; *Gussen/Dauck*, Weitergeltung, Rn. 258, S. 167 f.

[22] BAG 29.1.1975 AP Nr. 8 zu § 4 TVG Nachwirkung; *D. Gaul*, Betriebsübergang, S. 280; *ders.*, ZTR 1989, 432, 435; *ders.*, ZTR 1993, 355, 356 f.; *Hromadka/Maschmann/Wallner*, Tarifwechsel, Rn. 74; *Kempen/Zachert*, TVG, § 3 Rn. 68 ff.; *Löwisch/Rieble*, TVG, § 3 Rn. 104; *Wiedemann/Stumpf*, TVG, § 3 Rn. 111; a.A. *v. Hoyningen-Huene*, RdA 1974, 138 ff.

rifbindung der Außenseiter.[23] Damit führt die Vereinbarung der Inbezugnahme des einschlägigen Tarifvertrages zwar zur Gleichstellung nicht organisierter mit tarifgebundenen Arbeitnehmern, dies allerdings nur in inhaltlicher Sicht, die jeweiligen Arbeitsbedingungen betreffend. Nicht erreichbar ist dagegen auf dem Wege einzelvertraglicher Bezugnahme eines Tarifvertrages die vollständige Gleichstellung in rechtlicher Hinsicht.[24]

B. Arbeitsverhältnisse tarifgebundener Arbeitnehmer

Auf das Arbeitsverhältnis eines Arbeitnehmers, der Mitglied der Gewerkschaft, die einen einschlägigen Tarifvertrag abgeschlossen hat, ist, kommt der Tarifvertrag - von der Tarifgebundenheit des Arbeitgebers sei hier auszugehen - nach § 4 Abs. 1 TVG mit normativer Wirkung zur Anwendung. Ist gleichzeitig in dem Arbeitsvertrag einzelvertraglich die Geltung eines Tarifvertrages vereinbart, fragt sich auch insoweit, welche Rechtswirkungen die Bezugnahmeklausel hat. Die Bezugnahmevereinbarung selbst kann jedenfalls nicht zu einer normativen Geltung des Tarifvertrages führen. Durch die bloße einzelvertragliche Inbezugnahme eines Tarifvertrages können die Arbeitsbedingungen der Arbeitnehmer im übrigen nicht ohne weiteres entgegen dem nach § 4 Abs. 1 TVG unmittelbar und zwingend geltenden Tarifvertrag abgeändert werden.[25] Einzelvertragliche Abweichungen sind nur nach Maßgabe des § 4 Abs. 3 TVG zulässig. Jedenfalls insoweit ergeben sich gegen die Wirksamkeit einer Bezugnahmevereinbarung im Arbeitsvertrag keine Bedenken.[26]

Vielfach wird eine nur deklaratorische Wirkung der Bezugnahmeklausel angenommen.[27] Insoweit soll die einzelvertragliche Inbezugnahme des dem Geltungs-

---

23 *Ingenfeld*, Betriebsausgliederung, S. 266; *Kempen/Zachert*, TVG, § 3 Rn. 68 ff.

24 Vgl. allerdings nachstehend die Überlegungen zu einer analogen Anwendung von § 613a Abs. 1 Satz 3 BGB, von *Gamillscheg*, Kollektives Arbeitsrecht, S. 732 als „Auslegungskunststücke" bezeichnet, mit denen die Inbezugnahme eines Tarifvertrages von der bloßen inhaltlichen Ausgestaltung des Arbeitsverhältnisses in die Nähe der Tarifbindung gerückt werde.

25 Vgl. *Etzel*, NZA 1987, Beilage 1, S. 19, 23, nach dem die unmittelbare Wirkung der einschlägigen Tarifnormen nicht durch die einzelvertragliche Bezugnahme auf diesen Tarifvertrag verdrängt werden kann.

26 Ebenso LAG Düsseldorf 4.2.1993 LAGE Nr. 29 zu § 613a BGB. Dagegen hält *Ingenfeld*, Betriebsausgliederung, S. 270 Bezugnahmeklauseln in Arbeitsverhältnissen tarifgebundener Arbeitnehmer für unwirksam. So auch *Kempen/Zachert*, TVG, § 3 Rn. 76. Nach Auffassung von *Etzel*, NZA 1987, Beilage 1, S. 19, 25 ist eine einzelvertragliche Bezugnahmeklausel bei Tarifbindung der Arbeitsvertragsparteien lediglich überflüssig, da eine Änderung des ohnehin nach Tarifrecht Geltenden nicht herbeigeführt werden kann. Ebenso *Zöllner*, DB 1995, 1401, 1405.

27 BAG 29.1.1975 AP Nr. 8 zu § 4 TVG Nachwirkung; BAG 16.8.1978 AP Nr. 101 zu § 22, 23 BAT; BAG 9.12.1981 AP Nr. 8 zu § 4 BAT; *Etzel*, NZA 1987, Beilage 1, S.

bereich nach einschlägigen Tarifvertrages ohne weitere Rechtswirkungen nur die Rechtslage bestätigen, die nach Tarifrecht ohnehin besteht. Allerdings ging das Bundesarbeitsgericht auch schon von einer konstitutiven Wirkung der Bezugnahmeklausel in Arbeitsverhältnissen tarifgebundener Arbeitnehmer aus.[28] Dem Arbeitnehmer stünde dann neben dem Anspruch aus dem normativ geltenden Tarifvertrag überdies ein arbeitsvertraglicher Anspruch auf die Gewährung der tariflichen Arbeitsbedingungen zu.

In erster Linie kommt es für die Entscheidung dieser Frage auf die Auslegung der Vereinbarung der Arbeitsvertragsparteien und damit auf deren Willen an.[29] Eine rechtsbegründende Wirkung der Bezugnahmevereinbarung ist jedenfalls dann anzunehmen, wenn durch die Arbeitsvertragsparteien nicht der nach seinem Geltungsbereich einschlägige Tarifvertrag in Bezug genommen wurde. Hier bestehen keine Anhaltspunkte dafür, daß lediglich auf einen nach Tarifrecht ohnehin geltenden Zustand hingewiesen werden sollte. Es entstehen dann einzelvertragliche Inhalte entsprechend dem in Bezug genommenen Tarifvertrag, deren Wirksamkeit gegenüber dem kraft Tarifrecht anwendbaren Tarifvertrages nach § 4 Abs. 3 TVG zu beurteilen ist.

Wird dagegen durch die Arbeitsvertragsparteien der einschlägige Tarifvertrag einzelvertraglich in Bezug genommen, wollen sie dadurch regelmäßig die Behandlung aller Arbeitnehmer im Betrieb nach den tariflichen Regelungen sicherstellen. Die Vereinbarung einer solchen Bezugnahmeklausel unabhängig von der Tarifbindung des konkreten Arbeitnehmers einheitlich für alle Beschäftigten bietet sich hierfür an, da der Arbeitgeber zumeist keine Kenntnis von deren Gewerkschaftszugehörigkeit haben wird.[30] Sofern der Arbeitnehmer nicht schon aufgrund einer Mitgliedschaft in der tarifschließenden Gewerkschaft an den Tarifvertrag gebunden ist, bezwecken die Parteien damit eine konstitutive Wirkung der Bezugnahmeklausel. Da der Arbeitgeber aber von vornherein gerade nicht wissen kann, um welche Arbeitsverhältnisse es sich insoweit handelt, spricht dies zumindest von seiner Seite aus jedenfalls für die Annahme einer konstitutiven Wirkung

---

19, 25; *Frieges*, DB 1996, 1281, 1282; *Gamillscheg*, Kollektives Arbeitsrecht, S. 784; Soergel/*Raab*, BGB, § 613a Rn. 132; *J. Schipp*, NZA 1994, 865, 868; *Schipp/Schipp*, Arbeitsrecht und Privatisierung, Rn. 203, S. 93 f.
So wohl auch LAG Düsseldorf 4.2.1993 LAGE Nr. 29 zu § 613a BGB.

28 BAG 15.3.1991 AP Nr. 28 zu § 2 KSchG 1969.

29 *Hromadka/Maschmann/Wallner*, Tarifwechsel, Rn. 105.

30 Vgl. *Däubler*, ZTR 1994, 448, 452; *ders.*, NZA 1996, 225, 228; *Feger*, AiB 1995, 490, 497; *Hanau/Kania*, FS Schaub, S. 239, 248; *Hromadka*, DB 1996, 1872, 1877; *Hromadka/Maschmann/Wallner*, Tarifwechsel, Rn. 106; *Schipp/Schipp*, Arbeitsrecht und Privatisierung, Rn. 203, S. 93. Darauf weisen auch *Ingenfeld*, Betriebsausgliederung, S. 269 Fn. 179 sowie Soergel/*Raab*, BGB, § 613a Rn. 130 hin. Kritisch hingegen *Danne*, Anm. zu BAG 4.9.1996, SAE 1998, 111, 115.

des Bezugnahmevereinbarung. Die Annahme der Umwandlung in eine nur deklaratorische Bezugnahmeklausel für den Fall des Eintritts des betreffenden Arbeitnehmers in die tarifschließende Gewerkschaft nach Vereinbarung der Bezugnahmeklausel wird sich kaum begründen lassen.[31] Im Falle nur deklaratorischer Wirkung der Bezugnahmevereinbarung käme es im übrigen zu einem Geltungsverlust der tariflichen Regelungen bei Austritt des Arbeitnehmers aus der tarifschließenden Gewerkschaft. Auch diese Folge entspricht nicht dem Ziel der Arbeitsvertragsparteien, die Arbeitsbedingungen organisierter und nicht tarifgebundener Arbeitnehmer inhaltlich gleich zu gestalten.[32] Nicht herleiten läßt sich zudem die Umwandlung einer deklaratorischen in eine konstitutive Verweisung, soweit die normative Geltung des Tarifvertrages für das Arbeitsverhältnis nachträglich entfällt.[33] Daher ist regelmäßig von der konstitutiven Wirkung einer Bezugnahme auch des dem Geltungsbereich nach einschlägigen Tarifvertrages auszugehen.[34]

---

31 Vgl. *Hromadka*, DB 1996, 1872, 1877; *Hromadka/Maschmann/Wallner*, Tarifwechsel, Rn. 106 ff.

32 Darauf verweisen auch *Hromadka*, DB 1996, 1872, 1877; *Hromadka/Maschmann/Wallner*, Tarifwechsel, Rn. 106.

33 So aber *Zöllner*, DB 1995, 1401, 1405.

34 Ebenso *Däubler*, ZTR 1994, 448, 451 f.; *ders.*, NZA 1996, 225, 228; *Feger*, AiB 1995, 490, 497; *Hanau/Kania*, FS Schaub, S. 239, 248 f.; *Hromadka*, DB 1996, 1872, 1878; *Hromadka/Maschmann/Wallner*, Tarifwechsel, Rn. 106; a.A. *Schwab*, BB 1994, 781, 783.

§ 17 Weitergeltung nach § 613a Abs. 1 BGB

Fraglich ist nunmehr, ob und wie die Vereinbarung der Inbezugnahme eines Tarifvertrages im einzelnen Arbeitsvertrag nach Betriebsübergang Geltung beansprucht.

A. Weitergeltung des in Bezug genommenen Tarifvertrages

Aufgrund der Bezugnahmevereinbarung im Arbeitsvertrag kommt es zur individualrechtlichen Geltung von Tarifnormen für das Arbeitsverhältnis. Fraglich ist, ob dies zu einer Weitergeltung des in Bezug genommenen Tarifvertrages für die Arbeitsverhältnisse beim Betriebserwerber nach § 613a Abs. 1 Satz 2 BGB führen kann. Die Anwendung von § 613a Abs. 1 Satz 2 BGB setzt nach dem Wortlaut der Vorschrift die Regelung der Arbeitsverhältnisse durch Rechtsnormen eines Tarifvertrages voraus. Einerseits begrenzt der Gesetzgeber dadurch die Weitergeltungsanordnung des § 613a Abs. 1 Satz 2 BGB auf den normativen Teil des Tarifvertrages.[1] Darüber hinaus aber wird dadurch auch kenntlich gemacht, daß die normative Geltung der Tarifnormen erforderlich ist, denn nur dann erfolgt die Regelung des Arbeitsverhältnisses in einer für Rechtsnormen charakteristischen Art und Weise.[2] Die Arbeitsverhältnisse, für die eine einzelvertragliche Bezugnahmeklausel vereinbart worden ist, werden inhaltlich zwar durch Regelungen eines Tarifvertrages bestimmt, diese gelten aber mangels beiderseitiger Tarifgebundenheit der Arbeitsvertragsparteien nicht nach § 4 Abs. 1 TVG unmittelbar und zwingend.[3] Die einzelvertraglich in Bezug genommenen Tarifnormen wirken überdies von vornherein nicht kollektivrechtlich auf die Arbeitsverhältnisse ein. Insoweit geht auch die ausdrückliche Anordnung einer Weitergeltung unter Übernahme der tariflichen Regelung in das einzelne Arbeitsverhältnis durch § 613a Abs. 1 Satz 2 BGB ins Leere.[4] Die in Bezug genommenen Tarifnormen gelten daher nicht nach § 613a Abs. 1 Satz 2 BGB beim Betriebserwerber weiter.[5]

---

1 Dazu schon vorstehend § 9 B.

2 So auch BAG 4.3.1993 AP Nr. 101 zu § 613a BGB.

3 LAG Hamm 28.2.1992 AiB 1992, 539; *B. Gaul*, ZTR 1995, 387, 389; *Kania*, DB 1995, 625, 628; *Niebler/Förschner*, Betriebsveräußerung, Rn. 349, S. 118.

4 Darauf verweisen zutreffend auch BAG 4.3.1993 AP Nr. 101 zu § 613a BGB; *Schipp/Schipp*, Arbeitsrecht und Privatisierung, Rn. 175, S. 80.

5 Ebenso im Ergebnis BAG 4.3.1993 AP Nr. 101 zu § 613a BGB; *Commandeur*, Betriebs-, Firmen- und Vermögensübernahme, S. 75; *Düwell*, Betriebsübergang, S. 193, 213; *B. Gaul*, ZTR 1995, 387, 388; *D. Gaul*, Betriebsübergang, S. 280; *Hanau/Vossen*, FS Hilger/Stumpf, S. 271, 294; *Hess/Knörig*, Arbeitsrecht, Rn. 81; *Kania*, DB 1995, 625, 628; *Löwisch*, Arbeitsrechtliche Probleme, S. 71; *Moll*, RdA 1996, 275, 285; *Niebler/Förschner*, Betriebsveräußerung, Rn. 349, S. 118; Staudinger/*Richardi*, BGB, § 613a Rn. 173, 180; *Röder*, DB 1981, 1980, 1982; *Sack*, Schicksal von Altverträgen, S. 108; *Schipp/Schipp*, Arbeitsrecht und Privatisierung, Rn. 175, S. 80, Rn. 202, S. 93;

Die Diskussion um eine Anwendung von § 613a Abs. 1 Satz 2 BGB kann in diesem Zusammenhang von vornherein jedoch überhaupt nur eine Rolle spielen, soweit eine Weitergeltung der in Bezug genommenen Tarifnormen unabhängig von der Weitergeltung der Bezugnahmevereinbarung für möglich gehalten wird.[6] Bereits insoweit bestehen erhebliche Zweifel. Die Inbezugnahme eines Tarifvertrages durch die Arbeitsvertragsparteien führt nicht zu einer insoweit verselbständigten Geltung des Tarifvertrages. Die Anwendung der Tarifnormen bleibt vielmehr stets abhängig vom Schicksal der Bezugnahmevereinbarung. Insoweit stellt eine solche Vereinbarung die Voraussetzung für die individualrechtliche Geltung eines Tarifvertrages auf ein Arbeitsverhältnis dar, ebenso wie die Tarifgebundenheit der Arbeitsvertragsparteien nach § 4 Abs. 1 TVG Voraussetzung für eine normative Geltung des Tarifvertrages ist. Daher kommt es allein auf die Weitergeltung der Bezugnahmeklausel selbst an.[7]

B. Weitergeltung der Bezugnahmevereinbarung

Im Grundsatz zu Recht wird darauf hingewiesen, daß eine unwirksame einzelvertragliche Vereinbarung nicht aufgrund des Betriebsüberganges in eine wirksame Regelung umgewandelt werden könne.[8] Allerdings ist daraus nicht abzuleiten, daß für ohnehin tarifgebundene Arbeitnehmer ausschließlich § 613a Abs. 1 Satz 2 bis 4 BGB hinsichtlich des normativ geltenden Tarifvertrages gelte, da in diesen

---

Seiter, Betriebsinhaberwechsel, S. 94 f.; *Wank*, NZA 1987, 505, 509; *Wank/Brüning*, ZfA 1995, 699, 732 gegen die Anwendung von § 613a Abs. 1 Satz 2 BGB auf die Arbeitsverhältnisse tariflicher Außenseiter.

Zöllner, DB 1995, 1401, 1406 hält dies allerdings insbesondere für den Fall der dynamischen Verweisung auf einen Tarifvertrag für fraglich, in Anbetracht auch der Entscheidung BAG 9.12.1981 AP Nr. 8 zu § 4 BAT, in der die Vorstellung deutlich werde, daß tarifvertragliche Bestimmungen bei einzelvertraglicher Bezugnahme nicht in gleicher Weise in den Arbeitsvertrag eingehen, wie wenn sie direkt vereinbart würden. Er weist allerdings zu Recht darauf hin, daß selbst die Anwendung des § 613a Abs. 1 Satz 2 BGB jedenfalls keine zwingende Wirkung der Tarifnormen beim Betriebserwerber zur Folge haben könnte. Vgl. insoweit auch zur Weitergeltung beim Betriebsveräußerer dispositiv geltender Tarifnormen vorstehend § 14 B.

6 Dies wird bei der Frage nach der Weitergeltung einzelvertraglich in Bezug genommener Tarifnormen nach einem Betriebsübergang regelmäßig übersehen.

7 Dazu sogleich.

8 *Ingenfeld*, Betriebsausgliederung, S. 270; MünchKom/*Schaub*, BGB, § 613a Rn. 164; ähnlich auch das BAG 14.2.1991 AP Nr. 10 zu § 3 TVG im Hinblick auf die Verdrängung von individualrechtlich vereinbarten schlechteren Arbeitsbedingungen durch einen nur noch nachwirkenden Tarifvertrag. Danach sei ein Aufleben einer einzelvertraglichen Vereinbarung während der Nachwirkung eines Tarifvertrages grundsätzlich nicht möglich. Eine andere Entscheidung könne sich allenfalls bei Vorliegen einer ausdrücklichen Vereinbarung dahingehend, daß ein es zu einem Wiederaufleben der einzelvertraglichen Vereinbarung bei Laufzeitende des Tarifvertrages kommen solle, ergeben.

Fällen von der Unwirksamkeit einer einzelvertraglich vereinbarten Bezugnahmeklausel auszugehen sei.[9] Die Bezugnahmevereinbarung ist auch in Arbeitsverhältnissen tarifgebundener Arbeitnehmer wirksam.[10] Sie begründet sowohl für organisierte als auch nicht tarifgebundene Arbeitnehmer die Anwendung tariflicher Regelungen auf einzelvertraglicher Ebene aufgrund einer Vereinbarung zwischen den Arbeitsvertragsparteien.

Die Bindung des Betriebserwerbers an einzelvertragliche Vereinbarungen des Betriebsveräußerers mit dem Arbeitnehmer bestimmt sich nach § 613a Abs. 1 Satz 1 BGB. Danach hat der Betriebserwerber in die mit dem Betriebsveräußerer geschlossenen Arbeitsverträge einzutreten. Daraus ergibt sich, daß die Bezugnahmevereinbarung Teil des auf den Betriebserwerber mit Betriebsübergang übergehenden Arbeitsverhältnisses bleibt. Sie gilt als von vornherein nur einzelvertragliche Regelung nach § 613a Abs. 1 Satz 1 BGB weiter.[11] Eine Anwendung von § 613a Abs. 1 Satz 2 BGB auf die Bezugnahmeklausel kommt dagegen nicht in Betracht - schließlich handelt es sich bei der einzelvertraglichen Vereinbarung über die Anwendung eines Tarifvertrages selbst nicht um Rechtsnormen des Tarifvertrages.[12] Auf die Anordnung deren Weitergeltung beschränkt sich aber der

---

9 So aber *Ingenfeld*, Betriebsausgliederung, S. 270.

10 Vgl. vorstehend § 16 B.

11 LAG Düsseldorf 4.2.1993 LAGE Nr. 29 zu § 613a BGB; RGRK/*Ascheid*, BGB, § 613a Rn. 201, 222; *Balze/Rebel/Schuck*, Outsourcing, S. 181; *Bauer*, Unternehmensveräußerung, S. 112; *ders.*, FS Schaub, S. 19, 35; *Berscheid*, Betriebsinhaberwechsel, Rn. 121; *Buchner*, GmbHR 1997, 434, 439; *Commandeur*, Betriebs-, Firmen- und Vermögensübernahme, S. 76; *Däubler*, Tarifvertragsrecht, Rn. 1550, S. 645; *Düwell*, Betriebsübergang, S. 193, 213; *B. Gaul*, ZTR 1995, 387, 389; *ders.*, NZA 1998, 9, 16; *D. Gaul*, Betriebsübergang, S. 280; *ders.*, ZTR 1989, 432, 435; *Gussen/Dauck*, Weitergeltung, Rn. 257, S. 167; Erman/*Hanau*, BGB, § 613a Rn. 100; *Hanau/Vossen*, FS Hilger/Stumpf, S. 271, 294; *Hanau/Kania*, FS Schaub, S. 239, 256; *Henssler*, FS Schaub, S. 311, 322; *Hess/Knörig*, Arbeitsrecht, Rn. 81; *Ingenfeld*, Betriebsausgliederung, S. 267; *Kamlah*, Bestandsschutz, S. 124; *Kania*, DB 1994, 529, 532; *ders.*, DB 1995, 625, 628; *Kittner/Trittin*, Kündigungsschutzrecht, § 613a BGB Rn. 179; *Löwisch*, Arbeitsrechtliche Probleme, S. 71; *Niebler/Förschner*, Betriebsveräußerung, Rn. 349, S. 118; GK-KR/*Pfeiffer*, § 613a BGB Rn. 93; ErfurtKom/*Preis*, § 613a BGB Rn. 66; *Preis/Steffan*, FS Kraft, S. 477, 488; Soergel/*Raab*, BGB, § 613a Rn. 108, 129; Staudinger/*Richardi*, BGB, § 613a Rn. 173, 180; *Röder*, DB 1981, 1980, 1982; *Sack*, Schicksal von Altverträgen, S. 108; MünchKom/*Schaub*, BGB, § 613a Rn. 194; *ders.*, Arbeitsrechtshandbuch, S. 711; *ders.*, ArbRGW 18 (1981), 71, 81; *ders.*, ZIP 1984, 272, 279; *Schiefer*, NJW 1998, 1817, 1822; *ders.*, FA 1988, 270; *Schipp/Schipp*, Arbeitsrecht und Privatisierung, Rn. 202, S. 93; *Seiter*, Betriebsinhaberwechsel, S. 94 f.; *ders.*, DB 1980, 877, 878; MünchArbR/*Wank*, § 120 Rn. 183; *ders.*, NZA 1987, 505, 506, 509; *ders.*, Anm. zu BAG 19.3.1986, SAE 1987, 142, 143; *Wank/Brüning*, ZfA 1995, 699, 732.

12 Mißverständlich *Heinze*, FS Henckel, S. 401, 407, nach dem es des Eingehens der tariflichen Regelungen nach § 613a Abs. 1 Satz 2 BGB in das Arbeitsverhältnis nicht be-

Anwendungsbereich der Vorschrift. Daher kommt dieser Vereinbarung nach Betriebsübergang auch nicht die, auf längstens ein Jahr befristete, einseitig zwingende Wirkung nach § 613a Abs. 1 Satz 2 BGB zu.[13]

C. Art und Weise der Geltung der in Bezug genommenen Tarifnormen nach Betriebsübergang

Ungeachtet dessen wird angenommen, daß die in Bezug genommenen tariflichen Regelungen für das Arbeitsverhältnis zwingend nach Maßgabe von § 613a Abs. 1 Satz 2 und 4 BGB gelten sollen. Dies wird damit begründet, daß die Arbeitsvertragsparteien mit der Vereinbarung einer Bezugnahmeklausel regelmäßig eine Gleichstellung der nicht organisierten und der tarifgebundenen Arbeitnehmer - für die schließlich und unbestritten hinsichtlich des vorrangigen normativ geltenden Tarifvertrages § 613a Abs. 1 Satz 2 bis 4 BGB zur Anwendung kommt - bezweckten.[14] Folgt man dieser Auffassung, so ergibt sich aber die folgende - in sich widersprüchliche - Rechtslage. Für die Bezugnahmevereinbarung gilt § 613a Abs. 1 Satz 2 BGB nicht, diese kann daher jederzeit nach Betriebsübergang auch zuungunsten der Arbeitnehmer geändert werden. Nicht so aber könnten hinsichtlich der in Bezug genommenen tariflichen Regelungen, für die § 613a Abs. 1 Satz 2 BGB eingreifen soll, ohne weiteres Abänderungen vereinbart werden.[15]

Diese Konstruktion muß angesichts der Abhängigkeit der einzelvertraglich in Bezug genommenen Tarifnormen vom Schicksal der Bezugnahmevereinbarung Zweifel wecken. Offen bleibt, woraus sich eine solche „mittelbar zwingende Wirkung"[16] der in Bezug genommenen Tarifnormen ergeben soll.[17] Allenfalls ist im Hinblick auf die häufig bezweckte Gleichstellung der nicht organisierten mit

---

darf, weil der in Bezug genommene Tarifvertrag bereits in das Arbeitsverhältnis transformiert ist.

13 RGRK/*Ascheid*, BGB, § 613a Rn. 201; *Balze/Rebel/Schuck*, Outsourcing, S. 181; *Commandeur*, Betriebs-, Firmen- und Vermögensübernahme, S. 76; *Däubler*, Tarifvertragsrecht, Rn. 1550, S. 645; *Gamillscheg*, Kollektives Arbeitsrecht, S. 785; *Niebler/Förschner*, Betriebsveräußerung, Rn. 349, S. 118; *J. Schipp*, NZA 1994, 865; *Seiter*, Betriebsinhaberwechsel, S. 94 f.; *Wank*, NZA 1987, 505, 506; *Wank/Brüning*, ZfA 1995, 699, 732.
Mißverständlich ist insoweit aber der Hinweis von *Gamillscheg*, Kollektives Arbeitsrecht, S. 785, nach dem die durch in Bezug genommene Tarifnormen bestimmten Arbeitsbedingungen vom Betriebserwerber ohne Beschränkung auf ein Jahr zu wahren sind. Auch eine Anwendung von § 613a Abs. 1 Satz 2 BGB würde jedenfalls nicht zu einer automatischen Veränderung der Arbeitsbedingungen der übernommenen Arbeitnehmer nach Fristablauf führen.

14 *Wiedemann*, FS Fleck, S. 477, 454.

15 *Wiedemann*, FS Fleck, S. 477, 454.

16 *Wiedemann*, FS Fleck, S. 477, 454.

17 Kritisch wie hier *Zöllner*, DB 1995, 1401, 1406 Fn. 51.

den tarifgebundenen Arbeitnehmern beim Betriebsveräußerer[18] denkbar, daß die Arbeitsvertragsparteien hinsichtlich der Bezugnahmevereinbarung selbst, vergleichbar der zwingenden Wirkung normativ geltender Tarifnormen nach § 4 Abs. 1 TVG, Änderungen des Arbeitsvertrages nicht bzw. nur unter bestimmten Bedingungen zulassen wollten. Dies ist durch Auslegung des Arbeitsvertrages im Einzelfall zu klären.[19] Liegt eine derartige Gestaltung des Individualvertrages vor, geht die Bezugnahmevereinbarung auch mit dieser Wirkung nach § 613a Abs. 1 Satz 1 BGB auf den Betriebserwerber über. Dann handelt es sich aber um einen von den Arbeitsvertragsparteien vereinbarten Ausschluß der Abänderung von Arbeitsbedingungen hinsichtlich des in Bezug genommenen Tarifvertrages, der auch gegenüber dem Betriebserwerber wirkt. Nicht zur Anwendung kommen kann hier § 613a Abs. 1 Satz 2 BGB.[20]

---

18 Dazu noch nachstehend § 18 A II 2.

19 *Gamillscheg*, Kollektives Arbeitsrecht, S. 739 will dagegen stets das Ende der Wirkung der Bezugnahmeklausel nach Betriebsübergang annehmen, wenn bei beiderseitiger Tarifbindung auch die unmittelbare Wirkung der Tarifnorm enden würde, so wenn die Tarifnorm selbst ende oder das Arbeitsverhältnis aus dem Bereich der Zuständigkeit der berufenen Tarifnorm hinaus wachse.

20 *Bachner*, AiB 1996, 291, 304; *Bolck*, ZTR 1994, 14, 16; *Niebler/Förschner*, Betriebsveräußerung, Rn. 349, S. 118; *Schiefer*, FA 1998, 270; *Wank*, NZA 1987, 505, 506; *Wank/Brüning*, ZfA 1995, 699, 732.

§ 18 Arbeitsbedingungen der Arbeitnehmer nach Betriebsübergang

Nach Betriebsübergang enthält der Arbeitsvertrag des übernommenen Arbeitnehmers beim Betriebserwerber damit nach § 613a Abs. 1 Satz 1 BGB ebenso wie schon beim Betriebsveräußerer die Vereinbarung der einzelvertraglichen Inbezugnahme eines Tarifvertrages. Allerdings geht damit nicht notwendig einher, daß die Arbeitsbedingungen der vom Betriebsübergang betroffenen Arbeitnehmer daraufhin tatsächlich unverändert fortbestehen. Dies ist regelmäßig dann nicht der Fall, wenn sich die Bezugnahmevereinbarung beim Betriebserwerber auf einen anderen als den bisher zur Anwendung gekommenen Tarifvertrag bezieht.[1]

A. Auslegung der Bezugnahmevereinbarung

Die Arbeitsbedingungen der Arbeitnehmer nach Betriebsübergang hängen maßgeblich von dem Inhalt der mit dem Betriebsveräußerer im Einzelfall vereinbarten Bezugnahmeklausel ab.

I. Inhalte einzelvertraglicher Bezugnahmeklauseln

Der Tarifvertrag, der auf das Arbeitsverhältnis aufgrund der Bezugnahmevereinbarung Anwendung finden soll, kann durch die Vertragsparteien frei unter Benennung unterschiedlicher Kriterien, die miteinander kombiniert werden können, bestimmt werden. Die Vereinbarung muß dabei so eindeutig sein, daß zumindest bestimmbar ist, auf welchen Tarifvertrag sich die Verweisung bezieht.[2] In Zweifelsfällen entscheidet über die Frage nach dem maßgeblichen Tarifvertrag die Auslegung der einzelvertraglichen Regelung. Die Auslegung der Bezugnahmeklausel als einzelvertraglicher Vereinbarung richtet sich nach den für Verträge im übrigen geltenden Regeln der §§ 137, 145 BGB.[3] Insoweit ist hier zwischen der Inbezugnahme und dem in Bezug genommenen Tarifvertrag zu unterscheiden.[4] Lediglich Zweifel über den Inhalt der tariflichen Regelungen selbst sind nach den für Tarifverträge geltenden Auslegungsmethoden zu beheben.[5]

---

1 Vgl. auch Soergel/*Raab*, BGB, § 613a Rn. 129.

2 *Etzel*, NZA 1987, Beilage 1, S. 19, 25 f.

3 BAG 6.12.1990 AP Nr. 2 zu § 1 TVG Bezugnahme auf Tarifvertrag; *Gamillscheg*, Kollektives Arbeitsrecht, S. 735; *Seibert*, NZA 1985, 730.

4 Darauf weist zutreffend auch *Seibert*, NZA 1985, 730 hin.

5 *Gamillscheg*, Kollektives Arbeitsrecht, S. 735; *Kempen/Zachert*, TVG, § 3 Rn. 99; *Wiedemann/Stumpf*, TVG, § 3 Rn. 111. Auch das BAG 28.4.1988 AP Nr. 25 zu § 622 BGB verweist auf die Gefahr einer sonst gespaltenen Auslegung der Tarifnormen, die der Wahrung der Rechtseinheit entgegen stünde. Die Vorstellungen der Arbeitsvertragsparteien seien insoweit unerheblich, da keine Vereinbarung über den Inhalt der ta-

Im Rahmen der Auslegung der Bezugnahmevereinbarung wird damit insbesondere heranzuziehen sein, was die Arbeitsvertragsparteien mit der Vereinbarung der Bezugnahmeklausel bezweckt haben.[6] Hier können unterschiedliche Gesichtspunkte maßgeblich werden. Die Inbezugnahme eines Tarifvertrages im Arbeitsverhältnis hat in erster Linie den Zweck, die Anwendung eines Tarifvertrages für das Arbeitsverhältnis jedenfalls auf individualrechtlicher Ebene unabhängig von der Tarifgebundenheit der Arbeitsvertragsparteien herbeizuführen. Dies kann allein aufgrund des Vertrauens der Arbeitsvertragsparteien in die Richtigkeitsgewähr tariflicher Regelungen geschehen. Häufig ist die einzelvertragliche Inbezugnahme eines Tarifvertrages aber darüber hinaus auch das Mittel dazu, gleiche Arbeitsbedingungen für alle im Betrieb beschäftigten Arbeitnehmer sicherzustellen. Zudem läßt der Gesetzgeber in bestimmten Fällen von gesetzlichen Vorschriften abweichende einzelvertragliche Vereinbarungen nur zu, soweit diese in der Bezugnahme auf einen einschlägigen Tarifvertrag bestehen und diesen zur Anwendung bringen. Auf die damit verbundenen Unterschiede in der Beurteilung der Bezugnahmeklauseln ist nachfolgend einzugehen.

1. Dynamische oder statische Bezugnahmeklausel

Die Arbeitsvertragsparteien können dynamisch oder statisch auf einen Tarifvertrag verweisen. Im Falle statischer Inbezugnahme sollen die zu einem bestimmten Zeitpunkt geltenden tariflichen Regelungen auf das Arbeitsverhältnis Anwendung finden, ungeachtet späterer Abänderungen durch die Tarifvertragsparteien. Einer solchen Vereinbarung stehen keine Bedenken entgegen.[7] Zu unterscheiden ist dabei nach der Bezugnahme eines individualisierten Tarifvertrages in einer bestimmten Fassung und der bloßen Verweisung auf zu einem bestimmten Zeitpunkt geltende tarifliche Regelungen, ohne damit auf einen speziellen Tarifvertrag Bezug zu nehmen.

Die Vereinbarung einer dynamischen Bezugnahmeklausel führt zu der Anwendung des in zeitlicher Hinsicht jeweils in Kraft befindlichen Tarifvertrages auf das Arbeitsverhältnis.[8] Eine rein dynamische Bezugnahmevereinbarung wird regelmäßig daran zu erkennen sein, daß auf den jeweils geltenden Tarifvertrag verwiesen wird.[9] Damit unterwerfen sich die Arbeitsvertragsparteien im voraus auch

---

riflichen Vorschrift getroffen werden sollte, sondern diese als das Arbeitsverhältnis regelndes objektives Recht in bezug genommen worden ist.

6 Vgl. auch *Hromadka/Maschmann/Wallner*, Tarifwechsel, Rn. 110, 113; Soergel/*Raab*, BGB, § 613a Rn. 130.

7 *Gamillscheg*, Kollektives Arbeitsrecht, S. 738; *Hromadka/Maschmann/Wallner*, Tarifwechsel, Rn. 86.

8 *v. Hoyningen-Huene*, RdA 1974, 138, 139 f.

9 Soweit hingegen die einzelvertragliche Geltung tariflicher Regelungen auch in Abhängigkeit von dem nach seinem Geltungsbereich anwendbaren Tarifvertrag durch die Ar-

noch nicht bestehenden Regelungen. Die Vereinbarung einer solchen Bezugnahmeklausel unterliegt im Hinblick auf den Grundsatz der Vertragsfreiheit keinen Bedenken.[10] Lediglich zweifelhaft ist, ob hinsichtlich der Anwendung späterer Tarifverträge Einschränkungen derart vorzunehmen sind, daß nur solche Tarifnormen für das Arbeitsverhältnis aufgrund der Bezugnahmevereinbarung Geltung erlangen können, mit denen die Arbeitsvertragsparteien billiger- und gerechterweise rechnen konnten.[11] Hiergegen kann wohl zu Recht eingewandt werden, daß auch tarifgebundene Arbeitgeber wie Arbeitnehmer an einen neuen Tarifvertrag ohne derartige Einschränkungen gebunden sind. Insoweit besteht kaum Anlaß für eine Besserstellung der tariflichen Außenseiter, die den Tarifvertrag in Bezug nehmen. Die gegenteilige Auffassung läuft hingegen letztlich auf eine mittelbare Billigkeitskontrolle tariflicher Regelungen hinaus.[12]

In Zweifelsfällen kommt es für die Entscheidung, ob eine dynamische oder statische Inbezugnahme tariflicher Regelungen durch die Arbeitsvertragsparteien vor Betriebsübergang vereinbart wurde, auf die hiermit verfolgten Ziele an. Regelmäßig ist in diesem Zusammenhang bei bestehender Tarifgebundenheit des Betriebsveräußerers davon auszugehen, daß über die Vereinbarung einer Bezugnahmeklausel eine Vereinheitlichung der Arbeitsbedingungen tarifgebundener Arbeitnehmer und der tariflichen Außenseiter erfolgen soll.[13] Daher wird zumeist das Vorliegen einer dynamischen Bezugnahmeklausel anzunehmen sein, da auch tarifgebundene Arbeitnehmer sich den Änderungen ihrer Arbeitsbedingungen ent-

---

beitsvertragsparteien bezweckt wird, wird der „jeweils einschlägige Tarifvertrag" in Bezug genommen. Diese Terminologie wird jedoch nicht einheitlich gebraucht. Auch insoweit wird daher gegebenenfalls eine Auslegung der Bezugnahmevereinbarung erforderlich. Vgl. auch BAG 29.1.1975 AP Nr. 8 zu § 4 TVG Nachwirkung sowie *Moll*, RdA 1996, 275, 286, wonach die dynamische Bezugnahme auf den jeweils geltenden Tarifvertrag sowohl die zeitlich aufeinanderfolgenden als auch die jeweils dem Geltungsbereich nach anwendbaren Tarifnormen meine. *Hanau/Kania*, FS Schaub, S. 239, 245 konstatieren insoweit, daß auf die exakte Wahl der richtigen Umschreibung des Gewollten durch die Arbeitsvertragsparteien erstaunlich wenig Mühe verwendet werde.

10 *Etzel*, NZA 1987, Beilage 1, S. 19, 26.

11 So BAG 14.3.1961 AP Nr. 78 zu § 242 BGB Ruhegehalt; *Hromadka/Maschmann/Wallner*, Tarifwechsel, Rn. 83; *Wiedemann/Stumpf*, TVG, § 3 Rn. 103; dagegen *Etzel*, NZA 1987, Beilage 1, S. 19, 27 sowie *Hanau/Kania*, FS Schaub, S. 239, 249, soweit es sich um die bloße Änderung des bei Vertragsschluß geltenden Tarifvertrages handelt. Die Angemessenheit späterer Regelungen, die *Hanau/Kania* zwar grundsätzlich für maßgeblich halten, sei insoweit auch angesichts der auch dem geänderten Tarifvertrag zukommenden Richtigkeitsgewähr kaum zu verneinen.

12 Darauf verweist *Etzel*, NZA 1987, Beilage 1, S. 19, 27.

13 Zu weit aber *Gamillscheg*, Kollektives Arbeitsrecht, S. 732, der dies als „praktische Notwendigkeit" bezeichnet.

sprechend dem jeweils geltenden Tarifvertrag ausgesetzt sehen.[14] Weitere Anhaltspunkte für das Verständnis der im Einzelarbeitsvertrag getroffenen Vereinbarung können dem tatsächlichen Verhalten der Vertragsparteien entnommen werden. So spricht für eine dynamische Bezugnahmevereinbarung, daß der tarifgebundene Betriebsveräußerer Änderungen des jeweiligen Tarifvertrages auch bisher im Verhältnis zu den nicht tarifgebundenen Arbeitnehmern zur Anwendung gebracht hat.[15]

Es liegt zumeist auch nicht im Interesse der Arbeitsvertragsparteien, die Arbeitsbedingungen durch die statische Inbezugnahme eines Tarifvertrages von jeglicher Weiterentwicklung auszunehmen.[16] Tarifverträge sind ihrer Natur nach nicht statisch, sondern der Anpassung an wirtschaftliche Entwicklungen durch Abänderung ausgesetzt.[17] Zudem hat eine Bezugnahmeklausel häufig auch den Zweck, die tarifvertraglich geregelten Arbeitsbedingungen zur Anwendung zu bringen, ohne den vollständigen Wortlaut im Arbeitsvertrag übernehmen zu müssen.[18] Bestimmte Arbeitsbedingungen, die unabhängig von einer Änderung tariflicher Regelungen gelten sollen, könnten dennoch einfacher im Arbeitsvertrag selbst festgehalten werden.[19] Regelmäßig ist daher, soweit nicht ausdrücklich und eindeutig nur ein Tarifvertrag in einer bestimmten Fassung in Bezug genommen ist, von der Vereinbarung einer dynamischen Bezugnahmeklausel durch die Arbeitsvertragsparteien auszugehen.[20] Dies gilt häufig selbst dann, wenn der in Bezug genomme-

---

[14] BAG 20.3.1991 AP Nr. 20 zu § 4 TVG Tarifkonkurrenz; *Feger*, AiB 1995, 490, 497; *Hanau/Kania*, FS Schaub, S. 239, 246, 249 f.; *Zöllner*, DB 1995, 1401, 1407. Eine andere Beurteilung drängt sich damit regelmäßig auf, wenn ein Tarifvertrag in Bezug genommen wurde, der für das Arbeitsverhältnis nicht nach seinem Geltungsbereich einschlägig ist, *B. Gaul*, NZA 1998, 9, 11.

[15] Vgl. *Hromadka/Maschmann/Wallner*, Tarifwechsel, Rn. 123.

[16] Darauf verweist besonders BAG 20.3.1991 AP Nr. 20 zu § 4 TVG Tarifkonkurrenz, wonach die Einbeziehung auch künftiger Tarifvertragsänderungen über die Annahme einer dynamischen Verweisung als grundsätzlich sachnäher anzusehen sei. Auf die beabsichtigte Zukunftswirkung eines Arbeitsverhältnisses stellt auch LAG Niedersachsen 14.6.1990 LAGE Nr. 1 zu § 4 TVG Tarifpluralität ab.

[17] *B. Gaul*, NZA 1998, 9, 11; *Seibert*, NZA 1985, 730, 731.

[18] Vgl. *B. Gaul*, NZA 1998, 9, 11.

[19] *Seibert*, NZA 1985, 730, 731.

[20] BAG 22.8.1979 AP Nr. 3 zu § 611 BGB Deputat; BAG 10.8.1982 AP Nr. 7 zu § 5 BetrAVG; BAG 20.3.1991 AP Nr. 20 zu § 4 TVG Tarifkonkurrenz; *Däubler*, Tarifvertragsrecht, Rn. 333, S. 192; *ders.*, ZTR 1994, 448, 451; *ders.*, NZA 1996, 225, 228; *Feger*, AiB 1995, 490, 497; *Frieges*, DB 1996, 1281, 1282; *Gamillscheg*, Kollektives Arbeitsrecht, S. 732, 738; *B. Gaul*, NZA 1995, 717, 722; *ders.*, NZA 1998, 9, 10 f.; *D. Gaul*, Betriebsübergang, S. 281; *ders.*, ZTR 1991, 188, 193; *Hanau/Kania*, FS Schaub, S. 239, 246; MünchArbR/*Löwisch*, § 262 Rn. 11; *Löwisch/Rieble*, TVG, § 3 Rn. 109; *Moll*, RdA 1996, 275, 286; *G. Müller*, RdA 1990, 321, 322 f.; *Schwab*, BB 1994, 781, 783.

ne Tarifvertrag durch eine Datumsangabe konkretisiert ist. Allerdings bedarf es insoweit besonderer Anhaltspunkte in der tatsächlichen Umsetzung der Arbeitsbedingungen, die die daraus folgende Vermutung der Vereinbarung einer nur statischen Bezugnahme entkräftet.[21]

2. Bestimmung des Tarifvertrages nach seinem Geltungsbereich

Der in Bezug genommene Tarifvertrag kann ausdrücklich nach seinem Geltungsbereich in räumlicher, persönlicher, fachlicher oder betrieblicher Hinsicht von den Arbeitsvertragsparteien bestimmt werden. Insoweit kann durch Bezugnahmeklausel ein Tarifvertrag einzelvertraglich zur Anwendung gebracht werden, dessen Geltungsbereich das Arbeitsverhältnis nicht erfaßt.[22] Demgegenüber können sich die Arbeitsvertragsparteien aber auch darauf beschränken, die Geltung des (jeweils) einschlägigen Tarifvertrages einzelvertraglich zu vereinbaren.[23]

Soweit im Hinblick auf den maßgeblichen Geltungsbereich des Tarifvertrages keine weiteren Angaben im Einzelarbeitsvertrag gemacht werden und lediglich generell auf tarifliche Bestimmungen verwiesen wird, ist im Zweifel der für den Betrieb des Arbeitnehmers dem Geltungsbereich nach einschlägige Tarifvertrag in Bezug genommen.[24] Bestehen bei entsprechender Tarifbindung des Arbeitgebers

---

A.A. mit Blick auf die weitreichenden Folgen späterer tariflicher Änderungen aber LAG Düsseldorf 8.8.1955 BB 1956, 595; LAG Frankfurt 5.1.1988 LAGE Nr. 2 zu § 3 TVG Bezugnahme auf Tarifvertrag; ArbG Ulm 16.4.1951 BB 1951, 502; *Gumpert*, BB 1960, 100, 101; *Herschel*, DB 1969, 659, 661; *Hueck/Nipperdey*, Arbeitsrecht, § 23 B III, S. 484.

Gegen eine Vermutung, daß sich die Bezugnahmeklausel im Zweifel auf den jeweiligen Tarifvertrag bezieht auch *Etzel*, NZA 1987, Beilage 1, S. 19, 27 sowie *v. Hoyningen-Huene*, RdA 1974, 138, 146; *Kempen/Zachert*, TVG, § 3 Rn. 88; *Wiedemann/Stumpf*, TVG, § 3 Rn. 98, nach denen wegen der weittragenden Bedeutung sich die Inbezugnahme des jeweiligen Tarifvertrages eindeutig aus dem Einzelarbeitsvertrag ergeben muß. Demgegenüber führt BAG 29.1.1991 AP Nr. 23 zu § 18 BetrAVG aus, daß die Arbeitsvertragsparteien, die keine dynamische Verweisung bezweckten, sondern bestimmte tarifliche Versorgungsregelungen zum Inhalt der Arbeitsverträge machen wollten, dies wegen der weitreichenden Folgen einer solchen Vereinbarung unter Verweis auf sodann fehlende betriebseinheitliche Versorgungsregelungen eindeutig klarstellen müßten.

21 Vgl. auch insoweit *B. Gaul*, NZA 1998, 9, 11.

22 Zur Wirksamkeit derartiger Vereinbarungen *Hromadka/Maschmann/Wallner*, Tarifwechsel, Rn. 391. *Zumkeller*, DStR 1998, 1966 sieht diese Möglichkeit allerdings darauf beschränkt, daß und soweit das Arbeitsverhältnis mit dem Tarifvertrag, der angewendet werden soll, vom sachlichen Zuständigkeitsbereich her in Verbindung steht.

23 *B. Gaul*, NZA 1998, 9, 10; *v. Hoyningen-Huene*, RdA 1974, 138, 139.

24 BAG 5.11.1963 AP Nr. 1 zu § 1 TVG Bezugnahme auf Tarifvertrag; *Etzel*, NZA 1987, Beilage 1, S. 19, 26; *Gamillscheg*, Kollektives Arbeitsrecht, S. 737; *Wiedemann/Stumpf*, TVG, § 3 Rn. 96.

Tarifverträge mit mehreren Gewerkschaften, so gilt für den Außenseiter der Tarifvertrag, der für die Mehrheit der Belegschaft verbindlich ist.[25]

Ist hingegen eine dahingehende ausdrückliche Bestimmung getroffen worden, kommt es für die Anwendung dieses Tarifvertrages aufgrund der Bezugnahmeklausel nicht darauf an, ob das Arbeitsverhältnis tatsächlich in den Geltungsbereich dieses Tarifvertrages fällt.[26] Insoweit bestehen hier Unterschiede zur normativen Geltung eines Tarifvertrages aufgrund beiderseitiger Tarifgebundenheit nach § 4 Abs. 1 TVG.

II. Inhalt der Bezugnahmevereinbarung nach Betriebsübergang

Die zwischen Betriebsveräußerer und Arbeitnehmer getroffene Bezugnahmevereinbarung geht nach § 613a Abs. 1 Satz 1 BGB mit unverändertem Inhalt auf den Betriebserwerber über. Es erfolgt insbesondere keine automatische Anpassung dahingehend, daß nunmehr lediglich beim Betriebserwerber einschlägige und geltende tarifliche Regelungen für das Arbeitsverhältnis Anwendung finden.[27] Für die Arbeitsbedingungen der Arbeitnehmer nach Betriebsübergang ist jedoch entscheidend, auf welchen Tarifvertrag sich die bestehende Bezugnahmevereinbarung beim Betriebserwerber bezieht. So kann nach Betriebsübergang die (ergänzende) Auslegung der getroffenen Bezugnahmevereinbarung unter Umständen ergeben, daß nunmehr ein anderer Tarifvertrag auf die Arbeitsverhältnisse der übernommenen Arbeitnehmer Anwendung findet.[28]

1. Dynamische oder statische Bezugnahmeklausel

Die Charakterisierung einer einzelvertraglichen Bezugnahmeklausel beim Betriebsveräußerer als statisch oder dynamisch ist auch für die Arbeitsbedingungen der Arbeitnehmer nach Betriebsübergang von Bedeutung. Wird beim Betriebserwerber auf einen Tarifvertrag in einer bestimmten Fassung verwiesen, so führt die

---

25 *Gamillscheg*, Kollektives Arbeitsrecht, S. 737; für die Anwendung der günstigeren Regelung dagegen *Löwisch/Rieble*, TVG, § 3 Rn. 120; wohl auch *B. Müller*, NZA 1989, 449, 452.

26 *Etzel*, NZA 1987, Beilage 1, S. 19, 26.

27 Darauf weist zutreffend LAG Düsseldorf 4.2.1993 LAGE Nr. 29 zu § 613a BGB hin.

28 *B. Gaul*, NZA 1995, 717, 722; *Hanau/Kania*, FS Schaub, S. 239, 257; Staudinger/*Richardi*, BGB, § 613a Rn. 181; *Wank*, NZA 1987, 505, 509. Die für eine ergänzende Vertragsauslegung erforderliche Lückenhaftigkeit der Vereinbarung, auf die LAG Düsseldorf 4.2.1993 LAGE Nr. 29 zu § 613a BGB zu Recht verweist, ergibt sich daraus, daß die Vertragsparteien regelmäßig keine Regelung über die Rechtsfolgen eines Betriebsübergangs für die Bezugnahmevereinbarung aufgenommen haben. Vgl. auch *Hanau/Kania*, FS Schaub, S. 239, 247 zum Verhältnis Vertragsauslegung - ergänzende Vertragsauslegung. Kritisch *Hromadka/Maschmann/Wallner*, Tarifwechsel, Rn. 405 ff.

nach § 613a Abs. 1 Satz 1 BGB weitergeltende Bezugnahmeklausel nach Betriebsübergang weiterhin zur Anwendung des Tarifvertrages in dieser Fassung auf das betroffene Arbeitsverhältnis.[29] Anderes kann aber gelten, sofern für das Bestehen der anzuwendenden Tarifnormen ein benannter Zeitpunkt maßgeblich ist. Hier kommt es für die Frage, ob weiterhin der beim Betriebsveräußerer einschlägige Tarifvertrag auf das Arbeitsverhältnis nach Betriebsübergang Anwendung findet, darauf an, ob sich die Bezugnahmevereinbarung auf diesen Tarifvertrag beschränkt. Ebenso möglich ist es grundsätzlich, daß die Arbeitsvertragsparteien den jeweils einschlägigen Tarifvertrag[30] in der Fassung, wie er zu dem bestimmten Zeitpunkt galt, zur Anwendung bringen wollten.

Auch eine beim Betriebsveräußerer geltende dynamische Bezugnahmevereinbarung ändert diesen Charakter nicht infolge des Betriebsübergangs. Damit unterliegen die Arbeitsbedingungen der übernommenen Arbeitnehmer in diesem Fall auch beim Betriebserwerber den jeweiligen Veränderungen des in Bezug genommenen Tarifvertrages.

2. Bestimmung des Tarifvertrages nach seinem Geltungsbereich

Problematisch ist die Bestimmung des aufgrund einzelvertraglicher Inbezugnahme für die übernommenen Arbeitnehmer maßgeblichen Tarifvertrages insbesondere, soweit der Betrieb nach Betriebsübergang in den Geltungsbereich eines anderen Tarifvertrages fällt. Es fragt sich dabei, unter welchen Voraussetzungen der beim Betriebserwerber einschlägige Tarifvertrag für die Arbeitsbedingungen der übernommenen Arbeitnehmer maßgeblich werden kann.[31] Dabei ist nach der mit dem Betriebsveräußerer getroffenen Bezugnahmevereinbarung zu unterscheiden.

a. Bezugnahme auf einen bestimmten Tarifvertrag

Haben die Arbeitsvertragsparteien vor Betriebsübergang einen dem Geltungsbereich nach ausdrücklich bestimmten Tarifvertrag in Bezug genommen, scheinen sich auf den ersten Blick aufgrund des Betriebsüberganges keine Veränderungen

---

29 Ebenso *Hromadka/Maschmann/Wallner*, Tarifwechsel, Rn. 467; *Spirolke*, Betriebsübergang, S. 79.

30 Dazu noch nachstehend § 18 A II 2b.

31 Nicht zuzustimmen ist insoweit *Hromadka/Maschmann/Wallner*, Tarifwechsel, Rn. 398, nach denen zu unterscheiden sei zwischen dem Schicksal der einzelvertraglichen Verweisung auf den bisher anwendbaren Tarifvertrag und der Frage der Bestimmung der Arbeitsbedingungen nach Betriebsübergang; dabei gebe es zumindest grundsätzlich sowohl die Möglichkeit der Inbezugnahme des neuen Tarifvertrages als auch „inhaltsleerer" Arbeitsverhältnisse. Denn die Bezugnahmeklausel gilt nach § 613a Abs. 1 Satz 1 BGB auch nach Betriebsübergang. Damit findet jedenfalls ein Tarifvertrag auf das Arbeitsverhältnis Anwendung, zu klären ist nur, um welchen Tarifvertrag es sich dabei handelt. „Inhaltsleere" Arbeitsverhältnisse können hingegen nicht entstehen.

der Arbeitsbedingungen der übernommenen Arbeitnehmer ergeben zu können.[32] Dennoch muß sich hier im Einzelfall nach dem Willen der Arbeitsvertragsparteien die Inbezugnahme entweder eines beim Betriebsveräußerer ohnehin einschlägigen oder eines gänzlich fachfremden Tarifvertrages auswirken.

(1) Fachfremder Tarifvertrag

Wird beim Betriebsveräußerer ausdrücklich auf einen Tarifvertrag verwiesen, in dessen Geltungsbereich das Arbeitsverhältnis nicht fällt, kommt es den Parteien des Arbeitsvertrages offensichtlich gerade auf die Anwendung dieses Tarifvertrages an. Dagegen geht es nicht um eine Vereinheitlichung der Arbeitsbedingungen (nicht) tarifgebundener Arbeitnehmer, da für die normative Geltung der tariflichen Regelungen der Geltungsbereich des Tarifvertrages von Bedeutung ist.[33] Damit aber entfällt eine - am Willen der Vertragsparteien zu orientierende - Auslegung der getroffenen Bezugnahmevereinbarung dahingehend, daß nach Betriebsübergang andere als der genannte bzw. dem genannten Geltungsbereich entsprechende Tarifverträge zur Anwendung kommen. Insoweit ändern sich die Arbeitsbedingungen der übernommenen Arbeitnehmer nach Betriebsübergang daher nicht. Auch nach Betriebsübergang findet der ausdrücklich beim Betriebsveräußerer in Bezug genommene Tarifvertrag Anwendung.[34]

---

32 Allerdings halten LAG Düsseldorf 4.2.1993 LAGE Nr. 29 zu § 613a BGB sowie wohl auch *Wank*, NZA 1987, 505, 509 eine solche Bezugnahmeklausel zu Unrecht für nicht auslegungsfähig. A.A. daher auch LAG Düsseldorf 7.10.1981 EzA Nr. 3 zu § 3 TVG.

33 So auch LAG Köln 20.5.1998 LAGE Nr. 69 zu § 613a BGB; *Hanau/Kania*, FS Schaub, S. 239, 247; *Hromadka/Maschmann/Wallner*, Tarifwechsel, Rn. 114; Soergel/*Raab*, BGB, § 613a Rn. 132.

34 BAG 28.05.1997 AP Nr. 6 zu § 1 TVG Bezugnahme auf Tarifvertrag. Ebenso *B. Gaul*, NZA 1998, 9, 17; *Gussen/Dauck*, Weitergeltung, Rn. 262, S. 171; *Hromadka/Maschmann/Wallner*, Tarifwechsel, Rn. 393; *Kania*, DB 1994, 529, 533; im Ergebnis auch *D. Gaul*, Betriebsübergang, S. 282; *Heinze*, FS Henckel, S. 401, 407; *Ingenfeld*, Betriebsausgliederung, S. 268; ErfurtKom/*Preis*, § 613a BGB Rn. 81; Soergel/*Raab*, BGB, § 613a Rn. 132 sowie *Schaub*, WiB 1996, 97, 100 zu Verweisungsklauseln im öffentlichen Dienst. Vgl. dazu auch *Kempen/Zachert*, TVG, § 3 Rn. 97.
Nach Auffassung von *Khoury*, Arbeitnehmer 1989, 146, 149 ist dies im allgemeinen anzunehmen - eine Unterscheidung nach dem Geltungsbereich des Tarifvertrages wird nicht vorgenommen. Ähnlich LAG Düsseldorf 4.2.1993 LAGE Nr. 29 zu § 613a BGB; *Kempen*, BB 1991, 2006, 2010; Staudinger/*Richardi*, BGB, § 613a Rn. 181; *Wank*, NZA 1987, 505, 509. Anders *Hromadka*, DB 1996, 1872, 1876, nach dem die Annahme, daß sich die Bezugnahmeklausel auf einen bestimmten Tarifvertrag ohne Rücksicht auf eintretende Veränderungen als Ausnahmefall auf eine gesonderte Vereinbarung gestützt werden können muß.

(2) Einschlägiger Tarifvertrag

Anders kann es sich aber verhalten, soweit es sich bei dem ausdrücklich in Bezug genommenen Tarifvertrages letztlich um den beim Betriebsveräußerer ohnehin einschlägigen Tarifvertrag handelt. Zwar kann es auch dabei den Parteien auf die unabänderliche Anwendung gerade des betreffenden Tarifvertrages angekommen sein. Dann ergeben sich keine Veränderungen der Arbeitsbedingungen der Arbeitnehmer nach Betriebsübergang. Regelmäßig wird aber hier ein anderer Gedanke im Vordergrund stehen. Aufgrund der Inbezugnahme des dem Geltungsbereich nach einschlägigen Tarifvertrages kommt es zu einer Gleichstellung nicht organisierter und tarifgebundener Arbeitnehmer hinsichtlich der Arbeitsbedingungen im Betrieb des Veräußerers.[35] Dies wird in einem solchen Fall zumeist auch der Anlaß für die Vereinbarung der Bezugnahmeklausel im Arbeitsvertrag gewesen sein.

Einen Anhaltspunkt hierfür bietet die Vereinbarung der Inbezugnahme des gleichen Tarifvertrages in einer Vielzahl von Arbeitsverträgen durch den Betriebsveräußerer.[36] Anderes gilt daher, wenn in den Arbeitsverträgen unterschiedliche Tarifverträge zur Anwendung gebracht werden sollen. Dann fehlt es an Anhaltspunkten dafür, daß die Vereinheitlichung der Arbeitsbedingungen angestrebt wurde, gerade der spezielle Tarifvertrag sollte gelten.[37] Demgegenüber spricht die dynamische Inbezugnahme des beim Betriebsveräußerer dem Geltungsbereich nach einschlägigen Tarifvertrages wiederum dafür, daß die Vereinheitlichung der Arbeitsbedingungen im Vordergrund stand.[38] Da die tarifgebundenen Arbeitnehmer den Veränderungen des Tarifvertrages ohnehin unterliegen, können nur derart einheitliche Arbeitsbedingungen auf Dauer gesichert werden.[39]

Die ausdrückliche Benennung des Tarifvertrages im Arbeitsvertrag hat dann nur die Bedeutung eines Hinweises auf den zur Zeit dem Geltungsbereich nach von den Arbeitsvertragsparteien für einschlägig gehaltenen Tarifvertrag.[40] Damit han-

---

35 Vgl. auch *B. Gaul*, NZA 1998, 9, 10; *Hromadka/Maschmann/Wallner*, Tarifwechsel, Rn. 115; Soergel/*Raab*, BGB, § 613a Rn. 130.

36 Darauf weist auch *Heinze*, FS Henckel, S. 401, 407 hin.

37 *Spirolke*, Betriebsübergang, S. 79.

38 Vgl. BAG 4.9.1996 AP Nr. 5 zu § 1 TVG Bezugnahme auf Tarifvertrag; *Spirolke*, Betriebsübergang, S. 79.

39 Ebenso *Zöllner*, DB 1995, 1401, 1407.

40 Ebenso *Hromadka/Maschmann/Wallner*, Tarifwechsel, Rn. 117 unter Verweis auf *Heinze*, FS Henckel, S. 401, 407. Allerdings wird bei diesem nicht hinreichend deutlich, ob sich das Ergebnis aus der Auslegung der einzelvertraglichen Vereinbarung oder Anwendung des § 613a Abs. 1 Satz 3 BGB - dazu noch nachstehend - ableitet, vgl. *Heinze*, FS Henckel, S. 401, 407 f. Anders dagegen *J. Schipp*, NZA 1994, 865, 869; *Schipp/Schipp*, Arbeitsrecht und Privatisierung, Rn. 210, S. 96, nach denen die Annahme lebensfremd erscheine, daß ein Arbeitnehmer, der im Arbeitsvertrag der Inbe-

delt es sich der Sache nach um die Vereinbarung der Inbezugnahme des beim Betriebsveräußerer einschlägigen Tarifvertrages.[41] Welche Auswirkungen sich daraus für die Arbeitsbedingungen der Arbeitnehmer nach Betriebsübergang ergeben, wird nachstehend erörtert.

(3) Tarifbindung des Betriebsveräußerers

In diesem Zusammenhang ist unbeachtlich, ob der Betriebsveräußerer selbst tarifgebunden ist. Bei fehlender Mitgliedschaft im tarifschließenden Arbeitgeberverband gab es zwar aktuell keine im Hinblick auf die Tarifgebundenheit der Arbeitnehmer unterschiedlichen Arbeitsbedingungen im Betrieb, da selbst auf die Arbeitsverhältnisse der der tarifschließenden Gewerkschaft angehörenden Arbeitnehmer der Tarifvertrag nicht normativ zur Anwendung kommen konnte. Allerdings besteht durchaus die Möglichkeit, daß insoweit mit der Vereinbarung einer Bezugnahmeklausel Vorsorge zur Sicherung einheitlicher Arbeitsbedingungen für den Fall eines späteren Verbandsbeitritt des Arbeitgebers getroffen werden sollte. Zusätzlich erscheint auch der Hinweis darauf bedeutsam, daß der nicht tarifgebundene Arbeitnehmer aus Gründen der Marktfähigkeit die bei ihm geltenden Arbeitsbedingungen am sachnächsten - und damit regelmäßig an dem für den Betrieb einschlägigen - Tarifvertrag orientieren will bzw. muß.[42] Daher wird im Zweifel davon auszugehen sein, daß der Tarifvertrag der konkreten Branche, der der Betriebsveräußerer angehört, deshalb zugrunde gelegt wird, weil dieser im Zeitpunkt der Vereinbarung die sachnächsten Arbeitsbedingungen beinhaltet, nicht hingegen, weil es den Arbeitsvertragsparteien auf die Anwendung gerade der Tarifverträge dieser Branche ankommt.[43]

---

zugnahme eines bestimmten Tarifvertrages zustimme, sich gegebenenfalls auch mit der Anwendung eines anderen Tarifvertrages einverstanden erklärt.

41 Vgl. auch *Gussen/Dauck*, Weitergeltung, Rn. 263, S. 171 f.; *Heinze*, DB 1998, 1861, 1865; *Kamlah*, Bestandsschutz, S. 126; *Moll*, RdA 1996, 275, 286 sowie *Hromadka/Maschmann/Wallner*, Tarifwechsel, Rn. 382, 394, die eine solche Bezugnahmevereinbarung in einen konstitutiven - die Anwendung eines Tarifvertrages - und einen deklaratorischen Teil - die Benennung des für einschlägig gehaltenen Tarifvertrages - splitten.

42 Darauf verweisen *Hromadka/Maschmann/Wallner*, Tarifwechsel, Rn. 116.

43 *B. Gaul*, NZA 1998, 9, 11; *Hromadka/Maschmann/Wallner*, Tarifwechsel, Rn. 116. Anders dagegen *Hanau*, FS Gaul, S. 287, 298 für den Fall, daß mit dem Betriebsübergang auch die Tarifzuständigkeit wechselt. Insoweit könne die Bezugnahme des Tarifvertrages eines ausdrücklich bestimmten Tarifgebietes jedenfalls nicht als Inbezugnahme des nach Betriebsübergang einschlägigen Tarifvertrages verstanden werden. Dazu noch nachstehend § 18 A II 2.

b. Bezugnahme auf den einschlägigen Tarifvertrag

Schwierig ist die Ermittlung des nach einem Betriebsübergang maßgeblichen Tarifvertrages, soweit im Arbeitsvertrag ein Tarifvertrag einbezogen ist, ohne daß dieser näher bestimmt wird. Soweit sich die Bezugnahmevereinbarung in diesem Fall nur auf den beim Betriebsveräußerer einschlägigen Tarifvertrag bezieht, kommt allein aufgrund des Betriebsübergangs die Anwendung des beim Betriebserwerber einschlägigen Tarifvertrages auf das Arbeitsverhältnis nicht in Betracht.[44] Wollten die Arbeitsvertragsparteien dagegen die Anwendung des jeweils einschlägigen Tarifvertrages, d.h. des Tarifvertrages, nach dem sich die Arbeitsbedingungen bei Mitgliedschaft des Arbeitnehmers in der für ihn tarifzuständigen Gewerkschaft richten würden, auf das Arbeitsverhältnis sicherstellen, kann sich die Bezugnahmevereinbarung nach Betriebsübergang auf einen anderen Tarifvertrag beziehen. In diesem Fall wären die Regelungen des dem Geltungsbereich nach beim neuen Betriebsinhaber einschlägigen Tarifvertrages anzuwenden.

(1) Vor Betriebsübergang geltender Tarifvertrag

Wie die von Betriebsveräußerer und Arbeitnehmer getroffene Vereinbarung zu verstehen ist, muß durch Auslegung geklärt werden. Lediglich einen ersten Anhaltspunkt gibt dazu der Wortlaut der Bezugnahmeklausel, die sich auf den „einschlägigen" oder aber den „jeweils einschlägigen" Tarifvertrag beziehen kann. Ungeachtet des Wortlauts ist der hinter der Vereinbarung stehende und maßgebliche Wille der Vertragsparteien zu ermitteln.[45] Hierzu ist auf die Umstände des Einzelfalles und wiederum darauf abzustellen, welchem Zweck die getroffene Vereinbarung dienen sollte.

Kommt es den Vertragsparteien gerade auf die Geltung der in dem beim Betriebsveräußerer einschlägigen Tarifvertrag vereinbarten Regelungen an, so haben sie auch nur die einzelvertragliche Anwendung des beim Betriebsveräußerer einschlägigen Tarifvertrages vereinbart. Dann hat die Bezugnahmevereinbarung die gleiche Wirkung, als ob der Tarifvertrag in der Vereinbarung bereits individualisiert und bestimmt worden war. Auch nach Betriebsübergang bleibt es hier bei der Anwendung des bisher einschlägigen Tarifvertrages auf die Arbeitsverhältnisse der übernommenen Arbeitnehmer.[46]

---

44 Zur Abänderung der Bezugnahmevereinbarung nach Betriebsübergang § 18 C.

45 Vgl. BAG 4.9.1996 AP Nr. 5 zu § 1 TVG Bezugnahme auf Tarifvertrag; *Gussen/Dauck*, Weitergeltung, Rn. 263, S. 171 f.; *Hromadka/Maschmann/Wallner*, Tarifwechsel, Rn. 385; *Schiefer*, NJW 1998, 1817, 1822; *ders.*, FA 1998, 270, 272.

46 So auch *Hromadka*, DB 1996, 1872, 1877; *Hromadka/Maschmann/Wallner*, Tarifwechsel, Rn. 385, die allerdings zutreffend darauf hinweisen, daß eine solche Annahme nur bei Vorliegen dahingehender Anhaltspunkte gerechtfertigt ist, sowie ErfurtKom/*Preis*, § 613a BGB Rn. 81.

Allerdings stehen regelmäßig andere Gesichtspunkte bei der Inbezugnahme des einschlägigen Tarifvertrages im Vordergrund. Zumeist sollen für alle Arbeitnehmer eines Betriebes einheitliche Arbeitsbedingungen unabhängig von ihrer Gewerkschaftszugehörigkeit sichergestellt werden.[47] Da insoweit Anhaltspunkte, die sich in Bezug auf das einzelne Arbeitsverhältnis ergeben, herangezogen werden[48], wird erkennbar auch nicht darauf abgestellt, was die Arbeitsvertragsparteien „vernünftigerweise" gewollt haben sollen.[49]

(2) Nach Betriebsübergang geltender Tarifvertrag

Auf die Arbeitsverhältnisse tarifgebundener Arbeitnehmer kommt der für den Betrieb jeweils einschlägige Tarifvertrag zur Anwendung. Im Hinblick darauf könnte die Bezugnahmevereinbarung nach Betriebsübergang auf den beim Betriebserwerber einschlägigen Tarifvertrag zu beziehen sein.[50]

---

47 BAG 29.1.1975 AP Nr. 8 zu § 4 TVG Nachwirkung; BAG 16.8.1978 AP Nr. 101 zu §§ 22,23 BAT; BAG 9.12.1981 AP Nr. 8 zu § 4 BAT; BAG 28.11.1984 AP Nr. 2 zu § 4 TVG Bestimmungsrecht; BAG 4.9.1996 AP Nr. 5 zu § 1 TVG Bezugnahme auf Tarifvertrag; LAG Düsseldorf 4.2.1993 LAGE Nr. 29 zu § 613a BGB; LAG Köln 20.5.1998 LAGE Nr. 69 zu § 613a BGB; *B. Gaul*, NZA 1998, 9, 11, 17; *Hanau*, FS Gaul, S. 287, 298; *Hanau/Kania*, FS Schaub, S. 239, 245; *Hromadka/Maschmann/Wallner*, Tarifwechsel, Rn. 119; 385; *Ingenfeld*, Betriebsausgliederung, S. 267; *Kania*, DB 1994, 529, 532; *Löwisch/Rieble*, FS Schaub, S. 457, 467; Soergel/*Raab*, BGB, § 613a Rn. 132; Staudinger/*Richardi*, BGB, § 613a Rn. 181; *Sowka/Weiss*, DB 1991, 1518, 1522; MünchArbR/*Wank*, § 120 Rn. 183; so grundsätzlich auch *Kempen/Zachert*, TVG, § 3 Rn. 62, 91 ff.; MünchKom/*Schaub*, BGB, § 613a Rn. 194. Allerdings gibt LAG Düsseldorf 4.2.1993 LAGE Nr. 29 zu § 613a BGB zu Recht zu bedenken, daß sich hierin der Zweck einer einzelvertraglichen Bezugnahme auf einen Tarifvertrag nicht zwangsläufig erschöpfe. Kritisch auch *Danne*, Anm. zu BAG 4.9.1996, SAE 1998, 111, 113.

48 Vgl. die unter § 18 A II 2a angeführten Kriterien.

49 So der Vorwurf von *Danne*, Anm. zu BAG 4.9.1996, SAE 1998, 111, 115, der die Berücksichtigung sozialpolitischer Umstände kritisiert. Ihm ist zuzugeben, daß dies mit einer Vertragsauslegung als Ermittlung des Inhaltes der abgegebenen Willenserklärungen nicht viel zu tun hätte.

50 LAG Köln 20.5.1998 LAGE Nr. 69 zu § 613a BGB; *Bachner*, AiB 1996, 291, 304; *Buchner*, GmbHR 1997, 434, 439; *Gamillscheg*, Kollektives Arbeitsrecht, S. 784; *B. Gaul*, NZA 1998, 9, 17; Erman/*Hanau*, BGB, § 613a Rn. 100; *Hanau/Vossen*, FS Hilger/Stumpf, S. 271, 294 f.; KassArbR/*Hattesen*, 1.7 Rn. 183; *Heinze*, DB 1998, 1861, 1865; *Hromadka*, DB 1996, 1872, 1877; *Hromadka/Maschmann/Wallner*, Tarifwechsel, Rn. 382; *Ingenfeld*, Betriebsausgliederung, S. 267; *Kamlah*, Bestandsschutz, S. 125; *Kania*, DB 1994, 529, 532; *ders.*, DB 1995, 625, 628; *Kempen*, BB 1991, 2006, 2010; *Khoury*, Arbeitnehmer 1989, 146, 149; *Kittner/Trittin*, Kündigungsschutzrecht, § 613a BGB Rn. 229; *Moll*, RdA 1996, 275, 286; GK-KR/*Pfeiffer*, § 613a BGB Rn. 93; ErfurtKom/*Preis*, § 613a BGB Rn. 81; Soergel/*Raab*, BGB, § 613a Rn. 131; Staudinger/*Richardi*, BGB, § 613a Rn. 181; MünchKom/*Schaub*, BGB, § 613a Rn. 194; *Schiefer*, NJW 1998, 1817, 1822; *Seiter*, Betriebsinhaberwechsel, S. 94 f.; *v. Stebut*,

Selbst soweit jedoch hiernach festgestellt wird, daß die Arbeitsvertragsparteien mit der Vereinbarung der Bezugnahmeklausel die Anwendung des jeweils einschlägigen Tarifvertrages auf die Arbeitsverhältnisse sicherstellen wollten, bleibt fraglich, ob dies tatsächlich stets zur Folge haben kann, daß nach Betriebsübergang der nunmehr beim Betriebserwerber dem Geltungsbereich nach anwendbare Tarifvertrag auch für die Arbeitsverhältnisse der nicht tarifgebundenen Arbeitnehmer aufgrund der Bezugnahmeklausel gilt.[51]

(a) Tarifgebundenheit des Betriebserwerbers

So wird angenommen, daß dies nur bei Tarifgebundenheit des Betriebserwerbers in Betracht komme.[52] Soweit der Betriebserwerber dagegen nicht Mitglied eines tarifschließenden Arbeitgeberverbandes bzw. Partei eines Firmentarifvertrages sei, solle es bei der Inbezugnahme des bisher geltenden Tarifvertrages auch nach Betriebsübergang bleiben.[53] Ebenso wird erwogen, zur Geltung von Arbeitsbe-

---

Anm. zu BAG 19.3.1986, AP Nr. 49 zu § 613a BGB; MünchArbR/*Wank*, § 120 Rn. 183; *ders.*, NZA 1987, 505, 509; *Zöllner*, DB 1995, 1401, 1405. Im Ergebnis so auch LAG Düsseldorf 4.2.1993 LAGE Nr. 29 zu § 613a BGB; *Heinze*, FS Henckel, S. 401, 407 sowie BAG 4.9.1996 AP Nr. 5 zu § 1 TVG Bezugnahme auf Tarifvertrag für den Fall eines Verbandswechsels des Betriebsinhabers.

Kritisch dagegen *Gussen/Dauck*, Weitergeltung, Rn. 264, S. 172 sowie *Preis/Steffan*, FS Kraft, S. 477, 489, nach denen der hypothetische Parteiwillle bei dieser Auslegung überspannt werde. Dem hypothetischen Willen des Arbeitnehmers sollen nur solche Veränderungen unterstellt werden können, die sich bei seinem ursprünglichen Vertragspartner und damit dem Betriebsveräußerer ergeben. An einen Betriebsübergang werden die Arbeitsvertragsparteien regelmäßig nicht gedacht haben.

51 So aber *Hromadka*, DB 1996, 1872, 1876, sofern nur der Arbeitgeber tarifgebunden ist. Dagegen wollen *Hanau/Kania*, FS Schaub, S. 239, 257 darauf abstellen, ob es zumindest um das Verhältnis der Tarifverträge verschiedener DGB-Gewerkschaften zueinander geht. Dem widerspricht *B. Gaul*, NZA 1998, 9, 17 unter Hinweis darauf, daß die Auslegung der Bezugnahmeklausel kaum auf die Unterscheidung von DGB-Gewerkschaften und anderen Gewerkschaften ausgerichtet werden kann. Der Zweck der Gleichbehandlung führe vielmehr zu einer Anwendung der im Betrieb nach allgemeinen Grundsätzen geltenden Tarifverträge, ohne Rücksicht darauf, von welcher Gewerkschaft sie abgeschlossen wurden.

52 So, allerdings ohne nähere Begründung LAG Düsseldorf 4.2.1993 LAGE Nr. 29 zu § 613a BGB; wohl auch Erman/*Hanau*, BGB, § 613a Rn. 100; *Hanau/Kania*, FS Schaub, S. 239, 245; *Hromadka*, DB 1996, 1872, 1876; ähnlich *B. Gaul*, NZA 1998, 9, 17. *Heinze*, DB 1998, 1861, 1866 spricht von einem Leerlaufen der Bezugnahmeklausel, wenn nicht der Betriebserwerber tarifgebunden ist. Er hält in diesem Fall die Vereinbarung der Inbezugnahme eines anderen Tarifvertrages nach Maßgabe des § 613a Abs. 1 Satz 4 BGB für möglich und erforderlich. Dies erscheint jedoch zweifelhaft im Hinblick auf die Weitergeltung der Bezugnahmeklausel nach § 613a Abs. 1 Satz 1, nicht jedoch nach Satz 2 bis 4 BGB, vgl. § 17 B.

53 LAG Köln 20.5.1998 LAGE Nr. 63 zu § 613a BGB; MünchArbR/*Wank*, § 120 Rn. 183.

dingungen für tarifliche Außenseiter entsprechend dem nunmehr einschlägigen Tarifvertrag könne es erst in dem Zeitpunkt, in dem Tarifgebundenheit des Betriebserwerbers eintrete, kommen. Dem ist nicht zuzustimmen.

Bereits die durch die Arbeitsvertragsparteien vereinbarte „Inbezugnahme des jeweils einschlägigen Tarifvertrages" legt es nahe, allein auf das Unterfallen des Arbeitsverhältnisses unter den fachlichen Geltungsbereich des Tarifvertrages beim Betriebserwerber abzustellen, unabhängig von dessen Tarifgebundenheit.[54] Anderes ergibt sich zudem nicht unter Berücksichtigung der mit der Bezugnahmeklausel bezweckten Gleichstellung der Arbeitnehmer im Betrieb.[55] Die Anerkennung eines mit der Vereinbarung der Bezugnahmeklausel verfolgten Zweckes, einheitliche Arbeitsbedingungen für alle Arbeitnehmer unabhängig von ihrer Tarifgebundenheit sicherzustellen, ist schon nicht davon abhängig, daß der Betriebsveräußerer selbst tarifgebunden ist.[56] Soweit aus diesem Zweck die Inbezugnahme des beim neuen Betriebsinhabers einschlägigen Tarifvertrages abgeleitet wird, bestehen keine Anhaltspunkte dafür, daß die Auslegung der zwischen Betriebsveräußerer und Arbeitnehmer getroffenen Bezugnahmevereinbarung nunmehr von der Tarifgebundenheit des Betriebserwerbers abhängig gemacht werden sollte.

(b) Tarifzuständigkeit der gleichen Verbände

Findet beim Betriebserwerber ein Tarifvertrag Anwendung, der mit der Gewerkschaft geschlossen wurde, die auch Partei des beim Betriebsveräußerer geltenden und in Bezug genommenen Tarifvertrages ist, gestaltet sich der Wechsel des Gegenstandes der Bezugnahmevereinbarung nach Betriebsübergang unter dem Gesichtspunkt der Gleichstellung nicht organisierter und tarifgebundener Arbeitnehmer unproblematisch.[57] Denn diese Zwecksetzung besteht auch beim neuen Betriebsinhaber.[58] Für die aufgrund Mitgliedschaft in der tarifschließenden Gewerkschaft beim Betriebsveräußerer tarifgebundenen Arbeitnehmer kommt nach

54 Dies geben auch *Hromadka/Maschmann/Wallner*, Tarifwechsel, Rn. 386 zu, die jedoch eine teleologische Reduktion des Anwendungsbereichs der Bezugnahmeklausel für angezeigt halten. Dazu sogleich.

55 Anders insoweit *Hromadka/Maschmann/Wallner*, Tarifwechsel, Rn. 387, nach denen ein Bedürfnis zur weiteren Anwendung des bisherigen Tarifvertrages auf die Arbeitsverhältnisse der tariflichen Außenseiter in Anbetracht der für die bisher tarifgebundenen Arbeitnehmer nach § 613a Abs. 1 Satz 2 BGB weitergeltenden Tarifnormen bestehe. So auch LAG Köln 20.5.1998 LAGE Nr. 63 zu § 613a BGB.

56 Vgl. schon vorstehend § 18 A I.

57 *D. Gaul*, Betriebsübergang, S. 281; *Gussen/Dauck*, Weitergeltung, Rn. 264, S. 173; *Hanau*, FS Gaul, S. 287, 298; *Kania*, DB 1994, 529, 532; *ders.*, DB 1995, 625, 628; Soergel/*Raab*, BGB, § 613a Rn. 130; zustimmend auch *Kempen/Zachert*, TVG, § 3 Rn. 77.

58 *D. Gaul*, Betriebsübergang, S. 281.

Betriebsübergang der neue Tarifvertrag zur Anwendung. Daher ist auch die in den Arbeitsverhältnissen enthaltene Bezugnahmeklausel dahingehend auszulegen, daß sie sich nunmehr auf den beim Betriebserwerber geltenden Tarifvertrag bezieht.

Diese Konstellation tritt insbesondere dann ein, wenn beim Betriebsveräußerer ein Verbandstarifvertrag galt, der Betriebserwerber jedoch mit der tarifschließenden Gewerkschaft einen Firmentarifvertrag abgeschlossen hat. Auch im umgekehrten Fall gelten die entwickelten Grundsätze. Damit sind für die Arbeitsbedingungen der Arbeitnehmer kraft Bezugnahmevereinbarung die beim Betriebserwerber einschlägigen tariflichen Regelungen jedenfalls dann maßgebend, soweit die Tarifzuständigkeit der Gewerkschaft nach Betriebsübergang unverändert erhalten bleibt.[59]

(c) Wechsel der Tarifzuständigkeit nach Betriebsübergang

Besondere Probleme entstehen jedoch, wenn der Betriebsübergang mit einem Wechsel der Tarifzuständigkeit der Verbände einhergeht. Fraglich ist insoweit, ob die Auslegung der vereinbarten Bezugnahmeklausel auch dann zu einem Wechsel des in Bezug genommenen Tarifvertrages nach Betriebsübergang führt, wenn der Betrieb beim Betriebserwerber in die Tarifzuständigkeit anderer Verbände fällt.

(i) Herstellung einheitlicher Arbeitsbedingungen im Betrieb

Mit Blick auf den Zweck der Bezugnahmevereinbarung, die Gleichstellung der nicht organisierten mit tarifgebundenen Arbeitnehmern hinsichtlich ihrer Arbeitsbedingungen herbeizuführen, wird dies verneint. Zur Begründung wird ausgeführt, infolge des Wechsels der Tarifzuständigkeit könne der beim Betriebserwerber einschlägige Tarifvertrag auch auf die an den bisher beim Betriebsveräußerer geltenden Tarifvertrag gebundene Arbeitnehmer nicht ohne weiteres angewendet werden. Zu einer normativen Geltung des neuen Tarifvertrages komme es vielmehr erst mit dem Eintritt der Arbeitnehmer in die nun zuständige Gewerkschaft. Aus diesem Grund komme es auch durch die Anwendung des beim Betriebserwerber einschlägigen Tarifvertrages auf die Arbeitsverhältnisse der beim Betriebsveräußerer nicht tarifgebundenen Arbeitnehmer gar nicht zu einer Gleichstellung mit den dort tarifgebundenen Arbeitnehmern, für die die Regelungen des

---

[59] So auch BAG 4.6.1996 AP Nr. 5 zu § 1 TVG Bezugnahme auf Tarifvertrag; *Gussen/Dauck*, Weitergeltung, Rn. 264, S. 173; *Kempen/Zachert*, TVG, § 3 Rn. 77; Soergel/*Raab*, BGB, § 613a Rn. 130; *Zöllner*, DB 1995, 1401, 1407. Ebenso *D. Gaul*, Betriebsübergang, S. 281; *Kania*, DB 1994, 529, 532; *ders.*, DB 1995, 625, 628, die eine derartige Auslegung der Bezugnahmevereinbarung allerdings auf diesen Fall beschränken.

bisher anwendbaren Tarifvertrages nach § 613a Abs. 1 Satz 2 BGB weitergelten.[60]

Dem ist aus folgenden Erwägungen nicht zuzustimmen. Zwar ist richtig, daß der beim Betriebserwerber einschlägige Tarifvertrag für die vor Betriebsübergang tarifgebundenen Arbeitnehmer erst normativ gelten kann, wenn diese in die tarifschließende Gewerkschaft eintreten. Dies gilt gleichfalls für bisher nicht tarifgebundene Arbeitnehmer. Allerdings beschränkt sich der Zweck der Bezugnahmevereinbarung nicht auf die Herbeiführung einheitlicher Arbeitsbedingungen lediglich in Bezug auf die beim bisherigen Betriebsinhaber tarifgebundenen Arbeitnehmer. Sobald bei dem Betriebserwerber ein anderer Tarifvertrag dem Geltungsbereich nach zur Anwendung kommen kann, entstehen auch insoweit unterschiedliche Arbeitsbedingungen für nicht oder anders organisierte Arbeitnehmer und an diesen Tarifvertrag gebundene Arbeitnehmer. Der Gleichbehandlungsgedanke, der hinter einer Inbezugnahme des einschlägigen Tarifvertrages steht, führt dann zu der Auslegung, daß zur Herstellung einheitlicher Arbeitsbedingungen gegenüber den nun beim Betriebserwerber tarifgebundenen Arbeitnehmern die Bezugnahmevereinbarung sich nach Betriebsübergang auf den neuen Tarifvertrag bezieht. Insoweit wechselt mit dem Betriebsübergang der Maßstab für die Beurteilung der Herbeiführung gleicher Arbeitsbedingungen im Betrieb, maßgebend sind nunmehr die beim Betriebserwerber tarifgebundenen Arbeitnehmer. Unter diesem Gesichtspunkt kommt daher eine Änderung der Arbeitsbedingungen der übernommenen Arbeitnehmer nach Betriebsübergang aufgrund der Anwendung des nun einschlägigen Tarifvertrages ungeachtet der veränderten Tarifzuständigkeit in Betracht.[61]

(ii) Vorbehalt gleicher Tarifzuständigkeit

Allerdings könnte anzunehmen sein, daß sich im Zuge der Auslegung der Bezugnahmevereinbarung ein Vorbehalt der Arbeitsvertragsparteien derart ergibt, daß nach Betriebsübergang nur bei bestehenbleibender Tarifzuständigkeit der bereits beim Betriebsveräußerer tarifschließenden Gewerkschaft die Inbezugnahme des beim Betriebserwerber einschlägigen Tarifvertrages anzunehmen sei. Der Wille der Arbeitsvertragsparteien zur Herstellung gleicher Arbeitsbedingungen für tarif-

---

60 Erman/*Hanau*, BGB, § 613a Rn. 97; *Kania*, DB 1994, 529, 532; *ders.*, DB 1995, 625, 628; *Kittner/Trittin*, Kündigungsschutzrecht, § 613a BGB Rn. 238; Soergel/*Raab*, BGB, § 613a Rn. 130. Ähnlich die Erwägungen bei *Gussen/Dauck*, Weitergeltung, Rn. 264, S. 173.

61 Dafür spricht sich auch *Zöllner*, DB 1995, 1401, 1407 sowie in Fn. 56 aus, soweit nicht beim Betriebsveräußerer ein dem Geltungsbereich nach bestimmter Tarifvertrag in Bezug genommen war. Anders dagegen insbesondere *Gussen/Dauck*, Weitergeltung, Rn. 264, S. 173, die diese Erwägungen nur für richtig hielten, soweit die Bezugnahmeklausel mit dem Betriebserwerber vereinbart worden wäre.

gebundene und nicht organisierte Arbeitnehmer bliebe damit auch beim Betriebserwerber beschränkt auf die übernommenen Arbeitnehmer.

Ein solcher Vorbehalt ist zumeist nicht ausdrücklich erklärt. Wenn die Arbeitsvertragsparteien aber die jeweiligen Tarifverträge der Branche, der der Betriebsveräußerer angehört, zur Anwendung bringen, dann tun sie dies insbesondere auch im Hinblick auf die Sachnähe der tariflichen Regelungen, die die Besonderheiten der betreffenden Branche berücksichtigen.[62] Dies spricht dafür, auch bei wechselnder Tarifzuständigkeit nach Betriebsübergang die Bezugnahmeklausel auf den beim Betriebserwerber einschlägigen Tarifvertrag zu beziehen, der dann dem Arbeitsverhältnis regelmäßig näher stehen wird. Insoweit ist im Zweifel auch nicht von einem konkludent vereinbarten Vorbehalt gleichbleibender Tarifzuständigkeit der beim Betriebsveräußerer tarifschließenden Gewerkschaft auszugehen.[63]

(iii) Wegfall der Geschäftsgrundlage bei Wechsel der Tarifzuständigkeit

Soweit bei dem Betriebserwerber für den übernommenen Betrieb eine andere Gewerkschaft tarifzuständig ist, wird angenommen, daß dies nach den Grundsätzen über den Wegfall der Geschäftsgrundlage zu berücksichtigen sei. Geschäftsgrundlage für die einzelvertragliche Inbezugnahme des Tarifvertrages einer bestimmten Branche sei danach im Zweifel, daß der Arbeitgeber dieser Branche angehört. Bei Übergang des Betriebes auf einen neuen Inhaber und einem damit verbundenen Branchenwechsel entfällt nach Auffassung des Bundesarbeitsgerichts die Geschäftsgrundlage der einzelvertraglichen Inbezugnahme.[64] Der Heranziehung der Grundsätze vom Wegfall der Geschäftsgrundlage ist unter folgenden Gesichtspunkten zu widersprechen.[65]

---

62 BAG 1.4.1987 AP Nr. 64 zu § 613a BGB; *Hromadka/Maschmann/Wallner*, Tarifwechsel, Rn. 117. Ähnlich auch LAG Düsseldorf 4.2.1993 LAGE Nr. 29 zu § 613a BGB.

63 Vgl. *Hromadka/Maschmann/Wallner*, Tarifwechsel, Rn. 118; im Ergebnis ebenso *D. Gaul*, ZTR 1993, 355, 361, der anführt, daß sich die Arbeitsvertragsparteien über den Eintritt einer solchen Situation bei Vertragsabschluß regelmäßig keine Gedanken gemacht haben werden.

64 So BAG 1.4.1987 AP Nr. 64 zu § 613a BGB; vgl. auch LAG Düsseldorf 7.10.1981 EzA Nr. 3 zu § 3 TVG. Ähnlich für den Fall des Branchenwechsels des Arbeitgerbers *Danne*, Anm. zu BAG 4.9.1996, SAE 1998, 111, 114.

65 Zweifelnd auch *B. Gaul*, NZA 1995, 717, 722, der von einer Beachtlichkeit nur in Ausnahmefällen ausgeht. Demgegenüber im Grundsatz zustimmend wohl *D. Gaul*, ZTR 1993, 355, 362, der zu BAG 13.1.1993 (5 AZR 209/92) kritisch anmerkt, daß sich am Inhalt der Bezugnahmeklausel trotz Veränderung der Geschäftsgrundlage bei einer Tarifbindung des Betriebserwerbers an einen neuen verschlechternden Tarifvertrag nichts ändere. Vgl. auch die Ausführungen bei *Hromadka/Maschmann/Wallner*, Tarifwechsel, Rn. 434 ff.

Vorrang vor der Anwendung dieser Regeln hat stets die Auslegung der Vereinbarung.[66] Soweit sich aus der Bezugnahmeklausel daher ergibt, daß die Arbeitsvertragsparteien letztlich den jeweils dem Geltungsbereich nach einschlägigen Tarifvertrag zur Anwendung bringen wollten, ist regelmäßig der Wechsel in der Tarifzuständigkeit der Verbände nicht entscheidend.[67]

Darüber hinaus ist der Wegfall einer Geschäftsgrundlage nur dann rechtserheblich, wenn dies nach Treu und Glauben Berücksichtigung verdient. Das ist dann der Fall, wenn die Einhaltung der geschlossenen Vereinbarung den Vertragsparteien unzumutbar geworden ist.[68] Allerdings ist angesichts der jedem Tarifvertrag innewohnenden Richtigkeitsgewähr nur schwer vorstellbar, daß dem Betriebserwerber die Einhaltung des bisher geltenden Tarifvertrages unzumutbar sein soll.[69] Auch die Tatsache, daß für die gewerkschaftlich organisierten Arbeitnehmer nach dem Betriebsübergang die Tarifverträge der neuen Branche Anwendung finden, macht es ebensowenig dem Erwerber unzumutbar, die übernommenen Arbeitnehmer nach dem beim Betriebsveräußerer einschlägigen Tarifvertrag zu behandeln.[70]

Selbst wenn die Beachtlichkeit der nach Betriebsübergang veränderten Tarifzuständigkeit dennoch angenommen werden sollte, führen die Grundsätze über den Wegfall der Geschäftsgrundlage in erster Linie zu einer Anpassung der geschlossenen Vereinbarung an die veränderten Umstände. Ein ersatzloser Wegfall der Bezugnahmevereinbarung läßt sich daher nicht begründen. Allenfalls käme in Betracht, daß sich die Bezugnahmeklausel nunmehr auf den beim Betriebserwerber dem Geltungsbereich nach einschlägigen Tarifvertrag bezieht.[71] Dies würde

---

66 Zum Verhältnis von Auslegung und Wegfall der Geschäftsgrundlage auch *Danne*, Anm. zu BAG 4.9.1996, SAE 1998, 111, 114. Danach ist der Vertragsinhalt auszulegen, als Geschäftsgrundlage werden hingegen außerhalb des Vertrages stehende Umstände berücksichtigt. *Danne* gibt jedoch auch zu, daß die Übergänge zwischen beiden Instituten fließend sind, wenn es sich um korrigierende oder ergänzende Auslegung handelt.

67 Vgl. oben.

68 BAG 17.3.1982 AP Nr. 33 zu § 612 BGB; LAG Düsseldorf 4.2.1993 LAGE Nr. 29 zu § 613a BGB; *Danne*, Anm. zu BAG 4.9.1996, SAE 1998, 111, 115; Staudinger/*Schmidt*, BGB, § 242 Rn. 948; Erman/*Sirp*, BGB, § 242 Rn. 173.

69 Darauf verweisen zu Recht auch LAG Düsseldorf 4.2.1993 LAGE Nr. 29 zu § 613a BGB; *J. Schipp*, NZA 1994, 865, 869; *Schipp/Schipp*, Arbeitsrecht und Privatisierung, Rn. 210, S. 96.

70 LAG Düsseldorf 4.2.1993 LAGE Nr. 29 zu § 613a BGB.

71 So *D. Gaul*, Betriebsübergang, S. 282; ähnlich *ders.*, ZTR 1993, 355, 361 f. Auch nach Auffassung von *Däubler*, Tarifvertragsrecht, Rn. 1558, S. 647 kann sich daraus nur die Verpflichtung zur Anpassung des Arbeitsvertrages an die geänderten Verhältnisse oder aufgrund einer Umdeutung nach § 140 BGB die Verweisung auf die nunmehr einschlägigen Tarifverträge ergeben. Vgl. auch BSG 19.3.1991 BSGE 68, 205 ff. zum Wechsel der Zuständigkeit der Berufsgenossenschaft.

aber dann unabhängig davon gelten müssen, ob sich die Vereinbarung einzelvertraglicher Geltung der tariflichen Regelungen lediglich auf durch den Betriebsveräußerer abgeschlossene bzw. beim ihm einschlägige Tarifverträge bezogen hat. Hier wird besonders deutlich, daß der Auslegung der Bezugnahmevereinbarung Vorrang vor einer Anwendung der Grundsätze über den Wegfall der Geschäftsgrundlage zukommen muß.[72]

(iv) Erforderlichkeit normativer Geltung des nach Betriebsübergang einschlägigen Tarifvertrages

Für die beim bisherigen Betriebsinhaber tarifgebundenen Arbeitnehmer kommt es nach § 613a Abs. 1 Satz 2 BGB zur einzelvertraglichen Weitergeltung der Tarifnormen beim Betriebserwerber. Ist bei diesem eine andere Gewerkschaft tarifzuständig und treten nur einige der übernommenen, vormals an den geltenden Tarifvertrag gebundenen Arbeitnehmer in diese Gewerkschaft über, gilt auch nur für diese aufgrund der Anwendung des § 613a Abs. 1 Satz 3 BGB der Tarifvertrag, an den der Betriebserwerber gebunden ist.[73] In diesem Zusammenhang wird die Frage aufgeworfen, ob die Auslegung einer Bezugnahmevereinbarung, die auf den jeweils einschlägigen Tarifvertrag verweist, nach Betriebsübergang davon abhängig gemacht werden muß, daß die Wirkung des § 613a Abs. 1 Satz 3 BGB für alle bisher an den beim Betriebsveräußerer geltenden Tarifvertrag gebundenen Arbeitnehmer eingetreten ist.

Dies wird mit der Begründung verneint, daß die Inbezugnahme des jeweils geltenden Tarifvertrages nur einen Tarifvertrag zur Anwendung zu bringen vermag, der kollektivrechtlich im Betrieb gilt. Die nur individualrechtliche Weitergeltung des beim bisherigen Betriebsinhaber einschlägigen Tarifvertrages nach § 613a Abs. 1 Satz 2 BGB reiche dagegen nicht aus. Insoweit soll für die Arbeitsbedingungen der übernommenen Arbeitnehmer der neue Tarifvertrag schon dann zur Anwendung kommen, wenn nur für einen der übernommenen Arbeitnehmer der neue Tarifvertrag normativ gelte.[74] Dem wird entgegengehalten, das Abstellen auf die Tarifgebundenheit nur eines Arbeitnehmers an den beim Betriebserwerber einschlägigen Tarifvertrag würde die Vereinheitlichung der Arbeitsbedingungen nach Betriebsübergang von Zufälligkeiten abhängig machen.[75] Diesen Überlegungen ist im Ergebnis zu widersprechen. Zunächst beinhaltet auch das Erfordernis der Tarifgebundenheit aller übernommener Arbeitnehmer, deren Arbeitsverhältnisse beim Betriebsveräußerer durch normativ wirkende Tarifnormen bestimmt wurden, ein Zufälligkeitsmoment. Es ist im übrigen sogar davon auszugehen, daß

---

72 Dies sieht im Ergebnis auch *D. Gaul*, Betriebsübergang, S. 282.

73 Zum Erfordernis beiderseitiger Tarifbindung im Rahmen des § 613a Abs. 1 Satz 3 BGB vgl. schon § 15 A I 3.

74 *Wiedemann*, FS Fleck, S. 477, 455.

75 So *Gussen/Dauck*, Weitergeltung, Rn. 265, S. 173 f.

selbst die Tarifgebundenheit auch nur eines übernommenen Arbeitnehmers an den beim Betriebserwerber einschlägigen Tarifvertrag nicht notwendig ist. Für die Auslegung der Bezugnahmevereinbarung nach Betriebsübergang kommt es schon nicht auf die Tarifgebundenheit des Betriebserwerbers an.[76] Dann aber kann auch nicht gefordert werden, für wenigstens einen Arbeitnehmer müsse der Tarifvertrag normativ kraft Tarifgebundenheit gelten.

c. Maßgeblichkeit von Treu und Glauben

Soweit nach Betriebsübergang die getroffene Bezugnahmevereinbarung nach den vorstehenden Grundsätzen an sich auf den nun beim Betriebserwerber einschlägigen Tarifvertrag zu beziehen ist, fragt sich, ob und inwieweit unter dem Gesichtspunkt von Treu und Glauben dennoch die weitere Geltung des bisherigen Tarifvertrages für die Arbeitsverhältnisse der übernommenen Arbeitnehmer angenommen werden muß.

Dies könnte insbesondere für den Fall eines mit dem Betriebsübergang verbundenen Branchenwechsels in Betracht kommen, wenn die Arbeitsvertragsparteien bei Vereinbarung der Bezugnahmeklausel nicht mit der Anwendung eines Tarifvertrages einer anderen Branche gerechnet haben.[77] Allerdings kommt die Geltung des neuen Tarifvertrages aufgrund der Bezugnahmevereinbarung hier ohnehin nur in Betracht, soweit die Arbeitsvertragsparteien sich auf den jeweils einschlägigen Tarifvertrag bezogen haben. Damit trafen sie gerade Vorsorge dafür, daß sich die der Tarifanwendung zugrunde liegenden Umstände zukünftig ändern. Es besteht insoweit kein Anlaß, von der Anwendung des aufgrund des Übergangs des Betriebes auf einen neuen Inhaber einschlägigen anderen Tarifvertrages Abstand zu nehmen, da damit lediglich ein Fall eingetreten ist, für den gerade Vorsorge getroffen wurde. Die eingetretene Erheblichkeit dieser Vereinbarung kann gegen Treu und Glauben nicht verstoßen.[78] Die Durchführung betrieblicher Umstrukturierungen wie auch die Bestimmung des Unternehmenszwecks liegt im freien Belieben des jeweiligen Unternehmers. Der Arbeitsvertrag garantiert dem Arbeitnehmer insoweit nicht das Gleichbleiben seines Arbeitsumfeldes.[79]

---

76 Vgl. vorstehend § 18 A II 2b.

77 *Hromadka/Maschmann/Wallner*, Tarifwechsel, Rn. 100 führen insoweit den Gesichtspunkt der Überraschung in die Diskussion ein, zweifeln allerdings schon dessen rechtliche Bedeutung an. *Hanau/Kania*, FS Schaub, S. 239, 247 stellen insoweit für den Fall eines bloßen Tarifwechsels des Arbeitgebers im Rahmen der ergänzenden Vertragsauslegung auf den hypothetischen Parteiwillen ab.

78 Ebenso im Ergebnis *Hromadka/Maschmann/Wallner*, Tarifwechsel, Rn. 100 f., die allerdings eine einschränkende Auslegung der Bezugnahmevereinbarung in Extremfällen für möglich halten, ohne aber auf denkbare Fälle näher einzugehen. Ähnlich *D. Gaul*, Betriebsübergang, S. 282, der darauf abstellt, ob rechtsmißbräuchlich ungünstigere Tarifbestimmungen einbezogen werden sollen.

79 *Hromadka/Maschmann/Wallner*, Tarifwechsel, Rn. 100.

Demgegenüber stellt das Arbeitsgericht Mainz[80] insoweit allein auf den Wechsel des Betriebsinhabers ab. Danach ergebe zwar die Auslegung der Inbezugnahme des jeweiligen Tarifvertrages nach Betriebsübergang die Bezugnahme auf den beim Betriebserwerber einschlägigen Tarifvertrag, es sei diesem jedoch nach § 242 BGB verwehrt, sich auf die Anwendung dieses Tarifvertrages zu berufen. Dies begründet das Gericht mit der Annahme, daß die hinsichtlich des fachlichen Geltungsbereichs bezweckte Flexibilisierung des anzuwendenden Tarifvertrages nur für den gleichen Betriebsinhaber gelten sollte. Es könne demgegenüber nicht davon ausgegangen werden, daß der Arbeitnehmer auch für den Fall des Übergangs des Betriebes auf einen unbekannten Erwerber auf das Erfordernis einer Änderungskündigung habe verzichten wollen.[81]

3. Gegenständlich beschränkte Inbezugnahme eines Tarifvertrages

Den Parteien des Arbeitsvertrages steht es frei, die Anwendung eines Tarifvertrages insgesamt oder nur einzelner Normen oder Komplexe auf das Arbeitsverhältnis zu vereinbaren.[82] Vereinbaren die Parteien des Arbeitsvertrages die Anwendung eines Tarifvertrages insgesamt, ist im Zweifel davon auszugehen, daß sie nur das vereinbaren wollen, was ohnehin tarifrechtlich gilt.[83] Mit solchen Vereinbarungen sollen dem Arbeitnehmer die gleichen Rechte eingeräumt werden wie seinen tarifgebundenen Kollegen zustehen.[84] Insoweit handelt es sich zumeist um die Inbezugnahme des dem Geltungsbereich nach einschlägigen Tarifvertrages. Gleiches gilt regelmäßig, soweit die Arbeitsvertragsparteien von tarifdispositivem Gesetzesrecht abweichen und aus diesem Grund in den gesetzlich vorgesehenen Fällen die Inbezugnahme von Tarifrecht vereinbaren. Denn hier ist die Durchbrechung der zwingenden Wirkung von Gesetzesrecht an die Inbezugnahme des dem Geltungsbereich nach einschlägigen Tarifvertrages gebunden. Auch in diesen Fällen bezieht sich die vereinbarte Bezugnahmeklausel nach Betriebsübergang regelmäßig auf den dem Geltungsbereich nach beim Betriebserwerber geltenden Tarifvertrag, insoweit kommt es hier unter Umständen zu einer Änderung der Arbeitsbedingungen der übernommenen Arbeitnehmer.

---

80 ArbG Mainz 6.3.1996 DB 1996, 2500 ff.

81 Kritisch hierzu mit Recht *B. Gaul*, NZA 1998, 9, 17.

82 *Etzel*, NZA 1987, Beilage 1, S. 19, 25; *Wiedemann/Stumpf*, TVG, § 3 Rn. 96; a.A. *Kempen/Zachert*, TVG, § 3 Rn. 85 ff., nach denen nur die Bezugnahme auf den gesamten Tarifvertrag möglich sei.

83 BAG 29.1.1975 AP Nr. 8 zu § 4 TVG Nachwirkung; BAG 7.12.1977 AP Nr. 9 zu § 4 TVG Nachwirkung; BAG 23.4.1986 AP Nr. 118 zu §§ 22, 23 BAT 1975; *Etzel*, NZA 1987, Beilage 1, S. 19, 26.

84 *Etzel*, NZA 1987, Beilage 1, S. 19, 26.

B. Anwendung von § 613a Abs. 1 Satz 3 BGB auf tarifliche Außenseiter

Nach Auffassung von *Zöllner* sei es im Grundsatz durchaus denkbar, auf die beim Betriebsveräußerer einzelvertraglich in Bezug genommenen Tarifnormen § 613a Abs. 1 Satz 2 BGB anzuwenden.[85] Dies solle ohne weiteres auch zu einer Anwendung von § 613a Abs. 1 Satz 3 BGB führen können. Damit würde die Weitergeltung der in Bezug genommenen Tarifnormen bei Bestehen einer kollektivvertraglichen Regelung beim Betriebserwerber entfallen. Insoweit sei für die Anwendung des § 613a Abs. 1 Satz 3 BGB auch unerheblich, ob hinsichtlich des neuen Tarifvertrages Tarifgebundenheit der übernommenen Arbeitnehmer besteht.[86] Dem ist in zweierlei Hinsicht zu widersprechen. Zum einen findet § 613a Abs. 1 Satz 2 BGB nicht auf einzelvertraglich in Bezug genommenen Tarifnormen Anwendung.[87] Damit scheidet aber auch die direkte Anwendung von § 613a Abs. 1 Satz 3 BGB aus.[88] Zum anderen kommt die Anwendung dieser Vorschrift nur in Betracht, soweit Tarifgebundenheit auch der Arbeitnehmer besteht.[89]

Dennoch wird auch im Hinblick auf tarifliche Außenseiter die Bedeutung von § 613a Abs. 1 Satz 3 BGB diskutiert. Damit soll erreicht werden, daß nach Betriebsübergang die Bezugnahmeklausel in jedem Fall zur Anwendung des beim Betriebserwerber einschlägigen Tarifvertrages auf die Arbeitsverhältnisse der übernommenen Arbeitnehmer führt.

I. Besserstellung tariflicher Außenseiter gegenüber tarifgebundenen Arbeitnehmern

Ausgangspunkt dahingehender Überlegungen ist regelmäßig die Befürchtung einer Besserstellung tariflicher Außenseiter gegenüber den tarifgebundenen Arbeitnehmern nach Betriebsübergang.[90] Für beim Betriebsveräußerer tarifgebundene

---

85 *Zöllner*, DB 1995, 1401, 1406.

86 So *Zöllner*, DB 1995, 1401, 1406, der allerdings auch hier verlangt, daß der Betriebserwerber den Arbeitnehmern die Anwendung des neuen Tarifvertrages anbietet. Zustimmend im Grundsatz *Gamillscheg*, Kollektives Arbeitsrecht, S. 785. Vgl. dazu schon § 15 A I 3e.

87 Dazu vorstehend § 17.

88 Vgl. *D. Gaul*, Betriebsübergang, S. 281; *Kania*, DB 1994, 529, 532; *Schiefer*, NJW 1998, 1817, 1822.

89 Siehe schon § 15 A I 3.

90 LAG Köln 12.10.1995 LAGE Nr. 50 zu § 613a BGB; *Beisel/Klumpp*, Unternehmenskauf, Rn. 580; *Berscheid*, Betriebsinhaberwechsel, Rn. 121; *Binkert*, JZ 1979, 747, 751; *Däubler*, Tarifvertragsrecht, Rn. 1558, S. 647; *Düwell*, Betriebsübergang, S. 193, 213; *Gamillscheg*, Kollektives Arbeitsrecht, S. 785; *B. Gaul*, ZTR 1995, 387, 389; Erman/*Hanau*, BGB, § 613a Rn. 100; *Hanau/Vossen*, FS Hilger/Stumpf, S. 271, 294; KassArbR/*Hattesen*, 1.7 Rn. 184; *Henssler*, FS Schaub, S. 311, 322; *Kania*, DB 1994,

Arbeitnehmer endet die in § 613a Abs. 1 Satz 2 BGB vorgesehene Weitergeltung des einschlägigen Tarifvertrages, sofern auch Tarifgebundenheit an den beim Betriebserwerber einschlägigen Tarifvertrag besteht, nach § 613a Abs. 1 Satz 3 BGB. Demgegenüber geht die mit dem Betriebsveräußerer getroffene Bezugnahmevereinbarung nach § 613a Abs. 1 Satz 1 BGB auf den Betriebserwerber über. Für die nicht tarifgebundenen Arbeitnehmer kann es damit, obwohl für tarifgebundene Arbeitnehmer der beim Betriebserwerber einschlägige Tarifvertrag Anwendung findet, grundsätzlich bei der Geltung des Tarifvertrages des Betriebsveräußerers bleiben. Enthält eben dieser Tarifvertrag aber für die Arbeitnehmer günstigere Arbeitsbedingungen als der beim neuen Betriebsinhaber geltende Tarifvertrag, gelten für tarifgebundene Arbeitnehmer ungünstigere Arbeitsbedingungen als für tarifliche Außenseiter.

Dies wird aus unterschiedlichen Erwägungen für korrekturbedürftig gehalten. Zum einen wird in der angenommenen Besserstellung der tariflichen Außenseiter eine Beeinträchtigung der individuellen Koalitionsfreiheit der tarifgebundenen Arbeitnehmer und damit ein Verstoß gegen Art. 9 Abs. 3 GG erblickt, denn diese Arbeitnehmer könnten sich der Wirkung des § 613a Abs. 1 Satz 3 BGB nur durch Austritt aus bzw. Nichteintritt in die tarifschließende Gewerkschaft entziehen und so einer Verschlechterung ihrer Arbeitsbedingungen aufgrund der Gewerkschaftszugehörigkeit entgehen.[91] Zum anderen entspreche die Besserstellung tariflicher Außenseiter auch nicht dem Willen der Arbeitsvertragsparteien, die regelmäßig nur eine Gleichstellung mit den tarifgebundenen Arbeitnehmern bezweckten.[92] Ein Widerspruch wird im übrigen zu dem mit der Regelung von Arbeitsbedingungen durch Tarifvertrag verfolgten Zweck gesehen, wodurch Mindestarbeitsbedingungen gesichert, nicht aber betroffene Arbeitnehmer schlechter gestellt werden sollen.[93]

Allerdings ist fraglich, ob es bei sachgerechter Auslegung der Bezugnahmevereinbarung nach Betriebsübergang überhaupt zu einer korrekturbedürftigen

---

529, 532; *Khoury*, Arbeitnehmer 1989, 146, 149; Staudinger/*Richardi*, BGB, § 613a Rn. 181; MünchKom/*Schaub*, BGB, § 613a Rn. 194; *ders.*, WiB 1996, 97, 100; *J. Schipp*, NZA 1994, 865, 868; *Schipp/Schipp*, Arbeitsrecht und Privatisierung, Rn. 206, S. 94 f.; *Seiter*, Betriebsinhaberwechsel, S. 94 f.; *ders.*, DB 1980, 877, 878; *Wank*, NZA 1987, 505, 509.

91 *Däubler*, Tarifvertragsrecht, Rn. 1558, S. 647; *Hüper*, Betrieb, S. 71. Demgegenüber hält *v. Stebut*, Anm. zu BAG 19.3.1986, AP Nr. 49 zu § 613a BGB eine Entziehung des Bestandsschutzes zu Lasten der tariflichen Außenseiter nach Betriebsübergang über § 613a Abs. 1 Satz 3 BGB eher für einen Eingriff in deren negative Koalitionsfreiheit.

92 *Däubler*, Tarifvertragsrecht, Rn. 1558, S. 647.

93 *J. Schipp*, NZA 1994, 865, 869; *Schipp/Schipp*, Arbeitsrecht und Privatisierung, Rn. 207, 210, S. 95 f.

Besserstellung tariflicher Außenseiter beim Betriebserwerber kommt.[94] Regelmäßig wird bereits die Auslegung der zwischen Betriebsveräußerer und Arbeitnehmer getroffenen Abrede ergeben, daß nach Betriebsübergang auf das Arbeitsverhältnis der beim Betriebserwerber einschlägige Tarifvertrag Anwendung finden soll.[95] Zu einer Besserstellung der tariflichen Außenseiter hinsichtlich der geltenden Arbeitsbedingungen kommt es dabei nicht.[96] Etwas anderes ergibt sich nur in den Fällen, in denen die Arbeitsvertragsparteien deutlich gemacht haben, daß es ihnen gerade auf die Geltung eines bestimmten Tarifvertrages ankommt, insbesondere wenn der in Bezug genommene Tarifvertrag schon nicht beim Betriebsveräußerer dem Geltungsbereich nach anwendbar war.[97] In diesem Fall kann es tatsächlich zu einer Besserstellung der tariflichen Außenseiter gegenüber dem nach § 613a Abs. 1 Satz 3 BGB ablösenden, ungünstigeren Tarifvertrag des Betriebserwerbers kommen. Diese Situation ist allerdings nicht als notwendig korrekturbedürftig anzusehen. Letztlich geht es doch darum, ob Arbeitsvertragsparteien generell verwehrt werden kann, einen Tarifvertrag einzelvertraglich in Bezug zu nehmen, der nicht seinem Geltungsbereich nach für das Arbeitsverhältnis bei bestehender beiderseitiger Tarifgebundenheit anzuwenden wäre. Denn in diesen Fällen kann es, soweit sich dieser Tarifvertrag als gegenüber dem einschlägigen Tarifvertrag als für den Arbeitnehmer günstiger erweist, stets zu einer Besserstellung der tariflichen Außenseiter gegenüber dem an den, dem Geltungsbereich nach einschlägigen, Tarifvertrag gebundenen Arbeitnehmer kommen. Die Vereinbarung einer solchen Bezugnahmeklausel wird den Arbeitsvertragsparteien auch nicht unter Hinweis darauf untersagt.[98]

Demgegenüber wird auch unabhängig von der konkreten Günstigkeit der geltenden Arbeitsbedingungen schon im Hinblick auf die Gewährleistung des Bestandsschutzes der vor Betriebsübergang bestehenden Arbeitsbedingungen eine Besserstellung der nicht tarifgebundenen Arbeitnehmer befürchtet. Dies wird damit begründet, daß die Weitergeltung kollektivvertraglicher Regelungen des Betriebsveräußerers nach Betriebsübergang unter dem Vorbehalt der Ablösung durch Kollektivrecht des Betriebserwerbers nach § 613a Abs. 1 Satz 3 BGB steht, währenddem dies nicht gleichfalls für die Weitergeltung der individualrechtlich in Bezug genommenen Tarifnormen gilt.[99] Es wird also befürchtet, daß die Arbeitsbedingungen tariflicher Außenseiter nach Betriebsübergang einem

---

94 Ebenso zweifelnd *Moll*, RdA 1996, 275, 286.

95 Dazu vorstehend § 18 A II.

96 Staudinger/*Richardi*, BGB, § 613a Rn. 181; *Schipp/Schipp*, Arbeitsrecht und Privatisierung, Rn. 208, S. 95.

97 *B. Gaul*, ZTR 1995, 387, 389; *Gussen/Dauck*, Weitergeltung, Rn. 279, S. 184 f.

98 Vgl. *Gussen/Dauck*, Weitergeltung, Rn. 277, S. 183 sowie vorstehend § 18 A I 2.

99 So *Schwerdtner*, Anm. zu BAG 19.3.1986, EWiR § 613a BGB 5/86, S. 881, 882.

stärkeren Bestandsschutz unterliegen, als er für die nach § 613a Abs. 1 Satz 2 BGB individualrechtlich weitergeltenden Tarifnormen vorgesehen ist.

Dem ist mit folgenden Erwägungen entgegenzutreten. § 613a Abs. 1 Satz 3 BGB verdrängt die weitergeltenden Tarifnormen nur dann, wenn hinsichtlich des beim Betriebserwerber einschlägigen Tarifvertrages beiderseitige Tarifbindung besteht. Die übernommenen Arbeitnehmer müssen daher Mitglied der tarifschließenden Gewerkschaft sein bzw. werden. Insoweit ist die Ablösung der weitergeltenden Tarifnormen nach § 613a Abs. 1 Satz 3 BGB auf die Mitwirkung auch der Arbeitnehmer zurückzuführen. § 613a Abs. 1 Satz 3 BGB verleiht überdies lediglich dem tarifrechtlichen Grundsatz der normativen Geltung von Tarifnormen auf die Arbeitsverhältnisse tarifgebundener Arbeitnehmer Ausdruck. Die Anwendung des Tarifvertrages, der der jeweiligen Tarifbindung der Arbeitsvertragsparteien entspricht, und sich daraus unter Umständen ergebende Änderungen der Arbeitsbedingungen sind Gegenstücke zur normativen Wirkung der Tarifnormen und in Anbetracht der einem jeden - auch einem materiell ungünstigeren - Tarifvertrag zukommenden Richtigkeitsgewähr unbedenklich. Derartigen kollektivrechtlichen Ablösungsmechanismen unterliegen einzelvertraglich in Bezug genommene Tarifnormen nicht bzw. nur mit Rücksicht auf die Günstigkeit der Arbeitsbedingungen, wenn aufgrund nachträglich eintretender beiderseitiger Tarifgebundenheit ein Tarifvertrag beim Betriebserwerber normativ zur Anwendung kommt. Allerdings unterliegen einzelvertragliche Vereinbarungen der Arbeitsvertragsparteien den individualrechtlichen Instrumentarien zu ihrer Veränderung, dem Abschluß einer Änderungsvereinbarung unbeschränkt und dem Ausspruch einer Änderungskündigung unter den Voraussetzungen des § 2 KSchG. Eine solche Änderung der Arbeitsbedingungen kann auch nach Betriebsübergang jederzeit erfolgen, währenddem für die individualrechtlich weitergeltenden Tarifnormen nach § 613a Abs. 1 Satz 2 BGB grundsätzlich eine Veränderungssperre von einem Jahr besteht.[100] Damit kann im Hinblick auf die Veränderbarkeit der Arbeitsbedingungen nach Betriebsübergang nicht von einer Besserstellung der tariflichen Außenseiter gegenüber tarifgebundenen Arbeitnehmer ausgegangen werden, die über eine Anwendung von § 613a Abs. 1 Satz 3 BGB korrigiert werden müßte.[101]

---

[100] Darauf verweisen auch BAG 4.3.1993 AP Nr. 101 zu § 613a BGB; *Moll*, RdA 1996, 275, 286. Im Ergebnis ähnlich *v. Stebut*, Anm. zu BAG 19.3.1986, AP Nr. 49 zu § 613a BGB, dem allerdings insoweit nicht zuzustimmen ist, als er von einem zeitlich begrenzten, rein statischen Bestandsschutz hinsichtlich der Arbeitsbedingungen tariflicher Außenseiter nach Betriebsübergang ausgeht.

[101] Ebenso *Moll*, RdA 1996, 275, 286 sowie im Ergebnis *Gussen/Dauck*, Weitergeltung, Rn. 260, S. 169. Dazu weiter *Moll*, Brennpunkte des Arbeitsrechts 1996, S. 185, 235, der die Überlegungen im Hinblick auf eine befürchtete Besserstellung tariflicher Außenseiter auch wegen der Komplexität der Auswirkungen beider Stellungen kaum für angemessen hält.

II. Geltung des neuen Tarifvertrages nach § 613a Abs. 1 Satz 3 BGB

Obwohl danach eine Besserstellung tariflicher Außenseiter, die einer Korrektur über § 613a Abs. 1 Satz 3 BGB bedürfte, nach Betriebsübergang tatsächlich nicht vorliegt, wird die Anwendung dieser Vorschrift befürwortet, jedenfalls soweit sich die Anwendung des beim Betriebserwerber einschlägigen Tarifvertrages nicht schon über die Auslegung der Bezugnahmevereinbarung ergibt. Dabei wird zum einen angenommen, auch die Geltung von § 613a Abs. 1 Satz 3 BGB ergebe sich nach dem zu berücksichtigenden Willen der Arbeitsvertragsparteien. Zum anderen soll § 613a Abs. 1 Satz 3 BGB analog auf die Bezugnahmevereinbarung angewendet werden.[102]

1. Auslegung der Bezugnahmevereinbarung

Die Vereinbarung der einzelvertraglichen Inbezugnahme eines Tarifvertrages hat häufig den Zweck, gleiche Arbeitsbedingungen für tarifgebundene Arbeitnehmer und tarifliche Außenseiter herbeizuführen. Für beim Betriebsveräußerer tarifgebundene Arbeitnehmer endet aber die Weitergeltung der Tarifnormen nach § 613a Abs. 1 Satz 3 BGB, soweit für das Arbeitsverhältnis ein beim Betriebserwerber einschlägiger Tarifvertrag normativ zur Anwendung kommt. Daraus wird geschlußfolgert, im Zuge der Gleichstellung der tariflichen Außenseiter sei von den Arbeitsvertragsparteien auch die Geltung von § 613a Abs. 1 Satz 3 BGB intendiert. Die Anwendung dieser Bestimmung ergebe sich damit über die Auslegung der Bezugnahmevereinbarung.[103]

Vereinbaren die Arbeitsvertragsparteien die einzelvertragliche Geltung eines Tarifvertrages, um einheitliche Arbeitsbedingungen für die beschäftigten Arbeitnehmer unabhängig von deren Tarifgebundenheit herbeizuführen, ergibt die Auslegung der Bezugnahmeklausel bereits, daß nach Betriebsübergang der beim Betriebserwerber einschlägige Tarifvertrag zur Anwendung kommt. Eines Rückgriffs auf die Annahme einer Vereinbarung der Geltung von § 613a Abs. 1 Satz 3 BGB durch die Arbeitsvertragsparteien, um den Tarifvertrag des Betriebserwerbers zur Anwendung zu bringen, bedarf es insoweit nicht.[104] Ging es den Arbeits-

---

102 Ungenau insoweit *Blank/Blanke u.a.*, Arbeitnehmerschutz, S. 203, nach denen die analoge Anwendung von § 613a Abs. 1 Satz 3 BGB aus dem Willen der Arbeitsvertragsparteien zur Gleichstellung tariflicher Außenseiter und tarifgebundener Arbeitnehmer folge. Dazu sogleich.

103 RGRK/*Ascheid*, BGB, § 613a Rn. 201; Erman/*Hanau*, BGB, § 613a Rn. 100; *Hanau/Vossen*, FS Hilger/Stumpf, S. 271, 295; *Khoury*, Arbeitnehmer 1989, 146, 149; Staudinger/*Richardi*, BGB, § 613a Rn. 181.

104 Nach Auffassung des LAG Köln 12.10.1995 LAGE Nr. 50 zu § 613a BGB sei die analoge Anwendung von § 613a Abs. 1 Satz 3 BGB damit zu rechtfertigen, daß es den Arbeitsvertragsparteien auf die Vereinheitlichung der Arbeitsbedingungen von tarifge-

vertragsparteien hingegen um die Anwendung gerade eines bestimmten Tarifvertrages, kommt mangels Gleichstellungsabsicht auch die Auslegung der Bezugnahmevereinbarung dahingehend, daß die Geltung von § 613a Abs. 1 Satz 3 BGB beabsichtigt gewesen wäre, nicht in Betracht.[105]

Selbst soweit es aber den Arbeitsvertragsparteien um die Gleichstellung tarifgebundener Arbeitnehmer und tariflicher Außenseiter geht, bezieht sich dies nur auf deren Arbeitsbedingungen in inhaltlicher Hinsicht. Der Bezugnahmevereinbarung liegt hingegen nicht die Vorstellung zugrunde, die Arbeitnehmer auch in rechtlicher Hinsicht gleichzustellen. Die Bezugnahmeklausel soll die Geltung tariflicher Regelungen auf das Arbeitsverhältnis, nicht aber die Anwendung gesetzlicher Bestimmungen herbeiführen.[106] Damit kommt auch insoweit eine Auslegung der Bezugnahmevereinbarung dahingehend, daß im Falle eines Betriebsübergangs die Geltung von § 613a Abs. 1 Satz 3 BGB beabsichtigt gewesen wäre, nicht in Betracht.[107]

2. Analoge Anwendung von § 613a Abs. 1 Satz 3 BGB

Schließlich wird die Maßgeblichkeit des Tarifvertrages des Betriebserwerbers für die Arbeitsbedingungen der übernommenen tariflichen Außenseiter aufgrund der Bezugnahmeklausel über eine analoge Anwendung von § 613a Abs. 1 Satz 3 BGB begründet.[108] Dies soll insbesondere und gerade für den Fall gelten, daß die Auslegung der Bezugnahmevereinbarung nicht die Verweisung auf das Tarifrecht des Betriebserwerbers nach Betriebsübergang ergibt.[109]

---

bundenen Arbeitnehmern und tariflichen Außenseitern ankam. Es verweist lediglich darauf, daß das gleiche Ergebnis überdies über eine Auslegung der Bezugnahmeklausel erreichbar sei.

105 Darauf verweist zu Recht auch *Moll*, RdA 1996, 275, 286.

106 *Moll*, RdA 1996, 275, 286.

107 Vgl. *Moll*, RdA 1996, 275, 286; *ders.*, Brennpunkte des Arbeitsrechts 1996, S. 185, 238. Im Ergebnis ebenso *Gussen/Dauck*, Weitergeltung, Rn. 261, S. 170 f. Auch GK-KR/*Pfeiffer*, § 613a BGB Rn. 93 beschränkt die Überlegungen einer Anwendung von § 613a Abs. 1 Satz 3 und 4 BGB auf tarifliche Außenseiter auf den Fall der Inbezugnahme des jeweils einschlägigen Tarifvertrages.

108 Allerdings weist *Zöllner*, DB 1995, 1401, 1407 zu Recht darauf hin, daß zwischen einer beendigenden Wirkung von § 613a Abs. 1 Satz 3 BGB und den für die betroffenen Arbeitnehmer sodann geltenden Arbeitsbedingungen zu unterscheiden sei. Ebensowenig wie § 613a Abs. 1 Satz 3 BGB zu einer Anwendung des beim Betriebserwerber einschlägigen Tarifvertrages auf nicht tarifgebundene Arbeitnehmer führt, muß sich aus der analogen Anwendung der Vorschrift die Erstreckung der Bezugnahmeklausel auf diesen Tarifvertrag ergeben. Vgl. auch *Gussen/Dauck*, Weitergeltung, Rn. 279, S. 184.

109 *Beisel/Klumpp*, Unternehmenskauf, Rn. 580; *Berscheid*, Betriebsinhaberwechsel, Rn. 121; *Däubler*, Tarifvertragsrecht, Rn. 1558, S. 647; *Düwell*, Betriebsübergang, S. 193, 213; Erman/*Hanau*, BGB, § 613a Rn. 97; *Henssler*, FS Schaub, S. 311, 322 f.:

Eine analoge Anwendung von § 613a Abs. 1 Satz 3 BGB im Fall einzelvertraglicher Inbezugnahme eines Tarifvertrages setzt das Vorliegen einer diesbezüglichen ausfüllungsbedürftigen Regelungslücke im Gesetz voraus.[110] Demgegenüber reicht es nicht aus, eine Lücke in der von den Arbeitsvertragsparteien getroffenen Vereinbarung festzustellen.[111] Gerade damit wird aber die analoge Anwendung von § 613a Abs. 1 Satz 3 BGB insbesondere im Fall der statischen Bezugnahmeklausel begründet. Auch allein auf die - im übrigen unbegründete[112] - Annahme, die Bezugnahme auf einen Tarifvertrag solle stets widerspiegeln, was auch tarifrechtlich verbindlich sei, läßt sich die analoge Anwendung von § 613a Abs. 1 Satz 3 BGB nicht stützen.[113]

Die Vereinbarung einer einzelvertraglichen Bezugnahmeklausel durch die Arbeitsvertragsparteien hat die Geltung des in Bezug genommenen Tarifvertrages für das einzelne Arbeitsverhältnis zur Folge. Die Weitergeltung der Bezugnahmevereinbarung richtet sich nach § 613a Abs. 1 Satz 1 BGB. Damit aber besteht durchaus eine gesetzliche Bestandsschutzregelung zu den Rechtsfolgen der Inbezugnahme von Tarifrecht nach Betriebsübergang, indem der Übergang der einzel-

---

MünchKom/*Schaub*, BGB, § 613a Rn. 195; *J. Schipp*, NZA 1994, 865, 869; *Schipp/Schipp*, Arbeitsrecht und Privatisierung, Rn. 210, S. 96; *Sowka/Weiss*, DB 1991, 1518, 1522; so auch noch *Wank*, NZA 1987, 505, 509. Vgl. dazu *Schaub*, WiB 1996, 97, 100, der dies als immer noch die beste Lösung bezeichnet, sowie *Schwerdtner*, Anm. zu BAG 19.3.1986, EWiR § 613a BGB 5/86, 881, 882. *Henssler*, FS Schaub, S. 311, 323 gibt allerdings immerhin zu bedenken, daß im Einzelfall bei einer bezweckten Besitzstandssicherung für tarifliche Außenseiter auch für den Fall der Schlechterstellung der tarifgebundenen Arbeitnehmer die gesetzliche hinter die privatautotonom durch die Arbeitsvertragsparteien gestaltete Rechtslage zurücktreten kann. Dies entspricht dem Ergebnis bei Auslegung der Vereinbarung als unveränderte Inbezugnahme eines bestimmten Tarifvertrages.

Gegen die analoge Anwendung von § 613a Abs. 1 Satz 3 BGB dagegen insbesondere LAG Düsseldorf 4.2.1993 LAGE Nr. 29 zu § 613a BGB; nunmehr auch MünchArbR/*Wank*, § 120 Rn. 183 sowie *Gussen/Dauck*, Weitergeltung, Rn. 278, S. 183 f.

110 Vgl. LAG Düsseldorf 4.2.1993 LAGE Nr. 29 zu § 613a BGB. Zu den Voraussetzungen eines Analogieschlusses auch schon vorstehend § 9 C.

111 Dies läßt MünchKom/*Schaub*, BGB, § 613a Rn. 195 außer acht.

112 Vgl. LAG Düsseldorf 4.2.1993 LAGE Nr. 29 zu § 613a BGB sowie vorstehend § 18 A II.

113 So aber MünchKom/*Schaub*, BGB, § 613a Rn. 195 sowie im Anschluß daran *Henssler*, FS Schaub, S. 311, 323. Dem tritt das LAG Düsseldorf 4.2.1993 LAGE Nr. 29 zu § 613a BGB entgegen, wonach das Auseinanderfallen der Arbeitsbedingungen zwischen tarifgebundenen und nicht organisierten Arbeitnehmern allenfalls mißlich, jedenfalls aber nicht unerträglich sei. Gegen die analoge Anwendung von § 613a Abs. 1 Satz 3 BGB auch KassArbR/*Hattesen*, 1.7 Rn. 184.

vertraglichen Abrede auf den Betriebserwerber angeordnet wird.[114] Eine darüber hinausgehende gesetzliche Regelung ist hier nicht erforderlich.[115] Insbesondere die Beantwortung der Frage, welcher Tarifvertrag in Bezug genommen ist, kann und hat sich allein an der von den Arbeitsvertragsparteien getroffenen Vereinbarung zu orientieren.[116] Da insoweit eine ausfüllungsbedürftige Regelungslücke im Gesetz nicht festgestellt werden kann[117], kommt es auf den mit § 613a Abs. 1 Satz 3 BGB verfolgten Zweck nicht mehr an.

C. Änderung der Bezugnahmevereinbarung nach Betriebsübergang

Ergibt die Auslegung der Bezugnahmevereinbarung, daß sich die Arbeitsbedingungen der übernommenen Arbeitnehmer nach Betriebsübergang weiterhin nach dem beim Betriebsveräußerer geltenden Tarifvertrag richten, stellt sich aus Sicht des Betriebserwerbers die Frage nach einer Möglichkeit der Änderung dieser Abrede. Nach Auffassung von *Kania* kann der neue Betriebsinhaber hierzu in entsprechender Anwendung von § 613a Abs. 1 Satz 4, 2. Alt. BGB mit den übernommenen Arbeitnehmern eine Änderungsvereinbarung abschließen. Auch eine Änderungskündigung könne ausgesprochen werden, diese müsse sich an den Erfordernissen des § 2 KSchG messen lassen. Dies wird begründet mit dem Zweck der Bestimmung, dem Betriebserwerber die Vereinheitlichung der bei ihm geltenden Arbeitsbedingungen zu ermöglichen.[118]

---

114 LAG Düsseldorf 4.2.1993 LAGE Nr. 29 zu § 613a BGB; *B. Gaul*, NZA 1998, 9, 16. So im Ergebnis auch Staudinger/*Richardi*, BGB, § 613a Rn. 181; *Wank*, NZA 1987, 505, 509.

115 Anders noch *Gussen*, Fortgeltung, S. 105, der die Annahme einer Gesetzeslücke darauf stützt, daß § 613a Abs. 1 BGB keine Regelung zu den einzelvertraglich in Bezug genommenen Tarifnormen enthält. Eine solche ist explizit aber gar nicht erforderlich, gerade weil mit der Überleitung der Bezugnahmevereinbarung auf den Betriebserwerber auch weiterhin die Anwendung eines Tarifvertrages auf das Arbeitsverhältnis gewährleistet ist.

116 So verweist *Moll*, RdA 1996, 275, 286 darauf, daß die Arbeitsvertragsparteien, die einen bestimmten Tarifvertrag in Bezug nehmen und sich dadurch individuell ausgehandelten Arbeitsbedingungen annähern, nicht die Veränderbarkeit kollektiver Regelungsinstrumente hinnehmen müssen. Vgl. weiter *Gussen/Dauck*, Weitergeltung, Rn. 279, S. 185.

117 Vgl. *Hromadka/Maschmann/Wallner*, Tarifwechsel, Rn. 415; ablehnend auch *Kittner/Trittin*, Kündigungsschutzrecht, § 613a BGB Rn. 229.

118 *Kania*, DB 1995, 625, 629. So auch MünchKom/*Schaub*, BGB, § 613a Rn. 195; *ders.*, Arbeitsrechtshandbuch, S. 711; *ders.*, ArbRGW 18 (1981), 71, 81, der andererseits auch die analoge Anwendung von § 613a Abs. 1 Satz 3 BGB befürwortet. Demgegenüber verweisen *Hromadka/Maschmann/Wallner*, Tarifwechsel, Rn. 421 darauf, daß im Anwendungsbereich des Kündigungsschutzgesetzes ein dringender betrieblicher Grund die Änderung bedingen müsse und der Arbeitgeber darauf beschränkt sei, dem Arbeitnehmer zumutbare Änderungen der Arbeitsbedingungen vorzuschlagen. Vgl. auch

Allerdings ist nicht klar, inwieweit es hierfür überhaupt der entsprechenden Anwendung von § 613a Abs. 1 Satz 4, 2. Alt. BGB bedürfen sollte. Bei der Bezugnahmevereinbarung handelt es sich um eine einzelvertragliche Abrede zwischen den Arbeitsvertragsparteien, die nach § 613a Abs. 1 Satz 1 BGB auf den Betriebserwerber übergeht. Sie unterliegt damit ohnehin unbeschränkt den genannten arbeitsrechtlichen Instrumentarien zu ihrer Veränderung. Insbesondere braucht die Sperrfrist des § 613a Abs. 1 Satz 2 BGB von einem Jahr hier nicht beachtet zu werden.[119] Damit besteht aber auch keine Notwendigkeit, dem Betriebserwerber entsprechend § 613a Abs. 1 Satz 4 BGB die vorzeitige Abänderung der Bezugnahmeklausel zu ermöglichen.

D. Einzelvertragliche Bezugnahmeklausel und normative Geltung eines Tarifvertrages

Auch in Arbeitsverträgen tarifgebundener Arbeitnehmer ist die einzelvertragliche Bezugnahme eines Tarifvertrages wirksam. Insoweit wird ein zusätzlicher Geltungsgrund für die Tarifnormen auf individualrechtlicher Ebene geschaffen. Nun fragt sich, was aus dem Zusammentreffen kollektivrechtlicher und einzelvertraglicher Geltung von Tarifnormen für die Arbeitsbedingungen der übernommenen Arbeitnehmer im Falle eines Betriebsübergangs folgt - die Tarifbindung des jeweiligen Betriebsinhabers an den bei ihm einschlägigen Tarifvertrag vorausgesetzt.

I. Tarifgebundenheit der Arbeitnehmer an den beim Betriebsveräußerer einschlägigen Tarifvertrag

Ist der Arbeitnehmer an den vor Betriebsübergang einschlägigen Tarifvertrag gebunden, so kommt es für dessen Arbeitsbedingungen beim Betriebsveräußerer darauf an, ob sich die Bezugnahmevereinbarung auf den einschlägigen oder einen anderen Tarifvertrag bezieht.

1. Inbezugnahme des einschlägigen Tarifvertrages

Ist die Inbezugnahme des ohnehin einschlägigen Tarifvertrages vereinbart, bestehen aufgrund der Bezugnahmeklausel keine von der kollektivrechtlichen Lage abweichenden Arbeitsbedingungen beim Betriebsveräußerer. Die Tarifnormen gelten beim Betriebserwerber nach § 613a Abs. 1 Satz 2 BGB zwar individualrechtlich, aber mit befristet einseitig zwingender Wirkung weiter. Demgegenüber unterliegt die Geltung der einzelvertraglich in Bezug genommenen Tarifnormen

---

Hromadka/Maschmann/Wallner, Tarifwechsel, Rn. 424 ff. zu Überlegungen hinsichtlich der Anwendung des Gleichbehandlungsgrundsatzes.

119 *Bolck*, ZTR 1994, 14, 16; *B. Gaul*, ZTR 1995, 387, 389.

nach Betriebsübergang der jederzeitigen Veränderung. Letztlich genießen damit die Arbeitsbedingungen der übernommenen Arbeitnehmer jedenfalls den Bestandsschutz nach § 613a Abs. 1 Satz 2 und 4 BGB.[120]

Ist bei dem Betriebserwerber dem Geltungsbereich nach ein anderer Tarifvertrag einschlägig und tritt der Arbeitnehmer in die tarifschließende Gewerkschaft über, endet die individualrechtliche Weitergeltung des zuvor normativ geltenden Tarifvertrages nach § 613a Abs. 1 Satz 3 BGB. Erhalten bleibt allerdings die Weitergeltung der Bezugnahmevereinbarung und damit der einzelvertraglich in Bezug genommenen Tarifnormen.[121] Daher würden die Arbeitsbedingungen der Arbeitnehmer von den einzelvertraglich angewendeten Tarifnormen gegenüber dem normativ geltenden Tarifvertrag nach Maßgabe deren Günstigkeit (§ 4 Abs. 3 TVG) bestimmt.[122] Allerdings wird die Auslegung der Bezugnahmeklausel regelmäßig ergeben, daß nach Betriebsübergang auch der beim Betriebserwerber einschlägige Tarifvertrag zur Anwendung gebracht werden soll.

2. Inbezugnahme eines anderen Tarifvertrages

Ist durch die Arbeitsvertragsparteien ein anderer als der dem Geltungsbereich nach einschlägige Tarifvertrag vor Betriebsübergang in Bezug genommen, bestimmen sich bereits beim Betriebsveräußerer die Arbeitsbedingungen nach dem Günstigkeitsprinzip des § 4 Abs. 3 TVG. Da die zuvor normativ geltenden Tarifnormen nach § 613a Abs. 1 Satz 2 BGB nur einseitig zwingend weitergelten, kommt es im Verhältnis zu den einzelvertraglich in Bezug genommenen Tarifnormen nach Betriebsübergang gleichfalls auf die Günstigkeit der jeweiligen Regelung an.[123] Tritt der Arbeitnehmer der beim Betriebserwerber tarifschließenden Gewerkschaft bei, so gelten die obigen Ausführungen entsprechend.

---

[120] Vgl. zur Ablösungswirkung einer Bezugnahmeklausel gegenüber der Weitergeltung eines Tarifvertrages nach § 613a Abs. 1 Satz 3 BGB vorstehend § 15 A I 5.

[121] Hier wirkt sich die Entscheidung für eine konstitutive Wirkung der Bezugnahmevereinbarung in den Arbeitsverhältnissen tarifgebundener Arbeitnehmer aus. Vgl. auch BAG 28.5.1997 AP Nr. 6 zu § 1 TVG Bezugnahme auf Tarifvertrag, wonach durch Auslegung der Bezugnahmeklausel festzustellen ist, ob eine konstitutive oder deklaratorische Inbezugnahme erfolgt sei. Danach richte sich sodann die Beurteilung der Verdrängung des einzelvertraglich in Bezug genommenen Tarifvertrages durch einen für allgemeinverbindlich erklärten Tarifvertrag.

[122] Anders *D. Gaul*, Betriebsübergang, 1. Auflage 1990, S. 146; *ders.*, ZTR 1989, 432, 435, soweit die Bezugnahmeklausel beim Betriebsveräußerer in allgemeinen Arbeitsbedingungen enthalten ist. Dabei entfalte das Prinzip der individualrechtlichen Günstigkeit keine Wirkung mangels einer auf den einzelnen Arbeitnehmer ausgerichteten Vertragsgestaltung.

[123] Ähnlich auch *Hromadka/Maschmann/Wallner*, Tarifwechsel, Rn. 115.

II. Tarifgebundenheit der Arbeitnehmer an den beim Betriebserwerber einschlägigen Tarifvertrag

Auch die normative Geltung des nach Betriebsübergang einschlägigen Tarifvertrages führt nicht zu einer Unwirksamkeit der nach § 613a Abs. 1 Satz 1 BGB weitergeltenden Bezugnahmeklausel. Die Arbeitsbedingungen der übernommenen Arbeitnehmer werden vielmehr sowohl durch den normativ geltenden als auch durch den einzelvertraglich in Bezug genommenen Tarifvertrag bestimmt.[124] Im Verhältnis beider Regelungen zueinander gilt das Günstigkeitsprinzip des § 4 Abs. 3 TVG, das nicht über § 613a Abs. 1 Satz 3 BGB ausgeschlossen wird.[125] Auch hier gilt im übrigen, daß § 613a Abs. 1 Satz 3 BGB auf einzelvertraglich in Bezug genommene Tarifnormen keine Anwendung findet.

---

124 Vgl. *Däubler*, NZA 1996, 225, 228. Anders Soergel/*Raab*, BGB, § 613a Rn. 132, nach dem eine Bezugnahmevereinbarung bei beiderseitiger Bindung der Arbeitsvertragsparteien an einen anderen Tarifvertrag schon nach deren Willen keine Wirkung entfalten soll. Zur Frage der deklaratorischen oder konstitutiven Wirkung einer Bezugnahmevereinbarung schon vorstehend § 16 B.

125 Vgl. *Buchner*, GmbHR 1997, 434, 439; *Hromadka*, DB 1996, 1872, 1876; anders dagegen *Zöllner*, DB 1995, 1401, 1407. *Gussen/Dauck*, Weitergeltung, Rn. 266, S. 174 f. verweisen darauf, daß auch insoweit die Bezugnahmeklausel auf den Tarifvertrag beim Betriebserwerber zu beziehen sein kann, so daß sich letztlich keine Änderung der Arbeitsbedingungen ergibt. Dafür sei allerdings der Übertritt aller Arbeitnehmer in die neue tarifschließende Gewerkschaft erforderlich. Werde der Arbeitnehmer daher schon selbst nicht Mitglied dieser Gewerkschaft, könne auch die Bezugnahmeklausel nicht zur Anwendung des neuen Tarifvertrages führen.

§ 19 Tarifkonkurrenzen

Soweit die Bezugnahmevereinbarung nach den vorstehenden Grundsätzen auch nach Betriebsübergang zur weiteren Anwendung eines dem Geltungsbereich nach beim neuen Betriebsinhaber nicht einschlägigen Tarifvertrages führt, entsteht bei Tarifgebundenheit des Betriebserwerbers ein Fall der Tarifpluralität. Insoweit könnte eine Verdrängung des in Bezug genommenen Tarifvertrages nach dem Grundsatz der Tarifeinheit[1] angenommen werden.[2]

Eine derartige Lösung würde allerdings mit dem ausdrücklichen Willen der Arbeitsvertragsparteien kollidieren. Diesen Willen respektiert jedoch auch das Bundesarbeitsgericht. Als Ausnahme zur Anwendung des Prinzips der Tarifeinheit wird insoweit angesehen, wenn die Bezugnahmeklausel erst nach Inkrafttreten eines spezielleren Tarifvertrages vereinbart wurde und die Arbeitsvertragsparteien damit zum Ausdruck bringen, nebeneinander zwei Tarifverträge anwenden zu wollen.[3] Die Bezugnahmevereinbarung führt aber ohnehin nur dann nach Betriebsübergang nicht zur Anwendung des einschlägigen Tarifvertrages und damit zur Tarifpluralität, wenn die Arbeitsvertragsparteien deutlich gemacht haben, daß es ihnen gerade um die Geltung des bestimmten Tarifvertrages auf das Arbeitsverhältnis ankam. Da dieser Intention auch nach Betriebsübergang Rechnung zu tragen ist, kommt eine Verdrängung des einzelvertraglich in Bezug genommenen Tarifvertrages über den Grundsatz der Tarifeinheit nicht in Betracht.[4]

---

1 Dazu ausführlich bereits vorstehend § 15 A I 3e.

2 So will BAG 20.3.1991 AP Nr. 20 zu § 4 TVG Tarifkonkurrenz den Grundsatz der Tarifeinheit auch bei einem Zusammentreffen eines kraft Tarifbindung geltenden und eines einzelvertraglich in Bezug genommenen Tarifvertrages anwenden.

3 BAG 20.3.1991 AP Nr. 20 zu § 4 TVG Tarifkonkurrenz mit insoweit zustimmenden Anmerkungen von *Hanau/Kania*; *Kania*, DB 1994, 529, 533.

4 Ebenso *Kania*, DB 1994, 529, 533 sowie im Ergebnis *Hanau*, FS Gaul, S. 287, 298. Auch LAG Düsseldorf 4.2.1993 LAGE Nr. 29 zu § 613a BGB verweist darauf, daß bereits bei bestehender Tarifgebundenheit der Grundsatz der Tarifeinheit es nicht verwehren, die einzelvertragliche Inbezugnahme eines anderen Tarifvertrages zu vereinbaren, sofern die Arbeitsbedingungen der Arbeitnehmer dadurch verbessert werden.
Anders dagegen *Moll*, RdA 1996, 275, 286, nach dem, soweit der in Bezug genommene Tarifvertrag aufgrund des Grundsatzes der Tarifeinheit nicht anzuwenden ist, sich die Bezugnahmevereinbarung auf den anwendbaren Tarifvertrag bezieht.

§ 20 Zusammenfassung

Eine selbständige Weitergeltung eines einzelvertraglich in Bezug genommenen Tarifvertrages nach Betriebsübergang kommt nicht in Betracht. Eine einzelvertragliche Vereinbarung des Betriebsveräußerers mit Arbeitnehmern, einen Tarifvertrag zur Anwendung zu bringen, gilt aber nach § 613a Abs. 1 Satz 1 BGB auch in den Arbeitsverhältnissen mit dem Betriebserwerber weiter. Dies gilt sowohl für die Arbeitnehmer, die an den beim Betriebsveräußerer normativ geltenden Tarifvertrag gebunden waren, wie auch für tarifliche Außenseiter. Auf welchen Tarifvertrag sich die weitergeltende Bezugnahmeklausel beim Betriebserwerber bezieht, ist in erster Linie über deren Auslegung zu bestimmen. So kommt es zu keiner Änderung in den Arbeitsbedingungen der Arbeitnehmer aufgrund des Betriebsinhaberwechsels, soweit es den Parteien gerade darauf ankam, einen bestimmten Tarifvertrag einzelvertraglich zur Geltung zu bringen. Anders ist zu entscheiden, wenn der jeweils geltende Tarifvertrag in Bezug genommen wurde. Insoweit bezieht sich die Klausel nach Betriebsübergang auf den beim Betriebserwerber dem Geltungsbereich nach einschlägigen Tarifvertrag. Dabei kommt es nicht darauf an, ob die Tarifzuständigkeit der Verbände aufgrund des Betriebsüberganges gewechselt hat. Bei Beachtung dieser Maßgaben kommt es nicht zu einer korrekturbedürftigen Besserstellung tariflicher Außenseiter gegenüber den Arbeitnehmern, die an den beim Betriebserwerber einschlägigen Tarifvertrag gebunden sind und für die § 613a Abs. 1 Satz 3 BGB die Weitergeltung des bisher zur Anwendung gekommenen Tarifvertrages hindert. Eine analoge Anwendung von § 613a Abs. 1 Satz 3 BGB ist insoweit weder angezeigt noch könnte sie zu einer Bezugnahme des beim Betriebserwerber einschlägigen Tarifvertrages führen.

Kapitel IV. Angleichung von Arbeitsbedingungen bei Betriebsteilübergängen

Aufgrund und nach Maßgabe der inhaltlichen Bestandsschutzregelung des § 613a Abs. 1 Satz 2 bis 4 BGB werden die Arbeitsbedingungen der übernommenen Arbeitnehmer auch nach dem Betriebsübergang durch die beim Betriebsveräußerer geltenden Tarifnormen bestimmt. Wird ein Betriebsteil im Zuge des Übergangs auf einen neuen Inhaber in einen bereits bestehenden Betrieb eingegliedert, kann dies zu unterschiedlichen Arbeitsbedingungen für die übernommenen und die beim Betriebserwerber bereits beschäftigten Arbeitnehmer führen. In einer solchen Situation kann sowohl dem neuen Betriebsinhaber als auch den Arbeitnehmern daran gelegen sein, die Arbeitsbedingungen einheitlich zu gestalten.

Dies kann einerseits nach § 613a Abs. 1 Satz 3 BGB über die Ingeltungsetzung kollektivvertraglicher Regelungen für alle Arbeitnehmer geschehen. So besteht die Möglichkeit für den Betriebserwerber, mit der zuständigen Gewerkschaft einen für die tarifgebundenen Arbeitnehmer geltenden Firmentarifvertrag abzuschließen und somit, wenn auch nur für diese, die individualrechtliche Weitergeltung der Tarifnormen des Betriebsveräußerers zu beenden. Demgegenüber stellt sich die Frage, inwieweit eine Angleichung der Arbeitsbedingungen auch auf individualrechtlichem Wege erfolgen kann. Zu denken ist hier zum einen an die Möglichkeit einer Änderungskündigung durch den Betriebserwerber. Zum anderen könnten aber auch die Arbeitnehmer die Angleichung der unterschiedlichen Arbeitsbedingungen im Hinblick auf den arbeitsrechtlichen Gleichbehandlungsgrundsatz verlangen.

§ 21 Recht des Betriebserwerbers zur Angleichung der Arbeitsbedingungen

Der Betriebserwerber hat die Möglichkeit, durch Ausspruch einer Änderungskündigung gegenüber den übernommenen Arbeitnehmern die Weitergeltung der vor Betriebsübergang zur Anwendung gekommenen Tarifnormen zu beenden. Soweit damit eine Verschlechterung der Arbeitsbedingungen verbunden ist, hat er die Veränderungssperre des § 613a Abs. 1 Satz 2 BGB zu beachten.[1] Grundsätzlich gilt im übrigen, daß sich die Änderungskündigung auch an den kündigungsschutzrechtlichen Erfordernissen des § 2 KSchG messen lassen muß.[2] Maßgebend für die Wirksamkeit der Änderungskündigung ist danach die Feststellung der sozialen Rechtfertigung nach § 1 Abs. 2 und 3 KSchG, auf die § 2 KSchG verweist. In diesem Zusammenhang stellt sich die Frage, ob bereits allein die von dem Betriebserwerber bezweckte Vereinheitlichung der Arbeitsbedingungen ge-

1 Siehe auch vorstehend § 13 B II.
2 Dazu schon § 13 B II 2, III 2b sowie *Gussen/Dauck*, Weitergeltung, Rn. 281, S. 186.

eignet ist, eine Änderungskündigung im Sinne des § 1 Abs. 2 KSchG zu rechtfertigen. Hierfür kommt es letztlich darauf an, ob der Betriebserwerber aus dem arbeitsrechtlichen Gleichbehandlungsgrundsatz zur Herbeiführung einheitlicher Arbeitsbedingungen für die beschäftigten Arbeitnehmer berechtigt wird.[3]

Der arbeitsrechtliche Gleichbehandlungsgrundsatz verwehrt dem Arbeitgeber die Ungleichbehandlung von Arbeitnehmern bzw. Arbeitnehmergruppen ohne sachlichen Grund.[4] Allerdings bedarf es hier zunächst noch keiner Überlegungen hinsichtlich des Vorliegens eines sachlichen Grundes für das Bestehen unterschiedlicher Arbeitsbedingungen nach Betriebsübergang.[5] Denn der arbeitsrechtliche Gleichbehandlungsgrundsatz allein vermag eine Änderungskündigung zu Lasten der Arbeitnehmer ohnehin nicht zu rechtfertigen.[6] Es handelt sich dabei um einen lediglich zugunsten derjenigen Arbeitnehmer, die sachlich unbegründet eine Schlechterstellung seitens des Arbeitgebers erfahren haben, wirkenden Rechtsgrundsatz.[7] Dieser Ansatz folgt aus dem, dem arbeitsrechtlichen Gleichbehandlungsgrundsatz zugrunde liegenden, Gebot der Verteilungsgerechtigkeit.[8] Dieses Gebot wendet sich an den Arbeitgeber, wohingegen der schlechter gestellte Arbeitnehmer anspruchsberechtigt ist.[9] Dieser Grundsatz läßt sich nicht umkehren, so daß auf ihn auch die Verschlechterung der Rechtspositionen von Arbeitnehmern gestützt werden könnte.[10] Dies widerspräche dem Zweck des verfolgten Arbeitnehmerschutzes. Der arbeitsrechtliche Gleichbehandlungsgrundsatz dient nur

---

3 Vgl. *Willemsen*, Änderung von Arbeitsbedingungen, S. 169, 177, 191.

4 Vgl. BAG 28.4.1982 AP Nr. 3 zu § 2 KSchG 1969; BAG 3.4.1957 AP Nr. 4 zu § 242 BGB Gleichbehandlung; MünchKom/*Müller-Glöge*, BGB, § 611 Rn. 450; Staudinger/*Richardi*, BGB, § 611 Rn. 262; MünchArbR/*Richardi*, § 14 Rn. 1; *Schaub*, Arbeitsrechtshandbuch, § 112 I 5, S. 969 f.; *Zöllner/Loritz*, Arbeitsrecht, § 17 IV, S. 220.

5 Dazu aber sogleich.

6 BAG 28.4.1982 AP Nr. 3 zu § 2 KSchG 1969; LAG Stuttgart 22.7.1953 AP Nr. 1 zu § 611 BGB Lohnanspruch; *v. Hoyningen-Huene*, KSchG, § 2 Rn. 74; *ders.*, Anm. zu BAG 28.4.1982, AP Nr. 3 zu § 2 KSchG 1969; zustimmend *Ascheid*, Kündigungsschutzrecht, Rn. 494; *Kittner/Trittin*, Kündigungsschutzrecht, § 2 KSchG Rn. 140, § 613a BGB Rn. 167; ErfurtKom/*Preis*, § 613a BGB Rn. 74; GK-KR/*Rost*, § 2 KSchG Rn. 110; *Schaub*, Arbeitsrechtshandbuch, § 112 II 3, S. 972; *Willemsen*, Änderung von Arbeitsbedingungen, S. 169, 177, 191.

7 *v. Hoyningen-Huene*, Anm. zu BAG 28.4.1982, AP Nr. 3 zu § 2 KSchG 1969. Ebenso der Ausgangspunkt in BAG 28.4.1982 AP Nr. 3 zu § 2 KSchG 1969.

8 Vgl. *G. Hueck*, GS Dietz, S. 241, 253 f. m.w.N.; MünchArbR/*Richardi*, § 14 Rn. 8; *Zöllner/Loritz*, Arbeitsrecht, § 17 I, S. 216.

9 *v. Hoyningen-Huene*, Anm. zu BAG 28.4.1982, AP Nr. 3 zu § 2 KSchG 1969; *G. Hueck*, Grundsatz der gleichmäßigen Behandlung im Privatrecht, S. 233. Vgl. auch MünchKom/*Müller-Glöge*, BGB, § 611 Rn. 450; MünchArbR/*Richardi*, § 140 Rn. 9; Staudinger/*Richardi*, BGB, § 611 Rn. 262.

10 *v. Hoyningen-Huene*, Anm. zu BAG 28.4.1982, AP Nr. 3 zu § 2 KSchG 1969; anders dagegen *Beitzke*, Anm. zu BAG 28.4.1982, SAE 1982, 249, 250.

der Begründung, nicht aber der Einschränkung geltend gemachter Rechte der Arbeitnehmer.[11] Daraus ergibt sich, daß der Arbeitgeber selbst keine Rechte aus dem arbeitsrechtlichen Gleichbehandlungsgrundsatz zum Nachteil der Arbeitnehmer ableiten kann. Allein die Gleichbehandlung der übernommenen und der bereits beim Betriebserwerber beschäftigten Arbeitnehmer rechtfertigt daher für sich genommen noch keine Änderungskündigung gegenüber den übernommenen Arbeitnehmern.[12] Der neue Betriebsinhaber muß sich vielmehr auf andere Umstände, die als dringende betriebliche Erfordernisse im Sinne des § 1 Abs. 2 KSchG angesehen werden können, stützen.[13]

11 *v. Hoyningen-Huene*, Anm. zu BAG 28.4.1982, AP Nr. 3 zu § 2 KSchG 1969.

12 Ebenso auch *Däubler*, Tarifvertragsrecht, Rn. 1552, S. 645; Erman/*Hanau*, BGB, § 613a Rn. 92; *Hanau/Vossen*, FS Hilger/Stumpf, S. 271, 293; *Kittner/Trittin*, Kündigungsschutzrecht, § 2 KSchG Rn. 140; *Moll*, RdA 1996, 275, 285; vgl. auch *Gussen/Dauck*, Weitergeltung, Rn. 281, S. 186; *Hromadka/Maschmann/Wallner*, Rn. 422; *Kania*, DB 1994, 529, 531; *ders.*, DB 1995, 625, 629.

13 Vgl. die weiteren Hinweise bei *Moll*, RdA 1996, 275, 285. Nach Auffassung des BAG 28.4.1982 AP Nr. 3 zu § 2 KSchG 1969 sei es insoweit denkbar, die Änderungskündigung auf wesentliche Störungen des Betriebsfriedens wegen der Ungleichbehandlung der Arbeitnehmer zu stützen.

§ 22 Pflicht des Betriebserwerbers zur Angleichung der Arbeitsbedingungen

Allerdings kann der arbeitsrechtliche Gleichbehandlungsgrundsatzes insoweit maßgeblich werden, als die übernommenen oder die bereits beim Betriebserwerber beschäftigten Arbeitnehmer die Erstreckung der günstigeren Arbeitsbedingungen der jeweils anderen Seite auch auf sich verlangen. Diese Forderung findet in § 613a Abs. 1 BGB selbst keine Rechtsgrundlage. Diese Vorschrift soll für die vom Betriebsübergang betroffenen Arbeitnehmer lediglich die Aufrechterhaltung der bestehenden Arbeitsbedingungen gewährleisten. Verbesserungen der Rechtspositionen, die sich zudem allein aus den nach Betriebsübergang beim Betriebserwerber bestehenden Verhältnissen ergeben würden, sind hingegen nicht intendiert.[1] Die Vorschrift betrifft im übrigen die schon vor Eingliederung des übernommenen Betriebsteiles beim Betriebserwerber beschäftigten Arbeitnehmer schon dem Anwendungsbereich nach nicht. Insoweit kommt es darauf an, ob der Betriebserwerber zur Gewährung einheitlicher Arbeitsbedingungen für die übernommenen und die bereits beschäftigten Arbeitnehmer nach dem arbeitsrechtlichen Gleichbehandlungsgrundsatz verpflichtet wird.[2]

Der arbeitsrechtliche Gleichbehandlungsgrundsatz fordert nicht schlechthin die absolute Gleichbehandlung der Arbeitnehmer eines Betriebes. Dem Arbeitgeber ist es allerdings verwehrt, in seinem Betrieb tätige Arbeitnehmer hinsichtlich ihrer Arbeitsbedingungen willkürlich, d.h. ohne sachlichen Grund schlechter zu stellen als andere.[3] Damit kommt es hier darauf an, ob ein sachlicher Grund für das Bestehen unterschiedlicher Arbeitsbedingungen für die übernommenen Arbeitnehmer gegenüber den beim Betriebserwerber bereits beschäftigten Arbeitnehmern vorliegt. Die Ursache für eine Ungleichbehandlung der Arbeitnehmer liegt hier zunächst in der Bestandsschutzregelung des § 613a Abs. 1 Satz 2 bis 4 BGB, die den Betriebserwerber zur Aufrechterhaltung der Arbeitsbedingungen der über-

---

1 Vgl. *G. Hueck*, Anm. zu BAG 25.8.1976, AP Nr. 41 zu § 242 BGB Gleichbehandlung.

2 In erster Linie werden die Verhältnisse bei der Eingliederung eines Betriebsteiles in einen bestehenden Betrieb beim Betriebserwerber betrachtet. Kommt hier ein Verlangen der Arbeitnehmer nach einer Angleichung der Arbeitsbedingungen schon nicht in Betracht, gilt dies erst recht auch dann, wenn ein Betrieb beim Betriebserwerber in dessen Unternehmen eingegliedert wird. Auf die Problematik einer überbetrieblichen Wirkung des arbeitsrechtlichen Gleichbehandlungsgrundsatzes braucht insoweit nicht eingegangen zu werden. Vgl. dazu aber BAG 5.12.1957 AP Nr. 13 zu § 242 BGB Gleichbehandlung; BAG 26.4.1966 AP Nr. 117 zu § 1 TVG Auslegung; MünchKom/*Müller-Glöge*, BGB, § 611 Rn. 452; MünchArbR/*Richardi*, § 14 Rn. 9; *Schaub*, Arbeitsrechtshandbuch, § 112 II 1 c, S. 971; *Zöllner/Loritz*, Arbeitsrecht, § 17 III 1, S. 217.

3 Vgl. BAG 25.8.1976 AP Nr. 41 zu § 242 BGB Gleichbehandlung sowie die vorstehenden Nachweise in Fn. 4, S. 396.

nommenen Arbeitnehmer entsprechend den vor Betriebsübergang geltenden Tarifnormen verpflichtet. Allerdings ist allein mit dem Hinweis auf diese Verpflichtung des neuen Betriebsinhabers noch nicht geklärt, warum die Arbeitnehmer eine Anpassung ihrer Arbeitsbedingungen „nach oben" nicht verlangen können sollten.[4] Einer Verbesserung der Arbeitsbedingungen steht diese Vorschrift nicht entgegen.

Weiter hilft in diesem Zusammenhang der Blick auf den Anwendungsbereich des arbeitsrechtlichen Gleichbehandlungsgrundsatzes. Dieser Rechtsgrundsatz erfaßt lediglich vom Arbeitgeber freiwillig gewährte Leistungen, von denen er Arbeitnehmer bzw. Arbeitnehmergruppen nicht willkürlich ausschließen darf.[5] Sollten die Arbeitsbedingungen der übernommenen Arbeitnehmer sich als gegenüber den beim Betriebserwerber im übrigen geltenden Arbeitsbedingungen als günstiger erweisen, so können jedenfalls die bereits beim Betriebserwerber beschäftigten Arbeitnehmer eine Angleichung ihrer Arbeitsbedingungen nicht unter Berufung auf den arbeitsrechtlichen Gleichbehandlungsgrundsatz verlangen. Denn der Betriebserwerber ist zur Aufrechterhaltung der vor Betriebsübergang geltenden Arbeitsbedingungen gerade aus § 613a Abs. 1 Satz 2 BGB verpflichtet. Es handelt sich damit nicht um von ihm ohne das Bestehen einer Rechtspflicht gewährte Leistungen, von denen die übrigen Arbeitnehmer willkürlich ausgenommen wären.[6]

Offen bleibt damit letztlich noch die Frage, ob übernommenen Arbeitnehmer eine Anpassung an beim neuen Betriebsinhaber geltende günstigere Arbeitsbedingungen verlangen können. Insoweit bedarf es in der Tat eines sachlichen Grundes, um sie von der Geltung günstigerer Regelungen, die auf freiwilligen Leistungszusagen des Arbeitgebers beruhen, auszunehmen. Allerdings wird sich ein solcher regelmäßig finden lassen. So erscheint insbesondere denkbar, daß die Leistungen an eine bestimmte Dauer der Betriebszugehörigkeit beim Betriebserwerber geknüpft sind. Die beim Betriebsveräußerer der durch die übernommenen Arbeitnehmer erfüllten Zeiten der Betriebszugehörigkeit müssen hier durch den Betriebserwerber nicht notwendig und zur Gänze angerechnet werden.[7] Aufgrund

---

4 So aber offenbar BAG 25.8.1976 AP Nr. 41 zu § 242 BGB Gleichbehandlung sowie *G. Hueck*, Anm. zu BAG 25.8.1976, AP Nr. 41 zu § 242 BGB Gleichbehandlung.

5 MünchKom/*Müller-Glöge*, BGB, § 611 Rn. 453; Vgl. Staudinger/*Richardi*, BGB, § 611 Rn. 262; MünchArbR/*Richardi*, § 14 Rn. 10 ff.

6 So im Ergebnis auch BAG 25.8.1976 AP Nr. 41 zu § 242 BGB Gleichbehandlung, das die Verpflichtung des Betriebserwerbers zur Besitzstandswahrung als sachlichen Differenzierungsgrund anerkennt. Dem zustimmend *G. Hueck*, Anm. zu BAG 25.8.1976, AP Nr. 41 zu § 242 BGB Gleichbehandlung sowie *Willemsen*, Änderung von Arbeitsbedingungen, S. 169, 191.

7 So erfolgt mit Recht der Hinweis durch *G. Hueck*, Anm. zu BAG 25.8.1976, AP Nr. 41 zu § 242 BGB Gleichbehandlung, daß davon die Frage der durch § 613a BGB geforderten Berücksichtigung der Betriebszugehörigkeit beim Betriebsveräußerer, soweit

des Gratifikationscharakters für beim Betriebserwerber geleistete Arbeit ist die (zumindest vorläufige) Nichteinbeziehung der übernommenen Arbeitnehmer dann nicht als gleichheitswidrig anzusehen.[8] Gleiches gilt auch, soweit die günstigeren Arbeitsbedingungen schon vor Betriebsübergang beim Betriebserwerber zulässigerweise nur einer bestimmten Arbeitnehmergruppe gewährt wurden und die übernommenen Arbeitnehmer nicht den aufgestellten sachlichen Abgrenzungskriterien entsprechen. Aus dem Anwendungsbereich des arbeitsrechtlichen Gleichbehandlungsgrundsatzes überdies ausgenommen sind einzelvertragliche Vereinbarungen beim Betriebserwerber, denen der erforderliche kollektive Charakter fehlt.[9] Daher kommt eine Verpflichtung des Betriebserwerbers zur Gewährung einheitlicher Arbeitsbedingungen nach Betriebsübergang regelmäßig im Verhältnis der bei ihm bereits beschäftigten und der übernommenen Arbeitnehmer nicht in Betracht.[10] Eine Angleichung der Arbeitsbedingungen kann sich aber aus tatsächlicher Gleichbehandlung der Arbeitnehmer durch den Betriebserwerber im Wege betrieblicher Übung ergeben.[11]

---

diese für die bezweckte Wahrung des bei Betriebsübergang erreichten sozialen Besitzstandes der Arbeitnehmer erheblich wird, zu unterscheiden ist.

8 BAG 25.8.1976 AP Nr. 41 zu § 242 BGB Gleichbehandlung; BAG 30.8.1979 AP Nr. 16 zu § 613a BGB.

9 MünchKom/*Müller-Glöge*, BGB, § 611 Rn. 451; *Zöllner/Loritz*, Arbeitsrecht, § 17 III 2, S. 217.

10 Ebenso im Ergebnis BAG 25.8.1976 AP Nr. 41 zu § 242 BGB Gleichbehandlung; BAG 30.8.1979 AP Nr. 16 zu § 613a BGB; *Carl*, AuA 1993, 293, 295; *Falkenberg*, BB 1987, 328, 329; *Hattesen*, HzA, Gruppe 1 Rn. 3332; MünchKom/*Schaub*, BGB, § 613a Rn. 65; *ders.*, Arbeitsrechtshandbuch, § 112 II 1 c, S. 971; *Wank*, NZA 1987, 505, 506; *Willemsen*, Änderung von Arbeitsbedingungen, S. 169, 191; *Zöllner/Loritz*, Arbeitsrecht, § 17 IV 3 e, S. 222; zweifelnd dagegen *Kittner/Trittin*, Kündigungsschutzrecht, § 613a BGB Rn. 167.

11 Vgl. *Wank*, NZA 1987, 505, 506.

§ 23 Zusammenfassung

1. § 613a Abs. 1 Satz 2 bis 4 BGB ist eine Auffangregelung, die nur dann zur Anwendung kommt, sofern der Betrieb auf einen nicht an den bisher geltenden Tarifvertrag gebundenen Inhaber übergeht (S. 8 ff.). Denn in diesem Fall wäre eine weitere Geltung dieses Tarifvertrages mangels Tarifgebundenheit auf Arbeitgeberseite fraglich gewesen (S. 37 ff., 43 ff.).

2. Bereits im Rahmen erster Überlegungen zu einer gesetzlichen Regelung des Tarifrechts wurde das Problem der Auswirkungen eines Betriebsinhaberwechsels auf die Geltung von Tarifverträgen erkannt. Dennoch dauerte es noch geraume Zeit, bis es in § 613a Abs. 1 Satz 2 bis 4 BGB zu einer gesetzlichen Regelung dieser Frage kam (S. 15 ff.). Maßgebliche Grundlage hierfür war die EG-Richtlinie 77/187/EWG, die schließlich auch den deutschen Gesetzgeber zur ausdrücklichen Regelung der Rechtsfolgen eines Betriebsübergangs hinsichtlich kollektivvertraglich geregelter Arbeitsbedingungen veranlaßte (S. 55 ff.).

3. Die Auslegung des § 613a Abs. 1 Satz 2 BGB ergibt unter Berücksichtigung insbesondere verfassungsrechtlicher (S. 79 ff.) und europarechtlicher Aspekte (S. 90 ff.), daß der Gesetzgeber keine kollektivrechtliche Fortgeltung der Tarifnormen gegenüber einem an den bisher angewendeten Tarifvertrag nicht gebundenen Betriebserwerber angeordnet hat. Dieses Verständnis der in § 613a Abs. 1 Satz 2 BGB getroffenen Regelung wird vom ausdrücklichen Wortlaut der Bestimmung getragen (S. 64 ff.). Der Betriebserwerber wird ohne eigene Willensentschließung weder Mitglied eines tarifschließenden Arbeitgeberverbandes bzw. an einen abgeschlossenen Verbandstarifvertrag gebunden. Auch die Stellung des bisherigen Betriebsinhabers als Partei eines Firmentarifvertrages geht nicht ohne weiteres auf ihn über. Vielmehr erfolgt die Weitergeltung auf individualrechtlicher Grundlage über das Eingehen der Tarifnormen in die übergegangenen Arbeitsverhältnisse selbst (S. 61 ff.).

4. § 613a Abs. 1 Satz 2 i.V.m. Satz 1 BGB ordnet die Weitergeltung nur solcher Rechtsnormen eines Tarifvertrages an, die Rechte und Pflichten aus im Zeitpunkt des Betriebsübergangs bestehenden Arbeitsverhältnissen regeln. Dies kann nicht für die Normengruppen des § 1 Abs. 1 TVG und die jeweiligen Tarifnormen in ihrer Gesamtheit entschieden werden. Nur unter Berücksichtigung des Inhaltes der konkreten Tarifnorm kann dem mit § 613a Abs. 1 Satz 2 BGB bezweckten Schutz der Arbeitsbedingungen der Arbeitnehmer nach einem Betriebsübergang hinreichend Rechnung getragen werden. Daraus folgt insbesondere, daß nicht etwa nur Tarifnormen, die den Inhalt von Arbeitsverhältnissen als Inhaltsnormen i.S.d. § 1 Abs. 1 TVG regeln, weitergelten (S. 103 ff.).

5. Tarifliche Abschlußnormen enthalten regelmäßig Bestimmungen zu Rechten und Pflichten der Parteien des Arbeitsverhältnisses. Soweit es sich um die Regelung bestehender bzw. unterbrochener Arbeitsverhältnisse handelt, kommt daher auch eine Weitergeltung tariflicher Abschlußnormen in Betracht (S. 105 ff.). Dies gilt insbesondere für konstitutive Formvorschriften, die auch für die Änderung des Arbeitsvertrages oder die Vereinbarung von Nebenabreden zu bestehenden Arbeitsverträgen gelten, und Wiedereinstellungsklauseln, die die Weiterführung eines bereits bestehenden Arbeitsverhältnisses vorsehen.

6. Beendigungsnormen regeln zumeist den Inhalt bereits bestehender Arbeitsverhältnisse und können unproblematisch nach § 613a Abs. 1 Satz 2 BGB weitergelten (S. 115 ff.).

7. Regelungen zu betrieblichen Fragen gelten nur weiter, soweit es sich gleichzeitig um tarifliche Inhaltsnormen handelt (sog. Doppelnormen, S. 119 ff.). Probleme ergeben sich aus dem Erfordernis der begriffsnotwendig betriebseinheitlichen Geltung von Betriebsnormen, das auf der in § 3 Abs. 2 TVG angeordneten Geltung von Betriebsnormen für Arbeitsverhältnisse tariflicher Außenseiter beruht. Die Unterstellung von Betriebsnormen unter die Weitergeltungsanordnung des § 613a Abs. 1 Satz 2 BGB macht nur dann Sinn, wenn deren betriebseinheitliche Geltung auch nach Betriebsübergang gewahrt wird. Dies erfolgt über die Annahme einer Verpflichtung des Betriebserwerbers, mit Arbeitnehmern, die von der Weitergeltungsanordnung nicht betroffen werden, gleichlautende einzelvertragliche Vereinbarungen zu treffen (S. 124 ff.).

8. Auch betriebsverfassungsrechtliche Normen können nach den für Betriebsnormen dargestellten Maßgaben weitergelten (S. 126 ff.).

9. Soweit der Anwendungsbereich der Weitergeltungsanordnung des § 613a Abs. 1 Satz 2 BGB derart unter Beachtung des Inhaltes der konkreten Tarifnorm bestimmt wird, besteht kein Anlaß zu einer erweiternden Auslegung im Hinblick auf Art. 3 Abs. 3 der EG-Richtlinie. Die europarechtlich geforderte Aufrechterhaltung der kollektivvertraglich geregelten Arbeitsbedingungen durch den Betriebserwerber deckt sich im Hinblick auf den bisher geltenden Tarifvertrag begrifflich mit der Weitergeltung von Tarifnormen, die Rechte und Pflichten aus bestehenden Arbeitsverhältnissen regeln (S. 129 ff.).

10. Tarifnormen über Gemeinsame Einrichtungen der Tarifvertragsparteien nach § 4 Abs. 2 TVG gelten weiter, soweit sie neben der bloßen Vereinbarung der Durchführungsform für die Erbringung von Leistungen über eine Gemeinsame Einrichtung auch das zu erfüllende Versorgungsversprechen des Arbeitgebers beinhalten. Nur an dieses Versorgungsversprechen wird der neue Betriebsinhaber über § 613a Abs. 1 Satz 2 BGB gebunden (S. 140 ff.). Hingegen wird

keine Bindung des Betriebserwerbers an die Durchführungsform der Erbringung von Leistungen über die Einbeziehung einer Gemeinsamen Einrichtung begründet. Er hat lediglich gleichwertige Leistungen zur Erfüllung des Versorgungsversprechens nach Übernahme des Betriebes sicherzustellen. Zu deren Erbringung kann, muß er sich aber nicht einer Gemeinsamen Einrichtung bedienen. Erbringt der Betriebserwerber die Leistungen selbst, ist seine Verpflichtung in der Höhe auf den Betrag beschränkt, den er für die Sicherstellung von Leistungen durch eine Gemeinsame Einrichtung hätte aufwenden müssen (S. 144 ff.).

11. § 613a Abs. 1 Satz 2 BGB ist auf schuldrechtliche Bestimmungen eines Tarifvertrages weder direkt noch analog anwendbar. Dies gilt selbst dann, wenn der schuldrechtliche Teil des Tarifvertrages Bestimmungen zugunsten Dritter enthält, die vom Betriebsübergang betroffene Arbeitnehmer begünstigen. Die Weitergeltungsanordnung des § 613a Abs. 1 Satz 2 BGB betrifft nur in Tarifverträgen enthaltene Rechtsnormen. Gesichert wird die kollektivvertragliche Rechtsstellung der vom Betriebsübergang betroffenen Arbeitnehmer durch § 613a Abs. 1 Satz 2 BGB nur im Hinblick auf Rechte und Pflichten der Arbeitsvertragsparteien. Der schuldrechtliche Teil des Tarifvertrages betrifft aber Rechte und Pflichten der Tarifvertragsparteien in ihrem Verhältnis zueinander. Auch darin begründete Ansprüche übernommener Arbeitnehmer bestehen allein gegenüber der Tarifvertragspartei, nicht aber gegenüber dem neuen Betriebsinhaber (S. 151 ff.).

12. Die Weitergeltung von Tarifnormen im Verhältnis zu einem übernommenen Arbeitnehmer setzt voraus, daß dessen Arbeitsverhältnis mit dem Betriebsveräußerer bereits im Zeitpunkt des Betriebsüberganges bestanden hat. Auf die von dem Betriebserwerber mit neueingestellten Arbeitnehmern geschlossenen Arbeitsverhältnisse bleibt die Weitergeltung eines Tarifvertrages nach § 613a Abs. 1 Satz 2 BGB hingegen ohne Einfluß. Anderes ergibt sich auch nicht unter Berücksichtigung des Gleichbehandlungsgrundsatzes (S. 165 ff.). Eine solche Beschränkung der Weitergeltungsanordnung ist mit den Anforderungen des Art. 3 Abs. 3 der EG-Richtlinie vereinbar (S. 163 f.).

13. Voraussetzung für die Weitergeltung eines Tarifvertrages nach § 613a Abs. 1 Satz 2 BGB ist, daß das Arbeitsverhältnis vor Betriebsübergang dem Geltungsbereich des betreffenden Tarifvertrages unterfiel. In zeitlicher Hinsicht ist damit Voraussetzung, daß der Tarifvertrag im Zeitpunkt des Betriebsüberganges bereits in Kraft getreten war. Ein Tarifvertrag, der zwar bereits abgeschlossen ist, jedoch noch nicht in Kraft getreten war, regelt nicht bei Betriebsübergang bestehende Rechte und Pflichten der Arbeitsvertragsparteien (S. 169 ff.).

14. Voraussetzung für die Weitergeltung der Tarifnormen im Arbeitsverhältnis mit dem Betriebserwerber ist auch, daß auf dieses Arbeitsverhältnis beim bisherigen Betriebsinhaber der Tarifvertrag zur Anwendung kam. In Betracht kommt die Geltung der Tarifnormen aufgrund Tarifgebundenheit der Arbeitsvertragsparteien oder der Allgemeinverbindlichkeitserklärung des Tarifvertrages. Gleiches gilt, soweit nach § 3 Abs. 2 TVG Tarifnormen zu betrieblichen oder betriebsverfassungsrechtlichen Fragen beim Betriebsveräußerer auch für nicht tarifgebundene Arbeitnehmer Anwendung fanden (S. 171 ff.).

15. Kommt es im Zusammenhang mit einem Betriebsübergang zu Änderungen der Betriebszweckes, so ist für deren Auswirkungen auf die Anwendung des § 613a Abs. 1 Satz 2 BGB der Zeitpunkt der Durchführung dieser Änderungen entscheidend. Grund für die Änderung des Betriebszwecks ist bei Ausgliederung eines Betriebsteils dessen Trennung vom Hauptbetrieb, nicht die erst danach erfolgende Übernahme der Leitungsmacht durch den Betriebserwerber. Damit unterfällt der Betrieb im für die Beurteilung maßgeblichen Zeitpunkt schon nicht mehr dem Geltungsbereich des Tarifvertrages. Damit kommt es für die Geltung des Tarifvertrages bei Betriebsübergang auf die Auswirkungen des Herausfallens des Betriebes aus dem tariflichen Geltungsbereich an (S. 175 ff.). Wird die Möglichkeit der Nachwirkung eines Tarifvertrages in einem solchen Fall angenommen, gelten für die Anwendung des § 613a Abs. 1 Satz 2 bis 4 BGB die Regeln über die Weitergeltung nachwirkender Tarifnormen (S. 178 ff.).

16. Änderungen des Betriebszweckes nach Betriebsübergang haben auf die Weitergeltung des beim bisherigen Betriebsinhaber zur Anwendung gekommenen Tarifvertrages nach § 613a Abs. 1 Satz 2 BGB keinen Einfluß (S. 177 f.).

17. § 613a Abs. 1 Satz 2 BGB sieht eine statische Weitergeltung der Tarifnormen nach Betriebsübergang vor. Werden die weitergeltenden Tarifnormen durch die Tarifvertragsparteien nach Betriebsübergang geändert, hat dies keine Auswirkungen auf die beim Betriebserwerber geltenden Arbeitsbedingungen (S. 185 ff.). Dies gilt auch, wenn Änderungen nach Betriebsübergang mit Rückwirkung in Kraft gesetzt werden (S. 196 ff.). Eine Veränderung der durch die Tarifnorm bestimmten Arbeitsbedingungen der übernommenen Arbeitnehmer kann sich allenfalls aus dem Inhalt der weitergeltenden Tarifnorm selbst ergeben. So kann sich die betreffende Regelung auf veränderbare Bezugsgrößen dynamisch beziehen (S. 195 f.). Auch tarifliche Stufenregelungen schreiten in ihrer Geltung fort und bleiben nicht auf die bei Betriebsübergang erreichte Stufe beschränkt (S. 198 f.).

18. Dem Betriebserwerber stehen zur Abänderung der Arbeitsbedingungen der übernommenen Arbeitnehmer Änderungsvereinbarung und Änderungskündigung zur Verfügung. Die Verschlechterung der Arbeitsbedingungen ist jedoch

aufgrund der angeordneten Veränderungssperre erst nach Ablauf von in der Regel einem Jahr nach Betriebsübergang möglich. Selbst die Vereinbarung der Änderung der Arbeitsbedingungen mit dem betroffenen Arbeitnehmer macht eine Verschlechterung während der Jahresfrist nicht zulässig (S. 200 ff.).

19. Eine Änderungskündigung zu Lasten der Arbeitnehmer, die der Betriebserwerber während des Laufes der Veränderungssperre ausspricht, deren Wirkungen aber erst nach deren Ablauf eintreten sollen, ist möglich, sofern deren sonstige Wirksamkeitsvoraussetzungen gewahrt sind (S. 205 ff.). Einschränkungen des Kündigungsrechts, die sich aus weitergeltenden Beendigungsnormen ergeben, sind auch für den Ausspruch einer solchen Änderungskündigung zu beachten (S. 207 ff.). Eine Änderungskündigung in Bezug auf die weitergeltenden Tarifnormen nach Betriebsübergang kann auch nicht allein darauf gestützt werden, daß dem bisherigen Betriebsinhaber eine solche als milderes Mittel zur Vermeidung einer Beendigungskündigung möglich gewesen sei (S. 207).

20. Die regelmäßige Dauer der Veränderungssperre von einem Jahr kann im Einzelfall nach § 613a Abs. 1 Satz 4 BGB abgekürzt sein. Dies ist der Fall, wenn der Tarifvertrag nicht mehr gilt. Maßgebend sind die Verhältnisse bei dem Betriebsveräußerer. Das Geltungsende des Tarifvertrages kann in erster Linie aufgrund des Zeitablaufs oder einer Kündigung des Tarifvertrages eintreten (S. 210 ff.).

21. Das vorzeitige Ende der Veränderungssperre ist von der tatsächlichen Kündigung des Tarifvertrages abhängig. Es tritt nicht schon aufgrund des Verstreichens eines möglichen Kündigungstermins bei Unterbleiben einer Kündigung ein (S. 213 f.). Kündigungsberechtigt bleiben auch nach Betriebsübergang die tarifschließenden Parteien. Der Betriebserwerber hat allenfalls die Möglichkeit, auf eine Ausübung des Kündigungsrechts der Tarifpartei auf Arbeitgeberseite hinzuwirken (S. 214 ff.).

22. Eine Teilkündigung der weitergeltenden Tarifnormen durch den Betriebsveräußerer nur für den übergegangenen Betrieb oder Betriebsteil unter Weitergeltung des Tarifvertrages im übrigen führt jedenfalls nicht zu einem vorzeitigen Ende der Veränderungssperre (S. 217 f.).

23. Die umfassende Änderung eines geltenden Tarifvertrages durch die Tarifvertragsparteien hat grundsätzlich das Geltungsende der geänderten Regelungen zur Folge. Hinsichtlich der nicht geänderten Bestimmungen kommt es darauf an, ob es sich um eigenständige Regelungskomplexe handelt, deren Aufrechterhaltung aus sich heraus sinnvoll bleibt (S. 219 f.). Unter Berücksichtigung des Zweckes von § 613a Abs. 1 Satz 4 BGB, der lediglich eine Besserstellung der übernommenen Arbeitnehmer nach Betriebsübergang vermeiden will,

tritt das vorzeitige Ende der Veränderungssperre dennoch dann nicht ein, wenn die Arbeitsbedingungen der Arbeitnehmer beim Betriebsveräußerer durch den neuen Tarifvertrag lediglich verbessert worden wären (S. 220 ff.).

24. Der Eintritt des Tarifvertrages in das Stadium der Nachwirkung nach § 4 Abs. 5 TVG beim bisherigen Betriebsinhaber führt zu einem vorzeitigen Ende der Veränderungssperre (S. 222 ff.). Endet ein Tarifvertrag beim Betriebsveräußerer ohne Nachwirkung, so bedarf es wegen der Arbeitsbedingungen der übernommenen Arbeitnehmer beim Betriebserwerber nicht der Abänderung der weitergeltenden Tarifnormen. Vielmehr endet dann deren Weitergeltung automatisch und unabhängig vom Lauf der Veränderungssperre (S. 225 f.).

25. Die Veränderungssperre des § 613a Abs. 1 Satz 2 BGB endet auch dann vorzeitig, wenn der Betriebserwerber mit dem Arbeitnehmer bei fehlender beiderseitiger Tarifgebundenheit die Anwendung eines anderen Tarifvertrages einzelvertraglich vereinbart. Ein Anwendungsfall des § 613a Abs. 1 Satz 4 BGB liegt dann vor, wenn der Betriebserwerber einseitig an einen Tarifvertrag gebunden ist. Anderenfalls besteht auf dessen Seite kein rechtlich schützenswertes Interesse an der Geltung einheitlicher Arbeitsbedingungen, das allein die vorzeitige Beendigung der Veränderungssperre rechtfertigt (S. 226 ff.).

26. Der Tarifvertrag, dessen Anwendung durch die Arbeitsvertragsparteien vereinbart wird, muß seinem Geltungsbereich nach einschlägig sein und vollständig in Bezug genommen werden (S. 230 ff.).

27. Die Vereinbarung der Anwendung eines anderen Tarifvertrages kann durch eine Änderungskündigung des Betriebserwerbers erzwungen werden, wenn deren sonstige Voraussetzungen vorliegen (S. 233 ff.).

28. Vor Ablauf eines Jahres nach Betriebsübergang sind die in Bezug genommenen Tarifnormen nicht einer Änderung zu Lasten der Arbeitnehmer zugänglich. Der Schutz vor einer Verschlechterung der vor Betriebsübergang tariflich bestimmten Arbeitsbedingungen wandelt sich insofern um in den Schutz der durch den in Bezug genommenen Tarifvertrag vermittelten Richtigkeitsgewähr (S. 232 f.).

29. Auf einen Verzicht auf Ansprüche aus weitergeltenden Tarifnormen ist § 4 Abs. 4 Satz 1 TVG entsprechend anzuwenden, solange den Bestimmungen noch die einseitig zwingende Wirkung nach § 613a Abs. 1 Satz 2 BGB zukommt. Eine Zustimmung der auf Arbeitgeberseite tarifschließenden wie auch einer ggf. nunmehr zuständigen Tarifvertragspartei ist zur Wirksamkeit eines Verzichts aber nicht erforderlich. Lediglich auf Arbeitnehmerseite kommt es auf die Billigung durch die tarifschließende Gewerkschaft an (S. 236 ff.).

30. Einzelvertragliche Vereinbarungen des bisherigen Betriebsinhabers mit den Arbeitnehmern gelten nach § 613a Abs. 1 Satz 1 BGB weiter. Sind diese Abmachungen für die Arbeitnehmer gegenüber den Regelungen des beim Betriebsveräußerer geltenden Tarifvertrages ungünstiger, kommt ihnen nach Betriebsübergang gegenüber den einseitig zwingend weitergeltenden Tarifnormen keine Geltung zu. Günstigere einzelvertragliche Abmachungen gehen den weitergeltenden Tarifnormen dagegen vor. Allerdings gilt dies nicht, falls die Arbeitsbedingungen der übernommenen Arbeitnehmer noch während des Laufes der Veränderungssperre mit individualrechtlichen Mitteln unter das durch die noch einseitig zwingend weitergeltenden Tarifnormen bestimmte Niveau abgesenkt werden sollen. Dann leben die Tarifnormen wegen Wegfalls der günstigeren einzelvertraglichen Vereinbarung auf (S. 240 ff.).

31. Tarifdispositives Gesetzesrecht hat der Gesetzgeber regelmäßig geschaffen, wenn der Schutz der Arbeitnehmer aufgrund der normativen Wirkung von Tarifnormen hinreichend gewährleistet scheint. Daraus folgt, daß grundsätzlich eine einzelvertragliche Weitergeltung solcher Tarifnormen nach § 613a Abs. 1 Satz 2 BGB nicht in Betracht kommt (S. 243 f.).

32. Im Fall des mehrfachen Betriebsüberganges findet auf die nach dem ersten Betriebsübergang gemäß § 613a Abs. 1 Satz 2 BGB in einzelvertragliche Bestimmungen umgewandelte Tarifnormen sodann § 613a Abs. 1 Satz 1 BGB Anwendung. Dennoch bleibt die einseitig zwingende Geltung der Tarifnormen auch beim nachfolgenden Betriebserwerber erhalten (S. 244 ff.).

33. Auch Tarifnormen, die beim Betriebsveräußerer im Zeitpunkt des Betriebsübergangs nach § 4 Abs. 5 TVG nachwirken, gelten nach § 613a Abs. 1 Satz 2 BGB beim Betriebserwerber weiter. Dabei kommt jedoch eine Weitergeltung mit einseitig zwingender Wirkung nicht in Betracht, da den Tarifnormen diese Wirkung bereits bei dem bisherigen Betriebsinhaber gefehlt hat. Im Ergebnis kommt es nicht darauf an, ob allein § 4 Abs. 5 TVG oder weiterhin der Tarifvertrag als Geltungsgrundlage für tariflich bestimmte Arbeitsbedingungen nach Ablauf des Tarifvertrages angesehen wird (S. 251 ff.).

34. Dispositive Tarifnormen, die einzelvertragliche Abweichungen zu Lasten der Arbeitnehmer entgegen § 4 Abs. 3 TVG bereits vor Betriebsübergang gestatteten, gelten nach § 613a Abs. 1 Satz 2 BGB weiter. Allerdings gilt auch dabei die einjährige Veränderungssperre nicht (S. 256 f.).

35. Die Weitergeltung des beim Betriebsveräußerer geltenden Tarifvertrages nach Betriebsübergang ist nach § 613a Abs. 1 Satz 3 BGB ausgeschlossen, wenn bei dem Betriebserwerber die Arbeitsbedingungen der Arbeitnehmer tarifvertraglich geregelt sind. Es kommt nicht darauf an, ob es sich um einen Firmen- oder einen Verbandstarifvertrag handelt. Das Spezialitätsprinzip findet insoweit keine Anwendung (S. 259 ff.).

36. Voraussetzung für den Ausschluß der Weitergeltung nach § 613a Abs. 1 Satz 3 BGB ist, daß das Arbeitsverhältnis beim Betriebserwerber in den Geltungsbereich des Tarifvertrages fällt. Problematisch kann insoweit die Feststellung sein, ob sich ein beim Betriebserwerber bestehender Firmentarifvertrag dem Geltungsbereich nach auf neu hinzukommende Betriebe bzw. Betriebsteile erstreckt (S. 262 ff.).

37. Die Anwendung von § 613a Abs. 1 Satz 3 BGB kommt sowohl in Betracht, wenn im Zeitpunkt des Betriebsüberganges ein Tarifvertrag beim Betriebserwerber bereits gilt, als auch, soweit erst nachträglich ein entsprechender Tarifvertrag abgeschlossen wird. Ein zeitlicher Zusammenhang zum Betriebsübergang ist dabei nicht zu fordern (S. 266 ff.).

38. Voraussetzung für eine Anwendung von § 613a Abs. 1 Satz 3 BGB ist überdies, daß sowohl Betriebserwerber als auch Arbeitnehmer an den geltenden Tarifvertrag gebunden sind (S. 274 ff.). Anderes ergibt sich auch nicht unter Berücksichtigung des Grundsatzes der Tarifeinheit (S. 286 ff.). Unerheblich ist, ob die beiderseitige Tarifbindung an den geltenden Tarifvertrag schon bei Betriebsübergang vorliegt oder erst später eintritt (S. 306 f.).

39. Auch wenn der beim Betriebserwerber geltende Tarifvertrag nach § 4 Abs. 5 TVG nur noch nachwirkt, gilt der bisher zur Anwendung gekommene Tarifvertrag des Betriebsveräußerers nicht nach § 613a Abs. 1 Satz 2 BGB weiter. Dies gilt ungeachtet dessen, daß dem nachwirkendem Tarifvertrag keine zwingende Wirkung zukommt. Insoweit hat die unmittelbare, wenn auch nicht mehr zwingende Geltung des nachwirkenden Tarifvertrages Vorrang vor der individualrechtlichen Weitergeltungsanordnung in § 613a Abs. 1 Satz 2 BGB (S. 307 ff.).

40. Findet nach dem Betriebsübergang aufgrund einer einzelvertraglichen Bezugnahmeklausel der bei dem neuen Betriebsinhaber einschlägige Tarifvertrag Anwendung, beendet dies die Weitergeltung des beim Betriebsveräußerer zur Anwendung gekommenen Tarifvertrages, wenn diesen keine zwingende Wirkung mehr zukommt. Insoweit hat Vorrang des Vereinheitlichungsinteresse des neuen Betriebsinhabers(S. 304 ff.).

41. Unerheblich ist für den Ausschluß der Weitergeltung durch einen beim Betriebserwerber zur Anwendung kommenden Tarifvertrag auch die Günstigkeit der jeweiligen Regelung. § 613a Abs. 1 Satz 3 BGB normiert insoweit einen Ausschluß des Günstigkeitsprinzips (S. 311 ff.).

42. Der Ausschluß der Weitergeltung eines Tarifvertrages nach § 613a Abs. 1 Satz 3 BGB kommt auch aufgrund einer beim Betriebserwerber geltenden Betriebsvereinbarung in Betracht (S. 319 ff.). Maßgeblich ist für die Frage der Ablösung, ob die Betriebsvereinbarung wirksam ist (S. 324 ff.). Der beim Betriebsveräußerer geltende Tarifvertrag entfaltet eine Sperrwirkung nur für

seinen Geltungsbereich. Außerhalb dieses Geltungsbereiches folgt eine Sperrwirkung beim Betriebserwerber nicht schon aus der einzelvertraglichen Weitergeltung eines Tarifvertrages nach § 613a Abs. 1 Satz 2 BGB. Nur wenn der Betrieb durch den Übergang nicht den Geltungsbereich des beim Betriebsveräußerer geltenden Tarifvertrages verläßt, löst daher § 77 Abs. 3 BetrVG 1972 für gegenstandsgleiche Betriebsvereinbarungen die Sperrwirkung aus. § 613a Abs. 1 Satz 3 BGB enthält insoweit auch keine Sonderregelung (S. 328 ff.).

43. Eine Übernahme des beim Betriebserwerber normativ geltenden Tarifvertrages durch Betriebsvereinbarung für alle Arbeitnehmer, kommt wegen der Sperrwirkung des § 77 Abs. 3 BetrVG 1972 regelmäßig nicht in Betracht (S. 332 ff.).

44. Für die Ablösungswirkung einer Betriebsvereinbarung gegenüber den einzelvertraglich weitergeltenden Tarifnormen kommt es nicht auf die zur Frage der ablösenden verschlechternden Betriebsvereinbarung entwickelten Grundsätze und damit auch nicht auf die Günstigkeit der jeweiligen Regelung an (S. 334 ff.).

45. Eine Ablösung der weitergeltenden Tarifnormen durch Kollektivrecht des Betriebserwerbers nach § 613a Abs. 1 Satz 3 BGB erfolgt nur, soweit der jeweils gleiche Regelungsgegenstand betroffen ist. Diesbezüglich ist auf innerlich zusammenhängende Regelungskomplexe abzustellen. Nicht erforderlich ist eine positive Regelung aller dazu gehörigen Fragen, da die Tarifvertragsparteien auch bewußt eine weitergehende Regelung unterlassen haben können (S. 337 ff.).

46. Die Ablösung der Tarifnormen kann sich stets nur für die Zukunft auswirken, bereits erworbene Anwartschaften bleiben daher erhalten (S. 347 f.).

47. Die selbständige Weitergeltung eines einzelvertraglich in Bezug genommenen Tarifvertrages nach Betriebsübergang kommt nicht in Betracht. Die einzelvertragliche Vereinbarung des Betriebsveräußerers mit Arbeitnehmern, einen Tarifvertrag zur Anwendung zu bringen, gilt aber nach § 613a Abs. 1 Satz 1 BGB auch gegenüber dem Betriebserwerber weiter. Dies gilt sowohl für die Arbeitnehmer, die an den beim Betriebsveräußerer normativ geltenden Tarifvertrag gebunden waren, wie auch für tarifliche Außenseiter (S. 357 ff.).

48. Ob die Weitergeltung der Bezugnahmeklausel beim Betriebserwerber zur Geltung des nunmehr einschlägigen Tarifvertrages führt, ist in erster Linie durch Auslegung zu bestimmen. So kommt es zu keiner Änderung in den Arbeitsbedingungen der Arbeitnehmer aufgrund des Betriebsinhaberwechsels, wenn es den Arbeitsvertragsparteien gerade darauf ankam, einen bestimmten Tarifvertrag einzelvertraglich zur Geltung zu bringen. Anders ist zu entscheiden, wenn der jeweils geltende Tarifvertrag in Bezug genommen wurde. Dann

bezieht sich die Klausel nach Betriebsübergang auf den beim Betriebserwerber dem Geltungsbereich nach einschlägigen Tarifvertrag. Dabei kommt es nicht darauf an, ob die Tarifzuständigkeit der Verbände aufgrund des Betriebsüberganges gewechselt hat (S. 363 ff.).

49. Bei Beachtung dieser Maßgaben kommt es nicht zu einer korrekturbedürftigen Besserstellung tariflicher Außenseiter gegenüber den Arbeitnehmern, die an den beim Betriebserwerber einschlägigen Tarifvertrag gebunden sind und für die § 613a Abs. 1 Satz 3 BGB die Weitergeltung des bisher zur Anwendung gekommenen Tarifvertrages hindert. Eine analoge Anwendung von § 613a Abs. 1 Satz 3 BGB ist weder erforderlich noch könnte sie zu einer Bezugnahme des beim Betriebserwerber einschlägigen Tarifvertrages führen (S. 384 ff.).

50. Führt die Bezugnahmeklausel nach Betriebsübergang nicht zur Anwendung des beim Betriebserwerber einschlägigen Tarifvertrages, so ist dieses Ergebnis nicht über die Grundsätze zur Lösung von Tarifkonkurrenzen zu korrigieren. Insoweit ist der Wille der Arbeitsvertragsparteien, gerade den bestimmten Tarifvertrag zur Anwendung zu bringen, zu respektieren (S. 395).

51. Der Betriebserwerber hat kein Recht zur Verschlechterung der Arbeitsbedingungen übernommener und bereits beschäftigter Arbeitnehmer allein unter Berufung auf eine Angleichung der Arbeitsbedingungen (S. 397 ff.). Eine Pflicht des Betriebserwerbers zur Angleichung der Arbeitsbedingungen besteht allenfalls im Hinblick auf bessere Arbeitsbedingungen der bereits beschäftigten Arbeitnehmern. Bei den den übernommenen Arbeitnehmern gewährten Arbeitsbedingungen handelt es sich aufgrund der Weitergeltungsanordnung des § 613a BGB jedenfalls zunächst nicht um freiwillig gewährte Leistungen, für welche allein eine Anwendung des Gleichbehandlungsgrundsatzes in Betracht kommt (S. 401 ff.).

§ 24 Schlußbetrachtung

Wie die vorliegenden Untersuchungen zeigen, birgt § 613a Abs. 1 Satz 2 bis 4 BGB in sich eine Fülle von arbeitsrechtlichen Einzelproblemen. Insoweit kann wohl kaum von einem gelungenen Griff des Gesetzgebers gesprochen werden. Allerdings sind die sich ergebenden Probleme, wenn auch unter gegebenenfalls umfangreichem argumentativen Aufwand, durchaus auf dem Boden und aus der Zusammenschau auf bestehende arbeitsrechtliche Vorschriften zu einem ausgewogenen, den Interessen sowohl der vom Betriebsübergang betroffenen Arbeitnehmer als auch des Betriebserwerbers zumindest hinreichend Rechnung tragenden, Ergebnis zu führen. Dies ist auch erforderlich. Zu wenig scheint das Vertrauen darein, daß „ein völliger Kahlschlag ... aus tatsächlichen Gründen nicht möglich ist, weil er die Mitarbeiter so demotivieren würde, daß der ökonomische Erfolg ... ins Gegenteil verkehren würde" (so *Heinze*, DB 1998, 1861, 1866) gerechtfertigt zu sein.

Man mag darüber spekulieren, ob nicht die Anordnung kollektivrechtlicher Fortgeltung eines Tarifvertrages zur Wahrung des Schutzes der kollektivvertraglich geregelten Arbeitsbedingungen möglich und sinnvoll gewesen wäre - die Auslegung des § 613a Abs. 1 Satz 2 BGB ergibt, daß der Gesetzgeber gerade keine kollektivrechtliche Fortgeltung der Tarifnormen gegenüber einem nicht selbst an den bereits beim Betriebsveräußerer geltenden Tarifvertrag gebundenen Erwerber des Betriebes angeordnet hat. Vielmehr erfolgt die Anordnung der Weitergeltung auf individualrechtlicher Grundlage über das Eingehen der Tarifnormen in die übergegangenen Arbeitsverhältnisse selbst. Dennoch wird eine zwingende Wirkung der weitergeltenden Tarifnormen, wenn auch befristet auf längstens ein Jahr, angeordnet.

Nun macht diese, für das deutsche Arbeitsrecht zumindest auf den ersten Blick ungewöhnliche, rechtliche Konstruktion das Verständnis der Vorschrift und ihre Handhabung für den Rechtsanwender nicht einfacher. Insbesondere bedingt sie weitere Abweichungen im Hinblick auf sonst anerkannte Prinzipien des Arbeitsrechts. In diesem Zusammenhang sind in erster Linie zu nennen: Ausschluß des Spezialitätsprinzips eines weitergeltenden Firmen- gegenüber einem Verbandstarifvertrag und des Günstigkeitsprinzips durch § 613a Abs. 1 Satz 3 BGB, Inkaufnahme der Geltung zweier Tarifverträge beim Betriebserwerber unter Abweichung von dem Grundsatz der Tarifeinheit. Insoweit zeigen sich auch Berührungspunkte des § 613a Abs. 1 Satz 2 bis 4 BGB mit arbeitsrechtlichen Grundfragen, für die jedoch regelmäßig über die aus § 613a Abs. 1 Satz 2 bis 4 BGB gezogenen Schlußfolgerungen hinaus keine weiteren Aussagen gewonnen werden können. Zu gewichtig ist der berücksichtigte Interessenkonflikt zwischen übernommenen Arbeitnehmern und Betriebserwerber, zu groß die Abweichungen der Sondersituation des Betriebsübergangs gegenüber dem Normalfall des Arbeitsverhältnisses zwischen zwei Parteien.

Sonderregelungen, wie sie in § 613a Abs. 1 Satz 2 bis 4 BGB getroffen sind, sind daher unabdingbar. Allerdings gilt auch hier: keine Regel ohne Ausnahme - es ist nicht etwa so, daß ob der Berücksichtigung der Situation des Betriebsübergangs das Arbeitsrecht durch § 613a Abs. 1 Satz 2 bis 4 BGB neu erfunden worden wäre. Als Beispiel sei an dieser Stelle genannt die Möglichkeit der Überkreuzablösung eines weitergeltenden Tarifvertrages durch eine Betriebsvereinbarung, die dennoch nicht die allgemeinen Grundsätze über die Wirkungen des Bestehens oder der Üblichkeit einer tariflichen Regelung nach § 77 Abs. 3, § 87 BetrVG 1972 außer Kraft setzt. Auch hinsichtlich der Veränderbarkeit der durch die einzelvertraglich weitergeltenden Tarifnormen bestimmten Arbeitsbedingungen durch Änderungsvereinbarung oder Änderungskündigung stellt § 613a Abs. 1 Satz 2 bis 4 BGB keine Sonderregelungen auf. Insbesondere das Gleichbehandlungsgebot kann nicht zur Rechtfertigung der Veränderung betriebsübergangsbedingt unterschiedlicher Arbeitsbedingungen dienen.

Abschließend bleibt zu hoffen, daß mit der vorliegenden Arbeit in der Praxis auftretende Probleme der dogmatischen Lösung einen Schritt näher gebracht und Anregungen auch im Hinblick auf Fragen, die - soweit ersichtlich - bisher nur wenig bis gar nicht diskutiert wurden, gegeben werden konnten. Im übrigen wird der Fortgang von Entwürfen zu einer einheitlichen Regelung des Arbeitsvertragsrechts und die darin vorgesehenen Lösungen zu den Rechtsfolgen eines Betriebsüberganges mit Interesse zu beobachten sein.

Printed by
CPI books GmbH, Leck

Kolibri 360 GmbH
Ferdinand-Jühlke-Straße 7
99095 Erfurt, Deutschland
produktsicherheit@kolibri360.de